国家社科基金后期资助项目

我国中小型保险机构治理研究

郝　臣　著

南开大学出版社

天　津

图书在版编目(CIP)数据

我国中小型保险机构治理研究 / 郝臣著. —天津：
南开大学出版社，2022.7
ISBN 978-7-310-06288-1

Ⅰ.①我… Ⅱ.①郝… Ⅲ.①保险公司－企业管理－
研究－中国 Ⅳ.①F842.3

中国版本图书馆 CIP 数据核字(2022)第 125077 号

我国中小型保险机构治理研究
WOGUO ZHONGXIAOXING BAOXIAN JIGOU ZHILI YANJIU

南开大学出版社出版发行
出版人：陈　敬
地址：天津市南开区卫津路 94 号　　邮政编码：300071
营销部电话：(022)23508339　营销部传真：(022)23508542
https://nkup.nankai.edu.cn

河北文曲印刷有限公司印刷　全国各地新华书店经销
2022 年 7 月第 1 版　　2022 年 7 月第 1 次印刷
238×165 毫米　16 开本　40.25 印张　2 插页　698 千字
定价：198.00 元

如遇图书印装质量问题，请与本社营销部联系调换，电话：(022)23508339

国家社科基金后期资助项目出版说明

后期资助项目是国家社科基金设立的一类重要项目，旨在鼓励广大社科研究者潜心治学，支持基础研究多出优秀成果。它是经过严格评审，从接近完成的科研成果中遴选立项的。为扩大后期资助项目的影响，更好地推动学术发展，促进成果转化，全国哲学社会科学工作办公室按照"统一设计、统一标识、统一版式、形成系列"的总体要求，组织出版国家社科基金后期资助项目成果。

全国哲学社会科学工作办公室

前　言

　　2020 年我国保险业原保险保费收入达到 4.5 万亿元，规模自 2017 年连续四年位居世界第二，与第一名的差距也在逐年缩小。从保费总额来说，我国早已成为保险大国；但从保险深度和保险密度两个相对指标来说，我国还没有进入保险强国行列。2019 年 12 月 30 日，中国银保监会发布《关于推动银行业和保险业高质量发展的指导意见》，该意见指出，党的十九大以来，银行保险机构综合实力进一步增强，服务经济社会发展能力稳步提升，关键领域改革持续深化，防范化解金融风险取得明显成效；随着我国经济由高速增长阶段转向高质量发展阶段，金融供给与需求之间不平衡不适应的矛盾日益凸显，银行业和保险业高质量发展面临多重挑战。为深入贯彻落实以习近平同志为核心的党中央决策部署，该指导意见提出了七个方面总计三十项推动银行业和保险业高质量发展的意见，其中第五个方面"建立健全中国特色现代金融企业制度"即关于银行保险机构治理发展提出了"全面加强党的领导""严格规范股权管理""加强'三会一层'建设""优化激励约束机制""强化金融消费者合法权益保护"五项意见。该指导意见同时还将"公司治理水平持续提升，基本建立中国特色现代金融企业制度"明确列为未来五年我国银行保险业发展的五大目标之一。

　　我国从保险大国向保险强国转型的现实背景需要保险业的高质量发展，保险业的高质量发展离不开高质量的市场微观主体，而高质量的微观主体需要良好的公司治理来为其竞争优势提供根本性和可持续性的制度保障。2006 年保险机构治理成为继市场行为和偿付能力之后的第三大监管支柱，监管部门围绕保险机构治理先后出台了多部公司治理方面的政策与法律法规，对保险机构的治理呈现严监管态势。在我国保险市场中，数量占据绝对优势的中小型保险机构（按照本研究设计的保险机构规模类型划分标准约占 92%）作为重要的市场微观主体，其健康发展对于整个行业的高质量发展至关重要。可以说，我国保险机构治理状况主要取决于中小型保险机构治理状况，尤其是其中的小型保险机构治理状况。相对于大型保险机构而言，中小型保险机构一方面因成立时间短而欠缺治理经验，另一方面在治理重视程度和治理建设投入上存在一定不足。然而，中小型保险机构的可持续发展恰恰迫切需要完善的公司治理为其保驾护航，因此中小型保险机构治理的发展受到了学术界、实务界和监管部门的高度重视。

第一，本研究在梳理和借鉴国内外已有公司治理评价系统的基础上，针对我国保险机构的自身特点，遵循科学性原则、系统性原则、客观性原则、可行性原则和动态性原则，构建了一套包括六大治理内容和两大治理层次合计 60 个具体治理指标的中国保险机构治理评价指标体系。第二，采用哑变量求和法对我国 2016－2019 年的财产险保险机构和人身险保险机构进行基于该指标体系的机构治理评价，并最终获得了中国保险机构治理指数（IIGI），基于治理内容的股东与股权结构分指数（IIGISHARE）、董事与董事会分指数（IIGIBOD）、监事与监事会分指数（IIGISUPER）、高级管理人员分指数（IIGITOP）、信息披露分指数（IIGIDISCL）和利益相关者分指数（IIGISTAKE）六个分指数，以及基于治理层次的保险机构强制性治理分指数（IIGIMANDA）和保险机构自主性治理分指数（IIGIVOLUN）两个分指数。第三，基于中国保险机构治理指数及分指数基本数据，分析了中国保险机构治理指数的总体状况、等级分布和分布状态，按照组织形式、资本性质和险种类型对我国保险机构治理状况进行了分类比较分析。第四，本研究提出将保险机构市场份额占比4%和1%作为保险机构规模类型划分的临界值，把我国保险机构分为大型保险机构（市场份额占比 4%及以上）、中型保险机构（市场份额占比 1%及以上、4%以下）和小型保险机构（市场份额占比 1%以下），在此基础上重点关注了中小型保险机构和小型保险机构治理指数以及分指数的情况，并对各规模类型保险机构的治理指数进行了分组比较分析。第五，利用本研究的评价结果即中国保险机构治理指数及其分指数，在设计反映保险机构治理有效性具体指标的基础上，分别从盈利能力、代理成本和风险承担三个不同层面，实证检验了我国保险机构治理的有效性。

本研究的研究对象为我国 2016－2019 年具有独立法人资格的财产险和人身险保险机构，即法人保险机构中的财产险和人身险法人机构。其中，

2016 年的样本数量为 160 家，2017 年为 172 家，2018 年和 2019 年均为 180 家，总样本观察点为 692 家。本研究所用数据全部由课题组手工整理，具体来源包括保险机构官网披露的数据、中国银行保险监督管理委员会公布的各保险机构信息、中国保险行业协会发布的信息、中国银行保险信息技术管理有限公司发布的信息、历年《中国保险年鉴》以及在百度等搜索引擎中保险机构的相关新闻。为客观评价上述保险机构治理状况，本研究采用哑变量打分法对各项评价指标加以处理，正向指标达到或符合条件的赋值为 1，未达到或不符合条件的赋值为 0；负向指标打分规则则相反。在评价指数生成环节，为了降低评价结果的主观性，本研究借鉴国内外经典文献的做法，采用等权重的方法分配基层指标的权重；基于治理内容的六大分指数权重则采用层次分析法加以确定。在保险机构治理有效性研究方面，本研究考虑变量特点、样本量等情况，采用基于面板数据的加权最小二乘法（WLS），克服异方差对实证结果的影响。

评价研究的结果表明，2016－2019 年我国保险机构治理水平逐年提高，2016－2019 年中国保险机构治理指数依次为 66.88、67.21、67.92 和 70.89，2019 年比 2016 年提高了 6.00%；从治理等级分布来看，等级I和等级II的保险机构数量占比较低，等级III的保险机构占比较高且呈逐年扩大之势，等级IV的保险机构占比较高但占比逐年下降，而等级V、等级VI和等级VII的保险机构占比均较低；从统计分布来看，历年保险机构治理指数均呈现为左偏且集中的分布形态；从保险机构治理内容来看，信息披露和利益相关者治理水平较高，股东与股权结构和高级管理人员治理水平层次居中，董事与董事会治理水平较低，监事与监事会治理水平最低；从保险机构组织形式来看，股份制保险机构治理水平最高，有限制保险机构次之，相互制保险机构治理水平最低；从保险机构资本性质来看，中资保险机构治理水平高于外资保险机构；从保险机构险种类型来看，财产险保险机构治理水平低于人身险保险机构；从保险机构治理层次来看，强制性治理分指数平均值和中位数均高于自主性治理分指数，两个分指数呈现出总体上升的趋势，2019 年均达到历史最高水平。本研究附表 4 至附表 8 列示了 2016－2019 年我国保险机构治理 25 佳名单。

本研究在对我国保险机构总体治理状况分析的基础上，发现从保险机构规模来看，大型保险机构治理水平最高，中型保险机构次之，小型保险机构治理水平最低。具体来说，2016－2019 年中小型保险机构治理指数依次为 66.24、66.53、67.23 和 70.25，呈现出逐年升高趋势，2019 年较 2016 年提升了 4.92%；与同期大型保险机构的治理指数 74.13、75.55、76.73 和 79.08 相比，还存在一定的差距；从六大治理内容来看，中小型保险机构的股东与股权结构、董事与董事会以及监事与监事会三方面是其治理的弱项；从两大治理层次来看，无论是强制性治理分指数还是自主性治理分指数，中小型保险机构的平均值均低于大型保险机构，但其自主性治理分指数近年来显著提高。2016－2019 年我国小型保险机构治理指数依次为 65.50、66.07、66.52 和 69.59，数值逐年升高，但均低于同期全样本保险机构和中小型保险机构治理指数，可见小型保险机构与大型保险机构治理水平存在显著的差距，不过 2019 年小型保险机构治理指数比 2016 年提高了 6.24%，提升幅度高于总体样本；从六大治理内容来看，股东与股权结构、董事与董事会以及监事与监事会治理三方面的不足同样是制约小型保险机构治理水平提升的重要因素；从两大治理层次来看，强制性治理分指数和自主性治理分指数的平均值低于中小型保险机构。本研究附表 9 至附表 11 列示了 2016－2019 年我国中小型保险机构治理 25 佳名单，附表 13 至附表 15 列示了 2016－2019 年我国小型保险机构治理 25 佳名单。

在保险机构治理评价的基础上，本研究利用 2016－2019 年的保险机构面板数据，采用加权最小二乘法，从盈利能力、代理成本和风险承担三个层次对保险机构治理的有效性进行了实证检验。在盈利能力方面，本研究发现全样本保险机构、中小型保险机构和小型保险机构治理指数与已赚保费增长率呈现正相关关系，中小型保险机构和小型保险机构治理指数与净资产收益率显著正相关，保险机构治理指数对投资收益率和综合成本率均不产生显著影响。在代理成本方面，本研究发现，保险机构治理指数与第一类代理成本不存在显著的相关关系，本研究认为可能是由治理评价指标体系中缺少高管激励相关治理要素导致；而与第二类代理成本存在显著的正相关关系，本研究认为可能与保险机构的规模、关联交易性质有一定关系；与第三类代理成本存在显著的相关关系，保险机构治理越好，越有利于保护投保人利益，进而代理成本越低。在风险承担方面，本研究发现，中小型保险机构和小型保险机构治理指数与总体风险显著负相关，保险机构治理指数对中小型保险机构和小型保险机构杠杆风险和承保风险影响不显著，但保险机构治理指数对全样本保险机构、中小型保险机构和小型保险机构的投资风险存在显著的负向影响，且存在滞后的治理效应。总体来说，我国中小型保险机构和小型保险机构治理具有一定的有效性，在提升盈利能力、降低代理成本（尤其是第三类代理成本）和合理管控风险承担（尤其是投资风险）方面发挥了重要的作用，但还有一定的提升空间。

本研究除了关注保险机构治理整体的有效性，还检验了两类、总计 8 个分指数的治理效应。检验发现，在全样本保险机构中，股东与股权结构、利益相关者以及强制性治理分指数对其盈利能力、代理成本和风险承担均存在较大影响；高级管理人员分指数对代理成本、风险承担影响较大；利益相关者对风险承担产生显著影响。在中小型保险机构中，股东与股权结构、利益相关者和强制性治理分指数对盈利能力、代理成本和风险承担均存在较大影响；高级管理人员分指数对代理成本、风险承担影响较大；董事与董事会和利益相关者分指数对风险承担产生显著影响。在小型保险机构中，股东与股权结构、利益相关者和强制性治理分指数对盈利能力、代理成本和风险承担均存在较大影响；高级管理人员分指数对代理成本、风险承担影响较大；董事与董事会和利益相关者分指数对风险承担产生显著影响。总体来说，不同规模类型的保险机构的不同分指数治理效应不完全相同，部分分指数存在显著的正向作用，部分分指数作用不显著，还有个别分指数存在显著的负向作用，而后两种情况对应的保险机构治理维度恰恰是提升我国中小型保险机构治理水平的关键所在。

《关于推动银行业和保险业高质量发展的指导意见》第五方面提出要建立健全中国特色现代金融企业制度，其中第二十三条明确指出要加强"三会一层"建设。为全面提升我国中小型保险机构治理能力，本研究提出了三大方面、总计 13 条对策建议：第一方面，充分发挥准则、标准和标杆的作用，具体建议包括及时发布适用于所有保险机构的行业治理准则、充分发挥行业治理标准的引领作用和全面展现行业治理标杆的示范效应；第二方面，强化保险机构治理监管，具体建议包括进一步落实保险机构治理分类监管理念、把住保险机构治理合规性的底线、强化保险机构股权监管是大方向的理念和完善保险机构信息披露；第三方面，实现治理从强制治理向自主治理转型，具体建议包括培育保险机构的治理文化、树立正确的保险机构治理思维、构建保险机构战略型董事会、尊重保险机构的两个"上帝"、提高保险机构"董监高"人员的治理素养和开展公司治理的第三方诊断。基于本研究成果提炼的对策建议《我国中小型保险机构治理评价与优化研究报告》获中国银保监会分管金融机构治理监管工作副主席的批示；基于本研究成果总结的研究报告《我国中小型保险机构治理质量研究——基于公司治理评价的视角》获 2020 年中国企业改革与发展研究会第四届中国企业改革发展优秀成果二等奖。

本研究具有一定的学术价值，关注影响中小型保险机构发展的机构治理因素，拓展了中小型保险机构发展理论；通过设计适合我国保险机构的治理评价指标体系、生成机构治理评价指数等一系列机构治理评价研究工作，丰富了一般公司治理评价理论；对于特定行业治理主体特点的分析和研究也进一步深化了一般公司治理理论；基于治理指数的中小型保险机构治理有效性实证研究弥补了领域内的研究不足。同时，本研究也具有一定的应用价值，利用本研究设计的保险机构治理指数模型所生成的保险机构治理指数对我国保险机构治理进行总体和具体分析，有利于监管部门从宏观视角把握其监管对象的治理状况和各治理维度的短板，进而实现有效监管；对大、中、小型保险机构治理状况进行比较分析，尤其是对中小型保险机构治理状况的重点分析，能够为监管部门分类监管提供决策支持；保险机构通过对治理指数和各治理指标评分的分析，能够为其自身治理的优化和改进提供方向和指引；保险机构治理有效性的实证检验结果，为明确我国中小型保险机构治理改革发展方向提供了理论证据。

相对于已有研究，本研究的创新主要体现在如下几个方面：第一，研发构建了一套适用于我国保险机构的公司治理评价系统；第二，对我国保险机构治理状况进行全样本、长周期的系统评价；第三，采用比较客观的哑变量求和法来评价我国保险机构治理；第四，明确提出了我国大、中、小型保险机构划分的思路与标准；第五，利用治理指数对中小型保险机构治理有效性进行多层次的检验。

本书包括 5 篇、17 章内容，总计 60 余万字。从选题到大纲再到初稿先后历时一年多时间，到 2019 年年底正好完成著作初稿；但课题组考虑要从更长的周期来展示我国中小型保险机构治理的发展，决定将数据窗口从 2016－2018 年扩充为 2016－2019 年，这样可以形成一个标准的面板数据（n＝160、172、180 和 180，t＝4），因此课题组在 2020 年 5 月 1 日之后连续加班整理保险机构官网 2019 年度信息披露报告等公开信息，著作各章累计使用手工整理原始数据指标 180 个，总计 124560 个数据字段。通讯评审之后，根据国家社科基金后期资助项目通讯评审专家的意见，对全书进行了系统修改和润色，同时也更新了整个著作的参考文献。著作从明确选题到完成最终稿先后历时近三年时间。

感谢国家社科基金后期资助项目通讯评审专家和结项鉴定专家对本书提出的宝贵修改建议！感谢课题组成员齐岳、刘琦、张耀伟、崔光耀为完成一本具有一定挑战性的著作所付出的努力和坚持！感谢郑钰镜和冯子朔对本书初稿的数次认真校对！感谢著作写作过程中，监管机构、行业协会、行业学会、保险机构以及兄弟高校的各位领导、专家和学者对治理维度权重调查和各规模类型保险机构名单确认所给予的配合和支持！感谢二十余位数据整理小组同学辛苦而准确的数据"挖掘"工作！也感谢出版社编辑的专业编校！

本书的出版一方面是国家社科基金后期资助项目《我国中小型保险机构治理研究》（项目号：20FGLB037）最终结项成果的呈现，另一方面也是团队在保险机构治理领域研究的新起点。我们将依托该研究成果，坚持每年合成和发布中国保险机构治理指数，并基于该指数开展领域内的相关研究，为我国保险业治理能力现代化提供智力支持！

郝臣

2021 年 3 月 10 日于南开园

目　录

第三篇　评价篇：反映治理质量

第一篇 理论篇：建立研究基础

中国作为兼具新兴市场和转轨特征的特殊经济体，其金融体系和公司治理系统在近 20 年中经历了与其他国家完全不同的发展历程，呈现出了与其他国家完全不同的整体特征。

——李维安，郝臣. 国有控股金融机构治理研究[M]. 北京：科学出版社，2018.

第一章　引言

本章为本研究的第一篇第一章内容，也是本书的统领章节。本章主要包括研究背景、研究意义、研究思路、研究内容与结构安排、技术路线与研究方法以及学术贡献与研究创新等内容。

第一节　研究背景

本节首先说明保险业近年的高质量发展对保险机构治理提出了更高的要求，接下来阐述了保险机构治理监管情况，最后重点关注了中小型保险机构的发展、治理和监管情况，从多方面介绍了本研究的背景。

一、保险业高质量发展对治理提出高要求

从 1949 年中国人民保险公司与中华人民共和国一道诞生开始算起，中国保险业一路走过了 70 年的砥砺之程，其中既经历过停业近 20 年之落，更有改革开放后飞速发展之起。毋庸置疑，我国保险行业在改革开放 40 年的发展历程中，行业发展迅速，取得了辉煌的成就（郭金龙和朱晶晶，2018）。

习近平总书记在十九大报告中指出，"我国经济已由高速增长阶段转向高质量发展阶段"。改革开放以来，我国保险业"因改革开放而复苏，因改革开放而繁荣"，遵循了历史前进的逻辑，体现了历史必然性和客观规律性，正快步行走在从传统保险业向高质量保险业发展的转型升级之路上（缪建民，2018）。从 40 多年的发展历程来看，保险业大致经历了恢复和准备、规范和试点、快速发展和入世承诺、完全开放 4 个阶段，取得了保费规模不断扩大、保险多元化主体逐渐形成、外资保险公司市场份额逐渐提升、保险产品不断多样化、保险中介市场快速发展、公司治理和行业自律逐渐完善等系列成就（王绪瑾和王浩帆，2020）。在国家治理体系中，保险因具有独特的风险保障、资金融通和社会管理功能，可为政府治理、经济治理

和社会治理提供创新思维和创新工具，为国家治理体系和治理能力现代化贡献专业力量（郑伟，2020）。

2019 年 1 月 14 日，中国银保监会在成立后的首次监管工作会议上提出要全面贯彻党的十九大、十九届二中和三中全会精神以及中央经济工作会议精神，坚持党对金融工作的集中统一领导，坚持稳中求进工作总基调，践行新发展理念，以服务供给侧结构性改革为主线，着力提高金融服务实体经济能力，打好防范化解金融风险攻坚战，坚定不移深化改革、扩大开放，推动银行业保险业向高质量发展转变，为全面建成小康社会提供更有力的金融支撑。2020 年 8 月 28 日，中国银保监会印发《健全银行业保险业公司治理三年行动方案（2020－2022 年）》，旨在进一步深化银行业保险业公司治理改革、加强公司治理监管，持续提升我国银行业保险业公司治理的科学性、稳健性和有效性，力争通过 3 年的时间，初步构建起中国特色银行业保险业公司治理机制（孙溪和燕令葭，2020）。中国银保监会始终以习近平新时代中国特色社会主义经济思想为指导，不断加强公司治理监管，持续推动党的领导与公司治理有机融合，积极落实《二十国集团/经合组织公司治理原则》，奋力构建中国特色银行保险业公司治理机制（梁涛，2020）。

需要说明的是，保险业高质量发展还体现在市场微观主体的质量上，行业高质量发展离不开高质量的市场微观主体；而公司治理质量又是微观主体质量的最基础和最核心的体现。2019 年 12 月 30 日发布的《中国银保监会关于推动银行业和保险业高质量发展的指导意见》指出，我国金融业到 2025 年要实现金融结构更加优化，形成多层次、广覆盖、有差异的银行保险机构体系；公司治理水平持续提升，基本建立中国特色现代金融企业制度。在建立健全中国特色现代金融企业制度方面，要全面加强党的领导、严格规范股权管理、加强"三会一层"建设、优化激励约束机制和强化金融消费者合法权益保护。

保险业标准化建设和高质量发展应坚持以习近平新时代中国特色社会主义思想为指导，深入贯彻党的十九大和十九届二中、三中、四中全会精神，落实党中央、国务院决策部署，围绕"提升金融服务实体经济质效，打好防范化解金融风险攻坚战"主要任务，坚持高质量建设不断推进（邢炜，2020）。

二、我国保险机构治理支柱监管日趋严格

保险业是以风险为经营对象的特殊行业。保险机构若因无力承担保险责任而出现经营风险，会给社会带来很大的负面影响，而完全依靠保险机构自身去防范和处置其经营风险是不可行的（江生忠，2018），因此保险监管具有重要的意义。可以说，改革开放 40 多年来中国保险业的发展历程，也是中国政府在保险监管理念、监管制度和监管方法方面不断改革创新并和国际接轨的历程（陈秉正，2018）。

改革开放 40 多年来，伴随着中国保险业的发展，保险监管发展先后经历了三个阶段：1979 年至 1998 年的初级阶段、1998 年至 2006 年的市场行为监管和偿付能力监管并重阶段、2006 年以来的"三支柱"监管阶段。自从确立"三支柱"监管框架以来，我国现代保险监管体系建设取得了显著成绩，同时也面临诸多新的风险挑战（郑伟，2018）。

自 2006 年以来，保险机构治理成为继市场行为和偿付能力之后的第三大监管支柱。中国银保监会公司治理监管部在《保险研究》2018 年第 12 期发表的文章《努力构建中国特色的现代保险公司治理机制 开创公司治理监管新局面》中指出，改革开放以来保险机构治理监管经历了不平凡的历程。这一历程中，公司治理监管先后经历了探索建立现代保险企业制度，公司治理从无到有；保险机构改制上市全面推进，公司治理改革进一步深化；顺应国际趋势，构建"三支柱"现代保险监管框架，公司治理监管体系逐步健全；保险机构治理改革和监管不断健全，取得显著成效四个阶段。

根据中国银保监会《关于 2018 年保险法人机构公司治理现场评估结果的通报》文件，我国保险机构治理还存在股东股权行为不合规、"三会一层"运作不规范、关联交易管理不严格、内部审计不达标、薪酬管理制度不完善、信息披露不充分、自我评价不客观等问题。

保险公司面临的各种风险中，治理风险具有根源性特征，向内会直接传导至公司业务层面，向外则可能造成行业性重大风险事件，因此，防范保险公司治理风险对于实现公司稳健经营和行业健康发展具有重要意义（李腾和谢志刚，2020）。面对复杂严峻的经济形势，金融系统要切实增强机遇意识和风险意识，既要"稳定大局、统筹协调"，进一步提升金融服务质效，推动经济发展尽快步入正常轨道；又要"分类施策、精准拆弹"，有序处置重点领域突出风险，实现稳增长和防风险长期均衡（郭树清，2020）。

在当前保险风险日趋多样化的形势下，公司治理监管只能加强，不能削弱，监管部门必须以更加有效的手段推进公司治理监管工作（中国银保

监会公司治理监管部，2018）。中国银保监会主席郭树清（2020）指出，只有规范的公司治理结构，才能使金融机构形成有效自我约束，进而树立良好市场形象，获得社会公众信任，实现健康可持续发展，要从多方面推动完善公司治理机制，持续改进银行保险企业的公司治理结构，金融管理部门要配合各级地方政府，做到坚守"三条底线"：一是"长期稳定"底线，二是"透明诚信"底线，三是"公平合理"底线。在这样的背景下，整个行业保险机构治理质量如何、机构治理体系在哪些方面存在短板、各类具体类型保险机构治理是否存在系统性差异等问题亟须回答。

三、中小型保险机构的发展受到各方关注

国际金融危机暴露出西方金融业公司治理问题严重，例如激励短期化导致股东、高管，甚至包括一部分员工都愿意过度冒险；一段时间以来，我国部分中小型金融机构中，也产生了大股东操纵和内部人控制问题（郭树清，2020）。

在我国保险市场上，中小型保险机构是市场上的重要微观主体，从数量上来说占据了绝对优势。因此，中小型保险机构的健康发展对整个行业的高质量发展至关重要。进而，中小型保险机构的发展受到了学界、实务界和监管部门的重视。

2018 年 4 月 16 日至 17 日，中国银行保险监督管理委员会（以下简称中国银保监会）召开中小银行及保险公司公司治理培训座谈会，专注中小银行及保险公司的治理，总结分析公司治理经验与问题，明确下一步工作目标和治理重点。中国银保监会主席郭树清出席会议并讲话，指出"对深化金融改革的一些重大问题，要加强系统研究"，其中第一项就是"健全金融机构法人治理结构"。

十三届全国人大二次会议代表湖南大学张琳教授在第 1058 号议案《关于民营保险公司发展需要监管政策扶持的建议》中就提出了"关于对中小型保险公司进行分类监管方面的建议"。针对该建议，中国银保监会于 2019 年 7 月 17 日答复如下，"目前，银保监会机关及派出机构内设机构设置，均严格按照中央有关文件规定执行，暂无增设内设机构的政策空间。对于设立专门的中小保险公司监管部门事宜，我会将按照中央有关要求，结合监管工作需要，在未来的改革工作中统筹研究"。

政协十三届全国委员会第二次会议民盟中央在第 0263 号（财税金融类 024 号）提案《关于防范化解金融风险，解决我国中小保险公司发展困境的提案》中提出，尽管我国保险公司数量多，但保险市场集中度极高，

中小保险公司市场份额少，发展限制多，部分公司股东和管理层的经营理念不够稳健。中小保险公司在发展中存在渠道较为弱势、产品同质化严重、来自股东的压力使得部分中小公司一味追求保费规模增长、忽视保费质量四个方面的突出问题。

尽管目前我国监管机构没有设计专门监管中小型保险机构的部门或者出台专门针对中小型保险机构的相关政策文件，但事实上，我国保险监管机构非常关注中小型保险机构的发展。例如，原中国保监会主席吴定富在 2007 年 1 月召开的全国保险工作会议上提出"扶持中小保险公司发展，研究鼓励和引导中小保险公司健康发展，支持有潜力的中小公司发展，实现不同规模的市场主体公平竞争、共同发展"。

2007 年 5 月 11 日，原中国保监会政策研究室草拟了《关于扶持中小保险公司健康发展的几点想法》；同年 10 月，在武汉又召开了"中小保险公司发展调研座谈会"，会上，湖北省中小型保险机构总结出其在市场竞争中处于劣势，发展中遇到五个方面的突出问题是抗风险能力弱、品牌认知度不高、人才培育与储备不足、机构网络延伸较慢与服务体系不健全；同年 12 月 3 日，在深圳举办了"中小保险公司发展研讨会"，原中国保监会主席助理袁力在会上强调，应该充分认识促进中小保险公司发展的重要意义，提出了"促进中小保险公司科学发展"的"五个一"措施，即制定一个好的战略规划、构筑一个好的资本基础、搭建一个好的创新体系、打造一个好的管理平台和建设一支好的人才队伍。

原中国保监会主席吴定富 2011 年 3 月在浙江调研保险工作时强调，中小型保险机构既要注意保持良好的精神状态，又要注重树立稳健的经营理念，制定好长期发展战略，夯实基础，勇于创新，形成合力，打造核心竞争力，走出一条可持续发展道路。

《中国保险业发展"十三五"规划纲要》中提出"大型保险集团综合实力和国际影响力稳步提高，中小型保险公司实现差异化、特色化发展，保险市场体系丰富多元""鼓励区域性、专业性保险公司发展，支持中小保险公司创新发展，形成特色化经营模式，满足人民群众多样化保险需求"。上述会议和政策规划彰显出监管部门对中小型保险机构发展的高度重视。

第二节　研究价值

本节从学术和应用两个方面介绍了本研究的价值，其中学术价值和应用价值分别相应概括为四个方面。

一、学术价值

保险机构治理研究绝不仅仅是公司治理理论的简单应用，保险机构具有显著且不可忽视的行业特殊性，这种特殊性使得保险机构治理成为公司治理领域的重要分支。因此，研究中小型保险机构治理，有助于深化研究我国中小型保险机构发展、保险业发展、保险机构治理、一般公司治理、公司治理评价等理论。本研究的学术价值主要包括四个方面：

第一，已有对中小型保险机构发展的研究文献多集中于外部环境和内部业务发展等因素，而公司治理是影响中小型保险机构发展的重要内部因素，也是中小型保险机构未来可持续发展的制度保障，关注影响中小型保险机构发展的公司治理这一重要因素拓展了中小型保险机构的发展理论。

第二，现有公司治理评价研究多集中于上市公司，本研究围绕非上市公司为主的我国保险机构展开的治理评价指标体系设计、治理评价标准体系建立、治理评价维度与指标权重确定、保险机构治理指数生成、保险机构治理等级划分等一系列保险机构治理评价研究，丰富了已有一般公司治理评价理论。

第三，保险机构经营的特殊性决定了保险机构委托代理问题、代理成本、治理目标、治理结构、治理机制、治理评价的特殊性，不能将一般公司治理理论直接"套用"在保险机构身上，本研究对于特定行业治理主体特点的分析和研究进一步深化了一般公司治理理论，为分类治理理论的研究提供了保险业的素材。

第四，目前对保险机构治理的研究主要集中于大型保险机构或者上市保险机构，研究内容上主要是分散地关注各治理要素的有效性，导致不同要素之间结论不一致甚至相互矛盾现象的出现，而基于治理指数的中小型保险机构治理有效性实证研究则从治理整体视角检验了保险机构治理的有效性，恰恰弥补了该领域内的研究不足。

二、应用价值

我国保险机构治理发展先后经历了行政型治理（1949－1959 年）、治理空缺或者停滞（1960－1978 年）、治理理念导入（1979－2000 年）、治理主体股改与上市（2001－2005 年）、治理全面开展（2006－2010 年）、治理深化发展（2011 年至今）几个阶段。经过这几个阶段的发展，保险机构治理质量备受关注。因此，围绕提升保险机构治理质量而展开的治理评价指标体系设计、治理评价系统实施和治理评价结果的分析与应用具有重要的应用价值。本研究的应用价值主要包括四个方面：

第一，利用本研究设计的保险机构治理评价模型所生成的保险机构治理指数进行我国保险机构治理总体和具体分析，分析结果有利于监管部门从宏观视角把握其监管对象的治理状况和各治理维度的短板，进而实现有效和精准监管。

第二，通过对大型、中型和小型保险机构治理状况的全面比较分析，尤其是对中小型保险机构和中小型保险机构中的小型保险机构治理状况的重点分析，明确了其治理的不足或短板，为监管部门实施分类监管提供决策支持。

第三，熟悉和掌握自身的治理状况是改善保险机构治理的前提，保险机构通过对治理指数及其分指数和各治理指标评分进行分析所得到的结论能够为自身治理的优化和改进提供参考和指引，进而有利于保险机构治理水平的提升。

第四，基于盈利能力、代理成本和风险承担的保险机构治理有效性的实证检验结果表明，我国中小型保险机构治理有效性还有很大的提升空间，这为明确我国中小型保险机构治理未来一段时间改革发展方向提供了理论支撑。

第三节　研究思路、研究内容与结构安排

本研究主要从治理合规性和治理有效性两个方面来探究我国保险机构治理质量，研究内容可以概括为两个基础内容、一个关键内容和两个核心内容，最后概括了本研究的章节安排情况。

一、研究思路

本研究主要从治理合规性和治理有效性两个方面来探究我国保险机构治理质量，具体研究思路或者逻辑如图 1-1 所示。

保险机构治理质量是一个综合的概念，治理合规性和治理有效性是其最主要的构成内容。本研究认为，治理合规性是指保险机构在治理实践中，其治理行为符合相关规定的程度。按照规定要求不同或治理层次不同，治理合规性又可以分为强制合规和自主合规，也可称为初级合规和高级合规。强制合规或初级合规是底线，也是通常所说狭义的合规，其对应进行的治

理就是强制性治理；而自主合规或高级合规多是自发主动的行为，也是各方所倡导和鼓励的，是广义合规的主要内容，其对应开展的治理就是自主性治理。治理有效性是指治理职能或作用发挥的程度，治理有效的前提是治理合规，治理合规的终极目的是治理有效。随着各方不断追求治理有效的目标，治理规则在不断完善，进而治理合规性也需要相应提升；治理合规性提升后，治理有效性提升的可能性也会大大增加；再结合治理实践发展中遇到的新的有效性问题，通过实证研究提出新的解决办法和要求，会进一步推动治理规则修改升级。治理合规和治理有效在这样的循环往复中螺旋式上升。

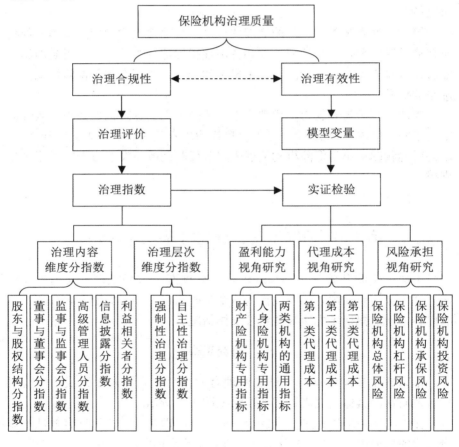

图 1-1　本书研究思路图

资料来源：作者整理。

　　回答保险机构治理合规性如何需要借助治理评价这一工具或者手段。治理合规性的要求或标准往往直接来源于明确的规定，这些规定是对长期以来理论研究和实践证明的提升治理有效性方法的总结和提炼，是否符合这些规定相对直观明确且可以测度，因而大多数治理评价在内容上也就是合规性评价。保险机构治理评价是对保险机构治理质量特别是治理合规性的科学量化，一套完整的治理评价系统包括治理评价指标、治理评价标准、治理评价模型、治理评价指数等要素，其中治理评价指标是整个评价系统的核心。需要说明的是，保险机构经营的特殊性决定了不能将上市公司治理评价系统直接用于评价保险机构治理状况，需要基于保险机构治理实践特点来研究和制定其评价指标体系。

　　保险机构治理指数是保险机构治理评价的结果，是对保险机构治理状况的量化反映；保险机构治理指数是由分指数按照一定的权重（Weight）加权计算所得，而保险机构治理分指数由基层指标量化后等权重计算所得；保险机构治理分指数依据治理内容不同可以划分为股东与股权结构分指数、董事与董事会分指数、监事与监事会分指数、高级管理人员分指数、信息披露分指数和利益相关者分指数，而按照治理层次不同又可分为强制性治理分指数和自主性治理分指数。所以，经过治理评价后，可以利用保险机构治理指数及其分指数，从整体视角系统地展示我国保险机构治理与"强制治理"和"自主治理"两类治理标准的差距，治理指数越高，保险机构治理相对于治理标准来说做得越好，相较于利用单个治理指标进行描述分析更加全面。

　　回答保险机构治理有效性如何这一问题需要利用实证研究或案例研究的方法。在治理实践中，已经发现达到合规要求的公司也可能面临公司治理问题，总结起来就是依据合规性要求建立起来的公司治理结构与机制没能很好地发挥作用，甚至是空架子，在此基础上治理有效性的概念应运而生，可见治理有效性是治理合规性的升级。公司治理的目标是实现决策科学进而保护所有利益相关者的利益，但治理职能或作用是否有效发挥表现在多方面且相对难以测度，因此难以通过治理评价直接研究每个治理主体或者行业样本的治理有效性。所以研究中往往使用代表公司成长、绩效、效率等反映因公司治理进步而提升的指标来间接反映公司治理作用的有效发挥情况，其中针对单个治理主体可以采用案例研究等方法来研究其治理有效性，而针对行业样本等大样本治理主体则采用实证检验的方法来观测公司治理变量与有关指标的相关性（Correlation）。

　　在一般公司治理领域研究中，实证研究是有效性研究的主流方法，能够从定量角度回答一组样本的宏观治理有效性情况，但不能明晰每一个治理主体的有效性情况；随着研究的深入，案例研究、实验研究、问卷调查和实地访谈等方法也逐渐被导入，这类方法虽然可以给出具体每个治理主体的有效性判断，但不适用于行业或者全样本的研究，两类方法相辅相成。因此，考虑我国保险机构治理有效性研究尚处于探索或者起步阶段，本研究的研究对象是保险业全行业样本等理论与现实情境，本研究采用实证研究的方法来探讨我国保险业所有保险机构治理的有效性。

一般公司治理领域研究治理有效性已经形成了绩效—效率—行为（Performance-Efficiency-Behavior，缩写为PEB）经典范式或者框架。早期研究主要从绩效视角入手，目前的研究则较多是从效率视角开展，行为视角的研究是未来的趋势；行为决定了效率，而效率是决定绩效的重要影响因素，因此从绩效到效率再到行为是研究治理有效性逐步深入的过程。也有学者认为效率也是绩效范畴，即效率绩效；本研究认为绩效和效率虽然均属于结果层面的内容，但如上分析，二者之间存在一定的影响和被影响关系，所以将其独立出来进行研究。本研究遵循上述研究范式，从盈利能力（Profitability）、代理成本（Agency Cost）和风险承担（Risk-taking）三个逐渐深入的层次来检验我国保险机构治理的有效性，本研究将其称为PAR研究范式，这一研究思路是对经典范式的深入和拓展。

在绩效方面，本研究重点关注保险机构盈利能力，保险机构盈利能力直接涉及对投保人等利益相关者利益的保障；在效率方面，本研究主要聚焦于保险机构的治理效率，即代理成本；在行为方面，考虑保险机构高负债经营、承保和投资是保险机构两大核心业务以及保险机构经营的就是风险等特点，本研究强调保险机构的风险承担行为，具体包括总体风险、杠杆风险、承保风险和投资风险。在衡量保险机构盈利能力、代理成本和风险承担的指标上，本研究基于我国保险机构经营的特点对部分已有研究的相关衡量指标进行了优化调整，同时还提出了部分全新的衡量指标。

此外，在治理变量的选择上，为了避免不同治理要素实证结果方向不统一甚至相互矛盾的问题，本研究选择将保险机构治理评价结果的保险机构治理指数及其分指数作为实证检验的解释变量，进而从整体视角来揭示我国中小型保险机构治理有效性的状况。

二、研究内容

（一）设计我国保险机构规模类型划分标准（基础内容）

本研究通过对已有的关于保险机构规模类型划分标准的相关研究文

献进行系统梳理和分析后发现，已有研究的划分标准并不统一，本研究提出应采用市场份额这一相对指标作为划分保险机构规模类型的依据，并给出了具体的市场份额划分标准，将我国保险机构划分为大型保险机构、中型保险机构和小型保险机构三种类型，此外还从不同类型机构的资产总额占比和利润总额占比来印证上述划分标准的科学性和合理性。

（二）界定保险机构治理等相关概念的内涵（基础内容）

保险机构治理不同于一般公司治理，不能直接基于一般公司治理概念来界定保险机构治理等相关概念。本研究从治理的内涵入手，分析了金融治理、保险业治理的内涵。保险机构治理是保险业治理的重要内容，也是本研究的核心概念，本研究分别从广义和狭义视角给出了其概念界定。同时，本研究也对作为保险机构治理体系重要组成的保险机构内部治理、保险机构外部治理、保险机构治理结构、保险机构治理机制、保险机构治理质量、保险机构治理风险、保险机构治理评价等做了界定。

（三）构建一套保险机构治理评价指标体系（关键内容）

本研究在梳理国内外已有公司治理评价系统的基础上，遵循客观性、系统性、科学性、可行性和动态性原则，依托我国保险业的现实背景，构建了一套包括 60 个具体治理指标的中国保险机构治理评价指标体系。这些指标从治理内容上可以分为六大治理维度，从治理层次上可以分为两大治理维度，并根据各指标的属性特点给出了指标的量化方法，同时基于重要性水平赋予各治理维度一定的权重，设计了中国保险机构治理指数的评价模型。构建中国保险机构治理评价指标体系是本研究核心内容开展的关键环节。

（四）全面系统评价我国保险机构治理状况（核心内容）

本研究利用上述构建的中国保险机构治理评价指标体系，基于从保险机构官网、监管部门官网、行业协会官网等渠道手工整理的我国保险机构治理公开数据，利用本研究构建的评价指数模型生成了 2016 年至 2019 年中国保险机构治理指数，利用该指数对我国保险机构治理的状况进行了总体分析，分组织形式、资本性质和险种类型的比较分析，以及基于治理内容维度六大治理分指数和基于治理层次维度两大分指数的具体分析；同时在划分大型、中型和小型样本的基础上，聚焦于中小型保险机构，对中小型保险机构以及中小型中的小型保险机构治理状况进行了基于治理指数的总体分析以及基于分指数的具体分析。

（五）实证检验我国保险机构治理的有效性（核心内容）

基于保险机构治理评价结果即保险机构治理指数及其分指数，在对相关文献梳理的基础上，分别从保险机构盈利能力、保险机构代理成本和保险机构风险承担三个视角对我国保险机构治理的有效性进行实证检验。其中，在保险机构盈利能力方面，设计了专门针对财产险和人身险保险机构的具体盈利能力指标；在代理成本方面，提出保险机构三类代理成本框架，并在考虑保险机构经营特殊性的基础上，给出了三类代理成本的具体衡量指标；在风险承担方面，不但导入了总体风险，还考虑了与保险公司经营业务相契合的杠杆风险、承保风险和投资风险。

三、结构安排

本书包括 5 篇、17 章内容。如图 1-2 所示，其中第一篇理论篇为本研究提供理论基础；第二篇现状篇旨在通过大样本的面板数据全面展示行业的治理现状，分析对象包括全样本保险机构、中小型保险机构以及小型保险机构；第三篇评价篇则在治理现状分析的基础上，利用本研究所有设计的治理评价指标体系对中小型保险机构治理状况进行评价；第四篇实证篇利用评价结果，从盈利能力、代理成本、风险承担视角对中小型保险机构治理的有效性进行实证研究；第五篇总结篇对整个研究做了总结，同时也提出了相应的对策建议。

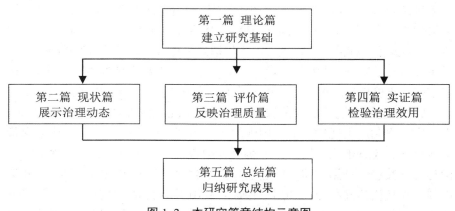

图 1-2　本研究篇章结构示意图

第四节　技术路线与研究方法

一、技术路线

本研究的技术路线如图 1-3 所示。

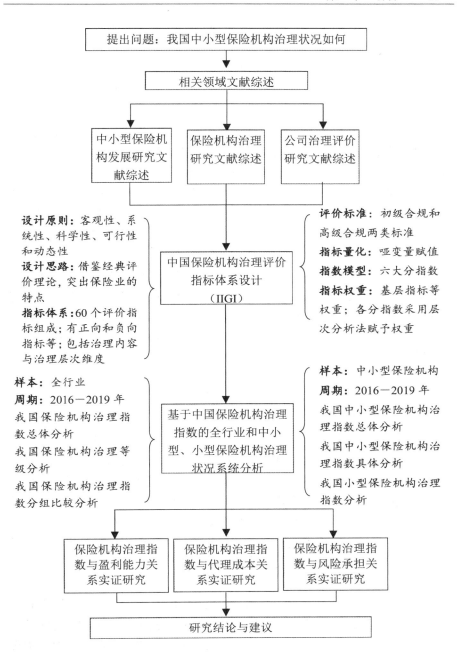

图 1-3　本研究技术路线图

资料来源：作者整理。

本研究遵循：（1）提出问题（我国中小型保险机构治理状况如何，实际上包括了治理合规性与治理有效性两个方面）——分析问题（利用描述性统计方法，基于手工整理的保险机构公开数据对保险机构治理状况进行连续的、全面的展示）；（2）解决问题的基础或者关键（设计针对我国保险机构的治理评价指标体系）；（3）解决问题（基于本研究设计的治理评价指标体系对保险机构治理状况进行评价和治理指数分析，其中中小型保险机构治理状况是本研究分析的重点，通过评价主要回答了我国中小型保险机构治理合规性状况如何这一问题；基于保险机构治理指数，从盈利能力、代理成本和风险承担三个层次对我国保险机构治理的有效性进行检验，通过实证研究主要回答了我国中小型保险机构治理有效性状况如何这一问题）；（4）实际应用（基于分析结果得出结论并提出相关的对策建议）的技术路线。

具体来说，在提出科学问题的基础上，首先进行三个相关领域研究文献的梳理；基于已有的公司治理领域经典理论并依托我国现实背景，构建中国保险机构治理评价指标体系，并基于该指标体系对我国保险机构以及中小型保险机构的治理状况进行系统评价；基于评价结果进行实证检验；最后提出相应的结论和建议。

二、研究方法

（一）规范研究

规范研究方法主要体现在本研究对中小型保险机构发展、保险机构治理、公司治理评价等研究领域的文献综述，保险机构治理评价指标体系的设计以及公司治理评价指标的量化，保险机构治理评价样本选择与构成的说明，大型、中型和小型保险机构划分标准的设计，评价的数据来源与处理的说明，保险机构治理有效性研究框架设计，保险机构业务特点与负债构成的分析，保险机构委托代理问题与代理成本的分析，保险机构风险承担类型与衡量指标设计，以及结论与建议的提出等方面。

（二）实证研究

实证研究方法主要体现在本研究对我国不同类型保险机构资产总额占比、利润总额占比等的统计分析，我国保险机构治理状况的描述统计分析、等级分布分析、形态分布分析和比较分析等，内容维度保险机构治理分指数权重的问卷调查、数据一致性检验和权重的群决策分析，各类型保险机构样本的总体治理状况和样本之间差异的分析，基于哑变量求和法对我国保险机构治理状况的评价，以及利用加权最小二乘法（Weighted Least

Square，缩写为 WLS）对保险机构治理指数及其分指数与盈利能力、代理成本和风险承担关系的实证检验等方面。

第五节 学术贡献与研究创新

本节从五个方面总结了本研究的学术贡献与创新之处，包括研发构建了一套适用于我国保险机构的公司治理评价系统，对我国保险机构治理状况进行全样本、长周期的系统评价，采用比较客观的哑变量求和法来评价我国保险机构治理质量，明确提出了我国大、中、小型保险机构划分的思路与标准，以及利用指数对中小型保险机构治理有效性进行多层次的检验。

一、研发构建了一套适用于我国保险机构的公司治理评价系统

近二十年来，全球公司治理研究的内容开始从治理结构与机制的理论研究，转向治理模式与原则的实务研究，当前治理质量与治理环境备受关注，公司治理研究的重心转移到公司治理评价和治理指数上（李维安，2006）。本研究在参考国内外已有公司治理评价系统的基础上，考虑到我国保险机构治理的特点，遵循科学性、客观性、系统性、可行性和动态性原则，设计了针对我国保险机构的由不同治理内容和治理层次总计 60 个评价指标组成的治理评价指标体系，并给出了治理评价指标量化、权重赋予和标准化处理的方法。该保险机构治理评价系统的构建丰富了一般公司治理评价理论与方法。

二、对我国保险机构治理状况进行全样本、长周期的系统评价

本研究利用所构建的保险机构治理评价指标体系和手工整理的保险机构公开信息，生成了能够反映我国保险机构治理状况的保险机构治理指数、六个治理内容维度分指数以及两个治理层次维度分指数，并基于相关指数全面分析了我国保险业全样本保险机构的治理状况及其分维度的治理状况，重点研究了中小型保险机构治理质量，同时还单独分析了小型保险机构的治理状况；在评价数据周期上，本研究并没有采用已有多数评价研究评价某一年治理状况的做法，而是对 2016－2019 年四年的治理状况进行纵向的持续性评价，动态呈现我国保险机构治理的发展脉络。在对治理状况进行评价分析的过程中还考虑到了组织形式、资本性质和险种类型等因素的影响，因而进行了相关的分组比较分析。

三、采用较客观的哑变量求和法来评价我国保险机构治理质量

在一般公司治理评价领域，评价方面主要包括哑变量求和法和专家评分法两种常用方法，其中专家评分法的优点是可以充分发挥专家的作用，提高评价效率，但其评价结果的主观性较强；哑变量求和法是国际期刊文献中采用较多的方法，其优点是客观性较强，但对治理指标设计和指标数据来源的要求也更高一些。为了保障评价结果的客观性，本研究在保险机构治理评价领域首次采用了哑变量求和的方法。在指标权重设计上，采用了哑变量求和法的经典做法，即所有最基层治理指标均为等权重；同时考虑到各维度的重要性不同，在各分维度的权重设计上，基于问卷调查数据采用层次分析法（Analytic Hierarchy Process，缩写为 AHP）中的群决策方法来确定分指数的权重。

四、明确提出了我国大、中、小型保险机构划分的思路与标准

考虑机构类型在一定时间内具有稳定性，划分机构标准在临界点附近的微小变化会导致机构类型的变化，因此用某一年度的数据来确定其当年的机构类型并不严谨。本研究在分析已有保险机构规模分类文献的基础上，认为在一定时期内观察和确定某一机构的类型相对更加科学；当然，时期不能过长，建议 2—5 年，如果过长则机构类型可能会发生一定的变化。无论是大型保险机构、中型保险机构还是小型保险机构，只要分析时期内市场份额符合相应标准的比例的年份占比在 50% 以上，便可认定样本机构这一时期内各年均为大型保险机构或中型保险机构。本研究提出将市场份额4% 作为划分大型和中小型保险机构的标准，同时提出把中小型保险机构进行细分，并将市场份额 1% 作为划分中型保险机构和小型保险机构的标准，也对所提出的大型、中型和小型保险机构划分标准的效果进行了检验。

五、利用指数对中小型保险机构治理有效性进行多层次的检验

在我国保险机构尤其是中小型保险机构治理实践进入深化发展阶段的背景下，其治理有效性受到学者广泛关注。与已有的保险机构治理案例研究和聚焦于某一具体治理要素的实证研究相比，本研究基于一般公司治理有效性的绩效—效率—行为（PEB）研究范式，构建了保险机构治理有效性的盈利能力—代理成本—风险承担（PAR）研究框架。在反映保险机构治理有效性的指标上，本研究选择和设计了包括保险机构盈利能力、代理成本和风险承担状况三个层面的能够充分体现保险机构经营特点的 14

个具体指标。利用本研究设计的保险机构治理评价指标体系生成的保险机构治理指数及其分指数，从公司治理整体视角对我国中小型保险机构治理的有效性进行了实证检验，给出了我国中小型保险机构治理有效性的实证证据。

第二章　相关概念与理论基础

我国国家治理体系和治理能力是中国特色社会主义制度及其执行能力的集中体现，而金融治理是我国国家治理体系的重要组成部分。本章首先界定了金融治理内涵，并围绕保险机构治理的内涵和保险机构治理体系的构成进行了详细研究；在设计的金融治理体系框架基础上，对作为本研究重要理论基础的习近平总书记关于金融治理的重要论述进行了分析，同时结合保险行业特点也对经典公司治理理论进行了梳理和分析。

第一节　治理、金融治理与金融机构治理体系

本节主要阐述了相关名词的具体内涵，包括治理的内涵、金融治理的内涵、保险业治理的内涵以及保险机构治理的内涵，最后从内部治理、外部治理、治理结构、治理机制、治理质量和治理风险六个方面重点介绍了保险机构治理体系。

一、治理的内涵

在 JSTOR 期刊数据库检索 Governance 一词，全文检索发现，最早的文献是 1811 年《贝尔法斯特月刊》（*The Belfast Monthly Magazine*）第 6 卷第 35 期发表的文章《爱尔兰教育委员会的第十一份报告》（Eleventh Report from the Commissioners of the Board of Education in Ireland），该文首次提及 Governance 一词；题名检索发现，最早的文献是 1886 年在杂志《英国历史评论》（*The English Historical Review*）第 1 卷第 3 期发表的关于 1885 年出版的著作《统治英格兰：绝对王权与有限王权的区别》（*The Governance of England, Otherwise Called the Difference between an Absolute and a Limited Monarchy*）的书评文章，这里的 Governance 主要是指国家层面的治理，与"统治"的内涵较为接近。

本研究也在中国知网（https://www.cnki.net/），以"治理"一词进行全文检索发现，可以检索到4763859篇文献，最早的可以追溯到1915年《清华大学学报（自然科学版）》发布的"法令摘要——学生在学禁令"；以"治理"一词进行题名检索发现，一共检索到各类文献共271236篇，最早的文献为1949年发表的《治理黄河初步意见》一文，1949年有2篇相关文献，之后几年也仅有几篇，1979年之前每年题名中有"治理"一次的文献均不超过100篇，而在20世纪80年代之后才出现了井喷式的增长。

20世纪90年代以来，一些重要的国际组织和以政治学家、经济学家为代表的学者开始对"治理"这一概念进行界定。世界银行（The World Bank）在1989年发布的《撒哈拉以南非洲：从危机到增长》（Sub-Saharan Africa: From Crisis to Sustainable Growth）报告中首次使用了治理危机（Crisis of Governance）一词，并认为治理就是行使政治权力来管理一个国家的事务（The Exercise of Political Power to Manage a Nation's Affairs），这是世界银行的第一版治理定义；在1991年《管理发展：治理的视角》（Managing Development: The Governance Dimension）报告中明确给出了治理的定义，认为治理是在一个国家中为了促进经济和社会资源的发展而运用的一种管理方式（The Manner in which Power Is Exercised in the Management of a County's Economic and Social Resources for Development），这是世界银行的第二版治理定义；在1992年的《治理与发展》（Governance and Development）和1994年的《治理：世界银行的经验》（Governance: The World Bank's Experience）报告中均沿用了上述定义。

此外，世界银行自1978年开始每年发布不同主题的《世界发展报告》（World Development），2017年将主题定为"治理与法律"（Governance and the Law），进一步解释治理的内涵，认为治理是国家和非国家行为主体在一组给定的正式和非正式规则中相互作用来设计和履行政策的过程，这些规则受到权力的影响（Governance Is the Process Through which State and Nonstate Actors Interact to Design and Implement Policies within a Given Set of Formal and Informal Rules that Shape Are Shaped by Power）。这是世界银行的第三版治理定义，此时对于治理的理解已从国家治理拓展到其他主体治理。世界银行在治理理念的普及和推广方面发挥了重要作用。

联合国有关机构成立了全球治理委员会（Commission on Global Governance），并出版了一份名为《全球治理》（*Global Governance*）的杂志。1995年全球治理委员会提出了治理的定义：治理是指各种公共的或私人的个人和机构管理其共同事务的诸多方法的总和（Governance Is the Sum of the Many Ways Individuals and Institutions, Public and Private, Manage Their Common Affairs），它是使相互冲突或不同的利益得以调和并且采取联合行动的持续的过程；这既包括有权迫使人们服从的正式制度和规则，也包括人们同意或符合其利益的各种非正式制度安排（俞可平，2000；何艺丹，2018）。

诺贝尔经济学奖得主威廉姆森（Williamson）在 1975 年首次提到了"治理结构"（Governance Structure）一词，在 1984 年以"公司治理"（Corporate Governance）为题在《耶鲁法律杂志》（*Yale Law Journal*）发表文章，并在 1985 年的著作《资本主义的经济制度：企业、市场与关系性契约》（*The Economic Institutions of Capitalism: Firms, Markets, Relational Contracting*）中专门安排一章探讨公司治理问题。此外，全球治理理论的主要创始人之一罗西瑙（Rosenau，1995）将治理定义为一系列活动领域里的管理机制，它们虽未得到正式授权，却能有效发挥作用。我国学者俞可平（2002）也对治理的概念进行了界定，认为治理是一种公共管理活动和公共管理过程，包括必要的公共权威、管理规则、治理机制和治理方式。

从全球、国家到社会及各类组织，治理作为在多个主体间的一种正式或非正式的制度，都发挥着重要的作用。其中，全球治理指的是通过具有约束力的国际规制解决全球性的冲突、生态、人权、移民、毒品、走私和传染病等问题，以维持正常的国际政治经济秩序（俞可平，2002）；国家治理是指通过行政行为、市场行为和社会行为的一系列制度和程序来规范社会权力运行和维护公共秩序（俞可平，2014；辛向阳，2014）；社会治理是由政府组织主导，吸纳社会组织等多方面治理主体参与对社会公共事务进行的治理活动（王浦劬，2014）；组织治理关注更多的是微观层面内容，因此对组织治理概念进行直接界定的文献较少，更多的是对组织治理中具体类型组织治理进行界定，例如组织治理包括营利组织治理和非营利组织治理，公司治理就是营利组织治理中的重要分支，大量学者对公司治理的内涵进行了研究。

治理作为一种正式和非正式的制度，一直存在于全球、国家到社会及各类组织中，并发挥着决定方向的重要作用，但和管理存在着许多差别。如果说管理是关于经营业务的话，那么，治理则是确保能够适当地经营。首先，两者的目标不同，治理的目标是协调和制衡并最终实现决策科学化，而管理的目标是利益最大化。其次，两者的主体不同，治理涉及多方主体，而管理往往只存在一方主体。最后，两者的实施基础不同，治理可以通过正式的或者非正式的制度来实施，而管理多通过正式的制度授权来完成。

治理一词可以应用于多个领域：在政治学领域，治理通常指国家治理，即政府如何运用国家权力来管理国家和人民；在商业领域，治理又延伸到公司治理，指公司等组织中的管理方式和制度等；在公共管理领域，治理是通行于规制空隙之间的那些制度安排，是当两个或更多规制出现重叠、冲突时，或者在相互竞争的利益之间需要调解时才发挥作用的原则、规范、规则和决策程序（Rosenau，2001）；在金融领域，金融治理体系建设（徐诺金，2019；武剑，2020）、完善金融治理（金融治理的新视野，2017；邓子纲，2020）等与金融治理相关的词语在多篇已有文献中被提及，但没有学者明确提出金融治理的定义。

二、金融治理的内涵

所谓金融治理（Finance Governance），是为了实现金融的健康和可持续发展、更好地服务实体经济的目标而做出的关于金融发展的重大事项和问题的前瞻性和应急性的制度安排。按照治理边界，金融治理可以划分为全球金融治理、区域金融治理和国家金融治理三个层次，金融治理框架体系如图 2-1 所示。

在金融治理体系框架中，全球层次的金融治理即为全球金融治理，国家间协作区域层次的金融治理即为区域金融治理，国家内部层次的金融治理即为国家金融治理。其中，全球金融治理包括宏观的全球金融治理和一个国家参与全球金融治理两大部分；国家金融治理包括金融与实体经济关系和金融业治理两部分；金融业治理按照内容性质不同可以划分为顶层设计、金融监管和金融机构治理三方面，而按照适用行业不同又可分为银行业治理、保险业治理等。

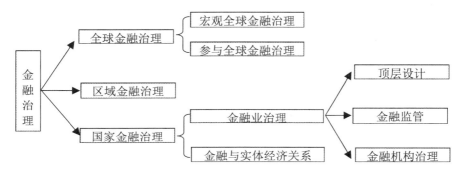

图 2-1　金融治理框架体系示意图

资料来源：作者整理。

三、金融治理之保险业治理

金融业治理是指经营金融商品的特殊行业的治理，包括银行业治理、保险业治理、信托业治理、证券业治理、基金业治理、租赁业治理、投资银行业治理、期货业治理、典当业治理等。

保险业治理是金融业治理的重要组成部分，本研究以保险业为例分析金融业治理的内涵。所谓保险业治理，是指政府部门对保险行业未来发展的顶层设计即发展方针的制定，监管机构对保险业未来发展方针的落实和对保险机构的监管即发展规划的设计和相关监管制度的制定，包括行业协会在内的非政府组织对保险机构的自律引导即发挥非政府监管的作用，以及行业内包括监管机构、非政府组织、保险经营机构和保险中介机构等组织的治理结构构建与治理机制作用的发挥。保险业治理框架体系如图2-2所示。

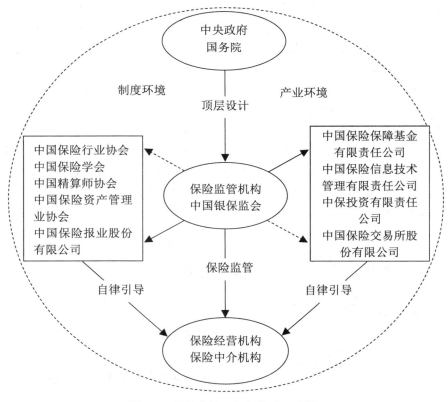

图2-2　保险业治理框架体系示意图

资料来源：作者整理。

保险业治理的目标是保证这些组织能够科学和有效地进行决策，最终使保险业在符合国家相关产业政策的前提下健康发展，进而服务经济和社会，参与国家治理。保险业治理也包括了治理结构和治理机制两个方面的内容，治理结构体现为治理子系统，治理机制则体现为顶层设计、保险监管等。

上面给出了保险业治理的内涵界定，为了更好地理解其内容，可用数字"1""2""3""4"来进一步刻画保险业治理，具体含义如下：

所谓"1"，是指保险业治理的一大目标。保险业治理的目标是保险业健康发展，也就是说，我国开展的各种类型的治理活动，建立的各种机制与机构，终极目标只有一个，即让我国保险业能够又好又快地发展。

所谓"2"，是指保险业治理的两大环境，即制度环境和产业环境。治理活动离不开制度环境，治理好了，反过来会使制度环境得到改善；治理活动更离不开产业环境，产业环境中的市场集中度、市场的结构等都可能会对治理产生影响。

所谓"3"，是指保险业的三大治理机制，即顶层设计、保险监管和自律引导。其中顶层设计主要是由政府这一治理主体使用，保险监管主要是由保险监管机构来使用，而自律引导则主要是由中国保险行业协会、中国保险学会等非政府组织使用。

所谓"4"，是指保险业的四大治理子系统，主要包括保险监管机构治理子系统、非政府组织治理子系统、保险中介机构治理子系统和保险经营机构治理子系统。保险业治理包括保险机构治理，保险机构治理包括保险公司治理。

需要说明的是，金融业中银行业、信托业、证券业、基金业、租赁业、投资银行业、期货业、典当业等的治理体系框架与保险业治理体系框架本质上无异，只是体系中涉及的具体治理主体、治理机制和治理结构略有不同。

四、金融治理之保险机构治理

金融机构治理按照关注对象业务类型不同可以分为金融控股公司治理、银行治理、城市信用合作社治理、农村信用合作社治理、保险公司治理、相互保险组织治理、证券公司治理、基金管理公司治理、期货公司治理、信托公司治理、资产管理公司治理、财富管理公司治理、财务公司治理、贷款公司治理、货币经纪公司治理、租赁公司治理、担保公司治理、汽车金融公司治理、消费金融公司治理、银行理财公司治理、登记结算公司治理、证券交易所治理、黄金交易所治理、期货交易所治理、外汇交易中心治理等。金融机构治理按照关注对象法人资格特点不同可以分为金融法人机构治理和金融非法人机构治理两大类，在金融法人机构治理中，按照法人资格的形态不同又可以划分为公司法人金融机构治理和非公司法人金融机构治理。需要说明的是，金融机构治理按照业务类型和法人资格特点划分并不矛盾，往往是结合使用。

本研究以保险机构为例来进一步说明金融机构治理的内涵。按照公司治理的内涵，实际上保险业中任何组织均存在治理问题。所谓保险机构治理是保险经营机构治理和保险中介机构治理的总称。保险经营机构治理包括财产险公司治理、人身险公司治理、保险集团公司治理、相互保险组织治理、再保险公司治理、保险资产管理公司治理、外资保险公司代表处治理和自保公司治理等。保险中介机构治理包括保险代理机构治理、保险经纪机构治理和保险公估机构治理。按照保险机构类型不同，保险机构治理框架体系如图2-3所示。在保险机构治理框架体系中，相互保险组织治理存在着公司法人相互保险组织治理和非公司法人相互保险组织治理两大类；外资保险公司代表处治理属于非法人保险机构治理范畴。

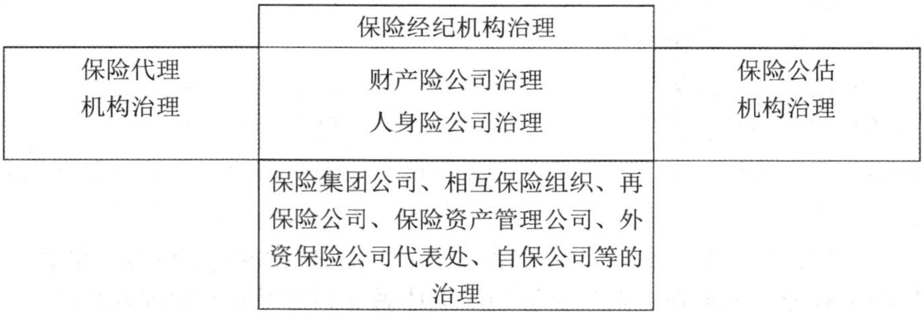

保险代理机构治理	保险经纪机构治理	保险公估机构治理
	财产险公司治理 人身险公司治理	
	保险集团公司、相互保险组织、再保险公司、保险资产管理公司、外资保险公司代表处、自保公司等的治理	

图2-3 保险机构治理框架体系示意图

资料来源：作者整理。

保险机构是以公司或非公司的形式经营保险及相关业务的经济主体，对于公司形式的保险机构来说必然具有公司的一般特征，一般治理原理也会在保险机构中发挥基础性作用，这一点不能否认。但不同类型的保险机构治理从目标、原则、结构与机制等方面均存在一定的特殊性，即使不同业务的同类型机构在治理上也存在细微差异。

保险公司治理是保险机构治理框架中的核心。郝臣（2015）在与李维安合著的《公司治理手册》中首次给出了保险公司治理的定义，这是保险公司治理的第一版定义；郝臣（2016）在著作《保险公司治理对绩效影响实证研究——基于公司治理评价视角》中进一步界定了保险公司治理的内涵，这是保险公司治理的第二版定义；郝臣、李慧聪和崔光耀（2017）在著作《治理的微观、中观与宏观——基于中国保险业的研究》，以及郝臣和崔光耀（2018）在期刊论文《保险公司治理概念之辨析与拓展——基于中国实践视角》中给出了保险公司治理的第三版定义。

在上述保险公司治理第三版定义的基础上，郝臣、李艺华、崔光耀、刘琦和王萍（2020）提出了第四版保险公司治理的定义。保险公司治理有狭义和广义之分。狭义的保险公司治理是指保险公司的内部治理结构与机制，即通过有关"三会一层"的构成、地位与性质、基本职权、运作规则等方面的制度安排来解决股东与经理人以及大股东与小股东之间的委托代理问题，治理的目标是股东利益最大化。狭义的保险公司治理与狭义的一般公司治理没有本质区别。广义的保险公司治理是在狭义的基础上，导入外部治理机制，同时利益相关者范畴也不仅仅局限于股东和经营者，而是拓展到投保人等保险公司重要的利益相关者，具体来说，是指一套综合公司内部的治理结构与机制和监管机构监管、各类市场竞争、控制权争夺、媒体监督等公司的外部治理机制，协调公司与投保人、股东、经理人、雇员、社区、政府等利益相关者的利益，以实现保险公司决策科学化，进而实现利益相关者利益最大化的制度安排。保险公司治理是指保险业这一特殊行业中公司的治理，即"保险公司+治理"；而不是公司治理理论在保险公司上的简单运用，即"公司治理+保险公司"。此外，郝臣（2021）在《保险公司治理》教材中也使用了第四版的定义。

五、保险机构治理体系

（一）保险机构治理体系总体说明

本研究认为一个完整的保险机构治理体系由治理制度、内部治理、外部治理、治理质量评价、治理风险管控五部分内容组成。其中，治理制度是治理基础，内部治理包括治理结构与治理机制，外部治理有治理机制但没有治理结构问题，治理质量评价是面向过去的工具和手段，而治理风险管控是面向未来的工具和手段。保险机构治理内容体系如图2-4所示。

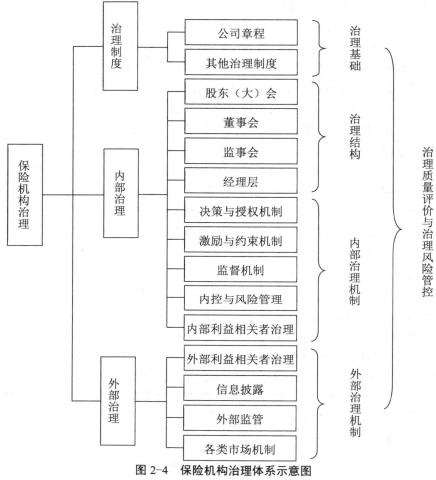

图 2-4 保险机构治理体系示意图

资料来源：作者整理。

（二）保险机构治理制度

治理制度分为公司章程和其他治理制度，其他治理制度包括股东（大）会议事规则、董事会及其专业委员会议事规则、监事会议事规则等，这些制度构成了保险机构的治理基础。

（三）保险机构内部治理

本研究认为，保险机构内部治理是指来自保险机构内部的制度安排以解决委托代理问题。内部治理按照内容不同可以分为股东治理、董事会治理、监事会治理、经理层治理、职工等内部利益相关者治理。

股东治理涉及股东（大）会的权利、股东（大）会的召集和召开、股东性质、股权结构、股东投票制度、股东治理评价等内容。

董事会治理涉及董事任职资格、董事提名、董事选聘、董事任期、董事义务、董事激励、董事约束、董事责任险、董事评价、董事会会议、董事会职权、董事会规模、董事长、独立董事、执行董事、董事会专业委员会、董事会独立性、董事会资本、董事会秘书、董事会治理评价等内容。

监事会治理涉及监事任职资格、监事提名、监事选聘、监事任期、监事义务、监事激励、监事约束、监事评价、监事会职权、监事会会议、监事会规模、监事会主席、股东监事、职工监事、外部监事、监事会治理评价等内容。

经理层治理涉及经理提名、经理选聘、经理任职资格、经理任期、经理义务、经理职权、经理约束、两职设置、经理激励、经理层治理评价等内容。

另外，按照这些制度安排的特点可以把内部治理分为结构和机制两个层面，即内部治理结构和内部治理机制。内部治理结构主要是指"三会一层"，与公司治理结构含义相同；内部治理机制主要包括决策机制、激励约束机制和监督机制。

（四）保险机构外部治理

迄今为止，何谓外部治理也尚未有一个统一的界定。但笼统来说，保险机构外部治理是相对于保险机构内部治理来说的，是指来自机构外部的监督或力量，其目的是解决委托代理问题。外部治理的研究，在侧重于外部市场、外部环境等英美治理模式的国家成果较为丰富，外部治理甚至成了公司治理的代名词；而在强调内部制度安排的国家，包括我国在内，对于外部治理的关注相对较少。保险机构外部治理主要包括外部监管、行业协会自律引导、接管机制、信息披露、投资者关系管理、关联交易规范、产品市场竞争、经理人市场、控制权市场、企业伦理、企业社会责任、债权治理、媒体治理、外部审计、浑水机构监督、学术团队相关研究成果等内容。

（五）保险机构治理结构

保险机构治理结构又称保险机构法人治理结构，公司治理结构侧重于机构的内部治理，是指涵盖股东（大）会、董事会、监事会、经理层之间责权利的制度体系。因此，简单来说，保险机构治理结构就是指保险机构的"三会一层"。早期对公司治理的认识多局限于公司治理结构层面，随着公司治理理论与实务的推进，公司治理结构这一词语也被经常使用，但是所表达的内容已不仅仅局限于治理的结构层面问题，还包括机制问题，即与公司治理等同，以至于目前部分政策文件仍然使用法人治理结构一词。当然，在治理实践的今天，治理结构、治理机制与公司治理各有其确切的内涵，最好不要混用。

（六）保险机构治理机制

与保险机构治理结构相对应的是保险机构治理机制。保险机构治理机制在本质上也是一种制度安排，但与"三会一层"的具体制度安排不同，治理机制方面的制度安排比较抽象和特殊。公司治理机制分为内部机制和外部机制，其中，内部治理机制通过公司内部的制度安排来降低代理成本，是对已有制度安排的进一步提炼，比如内部治理机制中的激励机制，是对董事、监事、高级管理人员相关激励制度的总称；而外部治理机制通过外部的制度安排来降低代理成本，既有正式成文的，也有非正式成文的。内部治理机制主要通过"三会一层"来发挥其作用，包括决策机制、激励约束机制和监督机制。而外部治理机制主要是通过国家法律、监管部门、行业协会、证交所、资本市场、产品市场、经理人市场和社会媒体等外部约束力量对保险机构形成监督。

（七）保险机构治理质量

ISO9000 将质量定义为一组固有特性满足要求的程度，保险机构治理质量是指保险机构治理的合规、决策、权利配置、激励、监督、协调等职能的固有特性满足股东、高级管理人员、保险消费者、监管机构等利益相关者要求的程度。这些要求包括明确的、隐含的以及必须履行的。保险机构治理质量是一个综合的概念，治理合规性与有效性是其核心内容，而治理绩效、成本、效率与溢价等也是其不同方面的反映。保险机构治理质量主要用来反映保险机构治理历史的表现，运用科学的评价方法可以评价保险机构治理质量状况。

（八）保险机构治理风险

从本质上来说，保险机构治理风险是指某种因保险机构治理结构不合理或机构治理机制不完善而导致保险机构治理偏离目标的可能性。作为一个系统性问题，保险机构治理风险并非囿于单一或少数几个公司治理维度，而是涉及股东治理、董事会治理、监事会治理、经理层治理、利益相关者治理以及信息披露制度与状况乃至企业社会责任等多个治理维度。与保险机构治理质量关注的方向不同，保险机构治理风险主要是面向未来的，通常可以采用量化的方法刻画保险机构治理风险以更好地发挥风险预警作用。

第二节 习近平总书记关于金融治理的重要论述

本节主要围绕习近平关于金融治理重要论述展开，介绍了习近平关于金融治理重要论述对我国金融业发展的影响，对习近平关于金融治理重要论述进行了具体领域的分析；同时，本节还对习近平关于金融治理重要论述的文件进行了统计概括，并分全球金融治理、区域金融治理和国家金融治理三个方面进行了具体分析。

一、习近平关于金融治理的重要论述与我国金融业发展

在习近平新时代中国特色社会主义思想中，关于治理的阐述是其主要内容之一，这是马克思主义中国化新飞跃的突出体现（杨永志和王琳，2018），也是治理理论的重大创新。

党的十八大以来，习近平总书记高度重视金融在经济发展和社会生活中的重要地位和作用，我国金融改革发展取得了新的重大成就。从国际上来看，我国积极与世界各国开展金融合作，参与国际金融规则的制定，共同构建国际货币金融体系、维护国际金融秩序，在国际上的话语权不断提升；同时积极推进上海国际金融中心建设，以此来提高我国在国际上的金融地位。从国内来看，我国金融行业发展迅速，金融资产规模日益扩大，普惠金融、绿色金融等一系列金融政策不断推广，金融产品创新能力明显提升，金融监管体系也不断完善。但是，我国金融业发展依然面临一定问题。一方面，外汇风险、中美贸易摩擦等事件导致国际金融市场波动加剧，给我国金融国际化带来不确定因素；另一方面，国内金融行业在市场结构、经营理念、平衡发展等方面存在诸多不足和挑战（耿刘利、黎娜、王琦和龚洁松，2019）。上述问题对我国金融治理能力提出了更高的要求。

面对日益复杂的国内外环境，以习近平同志为核心的党中央高度重视金融工作，在实践中不断探索，改革和完善金融治理体系（孙雪芬，2019）。例如，在2017年全国金融工作会议上，习近平强调"金融是国家重要的核心竞争力，金融安全是国家安全的重要组成部分，金融制度是经济社会发展中重要的基础性制度"；习近平在十九大报告中明确指出"深化金融体制改革，增强金融服务实体经济能力，提高直接融资比重，促进多层次资本市场健康发展。健全货币政策和宏观审慎政策双支柱调控框架，深化利率和汇率市场化改革。健全金融监管体系，守住不发生系统性金融风险的底线"；在2019年中共中央政治局第十三次集体学习中，习近平强调"金

融要为实体经济服务，满足经济社会发展和人民群众需要，我们要深化对金融本质和规律的认识，立足中国实际，走出中国特色金融发展之路，推动金融业高质量发展"。中共十九届四中全会进一步强调，要加强系统治理、依法治理、综合治理、源头治理，把我国制度优势更好地转化为国家治理效能。

习近平新时代经济思想是在总结国际金融发展的经验教训和我国金融业发展的成果和问题的基础上，对当下我国开展金融工作提出的若干重要观点、措施、原则和理念，是促进金融业健康发展、做好金融工作的根本遵循。习近平总书记有关金融工作的重要论述，是习近平新时代中国特色社会主义经济思想的有机组成部分，从基础工作、目标指向和引擎动力全面指引着我国新时代的金融工作。贯彻和落实习近平关于金融工作的重要论述，能够为促进新时代我国金融业的高质量发展提供理论指导，同时有利于提升我国参与国际金融治理的水平（耿刘利、黎娜、王琦、龚洁松，2019）。而习近平关于金融治理重要论述又是习近平新时代经济思想的核心，由此可见，深入研究习近平关于金融治理的论述具有重要的理论价值和应用价值。

但目前学术界没有对金融治理的内涵进行界定，也没有对金融治理体系框架进行设计。对于金融治理内涵进行准确界定的前提是对治理的"再认识"，因此本章第一节通过文献检索的方式追溯了治理的根源，然后给出了金融治理的定义和金融治理的体系框架。在上述工作基础上，本节通过中国共产党新闻网习近平系列重要讲话数据库（http://jhsjk.people.cn/）整理的习近平总书记于 2013 年 1 月 1 日到 2019 年 12 月 31 日在会议、集体学习、活动、访问、会见、考察、采访等中的系列讲话、公开发表的署名文章和所致函电，检索到包括"金融"这一关键词的相关文件总计 567 份。本研究对这些文件中的金融治理论述进行分析和总结，并尝试从全球金融治理、区域金融治理和国家金融治理三个层次分析习近平关于金融治理重要论述的要点。

二、习近平关于金融治理重要论述的具体领域分析

本研究对习近平总书记提及金融治理的系列讲话、署名文章和所致函电三类文件进行金融治理领域分布统计后发现，习近平关于金融治理重要论述的领域共涉及 70 个方面的内容。具体而言，涉及金融合作的文件共348 份，占全部样本的比例为 61.38%，表明我国十分重视并愿意与世界各国展开金融协作，国际金融合作在习近平关于金融治理重要论述中有着非

常重要的地位；涉及国际金融危机的文件共 75 份，占全部样本的 13.23%，表明我国对国际性金融风险保持高度警惕，积极承担作为重要的发展中国家应当承担的金融责任；涉及防范化解金融风险和维护金融稳定的文件占比分别为 8.29% 和 5.29%，表明我国对国内的金融风险和金融稳定问题也同样重视，财税金融、金融监管、金融服务实体经济等方面文件占比也较高，具体如表 2-1 所示。

表 2-1　习近平关于金融治理重要论述领域分布情况

编号	具体类别	文件数（份）	比例（%）	编号	具体类别	文件数（份）	比例（%）
1	金融合作	348	61.38	36	经济金融形势	3	0.53
2	国际金融危机	75	13.23	37	统筹配置金融资源	3	0.53
3	防范化解金融风险	47	8.29	38	政策性金融	3	0.53
4	金融稳定	30	5.29	39	金融制度	3	0.53
5	财税金融	26	4.59	40	参与国际金融规则制定	2	0.35
6	金融监管	25	4.41	41	金融资金的引导协同作用	2	0.35
7	金融服务实体经济	24	4.23	42	国际金融秩序	2	0.35
8	金融开放	18	3.17	43	金融基础设施	2	0.35
9	金融安全	16	2.82	44	金融竞争	2	0.35
10	国际货币金融体系	12	2.12	45	金融现代化	2	0.35
11	金融支持	11	1.94	46	规范金融业务	1	0.18
12	金融创新	11	1.94	47	国际金融机制规则	1	0.18
13	金融动荡	10	1.76	48	国际经济金融组织	1	0.18
14	绿色金融	10	1.76	49	互联网金融管控	1	0.18
15	全球经济金融治理	10	1.76	50	坚决打击违法违规金融活动	1	0.18
16	亚洲金融危机	10	1.76	51	金融霸权	1	0.18
17	金融体制	9	1.59	52	金融法制	1	0.18
18	鼓励中国金融企业走出去	8	1.41	53	金融反腐	1	0.18
19	金融服务	8	1.41	54	金融杠杆率	1	0.18
20	金融改革	8	1.41	55	金融供给侧结构性改革	1	0.18
21	金融体系	8	1.41	56	金融环境	1	0.18
22	货币金融大流通	8	1.41	57	金融机构	1	0.18
23	农村金融	7	1.23	58	开发性金融	1	0.18

编号	具体类别	文件数（份）	比例（%）	编号	具体类别	文件数（份）	比例（%）
24	金融扶贫	6	1.06	59	金融监管合作	1	0.18
25	国际经济金融体系	6	1.06	60	金融市场互联互通	1	0.18
26	多边金融	5	0.88	61	数字金融	1	0.18
27	国际金融机构	4	0.71	62	金融投资存量增长	1	0.18
28	金融业国际化	4	0.71	63	金融职务消费规范	1	0.18
29	金融政策	4	0.71	64	经济金融政策外溢性影响	1	0.18
30	普惠金融	4	0.71	65	评估金融风险	1	0.18
31	国际金融发言权	3	0.53	66	全球金融治理机制	1	0.18
32	金融保障	3	0.53	67	全球系统性金融风险	1	0.18
33	金融发展	3	0.53	68	深化国有企业和金融部门的基础性改革	1	0.18
34	金融平台	3	0.53	69	整治金融乱象	1	0.18
35	金融中心	3	0.53	70	特色金融新兴产业	1	0.18

资料来源：根据中国共产党新闻网（http://jhsjk.people.cn/）习近平系列重要讲话数据库整理所得。

三、习近平关于金融治理重要论述文件概况

（一）文件发布年份的统计分析

本研究将习近平总书记关于金融治理重要论述的文件的频数以及文件中提及"金融"一词的频数按照文件发布年份进行描述性统计后发现：十八大以来尤其 2017 年以来，习近平总书记对金融治理问题高度关注。2017 年习近平总书记关于金融治理的 74 份论述文件中共提及"金融"344 次，平均每份文件提及"金融"4.65 次；特别是在 2017 年全国金融会议和中共中央政治局第四十次集体学习中，分别提及"金融"118 次和 79 次，表现出以习近平同志为核心的党中央对金融治理的高度重视。

（二）文件具体类型的统计分析

本研究将习近平关于金融治理重要论述的文件按照会议、集体学习、活动、访问、会见、考察、采访中的系列讲话、公开发表的署名文章和所致函电等几种不同文件类型进行分类，统计后发现，习近平总书记提及治理问题的所有具体文件类型中，会见和会议类型最多，分别为 299 份和 115 份，平均提及"金融"1.19 和 4.25 次；而集体学习类型文件虽然只有 5 份，

但平均提及"金融"22.71 次，表明习近平在集体学习中对其金融治理理念进行了全面阐述。

（三）文件适用场合的统计分析

本研究将习近平总书记关于金融治理重要论述的文件按照国际、国内不同适用场合进行描述性统计后发现：在国际场合的文件中，有 434 份文件提及金融治理理念，共提及"金融"686 次，平均每份提及"金融"1.58 次；在国内场合中，有 133 份文件提及金融治理问题，共提及"金融"617 次，平均每份提及"金融"4.64 次。整体而言，在国际和国内适用场合中提及"金融"的频数差距较小，表明习近平总书记对国内和国际的金融治理一样重视。

四、习近平关于全球金融治理重要论述的分析

姚远（2019）基于权力、利益和网络化三个视角对全球金融治理进行了解释，认为全球金融治理是在国家权力不均衡时，带有国际政治网络化特征的、对国内和国际利益进行再分配的方式。在国际利率和汇率波动发生双重不利冲击时，部分新兴经济体的金融脆弱性会逐渐显现出来（陈四清，2018）。中国作为发展中国家，一方面，应当对全球金融治理的问题保持高度关注；另一方面，应当积极承担在国际金融治理中的责任，参与到全球金融治理中去。

习近平总书记关于全球治理问题的论述，包含了国际金融合作（348 份）、国际金融危机（75 份）、金融稳定（30 份）、国际货币金融体系（12 份）、金融动荡（10 份）、全球经济金融治理（10 份）、货币金融大流通（8 份）、国际金融秩序（2 份）、参与国际金融规则制定（2 份）、金融霸权（1 份）等多项内容。其中，习近平总书记提及国际金融合作和国际金融危机的论述文件最多，分别有 348 份和 75 份，可见国际金融合作和国际金融危机是全球金融治理的重点。

习近平总书记多次对全球金融治理进行深刻阐述，例如 2013 年在亚太经合组织工商领导人峰会演讲中，习近平指出"各种多边和双边金融安排为应对复杂局面提供了机制保障"；2015 年在金砖国家领导人第七次会晤讲话中，习近平指出"加强新兴市场国家和发展中国家在国际经济金融事务中的代表性和话语权，让世界银行、国际货币基金组织等传统国际金融机构取得新进展，焕发新活力"；2016 年在二十国集团工商峰会开幕式主旨演讲中，习近平提出"要共同构建公正高效的全球金融治理格局，维护世界经济稳定大局"；在世界经济论坛 2017 年年会开幕式主旨演讲中，

习近平指出"全球金融治理机制未能适应新的需求，难以有效化解国际金融市场频繁动荡、资产泡沫积聚等问题"；2019 年在二十国集团领导人峰会上，习近平指出"不但要确保金融安全网资源充足，也要让国际金融架构的代表性更加合理，更好反映世界经济现实格局"。

五、习近平关于区域金融治理重要论述的分析

区域金融治理强调国家间的金融治理协作和多边金融协调治理，是全球金融治理和多边金融合作的重要组成部分（陈四清，2018）。在习近平总书记关于区域金融治理的重要论述中，涉及亚洲金融危机和多边金融的论述文件分别有 10 份和 5 份。

2014 年在亚洲相互协作与信任措施会议峰会中，习近平提出"中国将同地区国家和国际社会合作应对亚洲金融危机和国际金融危机"；2015 年在新加坡国立大学演讲中，习近平指出"中国和东南亚国家在国家独立和民族解放的进程中彼此激励、相互支持，在经济社会发展的历程中相互启迪、通力合作，在应对亚洲金融危机、国际金融危机和抗击印度洋海啸、中国汶川特大地震中守望相助、和衷共济"；2015 年在博鳌亚洲论坛年会主旨演讲中，习近平提出"要积极推动构建地区金融合作体系，探讨搭建亚洲金融机构交流合作平台，推动亚洲基础设施投资银行同亚洲开发银行、世界银行等多边金融机构互补共进、协调发展"；2017 年在"一带一路"国际合作高峰论坛开幕式演讲中，习近平指出"新型金融机制同世界银行等传统多边金融机构各有侧重、互为补充，形成层次清晰、初具规模的'一带一路'金融合作网络"；2018 年在博鳌亚洲论坛年会开幕式主旨演讲中，习近平指出"中国在对外开放中展现大国担当，从引进来到走出去，从加入世界贸易组织到共建'一带一路'，为应对亚洲金融危机和国际金融危机做出重大贡献"；2018 年在亚太经合组织工商领导人峰会上主旨演讲中，习近平强调"中国人民立己达人、共谋发展，始终不渝走和平发展道路，积极参与全球经济治理，积极支持广大发展中国家发展，实施负责任的宏观经济政策，保持对世界经济增长的较高贡献率，为应对亚洲金融危机、国际金融危机做出了自己的贡献"。

六、习近平关于国家金融治理重要论述的分析

国家金融治理是一个国家内部的金融治理，习近平总书记关于国家金融治理的论述主要围绕金融与实体经济的关系以及金融业治理两方面展开。

（一）金融与实体经济的关系

实体经济是金融产生和发展的基础，金融发挥服务功能，与实体经济发展相协调，就会带动经济增长；同时实体经济也为金融发展创造机遇，迫使金融转型升级（赵燕，2019）。习近平总书记关于金融与实体经济关系的重要论述，主要涉及金融服务实体经济（24份）、金融支持（11份）、绿色金融（10份）、普惠金融（4份）等内容。

关于金融与实体经济的关系，2015年在中央全面深化改革领导小组第十八次会议上，习近平指出"发展普惠金融，目的就是要提升金融服务的覆盖率、可得性、满意度，满足人民群众日益增长的金融需求，特别是要让农民、小微企业、城镇低收入人群、贫困人群和残疾人、老年人等及时获取价格合理、便捷安全的金融服务"；2017年在党的十九大报告中指出，"深化金融体制改革，增强金融服务实体经济能力，提高直接融资比重，促进多层次资本市场健康发展"；2018年在中共中央政治局会议上，习近平强调"把防范化解金融风险和服务实体经济更好结合起来，坚定做好去杠杆工作，把握好力度和节奏，协调好各项政策出台时机。要通过机制创新，提高金融服务实体经济的能力和意愿"；2019年在中共中央政治局第十三次集体学习中，习近平指出"金融要为实体经济服务，满足经济社会发展和人民群众需要。金融活，经济活；金融稳，经济稳。经济兴，金融兴；经济强，金融强。经济是肌体，金融是血脉，两者共生共荣。我们要深化对金融本质和规律的认识，立足中国实际，走出中国特色金融发展之路"。

（二）金融业治理

金融业治理是关于国内金融行业的治理问题，习近平总书记关于金融业治理的论述主要涉及顶层设计、金融监管和金融机构治理三个方面。

1. 顶层设计

金融业治理的顶层设计是针对金融行业整体提出的，具有全局性、统筹规划性的治理安排。习近平总书记关于金融业顶层设计的重要论述，涉及防范化解金融风险（47份）、财税金融改革（26份）、金融开放（18份）、金融安全（16份）、金融创新（11份）、金融制度（3份）等多方面内容。

关于金融业发展的顶层设计，2014年在党外人士座谈会中，习近平强调"规范和发展互联网金融、防范和化解金融风险；增大简政放权的含金量，加快放宽民间投资准入，深化金融体制改革，加快服务业有序开放，完善对外开放体制机制"；2017年习近平对上海自贸试验区建设做出重要指示，指出"把制度创新作为核心任务，把防范风险作为重要底线，建立与国际通行规则相衔接的投资贸易制度体系、深化金融开放创新、加快政府职能转变和构建开放型经济新体制"；2018 年在中央全面深化改革委员会第一次会议中，习近平提出"完善金融审判体系，营造良好金融法治环境；围绕金融工作服务实体经济、防控金融风险、深化金融改革的任务，发挥人民法院的职能作用"；2018 年在中共中央政治局会议上，习近平指出"要更加积极主动推进改革开放，深化国企国资、财税金融等改革，尽早落实已确定的重大开放举措"；2018 年在庆祝海南建省办经济特区 30 周年大会上的讲话中，习近平指出"要在内外贸、投融资、财政税务、金融创新、入出境等方面，探索更加灵活的政策体系、监管模式、管理体制"；2019 年在中共中央政治局第十三次集体学习中，习近平提出"防范化解金融风险特别是防止发生系统性金融风险，是金融工作的根本性任务""金融是国家重要的核心竞争力，金融安全是国家安全的重要组成部分，金融制度是经济社会发展中重要的基础性制度"。

2. 金融监管

金融监管是针对一个国家金融业监管提出的治理要求。习近平总书记关于金融监管的重要论述，涉及金融业整体监管（25 份）、互联网金融管控（1 份）、打击违法违规金融活动（1 份）、金融职务消费规范（1 份）、整治金融乱象（1 份）等多方面内容。

关于金融业发展的监管问题，2014 年在中共中央政治局会议上，习近平强调要"加强对国有企业和国有金融企业负责人职务消费等的规范，坚决堵住铺张浪费的漏洞和后门"；2016 年在学习贯彻党的十八届五中全会精神专题研讨班上，习近平强调"在市场、产业、科学技术特别是互联网技术快速发展的情况下，资本投入、安全生产、股市调控、互联网金融管控等对于社会稳定至关重要"；2017 年在中央经济工作会议上，习近平提出要"坚决打击违法违规金融活动，加强薄弱环节监管制度建设"；2017 年在中共中央政治局会议上，习近平强调"要深入扎实整治金融乱象，加强金融监管协调"；2017 年在中共中央政治局第四十次集体学习中，习近平提出"领导干部特别是高级干部要努力学习金融知识，熟悉金融业务，把握金融规律，既要学会用金融手段促进经济社会发展，又要学会防范和化解金融风险，强化监管意识，提高监管效率"；2017 年在中央经济工作会议上，习近平提出"打好防范化解重大风险攻坚战，重点是防控金融风险，要服务于供给侧结构性改革这条主线，促进形成金融和实体经济、金融和房地产、金融体系内部的良性循环，做好重点领域风险防范和处置，坚决打击违法违规金融活动，加强薄弱环节监管制度建设"；2019 年在中央全面深化改革委员会第十次会议上，习近平强调"金融基础设施是金融市场稳健高效运行的基础性保障，是实施宏观审慎管理和强化风险防控的重要抓手。要加强对重要金融基础设施的统筹监管，统一监管标准，健全准入管理，优化设施布局，健全治理结构，推动形成布局合理、治理有效、先进可靠、富有弹性的金融基础设施体系"。

3. 金融机构治理

金融机构治理是指针对从事金融业有关金融服务的机构或部门的治理。习近平总书记对于我国金融治理问题多从宏观角度展开，具有全局性特征，而金融机构是构成金融业的重要微观主体，因此，习近平总书记关于金融机构治理的重要论述相较于金融业顶层设计、金融监管治理而言较少，主要涉及国有企业和金融部门的基础性改革（1 份）。2016 年在中共中央政治局会议上，习近平强调"深化国有企业和金融部门的基础性改革是去产能和去杠杆的关键"。

七、习近平关于金融治理重要论述研究小结

"金融很重要，是现代经济的核心。金融搞好了，一着棋活，全盘皆活"（邓小平，1991）。党的十八大以来，习近平关于金融工作做了很多重要论述，并围绕金融工作主持召开了多次中央政治局集体学习和一次金融工作会议，明确提出"金融是国家重要的核心竞争力"这一重要论断。在党的十九届四中全会《中共中央关于坚持和完善中国特色社会主义制度　推进国家治理体系和治理能力现代化若干重大问题的决定》中四次提到"金融"二字，指出"健全具有高度适应性、竞争力、普惠性的现代金融体系，有效防范化解金融风险"。

习近平总书记在总领全局，把握新的形势变化的基础上，形成了新时代中国特色社会主义经济思想；从基础工作、目标指向和引擎动力全面指引着我国新时代的金融工作。习近平关于金融治理的重要论述以深厚的理论为基础，结合我国新时代金融发展的实际情况进行了丰富和创新，为新时代经济金融发展提供了理论支撑（杨英杰和刘海龙，2019）。本研究通过对习近平总书记关于金融治理重要论述文件的整理和分析，以治理边界为视角从三个层面对习近平关于金融治理重要论述的要点进行了分析。

全球和区域金融治理构成了本研究的重要宏观环境。1997 年亚洲金融危机、2008 年次贷危机等国际性金融危机事件表明我国对全球金融风险的识别和预警机制尚不健全，国际金融危机的救助机制尚不完善（陈四清，2018）。中国作为重要的发展中国家，应当主动参与到国际金融治理尤其是

国际金融风险的应对工作中。一方面，要重视和防范国内的系统性金融风险，避免国内金融动荡引发国际性金融危机；另一方面，要充分发挥我国在国际金融舞台上的话语权，参与区域多边金融协作，与各国共同筑牢金融安全网。

中小型保险机构治理研究属于国家金融治理范畴，同时国家金融治理也是本研究的最直接相关的治理环境因素。在国家金融治理方面，习近平总书记从宏观层面指出"服务实体经济、防控金融风险、深化金融改革是我国金融工作的三项基本任务"。本研究认为，为了从微观层面全面落实习近平关于金融治理重要论述：第一，对标治理领域《G20/OECD 公司治理原则》（G20/OECD Principles of Corporate Governance）等国际标准，找出目前金融机构治理所面临的挑战与不足；第二，在开展包括保险机构在内的金融业全行业公司治理评估的基础上，推出金融机构治理十佳等榜单，发挥优秀治理的标杆作用，带动行业治理水平整体提升；第三，我国金融机构治理呈现出不同大类间不平衡以及同类间不同小类不平衡的局面，例如中小金融机构治理水平总体有待提升，因此需要打破这种不平衡状态；第四，我国金融机构治理结构性指标趋同化明显，治理改善幅度放缓，"天花板效应"显现，提升治理机制建设和治理有效性是关键。由此可见，习近平总书记关于金融治理特别是国家金融治理的重要论述构成了本研究重要的理论基础。

第三节　经典公司治理理论

本节主要介绍了经典公司治理理论，包括委托代理理论、利益相关者理论、公司治理评价理论以及高层梯队理论。

一、委托代理理论

20 世纪 30 年代，伯利和米恩斯（Berle & Means）首次提出委托代理理论（Principal-agent Theory）。委托代理理论一直以来被认为是现代公司治理的逻辑起点，反映的是公司所有权和经营权分离所产生的所有者和管理者、控股股东和中小股东之间的委托代理问题。之所以会产生委托代理问题，是因为委托人与代理人的效用函数不同，委托人追求财富最大化，代理人追求工资收入、消费和闲暇时间最大化。由于两者之间存在信息不对称，因此会出现代理人的逆向选择和道德风险问题（Jensen & Meckling，

1976）。代理人由于掌握日常决策权负责企业的经营管理而具有相对优势，如果缺乏对代理人的激励与约束，代理人可能不会为委托人的利益服务，甚至损害委托人利益。

在保险机构中，委托代理问题更为复杂，存在多重委托代理冲突，不仅包括所有者和经营者的冲突，大股东和小股东的冲突，还包括股东和债权人的冲突等。保险机构属于高比例负债经营的公司，其资本结构存在特殊性，股东投入只占公司资产的小部分，债权人（投保人）对公司资本的投入和贡献远远大于股东。投保人获取的是固定比例的投资回报，倾向于稳健经营而获得保障，而股东倾向于激励经营者投资高风险项目而获得高额的风险回报，进而可能损害债权人的利益。因此，对于保险机构来说，关注股东和债权人之间的委托代理问题尤为重要，如何防止控股股东通过操控经营者来谋取私利成为治理焦点。

二、利益相关者理论

20 世纪 60 年代以来，利益相关者理论（Stakeholder Theory）逐渐受到推崇。与委托代理理论不同，利益相关者理论认为公司存在的目的不只是为股东提供回报，还应该照顾其他利益相关者的利益，承担应尽的社会责任（Freedman & Reed，1983）。其他利益相关者还包括债权人、消费者、供应商、政府部门和其他直接或间接对公司经营管理产生影响的群体。这些群体的利益与企业发展息息相关，如债权人分担了企业的经营风险，政府部门需要对企业进行监督和制约。该理论认为企业将实现股东利益最大化作为唯一的经营目标是短视和片面的，企业的经营管理者应为综合平衡各个利益相关者的利益要求而开展管理活动。

保险机构在金融体系和社会保障体系中占据重要的地位，相较于一般公司，其更应该关注利益相关者利益。一方面保险机构作为资本载体，要寻求利益最大化；另外一方面还要承担经济补偿、资金融通、社会管理等社会功能，承担应尽的社会责任。保险业关系着社会稳定和国计民生，分散的债权人无法对公司进行有效监督，因此外部监管介入尤为重要，这使得政府监管部门也成为保险机构的利益相关者之一。

三、公司治理评价理论

公司治理评价就是对公司治理状况的科学衡量，这项工作的意义在于通过治理评价发现和解决治理改革发展中的重要问题，从而全面提高公司治理水平。公司治理评价理论认为治理评价是一个系统工程，涉及治理评价主体（谁来评）、治理评价指标体系（用什么评）、评价对象（评价谁）、评价结果使用（评价作用发挥）等方面内容，其核心是治理评价指标体系。

公司治理评价萌芽于 1950 年杰克逊·马丁德尔（Jackson Martindell）提出的董事会绩效分析，随后一些商业性组织也推出了公司治理状况的评价系统。最早的比较规范的公司治理评价研究是由美国机构投资者协会在 1952 年设计的评价董事会程序。随后出现了公司治理诊断与评价的系列研究成果，如 1998 年标准普尔公司（Standard & Poor's，缩写为 S&P）创立公司治理服务系统并于 2004 年进行了修订，1999 年欧洲戴米诺（Deminor）推出戴米诺公司治理评价系统，2000 年亚洲里昂证券（Credit Lyonnais Securities Asia，缩写为 CLSA）开发里昂公司治理评价系统，2003 年穆迪（Moody）将公司治理评价作为增强信用分析的一部分而引入。

就国内而言，2003 年南开大学中国公司治理研究院（原南开大学公司治理研究中心，教育部人文社科重点研究基地南开大学公司治理研究中心 2012 年正式更名为南开大学中国公司治理研究院）评价课题组推出我国第一个全面系统的公司治理评价系统，此后每年发布一次中国上市公司治理指数（CCGI^{NK}），该评价系统的评价对象只包括中国人寿（股票代码：601628）、中国太保（股票代码：601601）、中国平安（股票代码：601318）3 家集团（控股）公司和新华保险（股票代码：601336）1 家 A 股上市保险公司。中国社会科学院世界经济与政治研究所公司治理研究中心进行的中国上市公司 100 强公司治理评价是国内另外一项较早开展且持续性的评价工作，该系统的评价对象为市值前 100 名的公司，没有直接涉及保险机构。

早期对于保险法人机构的治理评价主要是由非官方的评级机构或媒体完成的。例如，亚太区杂志《亚洲公司治理》（*Corporate Governance Asia*）评选的亚洲公司治理年度杰出表现奖，就考虑了保险机构的治理情况，中国平安曾于 2007 年获该奖。国际财经杂志《欧洲货币》（*Euromoney*）的最佳治理公司排名中，也添加了关于保险机构治理的排名。

需要说明的是这些治理评价都是根据一般公司的治理评价指标体系进行的，除了原中国保监会《保险公司治理报告》中的治理评分之外，国内外鲜有基于保险法人机构治理特点设计的专门的、详细的和可操作的治理评价指标体系。

通过对国内外治理评价系统的比较，可以发现公司治理评价的结果都是公司治理评价指数，简称公司治理指数，是运用统计学和运筹学等原理，根据一定的指标体系，对照一定的标准，按照科学的程序，通过定量分析与定性分析，以指数形式对公司治理状况做出的评价。

四、高层梯队理论

高层梯队理论（Upper Echelons Theory）是指在复杂的内部和外部环境下，管理者不可能全面认识所有方面，管理者自身的特质影响战略选择与企业决策。企业的决策过程和对应的绩效受到高层团队价值观和认知等心理结构的影响，而这些心理结构难以量化，因此选择高层团队年龄、任期、教育背景和职业背景（郑丹萍和张杨勋，2014）等人口特征来反映心理数据。随着汉布瑞克和梅森（Hambrick & Mason，1984）对该理论的提出，国内外学者已经开展了管理团队背景特征对公司治理和投资决策影响的研究，主要包括管理者背景特征、管理者过度自信和管理者异质性对公司治理和公司绩效的影响。

保险机构因其自身的特殊性，对管理团队的素质要求更高。保险机构业务专业性强、风险较高，具有金融、精算和保险等相关背景的董事能从专业的角度看待问题，以专业的方式解决问题，在决策时给出专业的建议，以促进董事会的科学决策，从而影响偿付能力。另外，具有金融从业经验的董事对行业形势和公司发展趋势具有深刻的认知，能敏锐地察觉公司在发展过程中是否出现偏差，在日常经营中降低公司的风险，进而影响偿付能力。

第三章　相关研究文献梳理

本章首先采用文献计量方法总括性地展示了作为中小型保险机构核心主体的中小保险公司①发展相关研究文献状况，并重点关注了中小保险公司治理相关研究；其次，梳理了保险公司治理问题提出的脉络和国内外保险公司治理研究的文献；再次，分析了国内外公司治理评价领域的研究文献；最后，对国内外相关研究文献梳理进行了小结与展望。

第一节　中小保险公司发展问题研究

本节主要从两个方面对中小保险公司发展问题进行了相关研究，一方面概括了中小保险公司发展问题研究文献，另一方面梳理了中小保险公司治理相关研究文献。

一、中小保险公司发展问题研究文献概况

对中小型保险机构发展问题的研究实际上主要集中于中小保险公司，因此本节重点梳理了国内外关于中小保险公司发展的相关研究文献，本章其他节的文献梳理也主要是基于保险公司这一口径进行。

国外学者围绕中小保险公司展开了多方面的研究。首先，对不同规模类型保险公司的生存发展状况（Appe，Worrall & Butler，1985）、经营失败概率（Ranger-Moore，1997）、权益资本成本（Wen，Martin，Lai & O'Brien，2008）、效率（Fukuyama，1997；Borges，Nektarios & Barros，2008）和绩效（Mazviona，Dube & Sakahuhwa，2017）等内容进行了深入和系统的比较研究。其次，关注保险公司的规模给其发展带来的影响，例如公司规模

---

① 保险公司是保险机构最主要的样本构成，关于保险机构与保险公司的具体关系可以参考本研究第二章相关概念界定以及第九章评价样本说明中的相关分析。

对其财务绩效费率（Praetz，1983）、效率（Globerman，1986）、经营成本（Kroner & West，1995）、盈利性（Fok，Fok，Wei & Zee，1997）、成长性（Hardwick & Adams，2002）、财务健康（Chen & Wong，2004）、绩效（Kohers & Greene，1997；Mehari & Aemiro，2013）等因素的影响。需要说明的是，前两个方面的研究尽管没有专门关注中小保险公司，但中小保险公司仍是其重要的研究对象。最后，也有研究关注了投资状况（Fuss，1966）、创新（Johne & Davies，2000）、组织行为（Rego & Cunha，2008）、客户忠诚度（Ansari & Riasi，2015）、法律法规（Shelor & Cross，1990）等内外部驱动因素（Kiragu，2014；Johannsdottir，2015）等对中小保险公司发展所带来的影响。

我国中小保险公司发展问题受到了学者的广泛关注（刘建勋，2019；郝志军，2019）。为了全面反映我国中小保险公司发展问题领域研究的现状，本研究在中国知网进行了以"中小保险公司"为题名的检索，截至2021年1月15日，一共检索到79篇文献，占同期"保险公司"题名检索结果6321篇的1.25%。第一篇文献是《广信事件给中小保险公司留下的深思》（汪立志，1999）。总体来说，学术界对中小保险公司的关注度还是不够的，各年度文献数量如图3-1所示。

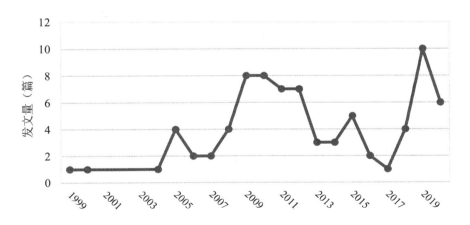

图 3-1 中小保险公司文献年度分布状况

资料来源：中国知网（https://www.cnki.net/）。

这79篇文献的研究主题涉及中小保险公司、保险业、保险公司、竞争策略、发展策略、市场份额、信用保证保险、财务预算、应对策略、价值链、预算控制、发展路径、发展策略研究等，但没有以公司治理为主题的文献，文献主题分布情况如图 3-2 所示。

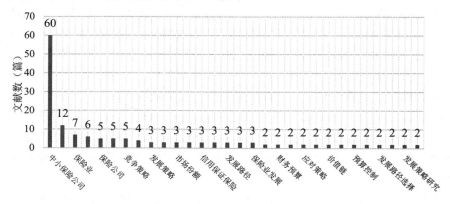

图 3-2 中小保险公司文献主题分布状况

资料来源：中国知网（https://www.cnki.net/）。

本研究同时也对这些文献的关键词进行了梳理，其中中小保险公司、中小财产保险公司出现的频率较高，而科学发展、保险公司、融资、寡头垄断、财务预算、相对保险深度、波特竞争理论、竞争力、保险业结构、车险等关键词也出现了 2 次及以上，但公司治理没有作为关键词出现在 79 篇文献中，文献关键词分布情况如图 3-3 所示。

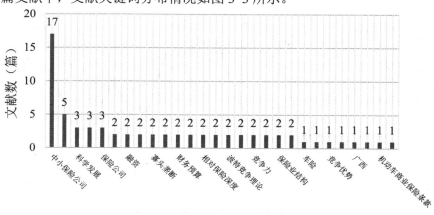

图 3-3 中小保险公司文献关键词分布状况

资料来源：中国知网（https://www.cnki.net/）。

这 79 篇文献主要是由《中国保险》《现代经济信息》《保险研究》《南方金融》《商场现代化》《当代经济科学》《江西财经大学学报》《人民论坛》

等期刊发表，具体如图 3-4 所示。

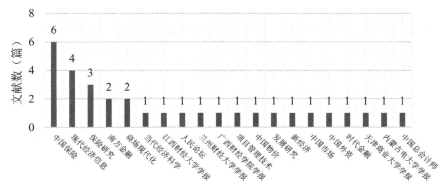

图 3-4 中小保险公司文献期刊分布状况

资料来源：中国知网（https://www.cnki.net/）。

从这些文献的机构分布来看，高校等科研机构约占一半，例如南开大学、北京工商大学、中央财经大学、山东经济学院、上海交通大学、武汉大学、南京审计大学、浙江工商大学等，还有一半的机构来自保险公司，具体分布如图 3-5 所示。

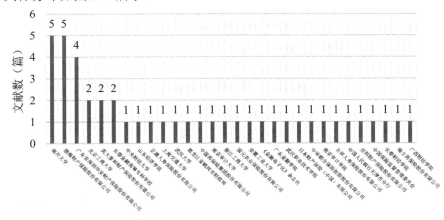

图 3-5 中小保险公司文献研究机构分布状况

资料来源：中国知网（https://www.cnki.net/）。

本研究也对这 79 篇文献的作者进行了统计，发现邵全权、祝向军、黄永波、韩胜男四位作者贡献的文献数量均为 2 篇，其他作者贡献的文献数量为 1 篇，文献作者分布情况如图 3-6 所示。这些文献作者当中，祝向军、刘霄辉和唐瑜（2008）研究发现促进中小保险公司科学发展，对于提高保险业竞争力、健全和完善我国现代保险市场体系具有重要意义；提出将8%市场份额比例作为大型和中小型保险公司划分标准的做法也为本研究所参考。薄澎沱、邵全权和江生忠（2012）发现，提高保险市场上中小保险公司的市场份额，可以有效地促进经济增长。

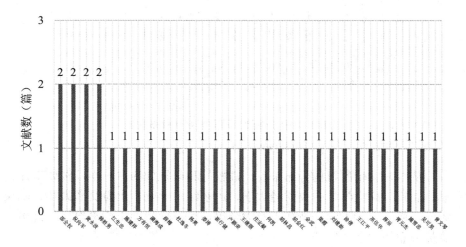

图 3-6　中小保险公司文献作者分布状况

资料来源：中国知网（https://www.cnki.net/）。

二、中小保险公司治理相关研究文献梳理

79篇文献的主题和关键词均没有涉及"公司治理"，为此，本研究对79篇文献的全文进行了"公司治理"一词的检索，发现有13篇文献提及"公司治理"一词，这些文献实际上构成了我国中小保险公司治理研究的仅有文献。

监管部门非常重视中小保险公司治理问题，原中国保监会主席吴定富2010年在生命人寿保险股份有限公司和长安责任保险股份有限公司等公司调研时指出，目前部分中小保险公司在发展过程中遇到一些困难，公司治理、业务经营、企业管理等方面出现一些矛盾和问题，而解决这些困难和矛盾的根本出路在于转变发展方式。

部分学者对中小保险公司治理的特点和存在的问题进行了研究。我国大部分中小保险公司成立于20世纪90年代以后，值得注意的是很多小保险公司是在2000年以后才成立的，这些中小保险公司的规模较小，公司治

理结构和资产构成相对于大型保险公司较为简单（徐景峰和廖朴，2010）。很多中小保险公司股权结构单一，导致法人治理结构不完善，甚至有形无实，尤其体现在董事会这一重要机构没有发挥应有的职能（陈改，2009）。吕寒冰、曹冀彬和李鹏（2010）在分析我国中小保险公司发展存在的问题时指出，中小保险公司在业务扩张初级阶段，普遍存在重业务轻管理的倾向。公司治理结构不完善，管理体系和管理制度不健全。

相关学者也对中小保险公司治理的经济后果进行了理论分析。中小保险公司治理机制相对滞后，人才储备不足、缺乏产品研发创新推广人才、人才流动率高和难以构建起复合型人才队伍体系等问题影响了公司发展成效（郝志军，2019）。中小保险公司可以通过公司治理、发展模式、管理流程、产品服务、综合化经营等多方面的积极创新，来构建公司的核心竞争力（刘清源，2015）。

而关于如何完善中小保险公司治理，不同学者给出了不同的建议，例如杨有成（2010）提出中小保险公司要完善法人治理结构，真正建立起责权利相结合、激励和约束机制相结合的现代企业制度，中小保险公司的治理需要在建立完善的董事会管理制度、设立若干专业委员会、改革内部管理流程、建立有效的激励约束机制、建立市场化的用人机制五个方面下功夫。中小保险公司要想长久地健康成长，必须做好以下四件事：一是要筹划好公司发展战略，耐得住寂寞，根据自身资源优势，在特定区域内扎实专注目标客户的需求，以工匠精神开发产品，提供服务，真正建立起优势明显的竞争力并为客户所称赞和信赖；二是要在特色产品的报备前后和监管部门充分沟通，共同探讨可能出现的问题及应对办法；三是要加强合规意识，规范公司治理结构，处理好与股东的关系，做好风险管控，避免销售误导，不应夸大宣传收益的水平；四是要将公司的前中后台的资源联动起来，形成合力，共同高效地做好特色产品的开发、宣传、销售、核保、投资以及售后服务（刘建勋，2019）。

还有一些文献，关于中小保险公司相关问题的研究涉及公司治理问题。对中小保险公司投资渠道的适当限制，是符合建立差别化风险管理体系要求的；在保险业发展的初级阶段，特别是一些中小保险公司治理结构和风险管控体系不健全的情况下，一定的限制是必要的（吉昱华，2010）。内部审计作为公司治理的重要角色，中小保险公司要建立风险导向内部审计体系（李春然，2018）。

第二节　保险公司治理研究

本节主要研究了保险公司治理相关问题，梳理了保险公司治理问题的提出和国外关于保险公司治理的相关研究。

一、保险公司治理问题的提出

据考证，公司治理（Corporate Governance）一词较早出现在美国学者伊尔斯（Eells）在 1960 年出版的著作《现代企业的含义：大型公司企业的哲学》（*The Meaning of Modern Business: An Introduction to the Philosophy of Large Corporate Enterprise*）中，公司治理是指"The Structure and Functioning of the Corporate Polity"。在理论文献中最早将公司治理明确为一个"概念"的，是威廉姆森（Williamson）于 1979 年在《霍夫斯特法律评论》（*Hofstra Law Review*）发表的"On the Governance of the Modern Corporation"。1984 年，威廉姆森（Williamson）在《耶鲁法律杂志》（*Yale Law Journal*）又直接以"Corporate Governance"为题对公司治理进行了较系统的分析，指出公司治理的研究经过了漫长的沉寂，最近正在复兴。特里科（Tricker，1984）认为公司治理与公司管理是不同的概念，如果说管理是经营业务，那么，治理则是确保能够适当地经营。

20 世纪 90 年代中期之前，公司治理还主要是针对非金融机构，对于金融机构的关注集中体现为商业银行的专家式债权监督和非银行金融机构的市场评价式监督，即参与非金融机构的治理。股东的"搭便车"行为使经理人员的机会主义行为缺乏必要的监督，其结果往往是股东的利益遭受损失。而债务的硬预算约束特点和独特的破产制度可以给非金融机构经理人员不同于股权的压力，从而赋予金融机构在公司治理中的独特和重要角色，这便是金融机构专家式债权监督。公司治理的市场评价式监督主要依赖保险公司、证券公司、各类基金公司等机构客观公正地评价和相应的信息发布活动而对经理人员产生监督效果，进而降低代理成本，提高治理绩效。因此，此时的金融机构治理更多指的是金融机构参与一般公司的治理，而不是严格意义上的金融机构治理。

对于金融机构自身治理的关注源于金融危机。仔细研究不同国家、不同时期金融危机的历史，我们不难发现导致那些当时显赫一时、堪称国际一流的金融机构在一夜之间突然垮台的根本原因并不是我们习惯上所认为的金融风险，而是公司治理的缺陷所导致的治理风险。这些金融机构也基本上都建立了金融风险预警与控制制度，但往往在对这些制度进行控制和完善的公司治理结构与机制上存在着重大问题和不足。1997 年开始的东亚金融危机，以及美国发生的包括安然（Enron）、安达信（Andersen）等在内的一系列大公司财务丑闻，都进一步引起了人们对银行和非银行类金融机构自身治理问题的重视。与非金融机构相比较，保险公司、商业银行、证券公司等金融机构具有许多与生俱来的特殊性质，并由此决定了金融机构治理并不是公司治理理论在金融机构领域的简单运用，而是结合金融机构特殊性进行治理结构与机制的创新。

那么在 20 世纪 90 年代中期之后，公司治理的研究和实践无疑已经进入非金融机构和金融机构并重的新阶段（李维安和王世权，2005）。正是由于金融机构自身治理和对业务对象治理的双重问题，如果金融机构的治理不善，必将使得其治理风险日积月累，达到阈值并最终以风险事故的形式爆发，进而导致其陷入经营困境，甚至破产倒闭。从这个意义上来讲，金融机构最大、最根本的风险是治理风险；将着力点放在治理风险，是金融机构治理研究的明确选择和指导各类金融机构改革和发展的主要方向。

作为金融机构的重要组成部分，保险公司的治理问题也逐渐受到国际保险监督官协会（International Association of Insurance Supervisors，缩写为 IAIS）和经济合作与发展组织（Organization for Economic Co-operation and Development，缩写为 OECD）等国际组织以及各国政府的广泛关注。IAIS 十分重视保险公司治理问题，在 1997 年首次发布的《保险监管核心原则》（Insurance Core Principles，缩写为 ICPs）中，即将保险公司治理监管列为重要内容。此后，在 2000 年、2003 年版的 ICPs 中，保险公司治理监管的内容不断得到强化和细化。2004 年，IAIS 专门颁布《保险公司治理核心原则》（Insurance Core Principles on Corporate Governance），将此前核心原则中与公司治理监管相关的内容汇集起来，并做了较为完整的阐述，它可以视为 IAIS 对公司治理监管的完整思路。《保险公司治理核心原则》分为公司治理核心原则、高管人员资格、控制权变化、内控体系、现场检查、风险评估与管理、信息披露与透明度七部分。2005 年 OECD 出台了《保险公司治理指引》（Guidelines for Insurers' Governance）。基于保险公司特性的保险公司治理由此在全球范围内兴起（杨馥，2009），保险公司治理的研究也正是基于这样的现实背景逐步深入。

二、国内外关于保险公司治理的研究

公司治理问题自 1932 年由伯利和米恩斯（Berle & Means）提出以来，

经过 80 多年的研究，已经形成了经典的理论框架。随着研究的深入，学者发现不同类型的组织在治理结构与机制上都有一定的特殊性，因此治理领域呈现出了针对不同治理对象而产生若干分支的新趋势，即围绕治理对象的分类治理。金融机构治理是公司治理领域的重要分支，而在这一分支领域中，保险公司治理研究的发展尤为迅速。早期对于保险公司治理的关注主要集中于外部监管，率先对保险公司内部治理问题进行探索性研究的是斯皮勒（Spiller），他在 1972 年发表的一篇名为"Ownership and Performance: Stock and Mutual Life Insurance Companies"的文章，探讨了公司所有权对绩效的影响，这篇文章的发表也标志着保险公司治理研究的正式开始。

随着治理实践的发展，有关保险公司治理的研究日益增多。为了更好地把握保险公司治理的研究脉络，本研究在研究已有综述性研究成果（Boubakri，2011；郝臣、李慧聪和罗胜，2011；MacMinn & Ren，2011；张扬、郝臣和李慧聪，2012；Eling & Pankoke，2016；沈健和杜鹃，2017；郝臣、付金薇和李维安，2018）的基础上，重点梳理了英文期刊《风险与保险杂志》（*Journal of Risk and Insurance*）、《日内瓦风险与保险杂志——问题与实践》（*The Geneva Papers on Risk and Insurance - Issues and Practice*）、《保险监管杂志》（*Journal of Insurance Regulation*）以及中文期刊《保险研究》等发表的相关文献，梳理结果如下。

保险公司治理体系包括内部治理和外部治理，股东治理、董事会治理、监事会治理、高管治理等是内部治理的重要内容（孙宏涛，2019；李丽，2019；薄燕娜，2020；杨慧洁，2020），信息披露、外部监管、接管机制、利益相关者治理等则是外部治理的重要内容（郝臣、李慧聪和罗胜，2011；李维安、李慧聪和郝臣，2012；李慧聪、李维安和郝臣，2015；郝臣，2018；李维安和郝臣，2018；郝臣、付金薇和李维安，2018；董迎秋和王瑞涵，2018；曹宇，2020）。

本研究发现，已有保险公司治理的研究涉及公司治理体系的各个方面，例如外部监管（Ma & Elango，2008；徐华和李思荟，2013；Fier，2013；Bruneau，2015；陈敬元，2017；郭金龙和冷龙峰，2018；郝臣，2018；李艺华和郝臣，2019；郝臣、李艺华和董迎秋，2019）、利益相关者（刘美玉，2008；刘素春，2010；任雅姗和戴绍文，2011；李维安、李慧聪和郝臣，2012；Hsieh，Lee & Yang，2015；Felicio & Rodrigues，2015；胡鹏和刘硕，2020）、组织形式（Lai、McNamara & Yu，2008；Mayers & Smith，2010；He & Sommer，2011；Mayers & Smith，2013）、股权结构（谢晓霞和李进，2009；王晓英和彭雪梅，2011；房永斌、张雁云和罗胜，2012；Honyenuga，

Tuninga & Ghijsen，2014；胡雅倩和李洪，2015；陈敬元，2017；金熙悦，2019；毛颖、孙蓉和甄浩，2019；何小伟和闫晓旭，2020）、董事会（Boubakri，Dionne & Triki，2008；谢晓霞和李进，2009；罗胜和张雁云，2011；Ho，2011；Miller & Yang，2015；Xie，Ca，Lu，Liu & Takumi，2016；Pooser，Wang & Barrese，2017；凌士显和白锐锋，2017；郝臣等，2018；李腾和钟明，2019；董迎秋和王瑞涵，2020）、高管（赵筠和霍联宏，2009；刘素春和张艳，2010；He，Sommer & Xie，2011；Lin，2011；杨华柏，2011；郝臣、王旭和丁振松，2016；Cheng，Cummins & Lin，2017；Abdoush，2017；Adams & Jiang，2017；原彰和苏晓坚，2018）等治理要素。

此外，从研究对象上来看，还有学者关注了保险机构中的相互保险组织治理（方国春，2015；方国春，2016）、保险集团控股公司治理（刘金霞和齐青婵，2008；朱南军和郝君富，2010）、保险公司分支机构治理（何鸿雁，2009；岳志军、周述文和周璐，2018）等。

第三节 公司治理评价研究

在学术界，本研究通过文献梳理发现，已有学者针对公司治理评价展开了不同视角的研究，其中有对公司治理进行整体评价的，也有对董事会治理、经理层治理、利益相关者治理等分维度治理状况进行评价的。

一、国内公司治理评价研究

裴武威（2001）从所有权结构及影响、股东权利、财务透明性和信息披露、董事会结构和运作四个方面构建了公司治理评价系统。吴淑琨和李有根（2003）从股权结构、股东权利、信息披露、治理结构以及治理与管理的匹配性五个方面提出了一个较为全面的治理评价系统。李维安率领的南开大学中国公司治理研究院公司治理评价课题组（2003）从控股股东治理、董事会治理、监事会治理、经理层治理、信息披露和利益相关者治理五个维度构建了中国上市公司治理评价指标体系，并从 2003 年开始连续发布每年中国上市公司治理指数（CCGI[NK]）。鲁桐、张仁良、仲继银和孔杰（2006）与鲁桐、仲继银和孙杰（2006）从股东权利、对股东的平等待遇、利益相关者的作用、信息披露透明度和董事会责任五个方面进行治理情况评分。鲁桐和吴国鼎（2015）从股权结构与股东权利、董事会和监事会运作、信息披露与合规以及激励机制四个方面系统地考察中小上市公司治理现状、特征和存在的问题。在公司治理各维度的评价研究方面，李维安和牛建波（2004）基于"内外兼制，科学决策"的新理念，以制衡"内部人控制"为主线，基于我国转轨经济的特殊性背景，从任免制度、执行保障和约束与激励制度三个维度构建了中国上市公司经理层治理评价指数。唐跃军（2005）设置公司员工参与程度、公司社会责任履行状况、公司投资者关系管理、与公司监督管理部门的关系、公司诉讼与仲裁事项等利益相关者治理评价指标，考察中国上市公司利益相关者参与公司治理状况。李维安和郝臣（2006）从监事会运行状况、监事会结构与规模和监事胜任能力三个方面具体设置 10 个指标对我国上市公司监事会治理的状况进行了评价。张耀伟（2008）以董事诚信、勤勉意识为核心，从董事权利与义务、董事会运作效率、董事会组织结构、董事薪酬和独立董事制度 5 个维度构筑了一套董事会治理评价指标体系。高明华、苏然和方芳（2014）构建了包含董事会结构、独立董事独立性、董事会行为和董事激励与约束 4 个一级指标和 37 个二级指标的中国上市公司董事会治理评价指标体系。高明华、蔡卫星和赵旋（2016）基于中小投资者权益保护的基础理论和国际规范，同时考虑中国立法和执法情况，从知情权、决策与监督权、收益权和维权环境四个方面构建了一个包含 37 个具体指标的综合性中小投资者权益保护指数。许敏敏和郭琦（2019）利用层次分析法和专家调查法相结合确定各维度的权重后，构建财险公司治理指数模型，进而对财产险公司治理情况进行评价，结果显示财险业公司治理总体不容乐观且差异大、保险集团下的财险子公司治理水平普遍不高、财险公司治理结构趋同且被动、中外资财险公司治理效果差异较大。赵耀腾（2020）从多角度构建公司治理指数，进而分析公司治理对股票投资风险的影响机制，研究发现公司治理水平与股票投资风险呈现负相关关系。

二、国外公司治理评价研究

国际上，龚帕斯等（Gompers，Ishii & Metrick，2003）构建的治理指数（Governance Index，简称"G 指数"）被认为在公司治理评价研究领域具有里程碑的意义。他们把美国投资者责任研究中心（Investor Responsibility Research Center，缩写为 IRRC）提出的 24 项公司治理条款从延缓敌意收购的战术、投票权、董事或管理层保护、其他接管防御措施以及国家法律五个维度加以区分，并根据实际情况对这些条款进行赋值，然后把每项条款的得分进行加总形成"G 指数"。"G 指数"越高表示股东权利越小。别布丘克等（Bebchuk，Cohen & Ferrell，2004）在深入分析"G

指数"中 24 项公司治理条款的基础上，选出了能够充分反映股东投票权限制以及敌意收购防御的六项重要条款，并进行 0 或 1 的赋值，构建了壕沟指数（Entrenchment Index，简称"E 指数"）。"E 指数"主要涵盖交错选举董事条款、股东修订公司章程的限制、毒丸计划、金色降落伞计划以及兼并和修订公司章程遵循绝对多数原则的规定等要素。

除了上述"G 指数"和"E 指数"之外，还有学者尝试构建不同类型的公司治理指数。利马和圣文森特（Lima & Sanvicente，2013）从所有权和控制结构、董事会、信息披露以及股东权利和利益相关者关系四个方面具体设置 17 项指标，构建公司治理评价系统。张等（Cheung，Stouraitis & Tan，2010）从股东权利、中小股东利益保护、利益相关者作用、信息披露和透明度以及董事会责任履行五个方面对上市公司的公司治理实践进行评分。布莱克等（Black，De Carvalho & Sampaio，2014）构建了包括董事会结构、所有权结构、董事会运作、小股东权益保护、关联交易和信息披露六个维度的公司治理指数（BCGI）。霍尔姆等（Holm，Balling & Poulsen，2014）从董事会和管理层的结构和运行规则、信息披露和法规遵守、管理层薪酬的信息、透明度和信息披露的一般政策、管理层和董事会持股比例、股权集中度、机构投资者持股比例、公司法务部门角色、外部审计师薪酬和高管津贴政策十个方面建立公司治理评价系统。格里塔等（Guetat，Jarboui & Boujelbene，2015）构建了由董事会规模、外部董事数量、每年召开董事会的次数、董事任期、管理层年龄、管理层持股比例、机构投资者持股比例、经理所有权份额、董事会内设有公司治理委员会、董事会内设有战略委员会、任命委员会的存在、CEO 与董事会主席职位分离、管理层有与职位相关的经验、研究过的酒店单位是否是酒店集团的一部分和组成该集团的组织数量 16 项指标构成的酒店行业公司治理评价指标体系。布里亚诺等（Briano-Turrent & Rodriguez-Ariza，2016）从董事会规模、董事会独立性、两职合一、女性董事占比、股权集中度、家族企业、利益相关者和战略创新八个方面，设置 43 项具体指标构建公司治理评价系统。阿里等（Ali，Liu & Su，2018）从董事会结构、审计委员会、提名委员会、薪酬委员会、外部审计师独立性以及行为准则和其他政策披露六个方面 26 项具体指标建立公司治理评价系统。科斯马等（Cosma，Mastroleo & Schwizer，2018）基于模糊专家系统（FES），从董事会结构、董事会运行以及组织动态和人员三个方面具体设置 108 项指标构建公司治理质量评价系统。尼兰齐迪斯（Nerantzidis，2018）从董事会特征、内部审计和控制、投资者关系、内部信息披露和董事薪酬五个方面构建公司治理评价系统。

第四节　相关研究文献梳理小结与展望

本节主要对相关研究文献进行了总结，发现中小保险公司发展、保险公司治理和公司治理评价问题受到学术界的关注，相关学者进行了探索性研究；同时，本节还对未来的相关研究方向进行了展望。

一、相关研究文献梳理小结

在中小保险公司发展方面，既有发展现状和存在问题的研究，又有关于促进中小保险公司健康发展的对策建议研究。总体来说，关于中小企业发展研究的文献总体偏少，且缺乏专门从公司治理视角来进行研究的文献。

在保险公司治理研究方面，国内外关于保险公司治理这一主题已经进行了大量而富有成效的理论和实证研究，从早期的概念界定到现在的内外部治理要素，保险公司治理研究进入了深入阶段；但该领域文献的梳理结果显示，目前对于保险公司治理的研究中还缺乏专门针对中小保险公司的相关文献。

随着治理实践的深入，公司治理质量受到各方的关注，而公司治理评价是对公司治理质量的科学量化反映。在公司治理评价方面，国内外已经开展了公司治理评价的研究，既有从整体视角展开评价的各类公司治理指数，又有涉及股权结构、董事会运作、信息披露等方面的公司治理分指数；但已有公司治理评价研究主要围绕上市公司展开，聚焦于特定行业的细分评价研究成果较少，专门关注保险业的评价研究则更少。

公司治理有效性是公司治理领域研究的前沿问题，而基于公司治理评价视角对我国保险机构治理有效性进行系统实证研究的文献鲜有。

二、相关研究文献梳理展望

中小保险公司治理是影响其发展的重要因素，而开展公司治理评价是提高其治理能力的前提和手段。需要说明的是，保险公司治理评价既有一般公司治理评价的共性内容，又有内在的内容及客观规律。因此，需要根据一般公司的特点、公司治理评价研究成果，针对我国保险公司治理的自身特点，研究建立系统专业的保险公司治理评价系统，并根据该体系对中小保险公司治理发展状况进行科学和准确的诊断并提出完善建议，进而丰富中小保险公司发展和公司治理评价相关理论。

需要说明的是，已有公司治理评价研究中，专门针对保险公司的研究总体较少。严若森（2010）构建了涵盖股东权益机制、董事会治理、监事会治理、经理层治理、信息披露机制、利益相关者治理、公司治理文化、公司社会责任 8 个一级指标以及与之相关的 33 个二级指标和 117 个三级指标的保险公司治理评价指标体系，但没有基于该评价指标体系对我国保险公司治理状况进行评价。郝臣（2016）基于问卷调查的方法，尝试对我国保险机构治理状况进行了评价，但所采用的治理评价指标多为主观性指标。许敏敏和郭琦（2019）以我国财险公司为研究对象，构建财险公司治理评价指标体系，将层次分析法和专家调查法相结合确定各维度的权重后，仅对我国部分财险公司 2016 年的公司治理现状进行评价。本研究将在借鉴一般公司治理评价研究和保险公司治理评价研究的基础上，遵循一定的原则，设计出一套系统的适用于我国保险机构的包括评价指标、评价标准、评价模型等在内的治理评价系统；并利用该评价系统对我国保险机构治理状况进行全面评价，同时基于评价结果对我国保险机构治理质量尤其是中小型保险机构治理质量进行量化分析。

治理评价有助于及时掌握治理的总体运行状况，为从整体上剖析治理当前面临的困境与机遇提供现实依据，也为寻求保险法人机构治理改革深化的路径提供有益指引（郝臣，2018）。正如本研究所述，治理评价是改善治理的前提和手段，而治理有效性则是治理改革和发展的长远与终极目标。本研究将利用保险机构治理评价结果即保险机构治理指数来反映其治理质量，参考已有的治理有效性研究文献，设计相应的多层次指标，实证检验中小型保险机构治理的有效性，拓展公司治理有效性研究领域的内容，深化保险公司治理研究。

第四章　我国保险机构治理发展环境与阶段

本章对 1979 年至今我国保险机构治理政策法规文件进行了系统和全面的回顾，梳理了发展脉络，并从发布主体、文件层次、发布时间、修改情况等方面进行了具体分析，全面反映了我国保险机构治理发展的政策法规环境。最后对我国保险机构治理发展的阶段进行了划分和展望。

第一节　我国保险机构治理政策法规概况

本节对我国保险机构治理政策法规进行了类型界定，主要分为政策、法律、行政法规、部门规章、国务院规范性文件、部门规范性文件和行业规定七个层次；同时本节还对我国保险机构治理政策法规的总体情况进行了概括。

一、保险机构治理政策法规类型的界定

拉斐尔等（Rafael La Porta，Florencio Lopez-de-Silanes，Andrei Shleifer，Robert W Vishny，1998，2000，2002）的研究发现，投资者保护程度源于不同的法源或法系，而投资者保护程度直接影响到一个国家金融体系模式的选择；融资模式和所有权结构又决定了公司治理的水平，公司治理水平影响公司价值、公司绩效和经济发展。所以，本研究专门关注了作为治理环境重要内容的保险机构治理政策法规状况。

政策法规，即政策和广义的规范性文件。所谓政策主要是指政府及相关部门出台的关于行业发展等有关问题的宏观性文件。广义上的规范性文件包括宪法、法律、法规、规章以及国家机关在职权范围内依法制定的具有普遍约束力的文件（即狭义的规范性文件）。

宪法是国家的根本大法，具有最高法律权威和法律效力。宪法是制定普通法律的依据，普通法律的内容都必须符合宪法的规定。

法律是指全国人民代表大会及其常务委员会依照法定程序制定，由国家主席签署，并以国家主席令公布实施的规范性文件。其中，由全国人民代表大会制定和修改的法律称为"基本法律"，如《中华人民共和国刑法》《中华人民共和国民法典》等；由全国人民代表大会常务委员会通过的法律称为"普通法律"，如《中华人民共和国森林法》《中华人民共和国野生动物保护法》等。法律的效力仅次于宪法。

法规通常是对行政法规和地方性法规的总称。行政法规是国务院根据宪法和法律制定，由国务院总理签署，以国务院令发布实施的规范性文件。行政法规的效力低于宪法和法律。地方性法规有两种，一种是省、自治区、直辖市人民代表大会及其常务委员会制定，由大会主席团或者常务委员会用公告公布施行的规范性文件。地方性法规在本行政区域内有效，其效力低于宪法、法律和行政法规；另一种是设区的市的人民代表大会及其常务委员会制定，报省、自治区人民代表大会常务委员会批准后施行的规范性文件。这些地方性法规在本市范围内有效，其效力低于宪法、法律、行政法规和本省、自治区的地方性法规。

规章包括部门规章和地方政府规章。部门规章是指国务院各部（局）、委员会在本部门的权限范围内制定，由部（局）长或者委员会主任签署发布的规范性文件。部门规章在全国范围内有效，其效力低于法律、行政法规和地方性法规。地方政府规章是指省、自治区、直辖市以及设区的市的人民政府制定，由省长、自治区主席、市长签署，以政府令发布实施的规范性文件。地方政府规章在本行政区域内有效，其效力低于法律、行政法规和地方性法规。设区的市的人民政府制定的规章效力，低于省、自治区人民政府制定的规章。

狭义上的规范性文件是指除宪法、法律、法规、规章以外的具有普遍约束力的非立法性文件。我们通常所说的规范性文件是指狭义上的规范性文件，也称行政规范性文件，就是老百姓俗称的"红头文件"，是指各级人民政府及其工作部门在权限范围内，为实施法律、法规、规章和上级规范性文件按规定程序发布的在一定时间内相对稳定，规定公民、法人或其他组织的权利义务，具有普遍约束力的行政措施，包括规定、办法、细则、通知、通告、布告等。

依据上述政策法规的界定，本研究采用手工方式对我国保险机构治理政策法规进行收集整理。政策法规原文主要来源于中央政府网（http://www.gov.cn/）、中国银保监会官网（http://www.cbrc.gov.cn/）和北大法宝网（http://www.pkulaw.cn/）。所有政策法规的发布主体、发布时间、文件层次和修改情况等基础信息均通过手工整理和校对。政策法规时间范围为 1979 年到 2021 年 1 月 15 日，涉及政策、法律、行政法规、部门规章和规范性文件。

二、1979 年至今我国保险机构治理政策法规总体情况

截止到 2021 年 1 月 15 日，我国保险机构治理政策法规总共有 216 部。这些保险机构治理政策法规的内容，按照每部政策法规适用的范围从小到大依次涵盖保险公司治理、保险机构治理和保险业治理，其中适用于保险公司治理的政策法规 100 部，适用于保险机构治理的政策法规 49 部，适用于保险业治理的政策法规 67 部，每部分又可以根据其内容进行细分。我国保险机构治理政策法规的发布主体共有 15 个，发布超过 1 部的发布主体按照发布政策法规的数量排列依次为：原中国保监会、中国银保监会、中国人民保险公司、国务院、中国人民银行和财政部。我国保险机构治理政策法规有政策、法律、行政法规、部门规章、国务院规范性文件、部门规范性文件和行业规定 7 个文件层次。中国在 1979 年发布第一部保险机构治理政策法规，216 部中有 151 部集中在 2006 年至 2020 年期间发布，其余年份发布保险机构治理政策法规数量相对较少。截至 2021 年 1 月，我国 216 部保险机构治理政策法规中，除了 57 部特定背景政策法规①以外，有 112 部现行有效，47 部已废止。此外，在所有我国保险机构治理政策法规中，有 195 部自颁布以来未曾修改，有 9 部修改过 1 次，有 7 部修改过 2 次，有 2 部修改过 3 次，有 3 部修改过 4 次。

本章统计了 216 部保险机构治理政策法规的发布主体、文件编号、文件层次和发布时间，并按照适用范围进行了一级分类，划分为保险公司治理、保险机构治理和保险业治理三类②，按照文件内容进一步进行了二级分类，并总结了每部政策法规的治理意义，具体内容详见附表 1 我国保险机构治理政策法规文件目录。

---

① 特定背景政策法规指的是我国基于特定背景推出的政策法规，这类文件不存在废止的问题，例如《中国保险业发展"十三五"规划纲要》就是典型的特定背景政策法规。

② 本研究关于"保险公司治理""保险机构治理""保险业治理"的内涵在第二章已经进行过界定，本研究认为微观层面的保险公司治理、中观层面的保险机构治理和宏观层面的保险业治理之间是相互联系的，不是简单的包含与被包含的关系，保险公司治理方面的政策法规一定是保险机构治理方面的政策法规，而保险业治理方面的政策法规会对保险机构治理和保险公司治理产生重大影响，是间接的保险机构治理政策法规，因此本研究分析了三个层面的政策法规状况。

第二节　我国保险机构治理政策法规发展脉络

本节主要梳理了保险公司治理政策法规的发展脉络、保险机构治理政策法规的发展脉络以及保险业治理政策法规的发展脉络，其中保险机构治理政策法规是指除了保险公司以外的保险经营机构和保险中介机构的政策法规。

一、保险公司治理政策法规发展脉络

1979 年 4 月，国务院批准《中国人民银行全国分行行长会议纪要》，做出了"逐步恢复国内保险业务"的重大决策，直到当年 11 月全国保险工作会议召开，停办了二十多年的国内保险业务才就此复业。随着国内保险业务的恢复，我国保险公司治理实践也逐渐起步，之后，我国在保险公司治理基础和具体治理结构与机制建设方面做了大量工作，出台了一系列政策法规。

（一）保险公司治理基础建设

1. 原中国保监会成立前的探索

在构建公司治理基础层面，以中国人民保险公司为主的我国保险公司进行了有益的探索。1982 年 12 月 27 日，《中国人民保险公司章程》出台，该章程明确要求中国人民保险公司在组织上设立董事会、监事会和经理层，并规定了董事会、监事会和总经理的职权，这是我国保险公司较早的治理实践。随着改革开放的深入和现代企业制度的逐步确立，1994 年 3 月 24 日，中国人民保险公司发布《经营目标责任制管理暂行办法》，明确了经营目标责任制的考核相关问题，要求深化公司内部改革，转换经营机制，增强分公司的自我约束能力，加强总公司的宏观管理，充分调动分公司自主经营、自我发展的积极性。

此外，国务院分别于 1983 年 9 月 1 日和 1985 年 3 月 3 日发布了《财产保险合同条例》和《保险企业管理暂行条例》，前者实际上是经济合同法在财产保险领域的实施细则，是中华人民共和国成立以来第一部财产保险合同方面的规范性法律文件，起到了部分保险合同法的作用，而后者也是首次对保险企业设立与经营等内容进行规范，是当时仅有的一部临时性、行政管理性的保险法规。这两部行政法规的颁布规范了我国保险公司的经营和管理。特别地，为了适应上海市对外开放和经济发展的需要，1992 年 9 月 11 日，中国人民银行制定《上海外资保险机构暂行管理办法》，对外

资保险机构①在上海开展业务进行规范，加强对上海市外资保险机构的管理，是首部对外资保险机构进行监管的法规。

这一时期，中国人民保险公司作为具有特殊地位的国有保险公司可谓"一家独大"，占据了我国保险市场的主要部分，出台了大量特定背景下的公司治理文件，包括《中国人民保险公司全资附属（或合资）企业财务管理的若干规定》《中国人民保险公司全资直属企业暂行管理办法》《中国人民保险公司附属企业管理审计方案》和《中国人民保险（集团）公司海外机构管理暂行规定》等规定和文件，分别对附属企业、海外机构的财务管理、审计等方面做出规定。

2. 原中国保监会成立后的发展

随着我国保险业的快速发展，为加强保险监管，落实银行、保险、证券分业经营、分业管理的方针，1998 年 11 月，原中国保监会在北京宣告成立，开始逐步探索建立符合我国保险业发展实际的现代保险监管体系。原中国保监会成立后，立即对保险市场的现状和存在的问题进行调研，并着手修改、补充和完善保险法律法规体系，我国保险公司治理实践走上了规范、系统的发展道路。

原中国保监会于 2000 年 1 月 13 日出台了《保险公司管理规定》，规定了保险公司法人机构和分支机构的准入和日常监管的基本制度，是全面规范保险公司及其分支机构设立活动、经营规则、监督管理的基础性规章。为履行中国加入世界贸易组织的对外承诺，原中国保监会于 2002 年第一次修正了规定中设立审批时间等方面的部分条文。随着保险监管的深入，2004 年 5 月原中国保监会对规定进行了第一次修订，分别对保险机构、保险经营、保险条款和费率、保险资金和保险公司偿付能力、监督检查五个保险监管的主要领域进行了规范。与原规定相比，新规定在保险机构设立、保险公司分支机构管理、向保险公司投资入股等方面都有较大改革和突破，强化对保险公司设立的审查力度，降低保险公司设立分支机构的门槛，提高保险公司单一股东的持股比例。为稳定保险行业秩序、促进保险行业健康发展发挥了重要作用，而随着保险业的快速发展，在实践中出现了一些新情况和新问题，需要再次对规定进行修改和完善。具体来说主要是：一方面，2009 年修订后的《中华人民共和国保险法》（以下简称《保险法》）即将施行，原规定需要根据新《保险法》进行修改，并对新《保险法》的

---

① 外资保险机构是指经批准设立并营业的下列机构：（1）在中国境外注册的保险公司在上海市设立的分公司（即外资保险分公司）；（2）在境外注册的保险公司与在中国境内注册的保险公司或经中国人民银行批准的其他金融机构在上海市合资经营的保险公司（即合资保险公司）。

原则性规定进行细化；另一方面，近年保险公司分支机构发展较快，机构管理日益复杂化和多样化，对提高保险公司内部管控力度，确保其依法合规经营，维护投保人、被保险人和受益人合法权益提出了更高的监管要求。因此，该规定有必要完善机构监管制度，适应新需要。原中国保监会在借鉴银行业、证券业机构管理方面的经验及广泛听取意见之后，于2009年9月发布第二次修订的规定。修订主要包括三方面内容，一是提高准入门槛，二是强化对保险公司分支机构的内部管控和外部监管，三是明确了对营销服务部的监管要求。2015年为贯彻落实国务院行政审批制度改革和注册资本登记制度改革要求，原中国保监会对该规定进行了第三次修订，对部分条文做出修改。

为适应我国保险市场进一步对外开放的需要，国务院2001年12月12日颁布《外资保险公司管理条例》，以取代1992年颁布的《上海外资保险机构暂行管理办法》，这既是对保险业开放以来管理外资保险机构经验做法的总结，也体现出中国加入世界贸易组织的对外承诺。该条例对外资保险公司的设立与登记、业务范围、监督管理、终止与清算、法律责任等方面做出规定，加强和完善了对外资保险公司的监督管理。根据入世承诺，2003年年底开始，外国非人身险公司在华设立营业机构的形式，在原有分公司和合资公司的基础上增加了独资子公司，为此，原中国保监会在2004年5月10日下发了《关于外国财产保险分公司改建为独资财产保险公司有关问题的通知》，允许符合条件的外资财产险公司分公司改建为子公司，这是中国保险市场进一步对外开放的积极表现。

十六大以后，保险体制改革不断取得突破，有力地推动了保险业稳定持续健康快速发展，同时也面临新的形势和任务。一是体制改革提出新要求。随着国有保险公司股份制改革的顺利完成，中国人民财产保险股份有限公司（简称中国人保财险，股票代码：02328）、中国人寿保险股份有限公司（简称中国人寿，股票代码：02628）和中国平安保险（集团）股份有限公司（简称中国平安，股票代码：02318）3家最大的保险公司在境外成功上市，进一步完善体制机制、建立现代保险企业制度的要求更加紧迫地摆到保险业面前。十六届五中全会指出要加快金融体制改革，完善金融机构公司治理结构，对保险业提出了新的要求。完善公司治理结构成为下一步深化保险业改革的中心工作。二是保险监管呈现新趋势。保险公司治理结构存在的风险和问题越来越受到监管机构的高度关注。国际保险监督官协会和经合组织等先后发布了一系列相关指导文件，并提出了治理结构、偿付能力和市场行为三支柱的监管模式。保险公司治理结构监管成为加强和改善保险监管的重要内容和国际保险监管的新趋势。三是市场体系发生新变化。以现代股份制为主要特征的混合所有制已经成为我国保险企业制度的主要形式，占市场份额 70% 以上的市场主体是上市公司，完善治理结构成为促进保险业健康发展的重要体制保障。而实践中一些保险公司在完善治理结构方面大胆实践，摸索出一些好的做法。在借鉴国际先进经验的基础上，认真总结实践中的经验和做法，使之上升为普遍适用的制度和规范，对提升全行业公司治理结构的整体水平是十分必要的。因此，原中国保监会于 2006 年 1 月制定并发布《关于规范保险公司治理结构的指导意见（试行）》，是原中国保监会贯彻落实十六届五中全会精神的一项重要措施，也是全面落实科学发展观的具体体现，对于加强监管、防范风险，实现又快又好发展，做大做强保险业具有深远而重要的意义。该指导意见分别从强化主要股东义务、加强董事会建设、发挥监事会作用、规范管理层运作、加强关联交易和信息披露管理以及治理结构监管六个方面对规范保险公司治理结构提出了进一步的要求，指导意见的重点是加强董事会建设，强化董事会及董事的职责和作用，同时也兼顾了公司内部相关各方的职能和作用。该指导意见是完善保险公司治理结构的总体指导性文献，标志着我国保险公司治理改革全面展开。

为强化保险公司治理结构监管，2008 年 7 月，原中国保监会发布《关于规范保险公司章程的意见》。该意见对保险公司章程的基本内容、制定和修改程序、审批和登记程序等进行规范。时任原中国保监会新闻发言人、主席助理袁力指出，公司章程是公司的根本行为准则，规范保险公司治理结构必须从公司章程这个基础抓起。值得注意的是，该意见通过章程加强了对保险公司的股权管理，规定公司章程应当分别编制发起人表和股份结构表，以反映公司控制关系变化。此外，为规范公司重大决策行为，该意见规定，公司章程应界定公司相关机构在资产买卖、重大投资、对外担保、重要业务合同和重大关联交易等事项的审议权限及决策方式，明确董事会授权公司其他机构履行其职权的方式和范围，明确董事会不得将法定职权笼统或永久授予公司其他机构或个人。

2015 年 7 月，原中国保监会发布《关于加强保险公司筹建期治理机制有关问题的通知》，进一步规范保险公司筹建行为，在源头上健全保险公司治理结构，防范有关风险。该通知坚持便民高效，为新设保险公司顺利开业营造良好环境：一是针对保险公司筹建期的阶段性特殊情况，就创立大会召开、任职资格核准等做出明确可衔接的治理和监管安排；二是顺应信息技术的最新发展趋势，允许新设保险公司使用依托于云计算模式的电子商务系统等应用系统。该通知坚持抓住关键，提升新设保险公司的决策能力和管理水平：一是要求进一步优化董事会结构，拟任董事长、拟任总经理不得兼任；二是要求按照市场化和专业化原则选聘高管人员，并建立对董事、监事和高管人员候选人的历史评价机制。该通知坚持关口前移，为新设保险公司的稳健有效治理奠定基础：一是规定应在章程中明确董事长、总经理无法正常履职时的替代和递补机制，以及出现重大财务困境或者经营失败后的系统处置方案；二是规定应在章程中明确股东委托行使表决权的具体方式、委托期限和比例要求等，不得通过委托行使表决权规避对股东资质的实质审核。

2017 年 6 月，原中国保监会发布《中国保监会关于进一步加强保险公司开业验收工作的通知》，对保险公司开业验收工作提出了四项要求：一是要加强保险公司筹建落实情况审查，具体要加强对筹建规划落实的审查和公司章程有效性的审查；二是要加强股东资质核查，具体要加强股东资质条件核查、入股资金来源审查、公司股权结构核查并强化社会监督；三是要增加面谈考核，强化责任落实，具体体现在开业现场验收前增加对拟任董事长、总经理、高级管理人员等负责人的面谈环节，建立履职评价档案和体系等方面；四是要完善验收标准，强化长效监督，具体要建立验收评价机制，加强跟踪评估和长效监管。

2018 年，为贯彻落实国务院关于清理规范行政审批中介服务事项的要求，原中国保监会决定对《外资保险公司管理条例实施细则》等四部规章的部门条款予以修改，本次以"修改决定"的形式对《外资保险公司管理条例实施细则》《外国保险机构驻华代表机构管理办法》《保险公司次级定期债务管理办法》《保险公司董事、监事和高级管理人员任职资格管理规定》4 部规章相关条文进行集中统一修改。主要对已取消的"设立外资保险公司相关材料公证""外国保险机构驻华代表机构设立及重大事项变更相关材料公证""出具保险公司发行私募次级债法律意见书""保险公司的董事、监事和高级管理人员任职材料中文译本公证"等中介服务事项所涉条文进行调整。同时，对保险公司申请募集次级债务所需提交的材料作做进一步删减，更好适应行政审批改革要求。本次修改进一步适应了简政放权、放管结合和转变政府职能需要，落实深化行政审批改革的要求，将有利于提升行政审批中介服务规范化水平。

3. 机构调整后中国银保监会的实践

2018 年 3 月，《深化党和国家机构改革方案》公开发布，原中国银监会和原中国保监会合并组建中国银行保险监督管理委员会。中国银保监会高度重视公司治理工作。2018 年 3 月底中国银保监会成立后，4 月份就召开"中小银行和保险机构公司治理座谈会"，对健全银行业和保险业的公司治理机制组织调研和部署工作。"三定方案"出台以后，专门设立了公司治理监管部，统筹银行和保险业的公司治理监管工作。中国银保监会通过补齐制度短板，加强检查评估，并强化问责，持续推动银行业和保险业提升公司治理的合规性和有效性。在监管实践中，中国银保监会分类施策，对不同机构实施差异化监管。

中国银保监会成立以来，保险业保持稳健运行良好态势，主要开展了以下三个方面的工作：一是提升保险业服务实体经济水平，二是防范化解重大金融风险稳步推进，三是保险业改革开放持续深化。具体到公司治理领域，中国银保监会推进银行保险机构公司治理体系建设，中小银行和保险公司股权穿透监管持续落实，董事会、监事会和高管层履职能力有所提高，优化激励约束机制，强内控、促合规、完善履职尽责机制等工作有效推进，规范公司治理正在成为银行保险机构的自觉行动。推动完善银行业保险业机构体系、市场体系、产品体系，大力发展专业化、特色化的金融机构，引导银行保险公司完善金融产品和服务，实现质量和效益并重的高质量发展。抓紧落实已宣布的重大金融开放举措，推动修改《外资银行管理条例》和《外资保险公司管理条例》，进一步放宽外资银行保险公司准入条件，为外资银行和保险公司的设立和经营提供更加宽松、自主的制度环境。

（二）保险公司具体治理结构与机制建设

对保险公司具体治理结构与机制的规范与监管主要是在原中国保监会成立之后开始的，下面分别从内部治理和外部治理两方面进行梳理。

1. 保险公司内部治理

第一，保险公司股东治理方面的政策法规文件。在股东治理方面，股权是公司治理的基础，加强股东治理对于完善保险公司治理关系重大，原中国保监会早在成立之初就出台文件加强股东治理。1999 年 12 月，原中国保监会发布《向保险公司投资入股暂行规定》，规范了向保险公司投资入股的行为，有利于保证保险公司资本金来源正当、真实，促进保险公司规范管理，保障被保险人的利益。2001 年 6 月，原中国保监会发布《关于规范中资保险公司吸收外资参股有关事项的通知》，对外资参股进行了规范，也适应了中国保险市场进一步开放的需要。在公司治理成为原中国保监会三大监管支柱之一后，原中国保监会先后出台一系列规范性文件对股权管理、控股股东管理及关联交易等进行规范。随着金融混业经营的深入，保险公司的关联交易也日益频繁，为了强化保险公司关联交易管理，加强保险监管，2007 年 4 月原中国保监会出台《保险公司关联交易管理暂行办法》，该办法对关联交易的披露和报告等事宜做出了详细规定，要求保险公司制定关联交易管理制度，保险公司应当每年至少组织一次关联交易专项审计，并将审计结果报董事会和监事会，保险公司重大关联交易应当在发生后十五个工作日内报告原中国保监会。

随着中国改革开放的深入和保险业的快速发展，保险公司资本构成多元化和股权结构多样化特征日益明显，股权流动和股权交易日趋频繁，新情况、新问题不断出现，现行规定已不能适应当前保险业发展和监管的新形势，迫切需要调整和更新。为保持保险公司经营稳定，保护投资人和被保险人的合法权益，加强保险公司股权监管，原中国保监会于 2010 年 5 月发布《保险公司股权管理办法》。该办法依据遵循市场规律、尊重商业选择、实质重于形式，以及从行政审批向强制信息披露监管转变的原则，就股东资格、投资入股、股权变更及材料申报等做出了明确规定。为进一步加强保险公司治理监管，规范保险公司控股股东行为，原中国保监会于 2012 年 7 月发布了《保险公司控股股东管理办法》。该办法界定了保险公司控股股东，规范了保险公司控股股东的控制行为和交易行为，规定了其应当承担的义务，并明确规定了原中国保监会有权采取的监管措施。办法明确了保险公司控股股东应当维护保险公司财务和资产独立，不得对保险公司的财务核算、资金调动、资产管理和费用管理等进行非法干预，不得通过借款、担保等方式占用保险公司资金。2017 年 6 月，原中国保监会发布《中国保监会关于进一步加强保险公司关联交易管理有关事项的通知》，进一步加强对保险公司关联交易监管，要求保险公司设立关联交易委员会、完善关联交易的内部控制机制等制度建设，有效防范不正当利益输送。

为贯彻落实党的十九大、中央经济工作会议和全国金融工作会议精神，加强股权监管，弥补监管短板，有效防范风险，原中国保监会 2018 年 3 月 2 日修订发布《保险公司股权管理办法》。该办法坚持问题导向，针对股东虚假出资、违规代持、通过增加股权层级规避监管、股权结构不透明等现象，进一步明确股权管理的基本原则，丰富股权监管手段，加大对违规行为的问责力度。该办法重点明确了保险公司股东准入、股权结构、资本真实性、穿透监管等方面的规范。该办法的出台有利于持续加强保险公司股权监管，弥补监管短板，严格市场准入监管，规范保险公司股东行为，严厉打击违规行为，切实防范化解风险。

第二，保险公司董事会治理方面的政策法规文件。在董事会治理方面，董事会是公司治理的核心，加强董事会建设是国内外完善公司治理的普遍做法。2006 年《关于规范保险公司治理结构的指导意见（试行）》的重点是加强董事会建设，因而原中国保监会出台一系列董事会治理方面的规范性文件，从独立董事管理到董事会运作，再到发展规划管理，逐步加强董事会建设。2007 年 4 月原中国保监会发布《保险公司独立董事管理暂行办法》，对保险公司的独立董事设置、任免、权利和义务都做了详尽的规定。为促进保险公司完善治理结构，2008 年 7 月原中国保监会制定发布《保险公司董事会运作指引》，从明确董事会职责、强化董事责任、建立独立董事制度、设立专业委员会四个方面，将加强董事会建设作为规范保险公司治理的重要内容，规范重点集中在职权明确和组织完善方面。

　　第三，保险公司董监高任职、薪酬和审计方面的政策法规文件。在董监高方面，原中国保监会逐步加强对董事、监事及高级管理人员的任职资格、薪酬和审计等方面的规范和指引。就任职资格而言，原中国保监会分别于 1999 年 1 月、2002 年 3 月、2008 年 4 月和 2010 年 1 月发布相关任职资格管理规定，从任职资格这一源头上提高保险公司董事、监事和高级管理人员的质量，加强和完善对保险公司董事、监事和高级管理人员的管理，保障保险公司稳健经营，促进保险业健康发展。随着保险监管的深入，全行业越来越充分认识到，加强对保险公司董事和高管人员履职过程的监管，做到真正"管住人"，是落实监管措施、实现有效监管的关键和重点。建立高管审计制度是加强高管人员监管的必要措施，从全行业目前实际看，大部分公司对高管人员都建立了审计制度，也开展了离任审计等工作，但普遍存在不规范问题。各公司对高管审计的范围、频率、内容和组织方式各不相同，审计结果的运用也不统一，客观上影响了审计工作的效果。此外，部分保险公司总公司的董事长、执行董事和高管人员长期任职但从未进行过有针对性的审计，这方面也存在一定的制度空白。因此，原中国保监会于 2010 年 9 月出台《保险公司董事及高级管理人员审计管理办法》，目的在于规范和统一对各公司高管审计的范围、程序和内容，并对审计结果如何运用进行统一要求，通过内外部审计的方式，建立保险公司董事和高管人员的履职监督机制，规范相关审计工作。长期以来，薪酬都由金融机构按照市场化原则自主决定，监管机构很少过问，但这一观念近年来发生了很大改变。2008 年金融危机发生后，不当的薪酬制度促使金融机构过度冒险被认为是引发金融危机的主要原因之一。随后启动的国际金融监管改革，将原本被认为监管机构不宜介入的薪酬问题纳入监管范畴，相关组织陆续出台一系列改革措施。如金融稳定理事会（Financial Stability Board，缩写为 FSB）发布的《稳健薪酬做法原则》（Principles for Sound Compensation

Practices）和《稳健薪酬做法原则的执行标准》（Implementation Standards for the FSB Principles for Sound Compensation Practices），巴塞尔银行业监管委员会（Basel Committee on Banking Supervision，缩写为BCBS）发布的《稳健薪酬做法原则和实施标准评估方法》（Compensation Principles and Standards Assessment Methodology）、《将薪酬制度与风险、业绩挂钩的方法》（Range of Methodologies for Risk and Performance Alignment）等。为加强保险公司治理监管，健全激励约束机制，规范保险公司薪酬管理行为，发挥薪酬在风险管理中的作用，促进保险公司稳健经营和可持续发展，原中国保监会制定了《保险公司薪酬管理规范指引（试行）》，并于2012年7月发布。特别地，针对保险公司的特有高管——总精算师，原中国保监会也出台了相关的规范性文件。2007年9月，原中国保监会发布《保险公司总精算师管理办法》，该办法明确原中国保监会依法审查总精算师任职资格，并对总精算师履职行为进行监督管理。

第四，保险公司内部控制、合规和风险管理方面的政策法规文件。原中国保监会在成立之初就注重对保险公司内部控制和内部审计工作的规范和引导，在1999年和2000年先后出台《保险公司内部控制制度建设指导原则》和《中国人民保险公司内部审计工作规范的暂行规定》，从内控和审计的视角做好公司内部风险管控。在公司治理成为保险监管三大支柱之一后，原中国保监会进一步加强对内部控制、合规和风险管理的规范和指导，如2007年发布的《保险公司合规管理指引》和《保险公司风险管理指引（试行）》、2010年发布的《保险公司内部控制基本准则》、2014年发布的《保险公司声誉风险管理指引》和2016年发布的《中国保监会关于进一步加强保险公司合规管理工作有关问题的通知》等。《保险公司合规管理指引》的出台，既是金融监管的大势所趋，也是保险业发展的内在需要。保险业全面建立合规管理制度，对于完善保险公司治理机制、强化保险公司内控管理、提升保险公司风险管理水平具有重要意义。在保险公司不断扩大投资渠道的过程中，风险管理也成为原中国保监会的监管重点，为强化保险公司风险管理，提高风险防范能力，原中国保监会出台了《保险公司风险管理指引（试行）》。该指引要求建立由董事会负最终责任、管理层直接领导，以风险管理机构为依托，相关职能部门密切配合，覆盖所有业务单位的风险管理组织体系。《保险公司内部控制基本准则》根据我国保险公司治理的现状和国际上的发展趋势，要求保险公司建立"由董事会负最终责任、管理层直接领导、内控职能部门统筹协调、内部审计部门检查监督、业务单位负首要责任的分工明确、路线清晰、相互协作、高效执行"的内部控制组织体系。在此基础上，2016 年 12 月 30 日原中国保监会发布了《保险公司合规管理办法》，并于 2017 年 7 月 1 日起施行，替代原有的《保险公司合规管理指引》。该办法共分 6 章 42 条，首先界定了合规管理的基本概念，然后分别明确了董事会、监事会、总经理、合规负责人和合规管理部分的合规职责，最后确立了合规的外部监管，进一步提高了保险合规监管工作的科学性和有效性。

　　2. 保险公司外部治理

　　第一，保险公司信息披露方面的政策法规文件。信息披露是解决市场信息不对称、提高市场运转效率和透明度的重要措施。由于保险业是经营风险的行业，与社会公众利益相关性很强，市场要求保险公司比其他公司披露更多的信息。因而，为了保障投保人、被保险人和受益人的合法权益，进一步完善保险公司治理结构和保险监管体系，提高保险市场效率，维护保险业平稳健康发展，原中国保监会逐步细化信息披露的要求，从出台《关于定期报送保险公司基本资料和数据的通知》到《保险公司信息披露管理办法》，再到多部细化规定保险公司资金运用信息披露准则的发布，原中国保监会对保险公司信息披露的要求不断提高。2010 年 5 月，原中国保监会发布《保险公司信息披露管理办法》。该办法规定保险公司要将反映其经营状况的主要信息向社会公众公开，主要包括保险公司应该披露的基本信息、财务会计信息、风险管理状况信息、保险产品经营信息、偿付能力信息、重大关联交易信息和重大事项信息七个方面的内容，系统地规范了保险公司的信息披露工作。

　　2018 年中国银保监会成立后，为进一步规范保险公司的信息披露行为，中国银保监会 2018 年第 1 次主席会议通过了《保险公司信息披露管理办法》，于 2018 年 4 月 28 日发布，自 2018 年 7 月 1 日起施行，该办法是对原中国保监会于 2010 年 5 月发布的《保险公司信息披露管理办法》的全面修订。该办法共 6 章 40 条，主要从三个方面加强了对保险公司信息披露的管理：一是细化保险公司信息披露内容，并明确每一项具体内容的披露要求；二是明确了保险公司信息披露的方式和时间，例如明确要求公司基本信息发生变动的保险公司在 10 日内更新公司网站的相应信息，明确要求保险公司要在 4 月 30 日前发布公司年度信息披露报告等；三是明确了信息披露的管理制度，例如要求保险公司在公司网站的显著位置设置"公开信息披露"专栏，并在专栏下分类设置多项一二级子栏目等。这些要求进一步细化了保险公司信息披露的要求，有利于保障投保人、被保险人、受益人以及相关当事人的合法权益，促进保险业健康发展。

第二，保险公司外部监管方面的政策法规文件。保险公司的外部监管包括市场行为、偿付能力和公司治理三大方面，实际上本章前文所述内容均属于保险公司外部监管的范畴，因此本部分略过前文已介绍过的内容，主要挑选外部监管中部分与保险公司业务和偿付能力相关的内容进行介绍。原中国保监会成立前，财政部曾先后发布《国营金融、保险企业成本管理办法》《关于外商投资金融保险企业制定内部财务管理制度的指导意见》和《关于保险公司保险保障基金有关财务管理的通知》，主要从财务成本管理角度对保险公司业务展开监管。原中国保监会成立后，对保险公司的众多行为展开监管，出台包括《保险资金投资股权暂行办法》《保险公司资本保证金管理办法》《保险公司业务范围分级管理办法》《保险公司服务评价管理办法（试行）》《保险公司经营评价指标体系（试行）》和《关于保险公司在全国中小企业股份转让系统挂牌有关事项的通知》等文件。近年来，原中国保监会在引导保险业专业化发展、对保险公司实施差别化监管方面进行了积极探索。对保险公司业务范围进行审批和调整，既是法定行政许可事项，也是重要的保险监管手段。为规范保险公司业务范围管理，建立健全保险市场准入和退出机制，促进保险行业专业化、差异化发展，根据《保险法》《外资保险公司管理条例》《保险公司管理规定》等有关法律、行政法规和规章，原中国保监会于 2013 年 5 月制定了《保险公司业务范围分级管理办法》。该办法按照"有进有出、动态调整、稳步推进"的原则，对财产险公司和人身险公司的业务范围进行归类细分，并确定了相应的准入和退出条件。出台办法的主要目的，一是通过对业务范围的合理划分，鼓励保险公司发展保障型业务；二是通过适当限定新设保险公司的业务范围，在源头上增强保险公司精耕细作、注重服务、不断创新的内在动力；三是通过将业务范围调整与偿付能力等监管指标挂钩，促使保险公司提高自身的资本管理能力、风险管控水平和合规经营意识。

第三，保险公司并购退出机制方面的政策法规文件。原中国保监会逐步规范和完善了保险公司的并购和退出机制，先后发布《保险公司保险业务转让管理暂行办法》和《保险公司收购合并管理办法》。2011 年 8 月，原中国保监会发布《保险公司保险业务转让管理暂行办法》。该办法规定的保险业务转让，是指保险公司之间在平等协商基础上自愿转让全部或者部分保险业务的行为。保险公司通过业务转让，达到自愿退出保险市场或者剥离部分保险业务的目的。这种自愿转让不同于《保险法》规定的强制转让。也就是说，经营有人寿保险业务的保险公司在被撤销或者破产情形下发生的保险业务转让，因偿付能力不足而被监管机构强制要求的保险业务转让，都不适用该办法。2014 年 3 月，原中国保监会发布《保险公司收购合并管理办法》。该办法指出兼并重组是企业加强资源整合、实现快速发展的有效措施，也是调整优化产业结构、提高发展质量效益的重要途径。国务院出台专门意见明确了进一步优化企业兼并重组市场环境的主要目标、基本原则和具体措施。近年来，随着中国保险业加快向国内外资本开放，保险公司数量持续增加，经营管理状况开始分化，不同动机、不同形式、不同规模的保险公司收购合并日益活跃。该办法按照"一要促进、二要规范"的总体思路，坚持市场化、法治化原则，在注重保护保险消费者权益、维护保险市场公平秩序的基本前提下，着眼于促进保险业的结构优化和竞争力提升，同时丰富保险公司风险处置的工具箱。

二、保险机构治理政策法规发展脉络

（一）保险机构治理政策法规实践概述

保险机构可分为经营机构和中介机构两类，经营机构包括保险公司、再保险公司、保险集团公司、保险资产管理公司等以及新兴的相互保险组织，中介机构包括保险代理机构、保险经纪机构和保险公估机构。本部分重点关注了保险机构中除保险公司之外的其他保险机构。

在原中国保监会成立之前，我国保险机构治理实践更多的是对中介机构中的代理机构和经纪机构进行监管。例如，1992 年 11 月中国人民银行出台的《保险代理机构管理暂行办法》加强了对保险企业设立保险代理机构的管理，规范了保险代理机构的经营活动。1997 年 11 月中国人民银行发布《保险代理人管理规定（试行）》，从从业资格、执业管理、保险代理合同等方面对如何管理各种代理人做出了具体规定。1998 年 2 月中国人民银行发布《保险经纪人管理规定（试行）》，对保险经纪公司的相关内容进行了规定，规范了保险经纪人的行为。

原中国保监会成立后，随着保险业的发展，我国保险机构治理实践逐渐丰富，原中国保监会先后出台文件规范了再保险公司、保险资产管理公司、保险集团公司和相互保险组织等保险经营机构以及保险代理机构、保险经纪机构和保险公估机构等保险中介机构的治理。

（二）保险经营机构治理政策法规实践

在经营机构方面，原中国保监会 2002 年 9 月发布《再保险公司设立规定》、2004 年 4 月发布《保险资产管理公司管理暂行规定》、2010 年 3 月发布《保险集团公司管理办法（试行）》以及 2015 年 1 月发布《相互保险组织监管试行办法》分别对再保险公司、保险资产管理公司、保险集团公司以及相互保险组织的设立、变更、从业资格、经营管理及监督管理进行了规范。

2002 年 9 月 17 日，原中国保监会发布《再保险公司设立规定》。此前，根据我国《保险法》规定，除人寿保险业务外，保险公司应将其承保的每笔保险业务的 20% 向中国再保险公司办理再保险，即法定分保。据测算，目前法定分保业务占再保险市场份额的 90% 左右。按中国入世承诺，法定分保业务将逐年下调 5%，入世后 4 年内，20% 的法定分保业务将完全取消，再保险市场将完全商业化。在此背景下，原中国保监会发布《再保险公司设立规定》，明确了入世开放新格局下再保险公司设立的条件。

2004 年 4 月 25 日，原中国保监会发布《保险资产管理公司管理暂行规定》。保险资金运用是保险市场联系资本市场和货币市场的重要环节，也是保险业发挥资金融通功能，支持国家经济建设的重要途径。面对日益盆满钵盈的保险资金，作为保险公司一个业务部门的保险资金管理中心显然已力不从心，难当大任。因为内设投资部门的管理形式只适合于小规模的、单一品种的投资活动，并不能适应保险资金规模日益扩大以及投资业务量和投资品种快速增长的需要。特别是今后还将可能进一步扩大投资领域，保险公司内设投资部门的架构，很难为保险公司投资业务的进一步发展提供人才及制度保证，在一定程度上限制了保险资金投资领域的拓宽。国外实践证明，设立专业化的保险资产管理公司可根据保险资金运用的实际需要，从市场研究、投资决策、业务操作、风险控制等诸方面对保险资金运用实行规范化管理和风险控制。设立专业化的保险资产管理公司，是保险公司适应投资规模迅速扩大、投资领域不断拓展的需要，从根本上说是我国保险资金运用长远发展的大计。2004 年全国保险工作会议提出，要推进资金运用管理体制改革，逐步把保险业务和资金运用业务彻底分离，允许有条件的公司成立保险资产管理公司。在此之前，经国务院批准，中国人保控股公司、中国人寿保险集团公司分别发起设立了保险资产管理公司。太平洋保险、新华人寿、华泰保险、中国再保险等相继提交了设立保险资产管理公司的申请。为保证保险资产管理公司规范健康发展，促进保险资金的专业化运作，确保保险资金运用的安全与有效，原中国保监会经过广泛调研和多方协调，制定出台了该规定。

2010 年 3 月 12 日，《保险集团公司管理办法（试行）》出台。当时我国保险业共有 8 家保险集团（控股）公司，其合并总资产、净资产和保费收入均占行业总规模的四分之三，对行业发展起着主导作用。加强保险集团公司监管，对于维护市场安全稳定运行、防范化解金融风险、保护被保险人利益都具有十分重要的意义。为了加强保险集团公司监管，防范保险集团经营风险，更好地促进保险主业发展，原中国保监会发布《保险集团公司管理办法（试行）》，对保险集团公司的准入条件、公司治理、资本管理、信息披露以及监督管理做出规定。

2015 年 1 月 23 日，《相互保险组织监管试行办法》出台。相互保险是指有相同风险保障需求的投保人，在平等自愿、民主管理的基础上，以互相帮助、共摊风险为目的，为自己办理保险的经济活动。相互保险发展历史悠久，起源早于股份制保险，目前在国际保险市场仍占据重要地位，尤其在高风险领域如农业、渔业和中低收入人群风险保障方面得到广泛应用。中国对相互保险进行了长期探索，随着市场经济发展和人们风险防范需求增加，各类社会主体发展相互保险的愿望愈发强烈，特别是互联网技术的发展使相互保险面临新的发展机遇。《国务院关于加快发展现代保险服务业的若干意见》明确提出"鼓励开展多种形式的互助合作保险"。为加强对相互保险组织的监督管理，促进相互保险规范健康发展，原中国保监会在充分借鉴国际监管经验并结合我国保险市场实际的基础上，制定了该办法，从总体原则、设立、会员、组织机构、业务规则和监督管理等方面明确了对相互保险组织的监管要求。此外，2017 年 3 月 28 日，《中国保监会关于加强相互保险组织信息披露有关事项的通知》进一步规范了相互保险组织信息披露行为，明确了相互保险组织的信息披露内容和要求。

2018 年 6 月 30 日，中国银保监会发布《保险机构独立董事管理办法》。该办法共 8 章 56 条，是对 2007 年发布的《保险公司独立董事管理暂行办法》的一次全面修订。针对保险机构独立董事独立性不足、勤勉尽职不到位、专业能力欠缺，以及履职配套机制不健全等方面的问题，该办法通过建立健全独立董事制度运行机制，明确主体责任，规范主体行为，强化监管约束等制度安排，进一步改善独立董事履职的内外部环境，促进独立董事在公司治理结构中充分发挥作用。该办法主要从五个方面对原暂行办法做了修订：完善了制度的适用范围及独立董事设置要求，优化了独立董事的提名及任免机制，明确了独立董事的权利义务及履职保障，建立了独立董事履职评价和信息公开机制，健全了对独立董事及相关主体的监督和问责机制。同时，该办法规定，中国保险行业协会负责保险机构独立董事人才库建设，使之成为独立董事人才资源、履职评价、信息公开、履职监督管理的平台。

2019 年 11 月 25 日，中国银保监会印发《银行保险机构公司治理监管评估办法（试行）》。该办法指出，银行保险机构公司治理监管评估内容主要包括：党的领导、股东治理、董事会治理、监事会和高管层治理、风险内控、关联交易治理、市场约束、其他利益相关者治理等方面。公司治理监管评估包括合规性评价、有效性评价、重大事项调降评级三个步骤。适用对象包括：国有大型商业银行、股份制商业银行、城市商业银行、民营银行、农村商业银行、外资银行、保险集团（控股）公司、保险公司、相互保险社及自保公司。该办法将评估对象由保险机构拓展到所有的金融机构，该办法的推出也标志着公司治理评估工作在金融业全面开展。

（三）保险中介机构治理政策法规实践

原中国保监会于 2005 年 2 月发布《保险中介机构法人治理指引（试行）》和《保险中介机构内部控制指引（试行）》，对中介机构法人治理和内部控制进行规范的引导。

《保险公估机构管理规定》于 2002 年 1 月 1 日起实施，《保险代理机构管理规定》和《保险经纪机构管理规定》于 2005 年 1 月 1 日起实施，这三部针对保险中介机构的管理规定对于建立保险中介市场体系、完善有序竞争的市场格局发挥了重要作用。而随着我国保险市场的快速发展，保险中介机构的经营理念、体制、机制、专业水平都发生了很大变化，保险市场也对保险中介行业提出了更高的要求。同时随着新《保险法》的实施，保险专业中介监管也需要及时梳理已有的法规，做好与新《保险法》的衔接工作。因此，2009 年 9 月原中国保监会颁布了新的《保险专业代理机构监管规定》《保险经纪机构监管规定》和《保险公估机构监管规定》。新的三个规章主要对市场准入、经营规则、市场退出、监督检查和法律责任等方面进行了修订，更加注重被保险人利益的保护，监管重心转移到关注市场和风险，监管力度进一步强化，适当提高市场准入标准，注重发挥市场对资源配置和整合的作用，提高保险中介业的服务能力和竞争能力。

2015 年 9 月 17 日，《中国保监会关于深化保险中介市场改革的意见》出台。为进一步推进保险中介市场深化改革，促进保险中介市场有序健康发展，原中国保监会发布《中国保监会关于深化保险中介市场改革的意见》。该意见中，明确了保险中介市场深化改革的总体目标，确定了保险中介市场深化改革要遵循的三个基本原则，并要求各相关单位加强组织领导、加强内部协作、密切外部协调、加强宣传引导。

为贯彻落实中央经济工作会议和全国金融工作会议精神，进一步规范保险经纪业务，原中国保监会于 2018 年 2 月发布了《保险经纪人监管规定》和《保险公估人监管规定》（以下分别简称《经纪人规定》和《公估人规定》）。这两个文件的出台进一步巩固了简政放权改革的成果，实现了从

"主要管机构"到"重点管业务"的转变，将进一步规范保险经纪业务和公估业务，防范风险，维护投保人、被保险人、受益人的合法权益。《经纪人规定》在已有关于经纪业务的政策法规基础上，针对近年来特别是 2014 年保险中介市场清理整顿以来市场出现的新情况以及监管面临的新环境，对保险经纪人市场准入、经营规则、市场退出、行业自律、监督检查、法律责任等方面做出了更加全面和详细的规定。《公估人规定》在已有关于公估业务的政策法规基础上，结合近年来特别是 2014 年保险中介市场清理整顿以来市场出现的新情况以及监管面临的新环境，完善了相关制度：一是规定经营条件；二是加强事中事后监管；三是规范市场经营秩序；四是新增行业自律。《公估人规定》的发布施行对进一步明确经营保险公估业务备案、优化保险公估监管体系、保护保险公估活动当事人合法权益具有重要作用，将为实现保险公估由业务许可转为业务备案提供了有效的制度支撑。

2018 年 4 月 10 日，国家主席习近平在博鳌亚洲论坛主旨演讲中提出要"加快保险行业开放进程"，中国人民银行行长易纲于 4 月 11 日在博鳌亚洲论坛宣布进一步扩大金融业对外开放的具体措施和时间表。随后，中国银保监会积极落实扩大保险业对外开放的承诺，于 2018 年 4 月 27 日发布《关于放开外资保险经纪公司经营范围的通知》，于 2018 年 6 月 28 日发布《中国银保监会关于允许境外投资者来华经营保险公估业务的通知》和《中国银保监会关于允许境外投资者来华经营保险代理业务的通知》，已经实现了易纲行长在博鳌亚洲论坛上做出的前两项对外开放具体措施，进一步扩大了保险业的对外开放水平，这些举措有利于促进我国保险业特别是保险中介行业的发展。

2019 年，中国银保监会部署开展了保险专业中介机构从业人员（包括保险专业代理机构的代理从业人员、保险经纪人的经纪从业人员、保险公估人的公估从业人员，以下统称从业人员）执业登记清核工作。从清核情况看，近年来保险专业中介机构从业人员数量增长较快，素质参差不齐，有的甚至走向无序发展，反映出多数机构在从业人员管理理念、管理制度、管理举措等方面存在偏差缺失的问题。2020 年 5 月 12 日，为切实推动保险公司、保险专业中介机构落实主体责任，全面加强保险专业中介机构从业人员队伍管理，中国银保监会发布《关于切实加强保险专业中介机构从业人员管理的通知》，该通知提出保险专业中介机构应全面承担起管理主体责任、应加强对从业人员的统筹管理、应严格从业人员招录管理、应严格从业人员培训管理、应建立从业人员销售能力分级体系、应严格从业人员诚信管理和应切实夯实从业人员管理基础，依法严格监管、严厉处罚和严肃责任追究;同时还提出中国银保监会派出机构应全面落实属地监管要求、履行属地监管责任,对监管履职不力者依法依规严肃问责。

三、保险业治理政策法规发展脉络

(一) 我国保险业的恢复建立和初步发展

1979 年 4 月,国务院批准《中国人民银行全国分行行长会议纪要》,做出了"逐步恢复国内保险业务"的重大决策,直到当年 11 月全国保险工作会议召开,停办了二十多年的国内保险业务才就此恢复。保险事业恢复后立即发挥出积极的作用,但当时我国保险事业的经营规模以及在国民经济中发挥的作用远远落后于中国经济迅速发展的需要,也远远落后于发达国家甚至一些发展中国家,因而国务院 1984 年发布《关于加快发展我国保险事业的报告》,对我国保险事业的现状进行了分析,提出了六点具体加速发展我国保险事业的意见,并根据工作中的实践,提出了需要采取的五项措施,进一步推动我国保险事业发展。这一时期,中国人民银行实际上扮演着保险业监管者的角色,为了维护被保险方和保险企业的合法权益,1988 年 3 月,中国人民银行出台《关于依法加强人民银行行使国家保险管理机关职责的通知》,要求各级人民银行履行国家保险管理机关的各项职责,加强对保险企业的管理。1989 年 2 月国务院发布《国务院办公厅关于加强保险事业管理的通知》,在肯定保险事业快速发展的同时指出了现存的比较突出的问题,强调了中国人民保险公司在我国保险事业中的主渠道作用,突出中国人民银行作为我国保险事业主管机关的地位,进一步规范了我国保险事业管理。

(二) 我国《保险法》的出台和修改

1995 年 6 月 30 日,《中华人民共和国保险法》(以下简称《保险法》)出台。该法律集保险合同法与保险业法于一身,共 8 章 151 条,包括总则、保险合同、保险公司、保险经营规则、保险业的监督管理、保险代理人及保险经纪人、法律责任及附则等,彻底结束了我国保险业无法可依的局面,是我国保险法制建设史上的一个重要里程碑,掀开了我国保险业发展新的一页,与《中华人民共和国公司法》(以下简称《公司法》)共同构成了我国保险公司治理的基础法律。

为履行加入世贸组织时的承诺,2002 年 10 月第九届全国人大常委会第三十次会议对《保险法》进行修改,对其中许多不符合入世承诺的条款如原《保险法》第 93 条规定的提取和结转责任准备金的比例、第 101 条规定的办理再保险的比例等问题做了修改，此次修正的内容重在"保险业法"部分。2009 年 2 月 28 日，第十一届全国人大常委会第七次会议对《保险法》进行第二次修改，此次修订的内容主要涉及"保险合同法"部分。在制度设计及规制完善上，加强对被保险人利益保护的立法精神贯穿始终，成为本次《保险法》修订的最大亮点，例如明确了保险双方当事人的权利与义务，有利于减少保险合同纠纷；规范了保险公司的经营行为，保护了被保险人的利益；进一步完善了保险基本制度、规则，为保险业拓宽了发展空间；加强对保险公司偿付能力的监管，确保保险公司稳健经营。2014年 8 月 31 日第十二届全国人大常委会第十次会议对《保险法》进行第三次修改，本次修正主要是为适应《公司法》修正而进行的。2015 年 4 月 24 日第十二届全国人大常委会第十四次会议对《保险法》做了第四次修改，此次修正主要修改了有关行政审批、工商登记前置审批或者价格管理的有关内容，与"放开前端、管住后端"的监管思路相适应，在放松行政管制的同时加强后端管理。

（三）原中国保监会的成立及其自身的治理

1998 年 11 月，原中国保监会在北京成立，保险业有了单独的监管机构。原中国保监会在促进保险业发展的同时也加强了对作为监管机构自身的监管。1999 年 3 月，国务院办公厅印发《中国保险监督管理委员会职能配置内设机构和人员编制规定》，明确原中国保监会是全国商业保险的主管部门，根据国务院授权履行行政管理职能，依照法律、法规统一监督管理全国保险市场，将原来由中国人民银行履行的保险监管职能交给原中国保监会，并明确了原中国保监会的内设机构和相关人员编制。之后，2003 年7 月国务院办公厅发布《中国保险监督管理委员会主要职责内设机构和人员编制规定》，对原中国保监会的职责、机构和人员编制进行更新和明确。

针对自身内部的治理，原中国保监会 2010 年出台的《中国保险监督管理委员会行政处罚程序规定》规范了行政处罚的程序；2015 年出台的《中国保险监督管理委员会政务信息工作办法》推进了原中国保监会政务信息工作。

原中国保监会还针对自身派出机构出台一系列治理要求。2004 年发布的《中国保监会派出机构管理部工作规则》以及 2016 年发布的《中国保险监督管理委员会派出机构监管职责规定》分别明确了派出机构管理部的职责和派出机构监管工作的职责，加强和改善派出机构对保险市场的监督管理，促进保险业的健康有序发展。

（四）中国银保监会的成立

2018 年 3 月，《深化党和国家机构改革方案》公开发布。为深化金融监管体制改革，解决现行体制存在的监管职责不清晰、交叉监管和监管空白等问题，强化综合监管，优化监管资源配置，更好统筹系统重要性金融机构监管，逐步建立符合现代金融特点、统筹协调监管、有力有效的现代金融监管框架，守住不发生系统性金融风险的底线，原中国银监会和原中国保监会合并组建中国银行保险监督管理委员会，其主要职责是依照法律法规统一监督管理银行业和保险业，保护金融消费者合法权益，维护银行业和保险业合法、稳健运行，防范和化解金融风险，维护金融稳定等。保险行业监督管理机构由原中国保监会变更为了中国银保监会，这一机构调整顺应了金融危机以后全球金融监管制度的变化，能够起到强化综合监管，提高统筹协调的效果。

（五）我国保险业发展的两次顶层设计

1. 2006 年保险业的"国十条"①

2006 年 6 月 15 日，《国务院关于保险业改革发展的若干意见》出台。改革开放特别是十六大以来，我国保险业改革取得了举世瞩目的成就。但由于保险业起步晚、基础薄弱、覆盖面不宽，功能和作用发挥不充分，与全面建成小康社会和构建社会主义和谐社会的要求不相适应，与建立完善的社会主义市场经济体制不相适应，与经济全球化、金融一体化和全面对外开放的新形势不相适应。为全面贯彻落实科学发展观，明确今后一个时期保险业改革发展的指导思想、目标任务和政策措施，加快保险业改革发展，促进社会主义和谐社会建设，该意见提出了十条具体意见。这是国务院首次对我国保险业发展进行的顶层设计。

---

① 为全面贯彻落实科学发展观，明确今后一个时期保险业改革发展的指导思想、目标任务和政策措施，加快保险业改革发展，促进社会主义和谐社会建设，《国务院关于保险业改革发展的若干意见》提出如下十条意见：（1）充分认识加快保险业改革发展的重要意义；（2）加快保险业改革发展的指导思想、总体目标和主要任务；（3）积极稳妥推进试点，发展多形式、多渠道的农业保险；（4）统筹发展城乡商业养老保险和健康保险，完善多层次社会保障体系；（5）大力发展责任保险，健全安全生产保障和突发事件应急机制；（6）推进自主创新，提升服务水平；（7）提高保险资金运用水平，支持国民经济建设；（8）深化体制改革、提高开放水平，增强可持续发展能力；（9）加强和改善监管，防范化解风险；（10）进一步完善法规政策，营造良好发展环境。该文件也被称为保险业"国十条"。

2. 2014 年保险业的新"国十条"①

2014 年 8 月 10 日,《国务院关于加快发展现代保险服务业的若干意见》出台。该意见明确了今后较长一段时期保险业发展的总体要求、重点任务和政策措施,提出到 2020 年,基本建成保障全面、功能完善、安全稳健、诚信规范,具有较强服务能力、创新能力和国际竞争力,与中国经济社会发展需求相适应的现代保险服务业,努力由保险大国向保险强国转变。这是继 2006 年国务院首次对我国保险业发展进行顶层设计之后的再一次宏观布局。

(六)我国保险业的五年规划

从 2006 年起,原中国保监会连续发布保险业发展的"五年规划纲要",明确保险业的发展方向、预期目标和政策措施。

2006 年 9 月 21 日,原中国保监会发布《中国保险业发展"十一五"规划纲要》。该规划纲要对我国"十五"期间保险业发展进行了回顾,并对"十一五"期间我国保险发展做出规划。"十一五"时期保险业的发展总目标是:到 2010 年,基本建成一个业务规模较大、市场体系完善、服务领域广泛、经营诚信规范、偿付能力充足、综合竞争力较强,发展速度、质量和效益相统一,充满生机和活力的现代保险业。五个子目标包括业务发展目标、综合竞争力目标、功能作用目标、风险防范目标和环境建设目标。其中政策措施中第 8 条明确提出加强和改善保险监管,健全风险防范机制,要求坚持把防范风险作为保险业健康发展的生命线,按照依法监管、防范风险和保护被保险人利益的原则,进一步健全保险监管体系,完善监管制度,建立防范化解风险的长效机制。

2011 年 8 月 18 日,原中国保监会发布《中国保险业发展"十二五"规划纲要》。该规划纲要是我国保险业 2011—2015 年科学发展的战略性和指导性规划。编制和实施规划纲要是保险业深入落实科学发展观的重大战略举措。其中第 22 条明确提出:"深化保险公司治理改革。继续引入各类优质资本,适当放宽保险公司股权比例限制,加强保险公司控股股东和实

---

① 为深入贯彻党的十八大和十八届二中、三中全会精神,认真落实党中央和国务院决策部署,加快发展现代保险服务业,《国务院关于加快发展现代保险服务业的若干意见》提出如下十条意见:(1)总体要求;(2)构筑保险民生保障网,完善多层次社会保障体系;(3)发挥保险风险管理功能,完善社会治理体系;(4)完善保险经济补偿机制,提高灾害救助参与度;(5)大力发展"三农"保险,创新支农惠农方式;(6)拓展保险服务功能,促进经济提质增效升级;(7)推进保险业改革开放,全面提升行业发展水平;(8)加强和改进保险监管,防范化解风险;(9)加强基础建设,优化保险业发展环境;(10)完善现代保险服务业发展的支持政策。该文件又被称为保险业新"国十条"。

际控制人管理，建立适合稳健发展和持续增资需求的合理的股权结构。进一步完善董事会制度，规范董事会运作，增强董事会的独立性，强化董事尽职监督。规范保险公司薪酬考核制度，建立稳健薪酬机制，将长期风险和合规指标纳入薪酬考核体系，强化董事会在保险公司薪酬管理中的作用。健全保险公司监督问责机制，强化独立董事和监事会的监督职能。增强经营管理层的执行力，强化总精算师、合规负责人和审计责任人等关键岗位职责。深化内部审计体制改革，完善保险公司内控管理，健全风险管控体系。推动保险机构不断优化组织体系，提高管理效率。加大对非上市保险机构的信息披露力度，加强社会公众监督。"

2016 年 8 月 23 日，原中国保监会发布《中国保险业发展"十三五"规划纲要》。党的十八大以来，中国经济社会发展进入新的阶段，党中央国务院高度重视保险业在经济社会发展战略全局中的重要作用。2014 年 8 月，国务院发布了保险业新"国十条"，标志着党中央国务院把发展现代保险服务业放在经济社会工作整体布局中统筹考虑，保险业成为中国经济社会发展总体布局中的重要一环。行业战略定位发生的根本性改变为制定规划提出了更高的战略要求，同时保险业的发展基础有了根本性提升。经过"十一五"和"十二五"两个完整规划周期，保险业自身的发展水平有了明显提升，保险市场体系、业务结构更加优化完善，行业实力和经营效益明显提升，改革创新取得实质性突破。保险业具备了更强的内生发展活力，能够承担国家、经济社会及保险客户对行业的更高要求。这些变化使得保险业"十三五"规划应当着眼于提升保险业在国家治理体系和治理能力现代化中的地位和作用，稳步实现新"国十条"提出的"到 2020 年基本建成现代保险服务业"的发展目标。规划纲要的具体措施中第七章明确提出要加强监管，筑牢风险防范底线，具体来说要坚持机构监管与功能监管相统一、宏观审慎监管与微观审慎监管相统一，风险防范与消费者权益保护并重，完善公司治理、偿付能力和市场行为"三支柱"监管制度，建立全面风险管理体系，牢牢守住不发生系统性区域性风险底线。

第三节　我国保险机构治理政策法规具体分析

本节对我国保险机构治理政策法规进行了具体分析，主要包括内容类型分析、发布主体分析、文件层次分析、发布年份分析、效力情况分析以及修改情况分析。

一、保险机构治理政策法规内容类型分析

本章将我国保险机构治理政策法规（广义口径）根据政策法规的适用范围分为三类：适用于保险公司治理的政策法规、适用于保险机构治理的政策法规（狭义口径）和适用于保险业治理的政策法规，详见表4-1。

表 4-1　我国保险机构治理政策法规分类

政策法规分类			数量（部）	比例（％）
保险公司治理		公司治理基础	16	7.41
	内部治理	股东治理	13	6.02
		董事会治理	4	1.85
		监事会治理	1	0.46
		董监高	14	6.48
		风险管理	2	0.93
		合规管理	5	2.31
		内部控制	2	0.93
		内部审计	3	1.39
	外部治理	并购机制	1	0.46
		退出机制	1	0.46
		信科治理	2	0.93
		信息披露	9	4.17
		外部监管	18	8.33
		其他主题	9	4.17
保险机构治理	经营机构	保险公司、保险资产管理公司	2	0.93
		保险集团（控股）公司	1	0.46
		保险集团（控股）公司、保险公司	2	0.93
		保险集团（控股）公司、保险公司、保险资产管理公司	13	6.02
		保险集团（控股）公司、保险公司、相互保险社	1	0.46
		保险资产管理公司	2	0.93
		外国保险机构①	1	0.46
		相互保险组织	2	0.93
		再保险公司	1	0.46

---

① 外国保险机构是指在中国境外注册的保险公司、再保险公司、保险中介机构、保险协会及其他保险组织。

续表

政策法规分类			数量（部）	比例（%）
保险机构治理	中介机构	代理机构	8	3.70
		经纪机构	5	2.31
		公估机构	4	1.85
		中介服务集团公司	1	0.46
		中介机构治理基础	6	2.78
保险业治理		法律	1	0.46
		发展方针	8	3.70
		发展规划	12	5.56
		行业监管	25	11.57
		社团组织	3	1.39
		监管机构	18	8.33
合计			216	100.00

资料来源：作者整理。

适用于保险公司治理的政策法规按照内容可以分为公司治理基础政策法规、内部治理政策法规、外部治理政策法规和其他主题政策法规四类。公司治理基础政策法规有 16 部，占保险机构治理政策法规数量的 7.41%。内部治理政策法规共有 44 部，占保险机构治理政策法规数量的 20.37%。其中董监高和股东治理方面的政策法规数量最多，分别为 14 部（占 6.48%）和 13 部（占 6.02%），其次依次为合规管理（5 部，占 2.31%）、董事会治理（4 部，占 1.85%）、内部审计（3 部，占 1.39%）、风险管理（2 部，占 0.93%）、内部控制（2 部，占 0.93%）以及监事会治理（1 部，占 0.46%）。外部治理政策法规有 31 部，为保险机构治理政策法规数量的 14.35%。其中外部监管、信息披露、信科治理、退出机制和并购机制方面的政策法规依次有 18 部（占 8.33%）、9 部（占 4.17%）、2 部（占 0.93%）、1 部（占 0.46%）和 1 部（占 0.46%）。此外，其他主题的保险公司治理政策法规共有 9 部，占保险机构治理政策法规数量的 4.17%。

狭义口径的保险机构治理政策法规又可以分为适用于保险经营机构治理的政策法规和适用于保险中介机构治理的政策法规。适用于保险经营机构治理的政策法规有 25 部，占 11.57%，分别适用于保险公司、保险集团（控股）公司、保险资产管理公司、再保险公司、相互保险组织和外国保险机构等不同保险经营机构中的一类或几类。适用于保险中介机构治理的政策法规有 24 部，占 11.11%，包括中介机构治理基础（6 部，占 2.78%）以及分别适用于代理机构（8 部，占 3.70%）、经纪机构（5 部，占 2.31%）、公估机构（4 部，占 1.85%）和中介服务集团公司（1 部，占 0.46%）四类不同保险中介机构治理的政策法规。

适用于保险业治理的政策法规按照内容又可以分为法律、发展方针、发展规划、行业监管、行业协会和监管机构六类。其中，行业监管方面的政策法规数量最多，达到 25 部，占 11.57%；监管机构方面的政策法规为 18 部，占 8.33%；发展规划方面的政策法规为 12 部，占 5.56%；发展方针方面的政策法规有 8 部，占 3.70%；此外，还有社团组织方面的政策法规 3 部，法律 1 部。

二、保险机构治理政策法规发布主体分析

通过表 4-2 可知，我国保险机构治理政策法规共有 15 个发布主体。其中原中国保监会发布了 128 部保险机构治理政策法规，占我国保险机构治理政策法规的 59.26%，是我国保险机构治理政策法规的第一大发布主体。中国银保监会作为第二大发布主体，共发布我国保险机构治理政策法规 40 部（占 18.52%）。中国人民保险公司作为第三大发布主体，共发布我国保险机构治理政策法规 13 部（占 6.02%）。其后依次为国务院（12 部，占 5.56%）、中国人民银行（10 部，占 4.63%）、财政部（4 部，占 1.85%）。此外还有 9 个发布主体均发布 1 部保险机构治理政策法规，例如全国人民代表大会常务委员会于 1995 年颁布了《保险法》，中国保险行业协会于 2015 年发布了《保险公司董事会提案管理指南》。

表 4-2 我国保险机构治理政策法规发布主体统计

发布主体	数量（部）	比例（%）
财政部	4	1.85
财政部、农业农村部、中国银保监会、林草局	1	0.46
财政部、中国人民银行、中国工商银行、中国农业银行、中国银行、中国建设银行、中国人民保险公司	1	0.46
国务院	12	5.56
全国人大常委会	1	0.46
十三家签约保险公司	1	0.46
原中国保监会	128	59.26
原中国保监会、原中国证监会	1	0.46
中国保险行业协会	1	0.46
中国共产党第十九届中央委员会	1	0.46
中国人民保险公司	13	6.02
中国人民银行	10	4.63
中国银保监会	40	18.52

发布主体	数量（部）	比例（%）
中国银保监会、国家发改委、教育部、民政部、司法部、财政部、人力资源和社会保障部、自然资源部、住房和城乡建设部、商务部、国家卫健委、国家税务总局、国家医保局	1	0.46
中国证监会	1	0.46
合计	216	100.00

资料来源：作者整理。

三、保险机构治理政策法规文件层次分析

依照文件层次进行分类，我国保险机构治理政策法规可以分为政策、法律、行政法规、部门规章、国务院规范性文件、部门规范性文件和行业规定七大类，其中主要是部门规范性文件，共有 141 部，占所有保险机构治理政策法规的 65.28%。部门规章有 46 部，占保险机构治理政策法规总数量的 21.30%。行业规定有 16 部，占保险机构治理政策法规总数量的 7.41%。国务院规范性文件有 8 部，占保险机构治理政策法规总数量的 3.70%。此外还有 3 部行政法规、1 部法律和 1 部政策，分别占比 1.39%、0.46% 和 0.46%，依次是国务院 1983 年发布的《财产保险合同条例》、1985 年发布的《保险企业管理暂行条例》、2001 年发布的《外资保险公司管理条例》、全国人民代表大会常务委员会 1995 年发布的《保险法》以及中国共产党第十九届中央委员会 2018 年发布的《深化党和国家机构改革方案》。详见表 4-3。

表 4-3　我国保险机构治理政策法规文件层次统计

文件层次	数量（部）	比例（%）
政策	1	0.46
法律	1	0.46
行政法规	3	1.39
部门规章	46	21.30
国务院规范性文件	8	3.70
部门规范性文件	141	65.28
行业规定	16	7.41
合计	216	100.00

资料来源：作者整理。

四、保险机构治理政策法规发布年份分析

依据表 4-4，自 1979 年我国发布 2 部保险机构治理政策法规以来，1982 年、1983 年、1984 年、1985 年、1988 年、1989 年、1990 年和 1991 年相继各发布 1 部保险机构治理政策法规，1992 年发布 3 部保险机构治理政策法规，1993 年和 1994 年分别发布 2 部保险机构治理政策法规。而 1995 年共颁布保险机构治理政策法规 9 部，数量激增，这主要是由于 1995 年 6 月 30 日第八届全国人民代表大会常务委员会第十四次会议通过了《保险法》，保险机构治理亟须随之调整，大量保险机构治理政策法规应运而生。1996 年至 2005 年期间，我国保险机构治理政策法规发布数量一直保持在 2 至 7 部之间，依次为 2 部、3 部、3 部、6 部、3 部、6 部、2 部、2 部、7 部和 3 部。自从 2006 年国务院颁布了推动和完善我国保险事业的《国务院关于保险业改革发展的若干意见》，各年份保险机构治理政策法规发布数量逐渐增加。在 2006 年至 2014 年期间，每年发布的政策法规数量依次为 9 部、8 部、7 部、7 部、7 部、5 部、4 部、7 部和 7 部；而 2015 年至今，各年份保险机构治理政策法规发布数量呈现显著增加的趋势，各年发布的政策法规数量依次为 20 部、12 部、13 部、13 部、17 部、15 部和 2 部，需要说明的是 2021 年只搜集了 1 月 15 日之前的数据。

表 4-4　我国保险机构治理政策法规发布年份统计

首次发布时间（年）	数量（部）	比例（%）
1979	2	0.93
1982	1	0.46
1983	1	0.46
1984	1	0.46
1985	1	0.46
1988	1	0.46
1989	1	0.46
1990	1	0.46
1991	1	0.46
1992	3	1.39
1993	2	0.93
1994	2	0.93
1995	9	4.17
1996	2	0.93

首次发布时间（年）	数量（部）	比例（%）
1997	3	1.39
1998	3	1.39
1999	6	2.78
2000	3	1.39
2001	6	2.78
2002	2	0.93
2003	2	0.93
2004	7	3.24
2005	3	1.39
2006	9	4.17
2007	8	3.70
2008	7	3.24
2009	7	3.24
2010	7	3.24
2011	5	2.31
2012	4	1.85
2013	7	3.24
2014	7	3.24
2015	20	9.26
2016	12	5.56
2017	13	6.02
2018	13	6.02
2019	17	7.87
2020	15	6.94
2021	2	0.93
合计	216	100.00

资料来源：作者整理。

五、保险机构治理政策法规效力情况分析

在我国 216 部保险机构治理政策法规中，现行有效的法规共 112 部，占总量的 51.85%，已有 47 部、约 21.76% 的政策法规现已废止。其余 57 部为特定背景政策法规，占总量的 26.39%，详见表 4-5。

表 4-5　我国保险机构治理政策法规生效情况统计

效力情况	数量（部）	比例（%）
现行有效	112	51.85
已废止	47	21.76
特定背景	57	26.39
合计	216	100.00

资料来源：作者整理。

六、保险机构治理政策法规修改情况分析

政策法规修改的方式包括修正和修订①。修正与修订的核心区别是修改的内容不同，修正是对局部或者个别的修改，修订是对整体的修改。修正包括单独成文修正与非单独成文修正，修订往往是单独成文修订。

根据表 4-6 的统计结果，我国保险机构治理政策法规中有 195 部（占 90.28%）自颁布以来未曾修改过；有 9 部修改过 1 次，所占比例为 4.17%。此外还有 12 部经过多次修改：《外国保险机构驻华代表机构管理办法》《中国保险监督管理委员会派出机构监管职责规定》《保险经纪机构监管规定》《保险专业代理机构监管规定》《保险公估机构监管规定》《保险公司董事、监事和高级管理人员任职资格管理规定》《保险公司股权管理办法》分别修改过 2 次；《外资保险公司管理条例》《外资保险公司管理条例实施细则》分别修改过 3 次；《保险法》《保险公司管理规定》《中国保险监督管理委员会行政处罚程序规定》分别修改过 4 次。

表 4-6　我国保险机构治理政策法规修改次数统计

修改次数	数量（部）	比例（%）
未修改	195	90.28
修改 1 次	9	4.17
修改 2 次	7	3.24
修改 3 次	2	0.93
修改 4 次	3	1.39
合计	216	100.00

资料来源：作者整理。

---

① 需要说明的是，本部分的统计并未区分修正和修订。实际上，本研究在整理原始数据时对修正和修订做了区分：在政策法规修改未说明是修正还是修订方式时，如果强调了修改内容，本研究按修正处理，并根据修改的政策法规是否单独成文分为单独成文修正和非单独成文修正；如果没有强调修改内容，本研究则按单独成文修订处理。此外，当某个政策法规的暂行版本被正式版本代替时，本研究将正式版本与暂行版本作为两个政策法规，即将正式版本作为新的政策法规来处理，以便更好地显示治理政策法规的来龙去脉。

第四节　我国保险机构治理发展的五个阶段

本节阐述了我国保险机构治理发展的五个阶段,依次为 1949－1959 年的政企合一的完全行政型治理阶段、1979－2000 年的治理主体形成与治理理念导入阶段、2001－2005 年的治理主体股改与上市阶段、2006－2010 年的保险机构治理全面开展阶段以及 2011 年至今的保险机构治理深化发展阶段。

一、政企合一的完全行政型治理阶段（1949－1959 年）

完全行政型治理是指保险机构采取单一的政府管理体制,实行政企合一的计划管理。1949 年 9 月 25 日至 10 月 6 日由中国人民银行组织的第一次全国保险工作会议在北京举行。1949 年 10 月 20 日,中国人民保险公司在北京成立,宣告了统一的国家保险机构的诞生。中国人民保险公司在成立之初不仅是一个经营各种保险业务的经济实体,而且是兼有领导与监督全国保险业职能的行政管理机构。因此,开业时总公司和各区公司均设有监理室和监理科。这一阶段我国保险机构类似于政府的一个职能部门,在单一的政府直接管理模式下,完全以传统的行政命令、计划指标实施运营,治理客体比较单一, 公司股权结构也比较简单。但是, 这种机制所形成的政企不分、约束缺位等缺陷容易造成内部人控制与行政干预下的经营控制,即行政型治理问题。

二、治理主体形成与治理理念导入阶段（1979－2000 年）

1979 年 2 月, 中国人民银行全国分行行长会议在北京召开；1979 年 4 月 9 日国务院批准《中国人民银行全国分行行长会议纪要》,做出了"逐步恢复国内保险业务"的重大决策。[①]1979 年 4 月 25 日中国人民银行下发《关于恢复国内保险业务和加强保险机构的通知》,就恢复国内保险业务和设置保险机构等问题提出了要求。在之后的 20 年中,我国保险市场呈现出公司主体多元化特征,除了中资保险公司外,外资保险公司也重新回到我国保险市场。这一阶段陆续出台了一些零散的保险机构治理法律法规, 例如《保险企业管理暂行条例》《上海外资保险机构暂行管理办法》《保险机

---

　① 1959－1978 年是我国保险业停业的 20 年, 这一阶段也是我国保险机构治理实践的空白期, 因此我国保险机构治理发展阶段划分过程中第一阶段和第二阶段在时间上没有连续。

构高级管理人员任职资格管理暂行规定》等。伴随 20 世纪 90 年代中后期《公司法》和《保险法》两大保险机构治理基础性法律的出台，新成立的保险机构都设立了"新三会"治理架构，但是这一阶段的公司治理实际上还是局限于治理理念的导入，建立治理架构也往往是为了达到相关法律法规的要求而"被动"合规，股东产权性质总体仍比较单一。总体来讲，这一阶段的保险机构从"形"上已经基本符合要求，但其治理方式还是以"老三会"为主，其实质还是行政型治理，不能使现代企业制度"形神兼备"。

三、治理主体股改与上市阶段（2001－2005 年）

1999 年《关于国有企业改革和发展若干重大问题的决定》发布后，原中国保监会就开始会同其他部委研究国有保险公司股份制改革，并于 2000 年 6 月正式提出了股份制改革的构想。2002 年年初召开的全国金融工作会议提出，要"加快国有独资保险公司股份制改革步伐，完善法人治理结构"，由此国有保险公司股份制改革进入了实质性阶段。国有保险公司通过股改，吸收了外资和社会资金参股，实现股权多元化，形成了相对完善的治理架构，初步确立了现代企业制度。另外，部分保险公司股改过后选择上市，特别是境外上市，利用境外成熟法律环境来"倒逼"我国保险公司治理改革，有利于提高公司治理水平。这一阶段出台了《外资保险公司管理条例》《外国保险机构驻华代表机构管理办法》《保险公司管理规定》《保险代理机构管理规定》《保险经纪公司管理规定》《再保险公司设立规定》《保险资产管理公司管理暂行规定》《保险中介机构法人治理指引（试行）》《保险中介机构内部控制指引（试行）》等保险机构治理相关的法律法规，但专门的或者具有指引性的公司治理文件尚未出台，所以这一阶段主要还是通过股改来确立现代企业制度，公司治理问题实际上还没有完全提上议程。

四、保险机构治理全面开展阶段（2006－2010 年）

2006 年 1 月 5 日，原中国保监会颁布《关于规范保险公司治理结构的指导意见（试行）》，引入公司治理监管制度，这是我国第一个系统的保险机构治理指引性文件，标志着我国保险机构治理在经过股改环节的准备后进入全面开展阶段。2006 年 6 月 26 日《国务院关于保险业改革发展的若干意见》发布，文件中四次提到"公司治理结构"一词，在公司治理建设及其监管方面提出了明确方向和要求。这一阶段，伴随《关于规范保险公司治理结构的指导意见（试行）》《关于保险业改革发展的若干意见》两个重要文件的出台，以及《保险公司独立董事管理暂行办法》《保险公司合规管理指引》《保险公司董事会运作指引》《关于规范保险公司章程的意见》《保险公司股权管理办法》《关于保险机构投资商业银行股权的通知》《保险经纪机构监管规定》《保险专业代理机构监管规定》《保险公估机构监管规定》《保险集团公司管理办法（试行）》等政策文件的实施，我国保险机构治理的制度基础进一步稳固。

五、保险机构治理深化发展阶段（2011年至今）

经过第四个阶段的发展，我国保险机构治理架构才算真正地搭建起来，第五阶段是我国保险机构治理有效发挥作用的阶段，即保险机构治理深化发展阶段。这一阶段，围绕治理监管支柱，我国保险监管部门相继出台了《保险机构董事、监事和高级管理人员培训管理办法》《中国保监会关于保险机构开展员工持股计划有关事项的通知》《保险机构董事、监事和高级管理人员任职资格考试管理暂行办法》《保险机构独立董事管理办法》《中国保监会关于加强保险公司筹建期治理机制有关问题的通知》《中国银保监会办公厅关于开展银行保险机构侵害消费者权益乱象整治工作的通知》《中国银保监会关于银行保险机构加强消费者权益保护工作体制机制建设的指导意见》《银行保险机构公司治理监管评估办法（试行）》等更加细致的保险机构治理有关的制度文件，保险公司现代企业制度日益完善，保险机构治理有效性被提上议程，提升保险机构治理有效性将是未来一段时间我国保险机构治理发展的主要方向。

第二篇　现状篇：展示治理动态

我国银行业和保险业公司治理取得了长足进步。在看到成绩的同时，也要清醒地看到，我国银行业和保险业公司治理还存在明显不足，特别是中小银行和保险机构的问题表现得更为突出。

——郭树清2018年4月16—17日在中小银行及保险公司公司治理培训座谈会上的讲话

第五章　我国保险机构治理状况分析

本章从股东与股权结构、董事与董事会、监事与监事会、高级管理人员、信息披露以及利益相关者六个治理内容维度，基于手工整理的原始数据对其涵盖的 60 个具体指标进行了年度统计分析，进而全面揭示我国保险机构治理在 2016－2019 年期间的发展动态与最新状况，为开展保险机构治理评价研究、进行保险机构治理有效性研究和提出提升保险机构治理能力对策提供现实基础。

第一节　保险机构股东与股权结构状况分析

本节从股东与股权结构维度，对反映我国保险机构股东与股权结构治理状况的 5 个具体指标进行了年度统计分析，进而全面揭示了我国 2016－2019 年期间保险机构股东与股权结构治理的状况。

一、保险机构股东（大）会召开情况

股东（大）会是保险机构的最高权力机构，在有限责任公司被称为股东会，在股份有限公司被称为股东大会。考虑我国存在上述两种类型保险机构，因此本研究将这一权力机构统称为股东（大）会。表 5-1 的统计结果显示，2016－2019 年我国保险机构股东（大）会召开次数在 1－11 次之间，主要集中在 1－5 次，2016－2019 年股东（大）会召开次数为 1－5 次的保险机构累计比例依次为 57.51%、59.30%、61.12%和 56.68%；2016－2019 年未召开股东（大）会的保险机构数均为 3 家，未披露股东（大）会召开情况的保险机构数呈上升趋势，2016－2019 年依次为 22 家、26 家、30 家和 40 家，所占比例也逐年上升；2019 年股东（大）会召开次数为 1－5 次的保险机构比例依次为 11.67%、13.89%、15.00%、10.56%和 5.56%，未召开股东（大）会、未设立股东（大）会和未披露股东（大）会召开情

况的保险机构比例合计为 39.45%。

表 5-1 我国保险机构股东（大）会召开次数描述性统计

股东（大）会召开次数（次）	2016 年		2017 年		2018 年		2019 年	
	频数（家）	比例（%）	频数（家）	比例（%）	频数（家）	比例（%）	频数（家）	比例（%）
1	14	8.75	9	5.23	16	8.89	21	11.67
2	26	16.25	29	16.86	30	16.67	25	13.89
3	26	16.25	25	14.53	30	16.67	27	15.00
4	13	8.13	28	16.28	18	10.00	19	10.56
5	13	8.13	11	6.40	16	8.89	10	5.56
6	7	4.38	8	4.65	3	1.67	3	1.67
7	2	1.25	2	1.16	4	2.22	1	0.56
8	1	0.63	1	0.58	1	0.56	2	1.11
9	5	3.13	0	0.00	0	0.00	0	0.00
10	0	0.00	2	1.16	1	0.56	1	0.56
11	1	0.63	0	0.00	0	0.00	0	0.00
未召开	3	1.88	3	1.74	3	1.67	3	1.67
未设立	27	16.88	28	16.28	28	15.56	28	15.56
未披露	22	13.75	26	15.12	30	16.67	40	22.22
总计	160	100.00	172	100.00	180	100.00	180	100.00

资料来源：根据保险机构公开披露信息整理。

二、保险机构股权结构状况

股权结构是公司治理结构的重要组成部分，它对于公司的经营激励、监督等诸方面均有较大影响（孙永祥和黄祖辉，1999）。根据表 5-2 至表 5-11 的统计结果，我国保险机构第一大股东持股比例区间主要为[90－100]、[50－60）以及[20－30），2019 年持股比例区间为[90－100]、[50－60）以及[20－30）的保险机构比例依次为 17.22%、21.11%和 23.33%；第二大股东以及第三大股东持股比例区间主要为[0－30），2019 年，第二大股东和第三大股东持股比例区间为[0－30）的保险机构比例依次为 77.22%和92.78%；第四大股东以及第五大股东持股比例区间主要为[0－20），第六大股东至第十大股东持股比例区间主要集中在[0－10）。

表 5-2　我国保险机构第一大股东持股比例区间统计

持股比例 区间 （%）	2016 年		2017 年		2018 年		2019 年	
	频数 （家）	比例 （%）	频数 （家）	比例 （%）	频数 （家）	比例 （%）	频数 （家）	比例 （%）
[90—100]	31	19.38	33	19.19	31	17.22	31	17.22
[80—90）	4	2.50	6	3.49	6	3.33	6	3.33
[70—80）	6	3.75	6	3.49	6	3.33	6	3.33
[60—70）	8	5.00	7	4.07	8	4.44	8	4.44
[50—60）	38	23.75	38	22.09	40	22.22	38	21.11
[40—50）	7	4.38	9	5.23	8	4.44	9	5.00
[30—40）	6	3.75	7	4.07	10	5.56	14	7.78
[20—30）	32	20.00	37	21.51	44	24.44	42	23.33
[10—20）	16	10.00	16	9.30	15	8.33	14	7.78
有效样本	148	92.50	159	92.44	168	93.33	168	93.33
缺失样本	12	7.50	13	7.56	12	6.67	12	6.67
总计	160	100.00	172	100.00	180	100.00	180	100.00

资料来源：根据保险机构公开披露信息整理。

表 5-3　我国保险机构第二大股东持股比例区间统计

持股比例 区间 （%）	2016 年		2017 年		2018 年		2019 年	
	频数 （家）	比例 （%）	频数 （家）	比例 （%）	频数 （家）	比例 （%）	频数 （家）	比例 （%）
[50—60）	15	9.38	16	9.30	16	8.89	15	8.33
[40—50）	7	4.38	8	4.65	8	4.44	8	4.44
[30—40）	4	2.50	4	2.33	5	2.78	5	2.78
[20—30）	34	21.25	36	20.93	38	21.11	40	22.22
[10—20）	49	30.63	53	30.81	62	34.44	61	33.89
[0—10）	38	23.75	41	23.84	38	21.11	38	21.11
有效样本	147	91.88	158	91.86	167	92.78	167	92.78
缺失样本	13	8.13	14	8.14	13	7.22	13	7.22
总计	160	100.00	172	100.00	180	100.00	180	100.00

资料来源：根据保险机构公开披露信息整理。

表 5-4　我国保险机构第三大股东持股比例区间统计

持股比例区间（%）	2016 年		2017 年		2018 年		2019 年	
	频数（家）	比例（%）	频数（家）	比例（%）	频数（家）	比例（%）	频数（家）	比例（%）
[20—30)	16	10.00	15	8.72	19	10.56	19	10.56
[10—20)	56	35.00	63	36.63	68	37.78	69	38.33
[0—10)	75	46.88	80	46.51	80	44.44	79	43.89
有效样本	147	91.88	158	91.86	167	92.78	167	92.78
缺失样本	13	8.13	14	8.14	13	7.22	13	7.22
总计	160	100.00	172	100.00	180	100.00	180	100.00

资料来源：根据保险机构公开披露信息整理。

表 5-5　我国保险机构第四大股东持股比例区间统计

持股比例区间（%）	2016 年		2017 年		2018 年		2019 年	
	频数（家）	比例（%）	频数（家）	比例（%）	频数（家）	比例（%）	频数（家）	比例（%）
[20—30)	5	3.13	5	2.91	8	4.44	8	4.44
[10—20)	40	25.00	46	26.74	52	28.89	52	28.89
[0—10)	102	63.75	107	62.21	107	59.44	107	59.44
有效样本	147	91.88	158	91.86	167	92.78	167	92.78
缺失样本	13	8.13	14	8.14	13	7.22	13	7.22
总计	160	100.00	172	100.00	180	100.00	180	100.00

资料来源：根据保险机构公开披露信息整理。

表 5-6　我国保险机构第五大股东持股比例区间统计

持股比例区间（%）	2016 年		2017 年		2018 年		2019 年	
	频数（家）	比例（%）	频数（家）	比例（%）	频数（家）	比例（%）	频数（家）	比例（%）
[20—30)	3	1.88	3	1.74	3	1.67	4	2.22
[10—20)	20	12.50	25	14.53	33	18.33	35	19.44
[0—10)	123	76.88	129	75.00	130	72.22	127	70.56
有效样本	146	91.25	157	91.28	166	92.22	166	92.22
缺失样本	14	8.75	15	8.72	14	7.78	14	7.78
总计	160	100.00	172	100.00	180	100.00	180	100.00

资料来源：根据保险机构公开披露信息整理。

表 5-7 我国保险机构第六大股东持股比例区间统计

持股比例	2016 年		2017 年		2018 年		2019 年	
区间（%）	频数（家）	比例（%）	频数（家）	比例（%）	频数（家）	比例（%）	频数（家）	比例（%）
[20—30）	0	0.00	0	0.00	1	0.56	0	0.00
[10—20）	14	8.75	14	8.14	16	8.89	16	8.89
[0—10）	132	82.50	143	83.14	149	82.78	150	83.33
有效样本	146	91.25	157	91.28	166	92.22	166	92.22
缺失样本	14	8.75	15	8.72	14	7.78	14	7.78
总计	160	100.00	172	100.00	180	100.00	180	100.00

资料来源：根据保险机构公开披露信息整理。

表 5-8 我国保险机构第七大股东持股比例区间统计

持股比例	2016 年		2017 年		2018 年		2019 年	
区间（%）	频数（家）	比例（%）	•频数（家）	比例（%）	频数（家）	比例（%）	频数（家）	比例（%）
[10—20）	8	5.00	8	4.65	11	6.11	10	5.56
[0—10）	138	86.25	149	86.63	155	86.11	156	86.67
有效样本	146	91.25	157	91.28	166	92.22	166	92.22
缺失样本	14	8.75	15	8.72	14	7.78	14	7.78
总计	160	100.00	172	100.00	180	100.00	180	100.00

资料来源：根据保险机构公开披露信息整理。

表 5-9 我国保险机构第八大股东持股比例区间统计

持股比例	2016 年		2017 年		2018 年		2019 年	
区间（%）	频数（家）	比例（%）	频数（家）	比例（%）	频数（家）	比例（%）	频数（家）	比例（%）
[10—20）	2	1.25	2	1.16	2	1.11	2	1.11
[0—10）	143	89.38	154	89.53	163	90.56	163	90.56
有效样本	145	90.63	156	90.70	165	91.67	165	91.67
缺失样本	15	9.38	16	9.30	15	8.33	15	8.33
总计	160	100.00	172	100.00	180	100.00	180	100.00

资料来源：根据保险机构公开披露信息整理。

表 5-10　我国保险机构第九大股东持股比例区间统计

持股比例 区间 (%)	2016 年		2017 年		2018 年		2019 年	
	频数 (家)	比例 (%)	频数 (家)	比例 (%)	频数 (家)	比例 (%)	频数 (家)	比例 (%)
[0—10)	145	90.63	156	90.70	165	91.67	165	91.67
有效样本	145	90.63	156	90.70	165	91.67	165	91.67
缺失样本	15	9.38	16	9.30	15	8.33	15	8.33
总计	160	100.00	172	100.00	180	100.00	180	100.00

资料来源：根据保险机构公开披露信息整理。

表 5-11　我国保险机构第十大股东持股比例区间统计

持股比例 区间 (%)	2016 年		2017 年		2018 年		2019 年	
	频数 (家)	比例 (%)	频数 (家)	比例 (%)	频数 (家)	比例 (%)	频数 (家)	比例 (%)
[0—10)	145	90.63	156	90.70	165	91.67	165	91.67
有效样本	145	90.63	156	90.70	165	91.67	165	91.67
缺失样本	15	9.38	16	9.30	15	8.33	15	8.33
总计	160	100.00	172	100.00	180	100.00	180	100.00

资料来源：根据保险机构公开披露信息整理。

表 5-12 的统计结果显示，2016－2019 年我国保险机构第一大股东持股比例平均值依次为 52.19%、51.90%、49.96% 和 50.17%，比例均在 50.00% 上下波动，2016－2019 年第一大股东持股比例中位数均为 50.00%，在一定程度上表明我国保险机构的股权集中度较高；2016－2019 年我国保险机构第一大股东持股比例最大值均为 100.00%，最小值约为 10.00%，表明我国保险机构第一大股东持股比例差距较为明显。我国保险机构第二大股东至第十大股东持股比例的描述性统计结果如表 5-13 至表 5-21 所示。

表 5-12　我国保险机构第一大股东持股比例描述性统计（单位：%）

统计指标	2016 年	2017 年	2018 年	2019 年
有效样本	148	159	168	168
缺失样本	12	13	12	12
平均值	52.19	51.90	49.96	50.17
中位数	50.00	50.00	50.00	50.00
标准差	29.95	30.24	29.66	29.46
极差	90.00	90.00	88.45	88.45
最小值	10.00	10.00	11.55	11.55
最大值	100.00	100.00	100.00	100.00

资料来源：根据保险机构公开披露信息整理。

表 5-13　我国保险机构第二大股东持股比例描述性统计（单位：%）

统计指标	2016 年	2017 年	2018 年	2019 年
有效样本	147	158	167	167
缺失样本	13	14	13	13
平均值	19.02	18.98	19.07	18.86
中位数	18.18	18.29	18.18	18.34
标准差	15.03	15.09	14.73	14.44
极差	50.00	50.00	50.00	50.00
最小值	0.00	0.00	0.00	0.00
最大值	50.00	50.00	50.00	50.00

资料来源：根据保险机构公开披露信息整理。

表 5-14　我国保险机构第三大股东持股比例描述性统计（单位：%）

统计指标	2016 年	2017 年	2018 年	2019 年
有效样本	147	158	167	167
缺失样本	13	14	13	13
平均值	8.71	8.46	8.96	9.00
中位数	9.17	9.39	10.00	10.00
标准差	8.07	7.92	7.92	7.84
极差	25.00	25.00	25.00	25.00
最小值	0.00	0.00	0.00	0.00
最大值	25.00	25.00	25.00	25.00

资料来源：根据保险机构公开披露信息整理。

表 5-15　我国保险机构第四大股东持股比例描述性统计（单位：%）

统计指标	2016 年	2017 年	2018 年	2019 年
有效样本	147	158	167	167
缺失样本	13	14	13	13
平均值	5.53	5.72	6.32	6.32
中位数	1.50	2.54	4.60	4.90
标准差	6.44	6.53	6.75	6.70
极差	20.00	20.00	20.00	20.00
最小值	0.00	0.00	0.00	0.00
最大值	20.00	20.00	20.00	20.00

资料来源：根据保险机构公开披露信息整理。

表 5-16　我国保险机构第五大股东持股比例描述性统计（单位：%）

统计指标	2016 年	2017 年	2018 年	2019 年
有效样本	146	157	166	166
缺失样本	14	15	14	14
平均值	3.83	4.08	4.57	4.82
中位数	0.08	0.17	1.16	3.27
标准差	4.99	5.12	5.38	5.50
极差	20.00	20.00	20.00	20.00
最小值	0.00	0.00	0.00	0.00
最大值	20.00	20.00	20.00	20.00

资料来源：根据保险机构公开披露信息整理。

表 5-17　我国保险机构第六大股东持股比例描述性统计（单位：%）

统计指标	2016 年	2017 年	2018 年	2019 年
有效样本	146	157	166	166
缺失样本	14	15	14	14
平均值	2.90	3.02	3.32	3.10
中位数	0.00	0.00	0.07	0.07
标准差	3.95	3.96	4.22	3.87
极差	14.00	14.00	20.00	14.00
最小值	0.00	0.00	0.00	0.00
最大值	14.00	14.00	20.00	14.00

资料来源：根据保险机构公开披露信息整理。

表 5-18　我国保险机构第七大股东持股比例描述性统计（单位：%）

统计指标	2016 年	2017 年	2018 年	2019 年
有效样本	146	157	166	166
缺失样本	14	15	14	14
平均值	2.14	2.18	2.36	2.30
中位数	0.00	0.00	0.00	0.00
标准差	3.28	3.27	3.40	3.30
极差	14.00	14.00	14.00	14.00
最小值	0.00	0.00	0.00	0.00
最大值	14.00	14.00	14.00	14.00

资料来源：根据保险机构公开披露信息整理。

表 5-19　我国保险机构第八大股东持股比例描述性统计（单位：%）

统计指标	2016 年	2017 年	2018 年	2019 年
有效样本	145	156	165	165
缺失样本	15	16	15	15
平均值	1.27	1.36	1.48	1.47
中位数	0.00	0.00	0.00	0.00
标准差	2.26	2.35	2.41	2.41
极差	10.26	10.26	10.26	10.26
最小值	0.00	0.00	0.00	0.00
最大值	10.26	10.26	10.26	10.26

资料来源：根据保险机构公开披露信息整理。

表 5-20　我国保险机构第九大股东持股比例描述性统计（单位：%）

统计指标	2016 年	2017 年	2018 年	2019 年
有效样本	145	156	165	165
缺失样本	15	16	15	15
平均值	0.87	0.89	0.90	0.89
中位数	0.00	0.00	0.00	0.00
标准差	1.57	1.58	1.56	1.55
极差	5.39	5.88	5.88	5.88
最小值	0.00	0.00	0.00	0.00
最大值	5.39	5.88	5.88	5.88

资料来源：根据保险机构公开披露信息整理。

表 5-21　我国保险机构第十大股东持股比例描述性统计（单位：%）

统计指标	2016 年	2017 年	2018 年	2019 年
有效样本	145	156	165	165
缺失样本	15	16	15	15
平均值	0.70	0.71	0.65	0.66
中位数	0.00	0.00	0.00	0.00
标准差	1.33	1.35	1.29	1.30
极差	5.11	5.88	5.88	5.88
最小值	0.00	0.00	0.00	0.00
最大值	5.11	5.88	5.88	5.88

资料来源：根据保险机构公开披露信息整理。

三、保险机构是否存在机构投资者

越来越多的文献支持机构投资者在公司治理中发挥了重要作用（翁洪波和吴世农，2007；李维安和李滨，2008；薄仙慧和吴联生，2009）。沈华麟（2019）发现 A 股上市保险公司股权集中度、境外战略投资比例与绩效正相关。表 5-22 的统计结果显示，2016－2019 年我国存在机构投资者的保险机构数依次为 100 家、110 家、123 家和 123 家，比例依次为 62.50%、63.95%、68.33%和 68.33%，呈现总体上升的趋势，2019 年比例较 2016 年提高了 5.83%；2017 年我国未披露是否存在机构投资者的保险机构数为 13 家，其余三年均为 12 家。

表 5-22　我国保险机构是否存在机构投资者统计

机构投资者	2016 年		2017 年		2018 年		2019 年	
	频数（家）	比例（%）	频数（家）	比例（%）	频数（家）	比例（%）	频数（家）	比例（%）
不存在	48	30.00	49	28.49	45	25.00	45	25.00
存在	100	62.50	110	63.95	123	68.33	123	68.33
有效样本	148	92.50	159	92.44	168	93.33	168	93.33
缺失样本	12	7.50	13	7.56	12	6.67	12	6.67
合计	160	100.00	172	100.00	180	100.00	180	100.00

资料来源：根据保险机构公开披露信息整理。

四、保险机构股权层级

为实现对某公司的控制，控股股东可以直接持有公司多数股份，然而，现实中控股股东也常采用间接持股方式，由此形成不同的股权层级（陈信元和黄俊，2016）。表 5-23 的统计结果显示，2016－2019 年我国股权层级为 1 级、2 级和 3 级的保险机构累计比例依次为 62.51%、61.63%、62.22%和 62.22%，比例均超过 60.00%，表明我国保险机构股权层级总体较低。我国保险机构股权层级主要集中在 2 级和 3 级，股权层级为 1 级的在 2016－2019 年均为 1 家，2016－2019 年我国股权层级为 2 级的保险机构比例依次为 30.63%、29.07%、27.78%和 27.78%，总体呈下降趋势，股权层级为 3 级的比例依次为 31.25%、31.98%、33.89%和 33.89%，总体呈上升趋势。

表 5-23　我国保险机构股权层级统计

股权层级数量（级）	2016 年		2017 年		2018 年		2019 年	
	频数（家）	比例（%）	频数（家）	比例（%）	频数（家）	比例（%）	频数（家）	比例（%）
1	1	0.63	1	0.58	1	0.56	1	0.56
2	49	30.63	50	29.07	50	27.78	50	27.78
3	50	31.25	55	31.98	61	33.89	61	33.89
4	24	15.00	28	16.28	29	16.11	29	16.11
5	36	22.50	38	22.09	39	21.67	39	21.67
合计	160	100.00	172	100.00	180	100.00	180	100.00

资料来源：根据保险机构公开披露信息整理。

五、保险机构股权出质情况

所谓股权出质，是指债务人或第三人将其投资的公司中所拥有的股权出质给债权人，作为债权的担保，在债务人不履行到期债务时，债权人有权依法以折价或拍卖、变卖方式处置该股权。2008 年 9 月 1 日，国家工商行政管理总局颁布的《工商行政管理机关股权出质登记办法》对股权出质登记进行了统一规定。表 5-24 的统计结果显示，2016－2019 年我国不存在股权出质情况的保险机构数依次为 127 家、137 家、146 家和 141 家，比例依次为 79.38%、79.65%、81.11% 和 78.33%，可见存在股权出质情况的保险机构较少，且 2016－2018 年我国不存在股权出质情况的保险机构比例逐年升高，但 2019 年有所降低。

表 5-24　我国保险机构股权出质情况统计

股权出质情况	2016 年		2017 年		2018 年		2019 年	
	频数（家）	比例（%）	频数（家）	比例（%）	频数（家）	比例（%）	频数（家）	比例（%）
无	127	79.38	137	79.65	146	81.11	141	78.33
有	33	20.63	35	20.35	34	18.89	39	21.67
合计	160	100.00	172	100.00	180	100.00	180	100.00

资料来源：根据保险机构公开披露信息整理。

第二节 保险机构董事与董事会状况分析

本节从董事与董事会维度，对反映我国保险机构董事与董事会治理状况的 15 个具体指标进行了年度统计分析，进而全面揭示了我国 2016—2019 年期间保险机构董事与董事会治理的状况。

一、保险机构董事会规模

董事会作为代表公司行使其法人财产权的必要机构，处于公司内部治理结构的核心，其规模会影响到公司绩效（孙永祥和章融，2000；于东智和池国华，2004）。表 5-25 的统计结果显示，2016—2019 年我国设立董事会的保险机构比例依次为 95.63%、95.35%、96.67% 和 96.11%，我国保险机构董事会规模均集中于 5—11 人，且披露董事会相关情况的保险机构的董事会规模均大于等于 3 人，2016—2019 年我国董事会规模为 5—11 人的保险机构累计比例依次为 79.39%、81.40%、80.54% 和 81.11%，均为 80.00% 左右。

表 5-25 我国保险机构董事会规模统计

董事会规模（人）	2016 年		2017 年		2018 年		2019 年	
	频数（家）	比例（%）	频数（家）	比例（%）	频数（家）	比例（%）	频数（家）	比例（%）
3	4	2.50	3	1.74	3	1.67	3	1.67
4	4	2.50	3	1.74	8	4.44	6	3.33
5	17	10.63	20	11.63	18	10.00	20	11.11
6	23	14.38	23	13.37	26	14.44	29	16.11
7	22	13.75	33	19.19	26	14.44	24	13.33
8	20	12.50	14	8.14	13	7.22	16	8.89
9	18	11.25	22	12.79	27	15.00	23	12.78
10	11	6.88	10	5.81	17	9.44	19	10.56
11	16	10.00	18	10.47	18	10.00	15	8.33
12	7	4.38	4	2.33	4	2.22	5	2.78
13	7	4.38	11	6.40	8	4.44	8	4.44
14	0	0.00	0	0.00	1	0.56	0	0.00
15	2	1.25	1	0.58	2	1.11	2	1.11
16	1	0.63	0	0.00	0	0.00	1	0.56
17	0	0.00	1	0.58	1	0.56	0	0.00

董事会规模（人）	2016 年		2017 年		2018 年		2019 年	
	频数（家）	比例（%）	频数（家）	比例（%）	频数（家）	比例（%）	频数（家）	比例（%）
18	1	0.63	1	0.58	2	1.11	2	1.11
有效样本	153	95.63	164	95.35	174	96.67	173	96.11
缺失样本	7	4.38	8	4.65	6	3.33	7	3.89
合计	160	100.00	172	100.00	180	100.00	180	100.00

资料来源：根据保险机构公开披露信息整理。

表 5-26 的统计分析结果显示，2016－2019 年我国保险机构董事会规模的平均值依次为 8.18 人、8.16 人、8.24 人和 8.16 人，各年平均值均高于 8.00 人；2016－2019 年我国保险机构董事会规模最大值均为 18.00 人，最小值均为 3.00 人，极差达到 15.00 人，差异较为明显。

表 5-26　我国保险机构董事会规模描述性统计（单位：人）

统计指标	2016 年	2017 年	2018 年	2019 年
有效样本	153	164	174	173
缺失样本	7	8	6	7
平均值	8.18	8.16	8.24	8.16
中位数	8.00	7.50	8.00	8.00
标准差	2.79	2.73	2.87	2.81
极差	15.00	15.00	15.00	15.00
最小值	3.00	3.00	3.00	3.00
最大值	18.00	18.00	18.00	18.00

资料来源：根据保险机构公开披露信息整理。

二、保险机构董事学历状况

已有研究发现，董事的学历水平对公司业绩具有显著的正向影响（袁萍、刘士余和高峰，2006）。表 5-27 至表 5-30 的统计结果显示，我国保险机构董事学历水平整体较高，具体表现在大专及以下学历董事的人数较少、比例较低，而本科、硕士和博士学历董事的人数较多、比例较高。以大专和博士学历为例，2016－2019 年，我国有大专及以下学历董事的保险机构比例依次为 17.50%、15.70%、9.45% 和 9.44%，而有博士学历董事的保险机构比例依次为 66.87%、61.05%、63.89% 和 67.22%。

表 5-27 我国保险机构大专及以下学历董事人数统计

大专及以下学历董事（人）	2016 年		2017 年		2018 年		2019 年	
	频数（家）	比例（%）	频数（家）	比例（%）	频数（家）	比例（%）	频数（家）	比例（%）
0	125	78.13	137	79.65	157	87.22	156	86.67
1	20	12.50	22	12.79	16	8.89	16	8.89
2	5	3.13	4	2.33	0	0.00	1	0.56
3	2	1.25	1	0.58	1	0.56	0	0.00
4	0	0.00	0	0.00	0	0.00	0	0.00
5	1	0.63	0	0.00	0	0.00	0	0.00
有效样本	153	95.63	164	95.35	174	96.67	173	96.11
缺失样本	7	4.38	8	4.65	6	3.33	7	3.89
合计	160	100.00	172	100.00	180	100.00	180	100.00

资料来源：根据保险机构公开披露信息整理。

表 5-28 我国保险机构本科学历董事人数统计

本科学历董事（人）	2016 年		2017 年		2018 年		2019 年	
	频数（家）	比例（%）	频数（家）	比例（%）	频数（家）	比例（%）	频数（家）	比例（%）
0	23	14.38	33	19.19	29	16.11	38	21.11
1	31	19.38	23	13.37	35	19.44	37	20.56
2	32	20.00	34	19.77	33	18.33	41	22.78
3	25	15.63	26	15.12	27	15.00	19	10.56
4	16	10.00	24	13.95	27	15.00	19	10.56
5	12	7.50	9	5.23	10	5.56	11	6.11
6	8	5.00	7	4.07	5	2.78	3	1.67
7	3	1.88	4	2.33	5	2.78	3	1.67
8	2	1.25	4	2.33	3	1.67	2	1.11
9	0	0.00	0	0.00	0	0.00	0	0.00
10	1	0.63	0	0.00	0	0.00	0	0.00
有效样本	153	95.63	164	95.35	174	96.67	173	96.11
缺失样本	7	4.38	8	4.65	6	3.33	7	3.89
合计	160	100.00	172	100.00	180	100.00	180	100.00

资料来源：根据保险机构公开披露信息整理。

表 5-29　我国保险机构硕士学历董事人数统计

硕士学历董事（人）	2016 年		2017 年		2018 年		2019 年	
	频数（家）	比例（%）	频数（家）	比例（%）	频数（家）	比例（%）	频数（家）	比例（%）
0	14	8.75	14	8.14	16	8.89	13	7.22
1	13	8.13	16	9.30	14	7.78	13	7.22
2	21	13.13	19	11.05	24	13.33	28	15.56
3	40	25.00	39	22.67	38	21.11	30	16.67
4	26	16.25	29	16.86	33	18.33	30	16.67
5	20	12.50	20	11.63	17	9.44	30	16.67
6	8	5.00	14	8.14	16	8.89	14	7.78
7	5	3.13	6	3.49	5	2.78	11	6.11
8	4	2.50	5	2.91	9	5.00	3	1.67
9	1	0.63	1	0.58	1	0.56	0	0.00
10	0	0.00	0	0.00	0	0.00	0	0.00
11	1	0.63	1	0.58	1	0.56	1	0.56
有效样本	153	95.63	164	95.35	174	96.67	173	96.11
缺失样本	7	4.38	8	4.65	6	3.33	7	3.89
合计	160	100.00	172	100.00	180	100.00	180	100.00

资料来源：根据保险机构公开披露信息整理。

表 5-30　我国保险机构博士学历董事人数统计

博士学历董事（人）	2016 年		2017 年		2018 年		2019 年	
	频数（家）	比例（%）	频数（家）	比例（%）	频数（家）	比例（%）	频数（家）	比例（%）
0	46	28.75	59	34.30	59	32.78	52	28.89
1	42	26.25	45	26.16	44	24.44	47	26.11
2	29	18.13	27	15.70	33	18.33	26	14.44
3	23	14.38	19	11.05	23	12.78	28	15.56
4	7	4.38	11	6.40	6	3.33	9	5.00
5	6	3.75	3	1.74	6	3.33	5	2.78
6	0	0.00	0	0.00	1	0.56	5	2.78
7	0	0.00	0	0.00	2	1.11	1	0.56
有效样本	153	95.63	164	95.35	174	96.67	173	96.11
缺失样本	7	4.38	8	4.65	6	3.33	7	3.89
合计	160	100.00	172	100.00	180	100.00	180	100.00

资料来源：根据保险机构公开披露信息整理。

三、保险机构有无财务会计背景董事

何平林、孙雨龙、李涛、原源和陈宥任（2019）研究发现，董事拥有财会与金融相关领域工作经历、高学历的公司，其经营绩效提升的概率显著增加。表 5-31 的统计结果显示，2016－2019 年我国有财务会计背景董事的保险机构比例依次为 73.75%、76.75%、64.45%和 63.89%，各年比例均高于 60.00%，表明有财务会计背景董事的保险机构较多；我国保险机构财务会计背景董事的人数主要集中在 1－3 人，2016－2019 年我国财务会计背景董事人数为 1－3 人的保险机构累计比例依次为 66.88%、71.51%、57.78%和 58.33%。

表 5-31   我国保险机构财务会计背景董事人数统计

财务会计背景董事（人）	2016 年		2017 年		2018 年		2019 年	
	频数（家）	比例（%）	频数（家）	比例（%）	频数（家）	比例（%）	频数（家）	比例（%）
0	35	21.88	32	18.60	58	32.22	58	32.22
1	48	30.00	56	32.56	54	30.00	56	31.11
2	42	26.25	45	26.16	32	17.78	29	16.11
3	17	10.63	22	12.79	18	10.00	20	11.11
4	5	3.13	5	2.91	5	2.78	5	2.78
5	3	1.88	1	0.58	2	1.11	2	1.11
6	0	0.00	1	0.58	3	1.67	1	0.56
7	1	0.63	0	0.00	0	0.00	1	0.56
8	0	0.00	0	0.00	1	0.56	1	0.56
9	2	1.25	2	1.16	1	0.56	0	0.00
有效样本	153	95.63	164	95.35	174	96.67	173	96.11
缺失样本	7	4.38	8	4.65	6	3.33	7	3.89
合计	160	100.00	172	100.00	180	100.00	180	100.00

资料来源：根据保险机构公开披露信息整理。

四、保险机构有无金融背景董事

表 5-32 的统计结果显示，2016－2019 年我国有金融背景董事的保险机构比例依次为 67.50%、71.51%、64.45%和 72.22%，各年比例均高于 60.00%，表明有金融背景董事的保险机构较多；我国保险机构金融背景董事的人数主要集中在 1－4 人，2016－2019 年我国金融背景董事人数为 1－4 人的保险机构累计比例依次为 60.63%、65.11%、57.78%和 62.22%。

表 5-32　我国保险机构金融背景董事人数统计

金融背景董事（人）	2016 年		2017 年		2018 年		2019 年	
	频数（家）	比例（%）	频数（家）	比例（%）	频数（家）	比例（%）	频数（家）	比例（%）
0	45	28.13	41	23.84	58	32.22	43	23.89
1	36	22.50	45	26.16	35	19.44	42	23.33
2	20	12.50	23	13.37	25	13.89	26	14.44
3	26	16.25	23	13.37	25	13.89	30	16.67
4	15	9.38	21	12.21	19	10.56	14	7.78
5	4	2.50	5	2.91	8	4.44	11	6.11
6	4	2.50	2	1.16	3	1.67	4	2.22
7	1	0.63	3	1.74	1	0.56	3	1.67
8	2	1.25	1	0.58	0	0.00	0	0.00
有效样本	153	95.63	164	95.35	174	96.67	173	96.11
缺失样本	7	4.38	8	4.65	6	3.33	7	3.89
合计	160	100.00	172	100.00	180	100.00	180	100.00

资料来源：根据保险机构公开披露信息整理。

五、保险机构有无保险和精算背景董事

表 5-33 的统计结果显示，2016－2019 年我国有保险和精算①背景董事的保险机构比例依次为 65.00%、68.02%、67.78%和 75.55%，各年比例均超过 65.00%，表明有保险和精算背景董事的保险机构较多；我国保险机构保险和精算背景董事的人数主要集中在 1—3 人，2016—2019 年我国保险和精算背景董事人数为 1—3 人的保险机构累计比例依次为 60.00%、62.78%、50.00%和 61.67%。

表 5-33　我国保险机构保险和精算背景董事人数统计

保险和精算背景董事（人）	2016 年		2017 年		2018 年		2019 年	
	频数（家）	比例（%）	频数（家）	比例（%）	频数（家）	比例（%）	频数（家）	比例（%）
0	49	30.63	47	27.33	52	28.89	37	20.56
1	56	35.00	66	38.37	29	16.11	32	17.78

_____

① 实际上，精算是保险的一个方向，更偏重运用数理方法。

保险和精算背景董事（人）	2016 年		2017 年		2018 年		2019 年	
	频数（家）	比例（%）	频数（家）	比例（%）	频数（家）	比例（%）	频数（家）	比例（%）
2	32	20.00	32	18.60	37	20.56	41	22.78
3	8	5.00	10	5.81	24	13.33	38	21.11
4	5	3.13	8	4.65	14	7.78	12	6.67
5	3	1.88	1	0.58	11	6.11	11	6.11
6	0	0.00	0	0.00	3	1.67	0	0.00
7	0	0.00	0	0.00	3	1.67	2	1.11
8	0	0.00	0	0.00	1	0.56	0	0.00
有效样本	153	95.63	164	95.35	174	96.67	173	96.11
缺失样本	7	4.38	8	4.65	6	3.33	7	3.89
合计	160	100.00	172	100.00	180	100.00	180	100.00

资料来源：根据保险机构公开披露信息整理。

六、保险机构董事职业背景结构

表 5-34 的统计结果显示，2016－2019 年我国保险机构董事职业背景结构[①]主要集中在 3 种和 4 种职业背景，2016－2019 年我国董事职业背景有 3 种和 4 种背景的保险机构累计比例依次为 72.51%、77.91%、68.89%和 78.34%，表明我国保险机构董事职业背景结构多元化程度较高。

表 5-34　我国保险机构董事职业背景结构统计

职业背景结构（种）	2016 年		2017 年		2018 年		2019 年	
	频数（家）	比例（%）	频数（家）	比例（%）	频数（家）	比例（%）	频数（家）	比例（%）
1	16	10.00	9	5.23	16	8.89	14	7.78
2	21	13.13	21	12.21	34	18.89	18	10.00
3	49	30.63	61	35.47	69	38.33	77	42.78
4	67	41.88	73	42.44	55	30.56	64	35.56
有效样本	153	95.63	164	95.35	174	96.67	173	96.11
缺失样本	7	4.38	8	4.65	6	3.33	7	3.89
合计	160	100.00	172	100.00	180	100.00	180	100.00

资料来源：根据保险机构公开披露信息整理。

---

① 本研究中董事职业背景结构主要包括财务会计背景、金融背景、保险和精算背景以及其他背景。

七、保险机构董事长是否非正常变更

如表 5-35 所示，2016—2019 年我国存在董事长变更情况的保险机构比例依次为 18.12%、20.35%、22.77% 和 15.57%，其中非正常变更（正常变更以外的变更，正常变更主要是指由与董事长自身行为无关的因素导致职位发生的变化，例如"换届""退休"和"控制权变动"）的比例依次为 13.13%、13.95%、17.78% 和 11.67%，董事长非正常变更比例在 2016—2018 年呈上升趋势，2019 年有所下降。在非正常变更的各类形式中，免职占比相对较高。

表 5-35　我国保险机构董事长是否非正常变更统计

董事长变更	2016 年		2017 年		2018 年		2019 年	
	频数（家）	比例（%）	频数（家）	比例（%）	频数（家）	比例（%）	频数（家）	比例（%）
换届	6	3.75	8	4.65	7	3.89	5	2.78
退休	2	1.25	2	1.16	2	1.11	2	1.11
控制权变动	0	0.00	1	0.58	0	0.00	0	0.00
正常变更小计	8	5.00	11	6.40	9	5.00	7	3.89
辞职	8	5.00	9	5.23	12	6.67	7	3.89
免职	13	8.13	15	8.72	20	11.11	14	7.78
非正常变更小计	21	13.13	24	13.95	32	17.78	21	11.67
未变动	128	80.00	134	77.91	136	75.56	149	82.78
未披露	3	1.88	3	1.74	3	1.67	3	1.67
合计	160	100.00	172	100.00	180	100.00	180	100.00

资料来源：根据保险机构公开披露信息整理。

八、保险机构独立董事人数

建立独立董事制度是完善我国保险机构治理结构的重要举措之一，对维护保险机构、保险消费者和中小股东的合法权益具有重要意义（李腾和钟明，2019）。表 5-36 的统计结果显示，2016—2019 年我国设立独立董事的保险机构比例依次为 61.89%、61.03%、62.23% 和 64.45%，比例总体呈上升趋势，表明我国保险机构设立独立董事意识逐渐加强。我国保险机构独立董事人数主要集中在 1—4 人，2016—2019 年我国独立董事人数为

1—4 人的保险机构累计比例依次为 58.76%、56.38%、56.11%和 55.56%。

表 5-36 我国保险机构独立董事人数统计

独立董事人数（人）	2016 年		2017 年		2018 年		2019 年	
	频数（家）	比例（%）	频数（家）	比例（%）	频数（家）	比例（%）	频数（家）	比例（%）
0	54	33.75	57	33.14	56	31.11	54	30.00
1	12	7.50	10	5.81	7	3.89	4	2.22
2	43	26.88	45	26.16	45	25.00	46	25.56
3	29	18.13	32	18.60	35	19.44	31	17.22
4	10	6.25	10	5.81	14	7.78	19	10.56
5	4	2.50	7	4.07	7	3.89	11	6.11
6	1	0.63	1	0.58	3	1.67	4	2.22
7	0	0.00	0	0.00	1	0.56	1	0.56
有效样本	153	95.63	162	94.19	168	93.33	170	94.44
缺失样本	7	4.38	10	5.81	12	6.67	10	5.56
合计	160	100.00	172	100.00	180	100.00	180	100.00

资料来源：根据保险机构公开披露信息整理。

如表 5-37 所示，2016－2019 年我国保险机构独立董事人数平均值依次为 1.64 人、1.71 人、1.89 人和 2.06 人，呈现逐年上升趋势，说明我国保险机构独立董事规模有所上升；2016－2019 年我国保险机构独立董事人数极差达到 6 人或 7 人，表明各机构之间独立董事人数仍存在一定差距。

表 5-37 我国保险机构独立董事人数描述性统计（单位：人）

统计指标	2016 年	2017 年	2018 年	2019 年
有效样本	153	162	168	170
缺失样本	7	10	12	10
平均值	1.64	1.71	1.89	2.06
中位数	2.00	2.00	2.00	2.00
标准差	1.47	1.53	1.65	1.74
极差	6.00	6.00	7.00	7.00
最小值	0.00	0.00	0.00	0.00
最大值	6.00	6.00	7.00	7.00

资料来源：根据保险机构公开披露信息整理。

九、保险机构独立董事学历情况

表 5-38 至表 5-41 的统计结果显示，我国保险机构独立董事学历水平整体较高，具体表现在大专及以下学历独立董事的人数较少、比例较低，而独立董事具有本科、硕士和博士学历的人数较多、比例较高，以大专和博士学历为例，2016－2019 年，我国有大专及以下学历独立董事的保险机构比例依次为 3.13%、2.91%、2.22% 和 1.11%，而有博士学历独立董事的保险机构比例依次为 43.75%、43.03%、46.11% 和 48.33%。

表 5-38　我国保险机构大专及以下学历独立董事人数统计

大专及以下学历独立董事（人）	2016 年		2017 年		2018 年		2019 年	
	频数（家）	比例（%）	频数（家）	比例（%）	频数（家）	比例（%）	频数（家）	比例（%）
0	148	92.50	157	91.28	164	91.11	168	93.33
1	4	2.50	5	2.91	4	2.22	2	1.11
2	1	0.63	0	0.00	0	0.00	0	0.00
有效样本	153	95.63	162	94.19	168	93.33	170	94.44
缺失样本	7	4.38	10	5.81	12	6.67	10	5.56
合计	160	100.00	172	100.00	180	100.00	180	100.00

资料来源：根据保险机构公开披露信息整理。

表 5-39　我国保险机构本科学历独立董事人数统计

本科学历独立董事（人）	2016 年		2017 年		2018 年		2019 年	
	频数（家）	比例（%）	频数（家）	比例（%）	频数（家）	比例（%）	频数（家）	比例（%）
0	105	65.63	111	64.53	112	62.22	117	65.00
1	37	23.13	39	22.67	43	23.89	38	21.11
2	9	5.63	9	5.23	10	5.56	11	6.11
3	2	1.25	3	1.74	3	1.67	4	2.22
有效样本	153	95.63	162	94.19	168	93.33	170	94.44
缺失样本	7	4.38	10	5.81	12	6.67	10	5.56
合计	160	100.00	172	100.00	180	100.00	180	100.00

资料来源：根据保险机构公开披露信息整理。

表 5-40　我国保险机构硕士学历独立董事人数统计

硕士学历独立董事（人）	2016 年		2017 年		2018 年		2019 年	
	频数（家）	比例（%）	频数（家）	比例（%）	频数（家）	比例（%）	频数（家）	比例（%）
0	104	65.00	104	60.47	99	55.00	92	51.11
1	34	21.25	39	22.67	45	25.00	55	30.56
2	12	7.50	14	8.14	18	10.00	16	8.89
3	2	1.25	4	2.33	5	2.78	5	2.78
4	1	0.63	0	0.00	0	0.00	1	0.56
5	0	0.00	1	0.58	1	0.56	1	0.56
有效样本	153	95.63	162	94.19	168	93.33	170	94.44
缺失样本	7	4.38	10	5.81	12	6.67	10	5.56
合计	160	100.00	172	100.00	180	100.00	180	100.00

资料来源：根据保险机构公开披露信息整理。

表 5-41　我国保险机构博士学历独立董事人数统计

博士学历独立董事（人）	2016 年		2017 年		2018 年		2019 年	
	频数（家）	比例（%）	频数（家）	比例（%）	频数（家）	比例（%）	频数（家）	比例（%）
0	83	51.88	88	51.16	85	47.22	83	46.11
1	42	26.25	45	26.16	47	26.11	44	24.44
2	19	11.88	20	11.63	22	12.22	28	15.56
3	8	5.00	8	4.65	10	5.56	11	6.11
4	1	0.63	1	0.58	4	2.22	3	1.67
5	0	0.00	0	0.00	0	0.00	1	0.56
有效样本	153	95.63	162	94.19	168	93.33	170	94.44
缺失样本	7	4.38	10	5.81	12	6.67	10	5.56
合计	160	100.00	172	100.00	180	100.00	180	100.00

资料来源：根据保险机构公开披露信息整理。

十、保险机构有无财务会计背景独立董事

表 5-42 的统计结果显示，2016－2019 年我国有财务会计背景独立董事的保险机构比例依次为 23.75%、26.75%、28.33% 和 30.00%，呈现逐年上升趋势，表明有财务会计背景独立董事的保险机构有所增加；我国保险机构财务会计背景独立董事人数多集中于 1 人，2016－2019 年我国财务会计背景独立董事为 1 人的保险机构比例依次为 21.25%、23.84%、25.00% 和

26.11%。

表 5-42　我国保险机构财务会计背景独立董事人数统计

财务会计背景独立董事（人）	2016 年		2017 年		2018 年		2019 年	
	频数（家）	比例（%）	频数（家）	比例（%）	频数（家）	比例（%）	频数（家）	比例（%）
0	115	71.88	116	67.44	117	65.00	116	64.44
1	34	21.25	41	23.84	45	25.00	47	26.11
2	4	2.50	5	2.91	6	3.33	7	3.89
有效样本	153	95.63	162	94.19	168	93.33	170	94.44
缺失样本	7	4.38	10	5.81	12	6.67	10	5.56
合计	160	100.00	172	100.00	180	100.00	180	100.00

资料来源：根据保险机构公开披露信息整理。

十一、保险机构有无金融背景独立董事

表 5-43 的统计结果显示，2016－2019 年我国有金融背景独立董事的保险机构比例依次为 17.51%、17.44%、20.55%和 29.44%，整体呈上升趋势，表明有金融背景的独立董事的保险机构有所增加；我国保险机构金融背景独立董事人数多集中于 1 人，2016－2019 年我国金融背景独立董事为 1 人的保险机构比例依次为 15.63%、16.28%、18.33%和 23.33%。

表 5-43　我国保险机构金融背景独立董事人数统计

金融背景独立董事（人）	2016 年		2017 年		2018 年		2019 年	
	频数（家）	比例（%）	频数（家）	比例（%）	频数（家）	比例（%）	频数（家）	比例（%）
0	125	78.13	132	76.74	131	72.78	117	65.00
1	25	15.63	28	16.28	33	18.33	42	23.33
2	3	1.88	2	1.16	4	2.22	9	5.00
3	0	0.00	0	0.00	0	0.00	2	1.11
有效样本	153	95.63	162	94.19	168	93.33	170	94.44
缺失样本	7	4.38	10	5.81	12	6.67	10	5.56
合计	160	100.00	172	100.00	180	100.00	180	100.00

资料来源：根据保险机构公开披露信息整理。

十二、保险机构有无保险和精算背景独立董事

陈伟民（2009）研究发现，独立董事行业专长与公司业绩之间呈现正相关关系。表 5-44 的统计结果显示，2016－2019 年我国有保险和精算背景独立董事的保险机构比例依次为 21.88%、20.35%、23.33%和 26.66%，整体呈上升趋势，表明有保险和精算背景的独立董事的保险机构有所增加；我国保险机构保险和精算背景独立董事人数多集中于 1 人，2016－2019 年我国保险和精算背景独立董事为 1 人的保险机构比例依次为 19.38%、17.44%、18.89%和 20.56%。

表 5-44　我国保险机构保险和精算背景独立董事人数统计

保险和精算背景独立董事（人）	2016 年		2017 年		2018 年		2019 年	
	频数（家）	比例（%）	频数（家）	比例（%）	频数（家）	比例（%）	频数（家）	比例（%）
0	118	73.75	127	73.84	126	70.00	122	67.78
1	31	19.38	30	17.44	34	18.89	37	20.56
2	4	2.50	5	2.91	7	3.89	10	5.56
3	0	0.00	0	0.00	1	0.56	1	0.56
有效样本	153	95.63	162	94.19	168	93.33	170	94.44
缺失样本	7	4.38	10	5.81	12	6.67	10	5.56
合计	160	100.00	172	100.00	180	100.00	180	100.00

资料来源：根据保险机构公开披露信息整理。

十三、保险机构有无法律背景独立董事

表 5-45 的统计结果显示，2016－2019 年我国有法律背景独立董事[①]的保险机构比例依次为 21.26%、22.09%、28.89%和 32.78%，整体呈上升趋势，表明有法律背景的独立董事的保险机构有所增加；我国保险机构法律背景独立董事人数多集中于 1 人，2016－2019 年我国法律背景独立董事为 1 人的保险机构比例依次为 18.75%、20.35%、26.67%和 31.11%。

---

① 姚启建（2020）认为法律背景的独立董事，具有非常明显的专业特征烙印，在业务支持、风险防控、违规抑制和纠纷化解等方面表现出特殊的价值，因此本研究在评价独立董事职业背景结构时专门导入了法律背景。

表 5-45　我国保险机构法律背景独立董事人数统计

法律背景独立董事（人）	2016 年		2017 年		2018 年		2019 年	
	频数（家）	比例（%）	频数（家）	比例（%）	频数（家）	比例（%）	频数（家）	比例（%）
0	119	74.38	124	72.09	116	64.44	111	61.67
1	30	18.75	35	20.35	48	26.67	56	31.11
2	3	1.88	2	1.16	4	2.22	3	1.67
3	1	0.63	1	0.58	0	0.00	0	0.00
有效样本	153	95.63	162	94.19	168	93.33	170	94.44
缺失样本	7	4.38	10	5.81	12	6.67	10	5.56
合计	160	100.00	172	100.00	180	100.00	180	100.00

资料来源：根据保险机构公开披露信息整理。

十四、保险机构独立董事职业背景结构

表 5-46 的统计结果显示，2016－2019 年我国保险机构独立董事职业背景结构[①]主要集中在 1 种、2 种和 3 种职业背景，2016－2019 年我国董事职业背景有 1 种、2 种和 3 种背景的保险机构累计比例依次为 94.38%、91.28%、88.89%和 86.67%，表明我国保险机构独立董事职业背景结构多元化程度较低，但职业背景结构为 4 种和 5 种的比例有所上升，表明我国保险机构独立董事职业背景多元化程度正在逐步提高。

表 5-46　我国保险机构独立董事职业背景结构统计

职业背景结构（种）	2016 年		2017 年		2018 年		2019 年	
	频数（家）	比例（%）	频数（家）	比例（%）	频数（家）	比例（%）	频数（家）	比例（%）
1	84	52.50	86	50.00	82	45.56	75	41.67
2	43	26.88	45	26.16	43	23.89	45	25.00
3	24	15.00	26	15.12	35	19.44	36	20.00
4	2	1.25	5	2.91	8	4.44	13	7.22
5	0	0.00	0	0.00	0	0.00	1	0.56
有效样本	153	95.63	162	94.19	168	93.33	170	94.44
缺失样本	7	4.38	10	5.81	12	6.67	10	5.56
合计	160	100.00	172	100.00	180	100.00	180	100.00

资料来源：根据保险机构公开披露信息整理。

---

① 本研究中独立董事职业背景结构主要包括财务会计背景、金融背景、保险和精算背景、法律背景以及其他背景。

十五、保险机构独立董事任职结构是否多元化

已有研究发现，独立董事任职结构会影响独立董事作用的发挥，在公司既聘请来自企业界，又聘请来自非企业界的独立董事，且比例均衡的情况下，独立董事对公司业绩的影响才有更好的表现（唐清泉、罗当论和张学勤，2005）。表 5-47 和表 5-48 的统计结果显示，2016－2019 年我国有高校任职独立董事的保险机构比例依次为 42.50%、43.03%、46.66% 和 43.88%，比例在 2016－2018 年之间上升，2019 年略有下降，各年比例接近于 50.00%，表明我国有高校独立董事的保险机构数量近半，高校独立董事的数量集中于 1－2 人，2016－2019 年我国有 1－2 人高校独立董事的保险机构累计比例依次为 36.26%、35.46%、35.55% 和 33.34%。

表 5-47　我国保险机构高校独立董事人数统计

高校独立董事（人）	2016 年		2017 年		2018 年		2019 年	
	频数（家）	比例（%）	频数（家）	比例（%）	频数（家）	比例（%）	频数（家）	比例（%）
0	85	53.13	88	51.16	84	46.67	91	50.56
1	31	19.38	36	20.93	40	22.22	32	17.78
2	27	16.88	25	14.53	24	13.33	28	15.56
3	8	5.00	10	5.81	15	8.33	12	6.67
4	2	1.25	2	1.16	1	0.56	4	2.22
5	0	0.00	1	0.58	4	2.22	3	1.67
有效样本	153	95.63	162	94.19	168	93.33	170	94.44
缺失样本	7	4.38	10	5.81	12	6.67	10	5.56
合计	160	100.00	172	100.00	180	100.00	180	100.00

资料来源：根据保险机构公开披露信息整理。

表 5-48　我国保险机构非高校独立董事人数统计

非高校独立董事（人）	2016 年		2017 年		2018 年		2019 年	
	频数（家）	比例（%）	频数（家）	比例（%）	频数（家）	比例（%）	频数（家）	比例（%）
0	77	48.13	81	47.09	81	45.00	76	42.22
1	36	22.50	37	21.51	39	21.67	33	18.33
2	26	16.25	27	15.70	30	16.67	36	20.00
3	11	6.88	12	6.98	11	6.11	13	7.22
4	2	1.25	4	2.33	6	3.33	9	5.00

非高校独立董事（人）	2016 年		2017 年		2018 年		2019 年	
	频数（家）	比例（%）	频数（家）	比例（%）	频数（家）	比例（%）	频数（家）	比例（%）
5	1	0.63	1	0.58	1	0.56	2	1.11
6	0	0.00	0	0.00	0	0.00	1	0.56
有效样本	153	95.63	162	94.19	168	93.33	170	94.44
缺失样本	7	4.38	10	5.81	12	6.67	10	5.56
合计	160	100.00	172	100.00	180	100.00	180	100.00

资料来源：根据保险机构公开披露信息整理。

表 5-49 的统计结果显示，2016－2019 年我国既有高校独立董事又有实务独立董事的保险机构比例依次为 28.13%、29.07%、32.78% 和 31.67%，整体呈现上升趋势，表明我国保险机构独立董事任职结构多元化程度有所提升。

表 5-49　我国保险机构独立董事任职结构统计

任职结构（种）	2016 年		2017 年		2018 年		2019 年	
	频数（家）	比例（%）	频数（家）	比例（%）	频数（家）	比例（%）	频数（家）	比例（%）
0	61	38.13	67	38.95	68	37.78	64	35.56
1	54	33.75	55	31.98	53	29.44	59	32.78
2	45	28.13	50	29.07	59	32.78	57	31.67
合计	160	100.00	172	100.00	180	100.00	180	100.00

资料来源：根据保险机构公开披露信息整理。

第三节　保险机构监事与监事会状况分析

本节从监事与监事会维度，对反映我国保险机构监事与监事会治理状况的 7 个具体指标进行了年度统计分析，进而全面揭示了我国 2016－2019 年期间保险机构监事与监事会治理的状况。

一、保险机构监事会规模

监事会是我国公司重要的监督机构，监事会治理总体水平较低，不同行业、不同企业性质之间的治理水平存在着很大差别（李维安和王世权，

2005）；但监事会仍应作为法定的公司监督机构发挥其不可替代的监督作用（李维安和郝臣，2006）。表 5-50 的统计结果显示，我国保险机构监事会规模均集中于 1—5 人，且披露监事会相关情况的保险机构的监事会规模均大于等于 1 人，2016－2019 年我国监事会规模为 1－5 人的保险机构累计比例依次为 73.76%、74.42%、76.67%和 75.55%，比例均超过 70.00%。

表 5-50　我国保险机构监事会规模统计

监事会规模（人）	2016 年		2017 年		2018 年		2019 年	
	频数（家）	比例（%）	频数（家）	比例（%）	频数（家）	比例（%）	频数（家）	比例（%）
1	18	11.25	19	11.05	19	10.56	18	10.00
2	18	11.25	13	7.56	17	9.44	15	8.33
3	49	30.63	58	33.72	59	32.78	61	33.89
4	10	6.25	9	5.23	12	6.67	8	4.44
5	23	14.38	29	16.86	31	17.22	34	18.89
6	5	3.13	6	3.49	6	3.33	7	3.89
7	4	2.50	3	1.74	6	3.33	6	3.33
8	1	0.63	5	2.91	4	2.22	5	2.78
9	7	4.38	4	2.33	2	1.11	2	1.11
10	0	0.00	1	0.58	1	0.56	0	0.00
11	0	0.00	0	0.00	0	0.00	1	0.56
12	0	0.00	0	0.00	0	0.00	0	0.00
13	0	0.00	0	0.00	0	0.00	1	0.56
14	1	0.63	1	0.58	1	0.56	0	0.00
15	1	0.63	1	0.58	1	0.56	1	0.56
有效样本	137	85.63	149	86.63	159	88.33	159	88.33
缺失样本	23	14.38	23	13.37	21	11.67	21	11.67
合计	160	100.00	172	100.00	180	100.00	180	100.00

资料来源：根据保险机构公开披露信息整理。

表 5-51 的统计结果显示，2016－2019 年我国保险机构监事会规模平均值依次为 3.75 人、3.84 人、3.77 人和 3.86 人，整体呈现上升趋势，表明我国保险机构监事会规模整体有所提升，各年监事会规模最大值为 15.00 人，最小值为 1.00 人，极差达到 14.00 人，表明我国保险机构监事会规模存在一定差距。

表5-51　我国保险机构监事会规模描述性统计（单位：人）

统计指标	2016年	2017年	2018年	2019年
有效样本	137	149	159	159
缺失样本	23	23	21	21
平均值	3.75	3.84	3.77	3.86
中位数	3.00	3.00	3.00	3.00
标准差	2.37	2.32	2.21	2.22
极差	14.00	14.00	14.00	14.00
最小值	1.00	1.00	1.00	1.00
最大值	15.00	15.00	15.00	15.00

资料来源：根据保险机构公开披露信息整理。

二、保险机构职工监事设立情况

实行职工董事、监事制度是建立具有中国特色的公司治理结构的重要组成部分（崔生祥，2001）。我国《公司法》明确规定，监事会应当包括股东代表和适当比例的公司职工代表，其中职工代表的比例不得低于三分之一，具体比例由公司章程规定；国有独资公司监事会成员不得少于5人，其中职工代表的比例不得低于三分之一，具体比例由公司章程规定。表5-52的统计结果显示，2016－2019年我国设立职工监事的保险机构比例依次为54.38%、57.56%、65.00%和62.78%，比例整体呈上升趋势，表明我国保险机构职工监事设立机制有所完善，职工监事人数主要集中于1－3人，2016－2019年我国职工监事人数为1－3人的保险机构累计比例依次为53.14%、56.40%、63.33%和60.56%。

表5-52　我国保险机构职工监事设立情况统计

职工监事（人）	2016年		2017年		2018年		2019年	
	频数（家）	比例（%）	频数（家）	比例（%）	频数（家）	比例（%）	频数（家）	比例（%）
0	66	41.25	63	36.63	55	30.56	59	32.78
1	39	24.38	47	27.33	60	33.33	57	31.67
2	35	21.88	35	20.35	37	20.56	37	20.56
3	11	6.88	15	8.72	17	9.44	15	8.33
4	0	0.00	0	0.00	1	0.56	3	1.67
5	2	1.25	1	0.58	2	1.11	1	0.56
6	0	0.00	1	0.58	0	0.00	0	0.00

职工监事 （人）	2016 年		2017 年		2018 年		2019 年	
	频数 （家）	比例 （%）	频数 （家）	比例 （%）	频数 （家）	比例 （%）	频数 （家）	比例 （%）
有效样本	153	95.63	162	94.19	172	95.56	172	95.56
缺失样本	7	4.38	10	5.81	8	4.44	8	4.44
合计	160	100.00	172	100.00	180	100.00	180	100.00

资料来源：根据保险机构公开披露信息整理。

表 5-53 的统计结果显示，2016－2019 年我国保险机构职工监事规模平均值依次为 0.99 人、1.07 人、1.16 人和 1.12 人，整体呈现上升趋势，表明我国保险机构职工监事设立情况有所改善，但职工监事人数整体不多，各年职工监事人数最小值均为 0 人，极差达到 5.00 人或 6.00 人，表明我国保险机构职工监事设立情况存在一定差距。

表 5-53　我国保险机构职工监事人数描述性统计（单位：人）

统计指标	2016 年	2017 年	2018 年	2019 年
有效样本	153	162	172	172
缺失样本	7	10	8	8
平均值	0.99	1.07	1.16	1.12
中位数	1.00	1.00	1.00	1.00
标准差	1.08	1.11	1.07	1.07
极差	5.00	6.00	5.00	5.00
最小值	0.00	0.00	0.00	0.00
最大值	5.00	6.00	5.00	5.00

资料来源：根据保险机构公开披露信息整理。

三、保险机构监事学历情况

表 5-54 至表 5-57 的统计结果显示，我国保险机构监事学历水平整体较高，具体表现在大专及以下学历监事的人数较少、比例较低，而本科、硕士和博士学历的监事人数较多、比例较高。以大专和硕士学历为例，2016－2019 年，我国有大专及以下学历监事的保险机构比例依次为 11.88%、10.47%、7.23% 和 7.78%，而有硕士学历监事的保险机构比例依次为 61.89%、65.69%、67.23% 和 68.33%。

表 5-54 我国保险机构大专及以下学历监事人数统计

大专及以下学历监事（人）	2016 年		2017 年		2018 年		2019 年	
	频数（家）	比例（%）	频数（家）	比例（%）	频数（家）	比例（%）	频数（家）	比例（%）
0	134	83.75	144	83.72	159	88.33	158	87.78
1	16	10.00	15	8.72	11	6.11	12	6.67
2	3	1.88	3	1.74	2	1.11	2	1.11
有效样本	153	95.63	162	94.19	172	95.56	172	95.56
缺失样本	7	4.38	10	5.81	8	4.44	8	4.44
合计	160	100.00	172	100.00	180	100.00	180	100.00

资料来源：根据保险机构公开披露信息整理。

表 5-55 我国保险机构本科学历监事人数统计

本科学历监事（人）	2016 年		2017 年		2018 年		2019 年	
	频数（家）	比例（%）	频数（家）	比例（%）	频数（家）	比例（%）	频数（家）	比例（%）
0	58	36.25	52	30.23	55	30.56	61	33.89
1	38	23.75	45	26.16	48	26.67	47	26.11
2	27	16.88	29	16.86	29	16.11	25	13.89
3	13	8.13	16	9.30	23	12.78	22	12.22
4	11	6.88	12	6.98	11	6.11	12	6.67
5	1	0.63	5	2.91	5	2.78	5	2.78
6	2	1.25	2	1.16	1	0.56	0	0.00
7	2	1.25	0	0.00	0	0.00	0	0.00
8	0	0.00	0	0.00	0	0.00	0	0.00
9	0	0.00	0	0.00	0	0.00	0	0.00
10	1	0.63	1	0.58	0	0.00	0	0.00
有效样本	153	95.63	162	94.19	172	95.56	172	95.56
缺失样本	7	4.38	10	5.81	8	4.44	8	4.44
合计	160	100.00	172	100.00	180	100.00	180	100.00

资料来源：根据保险机构公开披露信息整理。

表 5-56 我国保险机构硕士学历监事人数统计

硕士学历监事（人）	2016 年		2017 年		2018 年		2019 年	
	频数（家）	比例（%）	频数（家）	比例（%）	频数（家）	比例（%）	频数（家）	比例（%）
0	54	33.75	49	28.49	51	28.33	49	27.22
1	39	24.38	46	26.74	45	25.00	43	23.89
2	38	23.75	38	22.09	44	24.44	42	23.33
3	14	8.75	21	12.21	23	12.78	26	14.44
4	6	3.75	6	3.49	5	2.78	9	5.00
5	1	0.63	1	0.58	3	1.67	2	1.11
6	0	0.00	0	0.00	0	0.00	0	0.00
7	0	0.00	0	0.00	0	0.00	0	0.00
8	1	0.63	1	0.58	1	0.56	1	0.56
有效样本	153	95.63	162	94.19	172	95.56	172	95.56
缺失样本	7	4.38	10	5.81	8	4.44	8	4.44
合计	160	100.00	172	100.00	180	100.00	180	100.00

资料来源：根据保险机构公开披露信息整理。

表 5-57 我国保险机构博士学历监事人数统计

博士学历监事（人）	2016 年		2017 年		2018 年		2019 年	
	频数（家）	比例（%）	频数（家）	比例（%）	频数（家）	比例（%）	频数（家）	比例（%）
0	121	75.63	131	76.16	141	78.33	141	78.33
1	29	18.13	25	14.53	25	13.89	24	13.33
2	1	0.63	4	2.33	5	2.78	7	3.89
3	2	1.25	1	0.58	1	0.56	0	0.00
4	0	0.00	1	0.58	0	0.00	0	0.00
有效样本	153	95.63	162	94.19	172	95.56	172	95.56
缺失样本	7	4.38	10	5.81	8	4.44	8	4.44
合计	160	100.00	172	100.00	180	100.00	180	100.00

资料来源：根据保险机构公开披露信息整理。

四、保险机构有无财务会计背景监事

表 5-58 的统计结果显示，2016—2019 年我国有财务会计背景监事的保险机构比例依次为 45.65%、47.68%、48.89% 和 45.56%，2016—2018 年比例逐年上升，2019 年略有下降，表明我国越来越多的保险机构设立财务会计背景监事；我国保险机构财务会计背景监事的人数主要集中在 1—3 人，2016—2019 年我国财务会计背景监事人数为 1—3 人的保险机构累计

比例依次为 41.89%、43.61%、43.34%和 41.11%。

表 5-58　我国保险机构财务会计背景监事人数统计

财务会计背景监事（人）	2016 年		2017 年		2018 年		2019 年	
	频数（家）	比例（%）	频数（家）	比例（%）	频数（家）	比例（%）	频数（家）	比例（%）
0	80	50.00	80	46.51	84	46.67	90	50.00
1	45	28.13	47	27.33	59	32.78	49	27.22
2	17	10.63	23	13.37	9	5.00	18	10.00
3	5	3.13	5	2.91	10	5.56	7	3.89
4	2	1.25	1	0.58	7	3.89	5	2.78
5	2	1.25	3	1.74	2	1.11	2	1.11
6	1	0.63	1	0.58	0	0.00	0	0.00
7	0	0.00	1	0.58	0	0.00	0	0.00
8	1	0.63	1	0.58	0	0.00	1	0.56
9	0	0.00	0	0.00	1	0.56	0	0.00
有效样本	153	95.63	162	94.19	172	95.56	172	95.56
缺失样本	7	4.38	10	5.81	8	4.44	8	4.44
合计	160	100.00	172	100.00	180	100.00	180	100.00

资料来源：根据保险机构公开披露信息整理。

五、保险机构有无金融背景监事

表 5-59 的统计结果显示，2016－2019 年我国有金融背景监事的保险机构比例依次为 20.00%、19.19%、30.56%和 33.34%，比例呈整体上升趋势，表明我国越来越多的保险机构设有具备金融背景的监事，但各年比例整体不高，说明我国保险机构缺乏金融背景的监事；我国保险机构金融背景监事的人数主要集中在 1－2 人，2016－2019 年我国金融背景监事人数为 1－2 人的保险机构累计比例依次为 19.38%、18.61%、28.33%和 31.11%。

表 5-59　我国保险机构金融背景监事人数统计

金融背景监事（人）	2016 年		2017 年		2018 年		2019 年	
	频数（家）	比例（%）	频数（家）	比例（%）	频数（家）	比例（%）	频数（家）	比例（%）
0	121	75.63	129	75.00	117	65.00	112	62.22
1	22	13.75	21	12.21	33	18.33	36	20.00
2	9	5.63	11	6.40	18	10.00	20	11.11
3	1	0.63	1	0.58	4	2.22	4	2.22

金融背景监事（人）	2016 年		2017 年		2018 年		2019 年	
	频数（家）	比例（%）	频数（家）	比例（%）	频数（家）	比例（%）	频数（家）	比例（%）
有效样本	153	95.63	162	94.19	172	95.56	172	95.56
缺失样本	7	4.38	10	5.81	8	4.44	8	4.44
合计	160	100.00	172	100.00	180	100.00	180	100.00

资料来源：根据保险机构公开披露信息整理。

六、保险机构有无保险和精算背景监事

表 5-60 的统计结果显示，2016－2019 年我国有保险和精算背景监事的保险机构比例依次为 13.75%、18.60%、46.12% 和 50.56%，比例呈逐年上升趋势，表明我国越来越多的保险机构设立保险和精算背景监事，2018 年比例较 2017 年上升了 27.51%，上升较为明显；我国保险机构保险和精算背景监事的人数主要集中在 1－2 人，2016－2019 年我国保险和精算背景监事人数为 1－2 人的保险机构累计比例依次为 13.75%、18.60%、32.78% 和 39.45%。

表 5-60　我国保险机构保险和精算背景监事人数统计

保险和精算背景监事（人）	2016 年		2017 年		2018 年		2019 年	
	频数（家）	比例（%）	频数（家）	比例（%）	频数（家）	比例（%）	频数（家）	比例（%）
0	131	81.88	130	75.58	89	49.44	81	45.00
1	20	12.50	29	16.86	39	21.67	43	23.89
2	2	1.25	3	1.74	20	11.11	28	15.56
3	0	0.00	0	0.00	20	11.11	15	8.33
4	0	0.00	0	0.00	3	1.67	3	1.67
5	0	0.00	0	0.00	1	0.56	2	1.11
有效样本	153	95.63	162	94.19	172	95.56	172	95.56
缺失样本	7	4.38	10	5.81	8	4.44	8	4.44
合计	160	100.00	172	100.00	180	100.00	180	100.00

资料来源：根据保险机构公开披露信息整理。

七、保险机构监事职业背景结构

表 5-61 的统计结果显示，2016－2019 年我国保险机构监事职业背景

结构主要集中在 1 种和 2 种职业背景，2016－2019 年我国监事职业背景有
1 种和 2 种背景的保险机构累计比例依次为 80.01%、77.33%、68.89%和
65.55%，各年比例均超过 60.00%，表明我国保险机构监事职业背景结构多
元化程度较低。

表 5-61　我国保险机构监事职业背景结构统计

职业背景结构（种）	2016 年		2017 年		2018 年		2019 年	
	频数（家）	比例（%）	频数（家）	比例（%）	频数（家）	比例（%）	频数（家）	比例（%）
1	63	39.38	63	36.63	59	32.78	53	29.44
2	65	40.63	70	40.70	65	36.11	65	36.11
3	23	14.38	27	15.70	37	20.56	40	22.22
4	2	1.25	2	1.16	11	6.11	14	7.78
有效样本	153	95.63	162	94.19	172	95.56	172	95.56
缺失样本	7	4.38	10	5.81	8	4.44	8	4.44
合计	160	100.00	172	100.00	180	100.00	180	100.00

资料来源：根据保险机构公开披露信息整理。

第四节　保险机构高级管理人员状况分析

本节从高级管理人员维度，对反映我国保险机构高级管理人员治理状
况的 7 个具体指标进行了年度统计分析，进而全面揭示了我国 2016－2019
年期间保险机构高级管理人员治理的状况。

一、保险机构高管规模

高管是高级管理人员的简称，是指对保险机构经营管理活动和风险控
制具有决策权或者重大影响的人员。保险机构高管主要包括总公司的总经
理、副总经理、总经理助理、总精算师、合规负责人、首席风险官、审计
责任人、财务负责人和董事会秘书，分公司、中心支公司的总经理、副总
经理和总经理助理，支公司、营业部经理，与上述高级管理人员具有相同
职权的管理人员。本研究主要关注总公司层面的高管，并重点分析其中体
现保险行业特点高管的设置情况。表 5-62 的统计结果显示，我国保险机构
高管规模均集中于 4－10 人，2016－2019 年我国高管规模为 4－10 人的保
险机构累计比例依次为 75.64%、70.95%、76.11%和 75.55%，各年比例均

超过于 70.00%。

表 5-62 我国保险机构高管规模统计

高管规模（人）	2016 年		2017 年		2018 年		2019 年	
	频数（家）	比例（%）	频数（家）	比例（%）	频数（家）	比例（%）	频数（家）	比例（%）
0	0	0.00	1	0.58	0	0.00	0	0.00
1	1	0.63	1	0.58	1	0.56	0	0.00
2	2	1.25	0	0.00	1	0.56	0	0.00
3	3	1.88	8	4.65	4	2.22	3	1.67
4	19	11.88	11	6.40	11	6.11	5	2.78
5	19	11.88	18	10.47	22	12.22	18	10.00
6	16	10.00	19	11.05	21	11.67	25	13.89
7	21	13.13	28	16.28	26	14.44	26	14.44
8	18	11.25	22	12.79	23	12.78	29	16.11
9	18	11.25	12	6.98	19	10.56	17	9.44
10	10	6.25	12	6.98	15	8.33	16	8.89
11	6	3.75	9	5.23	5	2.78	7	3.89
12	4	2.50	3	1.74	6	3.33	6	3.33
13	5	3.13	6	3.49	5	2.78	6	3.33
14	1	0.63	4	2.33	5	2.78	4	2.22
15	2	1.25	4	2.33	3	1.67	3	1.67
16	4	2.50	0	0.00	1	0.56	2	1.11
17	2	1.25	1	0.58	2	1.11	1	0.56
18	0	0.00	0	0.00	0	0.00	1	0.56
19	1	0.63	1	0.58	2	1.11	0	0.00
20	0	0.00	0	0.00	0	0.00	1	0.56
21	1	0.63	0	0.00	0	0.00	0	0.00
有效样本	153	95.63	160	93.02	172	95.56	170	94.44
缺失样本	7	4.38	12	6.98	8	4.44	10	5.56
合计	160	100.00	172	100.00	180	100.00	180	100.00

资料来源：根据保险机构公开披露信息整理。

表 5-63 的统计结果显示，2016－2019 年我国保险机构高管规模平均值依次为 7.81 人、7.74 人、8.01 人和 8.30 人，比例呈整体上升趋势，表明我国保险机构高管规模有所增加，各年高管规模极差均超过 16.00 人，表明我国保险机构高管规模存在明显差距。

表 5-63 我国保险机构高管规模描述性统计（单位：人）

统计指标	2016 年	2017 年	2018 年	2019 年
有效样本	153	160	172	170
缺失样本	7	12	8	10
平均值	7.81	7.74	8.01	8.30
中位数	7.00	7.00	7.50	8.00
标准差	3.53	3.20	3.25	3.04
极差	20.00	19.00	18.00	17.00
最小值	1.00	0.00	1.00	3.00
最大值	21.00	19.00	19.00	20.00

资料来源：根据保险机构公开披露信息整理。

二、保险机构两职设置

合理的领导权结构对于提高上市公司的监督与决策效率至关重要（谢永珍和王维祝，2006）。表 5-64 的统计结果显示，2016－2019 年我国存在两职合一现象的保险机构比例依次为 21.25%、17.44%、13.33%和 8.33%，比例呈现逐年降低的趋势，2019 年较 2016 年比例降低了 12.92%，表明我国保险机构两职合一现象有所改善。

表 5-64 我国保险机构两职设置统计

两职设置	2016 年		2017 年		2018 年		2019 年	
	频数（家）	比例（%）	频数（家）	比例（%）	频数（家）	比例（%）	频数（家）	比例（%）
两职分离	119	74.38	130	75.58	148	82.22	155	86.11
两职合一	34	21.25	30	17.44	24	13.33	15	8.33
有效样本	153	95.63	160	93.02	172	95.56	170	94.44
缺失样本	7	4.38	12	6.98	8	4.44	10	5.56
合计	160	100.00	172	100.00	180	100.00	180	100.00

资料来源：根据保险机构公开披露信息整理。

三、保险机构是否设立总精算师

根据《保险公司董事、监事和高级管理人员任职资格管理规定》《保险公司总精算师管理办法》《关于财产保险公司和再保险公司实施总精算师制度有关事项的通知》的规定，我国人身险公司、财产险公司和再保险公司都要设立总精算师①。表 5-65 的统计结果显示，2016－2019 年我国设立总精算师的保险机构比例依次为 53.75%、56.98%、54.44% 和 67.78%，比例均大于 50.00%，且比例呈现整体上升趋势，表明我国设立总精算师的保险机构较多且逐年增加，2019 年较 2016 年增加了 36 家机构，比例上升了 14.03%。

表 5-65　我国保险机构是否设立总精算师统计

总精算师	2016 年		2017 年		2018 年		2019 年	
	频数（家）	比例（%）	频数（家）	比例（%）	频数（家）	比例（%）	频数（家）	比例（%）
设立	86	53.75	98	56.98	98	54.44	122	67.78
未设立	67	41.88	61	35.47	76	42.22	50	27.78
未披露	7	4.38	13	7.56	6	3.33	8	4.44
合计	160	100.00	172	100.00	180	100.00	180	100.00

资料来源：根据保险机构公开披露信息整理。

四、保险机构是否设立合规负责人

按照《保险公司董事、监事和高级管理人员任职资格管理规定》《保险公司合规管理办法》的规定，保险公司应当设立合规负责人②，合规负责人是保险公司的高级管理人员，合规负责人不得兼管公司的业务、财务、资金运用和内部审计部门等可能与合规管理存在职责冲突的部门，保险公司总经理兼任合规负责人的除外。表 5-66 的统计结果显示，2016－2019 年我国设立合规负责人的保险机构比例依次为 72.50%、73.84%、69.44% 和 79.44%，比例均在 70.00% 左右，且比例呈现整体上升趋势，表明我国设立合规负责人的保险机构较多且逐年增加，2019 年较 2016 年增加了 27 家机构，比例上升了 6.94%。

---

① 总精算师是指保险公司总公司负责精算以及相关事务的高级管理人员。总精算师对保险公司董事会和总经理负责，并应当向中国保监会及时报告保险公司的重大风险隐患；总精算师有权参加涉及其职责范围内相关事务的保险公司董事会会议，并发表专业意见。

② 保险公司合规负责人对董事会负责，接受董事会和总经理的领导，并履行以下职责：(1) 全面负责公司的合规管理工作，领导合规管理部门；(2) 制定和修订公司合规政策，制定公司年度合规管理计划，并报总经理审核；(3) 将董事会审议批准后的合规政策传达给保险从业人员，并组织执行；(4) 向总经理、董事会或者其授权的专业委员会定期提出合规改进建议，及时报告公司和高级管理人员的重大违规行为；(5) 审核合规管理部门出具的合规报告等合规文件；(6) 公司章程规定或者董事会确定的其他合规职责。

表 5-66　我国保险机构是否设立合规负责人统计

合规 负责人	2016 年		2017 年		2018 年		2019 年	
	频数 （家）	比例 （%）	频数 （家）	比例 （%）	频数 （家）	比例 （%）	频数 （家）	比例 （%）
设立	116	72.50	127	73.84	125	69.44	143	79.44
未设立	37	23.13	32	18.60	49	27.22	29	16.11
未披露	7	4.38	13	7.56	6	3.33	8	4.44
合计	160	100.00	172	100.00	180	100.00	180	100.00

资料来源：根据保险机构公开披露信息整理。

五、保险机构是否设立首席风险官

根据《保险公司董事、监事和高级管理人员任职资格管理规定》《保险公司偿付能力监管规则第 11 号：偿付能力风险管理要求与评估》规定，保险公司应当指定一名高级管理人员作为首席风险官①负责风险管理工作，并将任命情况报告原中国保监会（现中国银保监会）。首席风险官应当参加或列席风险管理委员会，了解公司的重大决策、重大风险、重要系统及重要业务流程，参与各项决策的风险评估及审批；但不得同时负责与风险管理有利益冲突的工作。表 5-67 的统计结果显示，2016－2019 年我国设立首席风险官的保险机构比例依次为 36.88%、48.26%、43.89% 和 50.00%，比例呈现整体上升趋势，表明我国设立首席风险官的保险机构整体在增加，2019 年较 2016 年增加了 31 家机构，比例上升了 13.12%，但各年比例总体较低，说明我国保险机构设立首席风险官的意识有待加强。

表 5-67　我国保险机构是否设立首席风险官统计

首席 风险官	2016 年		2017 年		2018 年		2019 年	
	频数 （家）	比例 （%）	频数 （家）	比例 （%）	频数 （家）	比例 （%）	频数 （家）	比例 （%）
设立	59	36.88	83	48.26	79	43.89	90	50.00
未设立	94	58.75	76	44.19	95	52.78	82	45.56
未披露	7	4.38	13	7.56	6	3.33	8	4.44
合计	160	100.00	172	100.00	180	100.00	180	100.00

资料来源：根据保险机构公开披露信息整理。

---

① 根据《人身保险公司全面风险管理实施指引》的通知，首席风险官或负责全面风险管理工作的高管不得同时负责销售与投资管理，其主要职责包括制定风险管理政策和制度，协调公司层面全面风险管理等。

六、保险机构是否设立审计责任人

按照《保险公司董事、监事和高级管理人员任职资格管理规定》《保险公司内部审计指引（试行）》的规定，审计责任人①是保险公司的高管，保险公司必须设立审计责任人。表 5-68 的统计结果显示，2016－2019 年我国设立审计责任人的保险机构比例依次为 60.63%、65.12%、62.22%和 75.00%，各年比例均高于 60.00%，比例呈现逐年上升趋势，表明我国设立审计责任人的保险机构数量较多且在逐年增加，2019 年较 2016 年增加了 38 家机构，比例上升了 14.37%。

表 5-68　我国保险机构是否设立审计责任人统计

审计责任人	2016 年		2017 年		2018 年		2019 年	
	频数（家）	比例（%）	频数（家）	比例（%）	频数（家）	比例（%）	频数（家）	比例（%）
设立	97	60.63	112	65.12	112	62.22	135	75.00
未设立	56	35.00	47	27.33	62	34.44	37	20.56
未披露	7	4.38	13	7.56	6	3.33	8	4.44
合计	160	100.00	172	100.00	180	100.00	180	100.00

资料来源：根据保险机构公开披露信息整理。

七、保险机构总经理是否非正常变更

如表 5-69 所示，2016－2019 年我国存在总经理变更情况的保险机构的比例依次为 21.26%、16.86%、18.34%和 13.89%，其中非正常变更（正常变更以外的变更，正常变更主要是指由与总经理自身行为无关的因素导致职位发生的变化，例如"换届""退休"和"控制权变动"）的比例依次为 18.13%、15.12%、14.44%和 10.00%，总经理非正常变更比例在 2016－2019 年呈下降趋势；在非正常变更的各类形式中，2016 年和 2017 年免职占比相对较高。

---

① 审计责任人既向管理层负责，也向董事会负责。审计责任人主要履行以下职责：（1）组织公司内部审计系统开展工作；（2）组织制定公司内部审计制度、年度审计计划和审计预算并推动实施；（3）组织实施审计项目，确保内部审计工作质量；（4）及时向公司董事会审计委员会及公司总经理汇报发现的重大问题和重大风险隐患，提出改进意见；（5）协调处理公司内部审计部门与其他部门的关系。

表 5-69 我国保险机构总经理是否非正常变更统计

总经理变更	2016 年		2017 年		2018 年		2019 年	
	频数（家）	比例（%）	频数（家）	比例（%）	频数（家）	比例（%）	频数（家）	比例（%）
退休	0	0.00	0	0.00	1	0.56	1	0.56
换届	5	3.13	2	1.16	6	3.33	6	3.33
控制权变动	0	0.00	1	0.58	0	0.00	0	0.00
正常变更小计	5	3.13	3	1.74	7	3.89	7	3.89
辞职	10	6.25	11	6.40	14	7.78	9	5.00
免职	19	11.88	15	8.72	12	6.67	9	5.00
非正常变更小计	29	18.13	26	15.12	26	14.44	18	10.00
未变动	123	76.88	140	81.40	144	80.00	152	84.44
未披露	3	1.88	3	1.74	3	1.67	3	1.67
合计	160	100.00	172	100.00	180	100.00	180	100.00

资料来源：根据保险机构公开披露信息整理。

第五节 保险机构信息披露状况分析

本节从信息披露维度，对反映我国保险机构信息披露状况的 19 个具体指标进行了年度统计分析，进而全面揭示了我国 2016－2019 年期间保险机构信息披露的状况。

一、保险机构有无官网

由于保险公司存在资本结构的高负债性、产品的专业性、合约的长期性和投保人的分散性等特点，投保人作为保险公司重要的利益相关者往往处于信息劣势地位，因此关注保险公司的信息披露水平对于维护投保人的利益具有重要意义（郝臣、孙佳琪、钱璟和付金薇，2017）。网站[1]是保险机构重要的信息披露途径，因此本研究关注了保险机构网站及其内容建设情况。表 5-70 的统计结果显示，2016－2019 年我国均只有 1 家保险机构网站无法登录，有 3 家保险机构没有官网，我国有官网的保险机构比例依

---

[1] 根据《保险公司信息披露管理办法》的规定，保险公司应当建立公司网站，并按照该办法的规定披露相关信息。

次为97.50%、97.67%、97.78%和97.78%，数值呈上升趋势，表明我国保险机构官网的合规性正不断增强。

表 5-70 我国保险机构有无官网统计

官网	2016 年		2017 年		2018 年		2019 年	
	频数（家）	比例（%）	频数（家）	比例（%）	频数（家）	比例（%）	频数（家）	比例（%）
网站无法登录	1	0.63	1	0.58	1	0.56	1	0.56
无	3	1.88	3	1.74	3	1.67	3	1.67
有	156	97.50	168	97.67	176	97.78	176	97.78
合计	160	100.00	172	100.00	180	100.00	180	100.00

资料来源：根据保险机构公开披露信息整理。

二、保险机构有无公开信息披露栏目

按照《保险公司信息披露管理办法》第三十一条的规定，保险公司应当在公司网站主页置顶的显著位置设置信息披露专栏，名称为"公开信息披露"。保险公司所有公开披露的信息都应当在该专栏下分类设置子栏目列示，一级子栏目名称分别为"基本信息""年度信息""重大事项""专项信息"等。其中，"专项信息"栏目下设"关联交易""股东股权""偿付能力""互联网保险""资金运用""新型产品""交强险"等二级子栏目。表 5-71 的统计结果显示，2016—2019 年我国均只有 1 家保险机构网站无法登录，有 3 家保险机构没有信息披露栏目，我国有信息披露栏目的保险机构比例依次为97.50%、97.67%、97.78%和97.78%，数值呈上升趋势，表明我国保险机构的信息披露栏目合规性较高，且在逐年增强。

表 5-71 我国保险机构有无公开信息披露栏目统计

信息披露栏目	2016 年		2017 年		2018 年		2019 年	
	频数（家）	比例（%）	频数（家）	比例（%）	频数（家）	比例（%）	频数（家）	比例（%）
无	3	1.88	3	1.74	3	1.67	3	1.67
有	156	97.50	168	97.67	176	97.78	176	97.78
网站无法登录	1	0.63	1	0.58	1	0.56	1	0.56
合计	160	100.00	172	100.00	180	100.00	180	100.00

资料来源：根据保险机构公开披露信息整理。

三、保险机构公开信息披露栏目是否显著

表 5-72 的统计结果显示，2016—2019 年我国公开信息披露栏目显著的保险机构依次有 152 家、161 家、169 家和 169 家，数量逐年上升，各年比例依次为 95.00%、93.60%、93.89% 和 93.89%，数值变化幅度不大，各年数值均大于 90.00%，表明我国保险机构公开信息披露栏目位置较为醒目。

表 5-72　我国保险机构公开信息披露栏目是否显著统计

信息披露栏目	2016 年		2017 年		2018 年		2019 年	
	频数（家）	比例（%）	频数（家）	比例（%）	频数（家）	比例（%）	频数（家）	比例（%）
不显著	7	4.38	10	5.81	10	5.56	10	5.56
显著	152	95.00	161	93.60	169	93.89	169	93.89
网站无法登录	1	0.63	1	0.58	1	0.56	1	0.56
合计	160	100.00	172	100.00	180	100.00	180	100.00

资料来源：根据保险机构公开披露信息整理。

四、保险机构披露框架是否符合规定

表 5-73 的统计结果显示，2016—2019 年我国均只有 1 家保险机构网站无法登录，有 21 家保险机构公开信息披露框架[1]不符合规定，我国披露框架符合规定的保险机构比例依次为 86.25%、87.21%、87.78% 和 87.78%，数值呈整体上升趋势，表明我国保险机构公开信息披露框架的合规性正不断增强。

表 5-73　我国保险机构披露框架是否符合规定统计

披露框架	2016 年		2017 年		2018 年		2019 年	
	频数（家）	比例（%）	频数（家）	比例（%）	频数（家）	比例（%）	频数（家）	比例（%）
不符合规定	21	13.13	21	12.21	21	11.67	21	11.67

---

[1] 根据《保险公司信息披露管理办法》的规定，保险公司应当在"公开信息披露"专栏下设置 "基本信息""年度信息""重大事项""专项信息"四个一级子栏目，同时设置四个子栏目即为公开信息披露框架符合规定。

披露框架	2016 年		2017 年		2018 年		2019 年	
	频数（家）	比例（%）	频数（家）	比例（%）	频数（家）	比例（%）	频数（家）	比例（%）
符合规定	138	86.25	150	87.21	158	87.78	158	87.78
网站无法登录	1	0.63	1	0.58	1	0.56	1	0.56
合计	160	100.00	172	100.00	180	100.00	180	100.00

资料来源：根据保险机构公开披露信息整理。

五、保险机构网站建设水平

表 5-74 的统计结果显示，2016—2019 年我国网站建设水平为专业的保险机构比例依次为 82.50%、83.14%、83.33%和 83.33%，各年比例均大于 80.00%，数值呈整体上升趋势，表明我国保险机构网站建设水平的专业化程度整体较高且有更进一步的趋势。

表 5-74　我国保险机构网站建设水平统计

网站建设水平	2016 年		2017 年		2018 年		2019 年	
	频数（家）	比例（%）	频数（家）	比例（%）	频数（家）	比例（%）	频数（家）	比例（%）
较差	10	6.25	10	5.81	10	5.56	10	5.56
一般	18	11.25	19	11.05	20	11.11	20	11.11
专业	132	82.50	143	83.14	150	83.33	150	83.33
合计	160	100.00	172	100.00	180	100.00	180	100.00

资料来源：根据保险机构公开披露信息整理。

六、保险机构客服热线披露情况

表 5-75 的统计结果显示，2016—2019 年我国披露客服热线的保险机构比例依次为 86.25%、84.89%、85.00%和 85.00%，各年比例均大于 80.00%，2016—2019 年我国客服热线披露情况为显著的保险机构比例依次为 50.00%、48.26%、47.22%和 47.22%，比例均接近于 50.00%，表明我国保险机构客服热线披露情况较好，显著程度整体较高。

表 5-75　我国保险机构客服热线披露情况统计

客服热线	2016 年		2017 年		2018 年		2019 年	
	频数（家）	比例（%）	频数（家）	比例（%）	频数（家）	比例（%）	频数（家）	比例（%）
没有	22	13.75	26	15.12	27	15.00	27	15.00
一般	58	36.25	63	36.63	68	37.78	68	37.78
显著	80	50.00	83	48.26	85	47.22	85	47.22
合计	160	100.00	172	100.00	180	100.00	180	100.00

资料来源：根据保险机构公开披露信息整理。

七、保险机构是否披露官微或公众号

表 5-76 的统计结果显示，2016－2019 年我国披露官微或公众号的保险机构比例依次为 77.50%、76.74%、77.22% 和 77.22%，各年比例均大于 70.00%，变化幅度不大，表明我国保险机构的官微或公众号披露情况整体较好，但每年也有 40 家左右的保险机构未披露官微或公众号。

表 5-76　我国保险机构是否披露官微或公众号统计

官微或公众号	2016 年		2017 年		2018 年		2019 年	
	频数（家）	比例（%）	频数（家）	比例（%）	频数（家）	比例（%）	频数（家）	比例（%）
无	36	22.50	40	23.26	41	22.78	41	22.78
有	124	77.50	132	76.74	139	77.22	139	77.22
合计	160	100.00	172	100.00	180	100.00	180	100.00

资料来源：根据保险机构公开披露信息整理。

八、保险机构年度信息披露报告披露是否及时

按照《保险公司信息披露管理办法》的规定，保险公司应当制作年度信息披露报告，并在每年 4 月 30 日前在公司网站和中国银保监会指定的媒介上发布上一年度信息披露报告。表 5-77 的统计结果显示，2016－2019 年我国年度信息披露报告披露及时[①]的保险机构比例依次为 86.25%、84.88%、89.44% 和 91.11%，各年比例均大于 80.00%，呈整体上升趋势，表明我国保险机构年度信息披露报告披露整体比较及时，且披露情况越来

① 以 2019 年年度信息披露报告为例，如果保险机构在 2020 年在 4 月 30 日之前披露了 2019 年年度信息披露报告，则表示该机构年度信息披露报告披露及时。

越好。

表 5-77　我国保险机构年度信息披露报告披露是否及时统计

年度信息披露报告	2016 年		2017 年		2018 年		2019 年	
	频数（家）	比例（%）	频数（家）	比例（%）	频数（家）	比例（%）	频数（家）	比例（%）
不及时	16	10.00	19	11.05	12	6.67	16	8.89
及时	138	86.25	146	84.88	161	89.44	164	91.11
网站无法登录	1	0.63	1	0.58	1	0.56	0	0.00
未显示披露时间	5	3.13	6	3.49	6	3.33	0	0.00
合计	160	100.00	172	100.00	180	100.00	180	100.00

资料来源：根据保险机构公开披露信息整理。

九、保险机构年度信息披露报告披露是否完善

表 5-78 的统计结果显示，2016－2019 年我国年度信息披露报告披露完善的保险机构比例依次为 97.50%、97.67%、97.78% 和 97.78%，各年比例均大于 95.00%，呈整体上升趋势，表明我国保险机构年度信息披露报告披露完善情况普遍较为完善，但每年均有 3 家保险机构年度信息披露报告披露不完善。

表 5-78　我国保险机构年度信息披露报告披露是否完善统计

年度信息披露报告	2016 年		2017 年		2018 年		2019 年	
	频数（家）	比例（%）	频数（家）	比例（%）	频数（家）	比例（%）	频数（家）	比例（%）
不完善	3	1.88	3	1.74	3	1.67	3	1.67
完善	156	97.50	168	97.67	176	97.78	176	97.78
网站无法登录	1	0.63	1	0.58	1	0.56	1	0.56
合计	160	100.00	172	100.00	180	100.00	180	100.00

资料来源：根据保险机构公开披露信息整理。

十、保险机构基本信息披露是否完善

表 5-79 的统计结果显示，2016－2019 年我国基本信息[1]披露完善的保险机构比例依次为 96.88%、96.51%、96.67%和 96.67%，各年比例均大于 96.00%，变化幅度不大，表明我国保险机构基本信息披露完善情况普遍较好。

表 5-79　我国保险机构基本信息披露是否完善统计

基本信息	2016 年		2017 年		2018 年		2019 年	
	频数（家）	比例（%）	频数（家）	比例（%）	频数（家）	比例（%）	频数（家）	比例（%）
不完善	4	2.50	5	2.91	5	2.78	5	2.78
完善	155	96.88	166	96.51	174	96.67	174	96.67
网站无法登录	1	0.63	1	0.58	1	0.56	1	0.56
合计	160	100.00	172	100.00	180	100.00	180	100.00

资料来源：根据保险机构公开披露信息整理。

十一、保险机构专项信息披露是否完善

表 5-80 的统计结果显示，2016－2019 年我国专项信息[2]披露完善的保险机构比例依次为 89.38%、88.95%、90.00%和 90.00%，各年比例均大于 85.00%，呈整体上升趋势，表明我国保险机构专项信息披露完善情况普遍较好。

表 5-80　我国保险机构专项信息披露是否完善统计

专项信息	2016 年		2017 年		2018 年		2019 年	
	频数（家）	比例（%）	频数（家）	比例（%）	频数（家）	比例（%）	频数（家）	比例（%）
不完善	16	10.00	18	10.47	17	9.44	17	9.44

---

① 根据《保险公司信息披露管理办法》的规定，保险公司披露的基本信息应当包括公司概况、公司治理概要和产品基本信息。

② 根据《保险公司信息披露管理办法》的规定，保险公司披露的专项信息应当包括关联交易、股东股权、偿付能力、互联网保险、资金运用、新型产品和交强险等信息。

专项信息	2016 年		2017 年		2018 年		2019 年	
	频数（家）	比例（%）	频数（家）	比例（%）	频数（家）	比例（%）	频数（家）	比例（%）
完善	143	89.38	153	88.95	162	90.00	162	90.00
网站无法登录	1	0.63	1	0.58	1	0.56	1	0.56
合计	160	100.00	172	100.00	180	100.00	180	100.00

资料来源：根据保险机构公开披露信息整理。

十二、保险机构重大事项披露是否完善

表 5-81 的统计结果显示，2016—2019 年我国重大事项[①]披露完善的保险机构比例依次为 95.63%、93.60%、93.33%和 93.33%，各年比例均大于 90.00%，表明我国保险机构重大事项披露完善情况普遍较好。

表 5-81　我国保险机构重大事项披露是否完善统计

重大事项	2016 年		2017 年		2018 年		2019 年	
	频数（家）	比例（%）	频数（家）	比例（%）	频数（家）	比例（%）	频数（家）	比例（%）
不完善	6	3.75	10	5.81	11	6.11	11	6.11
完善	153	95.63	161	93.60	168	93.33	168	93.33
网站无法登录	1	0.63	1	0.58	1	0.56	1	0.56
合计	160	100.00	172	100.00	180	100.00	180	100.00

资料来源：根据保险机构公开披露信息整理。

十三、保险机构偿付能力报告披露是否及时

按照《保险公司偿付能力监管规则第 13 号：偿付能力信息公开披露》的规定，非上市保险公司应当在每季度结束后 30 日内，披露偿付能力季度报告摘要。上市保险公司及其子公司应当在第一季度和第三季度结束后 30 日内，披露偿付能力季度报告摘要；在披露半年度财务报告和年度财务报

---

① 根据《保险公司信息披露管理办法》的规定，保险公司披露的重大事项应当包括：（1）控股股东或者实际控制人发生变更；（2）更换董事长或者总经理；（3）当年董事会累计变更人数超过董事会成员人数的三分之一；（4）公司名称、注册资本、公司住所或者营业场所发生变更；（5）经营范围发生变化；（6）合并、分立、解散或者申请破产；（7）撤销省级分公司等事项。

告的同时，披露第二季度和第四季度的偿付能力季度报告摘要。在披露途径方面，《保险公司偿付能力监管规则第 13 号：偿付能力信息公开披露》要求保险公司应当在公司官方网站上披露偿付能力季度报告摘要，并同时向中国保险行业协会提供网页链接。表 5-82 的统计结果显示，2016－2019年我国偿付能力报告披露及时的保险机构比例依次为 47.50%、52.91%、54.44%和 45.00%，各年比例均未超过 55.00%，有近一半的保险机构未及时披露偿付能力报告，表明我国保险机构偿付能力报告披露及时情况并不是很好；其中，2019 年偿付能力报告的披露及时性在四年中最不乐观。

表 5-82　我国保险机构偿付能力报告披露是否及时统计

偿付能力报告	2016 年		2017 年		2018 年		2019 年	
	频数（家）	比例（%）	频数（家）	比例（%）	频数（家）	比例（%）	频数（家）	比例（%）
不及时	64	40.00	60	34.88	60	33.33	78	43.33
及时	76	47.50	91	52.91	98	54.44	81	45.00
网站无法登录	1	0.63	1	0.58	1	0.56	1	0.56
未显示披露时间	19	11.88	20	11.63	21	11.67	20	11.11
合计	160	100.00	172	100.00	180	100.00	180	100.00

资料来源：根据保险机构公开披露信息整理。

十四、保险机构偿付能力报告披露后是否有更正

表 5-83 的统计结果显示，2016－2019 年我国偿付能力报告披露后无更正的保险机构比例依次为 93.75%、86.05%、85.00%和 97.78%，各年比例均超过 85.00%，表明我国保险机构偿付能力报告的正确性较高，更正率较低，2019 年偿付能力报告的正确性最高。

表 5-83　我国保险机构偿付能力报告披露后是否有更正统计

偿付能力报告	2016 年		2017 年		2018 年		2019 年	
	频数（家）	比例（%）	频数（家）	比例（%）	频数（家）	比例（%）	频数（家）	比例（%）
无更正	150	93.75	148	86.05	153	85.00	176	97.78
有更正	10	6.25	24	13.95	27	15.00	4	2.22
合计	160	100.00	172	100.00	180	100.00	180	100.00

资料来源：根据保险机构公开披露信息整理。

十五、保险机构年度信息披露报告披露后是否有更正

表 5-84 的统计结果显示，2016－2019 年我国年度信息披露报告披露后无更正的保险机构比例依次为 98.75%、100.00%、100.00% 和 98.89%，各年比例均超过 98.00%，表明我国保险机构年度信息披露报告的正确性较高，更正率较低。

表 5-84　我国保险机构年度信息披露报告披露后是否有更正统计

年度信息披露报告	2016 年		2017 年		2018 年		2019 年	
	频数（家）	比例（%）	频数（家）	比例（%）	频数（家）	比例（%）	频数（家）	比例（%）
无更正	158	98.75	172	100.00	180	100.00	178	98.89
有更正	2	1.25	0	0.00	0	0.00	2	1.11
合计	160	100.00	172	100.00	180	100.00	180	100.00

资料来源：根据保险机构公开披露信息整理。

十六、保险机构审计意见类型

表 5-85 的统计结果显示，2016－2019 年我国审计意见类型为标准无保留的保险机构比例依次为 93.75%、86.63%、88.33% 和 88.33%，各年比例均超过 85.00%，表明我国保险机构审计意见普遍为标准无保留。

表 5-85　我国保险机构审计意见类型统计

审计意见类型	2016 年		2017 年		2018 年		2019 年	
	频数（家）	比例（%）	频数（家）	比例（%）	频数（家）	比例（%）	频数（家）	比例（%）
标准无保留意见	150	93.75	149	86.63	159	88.33	159	88.33
无法表示意见	4	2.50	5	2.91	5	2.78	0	0.00
年度信息披露报告中未披露审计意见	5	3.13	14	8.14	12	6.67	8	4.44
年度信息披露报告暂缓披露	1	0.63	4	2.33	4	2.22	13	7.22
合计	160	100.00	172	100.00	180	100.00	180	100.00

资料来源：根据保险机构公开披露信息整理。

十七、保险机构负面新闻报道情况

表 5-86 的统计结果显示，2016－2019 年我国有负面新闻的保险机构比例依次为 13.12%、15.70%、24.44%和 23.89%，比例呈整体上升趋势，表明我国保险机构负面新闻报道情况愈演愈烈，负面新闻报道数集中在 1 例，2016－2019 年我国负面新闻报道数为 1 例的保险机构比例依次为 6.88%、11.63%、12.22%和 15.56%。

表 5-86　我国保险机构负面新闻报道情况统计

负面新闻数量（例）	2016 年		2017 年		2018 年		2019 年	
	频数（家）	比例（%）	频数（家）	比例（%）	频数（家）	比例（%）	频数（家）	比例（%）
0	139	86.88	145	84.30	136	75.56	137	76.11
1	11	6.88	20	11.63	22	12.22	28	15.56
2	5	3.13	4	2.33	11	6.11	6	3.33
3	2	1.25	0	0.00	0	0.00	3	1.67
4	1	0.63	0	0.00	6	3.33	1	0.56
5	0	0.00	1	0.58	2	1.11	1	0.56
6	1	0.63	0	0.00	1	0.56	0	0.00
7	0	0.00	1	0.58	0	0.00	2	1.11
8	0	0.00	0	0.00	0	0.00	1	0.56
9	0	0.00	1	0.58	0	0.00	0	0.00
10	0	0.00	0	0.00	1	0.56	1	0.56
11	0	0.00	0	0.00	1	0.56	0	0.00
12	1	0.63	0	0.00	0	0.00	0	0.00
合计	160	100.00	172	100.00	180	100.00	180	100.00

资料来源：根据保险机构公开披露信息整理。

十八、保险机构是否披露社会责任报告或社会责任状况

利益相关者理论与主流企业理论在企业社会责任问题上存在着根本的分歧，但从历史的视角来审视企业社会责任观的演进可以发现，企业社会责任与利益相关者的利益要求是紧密结合在一起的（陈宏辉和贾生华，2003）。表 5-87 的统计结果显示，2016－2019 年我国披露社会责任报告的保险机构比例依次为 17.50%、18.02%、17.78%和 17.78%，各年比例均未超过 20.00%，表明我国保险机构社会责任报告披露情况不是很好，超过80.00%的保险机构未披露社会责任报告。

表 5-87 我国保险机构是否披露社会责任报告统计

社会责任报告	2016 年		2017 年		2018 年		2019 年	
	频数（家）	比例（%）	频数（家）	比例（%）	频数（家）	比例（%）	频数（家）	比例（%）
否	132	82.50	141	81.98	148	82.22	148	82.22
是	28	17.50	31	18.02	32	17.78	32	17.78
合计	160	100.00	172	100.00	180	100.00	180	100.00

资料来源：根据保险机构公开披露信息整理。

多数保险公司积极履行了对股东、客户与合作伙伴、员工、社会公众和政府的社会责任，保险公司社会责任已由"理念"阶段进入到"实践"阶段，为社会经济发展做出了贡献，但总体上还处于初级阶段（郝臣、王旭和王励翔，2015）。部分保险机构通过披露社会责任报告来展示其履行社会责任的状况，还有部分保险机构通过在官网的相关栏目中披露公益或社会责任信息来反映其履行社会责任的状况。表 5-88 的统计结果显示，2016－2019 年我国披露公益或社会责任信息的保险机构比例依次为 49.38%、46.51%、46.67%和 46.67%，各年比例均未超过 50.00%，表明我国保险机构公益或社会责任信息披露情况不是很普遍，超过 50.00%的保险机构未披露公益或社会责任信息。

表 5-88 我国保险机构是否披露公益或社会责任信息统计

公益或社会责任	2016 年		2017 年		2018 年		2019 年	
	频数（家）	比例（%）	频数（家）	比例（%）	频数（家）	比例（%）	频数（家）	比例（%）
否	81	50.63	92	53.49	96	53.33	96	53.33
是	79	49.38	80	46.51	84	46.67	84	46.67
合计	160	100.00	172	100.00	180	100.00	180	100.00

资料来源：根据保险机构公开披露信息整理。

十九、保险机构公司治理架构披露是否完善

表 5-89 的统计结果显示，2016－2019 年我国公司治理架构[①]披露完

---

① 根据《保险公司信息披露管理办法》的规定，保险公司治理架构披露主要是指保险公司对公司治理概要信息的披露。保险公司治理概要包括：（1）实际控制人及其控制本公司情况的简要说明；（2）持股比例在 5%以上的股东及其持股情况；（3）近 3 年股东大会（股东会）主要决议，至少包括会议召开的时间、地点、出席情况、主要议题以及表决情况等；（4）董事和监事简历；（5）高级管理人员简历、职责及其履职情况；（6）公司部门设置情况。

善的保险机构比例依次为 96.25%、95.35%、95.56%和 95.56%，各年比例均超过 95.00%，表明我国保险机构的公司治理架构披露总体较完善。

表 5-89 我国保险机构公司治理架构披露是否完善统计

公司治理架构	2016 年		2017 年		2018 年		2019 年	
	频数（家）	比例（%）	频数（家）	比例（%）	频数（家）	比例（%）	频数（家）	比例（%）
不完善	5	3.13	7	4.07	7	3.89	7	3.89
完善	154	96.25	164	95.35	172	95.56	172	95.56
网站无法登录	1	0.63	1	0.58	1	0.56	1	0.56
合计	160	100.00	172	100.00	180	100.00	180	100.00

资料来源：根据保险机构公开披露信息整理。

第六节 保险机构利益相关者状况分析

本节从利益相关者维度，对反映我国保险机构利益相关者治理状况的 7 个具体指标进行了年度统计分析，进而全面揭示了我国 2016－2019 年期间保险机构利益相关者治理的状况。

一、保险机构亿万保费、万张保单投诉情况

消费者投诉是消费者保护自身利益和参与治理的重要手段。为了规范保险消费投诉处理工作，保护保险消费者合法权益，《保险消费投诉处理管理办法》自 2013 年 11 月 1 日起施行；《银行业保险业消费投诉处理管理办法》于 2020 年 3 月 1 日起施行，原《保险消费投诉处理管理办法》废止。监管部门定期通报保险消费者投诉情况，主要披露投诉总量和相对量情况，本研究主要关注了财产险和人身险公司的共同的相对量指标——亿元保费投诉和万张保单投诉。亿元保费投诉即每亿元保费收到的投诉件数，万张保单投诉即每万张保单收到的投诉件数。表 5-90 的统计结果显示，2016－2019 年我国保险机构亿元保费投诉的平均值依次为 1.32 件、4.63 件、4.95 件和 5.91 件，数值呈逐年上升趋势，2019 年较 2016 年增加了 347.73%，表明我国保险机构被投诉情况越来越严重；2016－2019 年我国保险机构亿元保费投诉最大值依次为 19.69 件、26.63 件、106.79 件和 119.47 件，而最小值均小于 0.10 件，表明我国保险机构亿万保费投诉情况的差距较大。

表 5-90 我国保险机构亿元保费投诉情况描述性统计（单位：件）

统计指标	2016 年	2017 年	2018 年	2019 年
有效样本	120	139	155	159
缺失样本	40	33	25	21
平均值	1.32	4.63	4.95	5.91
中位数	0.79	2.74	2.82	2.54
标准差	2.32	5.14	9.86	12.14
极差	19.69	26.63	106.79	119.47
最小值	0.00	0.06	0.00	0.05
最大值	19.69	26.69	106.79	119.52

资料来源：根据保险机构公开披露信息整理。

表 5-91 的统计结果显示，2016－2019 年我国保险机构万张保单投诉的平均值依次为 0.26 件、0.85 件、1.23 件和 0.99 件，整体呈上升趋势，2019 年较 2016 年增加了 280.77%，表明我国保险机构被投诉情况越来越严重；2016－2019 年我国保险机构万张保单投诉最大值依次为 2.21 件、3.37 件、64.94 件和 29.12 件，而最小值均为 0.00 件，表明我国保险机构万张保单投诉情况的差距较大。

表 5-91 我国保险机构万张保单投诉情况描述性统计（单位：件）

统计指标	2016 年	2017 年	2018 年	2019 年
有效样本	120	139	155	159
缺失样本	40	33	25	21
平均值	0.26	0.85	1.23	0.99
中位数	0.18	0.63	0.62	0.59
标准差	0.34	0.76	5.30	2.50
极差	2.21	3.37	64.94	29.12
最小值	0.00	0.00	0.00	0.00
最大值	2.21	3.37	64.94	29.12

资料来源：根据保险机构公开披露信息整理。

二、保险机构有无经营异常情况

在天眼查网站（https://www.tianyancha.com/）①输入保险机构名称，可

---

① 除了天眼查网站以外，还有其他网站也可以查询相关信息，例如国家企业信用信息公示系统网站（http://sd.gsxt.gov.cn/）、企查查网站（https://www.qcc.com/）和启信宝网站（https://www.qixin.com/）等。

以检索出该机构的经营情况。如果保险机构未按规定报送年度信息披露报告、未按规定履行即时信息公示义务、公示信息隐瞒真实情况和弄虚作假以及失联等，那么该机构就会被列入经营异常名单。表 5-92 的统计结果显示，2016—2019 年我国存在经营异常情况的保险机构比例依次为 3.13%、1.74%、2.22% 和 0.56%，整体呈现下降趋势，且各年数值均小于 5.00%，表明我国存在经营异常情况的保险机构较少，且存在经营异常问题的机构在逐渐减少。

表 5-92　我国保险机构有无经营异常情况统计

经营异常	2016 年		2017 年		2018 年		2019 年	
	频数（家）	比例（%）	频数（家）	比例（%）	频数（家）	比例（%）	频数（家）	比例（%）
无	155	96.88	169	98.26	176	97.78	179	99.44
有	5	3.13	3	1.74	4	2.22	1	0.56
合计	160	100.00	172	100.00	180	100.00	180	100.00

资料来源：根据保险机构公开披露信息整理。

三、保险机构是否收到监管函

我国监管部门对于保险行业监管的目标主要包括保护保单持有人的合法权益，确保保险机构合规、审慎经营和促进保险业持续健康发展三大方面。为了追求更有效的监督管理，我国保险监管主要采取实体监管的监管方式。在我国保险业政策法规不断完善的背景下，法律手段、行政手段和经济手段逐渐成为保险监管的三大手段，其中监管函和行政处罚作为行政手段，因其具有高效性的特点，是我国保险监管的两大主要监管手段（郝臣、李艺华和董迎秋，2019）。表 5-93 的统计结果显示，2016—2019 年我国收到监管函的保险机构比例依次为 8.13%、17.44%、18.89% 和 14.44%，整体呈现上升趋势，表明我国存在违规情况的保险机构越来越多。

表 5-93　我国保险机构是否收到监管函统计

监管函	2016 年		2017 年		2018 年		2019 年	
	频数（家）	比例（%）	频数（家）	比例（%）	频数（家）	比例（%）	频数（家）	比例（%）
无	147	91.88	142	82.56	146	81.11	154	85.56
有	13	8.13	30	17.44	34	18.89	26	14.44
合计	160	100.00	172	100.00	180	100.00	180	100.00

资料来源：根据保险机构公开披露信息整理。

四、保险机构是否受到行政处罚

表 5-94 的统计结果显示，2016－2019 年我国受到行政处罚的保险机构比例依次为 6.88%、12.21%、10.00% 和 0.56%，2017 年数量有所上升，2017－2019 年有所下降，整体呈下降趋势，2019 年较 2016 年比例下降了 6.32%，表明我国受到行政处罚的保险机构越来越少。

表 5-94   我国保险机构是否受到行政处罚统计

行政处罚	2016 年		2017 年		2018 年		2019 年	
	频数（家）	比例（%）	频数（家）	比例（%）	频数（家）	比例（%）	频数（家）	比例（%）
无	149	93.13	151	87.79	162	90.00	179	99.44
有	11	6.88	21	12.21	18	10.00	1	0.56
合计	160	100.00	172	100.00	180	100.00	180	100.00

资料来源：根据保险机构公开披露信息整理。

五、保险机构风险综合评级状况

风险综合评级是监管部门按照《保险公司偿付能力监管规则第 10 号：风险综合评级（分类监管）》对保险公司开展的偿二代风险综合评级。分类监管制度根据保险公司的偿付能力充足率、公司治理、内控和合规性风险指标、资金运用风险指标、业务经营风险指标、财务风险指标等监测指标，结合日常监管所获取的监管信息，将保险公司分为 A、B、C 和 D 四类，并根据不同的分类情况，实施不同的监管措施。其中，A 类公司：指偿付能力充足率达标，且操作风险、战略风险、声誉风险和流动性风险小的公司；B 类公司：指偿付能力充足率达标，且操作风险、战略风险、声誉风险和流动性风险较小的公司；C 类公司：指偿付能力充足率不达标，或者偿付能力充足率虽然达标，但操作风险、战略风险、声誉风险和流动性风险中某一类或几类风险较大的公司；D 类公司：指偿付能力充足率不达标，或者偿付能力充足率虽然达标，但操作风险、战略风险、声誉风险和流动性风险中某一类或几类风险严重的公司。表 5-95 的统计结果显示，我国保险机构风险综合评级主要集中于 A 级和 B 级，2016－2019 年我国风险综合评级为 A 级和 B 级的保险机构累计比例依次为 91.26%、88.37%、87.78% 和 88.33%，各年数值变化情况不大，总体均大于 85.00%，表明我国保险机构风险综合评级整体较好。

表 5-95 我国保险机构风险综合评级状况统计

风险综合评级（级）	2016 年		2017 年		2018 年		2019 年	
	频数（家）	比例（%）	频数（家）	比例（%）	频数（家）	比例（%）	频数（家）	比例（%）
A	75	46.88	107	62.21	100	55.56	94	52.22
B	71	44.38	45	26.16	58	32.22	65	36.11
C	1	0.63	1	0.58	2	1.11	4	2.22
D	2	1.25	2	1.16	3	1.67	1	0.56
未披露	11	6.88	17	9.88	17	9.45	16	8.89
合计	160	100.00	172	100.00	180	100.00	180	100.00

资料来源：根据保险机构公开披露信息整理。

六、保险机构纳税信用评级状况

纳税信用评级是指税务机关根据纳税人履行纳税义务情况，就纳税人在一定周期内的纳税信用所评定的等级。自 2018 年 4 月 1 日起，增设 M 级纳税信用级别，纳税信用级别由 A、B、C 和 D 四级变更为 A、B、M、C 和 D 五级。其中，A 级：年度评价指标得分 90 分以上的纳税人；B 级：年度评价指标得分 70 分以上不满 90 分的纳税人；M 级：新设立企业，评价年度内无生产经营业务收入且年度评价指标得分 70 分以上的企业；C 级：年度评价指标得分 40 分以上不满 70 分的纳税人；D 级：年度评价指标得分不满 40 分的纳税人或者直接判级确定的。本研究根据天眼查网站（https://www.tianyancha.com/）检索结果，将披露评级为非 A 以及未披露评级的均划入为非 A。表 5-96 的统计结果显示，2016－2019 年我国纳税信用评级为 A 级的保险机构比例依次为 35.63%、55.23%、49.44%和 80.60%，数值在 2019 年达到最大。按照惯例，一般是每年 4 月份开始登记评估，5 月份公布数据。

表 5-96 我国保险机构纳税信用评级统计

纳税信用评级	2016 年		2017 年		2018 年		2019 年	
	频数（家）	比例（%）	频数（家）	比例（%）	频数（家）	比例（%）	频数（家）	比例（%）
A	57	35.63	95	55.23	89	49.44	145	80.60
非 A	103	64.38	77	44.77	91	50.56	35	19.40
合计	160	100.00	172	100.00	180	100.00	180	100.00

资料来源：根据保险机构公开披露信息整理。

七、保险机构有无历史失信信息

该指标也是根据天眼查网站（https://www.tianyancha.com/）检索而得。表 5-97 的统计结果显示，2016—2019 年我国存在历史失信信息[①]的保险机构比例依次为 6.25%、2.91%、2.22%和 0.56%，呈逐年下降的趋势，表明我国保险机构的信誉情况日趋良好。

表 5-97　我国保险机构有无历史失信信息统计

历史失信信息	2016 年		2017 年		2018 年		2019 年	
	频数（家）	比例（%）	频数（家）	比例（%）	频数（家）	比例（%）	频数（家）	比例（%）
无	150	93.75	167	97.09	176	97.78	179	99.44
有	10	6.25	5	2.91	4	2.22	1	0.56
合计	160	100.00	172	100.00	180	100.00	180	100.00

资料来源：根据保险机构公开披露信息整理。

---

① 历史失信信息是指保险机构相应年份当中存在的失信信息。

第六章　我国中小型保险机构治理状况分析

本章从股东与股权结构、董事与董事会、监事与监事会、高级管理人员、信息披露以及利益相关者六个维度，对基于手工整理的 2016－2019 年反映中小型保险机构治理状况的 60 个具体指标的原始数据进行了年度统计分析；还将中小型保险机构和大型保险机构治理指标的表现情况进行了对比分析，以展现中小型保险机构治理的优势和不足。

第一节　中小型保险机构股东与股权结构状况分析

本节从股东与股权结构维度，对反映我国中小型保险机构股东与股权结构治理状况的 5 个具体指标进行了年度统计分析，进而全面揭示了我国 2016－2019 年期间中小型保险机构股东与股权结构治理的状况。

一、中小型保险机构股东（大）会召开情况

表 6-1 和表 6-2 的统计结果显示，2016－2019 年中小型保险机构股东（大）会召开次数在 1－11 次之间，主要集中在 1－5 次，2016－2019 年股东（大）会召开次数在 1－5 次之间的保险机构累计比例依次为 56.46%、57.86%、59.88%和 54.49%，而大型保险机构股东（大）会召开次数在 1－10 次之间，主要集中在 2－3 次；2016－2019 年未召开股东（大）会的中小型保险机构数均为 3 家，未披露股东（大）会召开情况的中小型保险机构数呈上升趋势，2016－2019 年依次为 21 家、26 家、30 家和 39 家，所占比例也逐年上升，在 2019 年达到 23.25%，大型保险机构中不存在未设立股东（大）会或未召开股东（大）会的情况；2019 年未召开股东（大）会、未设立股东（大）会和未披露股东（大）会召开情况的中小型保险机构比例合计为 41.92%。

表 6-1　中小型保险机构股东（大）会召开情况统计

股东（大）会召开次数（次）	2016 年		2017 年		2018 年		2019 年	
	频数（家）	比例（%）	频数（家）	比例（%）	频数（家）	比例（%）	频数（家）	比例（%）
1	13	8.84	9	5.66	15	8.98	20	11.98
2	22	14.97	26	16.35	24	14.37	21	12.57
3	23	15.65	22	13.84	29	17.37	26	15.57
4	12	8.16	26	16.35	17	10.18	17	10.18
5	13	8.84	9	5.66	15	8.98	7	4.19
6	6	4.08	5	3.14	3	1.80	3	1.80
7	2	1.36	2	1.26	2	1.20	1	0.60
8	1	0.68	1	0.63	0	0.00	2	1.20
9	3	2.04	0	0.00	0	0.00	0	0.00
10	0	0.00	2	1.26	0	0.00	0	0.00
11	1	0.68	0	0.00	0	0.00	0	0.00
未召开	3	2.04	3	1.89	3	1.80	3	1.80
未设立	27	18.37	28	17.61	28	16.77	28	16.77
未披露	21	14.29	26	16.35	30	17.96	39	23.35
总计	147	100.00	159	100.00	167	100.00	167	100.00

资料来源：根据保险机构公开披露信息整理。

表 6-2　大型保险机构股东（大）会召开情况统计

股东（大）会召开次数（次）	2016 年		2017 年		2018 年		2019 年	
	频数（家）	比例（%）	频数（家）	比例（%）	频数（家）	比例（%）	频数（家）	比例（%）
1	1	7.69	0	0.00	1	7.69	1	7.69
2	4	30.77	3	23.08	6	46.15	4	30.77
3	3	23.08	3	23.08	1	7.69	1	7.69
4	1	7.69	2	15.38	1	7.69	2	15.38
5	0	0.00	2	15.38	1	7.69	3	23.08
6	1	7.69	3	23.08	0	0.00	0	0.00
7	0	0.00	0	0.00	2	15.38	0	0.00
8	0	0.00	0	0.00	1	7.69	0	0.00
9	2	15.38	0	0.00	0	0.00	0	0.00
10	0	0.00	0	0.00	0	0.00	1	7.69
未召开	0	0.00	0	0.00	0	0.00	0	0.00
未设立	0	0.00	0	0.00	0	0.00	0	0.00
未披露	1	7.69	0	0.00	0	0.00	1	7.69
总计	13	100.00	13	100.00	13	100.00	13	100.00

资料来源：根据保险机构公开披露信息整理。

二、中小型保险机构股权结构状况

如表 6-3 至表 6-14 所示，中小型保险机构第一大股东持股比例区间主要为[90－100]、[50－60）以及[20－30），2019 年持股比例区间为[90－100]、[50－60）以及[20－30）的中小型保险机构比例依次为 15.57%、22.75%和 24.55%，大型保险机构第一大股东持股比例区间主要集中在[90－100]、[70－80）以及[60－70）；中小型保险机构第二大股东以及第三大股东持股比例区间主要为[0－30），2019 年，第二大股东和第三大股东持股比例区间为[0－30）的中小型保险机构比例依次为 77.24%和92.52%，大型保险机构第二大股东以及第三大股东持股比例区间主要为[0－20）；中小型保险机构第四大股东以及第五大股东持股比例区间主要为[0－20），第六大股东至第十大股东持股比例区间主要集中在[0－10），大型保险机构第四大股东至第十大股东持股比例区间均主要集中在[0－10）。

表 6-3　中小型保险机构第一大股东持股比例区间统计

持股比例区间（%）	2016 年		2017 年		2018 年		2019 年	
	频数（家）	比例（%）	频数（家）	比例（%）	频数（家）	比例（%）	频数（家）	比例（%）
[90—100]	27	18.37	28	17.61	26	15.57	26	15.57
[80—90）	3	2.04	5	3.14	5	2.99	5	2.99
[70—80）	4	2.72	4	2.52	4	2.40	4	2.40
[60—70）	5	3.40	4	2.52	5	2.99	5	2.99
[50—60）	38	25.85	38	23.90	40	23.95	38	22.75
[40—50）	7	4.76	9	5.66	8	4.79	9	5.39
[30—40）	5	3.40	6	3.77	9	5.39	13	7.78
[20—30）	31	21.09	36	22.64	43	25.75	41	24.55
[10—20）	16	10.88	16	10.06	15	8.98	14	8.38
有效样本	136	92.52	146	91.82	155	92.81	155	92.81
缺失样本	11	7.48	13	8.18	12	7.19	12	7.19
总计	147	100.00	159	100.00	167	100.00	167	100.00

资料来源：根据保险机构公开披露信息整理。

表 6-4　大型保险机构第一大股东持股比例区间统计

持股比例 区间 （%）	2016 年		2017 年		2018 年		2019 年	
	频数 （家）	比例 （%）	频数 （家）	比例 （%）	频数 （家）	比例 （%）	频数 （家）	比例 （%）
[90—100]	4	30.77	5	38.46	5	38.46	5	38.46
[80—90)	1	7.69	1	7.69	1	7.69	1	7.69
[70—80)	2	15.38	2	15.38	2	15.38	2	15.38
[60—70)	3	23.08	3	23.08	3	23.08	3	23.08
[30—40)	1	7.69	1	7.69	1	7.69	1	7.69
[20—30)	1	7.69	1	7.69	1	7.69	1	7.69
有效样本	12	92.31	13	100.00	13	100.00	13	100.00
缺失样本	1	7.69	0	0.00	0	0.00	0	0.00
总计	13	100.00	13	100.00	13	100.00	13	100.00

资料来源：根据保险机构公开披露信息整理。

表 6-5　中小型保险机构第二大股东持股比例区间统计

持股比例 区间 （%）	2016 年		2017 年		2018 年		2019 年	
	频数 （家）	比例 （%）	频数 （家）	比例 （%）	频数 （家）	比例 （%）	频数 （家）	比例 （%）
[50—60)	15	10.20	16	10.06	16	9.58	15	8.98
[40—50)	6	4.08	7	4.40	7	4.19	7	4.19
[30—40)	3	2.04	3	1.89	4	2.40	4	2.40
[20—30)	33	22.45	35	22.01	37	22.16	39	23.35
[10—20)	46	31.29	50	31.45	59	35.33	58	34.73
[0—10)	33	22.45	35	22.01	32	19.16	32	19.16
有效样本	136	92.52	146	91.82	155	92.81	155	92.81
缺失样本	11	7.48	13	8.18	12	7.19	12	7.19
总计	147	100.00	159	100.00	167	100.00	167	100.00

资料来源：根据保险机构公开披露信息整理。

表 6-6　大型保险机构第二大股东持股比例区间统计

持股比例 区间 （%）	2016 年		2017 年		2018 年		2019 年	
	频数 （家）	比例 （%）	频数 （家）	比例 （%）	频数 （家）	比例 （%）	频数 （家）	比例 （%）
[40—50)	1	7.69	1	7.69	1	7.69	1	7.69
[30—40)	1	7.69	1	7.69	1	7.69	1	7.69
[20—30)	1	7.69	1	7.69	1	7.69	1	7.69

续表

持股比例区间（%）	2016 年		2017 年		2018 年		2019 年	
	频数（家）	比例（%）	频数（家）	比例（%）	频数（家）	比例（%）	频数（家）	比例（%）
[10—20)	3	23.08	3	23.08	3	23.08	3	23.08
[0—10)	5	38.46	6	46.15	6	46.15	6	46.15
有效样本	11	84.62	12	92.31	12	92.31	12	92.31
缺失样本	2	15.38	1	7.69	1	7.69	1	7.69
总计	13	100.00	13	100.00	13	100.00	13	100.00

资料来源：根据保险机构公开披露信息整理。

表 6-7　中小型和大型保险机构第三大股东持股比例区间统计

年份	持股比例区间（%）	中小型保险机构		大型保险机构	
		频数（家）	比例（%）	频数（家）	比例（%）
2016	[20—30)	16	10.88	0	0.00
	[10—20)	53	36.05	3	23.08
	[0—10)	67	45.58	8	61.54
	有效样本	136	92.52	11	84.62
	缺失样本	11	7.48	2	15.38
	合计	147	100.00	13	100.00
2017	[20—30)	15	9.43	0	0.00
	[10—20)	60	37.74	3	23.08
	[0—10)	71	44.65	9	69.23
	有效样本	146	91.82	12	92.31
	缺失样本	13	8.18	1	7.69
	合计	159	100.00	13	100.00
2018	[20—30)	19	11.38	0	0.00
	[10—20)	65	38.92	3	23.08
	[0—10)	71	42.51	9	69.23
	有效样本	155	92.81	12	92.31
	缺失样本	12	7.19	1	7.69
	合计	167	100.00	13	100.00
2019	[20—30)	19	11.38	0	0.00
	[10—20)	66	39.52	3	23.08
	[0—10)	70	41.92	9	69.23
	有效样本	155	92.81	12	92.31
	缺失样本	12	7.19	1	7.69
	合计	167	100.00	13	100.00

资料来源：根据保险机构公开披露信息整理。

表 6-8　中小型和大型保险机构第四大股东持股比例区间统计

年份	持股比例区间（%）	中小型保险机构		大型保险机构	
		频数（家）	比例（%）	频数（家）	比例（%）
2016	[20—30)	5	3.40	0	0.00
	[10—20)	39	26.53	1	7.69
	[0—10)	92	62.59	10	76.92
	有效样本	136	92.52	11	84.62
	缺失样本	11	7.48	2	15.38
	合计	147	100.00	13	100.00
2017	[20—30)	5	3.14	0	0.00
	[10—20)	45	28.30	1	7.69
	[0—10)	96	60.38	11	84.62
	有效样本	146	91.82	12	92.31
	缺失样本	13	8.18	1	7.69
	合计	159	100.00	13	100.00
2018	[20—30)	8	4.79	0	0.00
	[10—20)	51	30.54	1	7.69
	[0—10)	96	57.49	11	84.62
	有效样本	155	92.81	12	92.31
	缺失样本	12	7.19	1	7.69
	合计	167	100.00	13	100.00
2019	[20—30)	8	4.79	0	0.00
	[10—20)	51	30.54	1	7.69
	[0—10)	96	57.49	11	84.62
	有效样本	155	92.81	12	92.31
	缺失样本	12	7.19	1	7.69
	合计	167	100.00	13	100.00

资料来源：根据保险机构公开披露信息整理。

表 6-9　中小型和大型保险机构第五大股东持股比例区间统计

年份	持股比例区间（%）	中小型保险机构		大型保险机构	
		频数（家）	比例（%）	频数（家）	比例（%）
2016	[20—30)	3	2.04	0	0.00
	[10—20)	19	12.93	1	7.69
	[0—10)	113	76.87	10	76.92
	有效样本	135	91.84	11	84.62
	缺失样本	12	8.16	2	15.38
	合计	147	100.00	13	100.00

续表

年份	持股比例区间（%）	中小型保险机构		大型保险机构	
		频数（家）	比例（%）	频数（家）	比例（%）
2017	［20—30）	3	1.89	0	0.00
	［10—20）	24	15.09	1	7.69
	［0—10）	118	74.21	11	84.62
	有效样本	145	91.19	12	92.31
	缺失样本	14	8.81	1	7.69
	合计	159	100.00	13	100.00
2018	［20—30）	3	1.80	0	0.00
	［10—20）	32	19.16	1	7.69
	［0—10）	119	71.26	11	84.62
	有效样本	154	92.22	12	92.31
	缺失样本	13	7.78	1	7.69
	合计	167	100.00	13	100.00
2019	［20—30）	4	2.40	0	0.00
	［10—20）	34	20.36	1	7.69
	［0—10）	116	69.46	11	84.62
	有效样本	154	92.22	12	92.31
	缺失样本	13	7.78	1	7.69
	合计	167	100.00	13	100.00

资料来源：根据保险机构公开披露信息整理。

表 6-10　中小型和大型保险机构第六大股东持股比例区间统计

年份	持股比例区间（%）	中小型保险机构		大型保险机构	
		频数（家）	比例（%）	频数（家）	比例（%）
2016	［10—20）	13	8.84	1	7.69
	［0—10）	122	82.99	10	76.92
	有效样本	135	91.84	11	84.62
	缺失样本	12	8.16	2	15.38
	合计	147	100.00	13	100.00
2017	［10—20）	13	8.18	1	7.69
	［0—10）	132	83.02	11	84.62
	有效样本	145	91.19	12	92.31
	缺失样本	14	8.81	1	7.69
	合计	159	100.00	13	100.00

年份	持股比例区间（%）	中小型保险机构		大型保险机构	
		频数（家）	比例（%）	频数（家）	比例（%）
2018	［10—20）	1	0.60	1	7.69
	［0—10）	15	8.98	11	84.62
	有效样本	138	82.63	12	92.31
	缺失样本	154	92.22	1	7.69
	合计	13	7.78	13	100.00
2019	［10—20）	15	8.98	1	7.69
	［0—10）	139	83.23	11	84.62
	有效样本	154	92.22	12	92.31
	缺失样本	13	7.78	1	7.69
	合计	167	100.00	13	100.00

资料来源：根据保险机构公开披露信息整理。

表 6-11 中小型和大型保险机构第七大股东持股比例区间统计

年份	持股比例区间（%）	中小型保险机构		大型保险机构	
		频数（家）	比例（%）	频数（家）	比例（%）
2016	［10—20）	8	5.44	0	0.00
	［0—10）	127	86.39	11	84.62
	有效样本	135	91.84	11	84.62
	缺失样本	12	8.16	2	15.38
	合计	147	100.00	13	100.00
2017	［10—20）	8	5.03	0	0.00
	［0—10）	137	86.16	12	92.31
	有效样本	145	91.19	12	92.31
	缺失样本	14	8.81	1	7.69
	合计	159	100.00	13	100.00
2018	［10—20）	11	6.59	1	0.00
	［0—10）	143	85.63	11	92.31
	有效样本	154	92.22	12	92.31
	缺失样本	13	7.78	1	7.69
	合计	167	100.00	13	100.00
2019	［10—20）	10	5.99	1	0.00
	［0—10）	144	86.23	11	92.31
	有效样本	154	92.22	12	92.31
	缺失样本	13	7.78	1	7.69
	合计	167	100.00	13	100.00

资料来源：根据保险机构公开披露信息整理。

表 6-12 中小型和大型保险机构第八大股东持股比例区间统计

年份	持股比例区间（%）	中小型保险机构		大型保险机构	
		频数（家）	比例（%）	频数（家）	比例（%）
2016	[10—20)	2	1.36	0	0.00
	[0—10)	132	89.80	11	84.62
	有效样本	134	91.16	11	84.62
	缺失样本	13	8.84	2	15.38
	合计	147	100.00	13	100.00
2017	[10—20)	2	1.26	0	0.00
	[0—10)	142	89.31	12	92.31
	有效样本	144	90.57	12	92.31
	缺失样本	15	9.43	1	7.69
	合计	159	100.00	13	100.00
2018	[10—20)	2	1.20	1	0.00
	[0—10)	151	90.42	11	92.31
	有效样本	153	91.62	12	92.31
	缺失样本	14	8.38	1	7.69
	合计	167	100.00	13	100.00
2019	[10—20)	2	1.20	1	0.00
	[0—10)	151	90.42	11	92.31
	有效样本	153	91.62	12	92.31
	缺失样本	14	8.38	1	7.69
	合计	167	100.00	13	100.00

资料来源：根据保险机构公开披露信息整理。

表 6-13 中小型和大型保险机构第九大股东持股比例区间统计

年份	持股比例区间（%）	中小型保险机构		大型保险机构	
		频数（家）	比例（%）	频数（家）	比例（%）
2016	[0—10)	134	91.16	11	84.62
	有效样本	134	91.16	11	84.62
	缺失样本	13	8.84	2	15.38
	合计	147	100.00	13	100.00
2017	[0—10)	144	90.57	12	92.31
	有效样本	144	90.57	12	92.31
	缺失样本	15	9.43	1	7.69
	合计	159	100.00	13	100.00

年份	持股比例区间（%）	中小型保险机构		大型保险机构	
		频数（家）	比例（%）	频数（家）	比例（%）
2018	[0—10)	153	91.62	12	92.31
	有效样本	153	91.62	12	92.31
	缺失样本	14	8.38	1	7.69
	合计	167	100.00	13	100.00
2019	[0—10)	153	91.62	12	92.31
	有效样本	153	91.62	12	92.31
	缺失样本	14	8.38	1	7.69
	合计	167	100.00	13	100.00

资料来源：根据保险机构公开披露信息整理。

表6-14　中小型和大型保险机构第十大股东持股比例区间统计

年份	持股比例区间（%）	中小型保险机构		大型保险机构	
		频数（家）	比例（%）	频数（家）	比例（%）
2016	[0—10)	134	91.16	11	84.62
	有效样本	134	91.16	11	84.62
	缺失样本	13	8.84	2	15.38
	合计	147	100.00	13	100.00
2017	[0—10)	144	90.57	12	92.31
	有效样本	144	90.57	12	92.31
	缺失样本	15	9.43	1	7.69
	合计	159	100.00	13	100.00
2018	[0—10)	153	91.62	12	92.31
	有效样本	153	91.62	12	92.31
	缺失样本	14	8.38	1	7.69
	合计	167	100.00	13	100.00
2019	[0—10)	153	91.62	12	92.31
	有效样本	153	91.62	12	92.31
	缺失样本	14	8.38	1	7.69
	合计	167	100.00	13	100.00

资料来源：根据保险机构公开披露信息整理。

　　表6-15和表6-16的统计结果显示，2016—2019年中小型保险机构第一大股东持股比例平均值依次为50.31%、49.80%、47.83%和48.06%，比例均在50.00%上下波动，2016—2019年中小型保险机构第一大股东持

股比例中位数均为 50.00%，一定程度上表明在中小型保险机构股权集中度较高，2016－2019 年大型保险机构第一大股东持股比例平均值均接近 75.00%，表明中小型保险机构股权集中度明显低于大型保险机构；2016－2019 年中小型保险机构第一大股东持股比例最大值均为 100.00%，最小值约为 10.00%，表明中小型保险机构第一大股东持股比例差距较为明显，大型保险机构第一大股东持股比例最大值除 2016 年为 99.99%以外，其余三年均为 100.00%，最小值均为 20.00%，表明大型保险机构第一大股东持股比例之间也存在一定差距，但中小型保险机构差异更显著。中小型保险机构和大型保险机构第二大股东至第十大股东持股比例的描述性统计结果如表 6-17 至表 6-34 所示。

表 6-15　中小型保险机构第一大股东持股比例描述性统计（单位：%）

统计指标	2016 年	2017 年	2018 年	2019 年
有效样本	136	146	155	155
缺失样本	11	13	12	12
平均值	50.31	49.80	47.83	48.06
中位数	50.00	50.00	50.00	50.00
标准差	29.61	29.75	29.01	28.81
极差	90.00	90.00	88.45	88.45
最小值	10.00	10.00	11.55	11.55
最大值	100.00	100.00	100.00	100.00

资料来源：根据保险机构公开披露信息整理。

表 6-16　大型保险机构第一大股东持股比例描述性统计（单位：%）

统计指标	2016 年	2017 年	2018 年	2019 年
有效样本	12	13	13	13
缺失样本	1	0	0	0
平均值	73.49	75.53	75.42	75.42
中位数	73.09	75.1	75.10	75.10
标准差	26.30	26.23	26.12	26.12
极差	79.99	80.00	80.00	80.00
最小值	20.00	20.00	20.00	20.00
最大值	99.99	100.00	100.00	100.00

资料来源：根据保险机构公开披露信息整理。

表 6-17　中小型保险机构第二大股东持股比例描述性统计（单位：%）

统计指标	2016 年	2017 年	2018 年	2019 年
有效样本	136	146	155	155
缺失样本	11	13	12	12
平均值	19.48	19.54	19.60	19.37
中位数	18.58	18.72	18.67	18.77
标准差	15.07	15.09	14.71	14.40
极差	50.00	50.00	50.00	50.00
最小值	0.00	0.00	0.00	0.00
最大值	50.00	50.00	50.00	50.00

资料来源：根据保险机构公开披露信息整理。

表 6-18　大型保险机构第二大股东持股比例描述性统计（单位：%）

统计指标	2016 年	2017 年	2018 年	2019 年
有效样本	11	12	12	12
缺失样本	2	1	1	1
平均值	13.31	12.20	12.24	12.24
中位数	10.00	8.90	8.90	8.90
标准差	13.93	13.83	13.79	13.80
极差	39.99	40.00	40.00	40.00
最小值	0.01	0.00	0.00	0.00
最大值	40.00	40.00	40.00	40.00

资料来源：根据保险机构公开披露信息整理。

表 6-19　中小型保险机构第三大股东持股比例描述性统计（单位：%）

统计指标	2016 年	2017 年	2018 年	2019 年
有效样本	136	146	155	155
缺失样本	11	13	12	12
平均值	8.99	8.78	9.30	9.34
中位数	10.00	10.00	10.21	10.26
标准差	8.13	7.97	7.96	7.87
极差	25.00	25.00	25.00	25.00
最小值	0.00	0.00	0.00	0.00
最大值	25.00	25.00	25.00	25.00

资料来源：根据保险机构公开披露信息整理。

表 6-20 大型保险机构第三大股东持股比例描述性统计（单位：%）

统计指标	2016 年	2017 年	2018 年	2019 年
有效样本	11	12	12	12
缺失样本	2	1	1	1
平均值	5.23	4.55	4.62	4.62
中位数	1.78	1.16	1.16	1.16
标准差	6.68	6.15	6.11	6.11
极差	16.77	16.77	16.77	16.77
最小值	0.00	0.00	0.00	0.00
最大值	16.77	16.77	16.77	16.77

资料来源：根据保险机构公开披露信息整理。

表 6-21 中小型保险机构第四大股东持股比例描述性统计（单位：%）

统计指标	2016 年	2017 年	2018 年	2019 年
有效样本	136	146	155	155
缺失样本	11	13	12	12
平均值	5.79	6.02	6.64	6.65
中位数	3.60	4.27	5.08	5.26
标准差	6.50	6.60	6.80	6.74
极差	20.00	20.00	20.00	20.00
最小值	0.00	0.00	0.00	0.00
最大值	20.00	20.00	20.00	20.00

资料来源：根据保险机构公开披露信息整理。

表 6-22 大型保险机构第四大股东持股比例描述性统计（单位：%）

统计指标	2016 年	2017 年	2018 年	2019 年
有效样本	11	12	12	12
缺失样本	2	1	1	1
平均值	2.29	2.09	2.13	2.13
中位数	0.37	0.22	0.34	0.34
标准差	4.59	4.42	4.41	4.41
极差	15.27	15.27	15.27	15.27
最小值	0.00	0.00	0.00	0.00
最大值	15.27	15.27	15.27	15.27

资料来源：根据保险机构公开披露信息整理。

表 6-23 中小型保险机构第五大股东持股比例描述性统计（单位：%）

统计指标	2016 年	2017 年	2018 年	2019 年
有效样本	135	145	154	154
缺失样本	12	14	13	13
平均值	4.01	4.29	4.81	5.07
中位数	0.03	0.17	3.57	4.22
标准差	5.06	5.19	5.43	5.55
极差	20.00	20.00	20.00	20.00
最小值	0.00	0.00	0.00	0.00
最大值	20.00	20.00	20.00	20.00

资料来源：根据保险机构公开披露信息整理。

表 6-24 大型保险机构第五大股东持股比例描述性统计（单位：%）

统计指标	2016 年	2017 年	2018 年	2019 年
有效样本	11	12	12	12
缺失样本	2	1	1	1
平均值	1.71	1.56	1.58	1.58
中位数	0.21	0.12	0.18	0.20
标准差	3.62	3.49	3.48	3.48
极差	11.70	11.70	11.70	11.70
最小值	0.00	0.00	0.00	0.00
最大值	11.70	11.70	11.70	11.70

资料来源：根据保险机构公开披露信息整理。

表 6-25 中小型保险机构第六大股东持股比例描述性统计（单位：%）

统计指标	2016 年	2017 年	2018 年	2019 年
有效样本	135	145	154	154
缺失样本	12	14	13	13
平均值	3.04	3.19	3.50	3.27
中位数	0.00	0.00	0.30	0.17
标准差	3.98	3.99	4.25	3.89
极差	14.00	14.00	20.00	14.00
最小值	0.00	0.00	0.00	0.00
最大值	14.00	14.00	20.00	14.00

资料来源：根据保险机构公开披露信息整理。

表 6-26　大型保险机构第六大股东持股比例描述性统计（单位：%）

统计指标	2016 年	2017 年	2018 年	2019 年
有效样本	11	12	12	12
缺失样本	2	1	1	1
平均值	1.10	0.99	0.99	1.00
中位数	0.02	0.02	0.02	0.02
标准差	3.15	3.02	3.02	3.02
极差	10.57	10.57	10.57	10.57
最小值	0.00	0.00	0.00	0.00
最大值	10.57	10.57	10.57	10.57

资料来源：根据保险机构公开披露信息整理。

表 6-27　中小型保险机构第七大股东持股比例描述性统计（单位：%）

统计指标	2016 年	2017 年	2018 年	2019 年
有效样本	135	145	154	154
缺失样本	12	14	13	13
平均值	2.28	2.33	2.51	2.45
中位数	0.00	0.00	0.00	0.00
标准差	3.36	3.34	3.47	3.37
极差	14.00	14.00	14.00	14.00
最小值	0.00	0.00	0.00	0.00
最大值	14.00	14.00	14.00	14.00

资料来源：根据保险机构公开披露信息整理。

表 6-28　大型保险机构第七大股东持股比例描述性统计（单位：%）

统计指标	2016 年	2017 年	2018 年	2019 年
有效样本	11	12	12	12
缺失样本	2	1	1	1
平均值	0.42	0.38	0.38	0.39
中位数	0.01	0.00	0.00	0.00
标准差	1.16	1.11	1.11	1.11
极差	3.88	3.88	3.88	3.88
最小值	0.00	0.00	0.00	0.00
最大值	3.88	3.88	3.88	3.88

资料来源：根据保险机构公开披露信息整理。

表 6-29　中小型保险机构第八大股东持股比例描述性统计（单位：%）

统计指标	2016 年	2017 年	2018 年	2019 年
有效样本	134	144	153	153
缺失样本	13	15	14	14
平均值	1.34	1.45	1.57	1.55
中位数	0.00	0.00	0.00	0.00
标准差	2.31	2.41	2.47	2.46
极差	10.26	10.26	10.26	10.26
最小值	0.00	0.00	0.00	0.00
最大值	10.26	10.26	10.26	10.26

资料来源：根据保险机构公开披露信息整理。

表 6-30　大型保险机构第八大股东持股比例描述性统计（单位：%）

统计指标	2016 年	2017 年	2018 年	2019 年
有效样本	11	12	12	12
缺失样本	2	1	1	1
平均值	0.39	0.36	0.36	0.37
中位数	0.00	0.00	0.00	0.00
标准差	1.16	1.11	1.11	1.11
极差	3.88	3.88	3.88	3.88
最小值	0.00	0.00	0.00	0.00
最大值	3.88	3.88	3.88	3.88

资料来源：根据保险机构公开披露信息整理。

表 6-31　中小型保险机构第九大股东持股比例描述性统计（单位：%）

统计指标	2016 年	2017 年	2018 年	2019 年
有效样本	134	144	153	153
缺失样本	13	15	14	14
平均值	0.94	0.96	0.97	0.95
中位数	0.00	0.00	0.00	0.00
标准差	1.62	1.63	1.60	1.59
极差	5.39	5.88	5.88	5.88
最小值	0.00	0.00	0.00	0.00
最大值	5.39	5.88	5.88	5.88

资料来源：根据保险机构公开披露信息整理。

表 6-32　**大型保险机构第九大股东持股比例描述性统计**（单位：%）

统计指标	2016 年	2017 年	2018 年	2019 年
有效样本	11	12	12	12
缺失样本	2	1	1	1
平均值	0.03	0.037	0.04	0.03
中位数	0.00	0.00	0.00	0.00
标准差	0.07	0.09	0.08	0.08
极差	0.23	0.30	0.29	0.28
最小值	0.00	0.00	0.00	0.00
最大值	0.23	0.30	0.29	0.28

资料来源：根据保险机构公开披露信息整理。

表 6-33　**中小型保险机构第十大股东持股比例描述性统计**（单位：%）

统计指标	2016 年	2017 年	2018 年	2019 年
有效样本	134	144	153	153
缺失样本	13	15	14	14
平均值	0.76	0.77	0.70	0.71
中位数	0.00	0.00	0.00	0.00
标准差	1.37	1.39	1.33	1.34
极差	5.11	5.88	5.88	5.88
最小值	0.00	0.00	0.00	0.00
最大值	5.11	5.88	5.88	5.88

资料来源：根据保险机构公开披露信息整理。

表 6-34　**大型保险机构第十大股东持股比例描述性统计**（单位：%）

统计指标	2016 年	2017 年	2018 年	2019 年
有效样本	11	12	12	12
缺失样本	2	1	1	1
平均值	0.03	0.029	0.03	0.03
中位数	0.00	0.00	0.00	0.00
标准差	0.06	0.07	0.08	0.08
极差	0.20	0.24	0.29	0.26
最小值	0.00	0.00	0.00	0.00
最大值	0.20	0.24	0.29	0.26

资料来源：根据保险机构公开披露信息整理。

三、中小型保险机构是否存在机构投资者

表 6-35 的统计结果显示，2016－2019 年存在机构投资者的中小型保险机构数依次为 89 家、98 家、110 家和 110 家，比例依次为 60.54%、61.64%、65.87%和 65.87%，呈现总体上升的趋势，2019 年比例较 2016 年提高了 5.33%，2016－2019 年存在机构投资者的大型保险机构比例依次为 84.62%、92.31%、100.00%和 100.00%，2018－2019 年大型保险机构均存在机构投资者，中小型保险机构存在机构投资者的情况明显劣于大型保险机构。

表 6-35　中小型和大型保险机构是否存在机构投资者情况描述性统计

年份	机构投资者	中小型保险机构		大型保险机构	
		频数（家）	比例（%）	频数（家）	比例（%）
2016	不存在	47	31.97	1	7.69
	存在	89	60.54	11	84.62
	有效样本	136	92.52	12	92.31
	缺失样本	11	7.48	1	7.69
	合计	147	100.00	13	100.00
2017	不存在	48	30.19	1	7.69
	存在	98	61.64	12	92.31
	有效样本	146	91.82	13	100.00
	缺失样本	13	8.18	0	0.00
	合计	159	100.00	13	100.00
2018	不存在	45	26.95	0	0.00
	存在	110	65.87	13	100.00
	有效样本	155	92.81	13	100.00
	缺失样本	12	7.19	0	0.00
	合计	167	100.00	13	100.00
2019	不存在	45	26.95	0	0.00
	存在	110	65.87	13	100.00
	有效样本	155	92.81	13	100.00
	缺失样本	12	7.19	0	0.00
	合计	167	100.00	13	100.00

资料来源：根据保险机构公开披露信息整理。

四、中小型保险机构股权层级

表 6-36 的统计结果显示，2016－2019 年中小型保险机构股权层级没

有 1 级的，股权层级为 2 级和 3 级的中小型保险机构累计比例依次为 60.54%、59.74%、60.48%和 60.48%，除 2017 年外，其余三年比例均超过 60.00%。中小型保险机构股权层级主要集中在 2 级和 3 级，2016－2019 年股权层级为 2 级的中小型保险机构比例依次为 28.57%、27.04%、25.75%和 25.75%，总体呈下降趋势，股权层级为 3 级的比例依次为 31.97%、32.70%、34.73%和 34.73%，总体呈上升趋势；2016－2019 年股权层级为 1 级、4 级和 5 级的大型保险机构均为 1 家，所占比例均为 7.69%，股权层级为 2 级的比例均为 53.85%，股权层级为 3 级的比例均为 23.08%，大型保险机构股权层级主要集中于 2 级和 3 级。

表 6-36　中小型和大型保险机构股权层级情况描述性统计

年份	股权层级（级）	中小型保险机构		大型保险机构	
		频数（家）	比例（%）	频数（家）	比例（%）
2016	1	0	0.00	1	7.69
	2	42	28.57	7	53.85
	3	47	31.97	3	23.08
	4	23	15.65	1	7.69
	5	35	23.81	1	7.69
	合计	147	100.00	13	100.00
2017	1	0	0.00	1	7.69
	2	43	27.04	7	53.85
	3	52	32.70	3	23.08
	4	27	16.98	1	7.69
	5	37	23.27	1	7.69
	合计	159	100.00	13	100.00
2018	1	0	0.00	1	7.69
	2	43	25.75	7	53.85
	3	58	34.73	3	23.08
	4	28	16.77	1	7.69
	5	38	22.75	1	7.69
	合计	167	100.00	13	100.00
2019	1	0	0.00	1	7.69
	2	43	25.75	7	53.85
	3	58	34.73	3	23.08
	4	28	16.77	1	7.69
	5	38	22.75	1	7.69
	合计	167	100.00	13	100.00

资料来源：根据保险机构公开披露信息整理。

五、中小型保险机构股权出质情况

表 6-37 的统计结果显示，2016—2019 年不存在股权出质情况的中小型保险机构数依次为 115 家、126 家、134 家和 131 家，比例依次为 78.23%、79.25%、80.24%和 78.44%，可见存在股权出质情况的中小型保险机构较少，2016—2018 年不存在股权出质的中小型保险机构比例逐年升高，2019 年有所降低；2016—2019 年不存在股权出质情况的大型保险机构比例依次为 92.31%、84.62%、92.31%和 76.92%，总体波动较大，2016 年和 2018 年不存在股权出质的大型保险机构比例略高，其余两年相对较低，但除 2019 年以外，中小型保险机构比例均低于相应年份的大型保险机构。

表 6-37   中小型和大型保险机构股权出质情况描述性统计

年份	股权出质情况	中小型保险机构		大型保险机构	
		频数（家）	比例（%）	频数（家）	比例（%）
2016	无	115	78.23	12	92.31
	有	32	21.77	1	7.69
	合计	147	100.00	13	100.00
2017	无	126	79.25	11	84.62
	有	33	20.75	2	15.38
	合计	159	100.00	13	100.00
2018	无	134	80.24	12	92.31
	有	33	19.76	1	7.69
	合计	167	100.00	13	100.00
2019	无	131	78.44	10	76.92
	有	36	21.56	3	23.08
	合计	167	100.00	13	100.00

资料来源：根据保险机构公开披露信息整理。

第二节   中小型保险机构董事与董事会状况分析

本节从董事与董事会维度，对反映我国中小型保险机构董事与董事会治理状况的 15 个具体指标进行了年度统计分析，进而全面揭示了我国 2016—2019 年期间中小型保险机构董事与董事会治理的状况。

一、中小型保险机构董事会规模

表 6-38 和表 6-39 的统计结果显示，2016－2019 年设立董事会的中小型保险机构比例依次为 95.24%、94.97%、96.41% 和 95.81%，中小型保险机构董事会规模均集中于 5－11 人，且披露董事会相关情况的保险机构的董事会规模均大于等于 3 人，2016－2019 年董事会规模为 5－11 人的中小型保险机构累计比例依次为 79.58%、81.77%、80.84% 和 80.23%，比例均接近 80.00%；2016－2019 年 13 家大型保险机构均设立董事会，大型保险机构董事会规模集中在 7－8 人，且披露董事会相关情况的大型保险机构的董事会规模均大于等于 5 人。

表 6-38 中小型保险机构董事会规模统计

董事会规模（人）	2016 年		2017 年		2018 年		2019 年	
	频数（家）	比例（%）	频数（家）	比例（%）	频数（家）	比例（%）	频数（家）	比例（%）
3	4	2.72	3	1.89	3	1.80	3	1.80
4	4	2.72	3	1.89	8	4.79	6	3.59
5	17	11.56	19	11.95	18	10.78	19	11.38
6	22	14.97	23	14.47	26	15.57	27	16.17
7	19	12.93	30	18.87	22	13.17	22	13.17
8	17	11.56	13	8.18	11	6.59	15	8.98
9	18	12.24	21	13.21	27	16.17	23	13.77
10	10	6.80	9	5.66	14	8.38	15	8.98
11	14	9.52	15	9.43	17	10.18	13	7.78
12	6	4.08	4	2.52	4	2.40	4	2.40
13	5	3.40	8	5.03	6	3.59	8	4.79
14	0	0.00	0	0.00	0	0.00	0	0.00
15	2	1.36	1	0.63	2	1.20	2	1.20
16	1	0.68	0	0.00	0	0.00	1	0.60
17	0	0.00	1	0.63	1	0.60	0	0.00
18	1	0.68	1	0.63	2	1.20	2	1.20
有效样本	140	95.24	151	94.97	161	96.41	160	95.81
缺失样本	7	4.76	8	5.03	6	3.59	7	4.19
合计	147	100.00	159	100.00	167	100.00	167	100.00

资料来源：根据保险机构公开披露信息整理。

表 6-39　大型保险机构董事会规模统计

董事会规模（人）	2016 年		2017 年		2018 年		2019 年	
	频数（家）	比例（%）	频数（家）	比例（%）	频数（家）	比例（%）	频数（家）	比例（%）
5	0	0.00	1	7.69	0	0.00	1	7.69
6	1	7.69	0	0.00	0	0.00	2	15.38
7	3	23.08	3	23.08	4	30.77	2	15.38
8	3	23.08	1	7.69	2	15.38	1	7.69
9	0	0.00	1	7.69	0	0.00	0	0.00
10	1	7.69	1	7.69	3	23.08	4	30.77
11	2	15.38	3	23.08	1	7.69	2	15.38
12	1	7.69	0	0.00	0	0.00	1	7.69
13	2	15.38	3	23.08	2	15.38	0	0.00
14	0	0.00	0	0.00	1	7.69	0	0.00
有效样本	13	100.00	13	100.00	13	100.00	13	100.00
缺失样本	0	0.00	0	0.00	0	0.00	0	0.00
合计	13	100.00	13	100.00	13	100.00	13	100.00

资料来源：根据保险机构公开披露信息整理。

　　表 6-40 和表 6-41 统计分析结果显示，2016－2019 年中小型保险机构董事会规模平均值依次为 8.08 人、8.04 人、8.12 人和 8.11 人，各年平均值均高于 8.00 人；2016－2018 年中小型保险机构董事会规模最大值均为 18.00 人，最小值均为 3.00 人，极差达到 15.00 人，差异较为明显；2016－2019 年中小型保险机构董事会规模平均值均低于相应年份大型保险机构，且大型保险机构董事会规模各年极差为 7 人或 8 人，中小型保险机构极差大于大型保险机构。

表 6-40　中小型保险机构董事会规模描述性统计（单位：人）

统计指标	2016 年	2017 年	2018 年	2019 年
有效样本	140	151	161	160
缺失样本	7	8	6	7
平均值	8.08	8.04	8.12	8.11
中位数	8.00	7.00	8.00	8.00
标准差	2.80	2.71	2.87	2.85
极差	15.00	15.00	15.00	15.00
最小值	3.00	3.00	3.00	3.00
最大值	18.00	18.00	18.00	18.00

资料来源：根据保险机构公开披露信息整理。

表 6-41　大型保险机构董事会规模描述性统计（单位：人）

统计指标	2016 年	2017 年	2018 年	2019 年
有效样本	13	13	13	13
缺失样本	0	0	0	0
平均值	9.31	9.62	9.62	8.69
中位数	8.00	10.00	10.00	10.00
标准差	2.46	2.66	2.53	2.29
极差	7.00	8.00	7.00	7.00
最小值	6.00	5.00	7.00	5.00
最大值	13.00	13.00	14.00	12.00

资料来源：根据保险机构公开披露信息整理。

二、中小型保险机构董事学历状况

表 6-42 至表 6-48 的统计结果显示，中小型保险机构和大型保险机构董事学历水平整体较高，具体表现在大专及以下学历董事的人数较少、比例较低，而本科、硕士和博士学历的董事人数较多、比例较高。以大专和博士学历为例，2016—2019 年，有大专及以下学历董事的中小型保险机构比例依次为 17.68%、14.47%、8.38% 和 10.18%，而有博士学历董事的中小型保险机构比例依次为 64.63%、59.11%、61.67% 和 65.88%；2016—2018年有大专及以下学历董事的大型保险机构比例依次为 15.38%、30.77% 和23.08%，2019 年大型保险机构没有大专及以下学历董事，2017—2018 年中小型保险机构比例低于大型保险机构，2016—2019 有博士学历董事的大型保险机构比例依次为 92.31%、84.62%、84.61% 和 84.60%，中小型保险机构各年比例均低于相应年份的大型保险机构。

表 6-42　中小型和大型保险机构大专及以下学历董事人数统计

年份	大专及以下学历董事（人）	中小型保险机构		大型保险机构	
		频数（家）	比例（%）	频数（家）	比例（%）
2016	0	114	77.55	11	84.62
	1	18	12.24	2	15.38
	2	5	3.40	0	0.00
	3	2	1.36	0	0.00
	4	0	0.00	0	0.00
	5	1	0.68	0	0.00
	有效样本	140	95.24	13	100.00
	缺失样本	7	4.76	0	0.00
	合计	147	100.00	13	100.00

年份	大专及以下学历董事（人）	中小型保险机构		大型保险机构	
		频数（家）	比例（%）	频数（家）	比例（%）
2017	0	128	80.50	9	69.23
	1	18	11.32	4	30.77
	2	4	2.52	0	0.00
	3	1	0.63	0	0.00
	有效样本	151	94.97	13	100.00
	缺失样本	8	5.03	0	0.00
	合计	159	100.00	13	100.00
2018	0	147	88.02	10	76.92
	1	13	7.78	3	23.08
	2	0	0.00	0	0.00
	3	1	0.60	0	0.00
	有效样本	161	96.41	13	100.00
	缺失样本	6	3.59	0	0.00
	合计	167	100.00	13	100.00
2019	0	143	85.63	13	100.00
	1	16	9.58	0	0.00
	2	1	0.60	0	0.00
	3	0	0.00	0	0.00
	有效样本	160	95.81	13	100.00
	缺失样本	7	4.19	0	0.00
	合计	167	100.00	13	100.00

资料来源：根据保险机构公开披露信息整理。

表 6-43　中小型保险机构本科学历董事人数统计

本科学历董事（人）	2016 年		2017 年		2018 年		2019 年	
	频数（家）	比例（%）	频数（家）	比例（%）	频数（家）	比例（%）	频数（家）	比例（%）
0	23	15.65	33	20.75	28	16.77	36	21.56
1	26	17.69	19	11.95	32	19.16	33	19.76
2	31	21.09	31	19.50	31	18.56	36	21.56
3	19	12.93	24	15.09	24	14.37	19	11.38
4	16	10.88	21	13.21	25	14.97	17	10.18
5	11	7.48	8	5.03	8	4.79	11	6.59
6	8	5.44	7	4.40	5	2.99	3	1.80
7	3	2.04	4	2.52	5	2.99	3	1.80
8	2	1.36	4	2.52	3	1.80	2	1.20

续表

本科学历董事（人）	2016 年		2017 年		2018 年		2019 年	
	频数（家）	比例（%）	频数（家）	比例（%）	频数（家）	比例（%）	频数（家）	比例（%）
9	0	0.00	0	0.00	0	0.00	0	0.00
10	1	0.68	0	0.00	0	0.00	0	0.00
有效样本	140	95.24	151	94.97	161	96.41	160	95.81
缺失样本	7	4.76	8	5.03	6	3.59	7	4.19
合计	147	100.00	159	100.00	167	100.00	167	100.00

资料来源：根据保险机构公开披露信息整理。

表 6-44　大型保险机构本科学历董事人数统计

本科学历董事（人）	2016 年		2017 年		2018 年		2019 年	
	频数（家）	比例（%）	频数（家）	比例（%）	频数（家）	比例（%）	频数（家）	比例（%）
0	0	0.00	0	0.00	1	7.69	2	15.38
1	5	38.46	4	30.77	3	23.08	4	30.77
2	1	7.69	3	23.08	2	15.38	5	38.46
3	6	46.15	2	15.38	3	23.08	0	0.00
4	0	0.00	3	23.08	2	15.38	2	15.38
5	1	7.69	1	7.69	2	15.38	0	0.00
有效样本	13	100.00	13	100.00	13	100.00	13	100.00
缺失样本	0	0.00	0	0.00	0	0.00	0	0.00
合计	13	100.00	13	100.00	13	100.00	13	100.00

资料来源：根据保险机构公开披露信息整理。

表 6-45　中小型保险机构硕士学历董事人数统计

硕士学历董事（人）	2016 年		2017 年		2018 年		2019 年	
	频数（家）	比例（%）	频数（家）	比例（%）	频数（家）	比例（%）	频数（家）	比例（%）
0	13	8.84	13	8.18	15	8.98	12	7.19
1	11	7.48	16	10.06	13	7.78	13	7.78
2	21	14.29	18	11.32	22	13.17	26	15.57
3	39	26.53	35	22.01	37	22.16	28	16.77
4	22	14.97	27	16.98	30	17.96	27	16.17
5	17	11.56	19	11.95	15	8.98	28	16.77
6	8	5.44	13	8.18	15	8.98	12	7.19

硕士学历董事（人）	2016 年		2017 年		2018 年		2019 年	
	频数（家）	比例（%）	频数（家）	比例（%）	频数（家）	比例（%）	频数（家）	比例（%）
7	5	3.40	4	2.52	4	2.40	10	5.99
8	2	1.36	5	3.14	9	5.39	3	1.80
9	1	0.68	0	0.00	0	0.00	0	0.00
10	0	0.00	0	0.00	0	0.00	0	0.00
11	1	0.68	1	0.63	1	0.60	1	0.60
有效样本	140	95.24	151	94.97	161	96.41	160	95.81
缺失样本	7	4.76	8	5.03	6	3.59	7	4.19
合计	147	100.00	159	100.00	167	100.00	167	100.00

资料来源：根据保险机构公开披露信息整理。

表 6-46　大型保险机构硕士学历董事人数统计

硕士学历董事（人）	2016 年		2017 年		2018 年		2019 年	
	频数（家）	比例（%）	频数（家）	比例（%）	频数（家）	比例（%）	频数（家）	比例（%）
0	1	7.69	1	7.69	1	7.69	1	7.69
1	2	15.38	0	0.00	1	7.69	0	0.00
2	0	0.00	1	7.69	2	15.38	2	15.38
3	1	7.69	4	30.77	1	7.69	2	15.38
4	4	30.77	2	15.38	3	23.08	3	23.08
5	3	23.08	1	7.69	2	15.38	2	15.38
6	0	0.00	1	7.69	1	7.69	2	15.38
7	0	0.00	2	15.38	1	7.69	1	7.69
8	2	15.38	0	0.00	0	0.00	0	0.00
9	0	0.00	1	7.69	1	7.69	0	0.00
有效样本	13	100.00	13	100.00	13	100.00	13	100.00
缺失样本	0	0.00	0	0.00	0	0.00	0	0.00
合计	13	100.00	13	100.00	13	100.00	13	100.00

资料来源：根据保险机构公开披露信息整理。

表 6-47　中小型保险机构博士学历董事人数统计

博士学历董事（人）	2016 年		2017 年		2018 年		2019 年	
	频数（家）	比例（%）	频数（家）	比例（%）	频数（家）	比例（%）	频数（家）	比例（%）
0	45	30.61	57	35.85	57	34.13	50	29.94
1	39	26.53	43	27.04	41	24.55	44	26.35
2	26	17.69	24	15.09	31	18.56	25	14.97
3	22	14.97	16	10.06	20	11.98	26	15.57
4	5	3.40	8	5.03	6	3.59	7	4.19
5	3	2.04	3	1.89	5	2.99	3	1.80
6	0	0.00	0	0.00	1	0.60	4	2.40
7	0	0.00	0	0.00	0	0.00	1	0.60
有效样本	140	95.24	151	94.97	161	96.41	160	95.81
缺失样本	7	4.76	8	5.03	6	3.59	7	4.19
合计	147	100.00	159	100.00	167	100.00	167	100.00

资料来源：根据保险机构公开披露信息整理。

表 6-48　大型保险机构博士学历董事人数统计

博士学历董事（人）	2016 年		2017 年		2018 年		2019 年	
	频数（家）	比例（%）	频数（家）	比例（%）	频数（家）	比例（%）	频数（家）	比例（%）
0	1	7.69	2	15.38	2	15.38	2	15.38
1	3	23.08	2	15.38	3	23.08	3	23.08
2	3	23.08	3	23.08	2	15.38	1	7.69
3	1	7.69	3	23.08	3	23.08	2	15.38
4	2	15.38	3	23.08	0	0.00	2	15.38
5	3	23.08	0	0.00	1	7.69	2	15.38
6	0	0.00	0	0.00	0	0.00	1	7.69
7	0	0.00	0	0.00	2	15.38	0	0.00
有效样本	13	100.00	13	100.00	13	100.00	13	100.00
缺失样本	0	0.00	0	0.00	0	0.00	0	0.00
合计	13	100.00	13	100.00	13	100.00	13	100.00

资料来源：根据保险机构公开披露信息整理。

三、中小型保险机构有无财务会计背景董事

表 6-49 和表 6-50 的统计结果显示，2016－2019 年有财务会计背景董事的中小型保险机构比例依次为 73.47%、76.10%、63.48%和 63.48%，各年比例均高于 60.00%，表明有财务会计背景董事的中小型保险机构较

多；中小型保险机构财务会计背景董事的人数主要集中在 1—3 人，2016—2019 年财务会计背景董事人数为 1—3 人的中小型保险机构累计比例依次为 65.98%、71.08%、56.29% 和 57.49%；2016—2019 年有财务会计背景董事的大型保险机构比例依次为 76.92%、84.62%、76.92% 和 69.23%，除了 2016 年，其余年份中小型保险机构均低于相应年份大型保险机构。

表 6-49　中小型保险机构财务会计背景董事人数统计

财务会计背景董事（人）	2016 年		2017 年		2018 年		2019 年	
	频数（家）	比例（%）	频数（家）	比例（%）	频数（家）	比例（%）	频数（家）	比例（%）
0	32	21.77	30	18.87	55	32.93	54	32.34
1	44	29.93	51	32.08	49	29.34	50	29.94
2	38	25.85	41	25.79	28	16.77	27	16.17
3	15	10.20	21	13.21	17	10.18	19	11.38
4	5	3.40	4	2.52	5	2.99	5	2.99
5	3	2.04	1	0.63	2	1.20	2	1.20
6	1	0.68	1	0.63	3	1.80	1	0.60
7	32	21.77	0	0.00	0	0.00	1	0.60
8	0	0.00	0	0.00	1	0.60	1	0.60
9	2	1.36	2	1.26	1	0.60	0	0.00
有效样本	140	95.24	151	94.97	161	96.41	160	95.81
缺失样本	7	4.76	8	5.03	6	3.59	7	4.19
合计	147	100.00	159	100.00	167	100.00	167	100.00

资料来源：根据保险机构公开披露信息整理。

表 6-50　大型保险机构财务会计背景董事人数统计

财务会计背景董事（人）	2016 年		2017 年		2018 年		2019 年	
	频数（家）	比例（%）	频数（家）	比例（%）	频数（家）	比例（%）	频数（家）	比例（%）
0	3	23.08	2	15.38	3	23.08	4	30.77
1	4	30.77	5	38.46	5	38.46	6	46.15
2	4	30.77	4	30.77	4	30.77	2	15.38
3	2	15.38	1	7.69	1	7.69	1	7.69
4	0	0.00	1	7.69	0	0.00	0	0.00
有效样本	13	100.00	13	100.00	13	100.00	13	100.00
缺失样本	0	0.00	0	0.00	0	0.00	0	0.00
合计	13	100.00	13	100.00	13	100.00	13	100.00

资料来源：根据保险机构公开披露信息整理。

四、中小型保险机构有无金融背景董事

表 6-51 和表 6-52 的统计结果显示，2016－2019 年有金融背景董事的中小型保险机构比例依次为 64.63%、69.18%、62.88% 和 70.06%，各年比例均高于 60.00%，表明中小型保险机构中有金融背景董事的较多，中小型保险机构金融背景董事的人数主要集中在 1－4 人，2016－2019 年金融背景董事人数为 1－4 人的中小型保险机构累计比例依次为 57.82%、62.89%、55.68% 和 60.48%；2018 年有金融背景董事的大型保险机构比例为 84.62%，其余三年均为 100.00%，中小型保险机构各年比例均低于相应年份的大型保险机构。

表 6-51　中小型保险机构金融背景董事人数统计

金融背景董事（人）	2016 年		2017 年		2018 年		2019 年	
	频数（家）	比例（%）	频数（家）	比例（%）	频数（家）	比例（%）	频数（家）	比例（%）
0	45	30.61	41	25.79	56	33.53	43	25.75
1	35	23.81	43	27.04	31	18.56	38	22.75
2	17	11.56	21	13.21	23	13.77	24	14.37
3	19	12.93	18	11.32	23	13.77	26	15.57
4	14	9.52	18	11.32	16	9.58	13	7.78
5	3	2.04	4	2.52	8	4.79	11	6.59
6	4	2.72	2	1.26	3	1.80	4	2.40
7	1	0.68	3	1.89	1	0.60	1	0.60
8	2	1.36	1	0.63	0	0.00	0	0.00
有效样本	140	95.24	151	94.97	161	96.41	160	95.81
缺失样本	7	4.76	8	5.03	6	3.59	7	4.19
合计	147	100.00	159	100.00	167	100.00	167	100.00

资料来源：根据保险机构公开披露信息整理。

表 6-52　大型保险机构金融背景董事人数统计

金融背景董事（人）	2016 年		2017 年		2018 年		2019 年	
	频数（家）	比例（%）	频数（家）	比例（%）	频数（家）	比例（%）	频数（家）	比例（%）
0	0	0.00	0	0.00	2	15.38	0	0.00
1	1	7.69	2	15.38	4	30.77	4	30.77
2	3	23.08	2	15.38	2	15.38	2	15.38

金融背景董事（人）	2016 年		2017 年		2018 年		2019 年	
	频数（家）	比例（%）	频数（家）	比例（%）	频数（家）	比例（%）	频数（家）	比例（%）
3	7	53.85	5	38.46	2	15.38	4	30.77
4	1	7.69	3	23.08	3	23.08	1	7.69
5	1	7.69	1	7.69	0	0.00	0	0.00
6	0	0.00	0	0.00	0	0.00	0	0.00
7	0	0.00	0	0.00	0	0.00	2	15.38
有效样本	13	100.00	13	100.00	13	100.00	13	100.00
缺失样本	0	0.00	0	0.00	0	0.00	0	0.00
合计	13	100.00	13	100.00	13	100.00	13	100.00

资料来源：根据保险机构公开披露信息整理。

五、中小型保险机构有无保险和精算背景董事

表 6-53 和表 6-54 的统计结果显示，2016－2019 年有保险和精算背景董事的中小型保险机构比例依次为 62.59%、66.04%、65.27%和 73.65%，各年比例均在 70.00%左右，表明有保险和精算背景董事的中小型保险机构较多，中小型保险机构保险和精算背景董事的人数主要集中在 1－3 人，2016－2019 年保险和精算背景董事人数为 1－3 人的中小型保险机构累计比例依次为 57.82%、61.63%、50.90%和 61.68%；2016－2017 年有保险和精算背景董事的大型保险机构比例均为 92.31%，2018－2019 年比例均为 100.00%，中小型保险机构各年比例均低于相应年份的大型保险机构。

表 6-53　中小型保险机构保险和精算背景董事人数统计

保险和精算背景董事（人）	2016 年		2017 年		2018 年		2019 年	
	频数（家）	比例（%）	频数（家）	比例（%）	频数（家）	比例（%）	频数（家）	比例（%）
0	48	32.65	46	28.93	52	31.14	37	22.16
1	52	35.37	64	40.25	26	15.57	31	18.56
2	27	18.37	25	15.72	35	20.96	37	22.16
3	6	4.08	9	5.66	24	14.37	35	20.96
4	5	3.40	7	4.40	11	6.59	10	5.99
5	2	1.36	0	0.00	8	4.79	9	5.39
6	0	0.00	0	0.00	3	1.80	0	0.00

保险和精算背景董事（人）	2016 年		2017 年		2018 年		2019 年	
	频数（家）	比例（%）	频数（家）	比例（%）	频数（家）	比例（%）	频数（家）	比例（%）
7	0	0.00	0	0.00	1	0.60	1	0.60
8	0	0.00	0	0.00	1	0.60	0	0.00
有效样本	140	95.24	151	94.97	161	96.41	160	95.81
缺失样本	7	4.76	8	5.03	6	3.59	7	4.19
合计	147	100.00	159	100.00	167	100.00	167	100.00

资料来源：根据保险机构公开披露信息整理。

表 6-54　大型保险机构保险和精算背景董事人数统计

保险和精算背景董事（人）	2016 年		2017 年		2018 年		2019 年	
	频数（家）	比例（%）	频数（家）	比例（%）	频数（家）	比例（%）	频数（家）	比例（%）
0	1	7.69	1	7.69	0	0.00	0	0.00
1	4	30.77	2	15.38	3	23.08	1	7.69
2	5	38.46	7	53.85	2	15.38	4	30.77
3	2	15.38	1	7.69	0	0.00	3	23.08
4	0	0.00	1	7.69	3	23.08	2	15.38
5	1	7.69	1	7.69	3	23.08	2	15.38
6	0	0.00	0	0.00	0	0.00	0	0.00
7	0	0.00	0	0.00	2	15.38	1	7.69
有效样本	13	100.00	13	100.00	13	100.00	13	100.00
缺失样本	0	0.00	0	0.00	0	0.00	0	0.00
合计	13	100.00	13	100.00	13	100.00	13	100.00

资料来源：根据保险机构公开披露信息整理。

六、中小型保险机构董事职业背景结构

表 6-55 的统计结果显示，2016－2019 年中小型保险机构董事职业背景结构主要集中在 3 种和 4 种职业背景，2016－2019 年董事职业背景有 3 种和 4 种背景的中小型保险机构累计比例依次为 70.75%、76.10%、66.46% 和 77.24%，表明中小型保险机构董事职业背景结构多元化程度较高；2016－2019 年董事职业背景有 3 种和 4 种背景的大型保险机构累计比例依次为 92.31%、100.00%、100.00% 和 92.31%，中小型保险机构各年比例均低于相应年份的大型保险机构，表明中小型保险机构董事职业背景多元化程度低

于大型保险机构。

表6-55 中小型和大型保险机构董事职业背景结构统计

年份	职业背景结构（种）	中小型保险机构		大型保险机构	
		频数（家）	比例（%）	频数（家）	比例（%）
2016	1	16	10.88	0	0.00
	2	20	13.61	1	7.69
	3	45	30.61	4	30.77
	4	59	40.14	8	61.54
	有效样本	140	95.24	13	100.00
	缺失样本	7	4.76	0	0.00
	合计	147	100.00	13	100.00
2017	1	9	5.66	0	0.00
	2	21	13.21	0	0.00
	3	57	35.85	4	30.77
	4	64	40.25	9	69.23
	有效样本	151	94.97	13	100.00
	缺失样本	8	5.03	0	0.00
	合计	159	100.00	13	100.00
2018	1	16	9.58	0	0.00
	2	34	20.36	0	0.00
	3	63	37.72	6	46.15
	4	48	28.74	7	53.85
	有效样本	161	96.41	13	100.00
	缺失样本	6	3.59	0	0.00
	合计	167	100.00	13	100.00
2019	1	14	8.38	0	0.00
	2	17	10.18	1	7.69
	3	72	43.11	5	38.46
	4	57	34.13	7	53.85
	有效样本	160	95.81	13	100.00
	缺失样本	7	4.19	0	0.00
	合计	167	100.00	13	100.00

资料来源：根据保险机构公开披露信息整理。

七、中小型保险机构董事长是否非正常变更

如表 6-56 和表 6-57 所示，2016—2019 年存在董事长变更情况的中小型保险机构比例依次为 19.72%、18.87%、23.36% 和 13.17%，其中非正常变更的比例依次为 14.29%、11.95%、18.56% 和 9.58%，董事非正常变更比例总体呈下降趋势，2019 年较 2016 年下降了 4.71%，在非正常变更的各类形式中，免职占比相对较高；2016 年大型保险机构不存在董事长变更情况，2017—2019 年存在董事长变更情况的大型保险机构比例依次为 23.07%、15.38% 和 46.15%，其中非正常变更的比例依次为 23.08%、7.69% 和 38.46%，2016 年和 2018 年中小型保险机构比例高于大型保险机构，其余两年低于大型保险机构。

表 6-56　中小型保险机构董事长是否非正常变更统计

董事长变更	2016 年		2017 年		2018 年		2019 年	
	频数（家）	比例（%）	频数（家）	比例（%）	频数（家）	比例（%）	频数（家）	比例（%）
换届	6	4.08	8	5.03	6	3.59	4	2.40
退休	2	1.36	2	1.26	2	1.20	2	1.20
控制权变动	0	0.00	1	0.63	0	0.00	0	0.00
正常变更小计	8	5.44	11	6.92	8	4.79	6	3.59
辞职	8	5.44	5	3.14	12	7.19	6	3.59
免职	13	8.84	14	8.81	19	11.38	10	5.99
非正常变更小计	21	14.29	19	11.95	31	18.56	16	9.58
未变动	115	78.23	124	77.99	125	74.85	142	85.03
未披露	3	2.04	3	1.89	3	1.80	3	1.80
合计	147	100.00	159	100.00	167	100.00	167	100.00

资料来源：根据保险机构公开披露信息整理。

表 6-57　大型保险机构董事长是否非正常变更统计

董事长变更	2016 年		2017 年		2018 年		2019 年	
	频数（家）	比例（%）	频数（家）	比例（%）	频数（家）	比例（%）	频数（家）	比例（%）
换届	0	0.00	0	0.00	1	7.69	1	7.69
退休	0	0.00	0	0.00	0	0.00	0	0.00

董事长变更	2016 年		2017 年		2018 年		2019 年	
	频数 （家）	比例 （%）	频数 （家）	比例 （%）	频数 （家）	比例 （%）	频数 （家）	比例 （%）
控制权变动	0	0.00	0	0.00	0	0.00	0	0.00
正常变更 小计	0	0.00	0	0.00	1	7.69	1	7.69
辞职	0	0.00	2	15.38	0	0.00	1	7.69
免职	0	0.00	1	7.69	1	7.69	4	30.77
非正常变更 小计	0	0.00	3	23.08	1	7.69	5	38.46
未变动	13	100.00	10	76.92	11	84.62	7	53.85
未披露	0	0.00	0	0.00	0	0.00	0	0.00
合计	13	100.00	13	100.00	13	100.00	13	100.00

资料来源：根据保险机构公开披露信息整理。

八、中小型保险机构独立董事人数

表 6-58 和表 6-59 的统计结果显示，2016—2019 年设立独立董事的中小型保险机构比例依次为 61.91%、61.63%、62.87%和 65.27%，比例总体呈上升趋势，2019 年较 2016 年比例提高了 3.36%，表明中小型保险机构设立独立董事意识逐渐加强，中小型保险机构独立董事人数主要集中在 1—4 人，2016—2019 年独立董事人数为 1—4 人的中小型保险机构累计比例依次为 59.86%、57.86%、57.49%和 56.29%；2016—2019 年设立独立董事的大型保险机构比例依次为 61.54%、53.85%、53.85%和 53.85%，总体呈下降趋势，除 2016 年外，中小型保险机构各年比例均高于相应年份的大型保险机构。

表 6-58　中小型保险机构独立董事人数统计

独立董事 人数（人）	2016 年		2017 年		2018 年		2019 年	
	频数 （家）	比例 （%）	频数 （家）	比例 （%）	频数 （家）	比例 （%）	频数 （家）	比例 （%）
0	49	33.33	51	32.08	50	29.94	48	28.74
1	11	7.48	9	5.66	6	3.59	3	1.80
2	41	27.89	45	28.30	45	26.95	46	27.54
3	27	18.37	29	18.24	33	19.76	29	17.37

独立董事人数（人）	2016年		2017年		2018年		2019年	
	频数（家）	比例（%）	频数（家）	比例（%）	频数（家）	比例（%）	频数（家）	比例（%）
4	9	6.12	9	5.66	12	7.19	16	9.58
5	2	1.36	6	3.77	6	3.59	10	5.99
6	1	0.68	0	0.00	2	1.20	4	2.40
7	0	0.00	0	0.00	1	0.60	1	0.60
有效样本	140	95.24	149	93.71	155	92.81	157	94.01
缺失样本	7	4.76	10	6.29	12	7.19	10	5.99
合计	147	100.00	159	100.00	167	100.00	167	100.00

资料来源：根据保险机构公开披露信息整理。

表 6-59　大型保险机构独立董事人数统计

独立董事人数（人）	2016年		2017年		2018年		2019年	
	频数（家）	比例（%）	频数（家）	比例（%）	频数（家）	比例（%）	频数（家）	比例（%）
0	5	38.46	6	46.15	6	46.15	6	46.15
1	1	7.69	1	7.69	1	7.69	1	7.69
2	2	15.38	0	0.00	0	0.00	0	0.00
3	2	15.38	3	23.08	2	15.38	2	15.38
4	1	7.69	1	7.69	2	15.38	3	23.08
5	2	15.38	1	7.69	1	7.69	1	7.69
6	0	0.00	1	7.69	1	7.69	0	0.00
有效样本	13	100.00	13	100.00	13	100.00	13	100.00
缺失样本	0	0.00	0	0.00	0	0.00	0	0.00
合计	13	100.00	13	100.00	13	100.00	13	100.00

资料来源：根据保险机构公开披露信息整理。

如表 6-60 和表 6-61 所示，2016—2019 年中小型保险机构独立董事人数平均值依次为 1.61 人、1.69 人、1.88 人和 2.08 人，呈现逐年上升趋势，说明中小型保险机构独立董事规模有所上升，2016—2019 年中小型保险机构独立董事人数极差达到 5 人、6 人或 7 人，表明各机构之间独立董事人数仍存在一定差距；2016—2019 年大型保险机构独立董事人数平均值依次为 1.92 人、1.92 人、2.00 人和 1.85 人，除了 2019 年以外，其余各年中小型保险机构均低于相应年份大型保险机构，2016—2019 年大型保险机构独立董事人数极差达到 5 人或 6 人，略小于中小型保险机构，表明中小型保险机构独立董事人数存在的差距大于大型保险机构。

表 6-60　中小型保险机构独立董事人数描述性统计（单位：人）

统计指标	2016 年	2017 年	2018 年	2019 年
有效样本	140	149	155	157
缺失样本	7	10	12	10
平均值	1.61	1.69	1.88	2.08
中位数	2.00	2.00	2.00	2.00
标准差	1.43	1.47	1.60	1.73
极差	6.00	5.00	7.00	7.00
最小值	0.00	0.00	0.00	0.00
最大值	6.00	5.00	7.00	7.00

资料来源：根据保险机构公开披露信息整理。

表 6-61　大型保险机构独立董事人数描述性统计（单位：人）

统计指标	2016 年	2017 年	2018 年	2019 年
有效样本	13	13	13	13
缺失样本	0	0	0	0
平均值	1.92	1.92	2.00	1.85
中位数	2.00	1.00	1.00	1.00
标准差	1.93	2.18	2.24	1.99
极差	5.00	6.00	6.00	5.00
最小值	0.00	0.00	0.00	0.00
最大值	5.00	6.00	6.00	5.00

资料来源：根据保险机构公开披露信息整理。

九、中小型保险机构独立董事学历情况

表 6-62 至表 6-65 的统计结果显示，中小型保险机构和大型保险机构独立董事学历水平整体较高，具体表现在大专及以下学历独立董事的人数较少、比例较低，而本科、硕士和博士学历的独立董事人数较多、比例较高。以大专和博士学历为例，2016－2019 年，有大专及以下学历独立董事的中小型保险机构比例依次为 2.72%、2.52%、1.80% 和 1.20%，而有博士学历独立董事的中小型保险机构比例依次为 43.53%、42.79%、46.11% 和 49.11%；2016－2018 年有大专及以下学历独立董事的大型保险机构比例依

次为 7.69%、7.69% 和 7.69%，2019 年大型保险机构没有大专及以下学历独立董事，而有博士学历独立董事的大型保险机构比例依次为 46.15%、46.15%、46.15% 和 38.46%，除了 2019 年以外，其余各年中小型保险机构均低于相应年份的大型保险机构。

表 6-62 中小型和大型保险机构大专及以下学历独立董事人数统计

年份	大专及以下学历独立董事（人）	中小型保险机构		大型保险机构	
		频数（家）	比例（%）	频数（家）	比例（%）
2016	0	136	92.52	12	92.31
	1	3	2.04	1	7.69
	2	1	0.68	0	0.00
	有效样本	140	95.24	13	100.00
	缺失样本	7	4.76	0	0.00
	合计	147	100.00	13	100.00
2017	0	145	91.19	12	92.31
	1	4	2.52	1	7.69
	2	0	0.00	0	0.00
	有效样本	149	93.71	13	100.00
	缺失样本	10	6.29	0	0.00
	合计	159	100.00	13	100.00
2018	0	152	91.02	12	92.31
	1	3	1.80	1	7.69
	2	0	0.00	0	0.00
	有效样本	155	92.81	13	100.00
	缺失样本	12	7.19	0	0.00
	合计	167	100.00	13	100.00
2019	0	155	92.81	13	100.00
	1	2	1.20	0	0.00
	2	0	0.00	0	0.00
	有效样本	157	94.01	13	100.00
	缺失样本	10	5.99	0	0.00
	合计	167	100.00	13	100.00

资料来源：根据保险机构公开披露信息整理。

表 6-63　中小型和大型保险机构本科学历独立董事人数统计

年份	本科学历独立董事（人）	中小型保险机构		大型保险机构	
		频数（家）	比例（%）	频数（家）	比例（%）
2016	0	96	65.31	9	69.23
	1	34	23.13	3	23.08
	2	8	5.44	1	7.69
	3	2	1.36	0	0.00
	有效样本	140	95.24	13	100.00
	缺失样本	7	4.76	0	0.00
	合计	147	100.00	13	100.00
2017	0	102	64.15	9	69.23
	1	35	22.01	4	30.77
	2	9	5.66	0	0.00
	3	3	1.89	0	0.00
	有效样本	149	93.71	13	100.00
	缺失样本	10	6.29	0	0.00
	合计	159	100.00	13	100.00
2018	0	104	62.28	8	61.54
	1	38	22.75	5	38.46
	2	10	5.99	0	0.00
	3	3	1.80	0	0.00
	有效样本	155	92.81	13	100.00
	缺失样本	12	7.19	0	0.00
	合计	167	100.00	13	100.00
2019	0	109	65.27	8	61.54
	1	34	20.36	4	30.77
	2	10	5.99	1	7.69
	3	4	2.40	0	0.00
	有效样本	157	94.01	13	100.00
	缺失样本	10	5.99	0	0.00
	合计	167	100.00	13	100.00

资料来源：根据保险机构公开披露信息整理。

表6-64　中小型和大型保险机构硕士学历独立董事人数统计

年份	硕士学历独立董事（人）	中小型保险机构		大型保险机构	
		频数（家）	比例（%）	频数（家）	比例（%）
2016	0	95	64.63	9	69.23
	1	33	22.45	1	7.69
	2	10	6.80	2	15.38
	3	1	0.68	1	7.69
	4	1	0.68	0	0.00
	5	0	0.00	0	0.00
	有效样本	140	95.24	13	100.00
	缺失样本	7	4.76	0	0.00
	合计	147	100.00	13	100.00
2017	0	95	59.75	9	69.23
	1	37	23.27	2	15.38
	2	13	8.18	1	7.69
	3	3	1.89	1	7.69
	4	0	0.00	0	0.00
	5	1	0.63	0	0.00
	有效样本	149	93.71	13	100.00
	缺失样本	10	6.29	0	0.00
	合计	159	100.00	13	100.00
2018	0	90	53.89	9	69.23
	1	43	25.75	2	15.38
	2	17	10.18	1	7.69
	3	4	2.40	1	7.69
	4	0	0.00	0	0.00
	5	1	0.60	0	0.00
	有效样本	155	92.81	13	100.00
	缺失样本	12	7.19	0	0.00
	合计	167	100.00	13	100.00
2019	0	84	50.30	8	61.54
	1	52	31.14	3	23.08
	2	15	8.98	1	7.69
	3	4	2.40	1	7.69
	4	1	0.60	0	0.00
	5	1	0.60	0	0.00
	有效样本	157	94.01	13	100.00
	缺失样本	10	5.99	0	0.00
	合计	167	100.00	13	100.00

资料来源：根据保险机构公开披露信息整理。

表 6-65　中小型和大型保险机构博士学历独立董事人数统计

年份	博士学历独立董事（人）	中小型保险机构		大型保险机构	
		频数（家）	比例（%）	频数（家）	比例（%）
2016	0	76	51.70	7	53.85
	1	41	27.89	1	7.69
	2	14	9.52	5	38.46
	3	8	5.44	0	0.00
	4	1	0.68	0	0.00
	5	0	0.00	0	0.00
	有效样本	140	95.24	13	100.00
	缺失样本	7	4.76	0	0.00
	合计	147	100.00	13	100.00
2017	0	81	50.94	7	53.85
	1	44	27.67	1	7.69
	2	17	10.69	3	23.08
	3	6	3.77	2	15.38
	4	1	0.63	0	0.00
	5	0	0.00	0	0.00
	有效样本	149	93.71	13	100.00
	缺失样本	10	6.29	0	0.00
	合计	159	100.00	13	100.00
2018	0	78	46.71	7	53.85
	1	46	27.54	1	7.69
	2	19	11.38	3	23.08
	3	8	4.79	2	15.38
	4	4	2.40	0	0.00
	5	0	0.00	0	0.00
	有效样本	155	92.81	13	100.00
	缺失样本	12	7.19	0	0.00
	合计	167	100.00	13	100.00
2019	0	75	44.91	8	61.54
	1	44	26.35	0	0.00
	2	23	13.77	5	38.46
	3	11	6.59	0	0.00
	4	3	1.80	0	0.00
	5	1	0.60	0	0.00
	有效样本	157	94.01	13	100.00
	缺失样本	10	5.99	0	0.00
	合计	167	100.00	13	100.00

资料来源：根据保险机构公开披露信息整理。

十、中小型保险机构有无财务会计背景独立董事

表 6-66 的统计结果显示，2016－2019 年有财务会计背景独立董事的中小型保险机构比例依次为 23.13%、26.41%、28.14% 和 29.94%，呈现逐年上升趋势，表明独立董事中有财务会计背景的中小型保险机构有所增加，中小型保险机构财务会计背景独立董事人数多集中于 1 人，2016－2019 年财务会计背景独立董事为 1 人的中小型保险机构比例依次为 20.41%、23.27%、24.55% 和 25.75%；2016－2019 年有财务会计背景独立董事的大型保险机构比例均为 30.77%，中小型保险机构各年比例低于相应年份的大型保险机构，各大型保险机构拥有财务会计背景独立董事的规模均为 1 人。

表 6-66　中小型和大型保险机构财务会计财务审计背景独立董事人数统计

年份	财务会计背景独立董事（人）	中小型保险机构		大型保险机构	
		频数（家）	比例（%）	频数（家）	比例（%）
2016	0	106	72.11	9	69.23
	1	30	20.41	4	30.77
	2	4	2.72	0	0.00
	有效样本	140	95.24	13	100.00
	缺失样本	7	4.76	0	0.00
	合计	147	100.00	13	100.00
2017	0	107	67.30	9	69.23
	1	37	23.27	4	30.77
	2	5	3.14	0	0.00
	有效样本	149	93.71	13	100.00
	缺失样本	10	6.29	0	0.00
	合计	159	100.00	13	100.00
2018	0	108	64.67	9	69.23
	1	41	24.55	4	30.77
	2	6	3.59	0	0.00
	有效样本	155	92.81	13	100.00
	缺失样本	12	7.19	0	0.00
	合计	167	100.00	13	100.00
2019	0	107	64.07	9	69.23
	1	43	25.75	4	30.77
	2	7	4.19	0	0.00
	有效样本	157	94.01	13	100.00
	缺失样本	10	5.99	0	0.00
	合计	167	100.00	13	100.00

资料来源：根据保险机构公开披露信息整理。

十一、中小型保险机构有无金融背景独立董事

表 6-67 的统计结果显示，2016－2019 年有金融背景独立董事的中小型保险机构比例依次为 17.69%、16.98%、20.95%和 28.14%，整体呈上升趋势，表明独立董事中有金融背景的中小型保险机构有所增加，中小型保险机构金融背景独立董事人数多集中于 1 人，2016－2019 年有金融背景独立董事为 1 人的中小型保险机构比例依次为 15.65%、15.72%、18.56%和 22.16%；2016－2019 年有金融背景独立董事的大型保险机构比例依次为 15.38%、23.08%、15.38%和 46.15%，2016 年和 2018 年中小型保险机构的比例高于大型保险机构。

表 6-67 中小型和大型保险机构金融背景独立董事人数统计

年份	金融背景独立董事（人）	中小型保险机构		大型保险机构	
		频数（家）	比例（%）	频数（家）	比例（%）
2016	0	114	77.55	11	84.62
	1	23	15.65	2	15.38
	2	3	2.04	0	0.00
	3	0	0.00	0	0.00
	有效样本	140	95.24	13	100.00
	缺失样本	7	4.76	0	0.00
	合计	147	100.00	13	100.00
2017	0	122	76.73	10	76.92
	1	25	15.72	3	23.08
	2	2	1.26	0	0.00
	3	0	0.00	0	0.00
	有效样本	149	93.71	13	100.00
	缺失样本	10	6.29	0	0.00
	合计	159	100.00	13	100.00
2018	0	120	71.86	11	84.62
	1	31	18.56	2	15.38
	2	4	2.40	0	0.00
	3	1	0.60	0	0.00
	有效样本	155	92.81	13	100.00
	缺失样本	12	7.19	0	0.00
	合计	167	100.00	13	100.00

年份	金融背景独立董事（人）	中小型保险机构		大型保险机构	
		频数（家）	比例（%）	频数（家）	比例（%）
2019	0	110	65.87	7	53.85
	1	37	22.16	5	38.46
	2	8	4.79	1	7.69
	3	2	1.20	0	0.00
	有效样本	157	94.01	13	100.00
	缺失样本	10	5.99	0	0.00
	合计	167	100.00	13	100.00

资料来源：根据保险机构公开披露信息整理。

十二、中小型保险机构有无保险和精算背景独立董事

表 6-68 的统计结果显示，2016－2019 年有保险和精算背景独立董事的中小型保险机构比例依次为 21.77%、20.75%、23.95%和 26.35%，整体呈上升趋势，表明独立董事中有保险和精算背景的中小型保险机构有所增加，中小型保险机构保险和精算背景独立董事人数多集中于 1 人，2016－2019 年保险和精算背景独立董事为 1 人的中小型保险机构比例依次为 19.05%、17.61%、19.16%和 19.76%；2016－2019 年有保险和精算背景独立董事的大型保险机构比例依次为 23.08%、15.38%、15.38%和 30.77%，2017 年和 2018 年中小型保险机构的比例高于大型保险机构，且各大型保险机构拥有保险和精算背景独立董事的规模均为 1 人。

表 6-68　中小型和大型保险机构保险和精算背景独立董事人数统计

年份	保险和精算背景独立董事（人）	中小型保险机构		大型保险机构	
		频数（家）	比例（%）	频数（家）	比例（%）
2016	0	108	73.47	10	76.92
	1	28	19.05	3	23.08
	2	4	2.72	0	0.00
	3	0	0.00	0	0.00
	有效样本	140	95.24	13	100.00
	缺失样本	7	4.76	0	0.00
	合计	147	100.00	13	100.00

年份	保险和精算背景独立董事（人）	中小型保险机构		大型保险机构	
		频数（家）	比例（%）	频数（家）	比例（%）
2017	0	116	72.96	11	84.62
	1	28	17.61	2	15.38
	2	5	3.14	0	0.00
	3	0	0.00	0	0.00
	有效样本	149	93.71	13	100.00
	缺失样本	10	6.29	0	0.00
	合计	159	100.00	13	100.00
2018	0	115	68.86	11	84.62
	1	32	19.16	2	15.38
	2	7	4.19	0	0.00
	3	1	0.60	0	0.00
	有效样本	155	92.81	13	100.00
	缺失样本	12	7.19	0	0.00
	合计	167	100.00	13	100.00
2019	0	113	67.66	9	69.23
	1	33	19.76	4	30.77
	2	10	5.99	0	0.00
	3	1	0.60	0	0.00
	有效样本	157	94.01	13	100.00
	缺失样本	10	5.99	0	0.00
	合计	167	100.00	13	100.00

资料来源：根据保险机构公开披露信息整理。

十三、中小型保险机构有无法律背景独立董事

表 6-69 的统计结果显示，2016－2019 年有法律背景独立董事的中小型保险机构比例依次为 20.41%、21.38%、28.14% 和 32.93%，呈现逐年上升趋势，表明独立董事中有法律背景的中小型保险机构有所增加，中小型保险机构有法律背景独立董事人数多集中于 1 人，2016－2019 年有法律背景独立董事为 1 人的中小型保险机构比例依次为 18.37%、20.13%、26.35% 和 31.14%；2016－2019 年有法律背景独立董事的大型保险机构比例依次为 30.77%、30.77%、38.46% 和 30.77%，除 2019 年外，中小型保险机构各年比例均低于相应年份的大型保险机构。

表 6-69　中小型和大型保险机构法律背景独立董事人数统计

年份	法律背景独立董事（人）	中小型保险机构		大型保险机构	
		频数（家）	比例（%）	频数（家）	比例（%）
2016	0	110	74.83	9	69.23
	1	27	18.37	3	23.08
	2	2	1.36	1	7.69
	3	1	0.68	0	0.00
	有效样本	140	95.24	13	100.00
	缺失样本	7	4.76	0	0.00
	合计	147	100.00	13	100.00
2017	0	115	72.33	9	69.23
	1	32	20.13	3	23.08
	2	1	0.63	1	7.69
	3	1	0.63	0	0.00
	有效样本	149	93.71	13	100.00
	缺失样本	10	6.29	0	0.00
	合计	159	100.00	13	100.00
2018	0	108	64.67	8	61.54
	1	44	26.35	4	30.77
	2	3	1.80	1	7.69
	3	0	0.00	0	0.00
	有效样本	155	92.81	13	100.00
	缺失样本	12	7.19	0	0.00
	合计	167	100.00	13	100.00
2019	0	102	61.08	9	69.23
	1	52	31.14	4	30.77
	2	3	1.80	0	0.00
	3	0	0.00	0	0.00
	有效样本	157	94.01	13	100.00
	缺失样本	10	5.99	0	0.00
	合计	167	100.00	13	100.00

资料来源：根据保险机构公开披露信息整理。

十四、中小型保险机构独立董事职业背景结构

表 6-70 的统计结果显示，2016－2019 年中小型保险机构独立董事职业背景结构主要集中在 1 种、2 种和 3 种，2016－2019 年独立董事职业背

景有 1 种、2 种和 3 种的中小型保险机构累计比例依次为 94.56%、91.20%、88.62%和 86.83%，表明中小型保险机构独立董事职业背景结构多元化程度相应较低，但职业背景结构为 4 种和 5 种的比例有所上升，表明中小型保险机构独立董事职业背景多元化程度正在提升；2016－2019 年独立董事职业背景有 1 种、2 种和 3 种的大型保险机构累计比例依次为 92.30%、92.31%、92.31%和 84.62%，两类机构独立董事职业背景结构差别不是很明显。

表 6-70　中小型和大型保险机构独立董事职业背景结构统计

年份	职业背景结构（种）	中小型保险机构		大型保险机构	
		频数（家）	比例（%）	频数（家）	比例（%）
2016	1	78	53.06	6	46.15
	2	38	25.85	5	38.46
	3	23	15.65	1	7.69
	4	1	0.68	1	7.69
	5	0	0.00	0	0.00
	有效样本	140	95.24	13	100.00
	缺失样本	7	4.76	0	0.00
	合计	147	100.00	13	100.00
2017	1	79	49.69	7	53.85
	2	43	27.04	2	15.38
	3	23	14.47	3	23.08
	4	4	2.52	1	7.69
	5	0	0.00	0	0.00
	有效样本	149	93.71	13	100.00
	缺失样本	10	6.29	0	0.00
	合计	159	100.00	13	100.00
2018	1	75	44.91	7	53.85
	2	42	25.15	1	7.69
	3	31	18.56	4	30.77
	4	7	4.19	1	7.69
	5	0	0.00	0	0.00
	有效样本	155	92.81	13	100.00
	缺失样本	12	7.19	0	0.00
	合计	167	100.00	13	100.00

续表

年份	职业背景结构（种）	中小型保险机构		大型保险机构	
		频数（家）	比例（%）	频数（家）	比例（%）
2019	1	68	40.72	7	53.85
	2	45	26.95	0	0.00
	3	32	19.16	4	30.77
	4	11	6.59	2	15.38
	5	1	0.60	0	0.00
	有效样本	157	94.01	13	100.00
	缺失样本	10	5.99	0	0.00
	合计	167	100.00	13	100.00

资料来源：根据保险机构公开披露信息整理。

十五、中小型保险机构独立董事任职结构是否多元化

表 6-71 和表 6-72 的统计结果显示，2016—2019 年有高校任职独立董事的中小型保险机构比例依次为 42.18%、42.77%、46.70% 和 44.32%，比例在 2016—2018 年之间上升，2019 年略有下降，各年比例接近于50.00%，表明我国有高校独立董事的中小型保险机构数量近半，各年高校独立董事的数量集中于 1—2 人，2016—2019 年有 1—2 人高校独立董事的中小型保险机构累计比例依次为 36.06%、35.22%、35.32% 和 33.53%；2016—2019 年有高校独立董事的大型保险机构比例依次为 46.15%、46.15%、46.15% 和 38.46%。

表 6-71　中小型和大型保险机构高校独立董事人数统计

年份	高校独立董事（人）	中小型保险机构		大型保险机构	
		频数（家）	比例（%）	频数（家）	比例（%）
2016	0	78	53.06	7	53.85
	1	28	19.05	3	23.08
	2	25	17.01	2	15.38
	3	8	5.44	0	0.00
	4	1	0.68	1	7.69
	5	0	0.00	0	0.00
	有效样本	140	95.24	13	100.00
	缺失样本	7	4.76	0	0.00
	合计	147	100.00	13	100.00

续表

年份	高校独立董事（人）	中小型保险机构		大型保险机构	
		频数（家）	比例（%）	频数（家）	比例（%）
2017	0	81	50.94	7	53.85
	1	33	20.75	3	23.08
	2	23	14.47	2	15.38
	3	10	6.29	0	0.00
	4	2	1.26	0	0.00
	5	0	0.00	1	7.69
	有效样本	149	93.71	13	100.00
	缺失样本	10	6.29	0	0.00
	合计	159	100.00	13	100.00
2018	0	77	46.11	7	53.85
	1	38	22.75	3	23.08
	2	21	12.57	2	15.38
	3	15	8.98	0	0.00
	4	1	0.60	0	0.00
	5	3	1.80	1	7.69
	有效样本	155	92.81	13	100.00
	缺失样本	12	7.19	0	0.00
	合计	167	100.00	13	100.00
2019	0	83	49.70	8	61.54
	1	31	18.56	1	7.69
	2	25	14.97	3	23.08
	3	11	6.59	1	7.69
	4	4	2.40	0	0.00
	5	3	1.80	0	0.00
	有效样本	157	94.01	13	100.00
	缺失样本	10	5.99	0	0.00
	合计	167	100.00	13	100.00

资料来源：根据保险机构公开披露信息整理。

表 6-72 中小型和大型保险机构非高校独立董事人数统计

年份	非高校独立董事（人）	中小型保险机构		大型保险机构	
		频数（家）	比例（%）	频数（家）	比例（%）
2016	0	71	48.30	6	46.15
	1	33	22.45	3	23.08
	2	24	16.33	2	15.38
	3	10	6.80	1	7.69
	4	1	0.68	1	7.69
	5	1	0.68	0	0.00
	有效样本	140	95.24	13	100.00
	缺失样本	7	4.76	0	0.00
	合 计	147	100.00	13	100.00
2017	0	75	47.17	6	46.15
	1	34	21.38	3	23.08
	2	25	15.72	2	15.38
	3	10	6.29	2	15.38
	4	4	2.52	0	0.00
	5	1	0.63	0	0.00
	有效样本	149	93.71	13	100.00
	缺失样本	10	6.29	0	0.00
	合 计	159	100.00	13	100.00
2018	0	75	44.91	6	46.15
	1	36	21.56	3	23.08
	2	28	16.77	2	15.38
	3	9	5.39	2	15.38
	4	6	3.59	0	0.00
	5	1	0.60	0	0.00
	有效样本	155	92.81	13	100.00
	缺失样本	12	7.19	0	0.00
	合 计	167	100.00	13	100.00
2019	0	70	41.92	6	46.15
	1	31	18.56	2	15.38
	2	32	19.16	4	30.77
	3	13	7.78	0	0.00
	4	8	4.79	1	7.69
	5	2	1.20	0	0.00
	6	1	0.60	0	0.00
	有效样本	157	94.01	13	100.00
	缺失样本	10	5.99	0	0.00
	合 计	167	100.00	13	100.00

资料来源：根据保险机构公开披露信息整理。

表 6-73 的统计结果显示，2016—2019 年既有高校独立董事又有实务独立董事的中小型保险机构比例依次为 27.21%、27.67%、31.74%和31.14%，整体呈现上升趋势，表明中小型保险机构独立董事任职结构多元化程度有所提升；2016—2019 年既有高校独立董事又有实务独立董事的大型保险机构比例依次为 38.46%、46.15%、46.15%和38.46%，中小型保险机构比例均低于相应年份的大型保险机构，表明中小型保险机构独立董事任职结构多元化程度低于大型保险机构。

表 6-73　中小型和大型保险机构独立董事任职结构统计

年份	任职结构（种）	中小型保险机构		大型保险机构	
		频数（家）	比例（%）	频数（家）	比例（%）
2016	0	56	38.10	5	38.46
	1	51	34.69	3	23.08
	2	40	27.21	5	38.46
	合计	147	100.00	13	100.00
2017	0	61	38.36	6	46.15
	1	54	33.96	1	7.69
	2	44	27.67	6	46.15
	合计	159	100.00	13	100.00
2018	0	62	37.13	6	46.15
	1	52	31.14	1	7.69
	2	53	31.74	6	46.15
	合计	167	100.00	13	100.00
2019	0	58	34.73	6	46.15
	1	57	34.13	2	15.38
	2	52	31.14	5	38.46
	合计	167	100.00	13	100.00

资料来源：根据保险机构公开披露信息整理。

第三节　中小型保险机构监事与监事会状况分析

本节从监事与监事会维度，对反映我国中小型保险机构监事与监事会治理状况的 7 个具体指标进行了年度统计分析，进而全面揭示了我国 2016—2019 年期间中小型保险机构监事与监事会治理的状况。

一、中小型保险机构监事会规模

表 6-74 和表 6-75 的统计结果显示，中小型保险机构监事会规模均集中于 1－5 人，且披露监事会相关情况的中小型保险机构的规模均大于等于 1 人，2016－2019 年监事会规模为 1－5 人的中小型保险机构累计比例依次为 72.10%、73.58%、75.45% 和 74.84%，比例均超过于 70.00%；大型保险机构监事会规模主要集中在 3－5 人，不存在未披露的情况，2016－2019 年监事会规模为 3－5 人的大型保险机构累计比例为 84.62% 和 84.61%。

表 6-74　中小型保险机构监事会规模统计

监事会规模（人）	2016 年		2017 年		2018 年		2019 年	
	频数（家）	比例（%）	频数（家）	比例（%）	频数（家）	比例（%）	频数（家）	比例（%）
1	18	12.24	19	11.95	19	11.38	18	10.78
2	17	11.56	13	8.18	16	9.58	15	8.98
3	45	30.61	53	33.33	55	32.93	55	32.93
4	7	4.76	8	5.03	11	6.59	6	3.59
5	19	12.93	24	15.09	25	14.97	31	18.56
6	4	2.72	5	3.14	6	3.59	5	2.99
7	4	2.72	2	1.26	5	2.99	6	3.59
8	1	0.68	5	3.14	4	2.40	5	2.99
9	7	4.76	4	2.52	2	1.20	2	1.20
10	0	0.00	1	0.63	1	0.60	0	0.00
11	0	0.00	0	0.00	0	0.00	1	0.60
12	0	0.00	0	0.00	0	0.00	0	0.00
13	0	0.00	0	0.00	0	0.00	1	0.60
14	1	0.68	1	0.63	1	0.60	0	0.00
15	1	0.68	1	0.63	1	0.60	1	0.60
有效样本	124	84.35	136	85.53	146	87.43	146	87.43
缺失样本	23	15.65	23	14.47	21	12.57	21	12.57
合计	147	100.00	159	100.00	167	100.00	167	100.00

资料来源：根据保险机构公开披露信息整理。

表 6-75　大型保险机构监事会规模统计

监事会规模（人）	2016 年		2017 年		2018 年		2019 年	
	频数（家）	比例（%）	频数（家）	比例（%）	频数（家）	比例（%）	频数（家）	比例（%）
2	1	7.69	0	0.00	1	7.69	0	0.00
3	4	30.77	5	38.46	4	30.77	6	46.15
4	3	23.08	1	7.69	1	7.69	2	15.38
5	4	30.77	5	38.46	6	46.15	3	23.08
6	1	7.69	1	7.69	0	0.00	2	15.38
7	0	0.00	1	7.69	1	7.69	0	0.00
有效样本	13	100.00	13	100.00	13	100.00	13	100.00
缺失样本	0	0.00	0	0.00	0	0.00	0	0.00
合计	13	100.00	13	100.00	13	100.00	13	100.00

资料来源：根据保险机构公开披露信息整理。

表 6-76 和表 6-77 的统计结果显示，2016－2019 年中小型保险机构监事会规模平均值依次为 3.73 人、3.79 人、3.73 人和 3.84 人，整体呈现上升趋势，表明中小型保险机构监事会规模整体有所提升，中小型保险机构各年监事会规模最大值为 15.00 人，最小值为 1.00 人，极差达到 14.00 人，表明中小型保险机构监事会规模之间存在一定差距；2016－2019 年大型保险机构监事会规模平均值依次为 4.00 人、4.38 人、4.23 人和 4.08 人，中小型保险机构各年数值均低于大型保险机构，表明中小型保险机构监事会规模整体低于大型保险机构，且各大型保险机构间监事会规模极差为 4.00 人或 5.00 人，小于中小型保险机构，表明中小型保险机构监事会规模差异大于大型保险机构。

表 6-76　中小型保险机构监事会规模描述性统计（单位：人）

统计指标	2016 年	2017 年	2018 年	2019 年
有效样本	124	136	146	146
缺失样本	23	23	21	21
平均值	3.73	3.79	3.73	3.84
中位数	3.00	3.00	3.00	3.00
标准差	2.47	2.39	2.27	2.29
极差	14.00	14.00	14.00	14.00
最小值	1.00	1.00	1.00	1.00
最大值	15.00	15.00	15.00	15.00

资料来源：根据保险机构公开披露信息整理。

表 6-77 大型保险机构监事会规模描述性统计（单位：人）

统计指标	2016 年	2017 年	2018 年	2019 年
有效样本	13	13	13	13
缺失样本	0	0	0	0
平均值	4.00	4.38	4.23	4.08
中位数	4.00	5.00	5.00	4.00
标准差	1.16	1.33	1.36	1.19
极差	4.00	4.00	5.00	3.00
最小值	2.00	3.00	2.00	3.00
最大值	6.00	7.00	7.00	6.00

资料来源：根据保险机构公开披露信息整理。

二、中小型保险机构职工监事设立情况

表 6-78 和表 6-79 的统计结果显示，2016－2019 年设立职工监事的中小型保险机构比例依次为 51.70%、54.72%、62.27% 和 61.08%，比例整体呈上升趋势，表明中小型保险机构职工监事设立机制有所完善，职工监事人数主要集中于 1－3 人，2016－2019 年职工监事人数为 1－3 人的中小型保险机构累计比例依次为 50.34%、53.46%、60.48% 和 58.68%；2016－2019 年设立职工监事的大型保险机构比例依次为 84.62%、92.31%、61.54% 和 84.62%，中小型保险机构各年数值均低于大型保险机构，表明中小型保险机构职工监事设立情况明显劣于大型保险机构。

表 6-78 中小型保险机构职工监事设立情况统计

职工监事（人）	2016 年		2017 年		2018 年		2019 年	
	频数（家）	比例（%）	频数（家）	比例（%）	频数（家）	比例（%）	频数（家）	比例（%）
0	64	43.54	62	38.99	55	32.93	57	34.13
1	35	23.81	43	27.04	55	32.93	53	31.74
2	28	19.05	28	17.61	30	17.96	30	17.96
3	11	7.48	14	8.81	16	9.58	15	8.98
4	0	0.00	0	0.00	1	0.60	3	1.80
5	2	1.36	1	0.63	2	1.20	1	0.60
6	0	0.00	1	0.63	0	0.00	0	0.00
有效样本	140	95.24	149	93.71	159	95.21	159	95.21
缺失样本	7	4.76	10	6.29	8	4.79	8	4.79
合计	147	100.00	159	100.00	167	100.00	167	100.00

资料来源：根据保险机构公开披露信息整理。

表 6-79 大型保险机构职工监事设立情况统计

职工监事 （人）	2016 年		2017 年		2018 年		2019 年	
	频数 （家）	比例 （%）	频数 （家）	比例 （%）	频数 （家）	比例 （%）	频数 （家）	比例 （%）
0	2	15.38	1	7.69	5	38.46	2	15.38
1	4	30.77	4	30.77	7	53.85	4	30.77
2	7	53.85	7	53.85	1	7.69	7	53.85
3	0	0.00	1	7.69	0	0.00	0	0.00
有效样本	13	100.00	13	100.00	13	100.00	13	100.00
缺失样本	0	0.00	0	0.00	0	0.00	0	0.00
合计	13	100.00	13	100.00	13	100.00	13	100.00

资料来源：根据保险机构公开披露信息整理。

表 6-80 和表 6-81 的统计结果显示，2016—2019 年中小型保险机构职工监事规模平均值依次为 0.96 人、1.02 人、1.11 人和 1.10 人，整体呈现上升趋势，表明中小型保险机构职工监事设立情况有所改善，但职工监事人数整体较少，各年职工监事人数最小值均为 0 人，极差达到 5.00 人或 6.00 人，表明中小型保险机构职工监事设立情况存在一定差距；2016—2019 年大型保险机构职工监事人数平均值依次为 1.38 人、1.62 人、1.69 人和 1.38 人，中小型保险机构各年数值均低于大型保险机构，表明中小型保险机构职工监事人数整体少于大型保险机构。

表 6-80 中小型保险机构职工监事人数描述性统计（单位：人）

统计指标	2016 年	2017 年	2018 年	2019 年
有效样本	140	149	159	159
缺失样本	7	10	8	8
平均值	0.96	1.02	1.11	1.10
中位数	1.00	1.00	1.00	1.00
标准差	1.10	1.12	1.09	1.09
极差	5.00	6.00	5.00	5.00
最小值	0.00	0.00	0.00	0.00
最大值	5.00	6.00	5.00	5.00

资料来源：根据保险机构公开披露信息整理。

表 6-81 大型保险机构职工监事人数描述性统计（单位：人）

统计指标	2016 年	2017 年	2018 年	2019 年
有效样本	13	13	13	13
缺失样本	0	0	0	0
平均值	1.38	1.62	1.69	1.38
中位数	2.00	2.00	2.00	2.00
标准差	0.77	0.77	0.63	0.77
极差	2.00	3.00	2.00	2.00
最小值	0.00	0.00	1.00	0.00
最大值	2.00	3.00	3.00	2.00

资料来源：根据保险机构公开披露信息整理。

三、中小型保险机构监事学历情况

表 6-82 至表 6-87 的统计结果显示，中小型保险机构和大型保险机构监事学历水平整体较高，具体表现在大专及以下学历监事的人数较少、比例较低，而本科、硕士和博士学历监事的人数较多、比例较高。以大专和硕士学历为例，2016－2019 年，有大专及以下学历监事的中小型保险机构比例依次为 12.93%、11.32%、7.78% 和 8.38%，而有硕士学历监事的中小型保险机构比例依次为 60.55%、64.78%、66.47% 和 67.07%；2016－2019 年大型保险机构没有大专及以下学历监事，中小型保险机构各年比例高于相应年份大型保险机构，有硕士学历监事的大型保险机构比例依次为 76.92%、76.92%、76.92% 和 84.62%，中小型保险机构各年比例均低于相应年份大型保险机构。

表 6-82 中小型和大型保险机构大专及以下学历监事人数统计

年份	大专及以下学历监事（人）	中小型保险机构		大型保险机构	
		频数（家）	比例（%）	频数（家）	比例（%）
2016	0	121	82.31	13	100.00
	1	16	10.88	0	0.00
	2	3	2.04	0	0.00
	有效样本	140	95.24	13	100.00
	缺失样本	7	4.76	0	0.00
	合计	147	100.00	13	100.00

年份	大专及以下学历监事（人）	中小型保险机构		大型保险机构	
		频数（家）	比例（%）	频数（家）	比例（%）
2017	0	131	82.39	13	100.00
	1	15	9.43	0	0.00
	2	3	1.89	0	0.00
	有效样本	149	93.71	13	100.00
	缺失样本	10	6.29	0	0.00
	合计	159	100.00	13	100.00
2018	0	146	87.43	13	100.00
	1	11	6.59	0	0.00
	2	2	1.20	0	0.00
	有效样本	159	95.21	13	100.00
	缺失样本	8	4.79	0	0.00
	合计	167	100.00	13	100.00
2019	0	145	86.83	13	100.00
	1	12	7.19	0	0.00
	2	2	1.20	0	0.00
	有效样本	159	95.21	13	100.00
	缺失样本	8	4.79	0	0.00
	合计	167	100.00	13	100.00

资料来源：根据保险机构公开披露信息整理。

表 6-83　中小型保险机构本科学历监事人数统计

本科学历监事（人）	2016 年		2017 年		2018 年		2019 年	
	频数（家）	比例（%）	频数（家）	比例（%）	频数（家）	比例（%）	频数（家）	比例（%）
0	55	37.41	49	30.82	51	30.54	56	33.53
1	33	22.45	42	26.42	47	28.14	44	26.35
2	26	17.69	27	16.98	26	15.57	22	13.17
3	10	6.80	14	8.81	19	11.38	20	11.98
4	10	6.80	9	5.66	10	5.99	12	7.19
5	1	0.68	5	3.14	5	2.99	5	2.99
6	2	1.36	2	1.26	1	0.60	0	0.00
7	2	1.36	0	0.00	0	0.00	0	0.00
8	0	0.00	0	0.00	0	0.00	0	0.00
9	0	0.00	0	0.00	0	0.00	0	0.00

续表

本科学历监事（人）	2016 年		2017 年		2018 年		2019 年	
	频数（家）	比例（%）	频数（家）	比例（%）	频数（家）	比例（%）	频数（家）	比例（%）
10	1	0.68	1	0.63	0	0.00	0	0.00
有效样本	140	95.24	149	93.71	159	95.21	159	95.21
缺失样本	7	4.76	10	6.29	8	4.79	8	4.79
合计	147	100.00	159	100.00	167	100.00	167	100.00

资料来源：根据保险机构公开披露信息整理。

表 6-84 大型保险机构本科学历监事人数统计

本科学历监事（人）	2016 年		2017 年		2018 年		2019 年	
	频数（家）	比例（%）	频数（家）	比例（%）	频数（家）	比例（%）	频数（家）	比例（%）
0	3	23.08	3	23.08	4	30.77	5	38.46
1	5	38.46	3	23.08	1	7.69	3	23.08
2	1	7.69	2	15.38	3	23.08	3	23.08
3	3	23.08	2	15.38	4	30.77	2	15.38
4	1	7.69	3	23.08	1	7.69	0	0.00
有效样本	13	100.00	13	100.00	13	100.00	13	100.00
缺失样本	0	0.00	0	0.00	0	0.00	0	0.00
合计	13	100.00	13	100.00	13	100.00	13	100.00

资料来源：根据保险机构公开披露信息整理。

表 6-85 中小型保险机构硕士学历监事人数统计

硕士学历监事（人）	2016 年		2017 年		2018 年		2019 年	
	频数（家）	比例（%）	频数（家）	比例（%）	频数（家）	比例（%）	频数（家）	比例（%）
0	51	34.69	46	28.93	48	28.74	47	28.14
1	39	26.53	45	28.30	40	23.95	39	23.35
2	31	21.09	32	20.13	42	25.15	38	22.75
3	11	7.48	18	11.32	22	13.17	23	13.77
4	6	4.08	6	3.77	3	1.80	9	5.39
5	1	0.68	1	0.63	3	1.80	2	1.20
6	0	0.00	0	0.00	0	0.00	0	0.00
7	0	0.00	0	0.00	0	0.00	0	0.00
8	1	0.68	1	0.63	1	0.60	1	0.60

硕士学历监事（人）	2016 年		2017 年		2018 年		2019 年	
	频数（家）	比例（%）	频数（家）	比例（%）	频数（家）	比例（%）	频数（家）	比例（%）
有效样本	140	95.24	149	93.71	159	95.21	159	95.21
缺失样本	7	4.76	10	6.29	8	4.79	8	4.79
合计	147	100.00	159	100.00	167	100.00	167	100.00

资料来源：根据保险机构公开披露信息整理。

表 6-86　大型保险机构硕士学历监事人数统计

硕士学历监事（人）	2016 年		2017 年		2018 年		2019 年	
	频数（家）	比例（%）	频数（家）	比例（%）	频数（家）	比例（%）	频数（家）	比例（%）
0	3	23.08	3	23.08	3	23.08	2	15.38
1	0	0.00	1	7.69	5	38.46	4	30.77
2	7	53.85	6	46.15	2	15.38	4	30.77
3	3	23.08	3	23.08	1	7.69	3	23.08
4	0	0.00	0	0.00	2	15.38	0	0.00
有效样本	13	100.00	13	100.00	13	100.00	13	100.00
缺失样本	0	0.00	0	0.00	0	0.00	0	0.00
合计	13	100.00	13	100.00	13	100.00	13	100.00

资料来源：根据保险机构公开披露信息整理。

表 6-87　中小型和大型保险机构博士学历监事人数统计

年份	博士学历监事（人）	中小型保险机构		大型保险机构	
		频数（家）	比例（%）	频数（家）	比例（%）
2016	0	114	77.55	7	53.85
	1	24	16.33	0	0.00
	2	1	0.68	5	38.46
	3	1	0.68	1	7.69
	4	0	0.00	0	0.00
	有效样本	140	95.24	13	100.00
	缺失样本	7	4.76	0	0.00
	合计	147	100.00	13	100.00
2017	0	124	77.99	7	53.85
	1	21	13.21	4	30.77
	2	3	1.89	1	7.69

年份	博士学历监事（人）	中小型保险机构		大型保险机构	
		频数（家）	比例（%）	频数（家）	比例（%）
2017	3	1	0.63	0	0.00
	4	0	0.00	1	7.69
	有效样本	149	93.71	13	100.00
	缺失样本	10	6.29	0	0.00
	合计	159	100.00	13	100.00
2018	0	133	79.64	8	61.54
	1	22	13.17	3	23.08
	2	4	2.40	1	7.69
	3	0	0.00	1	7.69
	4	0	0.00	0	0.00
	有效样本	159	95.21	13	100.00
	缺失样本	8	4.79	0	0.00
	合计	167	100.00	13	100.00
2019	0	135	80.84	6	46.15
	1	20	11.98	4	30.77
	2	4	2.40	3	23.08
	3	0	0.00	0	0.00
	4	0	0.00	0	0.00
	有效样本	159	95.21	13	100.00
	缺失样本	8	4.79	0	0.00
	合计	167	100.00	13	100.00

资料来源：根据保险机构公开披露信息整理。

四、中小型保险机构有无财务会计背景监事

表 6-88 和表 6-89 的统计结果显示，2016—2019 年有财务会计背景监事的中小型保险机构比例依次为 42.86%、45.91%、47.31%和44.91%，2016—2018 年比例逐年上升，2019 年略有下降，表明越来越多的中小型保险机构设立财务会计背景监事，中小型保险机构财务会计背景监事的人数主要集中在 1—3 人，2016—2019 年财务会计背景监事人数为 1—3 人的中小型保险机构累计比例依次为 38.77%、41.52%、41.92%和 40.12%；2016—2019 年有财务会计背景监事的大型保险机构比例依次为 76.92%、69.23%、69.23%和 53.85%，中小型保险机构各年比例均低于大型保险机构，表明中

小型保险机构财务会计背景监事的设立情况劣于大型保险机构。

表 6-88　中小型保险机构财务会计背景监事人数统计

财务会计背景监事（人）	2016 年		2017 年		2018 年		2019 年	
	频数（家）	比例（%）	频数（家）	比例（%）	频数（家）	比例（%）	频数（家）	比例（%）
0	77	52.38	76	47.80	80	47.90	84	50.30
1	38	25.85	42	26.42	52	31.14	45	26.95
2	14	9.52	21	13.21	9	5.39	16	9.58
3	5	3.40	3	1.89	9	5.39	6	3.59
4	2	1.36	1	0.63	6	3.59	5	2.99
5	2	1.36	3	1.89	2	1.20	2	1.20
6	1	0.68	1	0.63	0	0.00	0	0.00
7	0	0.00	1	0.63	0	0.00	0	0.00
8	1	0.68	1	0.63	0	0.00	1	0.60
9	0	0.00	0	0.00	1	0.60	0	0.00
有效样本	140	95.24	149	93.71	159	95.21	159	95.21
缺失样本	7	4.76	10	6.29	8	4.79	8	4.79
合计	147	100.00	159	100.00	167	100.00	167	100.00

资料来源：根据保险机构公开披露信息整理。

表 6-89　大型保险机构财务会计背景监事人数统计

财务会计背景监事（人）	2016 年		2017 年		2018 年		2019 年	
	频数（家）	比例（%）	频数（家）	比例（%）	频数（家）	比例（%）	频数（家）	比例（%）
0	3	23.08	4	30.77	4	30.77	6	46.15
1	7	53.85	5	38.46	7	53.85	4	30.77
2	3	23.08	2	15.38	0	0.00	2	15.38
3	0	0.00	2	15.38	1	7.69	1	7.69
4	0	0.00	0	0.00	1	7.69	0	0.00
有效样本	13	100.00	13	100.00	13	100.00	13	100.00
缺失样本	0	0.00	0	0.00	0	0.00	0	0.00
合计	13	100.00	13	100.00	13	100.00	13	100.00

资料来源：根据保险机构公开披露信息整理。

五、中小型保险机构有无金融背景监事

表 6-90 的统计结果显示，2016－2019 年有金融背景监事的中小型保险机构比例依次为 18.37%、18.24%、29.94% 和 34.13%，比例呈整体上升趋势，表明越来越多的中小型保险机构设立金融背景监事，中小型保险机构金融背景监事的人数主要集中在 1－2 人，2016－2019 年金融背景监事人数为 1－2 人的中小型保险机构累计比例依次为 17.68%、17.61%、27.54% 和 31.74%；2016－2019 年有金融背景监事的大型保险机构比例依次为 38.46%、30.77%、38.46% 和 23.07%，除 2019 年以外，中小型保险机构其余各年比例均低于大型保险机构，表明中小型保险机构金融背景监事的设立情况劣于大型保险机构。

表 6-90　中小型和大型保险机构金融背景监事人数统计

年份	金融背景监事（人）	中小型保险机构		大型保险机构	
		频数（家）	比例（%）	频数（家）	比例（%）
2016	0	113	76.87	8	61.54
	1	18	12.24	4	30.77
	2	8	5.44	1	7.69
	3	1	0.68	0	0.00
	有效样本	140	95.24	13	100.00
	缺失样本	7	4.76	0	0.00
	合计	147	100.00	13	100.00
2017	0	120	75.47	9	69.23
	1	18	11.32	3	23.08
	2	10	6.29	1	7.69
	3	1	0.63	0	0.00
	有效样本	149	93.71	13	100.00
	缺失样本	10	6.29	0	0.00
	合计	159	100.00	13	100.00
2018	0	109	65.27	8	61.54
	1	30	17.96	3	23.08
	2	16	9.58	2	15.38
	3	4	2.40	0	0.00
	有效样本	159	95.21	13	100.00
	缺失样本	8	4.79	0	0.00
	合计	167	100.00	13	100.00

年份	金融背景监事（人）	中小型保险机构		大型保险机构	
		频数（家）	比例（%）	频数（家）	比例（%）
2019	0	102	61.08	10	76.92
	1	34	20.36	2	15.38
	2	19	11.38	1	7.69
	3	4	2.40	0	0.00
	有效样本	159	95.21	13	100.00
	缺失样本	8	4.79	0	0.00
	合计	167	100.00	13	100.00

资料来源：根据保险机构公开披露信息整理。

六、中小型保险机构有无保险和精算背景监事

表 6-91 的统计结果显示，2016－2019 年有保险和精算背景监事的中小型保险机构比例依次为 13.61%、16.98%、43.71%和 46.71%，比例呈逐年上升趋势，表明越来越多的中小型保险机构设立保险和精算背景监事，中小型保险机构保险和精算背景监事的人数主要集中在 1－2 人，2016－2019 年保险和精算背景监事人数为 1－2 人的中小型保险机构累计比例依次为 13.60%、16.98%、29.94%和 36.53%；2016－2019 年有保险和精算背景监事的大型保险机构比例依次为 15.38%、38.46%、76.92%和 100.00%，中小型保险机构各年比例均低于大型保险机构，表明中小型保险机构保险和精算背景监事的设立情况劣于大型保险机构。

表 6-91　中小型和大型保险机构保险和精算背景监事人数统计

年份	保险和精算背景监事（人）	中小型保险机构		大型保险机构	
		频数（家）	比例（%）	频数（家）	比例（%）
2016	0	120	81.63	11	84.62
	1	18	12.24	2	15.38
	2	2	1.36	0	0.00
	3	0	0.00	0	0.00
	4	0	0.00	0	0.00
	5	0	0.00	0	0.00
	有效样本	140	95.24	13	100.00
	缺失样本	7	4.76	0	0.00
	合计	147	100.00	13	100.00

年份	保险和精算背景监事（人）	中小型保险机构		大型保险机构	
		频数（家）	比例（%）	频数（家）	比例（%）
2017	0	122	76.73	8	61.54
	1	24	15.09	5	38.46
	2	3	1.89	0	0.00
	3	0	0.00	0	0.00
	4	0	0.00	0	0.00
	5	0	0.00	0	0.00
	有效样本	149	93.71	13	100.00
	缺失样本	10	6.29	0	0.00
	合计	159	100.00	13	100.00
2018	0	86	51.50	3	23.08
	1	33	19.76	6	46.15
	2	17	10.18	3	23.08
	3	19	11.38	1	7.69
	4	3	1.80	0	0.00
	5	1	0.60	0	0.00
	有效样本	159	95.21	13	100.00
	缺失样本	8	4.79	0	0.00
	合计	167	100.00	13	100.00
2019	0	81	48.50	0	0.00
	1	36	21.56	7	53.85
	2	25	14.97	3	23.08
	3	13	7.78	2	15.38
	4	3	1.80	0	0.00
	5	1	0.60	1	7.69
	有效样本	159	95.21	13	100.00
	缺失样本	8	4.79	0	0.00
	合计	167	100.00	13	100.00

资料来源：根据保险机构公开披露信息整理。

七、中小型保险机构监事职业背景结构

表6-92的统计结果显示，2016－2019年中小型保险机构监事职业背景结构主要集中在1种和2种职业背景，2016－2019年监事职业背景有1种和2种背景的中小型保险机构累计比例依次为82.32%、79.24%、69.46%

和 65.87%，各年比例均超过 60.00%，表明中小型保险机构监事职业背景
结构多元化程度较低；2016－2019 年监事职业背景结构为 1 种和 2 种背景
的大型保险机构累计比例依次为 53.84%、53.84%、61.54%和 61.54%，中
小型保险机构各年比例均高于大型保险机构，表明中小型保险机构监事职
业背景多元化程度低于大型保险机构。

表 6-92　中小型和大型保险机构监事职业背景结构统计

年份	职业背景结构（种）	中小型保险机构		大型保险机构	
		频数（家）	比例（%）	频数（家）	比例（%）
2016	1	61	41.50	2	15.38
	2	60	40.82	5	38.46
	3	17	11.56	6	46.15
	4	2	1.36	0	0.00
	有效样本	140	95.24	13	100.00
	缺失样本	7	4.76	0	0.00
	合计	147	100.00	13	100.00
2017	1	62	38.99	1	7.69
	2	64	40.25	6	46.15
	3	21	13.21	6	46.15
	4	2	1.26	0	0.00
	有效样本	149	93.71	13	100.00
	缺失样本	10	6.29	0	0.00
	合计	159	100.00	13	100.00
2018	1	58	34.73	1	7.69
	2	58	34.73	7	53.85
	3	33	19.76	4	30.77
	4	10	5.99	1	7.69
	有效样本	159	95.21	13	100.00
	缺失样本	8	4.79	0	0.00
	合计	167	100.00	13	100.00
2019	1	52	31.14	1	7.69
	2	58	34.73	7	53.85
	3	36	21.56	4	30.77
	4	13	7.78	1	7.69
	有效样本	159	95.21	13	100.00
	缺失样本	8	4.79	0	0.00
	合计	167	100.00	13	100.00

资料来源：根据保险机构公开披露信息整理。

第四节　中小型保险机构高级管理人员状况分析

本节从高级管理人员维度，对反映我国中小型保险机构高级管理人员治理状况的 7 个具体指标进行了年度统计分析，进而全面揭示了我国 2016－2019 年期间中小型保险机构高级管理人员治理的状况。

一、中小型保险机构高管规模

表 6-93 和表 6-94 的统计结果显示，中小型保险机构高管规模均集中于 4－10 人，2016－2019 年高管规模为 4－10 人的中小型保险机构累计比例依次为 79.59%、73.59%、79.04%和 77.84%，各年比例接近 80.00%；大型保险机构高管规模最低为 6 人，表明中小型保险机构高管规模整体低于大型保险机构。

表 6-93　中小型保险机构高管规模统计

高管规模（人）	2016 年		2017 年		2018 年		2019 年	
	频数（家）	比例（%）	频数（家）	比例（%）	频数（家）	比例（%）	频数（家）	比例（%）
0	0	0.00	1	0.63	0	0.00	0	0.00
1	1	0.68	1	0.63	1	0.60	0	0.00
2	2	1.36	0	0.00	1	0.60	0	0.00
3	3	2.04	8	5.03	4	2.40	3	1.80
4	19	12.93	11	6.92	11	6.59	5	2.99
5	19	12.93	18	11.32	22	13.17	18	10.78
6	16	10.88	19	11.95	20	11.98	24	14.37
7	19	12.93	26	16.35	26	15.57	25	14.97
8	17	11.56	22	13.84	23	13.77	29	17.37
9	17	11.56	10	6.29	17	10.18	16	9.58
10	10	6.80	11	6.92	13	7.78	13	7.78
11	5	3.40	7	4.40	3	1.80	5	2.99
12	4	2.72	3	1.89	6	3.59	6	3.59
13	4	2.72	4	2.52	3	1.80	5	2.99
14	0	0.00	4	2.52	4	2.40	2	1.20
15	0	0.00	2	1.26	2	1.20	2	1.20
16	2	1.36	0	0.00	1	0.60	2	1.20
17	2	1.36	0	0.00	1	0.60	1	0.60

高管规模（人）	2016 年		2017 年		2018 年		2019 年	
	频数（家）	比例（%）	频数（家）	比例（%）	频数（家）	比例（%）	频数（家）	比例（%）
18	0	0.00	0	0.00	0	0.00	1	0.60
19	0	0.00	0	0.00	1	0.60	0	0.00
有效样本	140	95.24	147	92.45	159	95.21	157	94.01
缺失样本	7	4.76	12	7.55	8	4.79	10	5.99
合计	147	100.00	159	100.00	167	100.00	167	100.00

资料来源：根据保险机构公开披露信息整理。

表 6-94　大型保险机构高管规模统计

高管规模（人）	2016 年		2017 年		2018 年		2019 年	
	频数（家）	比例（%）	频数（家）	比例（%）	频数（家）	比例（%）	频数（家）	比例（%）
6	0	0.00	0	0.00	1	7.69	1	7.69
7	2	15.38	2	15.38	0	0.00	1	7.69
8	1	7.69	0	0.00	0	0.00	0	0.00
9	1	7.69	2	15.38	2	15.38	1	7.69
10	0	0.00	1	7.69	2	15.38	3	23.08
11	1	7.69	2	15.38	2	15.38	2	15.38
12	0	0.00	0	0.00	0	0.00	0	0.00
13	1	7.69	2	15.38	2	15.38	1	7.69
14	1	7.69	0	0.00	1	7.69	2	15.38
15	2	15.38	2	15.38	1	7.69	1	7.69
16	2	15.38	0	0.00	0	0.00	0	0.00
17	0	0.00	1	7.69	1	7.69	0	0.00
18	0	0.00	0	0.00	0	0.00	0	0.00
19	1	7.69	1	7.69	1	7.69	0	0.00
20	0	0.00	0	0.00	0	0.00	1	7.69
21	1	7.69	0	0.00	0	0.00	0	0.00
有效样本	13	100.00	13	100.00	13	100.00	13	100.00
缺失样本	0	0.00	0	0.00	0	0.00	0	0.00
合计	13	100.00	13	100.00	13	100.00	13	100.00

资料来源：根据保险机构公开披露信息整理。

表 6-95 和表 6-96 的统计结果显示，2016－2019 年中小型保险机构

高管规模平均值依次为 7.31 人、7.36 人、7.67 人和 8.03 人，比例呈逐年上升趋势，表明中小型保险机构高管规模有所增加，各年高管规模极差均超过 14.00 人，表明中小型保险机构高管规模存在明显差距；2016－2019 年大型保险机构高管规模平均值依次为 13.15 人、12.00 人、12.08 人和 11.54 人，中小型保险机构各年数值均低于相应年份大型保险机构，表明中小型保险机构高管规模低于大型保险机构。

表 6-95　中小型保险机构高管规模描述性统计（单位：人）

统计指标	2016 年	2017 年	2018 年	2019 年
有效样本	140	147	159	157
缺失样本	7	12	8	10
平均值	7.31	7.36	7.67	8.03
中位数	7.00	7.00	7.00	8.00
标准差	2.99	2.87	3.00	2.83
极差	16.00	15.00	18.00	15.00
最小值	1.00	0.00	1.00	3.00
最大值	17.00	15.00	19.00	18.00

资料来源：根据保险机构公开披露信息整理。

表 6-96　大型保险机构高管规模描述性统计（单位：人）

统计指标	2016 年	2017 年	2018 年	2019 年
有效样本	13	13	13	13
缺失样本	0	0	0	0
平均值	13.15	12.00	12.08	11.54
中位数	14.00	11.00	11.00	11.00
标准差	4.51	3.74	3.57	3.69
极差	14.00	12.00	13.00	14.00
最小值	7.00	7.00	6.00	6.00
最大值	21.00	19.00	19.00	20.00

资料来源：根据保险机构公开披露信息整理。

二、中小型保险机构两职设置

表 6-97 的统计结果显示，2016－2019 年存在两职合一现象的中小型保险机构比例依次为 20.41%、16.35%、12.57% 和 7.78%，比例呈现逐年下降的趋势，2019 年较 2016 年比例降低了 12.63%，表明中小型保险机构两职合一现象有所改善；2016－2019 年存在两职合一现象的大型保险机构比

例依次为 30.77%、30.77%、23.08% 和 15.38%，比例呈现逐年下降的趋势，表明大型保险机构两职合一现象也有所改善，但中小型保险机构各年比例均低于大型保险机构，表明中小型保险机构两职合一现象没有大型保险机构严重。

表 6-97　中小型和大型保险机构两职设置统计

年份	两职设置	中小型保险机构		大型保险机构	
		频数（家）	比例（%）	频数（家）	比例（%）
2016	两职分离	110	74.83	9	69.23
	两职合一	30	20.41	4	30.77
	有效样本	140	95.24	13	100.00
	缺失样本	7	4.76	0	0.00
	合计	147	100.00	13	100.00
2017	两职分离	121	76.10	9	69.23
	两职合一	26	16.35	4	30.77
	有效样本	147	92.45	13	100.00
	缺失样本	12	7.55	0	0.00
	合计	159	100.00	13	100.00
2018	两职分离	138	82.63	10	76.92
	两职合一	21	12.57	3	23.08
	有效样本	159	95.21	13	100.00
	缺失样本	8	4.79	0	0.00
	合计	167	100.00	13	100.00
2019	两职分离	144	86.23	11	84.62
	两职合一	13	7.78	2	15.38
	有效样本	157	94.01	13	100.00
	缺失样本	10	5.99	0	0.00
	合计	167	100.00	13	100.00

资料来源：根据保险机构公开披露信息整理。

三、中小型保险机构是否设立总精算师

表 6-98 的统计结果显示，2016—2019 年设立总精算师的中小型保险机构比例依次为 53.06%、55.97%、53.29% 和 66.47%，比例均大于 50.00%，且比例呈现整体上升趋势，表明设立总精算师的中小型保险机构较多且逐年增加，2019 年较 2016 年增加了 33 家机构，比例上升了 13.41%；2016—2019 年设立总精算师的大型保险机构比例依次为 61.54%、69.23%、69.23%

和 84.62%，比例呈现整体上升趋势，表明设立总精算师的大型保险机构逐年增加，中小型保险机构各年比例均小于大型保险机构，表明中小型保险机构设立总精算师的意识较大型保险机构差。

表 6-98　中小型和大型保险机构是否设立总精算师描述

年份	总精算师	中小型保险机构		大型保险机构	
		频数（家）	比例（%）	频数（家）	比例（%）
2016	设立	78	53.06	8	61.54
	未设立	62	42.18	5	38.46
	未披露	7	4.76	0	0.00
	合计	147	100.00	13	100.00
2017	设立	89	55.97	9	69.23
	未设立	57	35.85	4	30.77
	未披露	13	8.18	0	0.00
	合计	159	100.00	13	100.00
2018	设立	89	53.29	9	69.23
	未设立	73	43.71	3	23.08
	未披露	5	2.99	1	7.69
	合计	167	100.00	13	100.00
2019	设立	111	66.47	11	84.62
	未设立	48	28.74	2	15.38
	未披露	8	4.79	0	0.00
	合计	167	100.00	13	100.00

资料来源：根据保险机构公开披露信息整理。

四、中小型保险机构是否设立合规负责人

表 6-99 的统计结果显示，2016－2019 年设立合规负责人的中小型保险机构比例依次为 72.79%、74.21%、69.46% 和 79.64%，比例均在 70.00% 左右，且比例呈现整体上升趋势，表明设立合规负责人的中小型保险机构较多且逐年增加，2019 年较 2016 年增加了 25 家机构，比例上升了 6.85%；2016－2019 年设立合规负责人的大型保险机构比例依次为 69.23%、69.23%、69.23% 和 76.92%，中小型保险机构各年比例均高于大型保险机构，表明中小型保险机构设立合规负责人的情况优于大型保险机构。

表 6-99　中小型和大型保险机构是否设立合规负责人统计

年份	合规负责人	中小型保险机构		大型保险机构	
		频数（家）	比例（%）	频数（家）	比例（%）
2016	设立	107	72.79	9	69.23
	未设立	33	22.45	4	30.77
	未披露	7	4.76	0	0.00
	合计	147	100.00	13	100.00
2017	设立	118	74.21	9	69.23
	未设立	28	17.61	4	30.77
	未披露	13	8.18	0	0.00
	合计	159	100.00	13	100.00
2018	设立	116	69.46	9	69.23
	未设立	46	27.54	3	23.08
	未披露	5	2.99	1	7.69
	合计	167	100.00	13	100.00
2019	设立	133	79.64	10	76.92
	未设立	26	15.57	3	23.08
	未披露	8	4.79	0	0.00
	合计	167	100.00	13	100.00

资料来源：根据保险机构公开披露信息整理。

五、中小型保险机构是否设立首席风险官

表 6-100 的统计结果显示，2016－2019 年设立首席风险官的中小型保险机构比例依次为 37.41%、47.80%、44.91% 和 50.90%，比例呈现整体上升趋势，表明设立首席风险官的中小型保险机构整体在增加，2019 年较2016 年增加了 30 家机构，比例上升了 13.49%，但各年比例总体较低，说明中小型保险机构设立首席风险官的意识有待加强；2016－2019 年设立首席风险官的大型保险机构比例依次为 30.77%、53.85%、30.77% 和 38.46%，中小型保险机构各年比例整体高于大型保险机构，说明中小型保险机构设立首席风险官的情况整体优于大型保险机构。

表 6-100　中小型和大型保险机构是否设立首席风险官统计

年份	首席风险官	中小型保险机构		大型保险机构	
		频数（家）	比例（%）	频数（家）	比例（%）
2016	设立	55	37.41	4	30.77
	未设立	85	57.82	9	69.23
	未披露	7	4.76	0	0.00
	合计	147	100.00	13	100.00
2017	设立	76	47.80	7	53.85
	未设立	70	44.03	6	46.15
	未披露	13	8.18	0	0.00
	合计	159	100.00	13	100.00
2018	设立	75	44.91	4	30.77
	未设立	87	52.10	8	61.54
	未披露	5	2.99	1	7.69
	合计	167	100.00	13	100.00
2019	设立	85	50.90	5	38.46
	未设立	74	44.31	8	61.54
	未披露	8	4.79	0	0.00
	合计	167	100.00	13	100.00

资料来源：根据保险机构公开披露信息整理。

六、中小型保险机构是否设立审计责任人

表 6-101 的统计结果显示，2016－2019 年设立审计责任人的中小型保险机构比例依次为 61.22%、66.67%、63.47%和 75.45%，各年比例均高于 60.00%，比例呈现整体上升趋势，表明设立审计责任人的中小型保险机构总体较多且数量在增加，2019 年较 2016 年增加了 36 家机构，比例上升了 14.23%；2016－2019 年设立审计责任人的大型保险机构比例依次为 53.85%、46.15%、46.15%和 69.23%，中小型保险机构各年比例均高于大型保险机构，表明中小型保险机构设立审计责任人的情况优于大型保险机构。

表 6-101　中小型和大型保险机构是否设立审计责任人统计

年份	审计责任人	中小型保险机构		大型保险机构	
		频数（家）	比例（%）	频数（家）	比例（%）
2016	设立	90	61.22	7	53.85
	未设立	50	34.01	6	46.15
	未披露	7	4.76	0	0.00
	合计	147	100.00	13	100.00
2017	设立	106	66.67	6	46.15
	未设立	40	25.16	7	53.85
	未披露	13	8.18	0	0.00
	合计	159	100.00	13	100.00
2018	设立	106	63.47	6	46.15
	未设立	56	33.53	6	46.15
	未披露	5	2.99	1	7.69
	合计	167	100.00	13	100.00
2019	设立	126	75.45	9	69.23
	未设立	33	19.76	4	30.77
	未披露	8	4.79	0	0.00
	合计	167	100.00	13	100.00

资料来源：根据保险机构公开披露信息整理。

七、中小型保险机构总经理是否非正常变更

如表 6-102 和表 6-103 所示，2016－2019 年存在总经理变更情况的中小型保险机构比例依次为 21.77%、17.61%、18.56%和 11.97%，其中非正常变更的比例依次为 18.37%、15.72%、14.97%和 11.98%，总经理非正常变更比例在 2016－2019 年呈下降趋势，在非正常变更的各类形式中，2016 年和 2017 年免职占比相对较高；2016－2019 年存在总经理变更情况的大型保险机构比例依次为 15.38%、7.69%、15.38%和 38.46%，其中非正常变更的比例依次为 15.38%、7.69%、7.69%和 30.77%，除了 2019 年以外，其余各年中小型保险机构比例均高于大型保险机构，表明中小型保险机构总经理非正常变更情况劣于大型保险机构。

表6-102　中小型保险机构总经理是否非正常变更统计

总经理变更	2016 年		2017 年		2018 年		2019 年	
	频数（家）	比例（%）	频数（家）	比例（%）	频数（家）	比例（%）	频数（家）	比例（%）
退休	0	0.00	0	0.00	1	0.60	1	0.60
换届	5	3.40	2	1.26	5	2.99	5	2.99
控制权变动	0	0.00	1	0.63	0	0.00	0	0.00
正常变更小计	5	3.40	3	1.89	6	3.59	6	3.59
辞职	8	5.44	10	6.29	13	7.78	7	4.19
免职	19	12.93	15	9.43	12	7.19	7	4.19
非正常变更小计	27	18.37	25	15.72	25	14.97	20	11.98
未变动	112	76.19	128	80.50	133	79.64	144	86.23
未披露	3	2.04	3	1.89	3	1.80	3	1.80
合计	147	100.00	159	100.00	167	100.00	167	100.00

资料来源：根据保险机构公开披露信息整理。

表6-103　大型保险机构总经理是否非正常变更统计

总经理变更	2016 年		2017 年		2018 年		2019 年	
	频数（家）	比例（%）	频数（家）	比例（%）	频数（家）	比例（%）	频数（家）	比例（%）
控制权变动	0	0.00	0	0.00	0	0.00	0	0.00
退休	0	0.00	0	0.00	0	0.00	0	0.00
换届	0	0.00	0	0.00	1	7.69	1	7.69
正常变更小计	0	0.00	0	0.00	1	7.69	1	7.69
辞职	2	15.38	1	7.69	1	7.69	2	15.38
免职	0	0.00	0	0.00	0	0.00	2	15.38
非正常变更小计	2	15.38	1	7.69	1	7.69	4	30.77
未变动	11	84.62	12	92.31	11	84.62	8	61.54
未披露	0	0.00	0	0.00	0	0.00	0	0.00
合计	13	100.00	13	100.00	13	100.00	13	100.00

资料来源：根据保险机构公开披露信息整理。

第五节 中小型保险机构信息披露状况分析

本节从信息披露维度，对反映我国中小型保险机构信息披露状况的 19 个具体指标进行了年度统计分析，进而全面揭示了我国 2016－2019 年期间中小型保险机构信息披露的状况。

一、中小型保险机构有无官网

表 6-104 的统计结果显示，2016－2019 年均只有 1 家中小型保险机构网站无法登录，有 3 家中小型保险机构没有官网，有官网的中小型保险机构比例依次为 97.28%、97.48%、97.60% 和 97.60%，数值呈上升趋势，表明中小型保险机构官网合规性增强；2016－2019 年 13 家大型保险机构均设立官网，相比于大型保险机构，中小型保险机构官网的建设程度有待提高。

表 6-104 中小型和大型保险机构有无官网统计

年份	官网	中小型保险机构		大型保险机构	
		频数（家）	比例（%）	频数（家）	比例（%）
2016	网站无法登录	1	0.68	0	0.00
	无	3	2.04	0	0.00
	有	143	97.28	13	100.00
	合计	147	100.00	13	100.00
2017	网站无法登录	1	0.63	0	0.00
	无	3	1.89	0	0.00
	有	155	97.48	13	100.00
	合计	159	100.00	13	100.00
2018	网站无法登录	1	0.60	0	0.00
	无	3	1.80	0	0.00
	有	163	97.60	13	100.00
	合计	167	100.00	13	100.00
2019	网站无法登录	1	0.60	0	0.00
	无	3	1.80	0	0.00
	有	163	97.60	13	100.00
	合计	167	100.00	13	100.00

资料来源：根据保险机构公开披露信息整理。

二、中小型保险机构有无公开信息披露栏目

表 6-105 的统计结果显示，2016—2019 年均只有 1 家中小型保险机构网站无法登录，有 3 家中小型保险机构没有信息披露栏目，有信息披露栏目的中小型保险机构比例依次为 97.28%、97.48%、97.60% 和 97.60%，数值呈上升趋势，表明中小型保险机构信息披露栏目合规性增强；2016—2019 年 13 家大型保险机构均有信息披露栏目，相比于大型保险机构，中小型保险机构信息披露栏目的建设程度有待提高。

表 6-105　中小型和大型保险机构有无公开信息披露栏目统计

年份	公开信息披露栏目	中小型保险机构		大型保险机构	
		频数（家）	比例（%）	频数（家）	比例（%）
2016	无	3	2.04	0	0.00
	有	143	97.28	13	100.00
	网站无法登录	1	0.68	0	0.00
	合计	147	100.00	13	100.00
2017	无	3	1.89	0	0.00
	有	155	97.48	13	100.00
	网站无法登录	1	0.63	0	0.00
	合计	159	100.00	13	100.00
2018	无	3	1.80	0	0.00
	有	163	97.60	13	100.00
	网站无法登录	1	0.60	0	0.00
	合计	167	100.00	13	100.00
2019	无	3	1.80	0	0.00
	有	163	97.60	13	100.00
	网站无法登录	1	0.60	0	0.00
	合计	167	100.00	13	100.00

资料来源：根据保险机构公开披露信息整理。

三、中小型保险机构公开信息披露栏目是否显著

表 6-106 的统计结果显示，2016—2019 年公开信息披露栏目显著的中小型保险机构依次有 139 家、148 家、156 家和 156 家，数量呈逐年上升趋势，各年比例依次为 94.56%、93.08%、93.41% 和 93.41%，数值变化幅度不大，各年数值均大于 90.00%，表明中小型保险机构公开信息披露栏目

显著性较高；2016－2019 年 13 家大型保险机构的公开信息披露栏目均显著，中小型保险机构公开信息披露栏目的显著程度小于大型保险机构。

表 6-106　中小型和大型保险机构公开信息披露栏目是否显著统计

年份	公开信息披露栏目	中小型保险机构		大型保险机构	
		频数（家）	比例（%）	频数（家）	比例（%）
2016	不显著	7	4.76	0	0.00
	显著	139	94.56	13	100.00
	网站无法登录	1	0.68	0	00.00
	合计	147	100.00	13	100.00
2017	不显著	10	6.29	0	0.00
	显著	148	93.08	13	100.00
	网站无法登录	1	0.63	0	00.00
	合计	159	100.00	13	100.00
2018	不显著	10	5.99	0	0.00
	显著	156	93.41	13	100.00
	网站无法登录	1	0.60	0	00.00
	合计	167	100.00	13	100.00
2019	不显著	10	5.99	0	0.00
	显著	156	93.41	13	100.00
	网站无法登录	1	0.60	0	00.00
	合计	167	100.00	13	100.00

资料来源：根据保险机构公开披露信息整理。

四、中小型保险机构披露框架是否符合规定

表 6-107 的统计结果显示，2016－2019 年均只有 1 家中小型保险机构网站无法登录，有 20 家中小型保险机构公开信息披露框架不符合规定，披露框架符合规定的中小型保险机构比例依次为 85.71%、86.79%、87.43% 和 87.43%，数值呈整体上升趋势，表明中小型保险机构公开信息披露框架的合规性增强；2016－2019 年 13 家大型保险机构均只有 1 家披露框架不符合规定，其余 12 家均符合规定，占比均为 92.31%，说明中小型保险机构公开信息披露框架的合规性低于大型保险机构。

表 6-107　中小型和大型保险机构披露框架是否符合规定统计

年份	披露框架	中小型保险机构		大型保险机构	
		频数（家）	比例（%）	频数（家）	比例（%）
2016	不符合规定	20	13.61	1	7.69
	符合规定	126	85.71	12	92.31
	网站无法登录	1	0.68	0	0.00
	合计	147	100.00	13	100.00
2017	不符合规定	20	12.58	1	7.69
	符合规定	138	86.79	12	92.31
	网站无法登录	1	0.63	0	0.00
	合计	159	100.00	13	100.00
2018	不符合规定	20	11.98	1	7.69
	符合规定	146	87.43	12	92.31
	网站无法登录	1	0.60	0	0.00
	合计	167	100.00	13	100.00
2019	不符合规定	20	11.98	1	7.69
	符合规定	146	87.43	12	92.31
	网站无法登录	1	0.60	0	0.00
	合计	167	100.00	13	100.00

资料来源：根据保险机构公开披露信息整理。

五、中小型保险机构网站建设水平

表 6-108 的统计结果显示，2016－2019 年网站建设水平为专业的中小型保险机构比例依次为 80.95%、81.76%、82.04%和 82.04%，各年比例均大于 80.00%，数值呈整体上升趋势，表明中小型保险机构网站建设水平的专业化程度整体较高且有逐年升高的趋势；2016－2019 年 13 家大型保险机构的网站建设水平均为专业，表明中小型保险机构网站建设水平的专业化程度低于大型保险机构。

表 6-108　中小型和大型保险机构网站建设水平统计

年份	网站建设水平	中小型保险机构		大型保险机构	
		频数（家）	比例（%）	频数（家）	比例（%）
2016	较差	10	6.80	0	0.00
	一般	18	12.24	0	0.00
	专业	119	80.95	13	100.00
	合计	147	100.00	13	100.00

年份	网站建设水平	中小型保险机构		大型保险机构	
		频数（家）	比例（%）	频数（家）	比例（%）
2017	较差	10	6.29	0	0.00
	一般	19	11.95	0	0.00
	专业	130	81.76	13	100.00
	合计	159	100.00	13	100.00
2018	较差	10	5.99	0	0.00
	一般	20	11.98	0	0.00
	专业	137	82.04	13	100.00
	合计	167	100.00	13	100.00
2019	较差	10	5.99	0	0.00
	一般	20	11.98	0	0.00
	专业	137	82.04	13	100.00
	合计	167	100.00	13	100.00

资料来源：根据保险机构公开披露信息整理。

六、中小型保险机构客服热线披露情况

表 6-109 的统计结果显示，2016－2019 年披露客服热线的中小型保险机构比例依次为 85.03%、83.65%、83.83%和 83.83%，各年比例均大于80.00%，2016－2019 年客服热线披露情况为显著的中小型保险机构比例依次为 48.30%、46.54%、45.51%和 45.51%，比例均接近于 50.00%，表明中小型保险机构客服热线披露情况较好，显著程度整体较高；2016－2019 年13 家大型保险机构均披露客服热线，且客服热线披露情况为显著的比例达到 69.23%，表明中小型保险机构客服热线披露的情况劣于大型保险机构。

表 6-109　中小型和大型保险机构客服热线披露情况统计

年份	客服热线	中小型保险机构		大型保险机构	
		频数（家）	比例（%）	频数（家）	比例（%）
2016	没有	22	14.97	0	0.00
	一般	54	36.73	4	30.77
	显著	71	48.30	9	69.23
	合计	147	100.00	13	100.00
2017	没有	26	16.35	0	0.00
	一般	59	37.11	4	30.77
	显著	74	46.54	9	69.23
	合计	159	100.00	13	100.00

年份	客服热线	中小型保险机构		大型保险机构	
		频数（家）	比例（%）	频数（家）	比例（%）
2018	没有	27	16.17	0	0.00
	一般	64	38.32	4	30.77
	显著	76	45.51	9	69.23
	合计	167	100.00	13	100.00
2019	没有	27	16.17	0	0.00
	一般	64	38.32	4	30.77
	显著	76	45.51	9	69.23
	合计	167	100.00	13	100.00

资料来源：根据保险机构公开披露信息整理。

七、中小型保险机构是否披露官微或公众号

表 6-110 的统计结果显示，2016－2019 年披露官微或公众号的中小型保险机构比例依次为 77.55%、76.73%、77.25% 和 77.25%，各年比例均大于 70.00%，变化幅度不大，表明中小型保险机构官微或公众号披露情况整体较好，但每年也有超过 30 家中小型保险机构未披露官微或公众号；2016－2019 年 13 家大型保险机构中有 10 家披露官微或公众号，披露比例为 76.92%，中小型保险机构披露比例整体大于大型保险机构，表明中小型保险机构官微或公众号披露情况好于大型保险机构。

表 6-110　中小型和大型保险机构是否披露官微或公众号统计

年份	官微或公众号	中小型保险机构		大型保险机构	
		频数（家）	比例（%）	频数（家）	比例（%）
2016	否	33	22.45	3	23.08
	是	114	77.55	10	76.92
	合计	147	100.00	13	100.00
2017	否	37	23.27	3	23.08
	是	122	76.73	10	76.92
	合计	159	100.00	13	100.00
2018	否	38	22.75	3	23.08
	是	129	77.25	10	76.92
	合计	167	100.00	13	100.00
2019	否	38	22.75	3	23.08
	是	129	77.25	10	76.92
	合计	167	100.00	13	100.00

资料来源：根据保险机构公开披露信息整理。

八、中小型保险机构年度信息披露报告披露是否及时

表 6-111 的统计结果显示，2016－2019 年年度信息披露报告披露及时的中小型保险机构披露比例依次为 85.03%、83.65%、88.62%和 91.02%，各年比例均大于 80.00%，呈整体上升趋势，表明中小型保险机构年度信息披露报告披露整体比较及时，且披露情况越来越好；2016－2018 年 13 家大型保险机构年度信息披露报告披露均及时，2019 年有 12 家披露及时，比例为 92.31%，中小型保险机构年度信息披露报告披露及时性低于大型保险机构。

表 6-111　　中小型和大型保险机构年度信息披露报告披露是否及时统计

年份	年度信息披露报告	中小型保险机构		大型保险机构	
		频数（家）	比例（%）	频数（家）	比例（%）
2016	不及时	16	10.88	0	0.00
	及时	125	85.03	13	100.00
	网站无法登录	1	0.68	0	0.00
	未显示披露时间	5	3.40	0	0.00
	合计	147	100.00	13	100.00
2017	不及时	19	11.95	0	0.00
	及时	133	83.65	13	100.00
	网站无法登录	1	0.63	0	0.00
	未显示披露时间	6	3.77	0	0.00
	合计	159	100.00	13	100.00
2018	不及时	12	7.19	0	0.00
	及时	148	88.62	13	100.00
	网站无法登录	1	0.60	0	0.00
	未显示披露时间	6	3.59	0	0.00
	合计	167	100.00	13	100.00
2019	不及时	15	8.98	1	7.69
	及时	152	91.02	12	92.31
	合计	167	100.00	13	100.00

资料来源：根据保险机构公开披露信息整理。

九、中小型保险机构年度信息披露报告披露是否完善

表 6-112 的统计结果显示，2016－2019 年年度信息披露报告披露完

善的中小型保险机构比例依次为 97.28%、97.48%、97.60% 和 97.60%，各
年比例均大于 97.00%，呈整体上升趋势，表明中小型保险机构年度信息披
露报告披露完善情况普遍较好，每年均有 3 家中小型保险机构年度信息披
露报告披露不完善；2016－2019 年 13 家大型保险机构年度信息披露报告
披露均完善，表明中小型保险机构年度信息披露报告完善程度低于大型保
险机构。

表 6-112　中小型和大型保险机构年度信息披露报告披露是否完善统计

年份	年度信息披露报告	中小型保险机构		大型保险机构	
		频数（家）	比例（%）	频数（家）	比例（%）
2016	不完善	3	2.04	0	0.00
	完善	143	97.28	13	100.00
	网站无法登录	1	0.68	0	00.00
	合计	147	100.00	13	100.00
2017	不完善	3	1.89	0	0.00
	完善	155	97.48	13	100.00
	网站无法登录	1	0.63	0	00.00
	合计	159	100.00	13	100.00
2018	不完善	3	1.80	0	0.00
	完善	163	97.60	13	100.00
	网站无法登录	1	0.60	0	00.00
	合计	167	100.00	13	100.00
2019	不完善	3	1.80	0	0.00
	完善	163	97.60	13	100.00
	网站无法登录	1	0.60	0	00.00
	合计	167	100.00	13	100.00

资料来源：根据保险机构公开披露信息整理。

十、中小型保险机构基本信息披露是否完善

表 6-113 的统计结果显示，2016－2019 年基本信息披露完善的中小
型保险机构比例依次为 96.60%、96.23%、96.41% 和 96.41%，各年比例均
大于 96.00%，变化幅度不大，表明中小型保险机构基本信息披露完善情况
普遍较好；2016－2019 年 13 家大型保险机构基本信息披露均完善，表明
中小型保险机构基本信息披露的完善程度低于大型保险机构。

表 6-113　中小型和大型保险机构基本信息披露是否完善统计

年份	基本信息	中小型保险机构		大型保险机构	
		频数（家）	比例（%）	频数（家）	比例（%）
2016	不完善	4	2.72	0	0.00
	完善	142	96.60	13	100.00
	网站无法登录	1	0.68	0	00.00
	合计	147	100.00	13	100.00
2017	不完善	5	3.14	0	0.00
	完善	153	96.23	13	100.00
	网站无法登录	1	0.63	0	00.00
	合计	159	100.00	13	100.00
2018	不完善	5	2.99	0	0.00
	完善	161	96.41	13	100.00
	网站无法登录	1	0.60	0	00.00
	合计	167	100.00	13	100.00
2019	不完善	5	2.99	0	0.00
	完善	161	96.41	13	100.00
	网站无法登录	1	0.60	0	00.00
	合计	167	100.00	13	100.00

资料来源：根据保险机构公开披露信息整理。

十一、中小型保险机构专项信息披露是否完善

表 6-114 的统计结果显示，2016－2019 年专项信息披露完善的中小型保险机构比例依次为 88.44%、88.05%、89.22%和 89.22%，各年比例均大于 85.00%，呈整体上升趋势，表明中小型保险机构专项信息披露完善情况普遍较好；2016－2019 年 13 家大型保险机构专项信息披露均完善，表明中小型保险机构专项信息披露完善情况次于大型保险机构。

表 6-114　中小型和大型保险机构专项信息披露是否完善统计

年份	专项信息	中小型保险机构		大型保险机构	
		频数（家）	比例（%）	频数（家）	比例（%）
2016	不完善	16	10.88	0	0.00
	完善	130	88.44	13	100.00
	网站无法登录	1	0.68	0	00.00
	合计	147	100.00	13	100.00

年份	专项信息	中小型保险机构		大型保险机构	
		频数（家）	比例（%）	频数（家）	比例（%）
2017	不完善	18	11.32	0	0.00
	完善	140	88.05	13	100.00
	网站无法登录	1	0.63	0	00.00
	合计	159	100.00	13	100.00
2018	不完善	17	10.18	0	0.00
	完善	149	89.22	13	100.00
	网站无法登录	1	0.60	0	00.00
	合计	167	100.00	13	100.00
2019	不完善	17	10.18	0	0.00
	完善	149	89.22	13	100.00
	网站无法登录	1	0.60	0	00.00
	合计	167	100.00	13	100.00

资料来源：根据保险机构公开披露信息整理。

十二、中小型保险机构重大事项披露是否完善

表 6-115 的统计结果显示，2016－2019 年重大事项披露完善的中小型保险机构比例依次为 95.92%、93.71%、93.41% 和 93.41%，各年比例均大于 90.00%，表明中小型保险机构重大事项披露完善情况普遍较好，2016－2019 年 13 家大型保险机构中有 12 家重大事项披露完善，比例为 92.31%，中小型保险机构完善比例高于各年大型保险机构，表明中小型保险机构重大事项披露完善情况优于大型保险机构。

表 6-115　中小型和大型保险机构重大事项披露是否完善统计

年份	重大事项	中小型保险机构		大型保险机构	
		频数（家）	比例（%）	频数（家）	比例（%）
2016	不完善	5	3.40	1	7.69
	完善	141	95.92	12	92.31
	网站无法登录	1	0.68	0	00.00
	合计	147	100.00	13	100.00
2017	不完善	9	5.66	1	7.69
	完善	149	93.71	12	92.31
	网站无法登录	1	0.63	0	00.00
	合计	159	100.00	13	100.00

年份	重大事项	中小型保险机构		大型保险机构	
		频数（家）	比例（%）	频数（家）	比例（%）
2018	不完善	10	5.99	1	7.69
	完善	156	93.41	12	92.31
	网站无法登录	1	0.60	0	00.00
	合计	167	100.00	13	100.00
2019	不完善	10	5.99	1	7.69
	完善	156	93.41	12	92.31
	网站无法登录	1	0.60	0	00.00
	合计	167	100.00	13	100.00

资料来源：根据保险机构公开披露信息整理。

十三、中小型保险机构偿付能力报告披露是否及时

表 6-116 的统计结果显示，2016－2019 年偿付能力报告披露及时的中小型保险机构比例依次为 49.66%、55.35%、56.29% 和 46.11%，各年比例在 50.00% 上下波动，表明中小型保险机构偿付能力报告披露及时情况并不是很好，有一半左右的中小型保险机构未及时披露偿付能力报告，2019 年偿付能力报告披露的及时情况在四年中最不好；2016－2019 年偿付能力报告披露及时的大型保险机构比例依次为 23.08%、23.08%、30.77% 和 30.77%，中小型保险机构各年比例均高于大型保险机构，表明中小型保险机构偿付能力报告披露及时情况优于大型保险机构。

表 6-116　中小型和大型保险机构偿付能力报告披露是否及时统计

年份	偿付能力报告	中小型保险机构		大型保险机构	
		频数（家）	比例（%）	频数（家）	比例（%）
2016	不及时	54	36.73	10	76.92
	及时	73	49.66	3	23.08
	网站无法登录	1	0.68	0	0.00
	未显示披露时间	19	12.93	0	0.00
	合计	147	100.00	13	100.00
2017	不及时	50	31.45	10	76.92
	及时	88	55.35	3	23.08
	网站无法登录	1	0.63	0	0.00
	未显示披露时间	20	12.58	0	0.00
	合计	159	100.00	13	100.00

年份	偿付能力报告	中小型保险机构		大型保险机构	
		频数（家）	比例（%）	频数（家）	比例（%）
2018	不及时	51	30.54	9	69.23
	及时	94	56.29	4	30.77
	网站无法登录	1	0.60	0	0.00
	未显示披露时间	21	12.57	0	0.00
	合计	167	100.00	13	100.00
2019	不及时	69	41.32	9	69.23
	及时	77	46.11	4	30.77
	网站无法登录	1	0.60	0	0.00
	未显示披露时间	20	11.98	0	0.00
	合计	167	100.00	13	100.00

资料来源：根据保险机构公开披露信息整理。

十四、中小型保险机构偿付能力报告披露后是否有更正

表 6-117 的统计结果显示，2016—2019 年偿付能力报告披露后无更正的中小型保险机构比例依次为 93.20%、85.53%、84.43% 和 97.60%，各年比例均超过 85.00%，表明中小型保险机构偿付能力报告的正确性较高，更正率较低，其中 2019 年偿付能力报告的正确性最高；2016—2019 年偿付能力报告披露后无更正的大型保险机构比例依次为 100.00%、92.31%、92.31% 和 100.00%，中小型保险机构比例整体低于大型保险机构，表明中小型保险机构偿付能力报告的正确性相对较低，更正率相对较高。

表 6-117　中小型和大型保险机构偿付能力报告披露后是否有更正统计

年份	偿付能力报告	中小型保险机构		大型保险机构	
		频数（家）	比例（%）	频数（家）	比例（%）
2016	无更正	137	93.20	13	100.00
	有更正	10	6.80	0	0.00
	合计	147	100.00	13	100.00
2017	无更正	136	85.53	12	92.31
	有更正	23	14.47	1	7.69
	合计	159	100.00	13	100.00
2018	无更正	141	84.43	12	92.31
	有更正	26	15.57	1	7.69
	合计	167	100.00	13	100.00

年份	偿付能力报告	中小型保险机构		大型保险机构	
		频数（家）	比例（%）	频数（家）	比例（%）
2019	无更正	163	97.60	13	100.00
	有更正	4	2.40	0	0.00
	合计	167	100.00	13	100.00

资料来源：根据保险机构公开披露信息整理。

十五、中小型保险机构年度信息披露报告披露后是否有更正

表 6-118 的统计结果显示，2016－2019 年年度信息披露报告披露后无更正的中小型保险机构比例依次为 98.64%、100.00%、100.00% 和 98.80%，各年比例均超过 98.00%，表明中小型保险机构年度信息披露报告的正确性较高，更正率较低；2016－2019 年 13 家大型保险机构年度信息披露报告披露均无更正，表明中小型保险机构年度信息披露报告的正确性相对较低，更正率相对较高。

表 6-118　中小型和大型保险机构年度信息披露报告披露后是否有更正统计

年份	年度信息披露报告	中小型保险机构		大型保险机构	
		频数（家）	比例（%）	频数（家）	比例（%）
2016	无更正	145	98.64	13	100.00
	有更正	2	1.36	0	0.00
	合计	147	100.00	13	100.00
2017	无更正	159	100.00	13	100.00
	有更正	0	0.00	0	0.00
	合计	159	100.00	13	100.00
2018	无更正	167	100.00	13	100.00
	有更正	0	0.00	0	0.00
	合计	167	100.00	13	100.00
2019	无更正	165	98.80	13	100.00
	有更正	2	1.20	0	0.00
	合计	167	100.00	13	100.00

资料来源：根据保险机构公开披露信息整理。

十六、中小型保险机构审计意见类型

表 6-119 的统计结果显示，2016－2019 年审计意见类型为标准无保

留的中小型保险机构比例依次为 93.88%、86.16%、88.02%和 88.02%，各
年比例均超过 85.00%，表明中小型保险机构审计意见普遍为标准无保留；
2016－2019 年审计意见为标准无保留的大型保险机构比例均为 92.31%，
中小型保险机构比例整体低于大型保险机构。

表 6-119　中小型和大型保险机构审计意见类型统计

年份	审计意见类型	中小型保险机构		大型保险机构	
		频数（家）	比例（%）	频数（家）	比例（%）
2016	标准无保留意见	138	93.88	12	92.31
	无法表示意见	4	2.72	0	0.00
	年度信息披露报告中未披露审计意见	4	2.72	1	7.69
	年度信息披露报告暂缓披露	1	0.68	0	0.00
	合计	147	100.00	13	100.00
2017	标准无保留意见	137	86.16	12	92.31
	无法表示意见	5	3.14	0	0.00
	年度信息披露报告中未披露审计意见	13	8.18	1	7.69
	年度信息披露报告暂缓披露	4	2.52	0	0.00
	合计	159	100.00	13	100.00
2018	标准无保留意见	147	88.02	12	92.31
	无法表示意见	5	2.99	0	0.00
	年度信息披露报告中未披露审计意见	11	6.59	1	7.69
	年度信息披露报告暂缓披露	4	2.40	0	0.00
	合计	167	100.00	13	100.00
2019	标准无保留意见	147	88.02	12	92.31
	无法表示意见	0	0.00	0	0.00
	年度信息披露报告中未披露审计意见	8	4.79	0	0.00
	年度信息披露报告暂缓披露	12	7.19	1	7.69
	合计	167	100.00	13	100.00

资料来源：根据保险机构公开披露信息整理。

十七、中小型保险机构负面新闻报道情况

表 6-120 和表 6-121 的统计结果显示，2016－2019 年有负面新闻的中小型保险机构比例依次为 12.24%、16.35%、25.15%和 24.55%，比例呈整体上升趋势，表明中小型保险机构负面新闻报道情况愈演愈烈，负面新闻报道数集中在 1 例，2016－2019 年负面新闻报道数为 1 例的比例依次为 6.80%、11.95%、11.98%和 16.17%；2016－2019 年有负面新闻报道的大型保险机构比例依次为 23.07%、7.69%、15.38%和 15.38%，中小型保险机构比例整体高于大型保险机构，表明中小型保险机构有负面新闻报道的问题比大型保险机构严重。

表 6-120　中小型保险机构负面新闻报道情况统计

负面新闻数量（例）	2016 年		2017 年		2018 年		2019 年	
	频数（家）	比例（%）	频数（家）	比例（%）	频数（家）	比例（%）	频数（家）	比例（%）
0	129	87.76	133	83.65	125	74.85	126	75.45
1	10	6.80	19	11.95	20	11.98	27	16.17
2	3	2.04	4	2.52	11	6.59	6	3.59
3	2	1.36	0	0.00	0	0.00	2	1.20
4	1	0.68	0	0.00	6	3.59	1	0.60
5	0	0.00	1	0.63	2	1.20	1	0.60
6	1	0.68	0	0.00	1	0.60	0	0.00
7	0	0.00	1	0.63	0	0.00	2	1.20
8	0	0.00	0	0.00	0	0.00	1	0.60
9	0	0.00	1	0.63	0	0.00	0	0.00
10	0	0.00	0	0.00	1	0.60	1	0.60
11	0	0.00	0	0.00	1	0.60	0	0.00
12	1	0.68	0	0.00	0	0.00	0	0.00
合计	147	100.00	159	100.00	167	100.00	167	100.00

资料来源：根据保险机构公开披露信息整理。

表 6-121　大型保险机构负面新闻报道情况统计

负面新闻数量（例）	2016 年		2017 年		2018 年		2019 年	
	频数（家）	比例（%）	频数（家）	比例（%）	频数（家）	比例（%）	频数（家）	比例（%）
0	10	76.92	12	92.31	11	84.62	11	84.62
1	1	7.69	1	7.69	2	15.38	1	7.69
2	2	15.38	0	0.00	0	0.00	0	0.00
3	0	0.00	0	0.00	0	0.00	1	7.69
合计	13	100.00	13	100.00	13	100.00	13	100.00

资料来源：根据保险机构公开披露信息整理。

十八、中小型保险机构是否披露社会责任报告或社会责任状况

表 6-122 的统计结果显示，2016－2019 年披露社会责任报告的中小型保险机构比例依次为 16.33%、16.98%、16.77% 和 16.77%，各年比例均未超过 20.00%，表明中小型保险机构社会责任报告披露情况不是很好，有将近 80.00% 的中小型保险机构未披露社会责任报告；2016－2019 年披露社会责任报告的大型保险机构比例均为 30.77%，中小型保险机构比例低于相应年份大型保险机构，表明中小型保险机构社会责任报告披露情况劣于大型保险机构。

表 6-122　中小型和大型保险机构是否披露社会责任报告统计

年份	社会责任报告	中小型保险机构		大型保险机构	
		频数（家）	比例（%）	频数（家）	比例（%）
2016	未披露	123	83.67	9	69.23
	披露	24	16.33	4	30.77
	合计	147	100.00	13	100.00
2017	未披露	132	83.02	9	69.23
	披露	27	16.98	4	30.77
	合计	159	100.00	13	100.00
2018	未披露	139	83.23	9	69.23
	披露	28	16.77	4	30.77
	合计	167	100.00	13	100.00
2019	未披露	139	83.23	9	69.23
	披露	28	16.77	4	30.77
	合计	167	100.00	13	100.00

资料来源：根据保险机构公开披露信息整理。

表 6-123 的统计结果显示，2016－2019 年披露公益或社会责任信息的中小型保险机构比例依次为 46.94%、44.03%、44.31%和 44.31%，各年比例均未超过 50.00%，表明中小型保险机构公益或社会责任信息披露不是很普遍，有超过 50.00%的中小型保险机构未披露公益或社会责任信息；2016－2019 年披露公益或社会责任信息的大型保险机构比例均为 76.92%，中小型保险机构比例低于相应年份大型保险机构，表明中小型保险机构公益或社会责任信息披露情况劣于大型保险机构。

表 6-123　中小型和大型保险机构是否披露公益或社会责任信息统计

年份	公益或社会责任	中小型保险机构		大型保险机构	
		频数（家）	比例（%）	频数（家）	比例（%）
2016	未披露	78	53.06	3	23.08
	披露	69	46.94	10	76.92
	合计	147	100.00	13	100.00
2017	未披露	89	55.97	3	23.08
	披露	70	44.03	10	76.92
	合计	159	100.00	13	100.00
2018	未披露	93	55.69	3	23.08
	披露	74	44.31	10	76.92
	合计	167	100.00	13	100.00
2019	未披露	93	55.69	3	23.08
	披露	74	44.31	10	76.92
	合计	167	100.00	13	100.00

资料来源：根据保险机构公开披露信息整理。

十九、中小型保险机构公司治理架构披露是否完善

表 6-124 的统计结果显示，2016－2019 年披露公司治理架构披露完善的中小型保险机构比例依次为 96.60%、95.60%、95.81%和 95.81%，各年比例均超过 95.00%，表明中小型保险机构公司治理架构披露总体较完善；2016－2019 年公司治理架构披露完善的大型保险机构比例均为 92.31%，小于相应年份中小型保险机构，表明中小型保险机构公司治理架构披露完善程度高于大型保险机构。

表6-124　中小型和大型保险机构公司治理架构是否披露完善统计

年份	公司治理架构	中小型保险机构		大型保险机构	
		频数（家）	比例（%）	频数（家）	比例（%）
2016	不完善	4	2.72	1	7.69
	完善	142	96.60	12	92.31
	网站无法登录	1	0.68	0	00.00
	合计	147	100.00	13	100.00
2017	不完善	6	3.77	1	7.69
	完善	152	95.60	12	92.31
	网站无法登录	1	0.63	0	00.00
	合计	159	100.00	13	100.00
2018	不完善	6	3.59	1	7.69
	完善	160	95.81	12	92.31
	网站无法登录	1	0.60	0	00.00
	合计	167	100.00	13	100.00
2019	不完善	6	3.59	1	7.69
	完善	160	95.81	12	92.31
	网站无法登录	1	0.60	0	00.00
	合计	167	100.00	13	100.00

资料来源：根据保险机构公开披露信息整理。

第六节　中小型保险机构利益相关者状况分析

本节从利益相关者维度，对反映我国中小型保险机构利益相关者治理状况的 7 个具体指标进行了年度统计分析，进而全面揭示了我国 2016—2019 年期间中小型保险机构利益相关者治理的状况。

一、中小型保险机构亿万保费、万张保单投诉情况

表 6-125 和表 6-126 的统计结果显示，2016—2019 年中小型保险机构亿元保费投诉的平均值依次为 1.38 件、4.76 件、5.16 件和 6.24 件，数值呈逐年上升趋势，2019 年较 2016 年增加了 352.17%，表明中小型保险机构被投诉情况越来越严重，2016—2019 年中小型保险机构亿元保费投诉最大值依次为 19.69 件、26.63 件、106.79 件和 119.47 件，而最小值均小于 0.1 件，表明中小型保险机构亿万保费投诉情况的差距较大；2016—2019 年

大型保险机构亿元保费投诉平均值依次为 0.79 件、3.43 件、2.64 件和 2.18 件，中小型保险机构各年数值均大于大型保险机构，表明中小型保险机构亿元保费投诉问题比大型保险机构严重。

表 6-125　中小型保险机构亿元保费投诉情况描述性统计（单位：件）

统计指标	2016 年	2017 年	2018 年	2019 年
有效样本	107	126	142	146
缺失样本	40	33	25	21
平均值	1.38	4.76	5.16	6.24
中位数	0.79	2.65	3.02	2.76
标准差	2.44	5.35	10.27	12.61
极差	19.69	26.63	106.79	119.47
最小值	0.00	0.06	0.00	0.05
最大值	19.69	26.69	106.79	119.52

资料来源：根据保险机构公开披露信息整理。

表 6-126　大型保险机构亿元保费投诉情况描述性统计（单位：件）

统计指标	2016 年	2017 年	2018 年	2019 年
有效样本	13	13	13	13
缺失样本	0	0	0	0
平均值	0.79	3.43	2.64	2.18
中位数	0.78	3.3	2.59	2.26
标准差	0.54	1.98	1.50	0.91
极差	2.17	7.47	5.86	3.19
最小值	0.18	1.23	0.63	0.64
最大值	2.35	8.70	6.49	3.82

资料来源：根据保险机构公开披露信息整理。

表 6-127 和表 6-128 的统计结果显示，2016－2019 年中小型保险机构万张保单投诉的平均值依次为 0.27 件、0.87 件、1.30 件和 1.04 件，整体呈上升趋势，2019 年较 2016 年增加了 285.19%，表明中小型保险机构被投诉情况越来越严重，2016－2019 年中小型保险机构万张保单投诉最大值依次为 2.21 件、3.37 件、64.94 件和 29.12 件，而最小值均为 0.00 件，表明中小型保险机构万张保单投诉情况的差距较大；2016－2019 年大型保险机构万张保单投诉平均值依次为 0.15 件、0.69 件、0.48 件和 0.40 件，中小型保险机构各年数值均大于大型保险机构，表明中小型保险机构万张保单投诉情况比大型保险机构严重。

表 6-127　中小型保险机构万张保单投诉情况描述性统计（单位：件）

统计指标	2016 年	2017 年	2018 年	2019 年
有效样本	107	126	142	146
缺失样本	40	33	25	21
平均值	0.27	0.87	1.30	1.04
中位数	0.19	0.64	0.64	0.62
标准差	0.35	0.78	5.53	2.60
极差	2.21	3.37	64.94	29.12
最小值	0.00	0.00	0.00	0.00
最大值	2.21	3.37	64.94	29.12

资料来源：根据保险机构公开披露信息整理。

表 6-128　大型保险机构万张保单投诉情况描述性统计（单位：件）

统计指标	2016 年	2017 年	2018 年	2019 年
有效样本	13	13	13	13
缺失样本	0	0	0	0
平均值	0.15	0.69	0.48	0.40
中位数	0.11	0.5	0.32	0.28
标准差	0.12	0.53	0.41	0.37
极差	0.39	1.47	1.25	1.19
最小值	0.00	0.01	0.01	0.00
最大值	0.39	1.48	1.26	1.19

资料来源：根据保险机构公开披露信息整理。

二、中小型保险机构有无经营异常情况

表 6-129 的统计结果显示，2016—2019 年存在经营异常情况的中小型保险机构比例依次为 3.40%、1.89%、1.80% 和 0.60%，呈现逐年下降趋势，且各年数值均小于 5.00%，表明存在经营异常情况的中小型保险机构较少，且存在经营异常问题的机构在逐渐减少；2018 年存在经营异常情况的大型保险机构比例为 7.69%，其余年份大型保险机构均不存在经营异常情况，表明中小型保险机构存在经营异常问题较大型保险机构严重。

表 6-129　　中小型和大型保险机构有无经营异常情况统计

年份	经营异常	中小型保险机构		大型保险机构	
		频数（家）	比例（%）	频数（家）	比例（%）
2016	无	142	96.60	13	100.00
	有	5	3.40	0	0.00
	合计	147	100.00	13	100.00
2017	无	156	98.11	13	100.00
	有	3	1.89	0	0.00
	合计	159	100.00	13	100.00
2018	无	164	98.20	12	92.31
	有	3	1.80	1	7.69
	合计	167	100.00	13	100.00
2019	无	166	99.40	13	100.00
	有	1	0.60	0	0.00
	合计	167	100.00	13	100.00

资料来源：根据保险机构公开披露信息整理。

三、中小型保险机构是否收到监管函

表 6-130 的统计结果显示，2016－2019 年收到监管函的中小型保险机构比例依次为 7.48%、15.09%、17.37%和 14.37%，整体呈现上升趋势，表明有越来越多的中小型保险机构收到监管函，也说明中小型保险机构违规的情况越来越多；2016－2019 年收到监管函的大型保险机构比例依次为 15.38%、46.15%、38.46%和 15.38%，中小型保险机构各年数值均小于大型保险机构，表明中小型保险机构收到监管函的情况没有大型保险机构严重。

表 6-130　　中小型和大型保险机构是否收到监管函统计

年份	监管函	中小型保险机构		大型保险机构	
		频数（家）	比例（%）	频数（家）	比例（%）
2016	否	136	92.52	11	84.62
	是	11	7.48	2	15.38
	合计	147	100.00	13	100.00
2017	否	135	84.91	7	53.85
	是	24	15.09	6	46.15
	合计	159	100.00	13	100.00

年份	监管函	中小型保险机构		大型保险机构	
		频数（家）	比例（%）	频数（家）	比例（%）
2018	否	138	82.63	8	61.54
	是	29	17.37	5	38.46
	合计	167	100.00	13	100.00
2019	否	143	85.63	11	84.62
	是	24	14.37	2	15.38
	合计	167	100.00	13	100.00

资料来源：根据保险机构公开披露信息整理。

四、中小型保险机构是否受到行政处罚

表 6-131 的统计结果显示，2016－2019 年受到行政处罚的中小型保险机构比例依次为 3.40%、10.06%、7.78%和 0.60%，2017 年数量有所上升，2017－2019 年有所下降，整体呈下降趋势，2019 年较 2016 年比例下降了 2.80%，表明受到行政处罚的中小型保险机构越来越少；2016－2018 年受到行政处罚的大型保险机构比例依次为 46.15%、38.46%和 38.46%，2019 年大型保险机构均没有受到行政处罚，中小型保险机构数值整体小于大型保险机构，表明相比于大型保险机构，中小型保险机构受到较少行政处罚。

表 6-131　中小型和大型保险机构是否受到行政处罚统计

年份	行政处罚	中小型保险机构		大型保险机构	
		频数（家）	比例（%）	频数（家）	比例（%）
2016	否	142	96.60	7	53.85
	是	5	3.40	6	46.15
	合计	147	100.00	13	100.00
2017	否	143	89.94	8	61.54
	是	16	10.06	5	38.46
	合计	159	100.00	13	100.00
2018	否	154	92.22	8	61.54
	是	13	7.78	5	38.46
	合计	167	100.00	13	100.00
2019	否	166	99.40	13	100.00
	是	1	0.60	0	0.00
	合计	167	100.00	13	100.00

资料来源：根据保险机构公开披露信息整理。

五、中小型保险机构风险综合评级状况

表 6-132 的统计结果显示,中小型保险机构风险综合评级主要集中于 A 级和 B 级,2016－2019 年风险综合评级为 A 级和 B 级的中小型保险机构累计比例依次为 91.16%、88.05%、88.03%和 88.03%,各年数值变化情况不大,总体均大于 88.00%,表明中小型保险机构风险综合评级整体较好;2016－2019 年风险综合评级为 A 级和 B 级的大型保险机构累计比例依次为 92.31%、92.31%、84.62%和 92.31%,比例总体高于中小型保险机构,表明中小型保险机构风险综合评级状况劣于大型保险机构。

表 6-132　中小型和大型保险机构风险综合评级统计

年份	风险综合评级（级）	中小型保险机构		大型保险机构	
		频数（家）	比例（%）	频数（家）	比例（%）
2016	A	68	46.26	7	53.85
	B	66	44.90	5	38.46
	C	1	0.68	0	0.00
	D	2	1.36	0	0.00
	未披露	10	6.80	1	7.69
	合计	147	100.00	13	100.00
2017	A	97	61.01	10	76.92
	B	43	27.04	2	15.38
	C	1	0.63	0	0.00
	D	2	1.26	0	0.00
	未披露	16	10.07	1	7.69
	合计	159	100.00	13	100.00
2018	A	94	56.29	6	46.15
	B	53	31.74	5	38.46
	C	2	1.20	0	0.00
	D	3	1.80	0	0.00
	未披露	15	8.99	2	15.38
	合计	167	100.00	13	100.00
2019	A	86	51.50	8	61.54
	B	61	36.53	4	30.76
	C	4	2.40	0	0.00
	D	1	0.60	0	0.00
	未披露	3	1.80	1	7.69
	合计	167	100.00	13	100.00

资料来源:根据保险机构公开披露信息整理。

六、中小型保险机构纳税信用评级状况

表 6-133 的统计结果显示，2016－2019 年纳税信用评级为 A 级的中小型保险机构比例依次为 34.01%、53.46%、47.31% 和 79.04%，数值在 2019 年达到最大；2016－2019 年纳税信用评级为 A 的大型保险机构比例依次为 53.85%、76.92%、76.92% 和 100.00%，中小型保险机构数值均小于相应年份大型保险机构，表明中小型保险机构纳税信用评级状况劣于大型保险机构。

表 6-133　中小型和大型保险机构纳税信用评级统计

年份	纳税信用评级	中小型保险机构		大型保险机构	
		频数（家）	比例（%）	频数（家）	比例（%）
2016	A	50	34.01	7	53.85
	非 A	97	65.99	6	46.15
	合计	147	100.00	13	100.00
2017	A	85	53.46	10	76.92
	非 A	74	46.54	3	23.08
	合计	159	100.00	13	100.00
2018	A	79	47.31	10	76.92
	非 A	88	52.69	3	23.08
	合计	167	100.00	13	100.00
2019	A	132	79.04	13	100.00
	非 A	35	20.96	0	0.00
	合计	167	100.00	13	100.00

资料来源：根据保险机构公开披露信息整理。

七、中小型保险机构有无历史失信信息

表 6-134 的统计结果显示，2016－2019 年存在历史失信信息的中小型保险机构比例依次为 4.08%、2.52%、1.20% 和 0.60%，呈逐年下降的趋势，表明越来越少的中小型保险机构存在失信历史；2016－2018 年存在历史失信信息的大型保险机构比例依次为 30.77%、7.69% 和 15.38%，2019 年大型保险机构均不存在历史失信信息，中小型保险机构数值整体小于大型保险机构，表明中小型保险机构失信问题没有大型保险机构严重。

表 6-134　中小型和大型保险机构有无历史失信信息统计

年份	历史失信信息	中小型保险机构		大型保险机构	
		频数（家）	比例（%）	频数（家）	比例（%）
2016	无	141	95.92	9	69.23
	有	6	4.08	4	30.77
	合计	147	100.00	13	100.00
2017	无	155	97.48	12	92.31
	有	4	2.52	1	7.69
	合计	159	100.00	13	100.00
2018	无	165	98.80	11	84.62
	有	2	1.20	2	15.38
	合计	167	100.00	13	100.00
2019	无	166	99.40	13	100.00
	有	1	0.60	0	0.00
	合计	167	100.00	13	100.00

资料来源：根据保险机构公开披露信息整理。

第七章 我国小型保险机构治理状况分析

由前面章节的分析发现，中小型保险机构的治理水平低于大型保险机构，而在中小型保险机构中，小型保险机构占了绝大多数，那么中小型保险机构治理水平较低的原因是否与小型保险机构的治理水平相关？基于上述考虑，本章着重分析了小型保险机构治理状况，从股东与股权结构、董事与董事会、监事与监事会、高级管理人员、信息披露以及利益相关者六个维度，对基于手工整理的反映小型保险机构治理状况 60 个具体指标的原始数据进行了年度统计分析，同时还将小型保险机构与中型保险机构和大型保险机构各治理指标的表现情况进行了对比分析，以充分展示小型保险机构治理的发展与现状。

第一节 小型保险机构股东与股权结构状况分析

本节从股东与股权结构维度，对反映我国小型保险机构股东与股权结构治理状况的 5 个具体指标进行了年度统计分析，进而全面揭示了我国 2016－2019 年期间小型保险机构股东与股权结构治理的状况。

一、小型保险机构股东（大）会召开情况

表 7-1、表 7-2 和表 7-3 的统计结果显示，2016－2019 年小型保险机构股东（大）会召开次数在 1—11 次之间，主要集中在 1—5 次，2016－2019 年股东（大）会召开次数在 1—5 次之间的小型保险机构累计比例依次为 55.12%、53.96%、57.82%和 51.70%，而中型保险机构股东（大）会召开次数在 1—9 次之间，主要集中在 1—2 次，大型保险机构股东（大）会召开次数在 1—10 次之间，主要集中在 2—3 次；2016－2019 年未召开股东（大）会的小型保险机构数均为 3 家，未披露股东（大）会召开情况的小型保险机构数量呈上升趋势，2016－2019 年依次为 20 家、25 家、28

家和 34 家，所占比例也逐年上升，在 2019 年达到 23.13%，中型保险机构和大型保险机构中不存在未设立股东（大）会或未召开股东（大）会的情况；2019 年未召开股东（大）会、未设立股东（大）会和未披露股东（大）会召开情况的小型保险机构比例合计为 44.22%。

表 7-1　小型保险机构股东（大）会召开情况描述性统计

股东（大）会召开次数（次）	2016 年		2017 年		2018 年		2019 年	
	频数（家）	比例（%）	频数（家）	比例（%）	频数（家）	比例（%）	频数（家）	比例（%）
1	9	7.09	7	5.04	12	8.16	16	10.88
2	19	14.96	22	15.83	21	14.29	18	12.24
3	22	17.32	20	14.39	27	18.37	23	15.65
4	9	7.09	21	15.11	15	10.20	15	10.20
5	11	8.66	5	3.60	10	6.80	4	2.72
6	4	3.15	5	3.60	2	1.36	3	2.04
7	0	0.00	1	0.72	0	0.00	1	0.68
8	0	0.00	0	0.00	0	0.00	2	1.36
9	2	1.57	0	0.00	0	0.00	0	0.00
10	0	0.00	2	1.44	0	0.00	0	0.00
11	1	0.79	0	0.00	0	0.00	0	0.00
未召开	3	2.36	3	2.16	3	2.04	3	2.04
未设立	27	21.26	28	20.14	28	19.05	28	19.05
未披露	20	15.75	25	17.99	28	19.05	34	23.13
总计	127	100.00	139	100.00	147	100.00	147	100.00

资料来源：根据保险机构公开披露信息整理。

表 7-2　中型保险机构股东（大）会召开情况描述性统计

股东（大）会召开次数（次）	2016 年		2017 年		2018 年		2019 年	
	频数（家）	比例（%）	频数（家）	比例（%）	频数（家）	比例（%）	频数（家）	比例（%）
1	4	20.00	2	10.00	3	15.00	4	20.00
2	3	15.00	4	20.00	3	15.00	3	15.00
3	1	5.00	2	10.00	2	10.00	3	15.00
4	3	15.00	5	25.00	2	10.00	2	10.00
5	2	10.00	4	20.00	5	25.00	3	15.00
6	2	10.00	0	0.00	1	5.00	0	0.00
7	2	10.00	1	5.00	2	10.00	0	0.00

续表

股东（大）会	2016 年		2017 年		2018 年		2019 年	
召开次数 （次）	频数 （家）	比例 （%）	频数 （家）	比例 （%）	频数 （家）	比例 （%）	频数 （家）	比例 （%）
8	1	5.00	1	5.00	0	0.00	0	0.00
9	1	5.00	0	0.00	0	0.00	0	0.00
未召开	0	0.00	0	0.00	0	0.00	0	0.00
未设立	0	0.00	0	0.00	0	0.00	0	0.00
未披露	1	5.00	1	5.00	2	10.00	5	25.00
总计	20	100.00	20	100.00	20	100.00	20	100.00

资料来源：根据保险机构公开披露信息整理。

表 7-3　大型保险机构股东（大）会召开情况描述性统计

股东（大）会	2016 年		2017 年		2018 年		2019 年	
召开次数 （次）	频数 （家）	比例 （%）	频数 （家）	比例 （%）	频数 （家）	比例 （%）	频数 （家）	比例 （%）
1	1	7.69	0	0.00	1	7.69	1	7.69
2	4	30.77	3	23.08	6	46.15	4	30.77
3	3	23.08	3	23.08	1	7.69	1	7.69
4	1	7.69	2	15.38	1	7.69	2	15.38
5	0	0.00	2	15.38	1	7.69	3	23.08
6	1	7.69	3	23.08	0	0.00	0	0.00
7	0	0.00	0	0.00	2	15.38	0	0.00
8	0	0.00	0	0.00	1	7.69	0	0.00
9	2	15.38	0	0.00	0	0.00	0	0.00
10	0	0.00	0	0.00	0	0.00	1	7.69
未召开	0	0.00	0	0.00	0	0.00	0	0.00
未设立	0	0.00	0	0.00	0	0.00	0	0.00
未披露	1	7.69	0	0.00	0	0.00	1	7.69
总计	13	100.00	13	100.00	13	100.00	13	100.00

资料来源：根据保险机构公开披露信息整理。

二、小型保险机构股权结构状况

如表 7-4 至表 7-17 所示，小型保险机构第一大股东持股比例区间主要为[90—100]、[50—60）以及[20—30），2019 年持股比例区间为[90—

100]、[50－60）以及[20－30）的小型保险机构比例依次为15.65%、21.77%和25.85%，中型保险机构第一大股东持股比例区间主要集中在[90－100]、[50－60）以及[20－30），大型保险机构第一大股东持股比例区间主要集中在[90－100]、[70－80）以及[60－70）；小型保险机构第二大股东以及第三大股东持股比例区间主要为[0－30），2019年，第二大股东和第三大股东持股比例区间为[0－30）的小型保险机构比例依次为74.83%和92.51%，中型保险机构第二大股东以及第三大股东持股比例区间主要为[0－30），大型保险机构第二大股东以及第三大股东持股比例区间主要为[0－20）；小型保险机构第四大股东以及第五大股东持股比例区间主要为[0－20），第六大股东至第十大股东持股比例区间主要集中在[0－10），中型保险机构第四大股东持股比例区间主要为[0－20），第五大股东至第十大股东持股比例区间集中在[0－10），大型保险机构第四大股东至第十大股东持股比例区间均主要集中在[0－10）。

表 7-4　小型保险机构第一大股东持股比例区间统计

持股比例区间（%）	2016年		2017年		2018年		2019年	
	频数（家）	比例（%）	频数（家）	比例（%）	频数（家）	比例（%）	频数（家）	比例（%）
[90—100]	23	18.11	24	17.27	23	15.65	23	15.65
[80—90）	3	2.36	5	3.60	5	3.40	5	3.40
[70—80）	4	3.15	4	2.88	4	2.72	4	2.72
[60—70）	3	2.36	2	1.44	2	1.36	2	1.36
[50—60）	32	25.20	32	23.02	34	23.13	32	21.77
[40—50）	5	3.94	7	5.04	6	4.08	7	4.76
[30—40）	4	3.15	5	3.60	8	5.44	12	8.16
[20—30）	28	22.05	33	23.74	40	27.21	38	25.85
[10—20）	15	11.81	15	10.79	14	9.52	13	8.84
有效样本	117	92.13	127	91.37	136	92.52	136	92.52
缺失样本	10	7.87	12	8.63	11	7.48	11	7.48
总计	127	100.00	139	100.00	147	100.00	147	100.00

资料来源：根据保险机构公开披露信息整理。

表 7-5　中型保险机构第一大股东持股比例区间统计

持股比例区间（%）	2016 年		2017 年		2018 年		2019 年	
	频数（家）	比例（%）	频数（家）	比例（%）	频数（家）	比例（%）	频数（家）	比例（%）
[90—100]	4	20.00	4	20.00	3	15.00	3	15.00
[60—70)	2	10.00	2	10.00	3	15.00	3	15.00
[50—60)	6	30.00	6	30.00	6	30.00	6	30.00
[40—50)	2	10.00	2	10.00	2	10.00	2	10.00
[30—40)	1	5.00	1	5.00	1	5.00	1	5.00
[20—30)	3	15.00	3	15.00	3	15.00	3	15.00
[10—20)	1	5.00	1	5.00	1	5.00	1	5.00
有效样本	19	95.00	19	95.00	19	95.00	19	95.00
缺失样本	1	5.00	1	5.00	1	5.00	1	5.00
总计	20	100.00	20	100.00	20	100.00	20	100.00

资料来源：根据保险机构公开披露信息整理。

表 7-6　大型保险机构第一大股东持股比例区间统计

持股比例区间（%）	2016 年		2017 年		2018 年		2019 年	
	频数（家）	比例（%）	频数（家）	比例（%）	频数（家）	比例（%）	频数（家）	比例（%）
[90—100]	4	30.77	5	38.46	5	38.46	5	38.46
[80—90)	1	7.69	1	7.69	1	7.69	1	7.69
[70—80)	2	15.38	2	15.38	2	15.38	2	15.38
[60—70)	3	23.08	3	23.08	3	23.08	3	23.08
[30—40)	1	7.69	1	7.69	1	7.69	1	7.69
[20—30)	1	7.69	1	7.69	1	7.69	1	7.69
有效样本	12	92.31	13	100.00	13	100.00	13	100.00
缺失样本	1	7.69	0	0.00	0	0.00	0	0.00
总计	13	100.00	13	100.00	13	100.00	13	100.00

资料来源：根据保险机构公开披露信息整理。

表 7-7　小型保险机构第二大股东持股比例区间统计

持股比例区间（%）	2016 年		2017 年		2018 年		2019 年	
	频数（家）	比例（%）	频数（家）	比例（%）	频数（家）	比例（%）	频数（家）	比例（%）
[50—60)	15	11.81	16	11.51	16	10.88	15	10.20
[40—50)	6	4.72	7	5.04	7	4.76	7	4.76

持股比例区间（%）	2016 年		2017 年		2018 年		2019 年	
	频数（家）	比例（%）	频数（家）	比例（%）	频数（家）	比例（%）	频数（家）	比例（%）
[30—40)	3	2.36	3	2.16	4	2.72	4	2.72
[20—30)	25	19.69	27	19.42	29	19.73	31	21.09
[10—20)	39	30.71	43	30.94	51	34.69	50	34.01
[0—10)	29	22.83	31	22.30	29	19.73	29	19.73
有效样本	117	92.13	127	91.37	136	92.52	136	92.52
缺失样本	10	7.87	12	8.63	11	7.48	11	7.48
总计	127	100.00	139	100.00	147	100.00	147	100.00

资料来源：根据保险机构公开披露信息整理。

表 7-8 中型保险机构第二大股东持股比例区间统计

持股比例区间（%）	2016 年		2017 年		2018 年		2019 年	
	频数（家）	比例（%）	频数（家）	比例（%）	频数（家）	比例（%）	频数（家）	比例（%）
[20—30)	8	40.00	8	40.00	8	40.00	8	40.00
[10—20)	7	35.00	7	35.00	8	40.00	8	40.00
[0—10)	4	20.00	4	20.00	3	15.00	3	15.00
有效样本	19	95.00	19	95.00	19	95.00	19	95.00
缺失样本	1	5.00	1	5.00	1	5.00	1	5.00
总计	20	100.00	20	100.00	20	100.00	20	100.00

资料来源：根据保险机构公开披露信息整理。

表 7-9 大型保险机构第二大股东持股比例区间统计

持股比例区间（%）	2016 年		2017 年		2018 年		2019 年	
	频数（家）	比例（%）	频数（家）	比例（%）	频数（家）	比例（%）	频数（家）	比例（%）
[40—50)	1	7.69	1	7.69	1	7.69	1	7.69
[30—40)	1	7.69	1	7.69	1	7.69	1	7.69
[20—30)	1	7.69	1	7.69	1	7.69	1	7.69
[10—20)	3	23.08	3	23.08	3	23.08	3	23.08
[0—10)	5	38.46	6	46.15	6	46.15	6	46.15
有效样本	11	84.62	12	92.31	12	92.31	12	92.31
缺失样本	2	15.38	1	7.69	1	7.69	1	7.69
总计	13	100.00	13	100.00	13	100.00	13	100.00

资料来源：根据保险机构公开披露信息整理。

表 7-10 小型、中型和大型保险机构第三大股东持股比例区间统计

年份	持股比例区间（%）	小型保险机构		中型保险机构		大型保险机构	
		频数（家）	比例（%）	频数（家）	比例（%）	频数（家）	比例（%）
2016	[20—30)	14	11.02	2	10.00	0	0.00
	[10—20)	41	32.28	12	60.00	3	23.08
	[0—10)	62	48.82	5	25.00	8	61.54
	有效样本	117	92.13	19	95.00	11	84.62
	缺失样本	10	7.87	1	5.00	2	15.38
	合计	127	100.00	20	100.00	13	100.00
2017	[20—30)	13	9.35	2	10.00	0	0.00
	[10—20)	48	34.53	12	60.00	3	23.08
	[0—10)	66	47.48	5	25.00	9	69.23
	有效样本	127	91.37	19	95.00	12	92.31
	缺失样本	12	8.63	1	5.00	1	7.69
	合计	139	100.00	20	100.00	13	100.00
2018	[20—30)	17	11.56	2	10.00	0	0.00
	[10—20)	53	36.05	12	60.00	3	23.08
	[0—10)	66	44.90	5	25.00	9	69.23
	有效样本	136	92.52	19	95.00	12	92.31
	缺失样本	11	7.48	1	5.00	1	7.69
	合计	147	100.00	20	100.00	13	100.00
2019	[20—30)	17	11.56	2	10.00	0	0.00
	[10—20)	54	36.73	12	60.00	3	23.08
	[0—10)	65	44.22	5	25.00	9	69.23
	有效样本	136	92.52	19	95.00	12	92.31
	缺失样本	11	7.48	1	5.00	1	7.69
	合计	147	100.00	20	100.00	13	100.00

资料来源：根据保险机构公开披露信息整理。

表 7-11 小型、中型和大型保险机构第四大股东持股比例区间统计

年份	持股比例区间（%）	小型保险机构		中型保险机构		大型保险机构	
		频数（家）	比例（%）	频数（家）	比例（%）	频数（家）	比例（%）
2016	[20—30)	4	3.15	1	5.00	0	0.00
	[10—20)	31	24.41	8	40.00	1	7.69
	[0—10)	82	64.57	10	50.00	10	76.92
	有效样本	117	92.13	19	95.00	11	84.62
	缺失样本	10	7.87	1	5.00	2	15.38
	合计	127	100.00	20	100.00	13	100.00

续表

年份	持股比例区间（%）	小型保险机构		中型保险机构		大型保险机构	
		频数（家）	比例（%）	频数（家）	比例（%）	频数（家）	比例（%）
2017	[20—30)	4	2.88	1	5.00	0	0.00
	[10—20)	37	26.62	8	40.00	1	7.69
	[0—10)	86	61.87	10	50.00	11	84.62
	有效样本	127	91.37	19	95.00	12	92.31
	缺失样本	12	8.63	1	5.00	1	7.69
	合计	139	100.00	20	100.00	13	100.00
2018	[20—30)	7	4.76	1	5.00	0	0.00
	[10—20)	43	29.25	8	40.00	1	7.69
	[0—10)	86	58.50	10	50.00	11	84.62
	有效样本	136	92.52	19	95.00	12	92.31
	缺失样本	11	7.48	1	5.00	1	7.69
	合计	147	100.00	20	100.00	13	100.00
2019	[20—30)	7	4.76	1	5.00	0	0.00
	[10—20)	44	29.93	7	35.00	1	7.69
	[0—10)	85	57.82	11	55.00	11	84.62
	有效样本	136	92.52	19	95.00	12	92.31
	缺失样本	11	7.48	1	5.00	1	7.69
	合计	147	100.00	20	100.00	13	100.00

资料来源：根据保险机构公开披露信息整理。

表 7-12　小型、中型和大型保险机构第五大股东持股比例区间统计

年份	持股比例区间（%）	小型保险机构		中型保险机构		大型保险机构	
		频数（家）	比例（%）	频数（家）	比例（%）	频数（家）	比例（%）
2016	[20—30)	2	1.57	1	5.00	0	0.00
	[10—20)	17	13.39	2	10.00	1	7.69
	[0—10)	98	77.17	15	75.00	10	76.92
	有效样本	117	92.13	18	90.00	11	84.62
	缺失样本	10	7.87	2	10.00	2	15.38
	合计	127	100.00	20	100.00	13	100.00
2017	[20—30)	2	1.44	1	5.00	0	0.00
	[10—20)	22	15.83	2	10.00	1	7.69
	[0—10)	103	74.10	15	75.00	11	84.62
	有效样本	127	91.37	18	90.00	12	92.31
	缺失样本	12	8.63	2	10.00	1	7.69
	合计	139	100.00	20	100.00	13	100.00

续表

年份	持股比例区间（%）	小型保险机构		中型保险机构		大型保险机构	
		频数（家）	比例（%）	频数（家）	比例（%）	频数（家）	比例（%）
2018	[20—30）	2	1.36	1	5.00	0	0.00
	[10—20）	30	20.41	2	10.00	1	7.69
	[0—10）	104	70.75	15	75.00	11	84.62
	有效样本	136	92.52	18	90.00	12	92.31
	缺失样本	11	7.48	2	10.00	1	7.69
	合计	147	100.00	20	100.00	13	100.00
2019	[20—30）	3	2.04	1	5.00	0	0.00
	[10—20）	32	21.77	2	10.00	1	7.69
	[0—10）	101	68.71	15	75.00	11	84.62
	有效样本	136	92.52	18	90.00	12	92.31
	缺失样本	11	7.48	2	10.00	1	7.69
	合计	147	100.00	20	100.00	13	100.00

资料来源：根据保险机构公开披露信息整理。

表7-13 小型、中型和大型保险机构第六大股东持股比例区间统计

年份	持股比例区间（%）	小型保险机构		中型保险机构		大型保险机构	
		频数（家）	比例（%）	频数（家）	比例（%）	频数（家）	比例（%）
2016	[20—30）	0	0.00	0	0.00	0	0.00
	[10—20）	11	8.66	2	10.00	1	7.69
	[0—10）	106	83.46	16	80.00	10	76.92
	有效样本	117	92.13	18	90.00	11	84.62
	缺失样本	10	7.87	2	10.00	2	15.38
	合计	127	100.00	20	100.00	13	100.00
2017	[20—30）	0	0.00	0	0.00	0	0.00
	[10—20）	11	7.91	2	10.00	1	7.69
	[0—10）	116	83.45	16	80.00	11	84.62
	有效样本	127	91.37	18	90.00	12	92.31
	缺失样本	12	8.63	2	10.00	1	7.69
	合计	139	100.00	20	100.00	13	100.00
2018	[20—30）	1	0.68	0	0.00	0	0.00
	[10—20）	13	8.84	2	10.00	1	7.69
	[0—10）	122	82.99	16	80.00	11	84.62
	有效样本	136	92.52	18	90.00	12	92.31
	缺失样本	11	7.48	2	10.00	1	7.69
	合计	147	100.00	20	100.00	13	100.00

年份	持股比例区间（%）	小型保险机构		中型保险机构		大型保险机构	
		频数（家）	比例（%）	频数（家）	比例（%）	频数（家）	比例（%）
2019	［20—30）	0	0.00	0	0.00	0	0.00
	［10—20）	13	8.84	2	10.00	1	7.69
	［0—10）	123	83.67	16	80.00	11	84.62
	有效样本	136	92.52	18	90.00	12	92.31
	缺失样本	11	7.48	2	10.00	1	7.69
	合计	147	100.00	20	100.00	13	100.00

资料来源：根据保险机构公开披露信息整理。

表 7-14　小型、中型和大型保险机构第七大股东持股比例区间统计

年份	持股比例区间（%）	小型保险机构		中型保险机构		大型保险机构	
		频数（家）	比例（%）	频数（家）	比例（%）	频数（家）	比例（%）
2016	［10—20）	7	5.51	1	5.00	0	0.00
	［0—10）	110	86.61	17	85.00	11	84.62
	有效样本	117	92.13	18	90.00	11	84.62
	缺失样本	10	7.87	2	10.00	2	15.38
	合计	127	100.00	20	100.00	13	100.00
2017	［10—20）	7	5.04	1	5.00	0	0.00
	［0—10）	120	86.33	17	85.00	12	92.31
	有效样本	127	91.37	18	90.00	12	92.31
	缺失样本	12	8.63	2	10.00	1	7.69
	合计	139	100.00	20	100.00	13	100.00
2018	［10—20）	10	6.80	1	5.00	1	0.00
	［0—10）	126	85.71	17	85.00	11	92.31
	有效样本	136	92.52	18	90.00	12	92.31
	缺失样本	11	7.48	2	10.00	1	7.69
	合计	147	100.00	20	100.00	13	100.00
2019	［10—20）	9	6.12	1	5.00	1	0.00
	［0—10）	127	86.39	17	85.00	11	92.31
	有效样本	136	92.52	18	90.00	12	92.31
	缺失样本	11	7.48	2	10.00	1	7.69
	合计	147	100.00	20	100.00	13	100.00

资料来源：根据保险机构公开披露信息整理。

表 7-15 小型、中型和大型保险机构第八大股东持股比例区间统计

年份	持股比例区间（%）	小型保险机构		中型保险机构		大型保险机构	
		频数（家）	比例（%）	频数（家）	比例（%）	频数（家）	比例（%）
2016	[10—20）	1	0.79	1	5.00	0	0.00
	[0—10）	115	90.55	17	85.00	11	84.62
	有效样本	116	91.34	18	90.00	11	84.62
	缺失样本	11	8.66	2	10.00	2	15.38
	合计	127	100.00	20	100.00	13	100.00
2017	[10—20）	1	0.72	1	5.00	0	0.00
	[0—10）	125	89.93	17	85.00	12	92.31
	有效样本	126	90.65	18	90.00	12	92.31
	缺失样本	13	9.35	2	10.00	1	7.69
	合计	139	100.00	20	100.00	13	100.00
2018	[10—20）	1	0.68	1	5.00	1	0.00
	[0—10）	134	91.16	17	85.00	11	92.31
	有效样本	135	91.84	18	90.00	12	92.31
	缺失样本	12	8.16	2	10.00	1	7.69
	合计	147	100.00	20	100.00	13	100.00
2019	[10—20）	1	0.68	1	5.00	1	0.00
	[0—10）	134	91.16	17	85.00	11	92.31
	有效样本	135	91.84	18	90.00	12	92.31
	缺失样本	12	8.16	2	10.00	1	7.69
	合计	147	100.00	20	100.00	13	100.00

资料来源：根据保险机构公开披露信息整理。

表 7-16 小型、中型和大型保险机构第九大股东持股比例区间统计

年份	持股比例区间（%）	小型保险机构		中型保险机构		大型保险机构	
		频数（家）	比例（%）	频数（家）	比例（%）	频数（家）	比例（%）
2016	[0—10）	116	91.34	18	90.00	11	84.62
	有效样本	116	91.34	18	90.00	11	84.62
	缺失样本	11	8.66	2	10.00	2	15.38
	合计	127	100.00	20	100.00	13	100.00
2017	[0—10）	126	90.65	18	90.00	12	92.31
	有效样本	126	90.65	18	90.00	12	92.31
	缺失样本	13	9.35	2	10.00	1	7.69
	合计	139	100.00	20	100.00	13	100.00

年份	持股比例区间（%）	小型保险机构		中型保险机构		大型保险机构	
		频数（家）	比例（%）	频数（家）	比例（%）	频数（家）	比例（%）
2018	[0—10)	135	91.84	18	90.00	12	92.31
	有效样本	135	91.84	18	90.00	12	92.31
	缺失样本	12	8.16	2	10.00	1	7.69
	合计	147	100.00	20	100.00	13	100.00
2019	[0—10)	135	91.84	18	90.00	12	92.31
	有效样本	135	91.84	18	90.00	12	92.31
	缺失样本	12	8.16	2	10.00	1	7.69
	合计	147	100.00	20	100.00	13	100.00

资料来源：根据保险机构公开披露信息整理。

表 7-17　小型、中型和大型保险机构第十大股东持股比例区间统计

年份	持股比例区间（%）	小型保险机构		中型保险机构		大型保险机构	
		频数（家）	比例（%）	频数（家）	比例（%）	频数（家）	比例（%）
2016	[0—10)	116	91.34	18	90.00	11	84.62
	有效样本	116	91.34	18	90.00	11	84.62
	缺失样本	11	8.66	2	10.00	2	15.38
	合计	127	100.00	20	100.00	13	100.00
2017	[0—10)	126	90.65	18	90.00	12	92.31
	有效样本	126	90.65	18	90.00	12	92.31
	缺失样本	13	9.35	2	10.00	1	7.69
	合计	139	100.00	20	100.00	13	100.00
2018	[0—10)	135	91.84	18	90.00	12	92.31
	有效样本	135	91.84	18	90.00	12	92.31
	缺失样本	12	8.16	2	10.00	1	7.69
	合计	147	100.00	20	100.00	13	100.00
2019	[0—10)	135	91.84	18	90.00	12	92.31
	有效样本	135	91.84	18	90.00	12	92.31
	缺失样本	12	8.16	2	10.00	1	7.69
	合计	147	100.00	20	100.00	13	100.00

资料来源：根据保险机构公开披露信息整理。

表 7-18、表 7-19 和表 7-20 的统计结果显示，2016－2019 年小型保险机构第一大股东持股比例平均值依次为 49.76%、49.22%、47.22% 和 47.48%，比例均接近 50.00%，2016－2017 年小型保险机构第一大股东持

股比例中位数均为 50.00%，2018－2019 年依次为 48.56% 和 45.78%，一定程度上表明在小型保险机构股权集中度较高，2016－2019 年中型保险机构第一大股东持股比例平均值均高于 50.00%，2016－2019 年大型保险机构第一大股东持股比例平均值均接近 75.00%，表明小型保险机构和中型保险机构股权集中度明显低于大型保险机构；2016－2019 年小型保险机构第一大股东持股比例最大值均为 100.00%，最小值约为 10.00%，表明小型保险机构第一大股东持股比例差距较为明显，中型保险机构第一大股东持股比例最大值均为 100.00%，最小值均为 11.55%，大型保险机构第一大股东持股比例最大值除 2016 年为 99.99% 以外，其余三年均为 100.00%，最小值均为 20.00%，表明大型保险机构第一大股东持股比例之间也存在一定差距，但小型保险机构和中型保险机构的差异更显著。小型保险机构、中型保险机构和大型保险机构第二大股东至第十大股东持股比例的描述性统计结果如表 7-21 至表 7-47 所示。

表 7-18　小型保险机构第一大股东持股比例描述性统计（单位：%）

统计指标	2016 年	2017 年	2018 年	2019 年
有效样本	117	127	136	136
缺失样本	10	12	11	11
平均值	49.76	49.22	47.22	47.48
中位数	50.00	50.00	48.56	45.78
标准差	30.01	30.13	29.45	29.22
极差	90.00	90.00	88.24	88.24
最小值	10.00	10.00	11.76	11.76
最大值	100.00	100.00	100.00	100.00

资料来源：根据保险机构公开披露信息整理。

表 7-19　中型保险机构第一大股东持股比例描述性统计（单位：%）

统计指标	2016 年	2017 年	2018 年	2019 年
有效样本	19	19	19	19
缺失样本	1	1	1	1
平均值	53.69	53.69	52.17	52.17
中位数	50.92	50.92	50.92	50.92
标准差	27.51	27.51	25.96	25.96
极差	88.45	88.45	88.45	88.45
最小值	11.55	11.55	11.55	11.55
最大值	100.00	100.00	100.00	100.00

资料来源：根据保险机构公开披露信息整理。

表 7-20　大型保险机构第一大股东持股比例描述性统计（单位：%）

统计指标	2016 年	2017 年	2018 年	2019 年
有效样本	12	13	13	13
缺失样本	1	0	0	0
平均值	73.49	75.53	75.42	75.42
中位数	73.09	75.1	75.10	75.10
标准差	26.30	26.23	26.12	26.12
极差	79.99	80.00	80.00	80.00
最小值	20.00	20.00	20.00	20.00
最大值	99.99	100.00	100.00	100.00

资料来源：根据保险机构公开披露信息整理。

表 7-21　小型保险机构第二大股东持股比例描述性统计（单位：%）

统计指标	2016 年	2017 年	2018 年	2019 年
有效样本	117	127	136	136
缺失样本	10	12	11	11
平均值	20.13	20.13	20.13	19.90
中位数	18.40	18.67	18.51	18.86
标准差	15.83	15.81	15.36	15.03
极差	50.00	50.00	50.00	50.00
最小值	0.00	0.00	0.00	0.00
最大值	50.00	50.00	50.00	50.00

资料来源：根据保险机构公开披露信息整理。

表 7-22　中型保险机构第二大股东持股比例描述性统计（单位：%）

统计指标	2016 年	2017 年	2018 年	2019 年
有效样本	19	19	19	19
缺失样本	1	1	1	1
平均值	15.49	15.60	15.78	15.57
中位数	19.19	19.19	19.19	18.48
标准差	8.29	8.15	7.97	7.93
极差	27.50	27.50	27.50	27.50
最小值	0.00	0.00	0.00	0.00
最大值	27.50	27.50	27.50	27.50

资料来源：根据保险机构公开披露信息整理。

表7-23　大型保险机构第二大股东持股比例描述性统计（单位：%）

统计指标	2016年	2017年	2018年	2019年
有效样本	11	12	12	12
缺失样本	2	1	1	1
平均值	13.31	12.20	12.24	12.24
中位数	10.00	8.90	8.90	8.90
标准差	13.93	13.83	13.79	13.80
极差	39.99	40.00	40.00	40.00
最小值	0.01	0.00	0.00	0.00
最大值	40.00	40.00	40.00	40.00

资料来源：根据保险机构公开披露信息整理。

表7-24　小型保险机构第三大股东持股比例描述性统计（单位：%）

统计指标	2016年	2017年	2018年	2019年
有效样本	117	127	136	136
缺失样本	10	12	11	11
平均值	8.61	8.41	8.98	9.04
中位数	7.67	9.17	10.00	10.00
标准差	8.21	8.00	8.04	7.95
极差	25.00	25.00	25.00	25.00
最小值	0.00	0.00	0.00	0.00
最大值	25.00	25.00	25.00	25.00

资料来源：根据保险机构公开披露信息整理。

表7-25　中型保险机构第三大股东持股比例描述性统计（单位：%）

统计指标	2016年	2017年	2018年	2019年
有效样本	19	19	19	19
缺失样本	1	1	1	1
平均值	11.36	11.27	11.59	11.49
中位数	12.50	12.50	12.50	12.50
标准差	7.39	7.52	7.15	7.07
极差	25.00	25.00	25.00	25.00
最小值	0.00	0.00	0.00	0.00
最大值	25.00	25.00	25.00	25.00

资料来源：根据保险机构公开披露信息整理。

表 7-26　大型保险机构第三大股东持股比例描述性统计（单位：%）

统计指标	2016 年	2017 年	2018 年	2019 年
有效样本	11	12	12	12
缺失样本	2	1	1	1
平均值	5.23	4.55	4.62	4.62
中位数	1.78	1.16	1.16	1.16
标准差	6.68	6.15	6.11	6.11
极差	16.77	16.77	16.77	16.77
最小值	0.00	0.00	0.00	0.00
最大值	16.77	16.77	16.77	16.77

资料来源：根据保险机构公开披露信息整理。

表 7-27　小型保险机构第四大股东持股比例描述性统计（单位：%）

统计指标	2016 年	2017 年	2018 年	2019 年
有效样本	117	127	136	136
缺失样本	10	12	11	11
平均值	5.59	5.88	6.56	6.58
中位数	0.97	3.20	5.32	5.41
标准差	6.54	6.65	6.90	6.85
极差	20.00	20.00	20.00	20.00
最小值	0.00	0.00	0.00	0.00
最大值	20.00	20.00	20.00	20.00

资料来源：根据保险机构公开披露信息整理。

表 7-28　中型保险机构第四大股东持股比例描述性统计（单位：%）

统计指标	2016 年	2017 年	2018 年	2019 年
有效样本	19	19	19	19
缺失样本	1	1	1	1
平均值	7.00	6.98	7.24	7.10
中位数	5.08	5.08	5.08	5.01
标准差	6.32	6.34	6.13	6.05
极差	20.00	20.00	20.00	20.00
最小值	0.00	0.00	0.00	0.00
最大值	20.00	20.00	20.00	20.00

资料来源：根据保险机构公开披露信息整理。

表 7-29　大型保险机构第四大股东持股比例描述性统计（单位：%）

统计指标	2016 年	2017 年	2018 年	2019 年
有效样本	11	12	12	12
缺失样本	2	1	1	1
平均值	2.29	2.09	2.13	2.13
中位数	0.37	0.22	0.34	0.34
标准差	4.59	4.42	4.41	4.41
极差	15.27	15.27	15.27	15.27
最小值	0.00	0.00	0.00	0.00
最大值	15.27	15.27	15.27	15.27

资料来源：根据保险机构公开披露信息整理。

表 7-30　小型保险机构第五大股东持股比例描述性统计（单位：%）

统计指标	2016 年	2017 年	2018 年	2019 年
有效样本	117	127	136	136
缺失样本	10	12	11	11
平均值	3.94	4.27	4.82	5.05
中位数	0.00	0.10	3.27	3.90
标准差	4.97	5.14	5.43	5.57
极差	20.00	20.00	20.00	20.00
最小值	0.00	0.00	0.00	0.00
最大值	20.00	20.00	20.00	20.00

资料来源：根据保险机构公开披露信息整理。

表 7-31　中型保险机构第五大股东持股比例描述性统计（单位：%）

统计指标	2016 年	2017 年	2018 年	2019 年
有效样本	18	18	18	18
缺失样本	2	2	2	2
平均值	4.44	4.44	4.71	5.22
中位数	2.70	2.70	4.22	4.52
标准差	5.72	5.72	5.61	5.57
极差	20.00	20.00	20.00	20.00
最小值	0.00	0.00	0.00	0.00
最大值	20.00	20.00	20.00	20.00

资料来源：根据保险机构公开披露信息整理。

表 7-32 **大型保险机构第五大股东持股比例描述性统计（单位：%）**

统计指标	2016 年	2017 年	2018 年	2019 年
有效样本	11	12	12	12
缺失样本	2	1	1	1
平均值	1.71	1.56	1.58	1.58
中位数	0.21	0.12	0.18	0.20
标准差	3.62	3.49	3.48	3.48
极差	11.70	11.70	11.70	11.70
最小值	0.00	0.00	0.00	0.00
最大值	11.70	11.70	11.70	11.70

资料来源：根据保险机构公开披露信息整理。

表 7-33 **小型保险机构第六大股东持股比例描述性统计（单位：%）**

统计指标	2016 年	2017 年	2018 年	2019 年
有效样本	117	127	136	136
缺失样本	10	12	11	11
平均值	3.09	3.25	3.58	3.32
中位数	0.00	0.00	1.32	0.17
标准差	3.99	4.00	4.30	3.90
极差	14.00	14.00	20.00	14.00
最小值	0.00	0.00	0.00	0.00
最大值	14.00	14.00	20.00	14.00

资料来源：根据保险机构公开披露信息整理。

表 7-34 **中型保险机构第六大股东持股比例描述性统计（单位：%）**

统计指标	2016 年	2017 年	2018 年	2019 年
有效样本	18	18	18	18
缺失样本	2	2	2	2
平均值	2.76	2.76	2.92	2.89
中位数	0.00	0.00	0.00	0.57
标准差	4.02	4.02	3.96	3.89
极差	11.24	11.24	11.24	11.24
最小值	0.00	0.00	0.00	0.00
最大值	11.24	11.24	11.24	11.24

资料来源：根据保险机构公开披露信息整理。

表 7-35　大型保险机构第六大股东持股比例描述性统计（单位：%）

统计指标	2016 年	2017 年	2018 年	2019 年
有效样本	11	12	12	12
缺失样本	2	1	1	1
平均值	1.10	0.99	0.99	1.00
中位数	0.02	0.02	0.02	0.02
标准差	3.15	3.02	3.02	3.02
极差	10.57	10.57	10.57	10.57
最小值	0.00	0.00	0.00	0.00
最大值	10.57	10.57	10.57	10.57

资料来源：根据保险机构公开披露信息整理。

表 7-36　小型保险机构第七大股东持股比例描述性统计（单位：%）

统计指标	2016 年	2017 年	2018 年	2019 年
有效样本	117	127	136	136
缺失样本	10	12	11	11
平均值	2.36	2.41	2.60	2.52
中位数	0.00	0.00	0.00	0.00
标准差	3.39	3.37	3.52	3.41
极差	14.00	14.00	14.00	14.00
最小值	0.00	0.00	0.00	0.00
最大值	14.00	14.00	14.00	14.00

资料来源：根据保险机构公开披露信息整理。

表 7-37　中型保险机构第七大股东持股比例描述性统计（单位：%）

统计指标	2016 年	2017 年	2018 年	2019 年
有效样本	18	18	18	18
缺失样本	2	2	2	2
平均值	1.71	1.71	1.86	1.87
中位数	0.00	0.00	0.00	0.00
标准差	3.14	3.14	3.11	3.11
极差	10.26	10.26	10.26	10.26
最小值	0.00	0.00	0.00	0.00
最大值	10.26	10.26	10.26	10.26

资料来源：根据保险机构公开披露信息整理。

表 7-38 大型保险机构第七大股东持股比例描述性统计（单位：%）

统计指标	2016 年	2017 年	2018 年	2019 年
有效样本	11	12	12	12
缺失样本	2	1	1	1
平均值	0.42	0.38	0.38	0.39
中位数	0.01	0.00	0.00	0.00
标准差	1.16	1.11	1.11	1.11
极差	3.88	3.88	3.88	3.88
最小值	0.00	0.00	0.00	0.00
最大值	3.88	3.88	3.88	3.88

资料来源：根据保险机构公开披露信息整理。

表 7-39 小型保险机构第八大股东持股比例描述性统计（单位：%）

统计指标	2016 年	2017 年	2018 年	2019 年
有效样本	116	126	135	135
缺失样本	11	13	12	12
平均值	1.36	1.48	1.61	1.59
中位数	0.00	0.00	0.00	0.00
标准差	2.22	2.34	2.42	2.41
极差	10.00	10.00	10.00	10.00
最小值	0.00	0.00	0.00	0.00
最大值	10.00	10.00	10.00	10.00

资料来源：根据保险机构公开披露信息整理。

表 7-40 中型保险机构第八大股东持股比例描述性统计（单位：%）

统计指标	2016 年	2017 年	2018 年	2019 年
有效样本	18	18	18	18
缺失样本	2	2	2	2
平均值	1.20	1.20	1.29	1.29
中位数	0.00	0.00	0.00	0.00
标准差	2.89	2.89	2.87	2.87
极差	10.26	10.26	10.26	10.26
最小值	0.00	0.00	0.00	0.00
最大值	10.26	10.26	10.26	10.26

资料来源：根据保险机构公开披露信息整理。

表 7-41 **大型保险机构第八大股东持股比例描述性统计（单位：%）**

统计指标	2016 年	2017 年	2018 年	2019 年
有效样本	11	12	12	12
缺失样本	2	1	1	1
平均值	0.39	0.36	0.36	0.37
中位数	0.00	0.00	0.00	0.00
标准差	1.16	1.11	1.11	1.11
极差	3.88	3.88	3.88	3.88
最小值	0.00	0.00	0.00	0.00
最大值	3.88	3.88	3.88	3.88

资料来源：根据保险机构公开披露信息整理。

表 7-42 **小型保险机构第九大股东持股比例描述性统计（单位：%）**

统计指标	2016 年	2017 年	2018 年	2019 年
有效样本	116	126	135	135
缺失样本	11	13	12	12
平均值	1.02	1.04	1.03	1.01
中位数	0.00	0.00	0.00	0.00
标准差	1.67	1.68	1.64	1.63
极差	5.39	5.88	5.88	5.88
最小值	0.00	0.00	0.00	0.00
最大值	5.39	5.88	5.88	5.88

资料来源：根据保险机构公开披露信息整理。

表 7-43 **中型保险机构第九大股东持股比例描述性统计（单位：%）**

统计指标	2016 年	2017 年	2018 年	2019 年
有效样本	18	18	18	18
缺失样本	2	2	2	2
平均值	0.40	0.41	0.50	0.50
中位数	0.00	0.00	0.00	0.00
标准差	1.13	1.13	1.16	1.16
极差	4.23	4.23	4.23	4.23
最小值	0.00	0.00	0.00	0.00
最大值	4.23	4.23	4.23	4.23

资料来源：根据保险机构公开披露信息整理。

表 7-44　大型保险机构第九大股东持股比例描述性统计（单位：%）

统计指标	2016 年	2017 年	2018 年	2019 年
有效样本	11	12	12	12
缺失样本	2	1	1	1
平均值	0.03	0.037	0.04	0.03
中位数	0.00	0.00	0.00	0.00
标准差	0.07	0.09	0.08	0.08
极差	0.23	0.30	0.29	0.28
最小值	0.00	0.00	0.00	0.00
最大值	0.23	0.30	0.29	0.28

资料来源：根据保险机构公开披露信息整理。

表 7-45　小型保险机构第十大股东持股比例描述性统计（单位：%）

统计指标	2016 年	2017 年	2018 年	2019 年
有效样本	116	126	135	135
缺失样本	11	13	12	12
平均值	0.82	0.83	0.74	0.76
中位数	0.00	0.00	0.00	0.00
标准差	1.41	1.43	1.36	1.37
极差	5.11	5.88	5.88	5.88
最小值	0.00	0.00	0.00	0.00
最大值	5.11	5.88	5.88	5.88

资料来源：根据保险机构公开披露信息整理。

表 7-46　中型保险机构第十大股东持股比例描述性统计（单位：%）

统计指标	2016 年	2017 年	2018 年	2019 年
有效样本	18	18	18	18
缺失样本	2	2	2	2
平均值	0.36	0.35	0.36	0.36
中位数	0.00	0.00	0.00	0.00
标准差	1.00	1.01	1.00	1.00
极差	3.57	3.57	3.57	3.57
最小值	0.00	0.00	0.00	0.00
最大值	3.57	3.57	3.57	3.57

资料来源：根据保险机构公开披露信息整理。

表 7-47　大型保险机构第十大股东持股比例描述性统计（单位：%）

统计指标	2016 年	2017 年	2018 年	2019 年
有效样本	11	12	12	12
缺失样本	2	1	1	1
平均值	0.03	0.029	0.03	0.03
中位数	0.00	0.00	0.00	0.00
标准差	0.06	0.07	0.08	0.08
极差	0.20	0.24	0.29	0.26
最小值	0.00	0.00	0.00	0.00
最大值	0.20	0.24	0.29	0.26

资料来源：根据保险机构公开披露信息整理。

三、小型保险机构是否存在机构投资者

表 7-48 的统计结果显示，2016－2019 年存在机构投资者的小型保险机构数依次为 73 家、82 家、93 家和 93 家，比例依次为 57.48%、58.99%、63.27% 和 63.27%，呈现总体上升的趋势，2019 年比例较 2016 年提高了 5.79%，2016－2019 年存在机构投资者的中型保险机构比例依次为 80.00%、80.00%、85.00% 和 85.00%，2016－2019 年存在机构投资者的大型保险机构比例依次为 84.62%、92.31%、100.00% 和 100.00%，2018－2019 年大型保险机构均存在机构投资者，小型保险机构存在机构投资者的情况明显劣于大型保险机构和中型保险机构，大型保险机构略优于中型保险机构。

表 7-48　小型、中型和大型保险机构机构投资者统计

年份	机构投资者	小型保险机构		中型保险机构		大型保险机构	
		频数（家）	比例（%）	频数（家）	比例（%）	频数（家）	比例（%）
2016	不存在	44	34.65	3	15.00	1	7.69
	存在	73	57.48	16	80.00	11	84.62
	有效样本	117	92.13	19	95.00	12	92.31
	缺失样本	10	7.87	1	5.00	1	7.69
	合计	127	100.00	20	100.00	13	100.00
2017	不存在	45	32.37	3	15.00	1	7.69
	存在	82	58.99	16	80.00	12	92.31
	有效样本	127	91.37	19	95.00	13	100.00
	缺失样本	12	8.63	1	5.00	0	0.00
	合计	139	100.00	20	100.00	13	100.00

年份	机构投资者	小型保险机构		中型保险机构		大型保险机构	
		频数（家）	比例（%）	频数（家）	比例（%）	频数（家）	比例（%）
2018	不存在	43	29.25	2	10.00	0	0.00
	存在	93	63.27	17	85.00	13	100.00
	有效样本	136	92.52	19	95.00	13	100.00
	缺失样本	11	7.48	1	5.00	0	0.00
	合计	147	100.00	20	100.00	13	100.00
2019	不存在	43	29.25	2	10.00	0	0.00
	存在	93	63.27	17	85.00	13	100.00
	有效样本	136	92.52	19	95.00	13	100.00
	缺失样本	11	7.48	1	5.00	0	0.00
	合计	147	100.00	20	100.00	13	100.00

资料来源：根据保险机构公开披露信息整理。

四、小型保险机构股权层级

表 7-49 的统计结果显示，2016－2019 年小型保险机构股权层级没有 1 级的，股权层级为 2 级和 3 级的小型保险机构累计比例依次为 64.56%、63.31%、63.95% 和 63.95%，各年比例均超过 60.00%，表明小型保险机构股权层级总体层级较低。小型保险机构股权层级主要集中在 2 级和 3 级，2016－2019 年股权层级为 2 级的小型保险机构比例依次为 29.13%、27.34%、25.85% 和 25.85%，总体呈下降趋势，股权层级为 3 级的比例依次为 35.43%、35.97%、38.10% 和 38.10%，总体呈上升趋势；2016－2019 年中型保险机构股权层级没有 1 级的，股权层级为 3 级的 2 家，比例均为 10.00%，股权层级为 2 级和 4 级的 5 家，所占比例均为 25.00%，股权层级为 5 级的 8 家，比例均为 40.00%，中型保险机构股权层级主要集中于 4 级和 5 级；2016－2019 年股权层级为 1 级、4 级和 5 级的大型保险机构均为 1 家，所占比例为 7.69%，股权层级为 2 级的比例均为 53.85%，股权层级为 3 级的比例均为 23.08%，大型保险机构股权层级主要集中于 2 级和 3 级。

表 7-49　小型、中型和大型保险机构股权层级统计

年份	股权层级数量（级）	小型保险机构		中型保险机构		大型保险机构	
		频数（家）	比例（%）	频数（家）	比例（%）	频数（家）	比例（%）
2016	1	0	0.00	0	0.00	1	7.69
	2	37	29.13	5	25.00	7	53.85
	3	45	35.43	2	10.00	3	23.08
	4	18	14.17	5	25.00	1	7.69
	5	27	21.26	8	40.00	1	7.69
	合计	127	100.00	20	100.00	13	100.00
2017	1	0	0.00	0	0.00	1	7.69
	2	38	27.34	5	25.00	7	53.85
	3	50	35.97	2	10.00	3	23.08
	4	22	15.83	5	25.00	1	7.69
	5	29	20.86	8	40.00	1	7.69
	合计	139	100.00	20	100.00	13	100.00
2018	1	0	0.00	0	0.00	1	7.69
	2	38	25.85	5	25.00	7	53.85
	3	56	38.10	2	10.00	3	23.08
	4	23	15.65	5	25.00	1	7.69
	5	30	20.41	8	40.00	1	7.69
	合计	147	100.00	20	100.00	13	100.00
2019	1	0	0.00	0	0.00	1	7.69
	2	38	25.85	5	25.00	7	53.85
	3	56	38.10	2	10.00	3	23.08
	4	23	15.65	5	25.00	1	7.69
	5	30	20.41	8	40.00	1	7.69
	合计	147	100.00	20	100.00	13	100.00

资料来源：根据保险机构公开披露信息整理。

五、小型保险机构股权出质情况

表 7-50 的统计结果显示，2016－2019 年不存在股权出质情况的小型保险机构数依次为 103 家、116 家、123 家和 118 家，比例依次为 81.10%、83.45%、83.67% 和 80.27%，可见存在股权出质情况的小型保险机构较少，且 2016－2018 年不存在股权出质情况的小型保险机构比例逐年升高，2019 年有所降低；2016－2019 年不存在股权出质情况的中型保险机构比例依次

为 60.00%、50.00%、55.00% 和 65.00%，总体波动较大，2016 年和 2019 年不存在股权出质情况的中型保险机构比例略高，其余两年相对较低，但小型保险机构各年比例均高于相应年份中型保险机构；2016－2019 年不存在股权出质情况的大型保险机构比例依次为 92.31%、84.62%、92.31% 和 76.92%，总体波动较大，2016 年和 2018 年不存在股权出质情况的大型保险机构比例略高，其余两年相对较低，但大型保险机构各年比例均高于相应年份中型保险机构，且除 2019 年以外，其余各年小型保险机构均低于相应年份大型保险机构。

表 7-50　小型、中型和大型保险机构股权出质情况统计

年份	股权出质情况	小型保险机构		中型保险机构		大型保险机构	
		频数（家）	比例（%）	频数（家）	比例（%）	频数（家）	比例（%）
2016	无	103	81.10	12	60.00	12	92.31
	有	24	18.90	8	40.00	1	7.69
	合计	127	100.00	20	100.00	13	100.00
2017	无	116	83.45	10	50.00	11	84.62
	有	23	16.55	10	50.00	2	15.38
	合计	139	100.00	20	100.00	13	100.00
2018	无	123	83.67	11	55.00	12	92.31
	有	24	16.33	9	45.00	1	7.69
	合计	147	100.00	20	100.00	13	100.00
2019	无	118	80.27	13	65.00	10	76.92
	有	29	19.73	7	35.00	3	23.08
	合计	147	100.00	20	100.00	13	100.00

资料来源：根据保险机构公开披露信息整理。

第二节　小型保险机构董事与董事会状况分析

本节从董事与董事会维度，对反映我国小型保险机构董事与董事会治理状况的 15 个具体指标进行了年度统计分析，进而全面揭示了我国 2016－2019 年期间小型保险机构董事与董事会治理的状况。

一、小型保险机构董事会规模

表 7-51、表 7-52 和表 7-53 的统计结果显示，2016－2019 年设立董

事会的小型保险机构比例依次为95.28%、94.96%、95.92%和95.24%，小型保险机构董事会规模均集中于5－11人，且披露董事会相关情况的小型保险机构的董事会规模均大于等于3人，2016－2019年董事会规模为5－11人的小型保险机构累计比例依次为79.54%、82.01%、80.95%和79.59%，比例均接近于80.00%；2016－2019年设立董事会的中型保险机构比例依次为95.00%、95.00%、100.00%和100.00%，中型保险机构董事会规模集中在8－9人，且披露董事会相关情况的保险机构的董事会规模均大于等于3人；2016－2019年设立董事会的大型保险机构比例均为100.00%，大型保险机构董事会规模集中在7－8人，且披露董事会相关情况的保险机构的董事会规模均大于等于5人。

表 7-51　小型保险机构董事会规模统计

董事会规模（人）	2016 年		2017 年		2018 年		2019 年	
	频数（家）	比例（%）	频数（家）	比例（%）	频数（家）	比例（%）	频数（家）	比例（%）
3	4	3.15	3	2.16	2	1.36	3	2.04
4	4	3.15	3	2.16	8	5.44	6	4.08
5	16	12.60	19	13.67	18	12.24	18	12.24
6	19	14.96	19	13.67	22	14.97	23	15.65
7	19	14.96	27	19.42	21	14.29	19	12.93
8	13	10.24	12	8.63	7	4.76	13	8.84
9	13	10.24	16	11.51	24	16.33	20	13.61
10	8	6.30	6	4.32	10	6.80	13	8.84
11	13	10.24	15	10.79	17	11.56	11	7.48
12	5	3.94	3	2.16	3	2.04	4	2.72
13	4	3.15	7	5.04	5	3.40	6	4.08
14	0	0.00	0	0.00	0	0.00	0	0.00
15	2	1.57	0	0.00	1	0.68	1	0.68
16	0	0.00	0	0.00	0	0.00	1	0.68
17	0	0.00	1	0.72	1	0.68	0	0.00
18	1	0.79	1	0.72	2	1.36	2	1.36
有效样本	121	95.28	132	94.96	141	95.92	140	95.24
缺失样本	6	4.72	7	5.04	6	4.08	7	4.76
合计	127	100.00	139	100.00	147	100.00	147	100.00

资料来源：根据保险机构公开披露信息整理。

表 7-52　中型保险机构董事会规模统计

董事会规模（人）	2016 年		2017 年		2018 年		2019 年	
	频数（家）	比例（%）	频数（家）	比例（%）	频数（家）	比例（%）	频数（家）	比例（%）
3	0	0.00	0	0.00	1	5.00	0	0.00
4	0	0.00	0	0.00	0	0.00	0	0.00
5	1	5.00	0	0.00	0	0.00	1	5.00
6	3	15.00	4	20.00	4	20.00	4	20.00
7	0	0.00	3	15.00	1	5.00	3	15.00
8	4	20.00	1	5.00	4	20.00	2	10.00
9	5	25.00	5	25.00	3	15.00	3	15.00
10	2	10.00	3	15.00	4	20.00	2	10.00
11	1	5.00	0	0.00	0	0.00	2	10.00
12	1	5.00	1	5.00	1	5.00	0	0.00
13	1	5.00	1	5.00	1	5.00	2	10.00
14	0	0.00	0	0.00	0	0.00	0	0.00
15	0	0.00	1	5.00	1	0.00	1	5.00
16	1	5.00	0	0.00	0	0.00	0	0.00
有效样本	19	95.00	19	95.00	20	100.00	20	100.00
缺失样本	1	5.00	1	5.00	0	0.00	0	0.00
合计	20	100.00	20	100.00	20	100.00	20	100.00

资料来源：根据保险机构公开披露信息整理。

表 7-53　大型保险机构董事会规模统计

董事会规模（人）	2016 年		2017 年		2018 年		2019 年	
	频数（家）	比例（%）	频数（家）	比例（%）	频数（家）	比例（%）	频数（家）	比例（%）
5	0	0.00	1	7.69	0	0.00	1	7.69
6	1	7.69	0	0.00	0	0.00	2	15.38
7	3	23.08	3	23.08	4	30.77	2	15.38
8	3	23.08	1	7.69	2	15.38	1	7.69
9	0	0.00	1	7.69	0	0.00	0	0.00
10	1	7.69	1	7.69	3	23.08	4	30.77
11	2	15.38	3	23.08	1	7.69	2	15.38
12	1	7.69	0	0.00	0	0.00	1	7.69
13	2	15.38	3	23.08	2	15.38	0	0.00
14	0	0.00	0	0.00	1	7.69	0	0.00

董事会规模（人）	2016 年		2017 年		2018 年		2019 年	
	频数（家）	比例（%）	频数（家）	比例（%）	频数（家）	比例（%）	频数（家）	比例（%）
有效样本	13	100.00	13	100.00	13	100.00	13	100.00
缺失样本	0	0.00	0	0.00	0	0.00	0	0.00
合计	13	100.00	13	100.00	13	100.00	13	100.00

资料来源：根据保险机构公开披露信息整理。

表 7-54、表 7-55 和表 7-56 的统计分析结果显示，2016－2019 年小型保险机构董事会规模平均值依次为 7.93 人、7.92 人、8.05 人和 8.01 人，各年平均值均在 8.00 人左右，2016－2019 年小型保险机构董事会规模最大值均为 18.00 人，最小值均为 3.00 人，极差达到 15.00 人，差异较为明显；2016－2019 年中型保险机构董事会规模平均值均高于相应年份小型保险机构，且中型保险机构董事会规模各年极差最高为 12 人，小于小型保险机构；2016－2018 年大型保险机构董事会规模平均值均高于相应年份中型保险机构，2019 年略低于中型保险机构，且大型保险机构董事会规模各年极差为 7 人或 8 人，小型保险机构和中型保险机构极差大于大型保险机构。

表 7-54　小型保险机构董事会规模描述性统计（单位：人）

统计指标	2016 年	2017 年	2018 年	2019 年
有效样本	121	132	141	140
缺失样本	6	7	6	7
平均值	7.93	7.92	8.05	8.01
中位数	7.00	7.00	7.00	8.00
标准差	2.80	2.73	2.89	2.87
极差	15.00	15.00	15.00	15.00
最小值	3.00	3.00	3.00	3.00
最大值	18.00	18.00	18.00	18.00

资料来源：根据保险机构公开披露信息整理。

表 7-55　中型保险机构董事会规模描述性统计（单位：人）

统计指标	2016 年	2017 年	2018 年	2019 年
有效样本	19	19	20	20
缺失样本	1	1	0	0
平均值	9.05	8.84	8.65	8.80
中位数	9.00	9.00	8.50	8.50

统计指标	2016 年	2017 年	2018 年	2019 年
标准差	2.66	2.50	2.74	2.75
极差	11.00	9.00	12.00	10.00
最小值	5.00	6.00	3.00	5.00
最大值	16.00	15.00	15.00	15.00

资料来源：根据保险机构公开披露信息整理。

表 7-56　大型保险机构董事会规模描述性统计（单位：人）

统计指标	2016 年	2017 年	2018 年	2019 年
有效样本	13	13	13	13
缺失样本	0	0	0	0
平均值	9.31	9.62	9.62	8.69
中位数	8.00	10.00	10.00	10.00
标准差	2.46	2.66	2.53	2.29
极差	7.00	8.00	7.00	7.00
最小值	6.00	5.00	7.00	5.00
最大值	13.00	13.00	14.00	12.00

资料来源：根据保险机构公开披露信息整理。

二、小型保险机构董事学历状况

表 7-57 至表 7-66 的统计结果显示，小型保险机构、中型保险机构和大型保险机构董事学历水平整体较高，具体表现在大专及以下学历董事的人数较少、比例较低，而本科、硕士和博士学历的董事人数较多、比例较高。以大专和博士学历为例，2016－2019 年，有大专及以下学历董事的小型保险机构比例依次为 18.89%、14.39%、8.16% 和 8.84%，而有博士学历董事的小型保险机构比例依次为 63.78%、58.99%、61.22% 和 65.31%；2016－2019 年有大专及以下学历董事的中型保险机构比例依次为 10.00%、15.00%、10.00% 和 20.00%，2017 年和 2019 年小型保险机构比例低于中型保险机构，2016－2019 年有博士学历董事的中型保险机构比例依次为 70.00%、60.00%、70.00% 和 70.00%，小型保险机构各年比例均低于相应年份中型保险机构；2016－2018 年有大专及以下学历董事的大型保险机构比例依次为 15.38%、30.77% 和 23.08%，2019 年大型保险机构不存在大专及以下学历董事，2017－2018 年小型保险机构比例低于大型保险机构，2016－2018 年比例高于中型保险机构，2016－2019 年有博士学历董事的大型保

险机构比例依次为 92.31%、84.62%、84.61%和 84.60%，小型保险机构和中型保险机构各年比例均低于相应年份大型保险机构。

表 7-57　小型、中型和大型保险机构大专及以下学历董事人数统计

年份	大专及以下学历董事（人）	小型保险机构		中型保险机构		大型保险机构	
		频数（家）	比例（%）	频数（家）	比例（%）	频数（家）	比例（%）
2016	0	97	76.38	17	85.00	11	84.62
	1	18	14.17	0	0.00	2	15.38
	2	4	3.15	1	5.00	0	0.00
	3	2	1.57	1	5.00	0	0.00
	有效样本	121	95.28	19	95.00	13	100.00
	缺失样本	6	4.72	1	5.00	0	0.00
	合计	127	100.00	20	100.00	13	100.00
2017	0	112	80.58	16	80.00	9	69.23
	1	15	10.79	3	15.00	4	30.77
	2	4	2.88	0	0.00	0	0.00
	3	1	0.72	0	0.00	0	0.00
	有效样本	132	94.96	19	95.00	13	100.00
	缺失样本	7	5.04	1	5.00	0	0.00
	合计	139	100.00	20	100.00	13	100.00
2018	0	129	87.76	18	90.00	10	76.92
	1	11	7.48	2	10.00	3	23.08
	2	0	0.00	0	0.00	0	0.00
	3	1	0.68	0	0.00	0	0.00
	有效样本	141	95.92	20	100.00	13	100.00
	缺失样本	6	4.08	0	0.00	0	0.00
	合计	147	100.00	20	100.00	13	100.00
2019	0	127	86.39	16	80.00	13	100.00
	1	12	8.16	4	20.00	0	0.00
	2	1	0.68	0	0.00	0	0.00
	3	0	0.00	0	0.00	0	0.00
	有效样本	140	95.24	20	100.00	13	100.00
	缺失样本	7	4.76	0	0.00	0	0.00
	合计	147	100.00	20	100.00	13	100.00

资料来源：根据保险机构公开披露信息整理。

表 7-58　小型保险机构本科学历董事人数统计

本科学历董事（人）	2016 年		2017 年		2018 年		2019 年	
	频数（家）	比例（%）	频数（家）	比例（%）	频数（家）	比例（%）	频数（家）	比例（%）
0	19	14.96	29	20.86	25	17.01	33	22.45
1	25	19.69	16	11.51	27	18.37	27	18.37
2	25	19.69	27	19.42	29	19.73	32	21.77
3	16	12.60	21	15.11	21	14.29	17	11.56
4	14	11.02	18	12.95	21	14.29	14	9.52
5	9	7.09	8	5.76	7	4.76	10	6.80
6	8	6.30	6	4.32	4	2.72	3	2.04
7	3	2.36	4	2.88	4	2.72	2	1.36
8	1	0.79	3	2.16	3	2.04	2	1.36
9	0	0.00	0	0.00	0	0.00	0	0.00
10	1	0.79	0	0.00	0	0.00	0	0.00
有效样本	121	95.28	132	94.96	141	95.92	140	95.24
缺失样本	6	4.72	7	5.04	6	4.08	7	4.76
合计	127	100.00	139	100.00	147	100.00	147	100.00

资料来源：根据保险机构公开披露信息整理。

表 7-59　中型保险机构本科学历董事人数统计

本科学历董事（人）	2016 年		2017 年		2018 年		2019 年	
	频数（家）	比例（%）	频数（家）	比例（%）	频数（家）	比例（%）	频数（家）	比例（%）
0	4	20.00	4	20.00	3	15.00	3	15.00
1	1	5.00	3	15.00	5	25.00	6	30.00
2	6	30.00	4	20.00	2	10.00	4	20.00
3	3	15.00	3	15.00	3	15.00	2	10.00
4	2	10.00	3	15.00	4	20.00	3	15.00
5	2	10.00	0	0.00	1	5.00	1	5.00
6	0	0.00	1	5.00	1	5.00	0	0.00
7	0	0.00	0	0.00	1	5.00	1	5.00
8	1	5.00	1	5.00	0	0.00	0	0.00
有效样本	19	95.00	19	95.00	20	100.00	20	100.00
缺失样本	1	5.00	1	5.00	0	0.00	0	0.00
合计	20	100.00	20	100.00	20	100.00	20	100.00

资料来源：根据保险机构公开披露信息整理。

表 7-60　大型保险机构本科学历董事人数统计

本科学历董事（人）	2016 年		2017 年		2018 年		2019 年	
	频数（家）	比例（%）	频数（家）	比例（%）	频数（家）	比例（%）	频数（家）	比例（%）
0	0	0.00	0	0.00	1	7.69	2	15.38
1	5	38.46	4	30.77	3	23.08	4	30.77
2	1	7.69	3	23.08	2	15.38	5	38.46
3	6	46.15	2	15.38	3	23.08	0	0.00
4	0	0.00	3	23.08	2	15.38	2	15.38
5	1	7.69	1	7.69	2	15.38	0	0.00
有效样本	13	100.00	13	100.00	13	100.00	13	100.00
缺失样本	0	0.00	0	0.00	0	0.00	0	0.00
合计	13	100.00	13	100.00	13	100.00	13	100.00

资料来源：根据保险机构公开披露信息整理。

表 7-61　小型保险机构硕士学历董事人数统计

硕士学历董事（人）	2016 年		2017 年		2018 年		2019 年	
	频数（家）	比例（%）	频数（家）	比例（%）	频数（家）	比例（%）	频数（家）	比例（%）
0	12	9.45	11	7.91	14	9.52	11	7.48
1	10	7.87	13	9.35	11	7.48	11	7.48
2	18	14.17	15	10.79	20	13.61	22	14.97
3	33	25.98	32	23.02	33	22.45	25	17.01
4	16	12.60	23	16.55	25	17.01	22	14.97
5	16	12.60	17	12.23	12	8.16	27	18.37
6	8	6.30	12	8.63	12	8.16	9	6.12
7	4	3.15	4	2.88	4	2.72	9	6.12
8	2	1.57	4	2.88	9	6.12	3	2.04
9	1	0.79	0	0.00	0	0.00	0	0.00
10	0	0.00	0	0.00	0	0.00	0	0.00
11	1	0.79	1	0.72	1	0.68	1	0.68
有效样本	121	95.28	132	94.96	141	95.92	140	95.24
缺失样本	6	4.72	7	5.04	6	4.08	7	4.76
合计	127	100.00	139	100.00	147	100.00	147	100.00

资料来源：根据保险机构公开披露信息整理。

表 7-62　中型保险机构硕士学历董事人数统计

硕士学历董事（人）	2016 年		2017 年		2018 年		2019 年	
	频数（家）	比例（%）	频数（家）	比例（%）	频数（家）	比例（%）	频数（家）	比例（%）
0	1	5.00	2	10.00	1	5.00	1	5.00
1	1	5.00	3	15.00	2	10.00	2	10.00
2	3	15.00	3	15.00	2	10.00	4	20.00
3	6	30.00	3	15.00	4	20.00	3	15.00
4	6	30.00	4	20.00	5	25.00	5	25.00
5	1	5.00	2	10.00	3	15.00	1	5.00
6	0	0.00	1	5.00	3	15.00	3	15.00
7	1	5.00	0	0.00	0	0.00	1	5.00
8	0	0.00	1	5.00	0	0.00	0	0.00
有效样本	19	95.00	19	95.00	20	100.00	20	100.00
缺失样本	1	5.00	1	5.00	0	0.00	0	0.00
合计	20	100.00	20	100.00	20	100.00	20	100.00

资料来源：根据保险机构公开披露信息整理。

表 7-63　大型保险机构硕士学历董事人数统计

硕士学历董事（人）	2016 年		2017 年		2018 年		2019 年	
	频数（家）	比例（%）	频数（家）	比例（%）	频数（家）	比例（%）	频数（家）	比例（%）
0	1	7.69	1	7.69	1	7.69	1	7.69
1	2	15.38	0	0.00	1	7.69	0	0.00
2	0	0.00	1	7.69	2	15.38	2	15.38
3	1	7.69	4	30.77	1	7.69	2	15.38
4	4	30.77	2	15.38	3	23.08	3	23.08
5	3	23.08	1	7.69	2	15.38	2	15.38
6	0	0.00	1	7.69	1	7.69	2	15.38
7	0	0.00	2	15.38	1	7.69	1	7.69
8	2	15.38	0	0.00	0	0.00	0	0.00
9	0	0.00	1	7.69	1	7.69	0	0.00
有效样本	13	100.00	13	100.00	13	100.00	13	100.00
缺失样本	0	0.00	0	0.00	0	0.00	0	0.00
合计	13	100.00	13	100.00	13	100.00	13	100.00

资料来源：根据保险机构公开披露信息整理。

表 7-64　小型保险机构博士学历董事人数统计

博士学历董事（人）	2016 年		2017 年		2018 年		2019 年	
	频数（家）	比例（%）	频数（家）	比例（%）	频数（家）	比例（%）	频数（家）	比例（%）
0	40	31.50	50	35.97	51	34.69	44	29.93
1	36	28.35	41	29.50	38	25.85	41	27.89
2	24	18.90	19	13.67	27	18.37	23	15.65
3	16	12.60	14	10.07	16	10.88	20	13.61
4	2	1.57	7	5.04	5	3.40	7	4.76
5	3	2.36	1	0.72	4	2.72	2	1.36
6	0	0.00	0	0.00	0	0.00	2	1.36
7	0	0.00	0	0.00	0	0.00	1	0.68
有效样本	121	95.28	132	94.96	141	95.92	140	95.24
缺失样本	6	4.72	7	5.04	6	4.08	7	4.76
合计	127	100.00	139	100.00	147	100.00	147	100.00

资料来源：根据保险机构公开披露信息整理。

表 7-65　中型保险机构博士学历董事人数统计

博士学历董事（人）	2016 年		2017 年		2018 年		2019 年	
	频数（家）	比例（%）	频数（家）	比例（%）	频数（家）	比例（%）	频数（家）	比例（%）
0	5	25.00	7	35.00	6	30.00	6	30.00
1	3	15.00	2	10.00	3	15.00	3	15.00
2	2	10.00	5	25.00	4	20.00	2	10.00
3	6	30.00	2	10.00	4	20.00	6	30.00
4	3	15.00	1	5.00	1	5.00	0	0.00
5	0	0.00	2	10.00	1	5.00	1	5.00
6	0	0.00	0	0.00	1	5.00	2	10.00
有效样本	19	95.00	19	95.00	20	100.00	20	100.00
缺失样本	1	5.00	1	5.00	0	0.00	0	0.00
合计	20	100.00	20	100.00	20	100.00	20	100.00

资料来源：根据保险机构公开披露信息整理。

表 7-66   大型保险机构博士学历董事人数统计

博士学历 董事 （人）	2016 年		2017 年		2018 年		2019 年	
	频数 （家）	比例 （%）	频数 （家）	比例 （%）	频数 （家）	比例 （%）	频数 （家）	比例 （%）
0	1	7.69	2	15.38	2	15.38	2	15.38
1	3	23.08	2	15.38	3	23.08	3	23.08
2	3	23.08	3	23.08	2	15.38	1	7.69
3	1	7.69	3	23.08	3	23.08	2	15.38
4	2	15.38	3	23.08	0	0.00	2	15.38
5	3	23.08	0	0.00	1	7.69	2	15.38
6	0	0.00	0	0.00	0	0.00	1	7.69
7	0	0.00	0	0.00	2	15.38	0	0.00
有效样本	13	100.00	13	100.00	13	100.00	13	100.00
缺失样本	0	0.00	0	0.00	0	0.00	0	0.00
合计	13	100.00	13	100.00	13	100.00	13	100.00

资料来源：根据保险机构公开披露信息整理。

三、小型保险机构有无财务会计背景董事

表 7-67、表 7-68 和表 7-69 的统计结果显示，2016－2019 年有财务会计背景董事的小型保险机构比例依次为 73.23%、76.26%、59.86%和61.22%，各年比例均在 60.00%左右，表明小型保险机构中有财务会计背景董事的较多；小型保险机构财务会计背景董事的人数主要集中在 1－3 人，2016－2019 年财务会计背景董事人数为 1－3 人的小型保险机构累计比例依次为 65.36%、71.22%、52.38%和55.10%；2016－2019 年有财务会计背景董事的中型保险机构比例依次为 75.00%、75.00%、90.00%和 80.00%，小型保险机构均低于相应年份中型保险机构；2016－2019 年有财务会计背景董事的大型保险机构比例依次为 76.92%、84.61%、76.92%和 69.22%，小型保险机构各年份比例均低于相应年份大型保险机构。

表 7-67   小型保险机构财务会计背景董事人数统计

财务会计 背景董事 （人）	2016 年		2017 年		2018 年		2019 年	
	频数 （家）	比例 （%）	频数 （家）	比例 （%）	频数 （家）	比例 （%）	频数 （家）	比例 （%）
0	28	22.05	26	18.71	53	36.05	50	34.01
1	39	30.71	45	32.37	37	25.17	41	27.89

续表

财务会计背景董事（人）	2016 年		2017 年		2018 年		2019 年	
	频数（家）	比例（%）	频数（家）	比例（%）	频数（家）	比例（%）	频数（家）	比例（%）
2	32	25.20	36	25.90	25	17.01	24	16.33
3	12	9.45	18	12.95	15	10.20	16	10.88
4	5	3.94	3	2.16	4	2.72	4	2.72
5	2	1.57	1	0.72	2	1.36	2	1.36
6	0	0.00	1	0.72	3	2.04	1	0.68
7	1	0.79	0	0.00	0	0.00	1	0.68
8	0	0.00	0	0.00	1	0.68	1	0.68
9	2	1.57	2	1.44	1	0.68	0	0.00
有效样本	121	95.28	132	94.96	141	95.92	140	95.24
缺失样本	6	4.72	7	5.04	6	4.08	7	4.76
合计	127	100.00	139	100.00	147	100.00	147	100.00

资料来源：根据保险机构公开披露信息整理。

表 7-68　中型保险机构财务会计背景董事人数统计

财务会计背景董事（人）	2016 年		2017 年		2018 年		2019 年	
	频数（家）	比例（%）	频数（家）	比例（%）	频数（家）	比例（%）	频数（家）	比例（%）
0	4	20.00	4	20.00	2	10.00	4	20.00
1	5	25.00	6	30.00	12	60.00	9	45.00
2	6	30.00	5	25.00	3	15.00	3	15.00
3	3	15.00	3	15.00	2	10.00	3	15.00
4	0	0.00	1	5.00	1	5.00	1	5.00
5	1	5.00	0	0.00	0	0.00	0	0.00
有效样本	19	95.00	19	95.00	20	100.00	20	100.00
缺失样本	1	5.00	1	5.00	0	0.00	0	0.00
合计	20	100.00	20	100.00	20	100.00	20	100.00

资料来源：根据保险机构公开披露信息整理。

表 7-69　大型保险机构财务会计背景董事人数统计

财务会计背景董事（人）	2016 年		2017 年		2018 年		2019 年	
	频数（家）	比例（%）	频数（家）	比例（%）	频数（家）	比例（%）	频数（家）	比例（%）
0	3	23.08	2	15.38	3	23.08	4	30.77
1	4	30.77	5	38.46	5	38.46	6	46.15
2	4	30.77	4	30.77	4	30.77	2	15.38
3	2	15.38	1	7.69	1	7.69	1	7.69
4	0	0.00	1	7.69	0	0.00	0	0.00
有效样本	13	100.00	13	100.00	13	100.00	13	100.00
缺失样本	0	0.00	0	0.00	0	0.00	0	0.00
合计	13	100.00	13	100.00	13	100.00	13	100.00

资料来源：根据保险机构公开披露信息整理。

四、小型保险机构有无金融背景董事

表 7-70、表 7-71 和表 7-72 的统计结果显示，2016－2019 年有金融背景董事的小型保险机构比例依次为 67.72%、73.39%、63.95 % 和 71.43%，各年比例均高于 60.00%，表明小型保险机构中有金融背景董事的较多，小型保险机构金融背景董事的人数主要集中在 1－4 人，2016－2019 年金融背景董事人数为 1－4 人的小型保险机构累计比例依次为 60.63%、66.91%、58.51% 和 62.59%；2016－2019 年有金融背景董事的中型保险机构比例依次为 45.00%、40.00%、55.00% 和 60.00%，小型保险机构各年比例均高于中型保险机构；2018 年有金融背景董事的大型保险机构比例为 84.62%，其余三年均为 100.00%，小型保险机构比例均低于相应年份大型保险机构。

表 7-70　小型保险机构金融背景董事人数统计

金融背景董事（人）	2016 年		2017 年		2018 年		2019 年	
	频数（家）	比例（%）	频数（家）	比例（%）	频数（家）	比例（%）	频数（家）	比例（%）
0	35	27.56	30	21.58	47	31.97	35	23.81
1	32	25.20	41	29.50	30	20.41	34	23.13
2	16	12.60	20	14.39	21	14.29	22	14.97
3	18	14.17	18	12.95	20	13.61	24	16.33
4	11	8.66	14	10.07	15	10.20	12	8.16
5	3	2.36	4	2.88	5	3.40	8	5.44

续表

金融背景	2016 年		2017 年		2018 年		2019 年	
董事（人）	频数（家）	比例（%）	频数（家）	比例（%）	频数（家）	比例（%）	频数（家）	比例（%）
6	4	3.15	2	1.44	3	2.04	4	2.72
7	1	0.79	2	1.44	0	0.00	1	0.68
8	1	0.79	1	0.72	0	0.00	0	0.00
有效样本	121	95.28	132	94.96	141	95.92	140	95.24
缺失样本	6	4.72	7	5.04	6	4.08	7	4.76
合计	127	100.00	139	100.00	147	100.00	147	100.00

资料来源：根据保险机构公开披露信息整理。

表 7-71　中型保险机构金融背景董事人数统计

金融背景	2016 年		2017 年		2018 年		2019 年	
董事（人）	频数（家）	比例（%）	频数（家）	比例（%）	频数（家）	比例（%）	频数（家）	比例（%）
0	10	50.00	11	55.00	9	45.00	8	40.00
1	3	15.00	2	10.00	1	5.00	4	20.00
2	1	5.00	1	5.00	2	10.00	2	10.00
3	1	5.00	0	0.00	3	15.00	2	10.00
4	3	15.00	4	20.00	1	5.00	1	5.00
5	0	0.00	0	0.00	3	15.00	3	15.00
6	0	0.00	0	0.00	0	0.00	0	0.00
7	0	0.00	1	5.00	1	5.00	0	0.00
8	1	5.00	0	0.00	0	0.00	0	0.00
有效样本	19	95.00	19	95.00	20	100.00	20	100.00
缺失样本	1	5.00	1	5.00	0	0.00	0	0.00
合计	20	100.00	20	100.00	20	100.00	20	100.00

资料来源：根据保险机构公开披露信息整理。

表 7-72　大型保险机构金融背景董事人数统计

金融背景	2016 年		2017 年		2018 年		2019 年	
董事（人）	频数（家）	比例（%）	频数（家）	比例（%）	频数（家）	比例（%）	频数（家）	比例（%）
0	0	0.00	0	0.00	2	15.38	0	0.00
1	1	7.69	2	15.38	4	30.77	4	30.77
2	3	23.08	2	15.38	2	15.38	2	15.38

金融背景董事（人）	2016 年		2017 年		2018 年		2019 年	
	频数（家）	比例（%）	频数（家）	比例（%）	频数（家）	比例（%）	频数（家）	比例（%）
3	7	53.85	5	38.46	2	15.38	4	30.77
4	1	7.69	3	23.08	3	23.08	1	7.69
5	1	7.69	1	7.69	0	0.00	0	0.00
6	0	0.00	0	0.00	0	0.00	0	0.00
7	0	0.00	0	0.00	0	0.00	2	15.38
有效样本	13	100.00	13	100.00	13	100.00	13	100.00
缺失样本	0	0.00	0	0.00	0	0.00	0	0.00
合计	13	100.00	13	100.00	13	100.00	13	100.00

资料来源：根据保险机构公开披露信息整理。

五、小型保险机构有无保险和精算背景董事

表 7-73、表 7-74 和表 7-75 的统计结果显示，2016—2019 年有保险和精算背景董事的小型保险机构比例依次为 62.21%、66.20%、65.31%和 74.15%，各年比例均大于 60.00%，表明小型保险机构中有保险和精算背景董事的较多，小型保险机构保险和精算背景董事的人数主要集中在 1—3 人，2016—2019 年保险和精算背景董事人数为 1—3 人的小型保险机构累计比例依次为 57.48%、61.87%、50.34%和 61.90%；2016—2019 年有保险和精算背景董事的中型保险机构比例依次为 65.00%、65.00%、65.00%和 70.00%，除 2016 年以外，其余各年小型保险机构比例均高于中型保险机构；2016—2017 年有保险和精算背景董事的大型保险机构比例均为 92.31%，2018—2019 年比例均为 100.00%，小型保险机构和中型保险机构各年比例均低于相应年份大型保险机构。

表 7-73　小型保险机构保险和精算背景董事人数统计

保险和精算背景董事（人）	2016 年		2017 年		2018 年		2019 年	
	频数（家）	比例（%）	频数（家）	比例（%）	频数（家）	比例（%）	频数（家）	比例（%）
0	42	33.07	40	28.78	45	30.61	31	21.09
1	46	36.22	58	41.73	22	14.97	26	17.69
2	23	18.11	21	15.11	30	20.41	34	23.13
3	4	3.15	7	5.04	22	14.97	31	21.09

保险和精算背景董事（人）	2016 年		2017 年		2018 年		2019 年	
	频数（家）	比例（%）	频数（家）	比例（%）	频数（家）	比例（%）	频数（家）	比例（%）
4	5	3.94	6	4.32	10	6.80	9	6.12
5	1	0.79	0	0.00	8	5.44	9	6.12
6	0	0.00	0	0.00	3	2.04	0	0.00
7	0	0.00	0	0.00	1	0.68	0	0.00
有效样本	121	95.28	132	94.96	141	95.92	140	95.24
缺失样本	6	4.72	7	5.04	6	4.08	7	4.76
合计	127	100.00	139	100.00	147	100.00	147	100.00

资料来源：根据保险机构公开披露信息整理。

表 7-74　中型保险机构保险和精算背景董事人数统计

保险和精算背景董事（人）	2016 年		2017 年		2018 年		2019 年	
	频数（家）	比例（%）	频数（家）	比例（%）	频数（家）	比例（%）	频数（家）	比例（%）
0	6	30.00	6	30.00	7	35.00	6	30.00
1	6	30.00	6	30.00	4	20.00	5	25.00
2	4	20.00	4	20.00	5	25.00	3	15.00
3	2	10.00	2	10.00	2	10.00	4	20.00
4	0	0.00	1	5.00	1	5.00	1	5.00
5	1	5.00	0	0.00	3	15.00	3	15.00
6	0	0.00	0	0.00	0	0.00	0	0.00
7	0	0.00	0	0.00	0	0.00	1	5.00
8	0	0.00	0	0.00	1	5.00	0	0.00
有效样本	19	95.00	19	95.00	20	100.00	20	100.00
缺失样本	1	5.00	1	5.00	0	0.00	0	0.00
合计	20	100.00	20	100.00	20	100.00	20	100.00

资料来源：根据保险机构公开披露信息整理。

表 7-75　大型保险机构保险和精算背景董事人数统计

保险和精算背景董事（人）	2016 年		2017 年		2018 年		2019 年	
	频数（家）	比例（%）	频数（家）	比例（%）	频数（家）	比例（%）	频数（家）	比例（%）
0	1	7.69	1	7.69	0	0.00	0	0.00
1	4	30.77	2	15.38	3	23.08	1	7.69
2	5	38.46	7	53.85	2	15.38	4	30.77

保险和精算	2016 年		2017 年		2018 年		2019 年	
背景董事（人）	频数（家）	比例（%）	频数（家）	比例（%）	频数（家）	比例（%）	频数（家）	比例（%）
3	2	15.38	1	7.69	0	0.00	3	23.08
4	0	0.00	1	7.69	3	23.08	2	15.38
5	1	7.69	1	7.69	3	23.08	2	15.38
6	0	0.00	0	0.00	0	0.00	0	0.00
7	0	0.00	0	0.00	2	15.38	1	7.69
有效样本	13	100.00	13	100.00	13	100.00	13	100.00
缺失样本	0	0.00	0	0.00	0	0.00	0	0.00
合计	13	100.00	13	100.00	13	100.00	13	100.00

资料来源：根据保险机构公开披露信息整理。

六、小型保险机构董事职业背景结构

表 7-76 的统计结果显示，2016－2019 年小型保险机构董事职业背景结构主要集中在 3 种和 4 种职业背景，2016－2019 年董事职业背景有 3 种和 4 种的小型保险机构累计比例依次为 71.66%、77.70%、64.62% 和 76.19%，表明小型保险机构董事职业背景结构多元化程度较高；2016－2019 年董事职业背景有 3 种和 4 种的中型保险机构累计比例依次为 65.00%、65.00%、80.00% 和 85.00%；2016－2019 年董事职业背景有 3 种和 4 种的大型保险机构累计比例依次为 92.31%、100.00%、100.00% 和 92.31%，小型保险机构和中型保险机构各年比例均低于相应年份大型保险机构，表明小型保险机构和中型保险机构董事职业背景多元化程度低于大型保险机构。

表 7-76　小型、中型和大型保险机构董事职业背景结构统计

年份	职业背景结构（种）	小型保险机构		中型保险机构		大型保险机构	
		频数（家）	比例（%）	频数（家）	比例（%）	频数（家）	比例（%）
2016	1	13	10.24	3	15.00	0	0.00
	2	17	13.39	3	15.00	1	7.69
	3	40	31.50	5	25.00	4	30.77
	4	51	40.16	8	40.00	8	61.54
	有效样本	121	95.28	19	95.00	13	100.00
	缺失样本	6	4.72	1	5.00	0	0.00
	合计	127	100.00	20	100.00	13	100.00

年份	职业背景结构（种）	小型保险机构		中型保险机构		大型保险机构	
		频数（家）	比例（%）	频数（家）	比例（%）	频数（家）	比例（%）
2017	1	6	4.32	3	15.00	0	0.00
	2	18	12.95	3	15.00	0	0.00
	3	51	36.69	6	30.00	4	30.77
	4	57	41.01	7	35.00	9	69.23
	有效样本	132	94.96	19	95.00	13	100.00
	缺失样本	7	5.04	1	5.00	0	0.00
	合计	139	100.00	20	100.00	13	100.00
2018	1	15	10.20	1	5.00	0	0.00
	2	31	21.09	3	15.00	0	0.00
	3	53	36.05	10	50.00	6	46.15
	4	42	28.57	6	30.00	7	53.85
	有效样本	141	95.92	20	100.00	13	100.00
	缺失样本	6	4.08	0	0.00	0	0.00
	合计	147	100.00	20	100.00	13	100.00
2019	1	12	8.16	2	10.00	0	0.00
	2	16	10.88	1	5.00	1	7.69
	3	62	42.18	10	50.00	5	38.46
	4	50	34.01	7	35.00	7	53.85
	有效样本	140	95.24	20	100.00	13	100.00
	缺失样本	7	4.76	0	0.00	0	0.00
	合计	147	100.00	20	100.00	13	100.00

资料来源：根据保险机构公开披露信息整理。

七、小型保险机构董事长是否非正常变更

如表 7-77、表 7-78 和表 7-79 所示，2016—2019 年存在董事长变更情况的小型保险机构比例依次为 18.89%、20.15%、23.12% 和 14.96%，其中非正常变更的比例依次为 14.17%、12.95%、17.69% 和 10.88%，董事长非正常变更比例总体呈下降趋势，2019 年较 2016 年下降了 3.29%，在非正常变更的各类形式中，免职占比相对较高；2016—2018 年存在董事长变更情况的中型保险机构比例依次为 25.00%、20.00% 和 25.00%，其中非正常变更的比例依次为 15.00%、15.00% 和 25.00%，2019 年中型保险机构不存在董事长变更情况，除了 2019 年，其余三年小型保险机构比例均低于中型保险机构；2016 年大型保险机构不存在董事长变更情况，2017—2019 年

存在董事长变更情况的大型保险机构比例依次为 23.08%、15.38%和 46.15%,其中非正常变更的比例依次为 23.08%、7.69%和 38.46%,2016 年和 2018 年小型保险机构比例高于大型保险机构,其余两年低于大型保险机构。

表 7-77　小型保险机构董事长是否非正常变更统计

董事长变更	2016 年		2017 年		2018 年		2019 年	
	频数（家）	比例（%）	频数（家）	比例（%）	频数（家）	比例（%）	频数（家）	比例（%）
换届	4	3.15	8	5.76	6	4.08	4	2.72
退休	2	1.57	1	0.72	2	1.36	2	1.36
控制权变动	0	0.00	1	0.72	0	0.00	0	0.00
正常变更小计	6	4.72	10	7.19	8	5.44	6	4.08
辞职	7	5.51	5	3.60	12	8.16	6	4.08
免职	11	8.66	13	9.35	14	9.52	10	6.80
非正常变更小计	18	14.17	18	12.95	26	17.69	16	10.88
未变动	100	78.74	108	77.70	110	74.83	122	82.99
未披露	3	2.36	3	2.16	3	2.04	3	2.04
合计	127	100.00	139	100.00	147	100.00	147	100.00

资料来源:根据保险机构公开披露信息整理。

表 7-78　中型保险机构董事长是否非正常变更统计

董事长变更	2016 年		2017 年		2018 年		2019 年	
	频数（家）	比例（%）	频数（家）	比例（%）	频数（家）	比例（%）	频数（家）	比例（%）
换届	2	10.00	0	0.00	0	0.00	0	0.00
退休	0	0.00	1	5.00	0	0.00	0	0.00
控制权变动	0	0.00	0	0.00	0	0.00	0	0.00
正常变更小计	2	10.00	1	5.00	0	0.00	0	0.00
辞职	1	5.00	2	10.00	0	0.00	0	0.00
免职	2	10.00	1	5.00	5	25.00	0	0.00
非正常变更小计	3	15.00	3	15.00	5	25.00	0	0.00
未变动	15	75.00	16	80.00	15	75.00	20	100.00
未披露	0	0.00	0	0.00	0	0.00	0	0.00
合计	20	100.00	20	100.00	20	100.00	20	100.00

资料来源:根据保险机构公开披露信息整理。

表 7-79　大型保险机构董事长是否非正常变更统计

董事长变更	2016 年		2017 年		2018 年		2019 年	
	频数（家）	比例（%）	频数（家）	比例（%）	频数（家）	比例（%）	频数（家）	比例（%）
换届	0	0.00	0	0.00	1	7.69	1	7.69
退休	0	0.00	0	0.00	0	0.00	0	0.00
控制权变动	0	0.00	0	0.00	0	0.00	0	0.00
正常变更小计	0	0.00	0	0.00	1	7.69	1	7.69
辞职	0	0.00	2	15.38	0	0.00	1	7.69
免职	0	0.00	1	7.69	1	7.69	4	30.77
非正常变更小计	0	0.00	3	23.08	1	7.69	5	38.46
未变动	13	100.00	10	76.92	11	84.62	7	53.85
未披露	0	0.00	0	0.00	0	0.00	0	0.00
合计	13	100.00	13	100.00	13	100.00	13	100.00

资料来源：根据保险机构公开披露信息整理。

八、小型保险机构独立董事人数

表 7-80、表 7-81 和表 7-82 的统计结果显示，2016—2019 年设立独立董事的小型保险机构比例依次为 59.84%、59.73%、61.22% 和 63.94%，比例总体呈上升趋势，2019 年较 2016 年比例提高了 4.10%，表明小型保险机构设立独立董事意识逐渐加强，小型保险机构独立董事人数主要集中在 1—4 人，2016—2019 年独立董事人数为 1—4 人的小型保险机构累计比例依次为 59.05%、56.13%、57.14% 和 55.78%；2016—2019 年设立独立董事的中型保险机构比例依次为 75.00%、75.00%、80.00% 和 75.00%，总体变化幅度不大，且小型保险机构各年比例均低于相应年份中型保险机构；2016—2019 年设立独立董事的大型保险机构比例依次为 61.52%、53.84%、53.84% 和 53.84%，总体呈下降趋势，且除了 2016 年以外，其余各年小型保险机构比例均高于相应年份大型保险机构。

表 7-80　小型保险机构独立董事人数统计

独立董事人数（人）	2016 年		2017 年		2018 年		2019 年	
	频数（家）	比例（%）	频数（家）	比例（%）	频数（家）	比例（%）	频数（家）	比例（%）
0	45	35.43	47	33.81	46	31.29	43	29.25
1	10	7.87	8	5.76	5	3.40	3	2.04
2	38	29.92	42	30.22	44	29.93	42	28.57
3	20	15.75	23	16.55	25	17.01	26	17.69
4	7	5.51	5	3.60	10	6.80	11	7.48
5	1	0.79	5	3.60	3	2.04	7	4.76
6	0	0.00	0	0.00	2	1.36	4	2.72
7	0	0.00	0	0.00	1	0.68	1	0.68
有效样本	121	95.28	130	93.53	136	92.52	137	93.20
缺失样本	6	4.72	9	6.47	11	7.48	10	6.80
合计	127	100.00	139	100.00	147	100.00	147	100.00

资料来源：根据保险机构公开披露信息整理。

表 7-81　中型保险机构独立董事人数统计

独立董事人数（人）	2016 年		2017 年		2018 年		2019 年	
	频数（家）	比例（%）	频数（家）	比例（%）	频数（家）	比例（%）	频数（家）	比例（%）
0	4	20.00	4	20.00	4	20.00	5	25.00
1	1	5.00	1	5.00	1	5.00	0	0.00
2	3	15.00	3	15.00	1	5.00	4	20.00
3	7	35.00	6	30.00	8	40.00	3	15.00
4	2	10.00	4	20.00	2	10.00	5	25.00
5	1	5.00	1	5.00	3	15.00	3	15.00
6	1	5.00	0	0.00	0	0.00	0	0.00
有效样本	19	95.00	19	95.00	20	100.00	20	100.00
缺失样本	1	5.00	1	5.00	0	0.00	0	0.00
合计	20	100.00	20	100.00	20	100.00	20	100.00

资料来源：根据保险机构公开披露信息整理。

表 7-82　大型保险机构独立董事人数统计

独立董事人数（人）	2016 年		2017 年		2018 年		2019 年	
	频数（家）	比例（%）	频数（家）	比例（%）	频数（家）	比例（%）	频数（家）	比例（%）
0	5	38.46	6	46.15	6	46.15	6	46.15
1	1	7.69	1	7.69	1	7.69	1	7.69
2	2	15.38	0	0.00	0	0.00	0	0.00
3	2	15.38	3	23.08	2	15.38	2	15.38
4	1	7.69	1	7.69	2	15.38	3	23.08
5	2	15.38	1	7.69	1	7.69	1	7.69
6	0	0.00	1	7.69	1	7.69	0	0.00
有效样本	13	100.00	13	100.00	13	100.00	13	100.00
缺失样本	0	0.00	0	0.00	0	0.00	0	0.00
合计	13	100.00	13	100.00	13	100.00	13	100.00

资料来源：根据保险机构公开披露信息整理。

如表 7-83、表 7-84 和表 7-85 所示，2016－2019 年小型保险机构独立董事人数平均值依次为 1.48 人、1.58 人、1.78 人和 2.01 人，呈现逐年上升趋势，说明小型保险机构独立董事规模有所上升，2016－2019 年小型保险机构独立董事人数极差达到 5 人或 7 人，表明各机构之间独立董事人数仍存在一定差距；2016－2019 年中型保险机构独立董事人数平均值依次为 2.47 人、2.42 人、2.63 人和 2.60 人，小型保险机构比例均低于相应年份中型保险机构，各年极差为 5 人或 6 人；2016－2019 年大型保险机构独立董事人数平均值依次为 1.92 人、1.92 人、2.00 人和 1.85 人，除了 2019 年以外，其余各年小型保险机构均低于相应年份大型保险机构，2016－2019 年大型保险机构独立董事人数极差达到 5 人或 6 人。

表 7-83　小型保险机构独立董事人数描述性统计（单位：人）

统计指标	2016 年	2017 年	2018 年	2019 年
有效样本	121	130	136	137
缺失样本	6	9	11	10
平均值	1.48	1.58	1.78	2.01
中位数	2.00	2.00	2.00	2.00
标准差	1.34	1.42	1.57	1.71
极差	5.00	5.00	7.00	7.00
最小值	0.00	0.00	0.00	0.00
最大值	5.00	5.00	7.00	7.00

资料来源：根据保险机构公开披露信息整理。

表 7-84　中型保险机构独立董事人数描述性统计（单位：人）

统计指标	2016 年	2017 年	2018 年	2019 年
有效样本	19	19	19	20
缺失样本	1	1	1	0
平均值	2.47	2.42	2.63	2.60
中位数	3.00	3.00	3.00	3.00
标准差	1.71	1.57	1.71	1.82
极差	6.00	5.00	5.00	5.00
最小值	0.00	0.00	0.00	0.00
最大值	6.00	5.00	5.00	5.00

资料来源：根据保险机构公开披露信息整理。

表 7-85　大型保险机构独立董事人数描述性统计（单位：人）

统计指标	2016 年	2017 年	2018 年	2019 年
有效样本	13	13	13	13
缺失样本	0	0	0	0
平均值	1.92	1.92	2.00	1.85
中位数	2.00	1.00	1.00	1.00
标准差	1.93	2.18	2.24	1.99
极差	5.00	6.00	6.00	5.00
最小值	0.00	0.00	0.00	0.00
最大值	5.00	6.00	6.00	5.00

资料来源：根据保险机构公开披露信息整理。

九、小型保险机构独立董事学历情况

表 7-86 至表 7-89 的统计结果显示，小型保险机构、中型保险机构和大型保险机构独立董事学历水平整体较高，具体表现在大专及以下学历独立董事的人数较少、比例较低，而本科、硕士和博士学历的独立董事人数较多、比例较高。以大专和博士学历为例，2016－2019 年，有大专及以下学历独立董事的小型保险机构比例依次为 2.36%、2.16%、1.36%和 0.68%，而有博士学历独立董事的比例依次为 41.72%、41.01%、44.89%和 46.26%；2016－2019 年有大专及以下学历独立董事的中型保险机构比例均为 5.00%，而有博士学历独立董事的比例依次为 55.00%、55.00%、55.00%和 70.00%，小型保险机构比例均低于相应年份中型保险机构；2016－2019 年有大专及以下学历独立董事的大型保险机构比例依次为 7.69%、7.69%、

7.69%和0，而有博士学历独立董事的比例依次为46.15%、46.15%、46.15%和38.46%，除了2019年以外，其余各年小型保险机构比例均低于相应年份大型保险机构。

表7-86 小型、中型和大型保险机构大专及以下学历独立董事人数统计

年份	大专及以下学历独立董事（人）	小型保险机构		中型保险机构		大型保险机构	
		频数（家）	比例（%）	频数（家）	比例（%）	频数（家）	比例（%）
2016	0	118	92.91	18	90.00	12	92.31
	1	3	2.36	0	0.00	1	7.69
	2	0	0.00	1	5.00	0	0.00
	有效样本	121	95.28	19	95.00	13	100.00
	缺失样本	6	4.72	1	5.00	0	0.00
	合计	127	100.00	20	100.00	13	100.00
2017	0	127	91.37	18	90.00	12	92.31
	1	3	2.16	1	5.00	1	7.69
	2	0	0.00	0	0.00	0	0.00
	有效样本	130	93.53	19	95.00	13	100.00
	缺失样本	9	6.47	1	5.00	0	0.00
	合计	139	100.00	20	100.00	13	100.00
2018	0	134	91.16	18	90.00	12	92.31
	1	2	1.36	1	5.00	1	7.69
	2	0	0.00	0	0.00	0	0.00
	有效样本	136	92.52	19	95.00	13	100.00
	缺失样本	11	7.48	1	5.00	0	0.00
	合计	147	100.00	20	100.00	13	100.00
2019	0	136	92.52	19	95.00	13	100.00
	1	1	0.68	1	5.00	0	0.00
	2	0	0.00	0	0.00	0	0.00
	有效样本	137	93.20	20	100.00	13	100.00
	缺失样本	10	6.80	0	0.00	0	0.00
	合计	147	100.00	20	100.00	13	100.00

资料来源：根据保险机构公开披露信息整理。

表 7-87 小型、中型和大型保险机构本科学历独立董事人数统计

年份	本科学历独立董事（人）	小型保险机构		中型保险机构		大型保险机构	
		频数（家）	比例（%）	频数（家）	比例（%）	频数（家）	比例（%）
2016	0	86	67.72	10	50.00	9	69.23
	1	26	20.47	8	40.00	3	23.08
	2	7	5.51	1	5.00	1	7.69
	3	2	1.57	0	0.00	0	0.00
	有效样本	121	95.28	19	95.00	13	100.00
	缺失样本	6	4.72	1	5.00	0	0.00
	合计	127	100.00	20	100.00	13	100.00
2017	0	93	66.91	9	45.00	9	69.23
	1	26	18.71	9	45.00	4	30.77
	2	8	5.76	1	5.00	0	0.00
	3	3	2.16	0	0.00	0	0.00
	有效样本	130	93.53	19	95.00	13	100.00
	缺失样本	9	6.47	1	5.00	0	0.00
	合计	139	100.00	20	100.00	13	100.00
2018	0	96	65.31	8	40.00	8	61.54
	1	28	19.05	10	50.00	5	38.46
	2	9	6.12	1	5.00	0	0.00
	3	3	2.04	0	0.00	0	0.00
	有效样本	136	92.52	19	95.00	13	100.00
	缺失样本	11	7.48	1	5.00	0	0.00
	合计	147	100.00	20	100.00	13	100.00
2019	0	95	64.63	14	70.00	8	61.54
	1	28	19.05	6	30.00	4	30.77
	2	10	6.80	0	0.00	1	7.69
	3	4	2.72	0	0.00	0	0.00
	有效样本	137	93.20	20	100.00	13	100.00
	缺失样本	10	6.80	0	0.00	0	0.00
	合计	147	100.00	20	100.00	13	100.00

资料来源：根据保险机构公开披露信息整理。

表 7-88　小型、中型和大型保险机构硕士学历独立董事人数统计

年份	硕士学历独立董事（人）	小型保险机构		中型保险机构		大型保险机构	
		频数（家）	比例（%）	频数（家）	比例（%）	频数（家）	比例（%）
2016	0	84	66.14	11	55.00	9	69.23
	1	30	23.62	3	15.00	1	7.69
	2	5	3.94	5	25.00	2	15.38
	3	1	0.79	0	0.00	1	7.69
	4	1	0.79	0	0.00	0	0.00
	5	0	0.00	0	0.00	0	0.00
	有效样本	121	95.28	19	95.00	13	100.00
	缺失样本	6	4.72	1	5.00	0	0.00
	合计	127	100.00	20	100.00	13	100.00
2017	0	84	60.43	11	55.00	9	69.23
	1	35	25.18	2	10.00	2	15.38
	2	8	5.76	5	25.00	1	7.69
	3	2	1.44	1	5.00	1	7.69
	4	0	0.00	0	0.00	0	0.00
	5	1	0.72	0	0.00	0	0.00
	有效样本	130	93.53	19	95.00	13	100.00
	缺失样本	9	6.47	1	5.00	0	0.00
	合计	139	100.00	20	100.00	13	100.00
2018	0	80	54.42	10	50.00	9	69.23
	1	40	27.21	3	15.00	2	15.38
	2	11	7.48	6	30.00	1	7.69
	3	4	2.72	0	0.00	1	7.69
	4	0	0.00	0	0.00	0	0.00
	5	1	0.68	0	0.00	0	0.00
	有效样本	136	92.52	19	95.00	13	100.00
	缺失样本	11	7.48	1	5.00	0	0.00
	合计	147	100.00	20	100.00	13	100.00
2019	0	74	50.34	10	50.00	8	61.54
	1	46	31.29	6	30.00	3	23.08
	2	11	7.48	4	20.00	1	7.69
	3	4	2.72	0	0.00	1	7.69
	4	1	0.68	0	0.00	0	0.00
	5	1	0.68	0	0.00	0	0.00

续表

年份	硕士学历独立董事（人）	小型保险机构		中型保险机构		大型保险机构	
		频数（家）	比例（%）	频数（家）	比例（%）	频数（家）	比例（%）
	有效样本	137	93.20	20	100.00	13	100.00
	缺失样本	10	6.80	0	0.00	0	0.00
	合计	147	100.00	20	100.00	13	100.00

资料来源：根据保险机构公开披露信息整理。

表 7-89　小型、中型和大型保险机构博士学历独立董事人数统计

年份	博士学历独立董事（人）	小型保险机构		中型保险机构		大型保险机构	
		频数（家）	比例（%）	频数（家）	比例（%）	频数（家）	比例（%）
2016	0	68	53.54	8	40.00	7	53.85
	1	37	29.13	4	20.00	1	7.69
	2	10	7.87	4	20.00	5	38.46
	3	6	4.72	2	10.00	0	0.00
	4	0	0.00	1	5.00	0	0.00
	5	0	0.00	0	0.00	0	0.00
	有效样本	121	95.28	19	95.00	13	100.00
	缺失样本	6	4.72	1	5.00	0	0.00
	合计	127	100.00	20	100.00	13	100.00
2017	0	73	52.52	8	40.00	7	53.85
	1	39	28.06	5	25.00	1	7.69
	2	12	8.63	5	25.00	3	23.08
	3	5	3.60	1	5.00	2	15.38
	4	1	0.72	0	0.00	0	0.00
	5	0	0.00	0	0.00	0	0.00
	有效样本	130	93.53	19	95.00	13	100.00
	缺失样本	9	6.47	1	5.00	0	0.00
	合计	139	100.00	20	100.00	13	100.00
2018	0	70	47.62	8	40.00	7	53.85
	1	41	27.89	5	25.00	1	7.69
	2	16	10.88	3	15.00	3	23.08
	3	6	4.08	2	10.00	2	15.38
	4	3	2.04	1	5.00	0	0.00
	5	0	0.00	0	0.00	0	0.00

年份	博士学历独立董事（人）	小型保险机构		中型保险机构		大型保险机构	
		频数（家）	比例（%）	频数（家）	比例（%）	频数（家）	比例（%）
	有效样本	136	92.52	19	95.00	13	100.00
	缺失样本	11	7.48	1	5.00	0	0.00
	合计	147	100.00	20	100.00	13	100.00
2019	0	69	46.94	6	30.00	8	61.54
	1	39	26.53	5	25.00	0	0.00
	2	18	12.24	5	25.00	5	38.46
	3	8	5.44	3	15.00	0	0.00
	4	2	1.36	1	5.00	0	0.00
	5	1	0.68	0	0.00	0	0.00
	有效样本	137	93.20	20	100.00	13	100.00
	缺失样本	10	6.80	0	0.00	0	0.00
	合计	147	100.00	20	100.00	13	100.00

资料来源：根据保险机构公开披露信息整理。

十、小型保险机构有无财务会计背景独立董事

表 7-90 的统计结果显示，2016－2019 年有财务会计背景独立董事的小型保险机构比例依次为 20.47%、23.02%、23.81%和 27.89%，呈现逐年上升趋势，表明小型保险机构独立董事中有财务会计背景的机构有所增加，小型保险机构财务会计背景独立董事人数多集中于 1 人，2016－2019 年财务会计背景独立董事为 1 人的小型保险机构比例依次为 18.90%、20.86%、21.09%和 23.81%；2016－2019 年有财务会计背景独立董事的中型保险机构比例依次为 40.00%、50.00%、60.00%和 45.00%，小型保险机构各年比例均低于中型保险机构；2016－2019 年有财务会计背景独立董事的大型保险机构比例均为 30.77%，小型保险机构各年比例低于相应年份大型保险机构，各大型保险机构拥有财务会计背景独立董事的规模均为 1 人。

表 7-90 小型、中型和大型保险机构财务会计背景独立董事人数统计

年份	财务会计背景独立董事（人）	小型保险机构		中型保险机构		大型保险机构	
		频数（家）	比例（%）	频数（家）	比例（%）	频数（家）	比例（%）
2016	0	95	74.80	11	55.00	9	69.23
	1	24	18.90	6	30.00	4	30.77
	2	2	1.57	2	10.00	0	0.00
	有效样本	121	95.28	19	95.00	13	100.00
	缺失样本	6	4.72	1	5.00	0	0.00
	合计	127	100.00	20	100.00	13	100.00
2017	0	98	70.50	9	45.00	9	69.23
	1	29	20.86	8	40.00	4	30.77
	2	3	2.16	2	10.00	0	0.00
	有效样本	130	93.53	19	95.00	13	100.00
	缺失样本	9	6.47	1	5.00	0	0.00
	合计	139	100.00	20	100.00	13	100.00
2018	0	101	68.71	7	35.00	9	69.23
	1	31	21.09	10	50.00	4	30.77
	2	4	2.72	2	10.00	0	0.00
	有效样本	136	92.52	19	95.00	13	100.00
	缺失样本	11	7.48	1	5.00	0	0.00
	合计	147	100.00	20	100.00	13	100.00
2019	0	96	65.31	11	55.00	9	69.23
	1	35	23.81	8	40.00	4	30.77
	2	6	4.08	1	5.00	0	0.00
	有效样本	137	93.20	20	100.00	13	100.00
	缺失样本	10	6.80	0	0.00	0	0.00
	合计	147	100.00	20	100.00	13	100.00

资料来源：根据保险机构公开披露信息整理。

十一、小型保险机构有无金融背景独立董事

表 7-91 的统计结果显示，2016—2019 年有金融背景独立董事的小型保险机构比例依次为 17.33%、16.55%、20.41% 和 25.85%，整体呈上升趋势，表明小型保险机构独立董事中有金融背景的机构有所增加，小型保险机构金融背景独立董事人数多集中于 1 人，2016—2019 年财务会计背景独立董事为 1 人的小型保险机构比例依次为 16.54%、15.83%、18.37% 和

21.09%；2016－2019 年有金融背景独立董事的中型保险机构比例依次为 20.00%、20.00%、25.00%和 45.00%，小型保险机构各年比例均低于中型保险机构；2016－2019 年有金融背景独立董事的大型保险机构比例依次为 15.38%、23.08%、15.38%和 46.15%，2017 年和 2019 年小型保险机构的比例低于大型保险机构。

表 7-91　小型、中型和大型保险机构金融背景独立董事人数统计

年份	金融背景独立董事（人）	小型保险机构		中型保险机构		大型保险机构	
		频数（家）	比例（%）	频数（家）	比例（%）	频数（家）	比例（%）
2016	0	99	77.95	15	75.00	11	84.62
	1	21	16.54	2	10.00	2	15.38
	2	1	0.79	2	10.00	0	0.00
	3	0	0.00	0	0.00	0	0.00
	有效样本	121	95.28	19	95.00	13	100.00
	缺失样本	6	4.72	1	5.00	0	0.00
	合计	127	100.00	20	100.00	13	100.00
2017	0	107	76.98	15	75.00	10	76.92
	1	22	15.83	3	15.00	3	23.08
	2	1	0.72	1	5.00	0	0.00
	3	0	0.00	0	0.00	0	0.00
	有效样本	130	93.53	19	95.00	13	100.00
	缺失样本	9	6.47	1	5.00	0	0.00
	合计	139	100.00	20	100.00	13	100.00
2018	0	106	72.11	14	70.00	11	84.62
	1	27	18.37	4	20.00	2	15.38
	2	3	2.04	1	5.00	0	0.00
	3	0	0.00	0	0.00	0	0.00
	有效样本	136	92.52	19	95.00	13	100.00
	缺失样本	11	7.48	1	5.00	0	0.00
	合计	147	100.00	20	100.00	13	100.00
2019	0	99	67.35	11	55.00	7	53.85
	1	31	21.09	6	30.00	5	38.46
	2	5	3.40	3	15.00	1	7.69
	3	2	1.36	0	0.00	0	0.00
	有效样本	137	93.20	20	100.00	13	100.00
	缺失样本	10	6.80	0	0.00	0	0.00
	合计	147	100.00	20	100.00	13	100.00

资料来源：根据保险机构公开披露信息整理。

十二、小型保险机构有无保险和精算背景独立董事

表 7-92 的统计结果显示，2016－2019 年有保险和精算背景独立董事的小型保险机构比例依次为 21.26%、20.15%、23.81%和 27.21%，整体呈上升趋势，表明小型保险机构独立董事中有保险和精算背景的机构有所增加，小型保险机构保险和精算背景独立董事人数多集中于 1 人，2016－2019 年保险和精算背景独立董事为 1 人的小型保险机构比例依次为 18.11%、17.27%、19.05%和 20.41%；2016－2019 年有保险和精算背景独立董事的中型保险机构比例依次为 25.00%、25.00%、25.00%和 20.00%，除 2019 年以外，其余各年小型保险机构比例低于中型保险机构；2016－2019 年有保险和精算背景独立董事的大型保险机构比例依次为 23.08%、15.38%、15.38%和 30.77%，2016 年和 2019 年小型保险机构的比例低于大型保险机构，各大型保险机构拥有保险和精算背景独立董事的规模均为 1 人。

表 7-92 小型、中型和大型保险机构保险和精算背景独立董事人数统计

年份	保险和精算背景独立董事（人）	小型保险机构		中型保险机构		大型保险机构	
		频数（家）	比例（%）	频数（家）	比例（%）	频数（家）	比例（%）
2016	0	94	74.02	14	70.00	10	76.92
	1	23	18.11	5	25.00	3	23.08
	2	4	3.15	0	0.00	0	0.00
	3	0	0.00	0	0.00	0	0.00
	有效样本	121	95.28	19	95.00	13	100.00
	缺失样本	6	4.72	1	5.00	0	0.00
	合计	127	100.00	20	100.00	13	100.00
2017	0	102	73.38	14	70.00	11	84.62
	1	24	17.27	4	20.00	2	15.38
	2	4	2.88	1	5.00	0	0.00
	3	0	0.00	0	0.00	0	0.00
	有效样本	130	93.53	19	95.00	13	100.00
	缺失样本	9	6.47	1	5.00	0	0.00
	合计	139	100.00	20	100.00	13	100.00
2018	0	101	68.71	14	70.00	11	84.62
	1	28	19.05	4	20.00	2	15.38
	2	6	4.08	1	5.00	0	0.00
	3	1	0.68	0	0.00	0	0.00

续表

年份	保险和精算背景独立董事（人）	小型保险机构		中型保险机构		大型保险机构	
		频数（家）	比例（%）	频数（家）	比例（%）	频数（家）	比例（%）
	有效样本	136	92.52	19	95.00	13	100.00
	缺失样本	11	7.48	1	5.00	0	0.00
	合计	147	100.00	20	100.00	13	100.00
2019	0	97	65.99	16	80.00	9	69.23
	1	30	20.41	3	15.00	4	30.77
	2	9	6.12	1	5.00	0	0.00
	3	1	0.68	0	0.00	0	0.00
	有效样本	137	93.20	20	100.00	13	100.00
	缺失样本	10	6.80	0	0.00	0	0.00
	合计	147	100.00	20	100.00	13	100.00

资料来源：根据保险机构公开披露信息整理。

十三、小型保险机构有无法律背景独立董事

表 7-93 的统计结果显示，2016－2019 年有法律背景独立董事的小型保险机构比例依次为 16.54%、17.99%、25.17% 和 29.93%，呈现逐年上升趋势，表明小型保险机构独立董事中有法律背景的机构有所增加，小型保险机构法律背景独立董事人数多集中于 1 人，2016－2019 年法律背景独立董事为 1 人的小型保险机构比例依次为 14.96%、17.27%、23.81% 和 28.57%；2016－2019 年有法律背景独立董事的中型保险机构比例依次为 45.00%、45.00%、50.00% 和 55.00%，小型保险机构各年比例均低于中型保险机构；2016－2019 年有法律背景独立董事的大型保险机构比例依次为 30.77%、30.77%、38.46% 和 30.77%，小型保险机构各年比例均低于相应年份大型保险机构。

表 7-93　小型、中型和大型保险机构法律背景独立董事人数统计

年份	法律背景独立董事（人）	小型保险机构		中型保险机构		大型保险机构	
		频数（家）	比例（%）	频数（家）	比例（%）	频数（家）	比例（%）
2016	0	100	78.74	10	50.00	9	69.23
	1	19	14.96	8	40.00	3	23.08
	2	1	0.79	1	5.00	1	7.69

年份	法律背景独立董事（人）	小型保险机构		中型保险机构		大型保险机构	
		频数（家）	比例（%）	频数（家）	比例（%）	频数（家）	比例（%）
	3	1	0.79	0	0.00	0	0.00
	有效样本	121	95.28	19	95.00	13	100.00
	缺失样本	6	4.72	1	5.00	0	0.00
	合计	127	100.00	20	100.00	13	100.00
2017	0	105	75.54	10	50.00	9	69.23
	1	24	17.27	8	40.00	3	23.08
	2	0	0.00	1	5.00	1	7.69
	3	1	0.72	0	0.00	0	0.00
	有效样本	130	93.53	19	95.00	13	100.00
	缺失样本	9	6.47	1	5.00	0	0.00
	合计	139	100.00	20	100.00	13	100.00
2018	0	99	67.35	9	45.00	8	61.54
	1	35	23.81	9	45.00	4	30.77
	2	2	1.36	1	5.00	1	7.69
	3	0	0.00	0	0.00	0	0.00
	有效样本	136	92.52	19	95.00	13	100.00
	缺失样本	11	7.48	1	5.00	0	0.00
	合计	147	100.00	20	100.00	13	100.00
2019	0	93	63.27	9	45.00	9	69.23
	1	42	28.57	10	50.00	4	30.77
	2	2	1.36	1	5.00	0	0.00
	3	0	0.00	0	0.00	0	0.00
	有效样本	137	93.20	20	100.00	13	100.00
	缺失样本	10	6.80	0	0.00	0	0.00
	合计	147	100.00	20	100.00	13	100.00

资料来源：根据保险机构公开披露信息整理。

十四、小型保险机构独立董事职业背景结构

表 7-94 的统计结果显示，2016—2019 年小型保险机构独立董事职业背景结构主要集中在 1 种、2 种和 3 种，2016—2019 年独立董事职业背景有 1 种、2 种和 3 种的小型保险机构累计比例依次为 94.49%、91.37%、88.44% 和 87.07%，表明小型保险机构独立董事职业背景结构多元化程度较

低，但职业背景结构为 4 种和 5 种的比例有所上升，表明小型保险机构独立董事职业背景多元化程度有所提升；2016－2019 年独立董事职业背景有 1 种、2 种和 3 种的中型保险机构累计比例依次为 95.00%、90.00%、90.00% 和 85.00%，除 2017 年和 2019 年以外，其余各年小型保险机构比例均低于相应年份中型保险机构；2016－2019 年独立董事职业背景有 1 种、2 种和 3 种的大型保险机构累计比例依次为 92.31%、92.31%、92.31% 和 84.62%，2017 年和 2018 年小型保险机构和中型保险机构的比例低于相应年份大型保险机构。

表 7-94　小型、中型和大型保险机构独立董事职业背景结构统计

年份	职业背景结构（种）	小型保险机构		中型保险机构		大型保险机构	
		频数（家）	比例（%）	频数（家）	比例（%）	频数（家）	比例（%）
2016	1	73	57.48	5	25.00	6	46.15
	2	30	23.62	8	40.00	5	38.46
	3	17	13.39	6	30.00	1	7.69
	4	1	0.79	0	0.00	1	7.69
	5	0	0.00	0	0.00	0	0.00
	有效样本	121	95.28	19	95.00	13	100.00
	缺失样本	6	4.72	1	5.00	0	0.00
	合计	127	100.00	20	100.00	13	100.00
2017	1	74	53.24	5	25.00	7	53.85
	2	36	25.90	7	35.00	2	15.38
	3	17	12.23	6	30.00	3	23.08
	4	3	2.16	1	5.00	1	7.69
	5	0	0.00	0	0.00	0	0.00
	有效样本	130	93.53	19	95.00	13	100.00
	缺失样本	9	6.47	1	5.00	0	0.00
	合计	139	100.00	20	100.00	13	100.00
2018	1	70	47.62	5	25.00	7	53.85
	2	40	27.21	2	10.00	1	7.69
	3	20	13.61	11	55.00	4	30.77
	4	6	4.08	1	5.00	1	7.69
	5	0	0.00	0	0.00	0	0.00
	有效样本	136	92.52	19	95.00	13	100.00
	缺失样本	11	7.48	1	5.00	0	0.00
	合计	147	100.00	20	100.00	13	100.00

年份	职业背景结构（种）	小型保险机构		中型保险机构		大型保险机构	
		频数（家）	比例（%）	频数（家）	比例（%）	频数（家）	比例（%）
2019	1	62	42.18	6	30.00	7	53.85
	2	41	27.89	4	20.00	0	0.00
	3	25	17.01	7	35.00	4	30.77
	4	8	5.44	3	15.00	2	15.38
	5	1	0.68	0	0.00	0	0.00
	有效样本	137	93.20	20	100.00	13	100.00
	缺失样本	10	6.80	0	0.00	0	0.00
	合计	147	100.00	20	100.00	13	100.00

资料来源：根据保险机构公开披露信息整理。

十五、小型保险机构独立董事任职结构是否多元化

表 7-95 和表 7-96 的统计结果显示，2016－2019 年有高校任职独立董事的小型保险机构比例依次为 38.58%、40.29%、44.89% 和 41.50%，比例在 2016－2018 年之间上升，2019 年略有下降，各年比例接近于 40.00%，表明小型保险机构中有高校独立董事的数量不足一半，各年高校独立董事的数量集中于 1－2 人，2016－2019 年有 1－2 人高校独立董事的小型保险机构累计比例依次为 33.86%、33.81%、35.37% 和 32.65%；2016－2019 年有高校独立董事的中型保险机构比例依次为 65.00%、60.00%、60.00% 和 65.00%，小型保险机构比例均低于各年份中型保险机构；2016－2019 年有高校独立董事的大型保险机构比例依次为 46.15%、46.15%、46.15% 和 38.46%。

表 7-95 小型、中型和大型保险机构高校独立董事人数统计

年份	高校独立董事（人）	小型保险机构		中型保险机构		大型保险机构	
		频数（家）	比例（%）	频数（家）	比例（%）	频数（家）	比例（%）
2016	0	72	56.69	6	30.00	7	53.85
	1	23	18.11	5	25.00	3	23.08
	2	20	15.75	5	25.00	2	15.38
	3	6	4.72	2	10.00	0	0.00
	4	0	0.00	1	5.00	1	7.69
	5	0	0.00	0	0.00	0	0.00

续表

年份	高校独立董事（人）	小型保险机构		中型保险机构		大型保险机构	
		频数（家）	比例（%）	频数（家）	比例（%）	频数（家）	比例（%）
	有效样本	121	95.28	19	95.00	13	100.00
	缺失样本	6	4.72	1	5.00	0	0.00
	合计	127	100.00	20	100.00	13	100.00
2017	0	74	53.24	7	35.00	7	53.85
	1	30	21.58	3	15.00	3	23.08
	2	17	12.23	6	30.00	2	15.38
	3	8	5.76	2	10.00	0	0.00
	4	1	0.72	1	5.00	0	0.00
	5	0	0.00	0	0.00	1	7.69
	有效样本	130	93.53	19	95.00	13	100.00
	缺失样本	9	6.47	1	5.00	0	0.00
	合计	139	100.00	20	100.00	13	100.00
2018	0	70	47.62	7	35.00	7	53.85
	1	35	23.81	3	15.00	3	23.08
	2	17	11.56	4	20.00	2	15.38
	3	11	7.48	4	20.00	0	0.00
	4	1	0.68	0	0.00	0	0.00
	5	2	1.36	1	5.00	1	7.69
	有效样本	136	92.52	19	95.00	13	100.00
	缺失样本	11	7.48	1	5.00	0	0.00
	合计	147	100.00	20	100.00	13	100.00
2019	0	76	51.70	7	35.00	8	61.54
	1	26	17.69	5	25.00	1	7.69
	2	22	14.97	3	15.00	3	23.08
	3	8	5.44	3	15.00	1	7.69
	4	3	2.04	1	5.00	0	0.00
	5	2	1.36	1	5.00	0	0.00
	有效样本	137	93.20	20	100.00	13	100.00
	缺失样本	10	6.80	0	0.00	0	0.00
	合计	147	100.00	20	100.00	13	100.00

资料来源：根据保险机构公开披露信息整理。

表 7-96 小型、中型和大型保险机构非高校独立董事人数统计

年份	非高校独立董事（人）	小型保险机构		中型保险机构		大型保险机构	
		频数（家）	比例（%）	频数（家）	比例（%）	频数（家）	比例（%）
2016	0	65	51.18	6	30.00	6	46.15
	1	25	19.69	8	40.00	3	23.08
	2	21	16.54	3	15.00	2	15.38
	3	9	7.09	1	5.00	1	7.69
	4	1	0.79	0	0.00	1	7.69
	5	0	0.00	1	5.00	0	0.00
	有效样本	121	95.28	19	95.00	13	100.00
	缺失样本	6	4.72	1	5.00	0	0.00
	合计	127	100.00	20	100.00	13	100.00
2017	0	68	48.92	7	35.00	6	46.15
	1	27	19.42	7	35.00	3	23.08
	2	23	16.55	2	10.00	2	15.38
	3	8	5.76	2	10.00	2	15.38
	4	3	2.16	1	5.00	0	0.00
	5	1	0.72	0	0.00	0	0.00
	有效样本	130	93.53	19	95.00	13	100.00
	缺失样本	9	6.47	1	5.00	0	0.00
	合计	139	100.00	20	100.00	13	100.00
2018	0	68	46.26	7	35.00	6	46.15
	1	30	20.41	6	30.00	3	23.08
	2	25	17.01	3	15.00	2	15.38
	3	7	4.76	2	10.00	2	15.38
	4	5	3.40	1	5.00	0	0.00
	5	1	0.68	0	0.00	0	0.00
	有效样本	136	92.52	19	95.00	13	100.00
	缺失样本	11	7.48	1	5.00	0	0.00
	合计	147	100.00	20	100.00	13	100.00
2019	0	63	42.86	7	35.00	6	46.15
	1	25	17.01	6	30.00	2	15.38
	2	27	18.37	5	25.00	4	30.77
	3	12	8.16	1	5.00	0	0.00
	4	7	4.76	1	5.00	1	7.69
	5	2	1.36	0	0.00	0	0.00

续表

年份	非高校独立董事（人）	小型保险机构		中型保险机构		大型保险机构	
		频数（家）	比例（%）	频数（家）	比例（%）	频数（家）	比例（%）
	6	1	0.68	0	0.00	0	0.00
	有效样本	137	93.20	20	100.00	13	100.00
	缺失样本	10	6.80	0	0.00	0	0.00
	合计	147	100.00	20	100.00	13	100.00

资料来源：根据保险机构公开披露信息整理。

表 7-97 的统计结果显示，2016－2019 年既有高校独立董事又有实务独立董事的小型保险机构比例依次为 22.83%、25.18%、29.93% 和 27.89%，整体呈现上升趋势，表明小型保险机构独立董事任职结构多元化程度有所提升；2016－2019 年既有高校独立董事又有实务独立董事的中型保险机构比例依次为 55.00%、45.00%、45.00% 和 55.00%，小型保险机构比例均低于相应年份中型保险机构，表明小型保险机构独立董事任职结构多元化程度低于中型保险机构；2016－2019 年既有高校独立董事又有实务独立董事的大型保险机构比例依次为 38.46%、46.15%、46.15% 和 38.46%，小型保险机构比例均低于相应年份大型保险机构，表明小型保险机构独立董事任职结构多元化程度低于大型保险机构。

表 7-97 中小型和大型保险机构独立董事任职结构统计

年份	任职结构（种）	小型保险机构		中型保险机构		大型保险机构	
		频数（家）	比例（%）	频数（家）	比例（%）	频数（家）	比例（%）
2016	0	51	40.16	5	25.00	5	38.46
	1	47	37.01	4	20.00	3	23.08
	2	29	22.83	11	55.00	5	38.46
	合计	127	100.00	20	100.00	13	100.00
2017	0	56	40.29	5	25.00	6	46.15
	1	48	34.53	6	30.00	1	7.69
	2	35	25.18	9	45.00	6	46.15
	合计	139	100.00	20	100.00	13	100.00
2018	0	57	38.78	5	25.00	6	46.15
	1	46	31.29	6	30.00	1	7.69
	2	44	29.93	9	45.00	6	46.15
	合计	147	100.00	20	100.00	13	100.00

年份	任职结构（种）	小型保险机构		中型保险机构		大型保险机构	
		频数（家）	比例（%）	频数（家）	比例（%）	频数（家）	比例（%）
2019	0	53	36.05	5	25.00	6	46.15
	1	53	36.05	4	20.00	2	15.38
	2	41	27.89	11	55.00	5	38.46
	合计	147	100.00	20	100.00	13	100.00

资料来源：根据保险机构公开披露信息整理。

第三节　小型保险机构监事与监事会状况分析

本节从监事与监事会维度，对反映我国小型保险机构监事与监事会治理状况的 7 个具体指标进行了年度统计分析，进而全面揭示了我国 2016－2019 年期间小型保险机构监事与监事会治理的状况。

一、小型保险机构监事会规模

表 7-98、表 7-99 和表 7-100 的统计结果显示，2016－2019 年小型保险机构监事会规模平均值依次为 3.66 人、3.76 人、3.72 人和 3.81 人，整体呈现上升趋势，表明小型保险机构监事会规模整体有所提升，小型保险机构各年监事会规模最大值为 15.00 人，最小值为 1.00 人，极差达到 14.00 人，表明小型保险机构之间监事会规模存在一定差距；2016－2019 年中型保险机构监事会规模平均值依次为 4.11 人、3.95 人、3.79 人和 4.05 人，小型保险机构各年数值均低于中型保险机构，表明小型保险机构规模整体低于中型保险机构，且中型保险机构间监事会规模极差为 6.00 人或 7.00 人，小于小型保险机构，表明小型保险机构监事会规模差异大于中型保险机构；2016－2019 年大型保险机构监事会规模平均值依次为 4.00 人、4.38 人、4.23 人和 4.08 人，小型保险机构各年数值均低于大型保险机构，除 2016 年以外，其余各年大型保险机构数值均高于中型保险机构，表明大型保险机构规模整体高于小型保险机构和中型保险机构，且各大型保险机构间监事会规模极差为 4.00 人或 5.00 人，小于小型保险机构和中型保险机构，表明小型保险机构和中型保险机构监事会规模差异大于大型保险机构。

表 7-98　　小型保险机构监事会规模描述性统计（单位：人）

统计指标	2016 年	2017 年	2018 年	2019 年
有效样本	105	117	127	127
缺失样本	22	22	20	20
平均值	3.66	3.76	3.72	3.81
中位数	3.00	3.00	3.00	3.00
标准差	2.58	2.51	2.36	2.40
极差	14.00	14.00	14.00	14.00
最小值	1.00	1.00	1.00	1.00
最大值	15.00	15.00	15.00	15.00

资料来源：根据保险机构公开披露信息整理。

表 7-99　　中型保险机构监事会规模描述性统计（单位：人）

统计指标	2016 年	2017 年	2018 年	2019 年
有效样本	19	19	19	19
缺失样本	1	1	1	1
平均值	4.11	3.95	3.79	4.05
中位数	4.00	3.00	3.00	4.00
标准差	1.73	1.39	1.51	1.39
极差	7.00	6.00	6.00	6.00
最小值	2.00	2.00	2.00	2.00
最大值	9.00	8.00	8.00	8.00

资料来源：根据保险机构公开披露信息整理。

表 7-100　　大型保险机构监事会规模描述性统计（单位：人）

统计指标	2016 年	2017 年	2018 年	2019 年
有效样本	13	13	13	13
缺失样本	0	0	0	0
平均值	4.00	4.38	4.23	4.08
中位数	4.00	5.00	5.00	4.00
标准差	1.16	1.33	1.36	1.19
极差	4.00	4.00	5.00	3.00
最小值	2.00	3.00	2.00	3.00
最大值	6.00	7.00	7.00	6.00

资料来源：根据保险机构公开披露信息整理。

二、小型保险机构职工监事设立情况

表 7-101、表 7-102 和表 7-103 的统计结果显示，2016－2019 年设立职工监事的小型保险机构比例依次为 48.03%、52.52%、59.86%和 59.18%，比例整体呈上升趋势，表明小型保险机构职工监事设立机制有所完善，职工监事人数主要集中于 1－3 人，2016－2019 年职工监事人数为 1－3 人的小型保险机构累计比例依次为 46.46%、51.08%、57.82%和 56.46%；2016－2019 年设立职工监事的中型保险机构比例依次为 75.00%、70.00%、80.00%和 75.00%，小型保险机构各年数值均低于中型保险机构，表明小型保险机构职工监事设立情况明显劣于中型保险机构；2016－2019 年设立职工监事的大型保险机构比例依次为 84.62%、92.31%、61.54%和 84.62%，小型保险机构各年数值均低于大型保险机构，除 2018 年以外，大型保险机构其余各年数值均高于中型保险机构，表明小型保险机构和中型保险机构职工监事设立情况整体上明显劣于大型保险机构。

表 7-101　小型保险机构职工监事设立情况统计

职工监事（人）	2016 年		2017 年		2018 年		2019 年	
	频数（家）	比例（%）	频数（家）	比例（%）	频数（家）	比例（%）	频数（家）	比例（%）
0	60	47.24	57	41.01	52	35.37	53	36.05
1	30	23.62	36	25.90	47	31.97	46	31.29
2	20	15.75	23	16.55	25	17.01	25	17.01
3	9	7.09	12	8.63	13	8.84	12	8.16
4	0	0.00	0	0.00	1	0.68	3	2.04
5	2	1.57	1	0.72	2	1.36	1	0.68
6	0	0.00	1	0.72	0	0.00	0	0.00
有效样本	121	95.28	130	93.53	140	95.24	140	95.24
缺失样本	6	4.72	9	6.47	7	4.76	7	4.76
合计	127	100.00	139	100.00	147	100.00	147	100.00

资料来源：根据保险机构公开披露信息整理。

表 7-102 中型保险机构职工监事设立情况统计

职工监事（人）	2016 年		2017 年		2018 年		2019 年	
	频数（家）	比例（%）	频数（家）	比例（%）	频数（家）	比例（%）	频数（家）	比例（%）
0	4	20.00	5	25.00	3	15.00	4	20.00
1	5	25.00	7	35.00	8	40.00	7	35.00
2	8	40.00	5	25.00	5	25.00	5	25.00
3	2	10.00	2	10.00	3	15.00	3	15.00
有效样本	19	95.00	19	95.00	19	95.00	19	95.00
缺失样本	1	5.00	1	5.00	1	5.00	1	5.00
合计	20	100.00	20	100.00	20	100.00	20	100.00

资料来源：根据保险机构公开披露信息整理。

表 7-103 大型保险机构职工监事设立情况统计

职工监事（人）	2016 年		2017 年		2018 年		2019 年	
	频数（家）	比例（%）	频数（家）	比例（%）	频数（家）	比例（%）	频数（家）	比例（%）
0	2	15.38	1	7.69	5	38.46	2	15.38
1	4	30.77	4	30.77	7	53.85	4	30.77
2	7	53.85	7	53.85	1	7.69	7	53.85
3	0	0.00	1	7.69	0	0.00	0	0.00
有效样本	13	100.00	13	100.00	13	100.00	13	100.00
缺失样本	0	0.00	0	0.00	0	0.00	0	0.00
合计	13	100.00	13	100.00	13	100.00	13	100.00

资料来源：根据保险机构公开披露信息整理。

　　表 7-104、表 7-105 和表 7-106 的统计结果显示，2016－2019 年小型保险机构职工监事规模平均值依次为 0.88 人、0.99 人、1.07 人和 1.06 人，整体呈现上升趋势，表明小型保险机构职工监事设立情况有所改善，但职工监事人数整体不高，各年职工监事人数最小值均为 0 人，极差达到 5.00 人或 6.00 人，表明小型保险机构之间职工监事设立情况存在一定差距；2016－2019 年中型保险机构职工监事人数平均值依次为 1.42 人、1.21 人、1.42 人和 1.37 人，小型保险机构各年数值均低于中型保险机构，表明小型保险机构职工监事人数整体小于中型保险机构；2016－2019 年大型保险机构职工监事人数平均值依次为 1.38 人、1.62 人、1.69 人和 1.38 人，小型保险机构各年数值均低于大型保险机构，除 2016 年以外，大型保险机构其余

各年数值均高于中型保险机构，表明小型保险机构和中型保险机构职工监事人数整体少于大型保险机构。

表 7-104 小型保险机构职工监事描述性统计（单位：人）

统计指标	2016 年	2017 年	2018 年	2019 年
有效样本	121	130	140	140
缺失样本	6	9	7	7
平均值	0.88	0.99	1.07	1.06
中位数	1.00	1.00	1.00	1.00
标准差	1.10	1.14	1.10	1.10
极差	5.00	6.00	5.00	5.00
最小值	0.00	0.00	0.00	0.00
最大值	5.00	6.00	5.00	5.00

资料来源：根据保险机构公开披露信息整理。

表 7-105 中型保险机构职工监事描述性统计（单位：人）

统计指标	2016 年	2017 年	2018 年	2019 年
有效样本	19	19	19	19
缺失样本	1	1	1	1
平均值	1.42	1.21	1.42	1.37
中位数	2.00	1.00	1.00	1.00
标准差	0.96	0.98	0.96	1.01
极差	3.00	3.00	3.00	3.00
最小值	0.00	0.00	0.00	0.00
最大值	3.00	3.00	3.00	3.00

资料来源：根据保险机构公开披露信息整理。

表 7-106 大型保险机构职工监事描述性统计（单位：人）

统计指标	2016 年	2017 年	2018 年	2019 年
有效样本	13	13	13	13
缺失样本	0	0	0	0
平均值	1.38	1.62	1.69	1.38
中位数	2.00	2.00	2.00	2.00
标准差	0.77	0.77	0.63	0.77
极差	2.00	3.00	2.00	2.00
最小值	0.00	0.00	1.00	0.00
最大值	2.00	3.00	3.00	2.00

资料来源：根据保险机构公开披露信息整理。

三、小型保险机构监事学历情况

表 7-107 至表 7-114 的统计结果显示，小型保险机构、中型保险机构和大型保险机构监事学历水平整体较高，具体表现在大专及以下学历监事的人数较少、比例较低，而本科、硕士和博士学历监事的人数较多、比例较高。以大专和硕士学历为例，2016－2019 年，有大专及以下学历监事的小型保险机构比例依次为 14.96%、12.95%、8.84%和 9.52%，而有硕士学历监事的小型保险机构比例依次为 59.07%、63.31%、66.66%和 66.66%；2016－2019 年中型保险机构均没有大专及以下学历监事，比例均低于小型保险机构，硕士学历监事的小型保险机构比例依次为 70.00%、75.00%、65.00%和 70.00%，除 2018 年以外，小型保险机构各年比例均低于相应年份中型保险机构；2016－2019 年大型保险机构均没有大专及以下学历监事，小型保险机构比例高于相应年份大型保险机构，有硕士学历监事的大型保险机构比例依次为 76.93%、76.92%、76.91%和 84.62%，小型保险机构和中型保险机构各年比例均低于相应年份大型保险机构。

表 7-107　小型、中型和大型保险机构大专及以下学历监事人数统计

年份	大专及以下学历监事（人）	小型保险机构		中型保险机构		大型保险机构	
		频数（家）	比例（%）	频数（家）	比例（%）	频数（家）	比例（%）
2016	0	102	80.31	19	95.00	13	100.00
	1	16	12.60	0	0.00	0	0.00
	2	3	2.36	0	0.00	0	0.00
	有效样本	121	95.28	19	95.00	13	100.00
	缺失样本	6	4.72	1	5.00	0	0.00
	合计	127	100.00	20	100.00	13	100.00
2017	0	112	80.58	19	95.00	13	100.00
	1	15	10.79	0	0.00	0	0.00
	2	3	2.16	0	0.00	0	0.00
	有效样本	130	93.53	19	95.00	13	100.00
	缺失样本	9	6.47	1	5.00	0	0.00
	合计	139	100.00	20	100.00	13	100.00

年份	大专及以下学历监事（人）	小型保险机构		中型保险机构		大型保险机构	
		频数（家）	比例（%）	频数（家）	比例（%）	频数（家）	比例（%）
2018	0	127	86.39	19	95.00	13	100.00
	1	11	7.48	0	0.00	0	0.00
	2	2	1.36	0	0.00	0	0.00
	有效样本	140	95.24	19	95.00	13	100.00
	缺失样本	7	4.76	1	5.00	0	0.00
	合计	147	100.00	20	100.00	13	100.00
2019	0	126	85.71	19	95.00	13	100.00
	1	12	8.16	0	0.00	0	0.00
	2	2	1.36	0	0.00	0	0.00
	有效样本	140	95.24	19	95.00	13	100.00
	缺失样本	7	4.76	1	5.00	0	0.00
	合计	147	100.00	20	100.00	13	100.00

资料来源：根据保险机构公开披露信息整理。

表 7-108 小型保险机构本科学历监事人数统计

本科学历监事（人）	2016 年		2017 年		2018 年		2019 年	
	频数（家）	比例（%）	频数（家）	比例（%）	频数（家）	比例（%）	频数（家）	比例（%）
0	53	41.73	47	33.81	47	31.97	48	32.65
1	27	21.26	37	26.62	41	27.89	41	27.89
2	22	17.32	22	15.83	22	14.97	20	13.61
3	7	5.51	9	6.47	16	10.88	15	10.20
4	6	4.72	7	5.04	8	5.44	11	7.48
5	1	0.79	5	3.60	5	3.40	5	3.40
6	2	1.57	2	1.44	1	0.68	0	0.00
7	2	1.57	0	0.00	0	0.00	0	0.00
8	0	0.00	0	0.00	0	0.00	0	0.00
9	0	0.00	0	0.00	0	0.00	0	0.00
10	1	0.79	1	0.72	0	0.00	0	0.00
有效样本	121	95.28	130	93.53	140	95.24	140	95.24
缺失样本	6	4.72	9	6.47	7	4.76	7	4.76
合计	127	100.00	139	100.00	147	100.00	147	100.00

资料来源：根据保险机构公开披露信息整理。

表 7-109　中型保险机构本科学历监事人数统计

本科学历监事（人）	2016 年		2017 年		2018 年		2019 年	
	频数（家）	比例（%）	频数（家）	比例（%）	频数（家）	比例（%）	频数（家）	比例（%）
0	2	10.00	2	10.00	4	20.00	8	40.00
1	6	30.00	5	25.00	6	30.00	3	15.00
2	4	20.00	5	25.00	4	20.00	2	10.00
3	3	15.00	5	25.00	3	15.00	5	25.00
4	4	20.00	2	10.00	2	10.00	1	5.00
有效样本	19	95.00	19	95.00	19	95.00	19	95.00
缺失样本	1	5.00	1	5.00	1	5.00	1	5.00
合计	20	100.00	20	100.00	20	100.00	20	100.00

资料来源：根据保险机构公开披露信息整理。

表 7-110　大型保险机构本科学历监事人数统计

本科学历监事（人）	2016 年		2017 年		2018 年		2019 年	
	频数（家）	比例（%）	频数（家）	比例（%）	频数（家）	比例（%）	频数（家）	比例（%）
0	3	23.08	3	23.08	4	30.77	5	38.46
1	5	38.46	3	23.08	1	7.69	3	23.08
2	1	7.69	2	15.38	3	23.08	3	23.08
3	3	23.08	2	15.38	4	30.77	2	15.38
4	1	7.69	3	23.08	1	7.69	0	0.00
有效样本	13	100.00	13	100.00	13	100.00	13	100.00
缺失样本	0	0.00	0	0.00	0	0.00	0	0.00
合计	13	100.00	13	100.00	13	100.00	13	100.00

资料来源：根据保险机构公开披露信息整理。

表 7-111　小型保险机构硕士学历监事人数统计

硕士学历监事（人）	2016 年		2017 年		2018 年		2019 年	
	频数（家）	比例（%）	频数（家）	比例（%）	频数（家）	比例（%）	频数（家）	比例（%）
0	46	36.22	42	30.22	42	28.57	42	28.57
1	31	24.41	38	27.34	37	25.17	35	23.81
2	28	22.05	28	20.14	36	24.49	33	22.45
3	9	7.09	15	10.79	18	12.24	19	12.93
4	5	3.94	5	3.60	3	2.04	8	5.44

续表

硕士学历监事（人）	2016 年		2017 年		2018 年		2019 年	
	频数（家）	比例（%）	频数（家）	比例（%）	频数（家）	比例（%）	频数（家）	比例（%）
5	1	0.79	1	0.72	3	2.04	2	1.36
6	0	0.00	0	0.00	0	0.00	0	0.00
7	0	0.00	0	0.00	0	0.00	0	0.00
8	1	0.79	1	0.72	1	0.68	1	0.68
有效样本	121	95.28	130	93.53	140	95.24	140	95.24
缺失样本	6	4.72	9	6.47	7	4.76	7	4.76
合计	127	100.00	139	100.00	147	100.00	147	100.00

资料来源：根据保险机构公开披露信息整理。

表 7-112　中型保险机构硕士学历监事人数统计

硕士学历监事（人）	2016 年		2017 年		2018 年		2019 年	
	频数（家）	比例（%）	频数（家）	比例（%）	频数（家）	比例（%）	频数（家）	比例（%）
0	5	25.00	4	20.00	6	30.00	5	25.00
1	8	40.00	7	35.00	3	15.00	4	20.00
2	3	15.00	4	20.00	6	30.00	5	25.00
3	2	10.00	3	15.00	4	20.00	4	20.00
4	1	5.00	1	5.00	0	0.00	1	5.00
有效样本	19	95.00	19	95.00	19	95.00	19	95.00
缺失样本	1	5.00	1	5.00	1	5.00	1	5.00
合计	20	100.00	20	100.00	20	100.00	20	100.00

资料来源：根据保险机构公开披露信息整理。

表 7-113　大型保险机构硕士学历监事人数统计

硕士学历监事（人）	2016 年		2017 年		2018 年		2019 年	
	频数（家）	比例（%）	频数（家）	比例（%）	频数（家）	比例（%）	频数（家）	比例（%）
0	3	23.08	3	23.08	3	23.08	2	15.38
1	0	0.00	1	7.69	5	38.46	4	30.77
2	7	53.85	6	46.15	2	15.38	4	30.77
3	3	23.08	3	23.08	1	7.69	3	23.08
4	0	0.00	0	0.00	2	15.38	0	0.00
有效样本	13	100.00	13	100.00	13	100.00	13	100.00
缺失样本	0	0.00	0	0.00	0	0.00	0	0.00
合计	13	100.00	13	100.00	13	100.00	13	100.00

资料来源：根据保险机构公开披露信息整理。

表 7-114　小型、中型和大型保险机构博士学历监事统计

年份	博士学历监事（人）	小型保险机构		中型保险机构		大型保险机构	
		频数（家）	比例（%）	频数（家）	比例（%）	频数（家）	比例（%）
2016	0	103	81.10	11	55.00	7	53.85
	1	16	12.60	8	40.00	0	0.00
	2	1	0.79	0	0.00	5	38.46
	3	1	0.79	0	0.00	1	7.69
	4	0	0.00	0	0.00	0	0.00
	有效样本	121	95.28	19	95.00	13	100.00
	缺失样本	6	4.72	1	5.00	0	0.00
	合计	127	100.00	20	100.00	13	100.00
2017	0	109	78.42	15	75.00	7	53.85
	1	18	12.95	3	15.00	4	30.77
	2	2	1.44	1	5.00	1	7.69
	3	1	0.72	0	0.00	0	0.00
	4	0	0.00	0	0.00	1	7.69
	有效样本	130	93.53	19	95.00	13	100.00
	缺失样本	9	6.47	1	5.00	0	0.00
	合计	139	100.00	20	100.00	13	100.00
2018	0	118	80.27	15	75.00	8	61.54
	1	19	12.93	3	15.00	3	23.08
	2	3	2.04	1	5.00	1	7.69
	3	0	0.00	0	0.00	1	7.69
	4	0	0.00	0	0.00	0	0.00
	有效样本	140	95.24	19	95.00	13	100.00
	缺失样本	7	4.76	1	5.00	0	0.00
	合计	147	100.00	20	100.00	13	100.00
2019	0	120	81.63	15	75.00	6	46.15
	1	17	11.56	3	15.00	4	30.77
	2	3	2.04	1	5.00	3	23.08
	3	0	0.00	0	0.00	0	0.00
	4	0	0.00	0	0.00	0	0.00
	有效样本	140	95.24	19	95.00	13	100.00
	缺失样本	7	4.76	1	5.00	0	0.00
	合计	147	100.00	20	100.00	13	100.00

资料来源：根据保险机构公开披露信息整理。

四、小型保险机构有无财务会计背景监事

表 7-115、表 7-116 和表 7-117 的统计结果显示，2016－2019 年有财务会计背景监事的小型保险机构比例依次为 43.30%、46.77%、48.97%和 47.61%，2016－2018 年比例逐年上升，2019 年略有下降，表明越来越多的小型保险机构设立财务会计背景监事，小型保险机构财务会计背景监事的人数主要集中在 1－3 人，2016－2019 年财务会计背景监事人数为 1－3 人的小型保险机构累计比例依次为 38.58%、41.73%、42.86%和 42.18%；2016－2019 年有财务会计背景监事的中型保险机构比例依次为 40.00%、40.00%、35.00%和 25.00%，小型保险机构各年比例均高于中型保险机构；2016－2019 年有财务会计背景监事的大型保险机构比例依次为 76.93%、69.22%、69.23%和 53.84%，小型保险机构和中型保险机构各年比例均低于大型保险机构，表明小型保险机构和中型保险机构财务会计背景监事的设立情况劣于大型保险机构。

表 7-115　小型保险机构财务会计背景监事人数统计

财务会计背景监事（人）	2016 年		2017 年		2018 年		2019 年	
	频数（家）	比例（%）	频数（家）	比例（%）	频数（家）	比例（%）	频数（家）	比例（%）
0	66	51.97	65	46.76	68	46.26	70	47.62
1	34	26.77	37	26.62	46	31.29	41	27.89
2	11	8.66	18	12.95	8	5.44	16	10.88
3	4	3.15	3	2.16	9	6.12	5	3.40
4	2	1.57	1	0.72	6	4.08	5	3.40
5	2	1.57	3	2.16	2	1.36	2	1.36
6	1	0.79	1	0.72	0	0.00	0	0.00
7	0	0.00	1	0.72	0	0.00	0	0.00
8	1	0.79	1	0.72	0	0.00	1	0.68
9	0	0.00	0	0.00	1	0.68	0	0.00
有效样本	121	95.28	130	93.53	140	95.24	140	95.24
缺失样本	6	4.72	9	6.47	7	4.76	7	4.76
合计	127	100.00	139	100.00	147	100.00	147	100.00

资料来源：根据保险机构公开披露信息整理。

表 7-116　中型保险机构财务会计背景监事人数统计

财务会计背景监事（人）	2016 年		2017 年		2018 年		2019 年	
	频数（家）	比例（%）	频数（家）	比例（%）	频数（家）	比例（%）	频数（家）	比例（%）
0	11	55.00	11	55.00	12	60.00	14	70.00
1	4	20.00	5	25.00	6	30.00	4	20.00
2	3	15.00	3	15.00	1	5.00	0	0.00
3	1	5.00	0	0.00	0	0.00	1	5.00
有效样本	19	95.00	19	95.00	19	95.00	19	95.00
缺失样本	1	5.00	1	5.00	1	5.00	1	5.00
合计	20	100.00	20	100.00	20	100.00	20	100.00

资料来源：根据保险机构公开披露信息整理。

表 7-117　大型保险机构财务会计背景监事人数统计

财务会计背景监事（人）	2016 年		2017 年		2018 年		2019 年	
	频数（家）	比例（%）	频数（家）	比例（%）	频数（家）	比例（%）	频数（家）	比例（%）
0	3	23.08	4	30.77	4	30.77	6	46.15
1	7	53.85	5	38.46	7	53.85	4	30.77
2	3	23.08	2	15.38	0	0.00	2	15.38
3	0	0.00	2	15.38	1	7.69	1	7.69
4	0	0.00	0	0.00	1	7.69	0	0.00
有效样本	13	100.00	13	100.00	13	100.00	13	100.00
缺失样本	0	0.00	0	0.00	0	0.00	0	0.00
合计	13	100.00	13	100.00	13	100.00	13	100.00

资料来源：根据保险机构公开披露信息整理。

五、小型保险机构有无金融背景监事

表 7-118 的统计结果显示，2016—2019 年有金融背景监事的小型保险机构比例依次为 16.53%、17.27%、29.25% 和 34.01%，比例呈逐年上升趋势，表明越来越多的小型保险机构设立金融背景监事，小型保险机构金融背景监事的人数主要集中在 1—2 人，2016—2019 年金融背景监事人数为 1—2 人的小型保险机构累计比例依次为 16.54%、17.27%、27.21% 和 31.97%；2016—2019 年有金融背景监事的中型保险机构比例依次为 30.00%、25.00%、35.00% 和 35.00%，小型保险机构各年比例均低于中型保

险机构，表明小型保险机构金融背景监事的设立情况整体劣于中型保险机构；2016－2019 年有金融背景监事的大型保险机构比例依次为 38.46%、30.77%、38.46%和23.07%，除 2019 年以外，其余各年小型保险机构和中型保险机构比例均低于大型保险机构，表明小型保险机构和中型保险机构金融背景监事的设立情况劣于大型保险机构。

表 7-118　小型、中型和大型保险机构金融背景监事人数统计

| 年份 | 金融背景监事（人） | 小型保险机构 | | 中型保险机构 | | 大型保险机构 | |
		频数（家）	比例（%）	频数（家）	比例（%）	频数（家）	比例（%）
2016	0	100	78.74	13	65.00	8	61.54
	1	15	11.81	3	15.00	4	30.77
	2	6	4.72	2	10.00	1	7.69
	3	0	0.00	1	5.00	0	0.00
	有效样本	121	95.28	19	95.00	13	100.00
	缺失样本	6	4.72	1	5.00	0	0.00
	合计	127	100.00	20	100.00	13	100.00
2017	0	106	76.26	14	70.00	9	69.23
	1	16	11.51	2	10.00	3	23.08
	2	8	5.76	2	10.00	1	7.69
	3	0	0.00	1	5.00	0	0.00
	有效样本	130	93.53	19	95.00	13	100.00
	缺失样本	9	6.47	1	5.00	0	0.00
	合计	139	100.00	20	100.00	13	100.00
2018	0	97	65.99	12	60.00	8	61.54
	1	28	19.05	2	10.00	3	23.08
	2	12	8.16	4	20.00	2	15.38
	3	3	2.04	1	5.00	0	0.00
	有效样本	140	95.24	19	95.00	13	100.00
	缺失样本	7	4.76	1	5.00	0	0.00
	合计	147	100.00	20	100.00	13	100.00
2019	0	90	61.22	12	60.00	10	76.92
	1	32	21.77	2	10.00	2	15.38
	2	15	10.20	4	20.00	1	7.69
	3	3	2.04	1	5.00	0	0.00
	有效样本	140	95.24	19	95.00	13	100.00
	缺失样本	7	4.76	1	5.00	0	0.00
	合计	147	100.00	20	100.00	13	100.00

资料来源：根据保险机构公开披露信息整理。

六、小型保险机构有无保险和精算背景监事

表 7-119 的统计结果显示，2016－2019 年有保险和精算背景监事的小型保险机构比例依次为 13.38%、18.71%、44.89%和 46.94%，比例呈逐年上升趋势，表明越来越多的小型保险机构设立保险和精算背景监事，小型保险机构保险和精算背景监事的人数主要集中在 1－2 人，2016－2019 年保险和精算背景监事人数为 1－2 人的小型保险机构累计比例依次为 13.37%、18.71%、31.29%和 36.74%；2016－2019 年有保险和精算背景监事的中型保险机构比例依次为 15.00%、5.00%、35.00%和 45.00%，除 2016 年以外，其余各年小型保险机构比例均高于中型保险机构，表明小型保险机构保险和精算背景监事的设立情况优于中型保险机构；2016－2019 年有保险和精算背景监事的大型保险机构比例依次为 15.38%、38.46%、76.92%和 100.00%，小型保险机构和中型保险机构各年比例均低于大型保险机构，表明小型保险机构和中型保险机构保险和精算背景监事的设立情况劣于大型保险机构。

表 7-119　小型、中型和大型保险机构保险和精算背景监事人数统计

年份	保险和精算背景监事（人）	小型保险机构		中型保险机构		大型保险机构	
		频数（家）	比例（%）	频数（家）	比例（%）	频数（家）	比例（%）
2016	0	104	81.89	16	80.00	11	84.62
	1	15	11.81	3	15.00	2	15.38
	2	2	1.57	0	0.00	0	0.00
	3	0	0.00	0	0.00	0	0.00
	4	0	0.00	0	0.00	0	0.00
	5	0	0.00	0	0.00	0	0.00
	有效样本	121	95.28	19	95.00	13	100.00
	缺失样本	6	4.72	1	5.00	0	0.00
	合计	127	100.00	20	100.00	13	100.00
2017	0	104	74.82	18	90.00	8	61.54
	1	24	17.27	0	0.00	5	38.46
	2	2	1.44	1	5.00	0	0.00
	3	0	0.00	0	0.00	0	0.00
	4	0	0.00	0	0.00	0	0.00
	5	0	0.00	0	0.00	0	0.00
	有效样本	130	93.53	19	95.00	13	100.00

年份	保险和精算背景监事（人）	小型保险机构		中型保险机构		大型保险机构	
		频数（家）	比例（%）	频数（家）	比例（%）	频数（家）	比例（%）
	缺失样本	9	6.47	1	5.00	0	0.00
	合计	139	100.00	20	100.00	13	100.00
2018	0	74	50.34	12	60.00	3	23.08
	1	29	19.73	4	20.00	6	46.15
	2	17	11.56	0	0.00	3	23.08
	3	18	12.24	1	5.00	1	7.69
	4	1	0.68	2	10.00	0	0.00
	5	1	0.68	0	0.00	0	0.00
	有效样本	140	95.24	19	95.00	13	100.00
	缺失样本	7	4.76	1	5.00	0	0.00
	合计	147	100.00	20	100.00	13	100.00
2019	0	71	48.30	10	50.00	0	0.00
	1	32	21.77	4	20.00	7	53.85
	2	22	14.97	3	15.00	3	23.08
	3	12	8.16	1	5.00	2	15.38
	4	2	1.36	1	5.00	0	0.00
	5	1	0.68	0	0.00	1	7.69
	有效样本	140	95.24	19	95.00	13	100.00
	缺失样本	7	4.76	1	5.00	0	0.00
	合计	147	100.00	20	100.00	13	100.00

资料来源：根据保险机构公开披露信息整理。

七、小型保险机构监事职业背景结构

表 7-120 的统计结果显示，2016—2019 年小型保险机构监事职业背景结构主要集中在 1 种和 2 种职业背景，2016—2019 年监事职业背景有 1 种和 2 种的小型保险机构累计比例依次为 83.46%、77.70%、67.34%和 63.94%，各年比例均超过 60.00%，表明小型保险机构监事职业背景结构多元化程度较低；2016—2019 年监事职业背景结构为 1 种和 2 种的中型保险机构累计比例依次为 75.00%、90.00%、85.00%和 85.00%，除 2016 年外，其余各年小型保险机构比例均低于中型保险机构，表明小型保险机构监事职业背景多元化程度高于中型保险机构；2016—2019 年监事职业背景结构

为 1 种和 2 种的大型保险机构累计比例依次为 53.84%、53.84%、61.54% 和 61.54%，小型保险机构各年比例均高于大型保险机构，表明小型保险机构监事职业背景多元化程度低于大型保险机构。

表 7-120　小型、中型和大型保险机构监事职业背景结构统计

年份	职业背景结构（种）	小型保险机构		中型保险机构		大型保险机构	
		频数（家）	比例（%）	频数（家）	比例（%）	频数（家）	比例（%）
2016	1	54	42.52	7	35.00	2	15.38
	2	52	40.94	8	40.00	5	38.46
	3	14	11.02	3	15.00	6	46.15
	4	1	0.79	1	5.00	0	0.00
	有效样本	121	95.28	19	95.00	13	100.00
	缺失样本	6	4.72	1	5.00	0	0.00
	合计	127	100.00	20	100.00	13	100.00
2017	1	56	40.29	6	30.00	1	7.69
	2	52	37.41	12	60.00	6	46.15
	3	20	14.39	1	5.00	6	46.15
	4	2	1.44	0	0.00	0	0.00
	有效样本	130	93.53	19	95.00	13	100.00
	缺失样本	9	6.47	1	5.00	0	0.00
	合计	139	100.00	20	100.00	13	100.00
2018	1	52	35.37	6	30.00	1	7.69
	2	47	31.97	11	55.00	7	53.85
	3	32	21.77	1	5.00	4	30.77
	4	9	6.12	1	5.00	1	7.69
	有效样本	140	95.24	19	95.00	13	100.00
	缺失样本	7	4.76	1	5.00	0	0.00
	合计	147	100.00	20	100.00	13	100.00
2019	1	48	32.65	5	25.00	1	7.69
	2	46	31.29	12	60.00	7	53.85
	3	34	23.13	2	10.00	4	30.77
	4	12	8.16	1	5.00	1	7.69
	有效样本	140	95.24	19	95.00	13	100.00
	缺失样本	7	4.76	1	5.00	0	0.00
	合计	147	100.00	20	100.00	13	100.00

资料来源：根据保险机构公开披露信息整理。

第四节 小型保险机构高级管理人员状况分析

本节从高级管理人员维度，对反映我国小型保险机构高级管理人员治理状况的 7 个具体指标进行了年度统计分析，进而全面揭示了我国 2016－2019 年期间小型保险机构高级管理人员治理的状况。

一、小型保险机构高管规模

表 7-121、表 7-122 和表 7-123 的统计结果显示，2016－2019 年小型保险机构高管规模平均值依次为 7.01 人、7.06 人、7.43 人和 7.83 人，比例呈逐年上升趋势，表明小型保险机构高管规模有所增加，各年高管规模极差均超过 14.00，表明小型保险机构高管规模存在明显差距；2016－2019 年中型保险机构高管规模平均值依次为 9.26 人、9.37 人、9.35 人和 9.40 人，小型保险机构各年数值均低于相应年份中型保险机构，表明小型保险机构高管规模低于中型保险机构；2016－2019 年大型保险机构高管规模平均值依次为 13.15 人、12.00 人、12.08 人和 11.54 人，小型保险机构和中型保险机构各年数值均低于相应年份大型保险机构，表明小型保险机构和中型保险机构高管规模低于大型保险机构。

表 7-121 小型保险机构高管规模描述性统计（单位：人）

统计指标	2016 年	2017 年	2018 年	2019 年
有效样本	121	128	139	137
缺失样本	6	11	8	10
平均值	7.01	7.06	7.43	7.83
中位数	7.00	7.00	7.00	7.00
标准差	2.84	2.76	2.95	2.82
极差	16.00	15.00	18.00	15.00
最小值	1.00	0.00	1.00	3.00
最大值	17.00	15.00	19.00	18.00

资料来源：根据保险机构公开披露信息整理。

表 7-122 中型保险机构高管规模描述性统计（单位：人）

统计指标	2016 年	2017 年	2018 年	2019 年
有效样本	19	19	20	20
缺失样本	1	1	0	0
平均值	9.26	9.37	9.35	9.40

统计指标	2016 年	2017 年	2018 年	2019 年
中位数	9.00	8.00	9.00	9.00
标准差	3.25	2.81	2.91	2.58
极差	14.00	10.00	11.00	10.00
最小值	3.00	5.00	4.00	5.00
最大值	17.00	15.00	15.00	15.00

资料来源：根据保险机构公开披露信息整理。

表 7-123　大型保险机构高管规模描述性统计（单位：人）

统计指标	2016 年	2017 年	2018 年	2019 年
有效样本	13	13	13	13
缺失样本	0	0	0	0
平均值	13.15	12.00	12.08	11.54
中位数	14.00	11.00	11.00	11.00
标准差	4.51	3.74	3.57	3.69
极差	14.00	12.00	13.00	14.00
最小值	7.00	7.00	6.00	6.00
最大值	21.00	19.00	19.00	20.00

资料来源：根据保险机构公开披露信息整理。

二、小型保险机构两职设置

表 7-124 的统计结果显示，2016－2019 年存在两职合一现象的小型保险机构比例依次为 22.83%、17.27%、12.93% 和 7.48%，比例呈现逐年缩小的趋势，2019 年较 2016 年比例降低了 15.35%，表明小型保险机构两职合一现象有所改善；2016－2019 年存在两职合一现象的中型保险机构比例依次为 5.00%、10.00%、10.00% 和 10.00%，除 2019 年外，其余各年小型保险机构比例均高于中型保险机构，表明小型保险机构两职合一现象比中型保险机构严重；2016－2019 年存在两职合一现象的大型保险机构比例依次为 30.77%、30.77%、23.08% 和 15.38%，比例呈现逐年减小的趋势，表明大型保险机构两职合一现象也有所改善，但小型保险机构和中型保险机构各年比例均低于大型保险机构，表明小型保险机构和中型保险机构两职合一现象没有大型保险机构严重。

表 7-124　小型、中型和大型保险机构两职设置统计

年份	两职设置	小型保险机构		中型保险机构		大型保险机构	
		频数（家）	比例（%）	频数（家）	比例（%）	频数（家）	比例（%）
2016	两职分离	92	72.44	18	90.00	9	69.23
	两职合一	29	22.83	1	5.00	4	30.77
	有效样本	121	95.28	19	95.00	13	100.00
	缺失样本	6	4.72	1	5.00	0	0.00
	合计	127	100.00	20	100.00	13	100.00
2017	两职分离	104	74.82	17	85.00	9	69.23
	两职合一	24	17.27	2	10.00	4	30.77
	有效样本	128	92.09	19	95.00	13	100.00
	缺失样本	11	7.91	1	5.00	0	0.00
	合计	139	100.00	20	100.00	13	100.00
2018	两职分离	120	81.63	18	90.00	10	76.92
	两职合一	19	12.93	2	10.00	3	23.08
	有效样本	139	94.56	20	100.00	13	100.00
	缺失样本	8	5.44	0	0.00	0	0.00
	合计	147	100.00	20	100.00	13	100.00
2019	两职分离	126	85.71	18	90.00	11	84.62
	两职合一	11	7.48	2	10.00	2	15.38
	有效样本	137	93.20	20	100.00	13	100.00
	缺失样本	10	6.80	0	0.00	0	0.00
	合计	147	100.00	20	100.00	13	100.00

资料来源：根据保险机构公开披露信息整理。

三、小型保险机构是否设立总精算师

表 7-125 的统计结果显示，2016－2019 年设立总精算师的小型保险机构比例依次为 48.82%、53.96%、51.70% 和 63.95%，比例呈现整体上升趋势，表明设立总精算师的小型保险机构整体在增加，2019 年较 2016 年增加了 32 家，比例上升了 15.13%；2016－2019 年设立总精算师的中型保险机构比例依次为 80.00、70.00、65.00% 和 85.00%，小型保险机构各年比例均小于中型保险机构，表明小型保险机构设立总精算师的意识较中型保险机构弱；2016－2019 年设立总精算师的大型保险机构比例依次为 61.54%、69.23%、69.23% 和 84.62%，比例呈现整体上升趋势，表明设立总

精算师的大型保险机构逐年在增加，小型保险机构各年比例均小于大型保险机构，表明小型保险机构设立总精算师的意识较大型保险机构弱。

表 7-125　小型、中型和大型保险机构是否设立总精算师统计

年份	总精算师	小型保险机构		中型保险机构		大型保险机构	
		频数（家）	比例（%）	频数（家）	比例（%）	频数（家）	比例（%）
2016	设立	62	48.82	16	80.00	8	61.54
	未设立	59	46.46	3	15.00	5	38.46
	未披露	6	4.72	1	5.00	0	0.00
	合计	127	100.00	20	100.00	13	100.00
2017	设立	75	53.96	14	70.00	9	69.23
	未设立	52	37.41	5	25.00	4	30.77
	未披露	12	8.63	1	5.00	0	0.00
	合计	139	100.00	20	100.00	13	100.00
2018	设立	76	51.70	13	65.00	9	69.23
	未设立	66	44.90	7	35.00	3	23.08
	未披露	5	3.40	0	0.00	1	7.69
	合计	147	100.00	20	100.00	13	100.00
2019	设立	94	63.95	17	85.00	11	84.62
	未设立	46	31.29	2	10.00	2	15.38
	未披露	7	4.76	1	5.00	0	0.00
	合计	147	100.00	20	100.00	13	100.00

资料来源：根据保险机构公开披露信息整理。

四、小型保险机构是否设立合规负责人

表 7-126 的统计结果显示，2016－2019 年设立合规负责人的小型保险机构比例依次为 71.65%、75.54%、67.35% 和 79.59%，比例均在 70.00% 左右，且比例呈现整体上升趋势，表明设立合规负责人的小型保险机构较多且在逐年增加，2019 年较 2016 年增加了 26 家，比例上升了 7.94%；2016－2019 年设立合规负责人的中型保险机构比例依次为 80.00%、65.00%、85.00% 和 80.00%，除 2017 年以外，其余各年小型保险机构均低于中型保险机构，表明小型保险机构设立合规负责人的情况整体劣于中型保险机构；2016－2019 年设立合规负责人的大型保险机构比例依次为 69.23%、69.23%、69.23% 和 76.92%，除了 2018 年以外，小型保险机构其余各年比

例均高于大型保险机构，表明小型保险机构设立合规负责人的情况优于大型保险机构。

表 7-126　　小型、中型和大型保险机构是否设立合规负责人统计

年份	合规负责人	小型保险机构		中型保险机构		大型保险机构	
		频数（家）	比例（%）	频数（家）	比例（%）	频数（家）	比例（%）
2016	设立	91	71.65	16	80.00	9	69.23
	未设立	30	23.62	3	15.00	4	30.77
	未披露	6	4.72	1	5.00	0	0.00
	合计	127	100.00	20	100.00	13	100.00
2017	设立	105	75.54	13	65.00	9	69.23
	未设立	22	15.83	6	30.00	4	30.77
	未披露	12	8.63	1	5.00	0	0.00
	合计	139	100.00	20	100.00	13	100.00
2018	设立	99	67.35	17	85.00	9	69.23
	未设立	43	29.25	3	15.00	3	23.08
	未披露	5	3.40	0	0.00	1	7.69
	合计	147	100.00	20	100.00	13	100.00
2019	设立	117	79.59	16	80.00	10	76.92
	未设立	23	15.65	3	15.00	3	23.08
	未披露	7	4.76	1	5.00	0	0.00
	合计	147	100.00	20	100.00	13	100.00

资料来源：根据保险机构公开披露信息整理。

五、小型保险机构是否设立首席风险官

表 7-127 的统计结果显示，2016－2019 年设立首席风险官的小型保险机构比例依次为 37.80%、48.92%、43.54% 和 49.66%，比例呈现整体上升趋势，表明设立首席风险官的小型保险机构整体在增加，2019 年较 2016 年增加了 25 家，比例上升了 11.86%，但各年比例总体较低，说明小型保险机构设立首席风险官的意识有待加强；2016－2019 年设立首席风险官的中型保险机构比例依次为 35.00%、40.00%、55.00% 和 60.00%，各年比例呈逐年上升趋势，且上升幅度较大，表明中型保险机构设立首席风险官的意识增强较快；2016－2019 年设立首席风险官的大型保险机构比例依次为 30.77%、53.85%、30.77% 和 38.46%，各年比例整体低于中型保险机构，除

了 2017 年，其余各年小型保险机构比例均高于当年的大型保险机构，说明小型保险机构和中型保险机构设立首席风险官的情况整体优于大型保险机构。

表 7-127 小型、中型和大型保险机构是否设立首席风险官统计

年份	首席风险官	小型保险机构		中型保险机构		大型保险机构	
		频数（家）	比例（%）	频数（家）	比例（%）	频数（家）	比例（%）
2016	设立	48	37.80	7	35.00	4	30.77
	未设立	73	57.48	12	60.00	9	69.23
	未披露	6	4.72	1	5.00	0	0.00
	合计	127	100.00	20	100.00	13	100.00
2017	设立	68	48.92	8	40.00	7	53.85
	未设立	59	42.45	11	55.00	6	46.15
	未披露	12	8.63	1	5.00	0	0.00
	合计	139	100.00	20	100.00	13	100.00
2018	设立	64	43.54	11	55.00	4	30.77
	未设立	78	53.06	9	45.00	8	61.54
	未披露	5	3.40	0	0.00	1	7.69
	合计	147	100.00	20	100.00	13	100.00
2019	设立	73	49.66	12	60.00	5	38.46
	未设立	67	45.58	7	35.00	8	61.54
	未披露	7	4.76	1	5.00	0	0.00
	合计	147	100.00	20	100.00	13	100.00

资料来源：根据保险机构公开披露信息整理。

六、小型保险机构是否设立审计责任人

表 7-128 的统计结果显示，2016－2019 年设立审计责任人的小型保险机构比例依次为 60.63%、67.63%、62.59% 和 76.19%，各年比例均高于 60.00%，比例呈现整体上升趋势，表明设立审计责任人的小型保险机构总体较多且数量在增加，2019 年较 2016 年增加了 35 家，比例上升了 15.56%；2016－2019 年设立审计责任人的中型保险机构比例依次为 65.00%、60.00%、70.00% 和 70.00%，2016－2019 年设立审计责任人的大型保险机构比例依次为 53.85%、46.15%、46.15% 和 69.23%，小型保险机构和中型保险机构各年比例均高于大型保险机构，表明小型保险机构和中型保险机构设立审计责任人的情况优于大型保险机构。

表 7-128　小型、中型和大型保险机构是否设立审计责任人统计

年份	审计责任人	小型保险机构		中型保险机构		大型保险机构	
		频数（家）	比例（%）	频数（家）	比例（%）	频数（家）	比例（%）
2016	设立	77	60.63	13	65.00	7	53.85
	未设立	44	34.65	6	30.00	6	46.15
	未披露	6	4.72	1	5.00	0	0.00
	合计	127	100.00	20	100.00	13	100.00
2017	设立	94	67.63	12	60.00	6	46.15
	未设立	33	23.74	7	35.00	7	53.85
	未披露	12	8.63	1	5.00	0	0.00
	合计	139	100.00	20	100.00	13	100.00
2018	设立	92	62.59	14	70.00	6	46.15
	未设立	50	34.01	6	30.00	6	46.15
	未披露	5	3.40	0	0.00	1	7.69
	合计	147	100.00	20	100.00	13	100.00
2019	设立	112	76.19	14	70.00	9	69.23
	未设立	28	19.05	5	25.00	4	30.77
	未披露	7	4.76	1	5.00	0	0.00
	合计	147	100.00	20	100.00	13	100.00

资料来源：根据保险机构公开披露信息整理。

七、小型保险机构总经理是否非正常变更

如表 7-129、表 7-130 和表 7-131 所示，2016—2019 年存在总经理变更情况的小型保险机构比例依次为 20.48%、18.00%、18.36% 和 14.96%，其中非正常变更的比例依次为 18.11%、16.55%、14.29% 和 11.56%，总经理非正常变更比例在 2016—2019 年呈下降趋势，在非正常变更的各类形式中，免职占比相对较高；2016—2019 年存在总经理变更情况的中型保险机构比例依次为 30.00%、15.00%、20.00% 和 5.00%，其中非正常变更的比例依次为 20.00%、10.00%、20.00% 和 0；2016—2019 年存在总经理变更情况的大型保险机构比例依次为 15.38%、7.69%、15.38% 和 38.45%，其中非正常变更的比例依次为 15.38%、7.69%、7.69% 和 30.77%，除了 2019 年以外，其余各年比例均低于中型保险机构，表明大型保险机构总经理非正常变更情况优于中型保险机构。

表 7-129 小型保险机构总经理是否非正常变更统计

总经理变更	2016 年		2017 年		2018 年		2019 年	
	频数（家）	比例（%）	频数（家）	比例（%）	频数（家）	比例（%）	频数（家）	比例（%）
控制权变动	0	0.00	1	0.72	0	0.00	0	0.00
退休	0	0.00	0	0.00	1	0.68	1	0.68
换届	3	2.36	1	0.72	5	3.40	4	2.72
正常变更小计	3	2.36	2	1.44	6	4.08	5	3.40
辞职	7	5.51	9	6.47	11	7.48	7	4.76
免职	16	12.60	14	10.07	10	6.80	10	6.80
非正常变更小计	23	18.11	23	16.55	21	14.29	17	11.56
未变动	98	77.17	111	79.86	117	79.59	122	82.99
未披露	3	2.36	3	2.16	3	2.04	3	2.04
合计	127	100.00	139	100.00	147	100.00	147	100.00

资料来源：根据保险机构公开披露信息整理。

表 7-130 中型保险机构总经理是否非正常变更统计

总经理变更	2016 年		2017 年		2018 年		2019 年	
	频数（家）	比例（%）	频数（家）	比例（%）	频数（家）	比例（%）	频数（家）	比例（%）
控制权变动	0	0.00	0	0.00	0	0.00	0	0.00
退休	0	0.00	0	0.00	0	0.00	0	0.00
换届	2	10.00	1	5.00	0	0.00	1	5.00
正常变更小计	2	10.00	1	5.00	0	0.00	1	5.00
辞职	1	5.00	1	5.00	2	10.00	0	0.00
免职	3	15.00	1	5.00	2	10.00	0	0.00
非正常变更小计	4	20.00	2	10.00	4	20.00	0	0.00
未变动	14	70.00	17	85.00	16	80.00	19	95.00
未披露	0	0.00	0	0.00	0	0.00	0	0.00
合计	20	100.00	20	100.00	20	100.00	20	100.00

资料来源：根据保险机构公开披露信息整理。

表 7-131　大型保险机构总经理是否非正常变更统计

总经理变更	2016 年		2017 年		2018 年		2019 年	
	频数（家）	比例（%）	频数（家）	比例（%）	频数（家）	比例（%）	频数（家）	比例（%）
控制权变动	0	0.00	0	0.00	0	0.00	0	0.00
退休	0	0.00	0	0.00	0	0.00	0	0.00
换届	0	0.00	0	0.00	1	7.69	1	7.69
正常变更小计	0	0.00	0	0.00	1	7.69	1	7.69
辞职	2	15.38	1	7.69	1	7.69	2	15.38
免职	0	0.00	0	0.00	0	0.00	2	15.38
非正常变更小计	2	15.38	1	7.69	1	7.69	4	30.77
未变动	11	84.62	12	92.31	11	84.62	8	61.54
未披露	0	0.00	0	0.00	0	0.00	0	0.00
合计	13	100.00	13	100.00	13	100.00	13	100.00

资料来源：根据保险机构公开披露信息整理。

第五节　小型保险机构信息披露状况分析

本节从信息披露维度,对反映我国小型保险机构信息披露状况的 19 个具体指标进行了年度统计分析,进而全面揭示了我国 2016－2019 年期间小型保险机构信息披露的状况。

一、小型保险机构有无官网

表 7-132 的统计结果显示,2016－2019 年均只有 1 家小型保险机构网站无法登录,有 3 家小型保险机构没有官网,有官网的小型保险机构比例依次为 96.85%、97.12%、97.28%和 97.28%,数值呈上升趋势,表明小型保险机构官网合规性增强;2016－2019 年 20 家中型保险机构均设立官网,2016－2019 年 13 家大型保险机构均设立官网,小型保险机构官网的建设程度没有大型保险机构和中型保险机构完善。

表 7-132　小型、中型和大型保险机构有无官网统计

年份	官网	小型保险机构		中型保险机构		大型保险机构	
		频数（家）	比例（%）	频数（家）	比例（%）	频数（家）	比例（%）
2016	网站无法登录	1	0.79	0	0.00	0	0.00
	无	3	2.36	0	0.00	0	0.00
	有	123	96.85	20	100.00	13	100.00
	合计	127	100.00	20	100.00	13	100.00
2017	网站无法登录	1	0.72	0	0.00	0	0.00
	无	3	2.16	0	0.00	0	0.00
	有	135	97.12	20	100.00	13	100.00
	合计	139	100.00	20	100.00	13	100.00
2018	网站无法登录	1	0.68	0	0.00	0	0.00
	无	3	2.04	0	0.00	0	0.00
	有	143	97.28	20	100.00	13	100.00
	合计	147	100.00	20	100.00	13	100.00
2019	网站无法登录	1	0.68	0	0.00	0	0.00
	无	3	2.04	0	0.00	0	0.00
	有	143	97.28	20	100.00	13	100.00
	合计	147	100.00	20	100.00	13	100.00

资料来源：根据保险机构公开披露信息整理。

二、小型保险机构有无公开信息披露栏目

表 7-133 的统计结果显示，2016—2019 年均只有 1 家小型保险机构网站无法登录，有 3 家小型保险机构没有信息披露栏目，有信息披露栏目的小型保险机构比例依次为 96.85%、97.12%、97.28% 和 97.28%，数值呈上升趋势，表明小型保险机构信息披露栏目合规性增强；2016—2019 年 20家中型保险机构均有信息披露栏目，2016—2019 年 13 家大型保险机构均有信息披露栏目，小型保险机构信息披露栏目的建设程度没有大型保险机构和中型保险机构完善。

表 7-133 小型、中型和大型保险机构有无公开信息披露栏目统计

年份	信息披露栏目	小型保险机构		中型保险机构		大型保险机构	
		频数（家）	比例（%）	频数（家）	比例（%）	频数（家）	比例（%）
2016	无	3	2.36	0	0.00	0	0.00
	有	123	96.85	20	100.00	13	100.00
	网站无法登录	1	0.79	0	0.00	0	0.00
	合计	127	100.00	20	100.00	13	100.00
2017	无	3	2.16	0	0.00	0	0.00
	有	135	97.12	20	100.00	13	100.00
	网站无法登录	1	0.72	0	0.00	0	0.00
	合计	139	100.00	20	100.00	13	100.00
2018	无	3	2.04	0	0.00	0	0.00
	有	143	97.28	20	100.00	13	100.00
	网站无法登录	1	0.68	0	0.00	0	0.00
	合计	147	100.00	20	100.00	13	100.00
2019	无	3	2.04	0	0.00	0	0.00
	有	143	97.28	20	100.00	13	100.00
	网站无法登录	1	0.68	0	0.00	0	0.00
	合计	147	100.00	20	100.00	13	100.00

资料来源：根据保险机构公开披露信息整理。

三、小型保险机构公开信息披露栏目是否显著

表 7-134 的统计结果显示，2016－2019 年公开信息披露栏目显著的小型保险机构依次有 120 家、129 家、137 家和 137 家，数量逐年上升，各年比例依次为 94.49%、92.81%、93.20%和 93.20%，数值变化幅度不大，各年数值均大于 90.00%，表明小型保险机构公开信息披露栏目显著性较高；2016－2019 年 20 家中型保险机构中均有 19 家保险机构的公开信息披露栏目显著，2016－2019 年 13 家大型保险机构的公开信息披露栏目均显著，小型保险机构公开信息披露栏目的显著程度低于中型保险机构和大型保险机构。

表 7-134　小型、中型和大型保险机构公开信息披露栏目是否显著统计

年份	信息披露栏目	小型保险机构		中型保险机构		大型保险机构	
		频数（家）	比例（%）	频数（家）	比例（%）	频数（家）	比例（%）
2016	不显著	6	4.72	1	5.00	0	0.00
	显著	120	94.49	19	95.00	13	100.00
	网站无法登录	1	0.79	0	0.00	0	00.00
	合计	127	100.00	20	100.00	13	100.00
2017	不显著	9	6.47	1	5.00	0	0.00
	显著	129	92.81	19	95.00	13	100.00
	网站无法登录	1	0.72	0	0.00	0	00.00
	合计	139	100.00	20	100.00	13	100.00
2018	不显著	9	6.12	1	5.00	0	0.00
	显著	137	93.20	19	95.00	13	100.00
	网站无法登录	1	0.68	0	0.00	0	00.00
	合计	147	100.00	20	100.00	13	100.00
2019	不显著	9	6.12	1	5.00	0	0.00
	显著	137	93.20	19	95.00	13	100.00
	网站无法登录	1	0.68	0.	0.00	0	00.00
	合计	147	100.00	20	100.00	13	100.00

资料来源：根据保险机构公开披露信息整理。

四、小型保险机构披露框架是否符合规定

表 7-135 的统计结果显示，2016—2019 年均只有 1 家小型保险机构网站无法登录，有 19 家小型保险机构公开信息披露框架不符合规定，披露框架符合规定的小型保险机构比例依次为 84.25%、85.61%、86.39% 和 86.39%，数值呈整体上升趋势，表明小型保险机构公开信息披露框架的合规性增强；2016—2019 年 20 家中型保险机构均只有 1 家披露框架不符合规定，其余 19 家均符合规定，占比均为 95.00%；2016—2019 年 13 家大型保险机构均只有 1 家披露框架不符合规定，其余 12 家均符合规定，占比均为 92.31%，小型保险机构公开信息披露框架的合规性低于中型保险机构和大型保险机构。

表 7-135　小型、中型和大型保险机构披露框架是否符合规定统计

年份	披露框架	小型保险机构		中型保险机构		大型保险机构	
		频数（家）	比例（%）	频数（家）	比例（%）	频数（家）	比例（%）
2016	不符合规定	19	14.96	1	5.00	1	7.69
	符合规定	107	84.25	19	95.00	12	92.31
	网站无法登录	1	0.79	0	0.00	0	0.00
	合计	127	100.00	20	100.00	13	100.00
2017	不符合规定	19	13.67	1	5.00	1	7.69
	符合规定	119	85.61	19	95.00	12	92.31
	网站无法登录	1	0.72	0	0.00	0	0.00
	合计	139	100.00	20	100.00	13	100.00
2018	不符合规定	19	12.93	1	5.00	1	7.69
	符合规定	127	86.39	19	95.00	12	92.31
	网站无法登录	1	0.68	0	0.00	0	0.00
	合计	147	100.00	20	100.00	13	100.00
2019	不符合规定	19	12.93	1	5.00	1	7.69
	符合规定	127	86.39	19	95.00	12	92.31
	网站无法登录	1	0.68	0.	0.00	0	0.00
	合计	147	100.00	20	100.00	13	100.00

资料来源：根据保险机构公开披露信息整理。

五、小型保险机构网站建设水平

表 7-136 的统计结果显示，2016－2019 年网站建设水平为专业的小型保险机构比例依次为 79.53%、80.58%、80.95%和80.95%，各年比例均在 80.00%左右，数值呈整体上升趋势，表明小型保险机构网站建设水平的专业化程度整体较高且有逐年升高的趋势；2016－2019 年 20 家中型保险机构中，均有 18 家的网站建设水平为专业，比例为 90.00%，有 2 家网站建设水平为一般；2016－2019 年 13 家大型保险机构的网站建设水平均为专业，表明小型保险机构和中型保险机构网站建设水平的专业化程度低于大型保险机构，小型保险机构网站建设水平专业化程度低于中型保险机构。

表 7-136　小型、中型和大型保险机构网站建设水平统计

年份	网站建设水平	小型保险机构		中型保险机构		大型保险机构	
		频数（家）	比例（%）	频数（家）	比例（%）	频数（家）	比例（%）
2016	较差	10	7.87	0	0.00	0	0.00
	一般	16	12.60	2	10.00	0	0.00
	专业	101	79.53	18	90.00	13	100.00
	合计	127	100.00	20	100.00	13	100.00
2017	较差	10	7.19	0	0.00	0	0.00
	一般	17	12.23	2	10.00	0	0.00
	专业	112	80.58	18	90.00	13	100.00
	合计	139	100.00	20	100.00	13	100.00
2018	较差	10	6.80	0	0.00	0	0.00
	一般	18	12.24	2	10.00	0	0.00
	专业	119	80.95	18	90.00	13	100.00
	合计	147	100.00	20	100.00	13	100.00
2019	较差	10	6.80	0	0.00	0	0.00
	一般	18	12.24	2	10.00	0	0.00
	专业	119	80.95	18	90.00	13	100.00
	合计	147	100.00	20	100.00	13	100.00

资料来源：根据保险机构公开披露信息整理。

六、小型保险机构客服热线披露情况

表 7-137 的统计结果显示，2016－2019 年披露客服热线的小型保险机构比例依次为 84.26%、82.73%、82.32%和 82.32%，各年比例均大于80.00%，表明小型保险机构客服热线披露情况较好；2016－2019 年 20 家中型保险机构中有 18 家均披露客服热线，且客服热线披露情况为显著的比例达到 60.00%，小型保险机构比例均低于相应年份中型保险机构；2016－2019 年 13 家大型保险机构均披露客服热线，且客服热线披露情况为显著的比例达到 69.23%，表明小型保险机构和中型保险机构客服热线披露的情况劣于大型保险机构。

表 7-137　　小型、中型和大型保险机构客服热线披露情况统计

年份	客服热线	小型保险机构		中型保险机构		大型保险机构	
		频数（家）	比例（%）	频数（家）	比例（%）	频数（家）	比例（%）
2016	没有	20	15.75	2	10.00	0	0.00
	一般	48	37.80	6	30.00	4	30.77
	显著	59	46.46	12	60.00	9	69.23
	合计	127	100.00	20	100.00	13	100.00
2017	没有	24	17.27	2	10.00	0	0.00
	一般	53	38.13	6	30.00	4	30.77
	显著	62	44.60	12	60.00	9	69.23
	合计	139	100.00	20	100.00	13	100.00
2018	没有	25	17.01	2	10.00	0	0.00
	一般	57	38.78	6	30.00	4	30.77
	显著	64	43.54	12	60.00	9	69.23
	合计	147	100.00	20	100.00	13	100.00
2019	没有	25	17.01	2	10.00	0	0.00
	一般	57	38.78	6	30.00	4	30.77
	显著	64	43.54	12	60.00	9	69.23
	合计	147	100.00	20	100.00	13	100.00

资料来源：根据保险机构公开披露信息整理。

七、小型保险机构是否披露官微或公众号

表 7-138 的统计结果显示，2016－2019 年披露官微或公众号的小型保险机构比例依次为 75.59%、74.82%、75.51%和 75.51%，各年比例均大于 70.00%，变化幅度不大，表明小型保险机构官微或公众号披露情况整体较好，但每年也有超过 30 家小型保险机构未披露官微或公众号；2016－2019 年 20 家中型保险机构中有 18 家披露官微或公众号，披露比例为 90.00%，2016－2019 年 13 家大型保险机构中有 10 家披露官微或公众号，披露比例为 76.92%，中型保险机构披露比例高于大型保险机构，大型保险机构高于小型保险机构，表明中型保险机构官微或公众号披露情况最好，大型保险机构次之，小型保险机构相对较差。

表 7-138　小型、中型和大型保险机构是否披露官微或公众号统计

年份	官微或公众号	小型保险机构		中型保险机构		大型保险机构	
		频数（家）	比例（%）	频数（家）	比例（%）	频数（家）	比例（%）
2016	否	31	24.41	2	10.00	3	23.08
	是	96	75.59	18	90.00	10	76.92
	合计	127	100.00	20	100.00	13	100.00
2017	否	35	25.18	2	10.00	3	23.08
	是	104	74.82	18	90.00	10	76.92
	合计	139	100.00	20	100.00	13	100.00
2018	否	36	24.49	2	10.00	3	23.08
	是	111	75.51	18	90.00	10	76.92
	合计	147	100.00	20	100.00	13	100.00
2019	否	36	24.49	2	10.00	3	23.08
	是	111	75.51	18	90.00	10	76.92
	合计	147	100.00	20	100.00	13	100.00

资料来源：根据保险机构公开披露信息整理。

八、小型保险机构年度信息披露报告披露是否及时

表 7-139 的统计结果显示，2016—2019 年年度信息披露报告披露及时的小型保险机构比例依次为 84.25%、82.73%、88.44% 和 91.16%，各年比例均大于 80.00%，呈整体上升趋势，表明小型保险机构年度信息披露报告披露整体比较及时，且披露情况越来越好；2016—2019 年 20 家中型保险机构中均有 18 家年度信息披露报告披露及时，比例均为 90.00%，小型保险机构比例整体低于中型保险机构，表明小型保险机构年度信息披露报告披露及时性低于中型保险机构；2016—2018 年 13 家大型保险机构年度信息披露报告披露均及时，2019 年有 12 家披露及时，比例为 92.31%，小型保险机构和中型保险机构年度信息披露报告披露及时性低于大型保险机构。

表 7-139　小型、中型和大型保险机构年度信息披露报告披露是否及时统计

年份	年度信息披露报告	小型保险机构		中型保险机构		大型保险机构	
		频数（家）	比例（%）	频数（家）	比例（%）	频数（家）	比例（%）
2016	不及时	15	11.81	1	5.00	0	0.00
	及时	107	84.25	18	90.00	13	100.00
	网站无法登录	1	0.79	0	0.00	0	0.00

年份	年度信息披露报告	小型保险机构		中型保险机构		大型保险机构	
		频数（家）	比例（%）	频数（家）	比例（%）	频数（家）	比例（%）
	未显示披露时间	4	3.15	1	5.00	0	0.00
	合计	127	100.00	20	100.00	13	100.00
2017	不及时	18	12.95	1	5.00	0	0.00
	及时	115	82.73	18	90.00	13	100.00
	网站无法登录	1	0.72	0	0.00	0	0.00
	未显示披露时间	5	3.60	1	5.00	0	0.00
	合计	139	100.00	20	100.00	13	100.00
2018	不及时	11	7.48	1	5.00	0	0.00
	及时	130	88.44	18	90.00	13	100.00
	网站无法登录	1	0.68	0	0.00	0	0.00
	未显示披露时间	5	3.40	1	5.00	0	0.00
	合计	147	100.00	20	100.00	13	100.00
2019	不及时	13	8.84	2	10.00	1	7.69
	及时	134	91.16	18	90.00	12	92.31
	合计	147	100.00	20	100.00	13	100.00

资料来源：根据保险机构公开披露信息整理。

九、小型保险机构年度信息披露报告披露是否完善

表 7-140 的统计结果显示，2016－2019 年年度信息披露报告披露完善的小型保险机构比例依次为 96.85%、97.12%、97.28%和 97.28%，各年比例均大于 96.00%，呈整体上升趋势，表明小型保险机构年度信息披露报告披露完善情况普遍较好，每年均有 3 家小型保险机构年度信息披露报告披露不完善；2016－2019 年 20 家中型保险机构年度信息披露报告披露均完善，2016－2019 年 13 家大型保险机构年度信息披露报告披露均完善，表明小型保险机构年度信息披露报告完善程度低于中型保险机构和大型保险机构。

表 7-140 小型、中型和大型保险机构年度信息披露报告披露是否完善统计

年份	年度信息披露报告	小型保险机构		中型保险机构		大型保险机构	
		频数（家）	比例（%）	频数（家）	比例（%）	频数（家）	比例（%）
2016	不完善	3	2.36	0	0.00	0	0.00
	完善	123	96.85	20	100.00	13	100.00
	网站无法登录	1	0.79	0	0.00	0	00.00
	合计	127	100.00	20	100.00	13	100.00
2017	不完善	3	2.16	0	0.00	0	0.00
	完善	135	97.12	20	100.00	13	100.00
	网站无法登录	1	0.72	0	0.00	0	00.00
	合计	139	100.00	20	100.00	13	100.00
2018	不完善	3	2.04	0	0.00	0	0.00
	完善	143	97.28	20	100.00	13	100.00
	网站无法登录	1	0.68	0	0.00	0	00.00
	合计	147	100.00	20	100.00	13	100.00
2019	不完善	3	2.04	0	0.00	0	0.00
	完善	143	97.28	20	100.00	13	100.00
	网站无法登录	1	0.68	0	0.00	0	00.00
	合计	147	100.00	20	100.00	13	100.00

资料来源：根据保险机构公开披露信息整理。

十、小型保险机构基本信息披露是否完善

表 7-141 的统计结果显示，2016－2019 年基本信息披露完善的小型保险机构比例依次为 96.85%、96.40%、96.60%和 96.60%，各年比例均大于 96.00%，变化幅度不大，表明小型保险机构基本信息披露完善情况普遍较好；2016－2019 年 20 家中型保险机构中有 19 家基本信息披露完善，比例为 95.00%，略低于小型保险机构，表明小型保险机构基本信息披露完善情况好于中型保险机构；2016－2019 年 13 家大型保险机构基本信息披露均完善，表明小型保险机构基本信息披露的完善程度低于大型保险机构。

表 7-141 小型、中型和大型保险机构基本信息披露是否完善统计

年份	基本信息	小型保险机构		中型保险机构		大型保险机构	
		频数（家）	比例（%）	频数（家）	比例（%）	频数（家）	比例（%）
2016	不完善	3	2.36	1	5.00	0	0.00
	完善	123	96.85	19	95.00	13	100.00
	网站无法登录	1	0.79	0	0.00	0	00.00
	合计	127	100.00	20	100.00	13	100.00
2017	不完善	4	2.88	1	5.00	0	0.00
	完善	134	96.40	19	95.00	13	100.00
	网站无法登录	1	0.72	0	0.00	0	00.00
	合计	139	100.00	20	100.00	13	100.00
2018	不完善	4	2.72	1	5.00	0	0.00
	完善	142	96.60	19	95.00	13	100.00
	网站无法登录	1	0.68	0	0.00	0	00.00
	合计	147	100.00	20	100.00	13	100.00
2019	不完善	4	2.72	1	5.00	0	0.00
	完善	142	96.60	19	95.00	13	100.00
	网站无法登录	1	0.68	0	0.00	0	00.00
	合计	147	100.00	20	100.00	13	100.00

资料来源：根据保险机构公开披露信息整理。

十一、小型保险机构专项信息披露是否完善

表 7-142 的统计结果显示，2016－2019 年专项信息披露完善的小型保险机构比例依次为 87.40%、87.05%、88.44%和 88.44%，各年比例均大于 85.00%，呈整体上升趋势，表明小型保险机构专项信息披露完善情况普遍较好；2016－2019 年 20 家中型保险机构中有 19 家专项信息披露均完善，比例为 95.00%，2016－2019 年 13 家大型保险机构专项信息披露均完善，表明大型保险机构专项信息披露完善情况最好，中型保险机构次之，小型保险机构最差。

表 7-142 小型、中型和大型保险机构专项信息披露是否完善统计

年份	专项信息	小型保险机构		中型保险机构		大型保险机构	
		频数（家）	比例（%）	频数（家）	比例（%）	频数（家）	比例（%）
2016	不完善	15	11.81	1	5.00	0	0.00
	完善	111	87.40	19	95.00	13	100.00
	网站无法登录	1	0.79	0	0.00	0	00.00
	合计	127	100.00	20	100.00	13	100.00

年份	专项信息	小型保险机构		中型保险机构		大型保险机构	
		频数（家）	比例（%）	频数（家）	比例（%）	频数（家）	比例（%）
2017	不完善	17	12.23	1	5.00	0	0.00
	完善	121	87.05	19	95.00	13	100.00
	网站无法登录	1	0.72	0	0.00	0	00.00
	合计	139	100.00	20	100.00	13	100.00
2018	不完善	16	10.88	1	5.00	0	0.00
	完善	130	88.44	19	95.00	13	100.00
	网站无法登录	1	0.68	0	0.00	0	00.00
	合计	147	100.00	20	100.00	13	100.00
2019	不完善	16	10.88	1	5.00	0	0.00
	完善	130	88.44	19	95.00	13	100.00
	网站无法登录	1	0.68	0	0.00	0	00.00
	合计	147	100.00	20	100.00	13	100.00

资料来源：根据保险机构公开披露信息整理。

十二、小型保险机构重大事项披露是否完善

表 7-143 的统计结果显示，2016—2019 年重大事项披露完善的小型保险机构比例依次为 96.06%、93.53%、93.20% 和 93.20%，各年比例均大于 90.00%，表明小型保险机构重大事项披露完善情况普遍较好；2016—2019 年 20 家中型保险机构中有 19 家重大事项披露完善，比例为 95.00%，整体高于小型保险机构，表明小型保险机构重大事项披露完善程度低于中型保险机构；2016—2019 年 13 家大型保险机构中有 12 家重大事项披露完善，比例为 92.31%，低于各年小型保险机构的完善比例，表明小型保险机构重大事项披露完善情况优于大型保险机构。

表 7-143　小型、中型和大型保险机构重大事项披露是否完善统计

年份	重大事项	小型保险机构		中型保险机构		大型保险机构	
		频数（家）	比例（%）	频数（家）	比例（%）	频数（家）	比例（%）
2016	不完善	4	3.15	1	5.00	1	7.69
	完善	122	96.06	19	95.00	12	92.31
	网站无法登录	1	0.79	0	0.00	0	00.00
	合计	127	100.00	20	100.00	13	100.00

年份	重大事项	小型保险机构		中型保险机构		大型保险机构	
		频数（家）	比例（%）	频数（家）	比例（%）	频数（家）	比例（%）
2017	不完善	8	5.76	1	5.00	1	7.69
	完善	130	93.53	19	95.00	12	92.31
	网站无法登录	1	0.72	0	0.00	0	00.00
	合计	139	100.00	20	100.00	13	100.00
2018	不完善	9	6.12	1	5.00	1	7.69
	完善	137	93.20	19	95.00	12	92.31
	网站无法登录	1	0.68	0	0.00	0	00.00
	合计	147	100.00	20	100.00	13	100.00
2019	不完善	9	6.12	1	5.00	1	7.69
	完善	137	93.20	19	95.00	12	92.31
	网站无法登录	1	0.68	0	0.00	0	00.00
	合计	147	100.00	20	100.00	13	100.00

资料来源：根据保险机构公开披露信息整理。

十三、小型保险机构偿付能力报告披露是否及时

表 7-144 的统计结果显示，2016－2019 年偿付能力报告披露及时的小型保险机构比例依次为 48.03%、53.96%、55.10% 和 46.26%，各年比例未超过 60.00%，表明小型保险机构偿付能力报告披露的及时情况并不是很好，有近一半的小型保险机构未及时披露偿付能力报告，2019 年偿付能力报告披露的及时情况在四年中最不好；2016－2019 年偿付能力报告披露及时的中型保险机构比例依次为 60.00%、65.00%、65.00% 和 45.00%，小型保险机构比例整体低于中型保险机构，表明小型保险机构偿付能力报告披露及时性低于中型保险机构；2016－2019 年偿付能力报告披露及时的大型保险机构比例依次为 23.08%、23.08%、30.77% 和 30.77%，小型保险机构各年比例高于大型保险机构，表明小型保险机构偿付能力报告披露及时情况较大型保险机构好。

表 7-144　　小型、中型和大型保险机构偿付能力报告披露是否及时统计

年份	偿付能力报告	小型保险机构		中型保险机构		大型保险机构	
		频数（家）	比例（%）	频数（家）	比例（%）	频数（家）	比例（%）
2016	不及时	46	36.22	8	40.00	10	76.92
	及时	61	48.03	12	60.00	3	23.08
	网站无法登录	1	0.79	0	0.00	0	0.00
	未显示披露时间	19	14.96	0	0.00	0	0.00
	合计	127	100.00	20	100.00	13	100.00
2017	不及时	43	30.94	7	35.00	10	76.92
	及时	75	53.96	13	65.00	3	23.08
	网站无法登录	1	0.72	0	0.00	0	0.00
	未显示披露时间	20	14.39	0	0.00	0	0.00
	合计	139	100.00	20	100.00	13	100.00
2018	不及时	44	29.93	7	35.00	9	69.23
	及时	81	55.10	13	65.00	4	30.77
	网站无法登录	1	0.68	0	0.00	0	0.00
	未显示披露时间	21	14.29	0	0.00	0	0.00
	合计	147	100.00	20	100.00	13	100.00
2019	不及时	58	39.46	11	55.00	9	69.23
	及时	68	46.26	9	45.00	4	30.77
	网站无法登录	1	0.68	0	0.00	0	0.00
	未显示披露时间	20	13.61	0	0.00	0	0.00
	合计	147	100.00	20	100.00	13	100.00

资料来源：根据保险机构公开披露信息整理。

十四、小型保险机构偿付能力报告披露后是否有更正

表 7-145 的统计结果显示，2016－2019 年偿付能力报告披露后无更正的小型保险机构比例依次为 92.31%、84.17%、82.99%和 98.64%，各年

比例均超过 80.00%，表明小型保险机构偿付能力报告的正确性较高，更正率较低，2019 年偿付能力报告的正确性最高；2016－2019 年偿付能力报告披露后无更正的中型保险机构比例依次为 100.00%、95.00%、95.00%和90.00%，小型保险机构比例整体低于中型保险机构，表明小型保险机构偿付能力报告正确性低于中型保险机构；2016－2019 年偿付能力报告披露后无更正的大型保险机构比例依次为 100.00%、92.31%、92.31%和100.00%，小型保险机构比例整体低于大型保险机构，表明小型保险机构偿付能力报告的正确性低于大型保险机构，更正率相对较高。

表 7-145　小型、中型和大型保险机构偿付能力报告披露后是否有更正统计

年份	偿付能力报告	小型保险机构		中型保险机构		大型保险机构	
		频数（家）	比例（%）	频数（家）	比例（%）	频数（家）	比例（%）
2016	无更正	117	92.13	20	100.00	13	100.00
	有更正	10	7.87	0	0.00	0	0.00
	合计	127	100.00	20	100.00	13	100.00
2017	无更正	117	84.17	19	95.00	12	92.31
	有更正	22	15.83	1	5.00	1	7.69
	合计	139	100.00	20	100.00	13	100.00
2018	无更正	122	82.99	19	95.00	12	92.31
	有更正	25	17.01	1	5.00	1	7.69
	合计	147	100.00	20	100.00	13	100.00
2019	无更正	145	98.64	18	90.00	13	100.00
	有更正	2	1.36	2	10.00	0	0.00
	合计	147	100.00	20	100.00	13	100.00

资料来源：根据保险机构公开披露信息整理。

十五、小型保险机构年度信息披露报告披露后是否有更正

表 7-146 的统计结果显示，2016－2019 年年度信息披露报告披露后无更正的小型保险机构比例依次为 98.43%、100.00%、100.00%和99.32%，各年比例均超过 98.00%，表明小型保险机构年度信息披露报告的正确性较高，更正率较低；2016－2018 年 20 家中型保险机构年度信息披露报告披露均无更正，2019 年有 1 家有更正，无更正的保险机构占 95%；2016－2019 年 13 家大型保险机构年度信息披露报告披露均无更正，表明小型保险机构和中型保险机构年度信息披露报告的正确性低于大型保险机构。

表 7-146　小型、中型和大型保险机构年度信息披露报告披露后是否有更正统计

年份	年度信息披露报告	小型保险机构		中型保险机构		大型保险机构	
		频数（家）	比例（%）	频数（家）	比例（%）	频数（家）	比例（%）
2016	无更正	125	98.43	20	100.00	13	100.00
	有更正	2	1.57	0	0.00	0	0.00
	合计	127	100.00	20	100.00	13	100.00
2017	无更正	139	100.00	20	100.00	13	100.00
	有更正	0	0.00	0	0.00	0	0.00
	合计	139	100.00	20	100.00	13	100.00
2018	无更正	147	100.00	20	100.00	13	100.00
	有更正	0	0.00	0	0.00	0	0.00
	合计	147	100.00	20	100.00	13	100.00
2019	无更正	146	99.32	19	95.00	13	100.00
	有更正	1	0.68	1	5.00	0	0.00
	合计	147	100.00	20	100.00	13	100.00

资料来源：根据保险机构公开披露信息整理。

十六、小型保险机构审计意见类型

表 7-147 的统计结果显示，2016－2019 年审计意见类型为标准无保留的小型保险机构比例依次为 93.70%、85.61%、89.12%和 88.44%，各年比例均超过 85.00%，表明小型保险机构审计意见普遍为标准无保留；2016－2019 年审计意见为标准无保留的中型保险机构比例依次为 95.00%、90.00%、80.00%和 85.00%，2016－2019 年审计意见为标准无保留的大型保险机构比例均为 92.31%，小型保险机构和中型保险机构比例整体低于大型保险机构。

表 7-147　小型、中型和大型保险机构审计意见类型统计

年份	审计意见类型	小型保险机构		中型保险机构		大型保险机构	
		频数（家）	比例（%）	频数（家）	比例（%）	频数（家）	比例（%）
2016	标准无保留意见	119	93.70	19	95.00	12	92.31
	无法表示意见	3	2.36	1	5.00	0	0.00
	年度信息披露报告中未披露审计意见	4	3.15	0	0.00	1	7.69
	年度信息披露报告暂缓披露	1	0.79	0	0.00	0	0.00
	合计	127	100.00	20	100.00	13	100.00

年份	审计意见类型	小型保险机构		中型保险机构		大型保险机构	
		频数（家）	比例（%）	频数（家）	比例（%）	频数（家）	比例（%）
2017	标准无保留意见	119	85.61	18	90.00	12	92.31
	无法表示意见	4	2.88	1	5.00	0	0.00
	年度信息披露报告中未披露审计意见	12	8.63	1	5.00	1	7.69
	年度信息披露报告暂缓披露	4	2.88	0	0.00	0	0.00
	合计	139	100.00	20	100.00	13	100.00
2018	标准无保留意见	131	89.12	16	80.00	12	92.31
	无法表示意见	4	2.72	1	5.00	0	0.00
	年度信息披露报告中未披露审计意见	8	5.44	3	15.00	1	7.69
	年度信息披露报告暂缓披露	4	2.72	0	0.00	0	0.00
	合计	147	100.00	20	100.00	13	100.00
2019	标准无保留意见	130	88.44	17	85.00	12	92.31
	无法表示意见	0	0.00	0	0.00	0	0.00
	年度信息披露报告中未披露审计意见	6	4.08	2	10.00	0	0.00
	年度信息披露报告暂缓披露	11	7.48	1	5.00	1	7.69
	合计	147	100.00	20	100.00	13	100.00

资料来源：根据保险机构公开披露信息整理。

十七、小型保险机构负面新闻报道情况

表 7-148、表 7-149 和表 7-150 的统计结果显示，2016—2019 年有负面新闻的小型保险机构比例依次为 7.87%、15.11%、25.16% 和 25.17%，比例呈整体上升趋势，表明小型保险机构负面新闻报道情况愈演愈烈，负面新闻报道数集中在 1 例，2016—2019 年负面新闻报道数为 1 例的小型保险机构比例依次为 4.72%、11.51%、11.56% 和 17.69%；2016—2019 年有负面新闻报道的中型保险机构比例依次为 40.00%、25.00%、25.00% 和 20.00%，2016—2019 年有负面新闻报道的大型保险机构比例依次为 23.07%、7.69%、

15.38%和15.38%，小型保险机构和中型保险机构比例整体高于大型保险机构，表明小型保险机构和中型保险机构有负面新闻报道的问题比大型保险机构更严重。

表7-148　小型保险机构负面新闻报道情况统计

负面新闻数量（例）	2016 年		2017 年		2018 年		2019 年	
	频数（家）	比例（%）	频数（家）	比例（%）	频数（家）	比例（%）	频数（家）	比例（%）
0	117	92.13	118	84.89	110	74.83	110	74.83
1	6	4.72	16	11.51	17	11.56	26	17.69
2	2	1.57	3	2.16	9	6.12	5	3.40
3	1	0.79	0	0.00	0	0.00	2	1.36
4	0	0.00	0	0.00	6	4.08	1	0.68
5	0	0.00	1	0.72	2	1.36	1	0.68
6	1	0.79	0	0.00	1	0.68	0	0.00
7	0	0.00	0	0.00	0	0.00	1	0.68
8	0	0.00	0	0.00	0	0.00	0	0.00
9	0	0.00	1	0.72	0	0.00	0	0.00
10	0	0.00	0	0.00	1	0.68	1	0.68
11	0	0.00	0	0.00	1	0.68	0	0.00
合计	127	100.00	139	100.00	147	100.00	147	100.00

资料来源：根据保险机构公开披露信息整理。

表7-149　中型保险机构负面新闻报道情况统计

负面新闻数量（例）	2016 年		2017 年		2018 年		2019 年	
	频数（家）	比例（%）	频数（家）	比例（%）	频数（家）	比例（%）	频数（家）	比例（%）
0	12	60.00	15	75.00	15	75.00	16	80.00
1	4	20.00	3	15.00	3	15.00	1	5.00
2	1	5.00	1	5.00	2	10.00	1	5.00
3	1	5.00	0	0.00	0	0.00	0	0.00
4	1	5.00	0	0.00	0	0.00	0	0.00
5	0	0.00	0	0.00	0	0.00	0	0.00
6	0	0.00	0	0.00	0	0.00	0	0.00
7	0	0.00	1	5.00	0	0.00	1	5.00
8	0	0.00	0	0.00	0	0.00	1	5.00
9	0	0.00	0	0.00	0	0.00	0	0.00

负面新闻 数量（例）	2016 年		2017 年		2018 年		2019 年	
	频数（家）	比例（%）	频数（家）	比例（%）	频数（家）	比例（%）	频数（家）	比例（%）
10	0	0.00	0	0.00	0	0.00	0	0.00
11	0	0.00	0	0.00	0	0.00	0	0.00
12	1	5.00	0	0.00	0	0.00	0	0.00
合计	20	100.00	20	100.00	20	100.00	20	100.00

资料来源：根据保险机构公开披露信息整理。

表 7-150　大型保险机构负面新闻报道情况统计

负面新闻 数量（例）	2016 年		2017 年		2018 年		2019 年	
	频数（家）	比例（%）	频数（家）	比例（%）	频数（家）	比例（%）	频数（家）	比例（%）
0	10	76.92	12	92.31	11	84.62	11	84.62
1	1	7.69	1	7.69	2	15.38	1	7.69
2	2	15.38	0	0.00	0	0.00	0	0.00
3	0	0.00	0	0.00	0	0.00	1	7.69
合计	13	100.00	13	100.00	13	100.00	13	100.00

资料来源：根据保险机构公开披露信息整理。

十八、小型保险机构是否披露社会责任报告或社会责任状况

表 7-151 的统计结果显示，2016－2019 年披露社会责任报告的小型保险机构比例依次为 17.32%、17.99%、17.69% 和 17.69%，各年比例均未超过 20.00%，表明小型保险机构社会责任报告披露情况不是很好，有将近 80.00% 的小型保险机构未披露社会责任报告；2016－2019 年披露社会责任报告的中型保险机构比例均为 10.00%，小型保险机构比例高于相应年份中型保险机构，表明小型保险机构社会责任报告披露情况优于中型保险机构；2016－2019 年披露社会责任报告的大型保险机构比例均为 30.77%，小型保险机构比例低于相应年份大型保险机构，表明小型保险机构社会责任报告披露情况劣于大型保险机构。

表 7-151　小型、中型和大型保险机构是否披露社会责任报告统计

年份	社会责任报告	小型保险机构		中型保险机构		大型保险机构	
		频数（家）	比例（%）	频数（家）	比例（%）	频数（家）	比例（%）
2016	未披露	105	82.68	18	90.00	9	69.23
	披露	22	17.32	2	10.00	4	30.77
	合计	127	100.00	20	100.00	13	100.00
2017	未披露	114	82.01	18	90.00	9	69.23
	披露	25	17.99	2	10.00	4	30.77
	合计	139	100.00	20	100.00	13	100.00
2018	未披露	121	82.31	18	90.00	9	69.23
	披露	26	17.69	2	10.00	4	30.77
	合计	147	100.00	20	100.00	13	100.00
2019	未披露	121	82.31	18	90.00	9	69.23
	披露	26	17.69	2	10.00	4	30.77
	合计	147	100.00	20	100.00	13	100.00

资料来源：根据保险机构公开披露信息整理。

表 7-152 的统计结果显示，2016－2019 年披露公益或社会责任信息的小型保险机构比例依次为 42.52%、39.57%、40.14%和 40.14%，各年比例均未超过 50.00%，表明小型保险机构公益或社会责任信息披露情况不是很普遍，超过 50.00%的小型保险机构未披露公益或社会责任信息；2016－2019 年披露公益或社会责任信息的中型保险机构比例均为 75.00%，2016－2019 年披露公益或社会责任信息的大型保险机构比例均为 76.92%，小型保险机构比例低于相应年份中型保险机构和大型保险机构，表明小型保险机构公益或社会责任信息披露情况劣于中型保险机构和大型保险机构。

表 7-152　小型、中型和大型保险机构是否披露公益或社会责任信息统计

年份	公益或社会责任	小型保险机构		中型保险机构		大型保险机构	
		频数（家）	比例（%）	频数（家）	比例（%）	频数（家）	比例（%）
2016	未披露	73	57.48	5	25.00	3	23.08
	披露	54	42.52	15	75.00	10	76.92
	合计	127	100.00	20	100.00	13	100.00
2017	未披露	84	60.43	5	25.00	3	23.08
	披露	55	39.57	15	75.00	10	76.92
	合计	139	100.00	20	100.00	13	100.00
2018	未披露	88	59.86	5	25.00	3	23.08
	披露	59	40.14	15	75.00	10	76.92
	合计	147	100.00	20	100.00	13	100.00

年份	公益或社会责任	小型保险机构		中型保险机构		大型保险机构	
		频数（家）	比例（%）	频数（家）	比例（%）	频数（家）	比例（%）
2019	未披露	88	59.86	5	25.00	3	23.08
	披露	59	40.14	15	75.00	10	76.92
	合计	147	100.00	20	100.00	13	100.00

资料来源：根据保险机构公开披露信息整理。

十九、小型保险机构公司治理架构披露是否完善

表 7-153 的统计结果显示，2016－2019 年公司治理架构披露完善的小型保险机构比例依次为 96.85%、95.68%、95.92%和 95.92%，各年比例均超过 95.00%，表明小型保险机构公司治理架构披露总体较完善；2016－2019 年公司治理架构披露完善的中型保险机构比例均为 95.00%；2016－2019 年公司治理架构披露完善的大型保险机构比例均为 92.31%，小型保险机构的比例均大于相应年份中型保险机构和大型保险机构，表明小型保险机构公司治理架构披露完善程度高于大型保险机构和中型保险机构。

表 7-153　小型、中型和大型保险机构公司治理架构披露是否完善统计

年份	公司治理架构	小型保险机构		中型保险机构		大型保险机构	
		频数（家）	比例（%）	频数（家）	比例（%）	频数（家）	比例（%）
2016	不完善	3	2.36	1	5.00	1	7.69
	完善	123	96.85	19	95.00	12	92.31
	网站无法登录	1	0.79	0	0.00	0	00.00
	合计	127	100.00	20	100.00	13	100.00
2017	不完善	5	3.60	1	5.00	1	7.69
	完善	133	95.68	19	95.00	12	92.31
	网站无法登录	1	0.72	0	0.00	0	00.00
	合计	139	100.00	20	100.00	13	100.00
2018	不完善	5	3.40	1	5.00	1	7.69
	完善	141	95.92	19	95.00	12	92.31
	网站无法登录	1	0.68	0	0.00	0	00.00
	合计	147	100.00	20	100.00	13	100.00

年份	公司治理架构	小型保险机构		中型保险机构		大型保险机构	
		频数（家）	比例（%）	频数（家）	比例（%）	频数（家）	比例（%）
2019	不完善	5	3.40	1	5.00	1	7.69
	完善	141	95.92	19	95.00	12	92.31
	网站无法登录	1	0.68	0	0.00	0	00.00
	合计	147	100.00	20	100.00	13	100.00

资料来源：根据保险机构公开披露信息整理。

第六节　小型保险机构利益相关者状况分析

本节从利益相关者维度，对反映我国小型保险机构利益相关者治理状况的 7 个具体指标进行了年度统计分析，进而全面揭示了我国 2016－2019 年期间小型保险机构利益相关者治理的状况。

一、小型保险机构亿万保费、万张保单投诉情况

表 7-154、表 7-155 和表 7-156 的统计结果显示，2016－2019 年小型保险机构亿元保费投诉的平均值依次为 1.58 件、5.14 件、5.45 件和 6.78 件，数值呈逐年上升趋势，2019 年较 2016 年增加了 329.11%，表明小型保险机构被投诉情况越来越严重，2016－2019 年小型保险机构亿元保费投诉最大值依次为 19.69 件、26.69 件、106.79 件和 119.52 件，而最小值均小于 0.10 件，表明小型保险机构亿万保费投诉情况的差距较大；2016－2019 年中型保险机构亿元保费投诉平均值依次为 0.45 件、2.60 件、3.30 件和 2.62 件，小型保险机构各年数值均大于中型保险机构，2016－2019 年大型保险机构亿元保费投诉平均值依次为 0.79 件、3.43 件、2.64 件和 2.18 件，小型保险机构各年数值均大于中型保险机构和大型保险机构，表明小型保险机构亿元保费投诉问题比中型保险机构和大型保险机构严重。

表 7-154　小型保险机构亿元保费投诉情况描述性统计（单位：件）

统计指标	2016 年	2017 年	2018 年	2019 年
有效样本	88	107	123	127
缺失样本	39	32	24	20
平均值	1.58	5.14	5.45	6.78

统计指标	2016 年	2017 年	2018 年	2019 年
中位数	0.89	3.08	3.06	2.89
标准差	2.64	5.59	10.91	13.40
极差	19.69	26.63	106.79	119.47
最小值	0.00	0.06	0.00	0.05
最大值	19.69	26.69	106.79	119.52

资料来源：根据保险机构公开披露信息整理。

表 7-155　中型保险机构亿元保费投诉情况描述性统计（单位：件）

统计指标	2016 年	2017 年	2018 年	2019 年
有效样本	19	19	19	19
缺失样本	1	1	1	1
平均值	0.45	2.60	3.30	2.62
中位数	0.30	0.95	1.18	1.38
标准差	0.51	3.06	3.85	2.79
极差	2.01	9.66	11.05	9.37
最小值	0.04	0.06	0.09	0.08
最大值	2.05	9.72	11.14	9.44

资料来源：根据保险机构公开披露信息整理。

表 7-156　大型保险机构亿元保费投诉情况描述性统计（单位：件）

统计指标	2016 年	2017 年	2018 年	2019 年
有效样本	13	13	13	13
缺失样本	0	0	0	0
平均值	0.79	3.43	2.64	2.18
中位数	0.78	3.3	2.59	2.26
标准差	0.54	1.98	1.50	0.91
极差	2.17	7.47	5.86	3.19
最小值	0.18	1.23	0.63	0.64
最大值	2.35	8.70	6.49	3.82

资料来源：根据保险机构公开披露信息整理。

　　表 7-157、表 7-158 和表 7-159 的统计结果显示，2016－2019 年小型保险机构万张保单投诉的平均值依次为 0.30 件、0.89 件、1.39 件和 1.11 件，整体呈上升趋势，2019 年较 2016 年增加了 270.00%，表明小型保险机构被投诉情况越来越严重，2016－2019 年小型保险机构万张保单投诉最大

值依次为 2.21 件、3.37 件、64.94 件和 29.12 件，而最小值均为 0.00 件，表明小型保险机构万张保单投诉情况的差距较大；2016－2019 年中型保险机构万张保单投诉平均值依次为 0.17 件、0.75 件、0.71 件和 0.59 件，2016－2019 年大型保险机构万张保单投诉平均值依次为 0.15 件、0.69 件、0.48 件和 0.40 件，大型保险机构各年数值均小于中型保险机构和小型保险机构，中型保险机构各年数值小于小型保险机构，表明小型保险机构万张保单投诉情况最严重，中型保险机构次之，大型保险机构问题较轻。

表 7-157　小型保险机构万张保单投诉情况描述性统计（单位：件）

统计指标	2016 年	2017 年	2018 年	2019 年
有效样本	88	107	123	127
缺失样本	39	32	24	20
平均值	0.30	0.89	1.39	1.11
中位数	0.21	0.63	0.62	0.63
标准差	0.38	0.82	5.93	2.77
极差	2.21	3.37	64.94	29.12
最小值	0.00	0.00	0.00	0.00
最大值	2.21	3.37	64.94	29.12

资料来源：根据保险机构公开披露信息整理。

表 7-158　中型保险机构万张保单投诉情况描述性统计（单位：件）

统计指标	2016 年	2017 年	2018 年	2019 年
有效样本	19	19	19	19
缺失样本	1	1	1	1
平均值	0.17	0.75	0.71	0.59
中位数	0.10	0.65	0.73	0.59
标准差	0.15	0.45	0.44	0.36
极差	0.62	1.82	1.90	1.36
最小值	0.00	0.02	0.01	0.02
最大值	0.62	1.84	1.91	1.38

资料来源：根据保险机构公开披露信息整理。

表 7-159　大型保险机构万张保单投诉情况描述性统计（单位：件）

统计指标	2016 年	2017 年	2018 年	2019 年
有效样本	13	13	13	13
缺失样本	0	0	0	0
平均值	0.15	0.69	0.48	0.40

统计指标	2016 年	2017 年	2018 年	2019 年
中位数	0.11	0.5	0.32	0.28
标准差	0.12	0.53	0.41	0.37
极差	0.39	1.47	1.25	1.19
最小值	0.00	0.01	0.01	0.00
最大值	0.39	1.48	1.26	1.19

资料来源：根据保险机构公开披露信息整理。

二、小型保险机构有无经营异常情况

表 7-160 的统计结果显示，2016—2019 年存在经营异常情况的小型保险机构比例依次为 3.15%、2.16%、2.04% 和 0.68%，呈现逐年下降趋势，且各年数值均小于 5.00%，表明存在经营异常情况的小型保险机构较少，且存在经营异常问题的小型保险机构在逐渐减少；2016 年存在经营异常情况的中型保险机构比例为 5.00%，其余年份均不存在经营异常情况，2018 年存在经营异常情况的大型保险机构比例为 7.69%，其余年份均不存在经营异常情况，表明小型保险机构存在经营异常的问题较大型保险机构和中型保险机构严重。

表 7-160　小型、中型和大型保险机构有无经营异常情况统计

年份	经营异常	小型保险机构		中型保险机构		大型保险机构	
		频数（家）	比例（%）	频数（家）	比例（%）	频数（家）	比例（%）
2016	无	123	96.85	19	95.00	13	100.00
	有	4	3.15	1	5.00	0	0.00
	合计	127	100.00	20	100.00	13	100.00
2017	无	136	97.84	20	100.00	13	100.00
	有	3	2.16	0	0.00	0	0.00
	合计	139	100.00	20	100.00	13	100.00
2018	无	144	97.96	20	100.00	12	92.31
	有	3	2.04	0	0.00	1	7.69
	合计	147	100.00	20	100.00	13	100.00
2019	无	146	99.32	20	100.00	13	100.00
	有	1	0.68	0	0.00	0	0.00
	合计	147	100.00	20	100.00	13	100.00

资料来源：根据保险机构公开披露信息整理。

三、小型保险机构是否收到监管函

表 7-161 的统计结果显示，2016－2019 年收到监管函的小型保险机构比例依次为 4.72%、13.67%、17.69% 和 14.29%，整体呈现上升趋势，表明有越来越多的小型保险机构收到监管函，也说明小型保险机构存在违规情况越来越多；2016－2019 年收到监管函的中型保险机构比例依次为 25.00%、25.00%、15.00% 和 15.00%，2016－2019 年收到监管函的大型保险机构比例依次为 15.38%、46.15%、38.46% 和 15.38%，大型保险机构数值整体大于中型保险机构，中型保险机构数值整体大于小型保险机构，表明保险机构规模越大，收到监管函问题越严重。

表 7-161　小型、中型和大型保险机构是否收到监管函统计

年份	监管函	小型保险机构		中型保险机构		大型保险机构	
		频数（家）	比例（%）	频数（家）	比例（%）	频数（家）	比例（%）
2016	否	121	95.28	15	75.00	11	84.62
	是	6	4.72	5	25.00	2	15.38
	合计	127	100.00	20	100.00	13	100.00
2017	否	120	86.33	15	75.00	7	53.85
	是	19	13.67	5	25.00	6	46.15
	合计	139	100.00	20	100.00	13	100.00
2018	否	121	82.31	17	85.00	8	61.54
	是	26	17.69	3	15.00	5	38.46
	合计	147	100.00	20	100.00	13	100.00
2019	否	126	85.71	17	85.00	11	84.62
	是	21	14.29	3	15.00	2	15.38
	合计	147	100.00	20	100.00	13	100.00

资料来源：根据保险机构公开披露信息整理。

四、小型保险机构是否受到行政处罚

表 7-162 的统计结果显示，2016－2018 年受到行政处罚的小型保险机构比例依次为 2.36%、7.19% 和 6.80%，2019 年小型保险机构没有受到行政处罚，2017 年比例有所上升，2017－2019 年有所下降，2019 年较 2016 年比例下降了 2.36%，表明受到行政处罚的小型保险机构越来越少；2016－2019 年受到行政处罚的中型保险机构比例依次为 10.00%、30.00%、15.00%

和 5.00%，2016－2018 年受到行政处罚的大型保险机构比例依次为 46.15%、38.46%和 38.46%，2019 年大型保险机构没有受到行政处罚，大型保险机构数值整体大于中型保险机构和小型保险机构，中型保险机构数值整体大于小型保险机构，表明小型保险机构受到行政处罚没有大型保险机构和中型保险机构多，相比于中型保险机构，大型保险机构受到行政处罚最多。

表 7-162　小型、中型和大型保险机构是否受到行政处罚统计

年份	行政处罚	小型保险机构		中型保险机构		大型保险机构	
		频数（家）	比例（%）	频数（家）	比例（%）	频数（家）	比例（%）
2016	否	124	97.64	18	90.00	7	53.85
	是	3	2.36	2	10.00	6	46.15
	合计	127	100.00	20	100.00	13	100.00
2017	否	129	92.81	14	70.00	8	61.54
	是	10	7.19	6	30.00	5	38.46
	合计	139	100.00	20	100.00	13	100.00
2018	否	137	93.20	17	85.00	8	61.54
	是	10	6.80	3	15.00	5	38.46
	合计	147	100.00	20	100.00	13	100.00
2019	否	147	100.00	19	95.00	13	100.00
	是	0	0.00	1	5.00	0	0.00
	合计	147	100.00	20	100.00	13	100.00

资料来源：根据保险机构公开披露信息整理。

五、小型保险机构风险综合评级状况

表 7-163 的统计结果显示，小型保险机构风险综合评级主要集中于 A 级和 B 级，2016－2019 年风险综合评级为 A 级和 B 级的小型保险机构累计比例依次为 91.33%、89.21%、89.79%和 90.48%，各年数值变化情况不大，总体均大于 89.00%，表明小型保险机构风险综合评级整体较好；2016－2019 年风险综合评级为 A 级和 B 级的中型保险机构累计比例依次为 90.00%、80.00%、75.00%和 70.00%，2016－2019 年风险综合评级为 A 级和 B 级的大型保险机构累计比例依次为 92.31%、92.30%、84.61%和 92.30%，大型保险机构比例总体高于小型保险机构，小型保险机构总体高于中型保险机构，表明小型保险机构风险综合评级情况优于中型保险机构，大型保险机构风险综合评级状况优于小型保险机构和中型保险机构。

表 7-163　小型、中型和大型保险机构风险综合评级统计

年份	风险综合评级（级）	小型保险机构		中型保险机构		大型保险机构	
		频数（家）	比例（%）	频数（家）	比例（%）	频数（家）	比例（%）
2016	A	60	47.24	8	40.00	7	53.85
	B	56	44.09	10	50.00	5	38.46
	C	0	0.00	1	5.00	0	0.00
	D	2	1.57	0	0.00	0	0.00
	未披露	9	7.08	1	5.00	1	7.69
	合计	127	100.00	20	100.00	13	100.00
2017	A	91	65.47	6	30.00	10	76.92
	B	33	23.74	10	50.00	2	15.38
	C	1	0.72	0	0.00	0	0.00
	D	2	1.44	0	0.00	0	0.00
	未披露	12	8.63	4	20.00	1	7.69
	合计	139	100.00	20	100.00	13	100.00
2018	A	88	59.86	6	30.00	6	46.15
	B	44	29.93	9	45.00	5	38.46
	C	1	0.68	1	5.00	0	0.00
	D	3	2.04	0	0.00	0	0.00
	未披露	11	7.48	4	20.00	2	15.38
	合计	147	100.00	20	100.00	13	100.00
2019	A	82	55.78	4	20.00	8	61.54
	B	51	34.70	10	50.00	4	30.76
	C	2	1.36	2	10.00	0	0.00
	D	1	0.68	0	0.00	0	0.00
	未披露	11	7.48	4	20.00	1	7.69
	合计	147	100.00	20	100.00	13	100.00

资料来源：根据保险机构公开披露信息整理。

六、小型保险机构纳税信用评级状况

表 7-164 的统计结果显示，2016－2019 年纳税信用评级为 A 级的小型保险机构比例依次为 29.92%、49.64%、44.22%和76.19%，数值在 2019 年达到最大；2016－2019 年纳税信用评级为 A 级的中型保险机构比例依次为 60.00%、80.00%、70.00%和100.00%，2016－2019 年纳税信用评级为 A 级的大型保险机构比例依次为 53.85%、76.92%、76.92%和100.00%，中

型保险机构数值整体大于大型保险机构，小型保险机构数值均小于相应年份大型保险机构，表明中型保险机构纳税信用评级状况最好，大型保险机构次之，小型保险机构最差。

表 7-164　小型、中型和大型保险机构纳税信用评级统计

年份	纳税信用评级	小型保险机构		中型保险机构		大型保险机构	
		频数（家）	比例（%）	频数（家）	比例（%）	频数（家）	比例（%）
2016	A	38	29.92	12	60.00	7	53.85
	非A	89	70.08	8	40.00	6	46.15
	合计	127	100.00	20	100.00	13	100.00
2017	A	69	49.64	16	80.00	10	76.92
	非A	70	50.36	4	20.00	3	23.08
	合计	139	100.00	20	100.00	13	100.00
2018	A	65	44.22	14	70.00	10	76.92
	非A	82	55.78	6	30.00	3	23.08
	合计	147	100.00	20	100.00	13	100.00
2019	A	112	76.19	20	100.00	13	100.00
	非A	35	23.81	0	0.00	0	0.00
	合计	147	100.00	20	100.00	13	100.00

资料来源：根据保险机构公开披露信息整理。

七、小型保险机构有无历史失信信息

表 7-165 的统计结果显示，2016－2019 年存在历史失信信息的小型保险机构比例依次为 3.15%、2.16%、1.36%和 0.68%，呈逐年下降的趋势，表明越来越少的小型保险机构存在历史失信信息；2016 年和 2017 年存在历史失信信息的中型保险机构比例分别为 10.00%和 5.00%，2018 年和 2019 年中型保险机构不存在历史失信信息，2016－2018 年存在历史失信信息的大型保险机构比例依次为 30.77%、7.69%和 15.38%，2019 年大型保险机构不存在历史失信信息，小型保险机构和中型保险机构数值整体小于大型保险机构，表明小型保险机构和中型保险机构历史失信信息问题没有大型保险机构严重，但在 2019 年，大型保险机构和中型保险机构均不存在历史失信信息状况。

表 7-165　小型、中型和大型保险机构有无历史失信信息统计

年份	历史失信信息	小型保险机构		中型保险机构		大型保险机构	
		频数（家）	比例（%）	频数（家）	比例（%）	频数（家）	比例（%）
2016	无	123	96.85	18	90.00	9	69.23
	有	4	3.15	2	10.00	4	30.77
	合计	127	100.00	20	100.00	13	100.00
2017	无	136	97.84	19	95.00	12	92.31
	有	3	2.16	1	5.00	1	7.69
	合计	139	100.00	20	100.00	13	100.00
2018	无	145	98.64	20	100.00	11	84.62
	有	2	1.36	0	0.00	2	15.38
	合计	147	100.00	20	100.00	13	100.00
2019	无	146	99.32	20	100.00	13	100.00
	有	1	0.68	0	0.00	0	0.00
	合计	147	100.00	20	100.00	13	100.00

资料来源：根据保险机构公开披露信息整理。

第三篇 评价篇：反映治理质量

公司治理评价就是对公司治理结构与治理机制的状况进行的评价。具体地说，就是根据公司治理的环境，设置公司治理评价指标体系与评价标准，并采用科学的方法，对公司治理状况做出的客观、准确的评价。

——李维安. 公司治理评价与指数研究[M]. 北京：高等教育出版社，2005.

第八章 保险机构治理评价指标体系设计

保险机构治理评价系统是由评价主体、评价客体、评价指标体系、评价方法、评价模型和评价报告等元素组成的有机整体。本章是本研究第十章、十一章和第十二章的基础，包括保险机构治理评价指标体系设计原则、治理评价指标具体说明与量化方法和治理评价模型与治理评价指数生成等内容。

第一节　保险机构治理评价系统设计原则

评价系统的设计是一个复杂的系统工程，为保证其可以真实有效地反映我国保险机构治理水平，本研究评价系统的建立应遵循科学性、客观性、系统性、可行性和动态性五个基本原则。

一、科学性原则

科学性原则（Scientificity）是指保险机构治理评价系统的设计以及评价方法的选择应符合公司治理评价的基本理论和原则。评价过程必须在科学理论的指导下进行，遵循科学评价的程序，使得整个评价工作做到科学和合理，并运用科学的思维方法和语言撰写评价报告。

二、客观性原则

客观性原则（Objectivity）是指保险机构治理评价系统必须能真实反映评价对象的治理水平以及存在的问题。保险机构治理评价主体应以评价客体真实可得的数据为计算依据，在计算评分和撰写报告的过程中客观、公正，不受主观情绪影响，避免评价结果出现偏离和误差。

三、系统性原则

系统性原则（Systematicness）是指保险机构治理系统的设计应综合考虑公司治理各方面的状况，并依据重要性赋予一定的权重。保险机构治理评价系统设计要遵循系统论的思维，考虑各子系统和要素之间的关联性，避免采用单一因素导致的片面性，使评价结果能够全面系统地反映保险机构治理的水平。

四、可行性原则

可行性原则（Feasibility）是指保险机构治理评价系统的目标要合理、评价系统的具体内容要切合我国保险机构治理实际、评价系统中的具体评价指标要有相应的信息来源等。评价工作正式实施前，需要分别从评价主体和评价客体角度对上述问题逐一进行思考和分析。

五、动态性原则

动态性原则（Dynamicity）是指保险机构治理评价系统要随着治理环境、治理规则的变化而做出优化调整。评价系统一旦设立，则具有一定的稳定性；但是当评价的外部环境发生了变化，例如监管部门出台了新的治理方面的法律法规，这种情况下，评价的指标及评价的标准均可能需要做出适当的调整和优化。

第二节 治理评价指标设计思路与框架

本节在阐述我国监管部门保险机构治理评价实践的基础上，提出了本研究的保险机构治理评价指标体系设计思路，并具体介绍了包括六大治理维度、60 个具体治理指标在内的保险机构治理评价指标体系。

一、我国监管部门保险机构治理评价实践

我国保险监管部门非常重视保险机构治理评价工作，这方面工作先后经历了摸底检查和专项自查的早期探索阶段、导入治理评价系统的正式开展阶段以及出台办法和发布结果的全面深入阶段。

（一）早期探索阶段：摸底检查和专项自查

我国保险法人机构治理评价工作的探索始于监管部门进行的治理摸

底检查和专项自查工作。2006 年 9 月至 10 月原中国保监会对 44 家保险法人机构治理状况进行了首次全面摸底检查。通过这次摸底检查监管部门基本摸清了保险法人机构治理方面存在的问题和风险，也为制定后续的监管制度和治理评价方法打下了坚实基础。

2007 年初，原中国保监会发布了《关于落实〈关于规范保险公司治理结构的指导意见〉的通知》及一系列完善保险法人机构治理的制度措施。为推动保险法人机构切实落实相关制度，原中国保监会在 2007 年底开展了公司治理专项自查活动。法人机构治理的摸底检查和专项自查为正式进行保险法人机构治理评价奠定了基础。

（二）正式开展阶段：导入治理评价系统

《关于规范报送〈保险公司治理报告〉的通知》，要求各保险集团（控股）公司、保险公司、保险资产管理公司按照规定的内容和格式要求，于每年 4 月 30 日前向原中国保监会报送经董事会审议通过的上一年度公司治理报告。报告中关于公司治理状况的自我和监管评分工作是原中国保监会全面开展保险法人机构治理评价的标志，而且是常态化进行，不同于临时性的摸底或自查。该评价系统中的评价指标体系由遵守性、有效性和调节性三类共计 100 个指标组成。

自 2010 年之后，原中国保监会又先后多次出台文件规范我国保险法人机构治理评价有关问题，如原中国保监会 2012 年 2 月 10 日发布的《关于进一步做好〈保险公司治理报告〉报送工作的通知》及 2015 年 6 月 1 日发布的《中国保监会关于进一步规范报送〈保险公司治理报告〉的通知》。

（三）全面深入阶段：出台办法和发布结果

为综合评价保险法人机构治理状况，进一步完善保险法人机构治理结构，提升行业治理水平，2015 年 12 月 7 日原中国保监会出台《保险法人机构公司治理评价办法（试行）》。该办法对保险法人机构公司治理评价机制、内容和方法、结果运用等方面做了全面系统规定。

为全面摸清保险行业治理现状，强化治理监管力度，按照该办法规定，原中国保监会于 2017 年上半年开展了首次覆盖全行业的保险法人机构治理现场评估工作，并于 2017 年 9 月 27 日正式发布通报。130 家中资法人机构治理评价结果显示，中资保险法人机构治理指数平均分为 83.74 分；大于等于 60 分小于 70 分的重点关注类公司 4 家，包括君康人寿、华夏人寿、华汇人寿和长安责任；没有小于 60 分的不合格类公司。49 家外资保险法人机构治理综合评价平均得分为 86.21 分。评价结果表明，我国保险机构治理合规水平较高，但有效性总体偏低，主要反映在董事会专业委员会、风险管理与内部控制等治理机制还存在虚化现象，没有充分发挥应有的治理效应。

二、本研究的保险机构治理评价指标体系设计思路

从评价指标体系构成上来看，监管部门保险机构治理评价指标体系由合理性、有效性和调节性指标构成，这样设计的思路充分体现出作为一套监管部门所用评价指标体系的特点，但这样的体系设计没有充分反映各维度的治理状况。

我国监管部门这套保险机构治理评价指标体系从评价信息来源上看，主要是基于保险机构上报的信息即非公开信息进行的评价，这决定了其他评价主体难以直接应用该评价指标体系，因为其他主体不能获得这些相应的非公开信息。

从监管部门治理评价指标量化上来看，很多评价指标是主观判断指标，客观指标偏少，所以导致存在自评分和监管评分两个评价结果，且两个评分的平均值和中位数差距较大。

本研究在梳理国内外已有公司治理评价研究和主要公司治理评价系统的基础上，借鉴已有公司治理评价系统的框架设计思路，重点参考南开大学中国公司治理研究院发布的中国上市公司治理指数（CCGI[NK]）的指标体系框架，立足我国保险机构治理实际，从六个具体治理内容维度和两个治理层次维度来全面反映其治理质量。本研究设计的保险机构治理评价系统恰好弥补了监管部门评价系统的上述三个方面的不足之处。

三、本研究的保险机构治理评价指标体系框架

在保险机构内部治理方面，评价指标涉及股东与股权结构、董事与董事会、监事与监事会和高级管理人员四个方面，即保险机构的"三会一层"，这也是国内已有公司治理评价系统关注的重点和核心。

在保险机构外部治理层面，评价指标涉及信息披露和利益相关者两个维度。保险机构虽然多数为未上市的公司，但保险机构经营的特殊性要求其做好信息披露工作，我国监管部门也出台了多部关于保险机构信息披露的相关政策法规，因此本研究将信息披露作为保险机构外部评价指标的一个重要维度。公司治理的目标是实现利益相关者利益最大化，而投保人、监管机构等在内的主体构成了保险机构的利益相关者，为此本研究同时将利益相关者也作为保险机构外部治理的重要考察维度。

尽管本研究构建的中国保险机构治理评价指标体系框架与现有主要

公司治理评价系统总体上是一致的，但每个治理维度内的具体评价指标存在明显的差异，这种差异性主要体现在一些治理评价指标为保险业所特有。这些具体评价指标设计主要依托已有评价系统、公司治理理论研究文献和保险机构治理政策法规；设计过程中还考虑到了评价指标数据的可获取性，所有治理评价指标原始数据均来自公开披露信息；此外，为保障评价结果的客观性，本研究所有评价指标均为客观指标。中国保险机构治理评价指标体系框架构成如表 8-1 所示，六大治理内容维度股东与股权结构、董事与董事会、监事与监事会、高级管理人员、信息披露和利益相关者包括的指标数量分别为 5 个、15 个、7 个、7 个、19 和 7 个，总计 60 个评价指标。围绕内容维度的各分指数的权重，本研究先后发放 118 份调查问卷，其中 68 份通过了数据一致性检验（Consistency Test），即 CR 值（Consistency Ratio）小于 0.1。各分指数权重使用软件 yaahp12.4 中的群决策层次分析法（AHP）计算后确定为 0.1833、0.2069、0.0998、0.1507、0.1925 和 0.1668。

表 8-1　中国保险机构治理评价指标体系

总指数	基于治理内容维度分指数	分指数权重	指标数量
保险机构治理指数（IIGI）	股东与股权结构分指数（IIGI$_{SHARE}$）	0.1833	5
	董事与董事会分指数（IIGI$_{BOD}$）	0.2069	15
	监事与监事会分指数（IIGI$_{SUPER}$）	0.0998	7
	高级管理人员分指数（IIGI$_{TOP}$）	0.1507	7
	信息披露分指数（IIGI$_{DISCL}$）	0.1925	19
	利益相关者分指数（IIGI$_{STAKE}$）	0.1668	7

所有评价指标按照治理内容不同，划分为上述六个维度；而上述所有治理维度的评价指标按照治理层次、治理特质和治理方向又可以进一步细分，具体如图 8-1 所示。

在治理层次方面，本研究将保险机构治理评价指标分为初级合规治理评价指标和高级合规治理评价指标两个层次，其中初级合规治理评价指标是评价标准上有明确法律法规要求的评价指标，也被称为强制治理评价指标；而高级合规治理评价指标则是评价标准上没有明确的法律法规要求，但是目前理论研究或者实务界所倡导的，这类指标也被称为自主治理评价指标。在 60 个治理评价指标体系中，强制治理评价指标 28 个，自主治理评价指标 32 个，具体详见附表 2 中国保险机构治理评价指标体系。在治理层次维度，本研究基于这 28 个强制治理指标和 32 个自主治理指标分别生成了保险机构强制性治理分指数（IIGI$_{MANDA}$）和保险机构自主性治理分指数（IIGI$_{VOLUN}$），以从更多的视角来分析我国中小型保险机构治理状况。

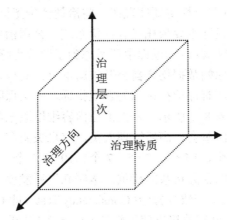

图 8-1　中国保险机构治理评价指标分类

资料来源：作者整理。

除了考虑治理的层次性，还要考虑评价对象的特殊性。保险机构经营特殊性决定了保险机构治理的特殊性，进而决定治理评价指标也具有一定的特殊性。从治理特质维度来看，所有的保险机构治理评价指标可以分为保险机构评价所特有的治理评价指标和一般公司治理评价指标即通用治理评价指标两大类。在 60 个治理评价指标体系中，特有治理评价指标 20 个，通用治理评价指标 40 个，具体详见附表 2 中国保险机构治理评价指标体系。

在治理方向上，所有保险机构治理评价指标可以分为正向和负向指标两大类，其中正向指标是指这些值越大越好或者说鼓励机构在治理实践上做到的指标，负向指标是指这些值越小越好或者说不鼓励机构在治理实践上出现的指标。在 60 个治理评价指标体系中，正向治理评价指标 49 个，负向治理评价指标 11 个，具体详见附表 2 中国保险机构治理评价指标体系。

第三节　治理评价指标具体说明与量化方法

本节对上述 60 个中国保险机构治理评价指标进行了具体说明，并阐述了相关指标的量化方法。具体来说，中国保险机构治理评价指标的量化主要是依据各评价指标的评价标准来完成的。

一、保险机构治理评价指标具体说明

股东与股权结构是公司治理的基础或者基石。本研究既关注了股东（大）会的运作情况，又关注了股权结构问题。股东与股权结构维度指标包括：指标1-1：股东（大）会召开情况；指标1-2：股权结构状况；指标1-3：是否存在机构投资者；指标1-4：股权层级；指标1-5：股权出质情况。

董事会身为股东的代理人和管理层的委托人，紧密联系着股东和管理层，是对内掌管公司事务、对外代表公司的经营决策和业务执行机构，是完善治理结构、优化治理机制的关键环节。国内外学者通过大量实证研究发现，董事会治理水平对公司绩效（Brown & Caylor，2006）、风险识别和评估情况（周婷婷和李维安，2016）、战略决策稳定性（李维安和徐建，2014）和成长性（高明华和谭玥宁，2014）均产生重大影响。董事与董事会维度指标包括：指标2-1：董事会规模；指标2-2：董事学历状况；指标2-3：有无财务会计背景董事；指标2-4：有无金融背景董事；指标2-5：有无保险和精算背景董事；指标2-6：董事职业背景结构；指标2-7：董事长是否非正常变更；指标2-8：独立董事人数；指标2-9：独立董事学历情况；指标2-10：有无财务会计背景独立董事；指标2-11：有无金融背景独立董事；指标2-12：有无保险和精算背景的独立董事；指标2-13：有无法律背景独立董事；指标2-14：独立董事职业背景结构；指标2-15：独立董事任职结构是否多元化。

我国公司治理体系引入了英美治理模式中的独立董事制度，同时还效仿德国治理模式的双层委员会制度引入了监事会制度。但监事会制度在中国公司中的作用与德国不同（李维安和王世权，2005），其没有任命或评估管理层绩效的权力，它仅仅是公司治理中的内部监督机构之一。监事与监事会维度指标包括：指标3-1：监事会规模；指标3-2：职工监事设立情况；指标3-3：监事学历情况；指标3-4：有无财务会计背景监事；指标3-5：有无金融背景监事；指标3-6：有无保险和精算背景监事；指标3-7：监事职业背景结构。

董事会的战略决策最终由高级管理人员来执行，因此高级管理人员的激励约束机制、胜任能力等是公司治理评价的重点。鉴于保险机构激励约束信息的不公开，本研究重点关注了保险机构高级管理人员的胜任能力和一些重要岗位设置的健全性。两职状况是影响高级管理人员履职成效的重要因素，吴淑琨和席酉民（1998）认为总经理与董事长两职合一，将削弱董事会监督的独立性和有效性，不利于公司建立高水平的治理结构。高级管理人员维度指标包括：指标 4-1：高管规模；指标 4-2：两职设置；指标 4-3：是否设立总精算师；指标 4-4：是否设立合规负责人；指标 4-5：是否设立首席风险官；指标 4-6：是否设立审计责任人；指标 4-7：总经理是否非正常变更。

完善的信息披露有利于缓解各主体之间的信息不对称，进而降低代理成本。信息披露维度指标包括：指标 5-1：有无官网；指标 5-2：有无公开信息披露栏目；指标 5-3：公开信息披露栏目是否显著；指标 5-4：披露框架是否符合规定；指标 5-5：网站建设水平；指标 5-6：客服热线披露情况；指标 5-7：是否披露官微或公众号；指标 5-8：年度信息披露报告披露是否及时；指标 5-9：年度信息披露报告披露是否完善；指标 5-10：基本信息披露是否完善；指标 5-11：专项信息披露是否完善；指标 5-12：重大事项披露是否完善；指标 5-13：偿付能力报告披露是否及时；指标 5-14：偿付能力报告披露后是否有更正；指标 5-15：年度信息披露报告披露后是否有更正；指标 5-16：审计意见类型；指标 5-17：负面新闻报道情况；指标 5-18：是否披露社会责任报告或社会责任状况；指标 5-19：公司治理架构是否披露完善。

利益相关者理论认为企业经营活动不应只围绕股东利益最大化这一目标，应该与顾客、员工、上下游企业、社会公众等利益团体紧密相连，这样才有助于企业更长远的发展。弗里曼（Freeman，1984）认为利益相关者不仅可以和企业共担风险，还可以起到外部监督作用，企业的生存和发展依赖于企业对各利益相关者利益要求的回应的质量。对于保险机构来说，投保人和监管机构是其重要的利益相关者。利益相关者维度指标包括：指标 6-1：亿元保费、万张保单投诉情况；指标 6-2：有无经营异常情况；指标 6-3：是否收到监管函；指标 6-4：是否受到行政处罚；指标 6-5：风险综合评级状况；指标 6-6：纳税信用评级状况；指标 6-7：有无历史失信信息。

二、保险机构治理评价指标量化方法

中国保险机构治理评价指标的量化主要是依据各评价指标的评价标准来完成的，评价标准主要是由保险机构治理领域的政策文件、法律法规文件和行业标准文件，一般公司治理领域的国际和国内各类文件，以及治理领域的相关学术研究文献构成。各指标的具体评价标准详见附表 3 中国保险机构治理评价标准体系。

股东与股权结构维度总计 5 个指标，指标采用哑变量量化处理的方法。

指标原始评分最大值为 5，最小值为 0；百分化处理后，最大值为 100，最小值为 0。指标 1-1 的量化方法：股东（大）会召开情况未披露、未设立、未召开（独资机构除外）-0；股东（大）会召开次数 1 及以上-1。指标 1-2 的量化方法：前十大股东持股比例平方之和小于 0.25-0；前十大股东持股比例平方之和大于等于 0.25-1。指标 1-3 的量化方法：不存在机构投资者、未披露-0；存在机构投资者-1。指标 1-4 的量化方法：股权层级为 3、4、5 层-0；股权层级为 1、2 层-1。指标 1-5 的量化方法：有股权出质-0；无股权出质-1。

董事与董事会维度总计 15 个指标，指标采用哑变量量化处理的方法。指标原始评分最大值为 15，最小值为 0；百分化处理后，最大值为 100，最小值为 0。指标 2-1 的量化方法：董事会规模小于 3 人、未披露-0；董事会规模大于等于 3 人-1。指标 2-2 的量化方法：学历综合评分低于行业中位数[1]-0；学历综合评分大于等于行业中位数-1。指标 2-3 的量化方法：董事无财务会计背景、未披露-0；董事有财务会计背景-1。指标 2-4 的量化方法：董事无金融背景、未披露-0；董事有金融背景-1。指标 2-5 的量化方法：董事无保险和精算背景、未披露-0；董事有保险和精算背景-1。指标 2-6 的量化方法：董事四类背景[2]（即财务会计背景、金融背景、保险和精算背景以及其他背景）有三个及以上-1；否则-0。指标 2-7 的量化方法：存在非正常变更-0；不存在非正常变更-1[3]。指标 2-8 的量化方法：无独立董事、未披露-0；独立董事人数 1 及以上-1。指标 2-9 的量化方法：学历综合评分低于行业中位数-0；学历综合评分大于等于行业中位数-1。指标 2-10 的量化方法：独立董事无财务会计背景、未披露-0；独立董事有财务会计背景-1。指标 2-11 的量化方法：独立董事无金融背景、未披露-0；独立董事有金融背景-1。指标 2-12 的量化方法：独立董事无保险和精算背景、未披露-0；独立董事有保险和精算背景-1。指标 2-13 的量化方

---

① 评价指标量化过程使用行业中位数而不是平均值主要是为了剔除个别极值的影响，使得评价结果更能反映行业真实水平；同时，为了保证评价对象各年评价结果的可比性，行业中位数采用的是 2016—2019 年四年期间的中位数，而不是每年计算一次行业中位数。

② 指标 2-6 为保险机构董事职业背景结构，用来衡量董事职业背景的多元化程度，本研究认为董事具有财务会计背景、金融背景、保险和精算背景以及其他背景中三个及三个以上则为多元化程度高。其他背景包括经济管理、法律和技术等背景。

③ 根据前人研究（Pourciau，1993；Defond & Hung，2004；赵震宇、杨之曙和白重恩，2007；李增福和曾晓清，2014），本研究将董事长和总经理变更划分为正常变更和非正常变更两大类。其中正常变更主要是指由与董事长和总经理自身行为无关的因素导致职位发生的变化，例如"换届""退休"和"控制权变动"；而非正常变更主要是指由董事长和总经理的自身行为直接或间接导致职位发生的变化，例如"辞职"和"免职"。

法：独立董事无法律背景、未披露-0；独立董事有法律背景-1。指标 2-14 的量化方法：独立董事五类背景（即财务会计背景、金融背景、保险和精算背景、法律背景以及其他背景）中有三类及以上背景-1；否则-0。指标 2-15 的量化方法：独立董事既有高校背景也有实务背景-1；其他情况-0。

监事与监事会维度总计 7 个指标，指标采用哑变量量化处理的方法。指标原始评分最大值为 7，最小值为 0；百分化处理后，最大值为 100，最小值为 0。指标 3-1 的量化方法：股份有限公司监事人数小于 3 人、有限责任公司监事人数为 0、未披露、未设立-0；股份有限公司监事人数大于等于 3、有限责任公司监事人数大于等于 1-1。指标 3-2 的量化方法：无职工监事、未披露-0；职工监事人数为 1 及以上-1。指标 3-3 的量化方法：学历综合评分低于行业中位数-0；学历综合评分大于等于行业中位数-1。指标 3-4 的量化方法：监事无财务会计背景、未披露-0；监事有财务会计背景-1。指标 3-5 的量化方法：监事无金融背景、未披露-0；监事有金融背景-1。指标 3-6 的量化方法：监事无保险和精算背景、未披露-0；监事有保险和精算背景-1。指标 3-7 的量化方法：监事五类背景（即财务会计背景、金融背景、保险和精算背景、法律背景以及其他背景）中有三类及以上背景-1；否则-0。

高级管理人员维度总计 7 个指标，指标采用哑变量量化处理的方法指标原始评分最大值为 17，最小值为 0；百分化处理后，最大值为 100，最小值为 0。指标 4-1 的量化方法：无高管、未披露-0；高管人数 1 及以上-1。指标 4-2 的量化方法：存在两职合一现象、未披露-0；不存在两职合一现象-1。指标 4-3 的量化方法：高管未设立总精算师、未披露-0；高管设立总精算师-1。指标 4-4 的量化方法：高管未设立合规负责人、未披露-0；高管设立合规负责人-1。指标 4-5 的量化方法：高管未设立首席风险官、未披露-0；高管设立首席风险官-1。指标 4-6 的量化方法：高管未设立审计责任人、未披露-0；高管设立审计责任人-1。指标 4-7 的量化方法：高级管理人员存在非正常变更-0；不存在非正常变更-1。

信息披露维度总计 19 个指标，指标采用哑变量量化处理的方法。指标原始评分最大值为 19，最小值为 0；百分化处理后，最大值为 100，最小值为 0。指标 5-1 的量化方法：无官网、网站无法登录-0；有官网-1。指标 5-2 的量化方法：无信息披露栏目、网站无法登录-0；有信息披露栏目-1。指标 5-3 的量化方法：公开信息披露栏目不显著、网站无法登录-0；公开信息披露栏目显著-1。指标 5-4 的量化方法：披露框架不符合规定、网站无法登录-0；披露框架符合规定-1。指标 5-5 的量化方法：网站披露水平较差-0；网站披露水平专业或一般-1。指标 5-6 的量化方法：无客服热线披露-0；客服热线披露水平显著或一般-1。指标 5-7 的量化方法：未披露官微或公众号-0；披露官微或公众号-1。指标 5-8 的量化方法：年度信息披露报告披露不及时、未披露、未显示披露时间-0；年度信息披露报告披露及时-1。指标 5-9 的量化方法：年度信息披露报告披露不完善、网站无法登录-0；年度信息披露报告披露完善-1。指标 5-10 的量化方法：基本信息披露不完善、网站无法登录-0；基本信息披露完善-1。指标 5-11 的量化方法：专项信息披露不完善、网站无法登录-0；专项信息披露完善-1。指标 5-12 的量化方法：重大事项披露不完善、网站无法登录-0；重大事项披露完善-1。指标 5-13 的量化方法：偿付能力报告披露不及时、未披露、未显示披露时间-0；偿付能力报告披露及时-1。指标 5-14 的量化方法：偿付能力报告有更正-0；偿付能力报告无更正-1。指标 5-15 的量化方法：年度信息披露报告有更正-0；年度信息披露报告无更正-1。指标 5-16 的量化方法：无法表示意见和其他非标准无保留意见-0；年度信息披露报告中审计意见为标准无保留和研究年度中实际经营期未超过 3 个月的保险机构未披露审计意见的[①]-1。指标 5-17 的量化方法：负面新闻报道数 1 及以上-0；负面新闻报道数为 0-1。指标 5-18 的量化方法：未披露社会责任报告-0；披露社会责任报告-1。指标 5-19 的量化方法：公司治理架构披露不完善-0；公司治理架构披露完善-1。

利益相关者维度总计 8 个指标，指标采用哑变量量化处理的方法。指标原始评分最大值为 8，最小值为 0；百分化处理后，最大值为 100，最小值为 0。指标 6-1 的量化方法：保费投诉量以及保单投诉量均大于等于行业第二分位数-0；其余各情况-1。指标 6-2 的量化方法：有经营异常情况-0；无经营异常情况-1。指标 6-3 的量化方法：有监管函-0；无监管函-1。指标 6-4 的量化方法：有行政处罚-0；无行政处罚-1。指标 6-5 的量化方法：风险综合评级为 C、D、未披露-0；风险综合评级 A、B-1。指标 6-6 的量化方法：纳税信用评级为非 A-0；纳税信用评级为 A-1。指标 6-7 的量化方法：有历史失信信息-0；无历史失信信息-1。

---

① 原中国保监会《关于年度报告编报工作有关问题的通知》中规定，各公司的年度财务报告均应经注册会计师审计，报告年度内实际经营期不超过 3 个月的新公司的财务报告可以不经过注册会计师审计。

第四节 保险机构治理评价指数生成

本节分别从治理内容维度和治理层次维度阐述了中国保险机构治理分指数的生成方法，并在生成6个基于治理内容维度的保险机构治理分指数的基础上，用层次分析法（AHP）为各治理分指数赋予一定的权重，进而得出中国保险机构治理评价总指数。

一、保险机构治理分指数

（一）基于治理内容维度的保险机构治理分指数

本研究在对六大保险机构治理维度具体 60 个评价指标均采用哑变量方法进行量化后，对每一个维度的量化结果进行等权重求和，进而得到每个维度的保险机构治理原始评分；为了保证各维度之间评价结果的可比性，每个维度分别进行了标准化处理，即每个维度均采用百分化的结果显示，具体计算过程如式 8-1 至式 8-6 所示。

$$IIGI_{SHARE} = 100 \times \frac{\sum_{i=1}^{n} SHARE_i}{5} \qquad （式 8-1）$$

其中，$SHARE_i$ 为股东与股权结构维度公司治理评价指标，$n=1, \cdots, 5$。

$$IIGI_{BOD} = 100 \times \frac{\sum_{i=1}^{n} BOD_i}{15} \qquad （式 8-2）$$

其中，BOD_i 为董事与董事会维度公司治理评价指标，$n=1, \cdots, 15$。

$$IIGI_{SUPER} = 100 \times \frac{\sum_{i=1}^{n} SUPER_i}{7} \qquad （式 8-3）$$

其中，$SUPER_i$ 为监事与监事会维度公司治理评价指标，$n=1, \cdots, 7$。

$$IIGI_{TOP} = 100 \times \frac{\sum_{i=1}^{n} TOP_i}{7} \qquad （式 8-4）$$

其中，TOP_i 为高级管理人员维度公司治理评价指标，$n=1$，$\cdots$，7。

$$IIGI_{DISCL} = 100 \times \frac{\sum_{i=1}^{n} DISCL_i}{19} \qquad （式 8-5）$$

其中，$DISCL_i$ 为信息披露维度公司治理评价指标，$n=1$，$\cdots$，19。

$$IIGI_{STAKE} = 100 \times \frac{\sum_{i=1}^{n} SRAKE_i}{7} \qquad （式 8-6）$$

其中，$STAKE_i$ 为利益相关者维度公司治理评价指标，$n=1$，$\cdots$，7。

（二）基于治理层次维度的保险机构治理分指数

除了按照治理内容维度生成保险机构治理分指数，本研究还按照治理层次生成保险机构强制性治理分指数和保险机构自主性治理分指数。强制性治理分指数（$IIGI_{MANDA}$）是将 60 个治理评价指标中 28 个强制治理评价指标求和并百分化处理而得；自主性治理分指数（$IIGI_{VOLUN}$）是将 60 个治理评价指标中 32 个自主治理评价指标求和并百分化处理而得。具体计算过程如式 8-7 和式 8-8 所示。

$$IIGI_{MANDA} = 100 \times \frac{\sum_{i=1}^{n} MANDA_i}{28} \qquad （式 8-7）$$

$$IIGI_{VOLUN} = 100 \times \frac{\sum_{i=1}^{n} VOLUN_i}{32} \qquad （式 8-8）$$

其中，$MANDA_i$ 为保险机构强制治理评价指标，$VOLUN_i$ 为保险机构自主治理评价指标。$IIGI_{MANDA}$ 为保险机构强制性治理分指数，最小值为 0，最大值为 100；$IIGI_{MANDA}$ 数值越大，代表保险机构强制治理水平越高。$IIGI_{VOLUN}$ 为保险机构自主性治理分指数，最小值为 0，最大值为 100；$IIGI_{VOLUN}$ 数值越大，代表保险机构自主治理水平越高。

二、保险机构治理指数模型

标准化处理后，通过层次分析法（AHP）为各治理维度赋予一定的权重，最后利用保险机构治理指数模型生成保险机构治理指数（Insurance

Institution Governance Index，缩写为 IIGI），具体计算过程如式 8-9 所示。需要说明的是，中国保险机构治理指数是由基于治理内容维度的六个分指数加权计算所得，而不是基于治理层次维度的两个分指数加权计算所得；这主要是考虑治理内容维度的全部评价指标与基于治理层次的完全一样，因此即使基于治理层次维度的两个分指数加权计算保险机构治理指数，所得结果与目前结果也是完全正相关的。

$$IIGI = 0.1833 \times IIGI_{SHARE} + 0.2069 \times IIGI_{BOD} + 0.0998 \times IIGI_{SUPER} + 0.1507 \times IIGI_{TOP} + 0.1925 \times IIGI_{DISCL} + 0.1668 \times IIGI_{STAKE} \quad \text{（式 8-9）}$$

IIGI 为保险机构治理指数，最小值 0，最大值 100。保险机构治理指数数值越大，代表保险机构治理水平越高。

第九章 保险机构治理评价样本与数据来源

在第八章保险机构治理评价指标体系设计的基础上，本章明确了本研究的评价样本和数据来源。本研究的评价样本为 2016—2019 年我国所有的财产险和人身险保险机构，这些样本按照本研究设计的分类标准进一步分为大型保险机构和中小型保险机构，中小型保险机构又细分为中型保险机构和小型保险机构。

第一节 保险机构治理评价样本

本节说明了本研究采用的研究样本为 2016—2019 年独立法人机构中的人身险保险机构和财产险保险机构，并对研究样本进行了地区比较分析和分类比较分析，例如按组织形式分类、按资本性质分类和按险种类型分类。最后，本节还确定了保险机构规模类型划分的依据，并对研究样本进行了规模类型划分。

一、治理评价样本选择

中国保险业自 1980 年恢复以来，保险机构规模从 1980 年的 1 家发展为 2019 年的 237 家，具体发展过程中各年的机构数量如表 9-1 所示。考虑相关数据的可获取性和样本的代表性，本研究选取的研究样本为 2016—2019 年独立法人机构中的人身险保险机构和财产险保险机构。

本研究数据区间为 2016—2019 年，主要原因为本研究构建的中国保险机构治理评价指标体系中有很多指标的原始数据来源于保险机构披露的偿付能力报告，而保险机构偿付能力报告公开披露开始于 2016 年，2016 年以前的数据不可获取，这就决定了本研究的研究数据区间开始于 2016 年。

本研究的研究样本选取了我国保险法人机构中的财产险保险机构和人身险保险机构，2016—2019 年财产险保险机构和人身险保险机构数量在法人保险机构中占比依次为 80.00%、80.75%、81.45% 和 80.36%，两类保险机构在数量上占保险法人机构的绝大多数，而且是这两类机构的全样本，因此具有一定代表性；本研究没有将再保险机构、资产管理机构以及保险集团公司三类保险法人机构纳入研究范围，主要是考虑这三类保险机构在业务范围、利益相关者、政策法规以及经营方式等方面具有一定的特殊性。随着研究的深入，会考虑导入这三类机构样本。

2016 年有 160 家研究样本，其中人身险保险机构 78 家（包括保险公司 76 家，相互制保险机构[①]2 家），财产险保险机构 82 家（包括保险公司 81 家，相互制保险机构 1 家）。2017 年有 172 家研究样本，其中人身险保险机构 86 家（包括保险公司 83 家，相互制保险机构 3 家），财产险保险机构 86 家（包括保险公司 83 家，相互制保险机构 3 家）。2018 年和 2019 年分别有 180 家研究样本，其中各年人身险保险机构 91 家（包括保险公司 88 家，相互制保险机构 3 家），财产险保险机构 89 家（包括保险公司 86 家，相互制保险机构 3 家）。

表 9-1　我国保险机构历年数量（单位：家）

时间	法人机构						分支机构				合计
	人身险公司	财产险公司	再保险经营公司	资产管理公司	混业经营公司	保险集团公司	人身险机构	财产险机构	再保险机构	混业经营机构	
1980	0	0	0	0	1	0	0	0	0	0	1
1981	0	0	0	0	1	0	0	0	0	0	1
1982	0	0	0	0	1	0	0	1	0	0	2
1983	0	0	0	0	1	0	0	1	0	0	2
1984	0	0	0	0	1	0	0	1	0	0	2
1985	0	0	0	0	1	0	0	1	0	0	2
1986	0	0	0	0	2	0	0	1	0	0	3
1987	0	0	0	0	2	0	0	1	0	0	3
1988	0	0	0	0	3	0	0	2	0	0	5
1989	0	0	0	0	3	0	0	2	0	0	5
1990	0	0	0	0	3	0	0	2	0	0	5

---

① 相互制保险机构包括公司型和非公司型两大类，这两类在我国均存在，其中公司型是指阳光农业相互保险公司，非公司型是指汇友财产相互保险社、信美人寿相互保险社、众惠财产相互保险社、慈溪市龙山农村保险互助联社、慈溪市龙山镇伏龙农村保险互助社和瑞安市兴民农村保险互助社。需要说明的是，非公司型相互制保险机构同样存在治理问题，只是在某些环节存在一定的特殊性，例如没有股东（大）会，但有会员大会。

续表

时间	法人机构						分支机构				合计
	人身险公司	财产险公司	再保险经营公司	资产管理公司	混业经营公司	保险集团公司	人身险机构	财产险机构	再保险机构	混业经营机构	
1991	0	0	0	0	4	0	0	2	0	0	6
1992	0	0	0	0	4	0	0	2	0	1	7
1993	0	0	0	0	4	0	0	2	0	1	7
1994	0	0	0	0	4	0	0	3	0	1	8
1995	0	2	0	0	4	0	1	4	0	1	12
1996	4	6	1	0	3	1	1	4	0	1	21
1997	4	6	1	0	3	1	2	6	0	0	23
1998	6	6	1	0	3	2	2	7	0	0	27
1999	7	5	1	0	3	2	3	8	0	0	29
2000	10	6	1	0	2	2	3	9	0	0	33
2001	12	9	1	0	1	3	3	12	0	0	41
2002	21	10	1	0	1	3	7	12	0	0	55
2003	25	12	2	2	0	6	7	15	2	0	71
2004	28	17	2	2	0	6	7	16	3	0	81
2005	39	25	2	5	0	6	7	12	3	0	99
2006	44	28	2	9	0	7	7	12	3	0	112
2007	52	35	2	9	0	8	7	7	3	0	123
2008	53	43	2	9	0	8	7	4	6	0	132
2009	57	49	2	9	0	8	7	4	6	0	142
2010	59	52	2	9	0	8	7	3	6	0	146
2011	61	58	2	11	0	10	7	2	6	0	157
2012	68	60	2	15	0	10	7	2	6	0	170
2013	71	65	2	18	0	10	7	0	6	0	179
2014	74	66	2	18	0	10	7	0	7	0	184
2015	76	75	3	21	0	11	7	0	6	0	199
2016	78	82	4	24	0	12	7	0	6	0	213
2017	86	86	5	24	0	12	7	0	6	0	226
2018	91	89	5	24	0	12	7	0	6	0	234
2019	91	89	5	26	0	13	7	0	6	0	237

资料来源：作者整理。

二、治理评价样本地区分布

本研究在整理各保险机构的注册地所在城市的过程中发现有 42 个城市作为注册地出现过。各地区的保险机构数量如表 9-2 所示。根据表 9-2 的统计结果，从数量上来看，保险机构主要分布在北京市、上海市和深圳市三个城市。2016 年 160 家研究样本中分布在北京市、上海市和深圳市的样本数依次为 45 家、40 家和 14 家，所占比例依次为 28.13%、25.00%和 8.75%，比例合计为 61.88%；2017 年 172 家研究样本中分布在北京市、上海市和深圳市的样本数依次为 49 家、41 家和 16 家，所占比例依次为 28.49%、23.84%和 9.30%，比例合计为 61.63%；2018 年和 2019 年的各 180 家研究样本中分布在北京市、上海市和深圳市的样本数依次为 50 家、39 家和 17 家，所占比例依次为 27.78%、21.67%和 9.44%，比例合计为 58.89%。

表 9-2 研究样本的地区分布情况

地区	2016 年		2017		2018		2019	
	样本数（家）	比例（%）	样本数（家）	比例（%）	样本数（家）	比例（%）	样本数（家）	比例（%）
北京市	45	28.13	49	28.49	50	27.78	50	27.78
长春市	2	1.25	2	1.16	2	1.11	2	1.11
成都市	3	1.88	3	1.74	4	2.22	4	2.22
重庆市	4	2.50	5	2.91	5	2.78	5	2.78
长沙市	1	0.63	1	0.58	1	0.56	1	0.56
大连市	3	1.88	3	1.74	3	1.67	3	1.67
福州市	1	0.63	1	0.58	1	0.56	1	0.56
贵阳市	0	0.00	1	0.58	1	0.56	1	0.56
广州市	3	1.88	5	2.91	5	2.78	5	2.78
哈尔滨市	2	1.25	2	1.16	2	1.11	2	1.11
海口市	0	0.00	0	0.00	1	0.56	1	0.56
杭州市	3	1.88	3	1.74	3	1.67	3	1.67
吉林市	1	0.63	1	0.58	1	0.56	1	0.56
江门市	2	1.25	3	1.74	3	1.67	3	1.67
嘉兴市	0	0.00	0	0.00	1	0.56	1	0.56
克拉玛依市	1	0.63	1	0.58	1	0.56	1	0.56
昆明市	1	0.63	1	0.58	1	0.56	1	0.56
拉萨市	1	0.63	1	0.58	1	0.56	1	0.56
兰州市	0	0.00	0	0.00	1	0.56	1	0.56

地区	2016 年		2017		2018		2019	
	样本数（家）	比例（%）	样本数（家）	比例（%）	样本数（家）	样本数（家）	比例（%）	样本数（家）
宁波市	3	1.88	3	1.74	3	1.67	3	1.67
南昌市	1	0.63	1	0.58	1	0.56	1	0.56
南京市	3	1.88	3	1.74	3	1.67	3	1.67
南宁市	1	0.63	1	0.58	2	1.11	2	1.11
青岛市	1	0.63	1	0.58	1	0.56	1	0.56
上海市	40	25.00	41	23.84	39	21.67	39	21.67
三亚市	2	1.25	2	1.16	3	1.67	3	1.67
深圳市	14	8.75	16	9.30	17	9.44	17	9.44
天津市	6	3.75	6	3.49	6	3.33	6	3.33
唐山市	1	0.63	1	0.58	1	0.56	1	0.56
太原市	1	0.63	1	0.58	1	0.56	1	0.56
武汉市	3	1.88	3	1.74	4	2.22	4	2.22
乌鲁木齐市	1	0.63	1	0.58	1	0.56	1	0.56
无锡市	1	0.63	1	0.58	1	0.56	1	0.56
温州市	1	0.63	1	0.58	1	0.56	1	0.56
西安市	1	0.63	1	0.58	2	1.11	2	1.11
厦门市	2	1.25	2	1.16	2	1.11	2	1.11
银川市	1	0.63	1	0.58	1	0.56	1	0.56
烟台市	1	0.63	1	0.58	1	0.56	1	0.56
珠海市	2	1.25	2	1.16	2	1.11	2	1.11
郑州市	1	0.63	1	0.58	1	0.56	1	0.56
合计	160	100.00	172	100.00	180	100.00	180	100.00

资料来源：作者整理。

三、治理评价样本具体分类

从组织形式角度，本研究将研究样本分为股份制保险机构、有限制保险机构和相互制保险机构三类。表 9-3 的统计结果显示，各年研究样本中股份制保险机构所占比例均位于第一位。2016 年 160 家研究样本中股份制保险机构、有限制保险机构和相互制保险机构的样本数依次为 98 家、58 家和 4 家，所占比例依次为 61.25%、36.25% 和 2.50%。2017 年 172 家研究样本中股份制保险机构、有限制保险机构和相互制保险机构的样本数依次为 104 家、61 家和 7 家，所占比例依次为 60.47%、35.47%和 4.07%，2017年较 2016 年股份制保险机构增加了 6 家，有限制保险机构增加了 3 家，相互制保险机构增加了 3 家。2018 年 180 家研究样本中股份制保险机构、有限制保险机构和相互制保险机构的样本数依次为 112 家、61 家和 7 家，所占比例依次为 62.22%、33.89%和 3.89%，2018 年较 2017 年股份制保险机构增加了 8 家，其余两个组织形式的机构数未变。2019 年 180 家研究样本中股份制保险机构、有限制保险机构和相互制保险机构的样本数依次为 110 家、63 家和 7 家，所占比例依次为 61.11%、35.00%和 3.89%，2019 年较 2018 年股份制保险机构减少了 2 家，有限制保险机构增加了 2 家，相互制保险机构数量未变。

表 9-3　研究样本的组织形式统计

组织形式	2016 年		2017		2018		2019	
	样本数（家）	比例（%）	样本数（家）	比例（%）	样本数（家）	比例（%）	样本数（家）	比例（%）
股份制	98	61.25	104	60.47	112	62.22	110	61.11
有限制	58	36.25	61	35.47	61	33.89	63	35.00
相互制	4	2.50	7	4.07	7	3.89	7	3.89
合计	160	100.00	172	100.00	180	100.00	180	100.00

资料来源：作者整理。

从资本性质角度，本研究将研究样本分为中资保险机构和外资保险机构两类。表 9-4 的统计结果显示，各年研究样本中中资保险机构占据大多数。2016 年 160 家研究样本中中资保险机构和外资保险机构的样本数分别为 111 家和 49 家，所占比例分别为 69.38%和 30.63%。2017 年 172 家研究样本中中资保险机构和外资保险机构的样本数分别为 123 家和 49 家，所占比例分别为 71.51%和 28.49%，2017 年较 2016 年中资保险机构增加了 12 家。2018 年 180 家研究样本中中资保险机构和外资保险机构的样本数分别为 131 家和 49 家，所占比例分别为 72.78%和 27.22%，2018 年较 2017 年中资保险机构增加了 8 家。2019 年 180 家研究样本中中资保险机构和外资保险机构的样本数分别为 130 家和 50 家，所占比例分别为 72.22%和 27.78%，2019 年较 2018 年中资保险机构减少了 1 家，外资保险机构增加了 1 家。

表 9-4　研究样本的资本性质统计

资本性质	2016 年		2017		2018		2019	
	样本数（家）	比例（%）	样本数（家）	比例（%）	样本数（家）	比例（%）	样本数（家）	比例（%）
中资	111	69.38	123	71.51	131	72.78	130	72.22
外资	49	30.63	49	28.49	49	27.22	50	27.78
合计	160	100.00	172	100.00	180	100.00	180	100.00

资料来源：作者整理。

从险种类型角度，本研究将研究样本分为财产险保险机构和人身险保险机构。表 9-5 的统计结果显示，各年研究样本中财产险保险机构和人身险保险机构数量相近。2016 年 160 家研究样本中财产险保险机构有 82 家，所占比例为 51.25%，人身险保险机构有 78 家，所占比例为 48.75%。2017 年 172 家研究样本中财产险保险机构和人身险保险机构各有 86 家，所占比例均为 50.00%。2018 年和 2019 年各有 180 家研究样本，每年财产险保险机构有 89 家，所占比例为 49.44%，人身险保险机构有 91 家，所占比例为 50.56%。

表 9-5　研究样本的险种类型统计

险种类型	2016 年		2017		2018		2019	
	样本数（家）	比例（%）	样本数（家）	比例（%）	样本数（家）	比例（%）	样本数（家）	比例（%）
财产险	82	51.25	86	50.00	89	49.44	89	49.44
人身险	78	48.75	86	50.00	91	50.56	91	50.56
合计	160	100.00	172	100.00	180	100.00	180	100.00

资料来源：作者整理。

四、大型、中型和小型保险机构划分

（一）大型、中型和小型保险机构划分标准设计

中小企业始终是一个相对的、比较模糊的概念。给它下一个确切、完整的定义，无论在理论和实践上都是困难的。目前世界各国对中小企业的界定尚无统一的标准。我国学者对保险企业的大小从多个方面进行了界定。

汪立志（2000）根据我国保险业发展的现状，并参照我国香港和台湾的经验，将实收资本为 5 亿元人民币，年保费收入 10 亿元人民币以上的保险公司规定为大型保险公司，其余都为中小型保险公司。沈立和谢志刚

（2013）则导入保费收入作为划分标准，以 2011 年的财产险公司为例，指出财产险大型公司是指年保费收入超过 500 亿元人民币的公司，其他公司都算作中小型公司；实际上财产险中小型公司包含年保费收入在 20－500 亿元的中型公司和保费收入低于 20 亿元的小型财险公司。

还有部分学者采用设立时间作为划分标准，例如许海燕（2005）指出，1996 年之前成立的保险公司的市场处于垄断地位，因此中小保险公司是指 1996 年以后成立的保险公司。与之相类似，施建祥（2005）认为，中小保险公司是指 1995 年《保险法》颁布后陆续组建的保险公司。

尽管"中小企业"是一个相对的、比较模糊的概念，但是"量化原则"一直是世界各国（或地区）对中小企业界定的基本原则。量化原则是指从量化的角度对中小企业的规模标准加以界定，一般的量化指标主要包括"从业人数、资本额、营业额"三项。"从业人数和资本额"指标只能反映保险公司的投入量而不能完全代表公司的"大小"，保险公司的"大小"实质上指的就是"业务规模"，其相对指标即"市场份额"（祝向军、刘霄辉和唐瑜，2008）。

因此，近年来越来越多的学者采用市场份额作为划分保险公司大小的标准，只是不同学者的临界值选取不同。祝向军、刘霄辉和唐瑜（2008）提出，8%的市场份额应成为界定我国保险公司"大小"的量化标准，市场份额在 8%以上的保险公司基本可以确定为"大型保险公司"，而市场份额不足 8%的保险公司则属于"中小保险公司"；他们同时还指出，"中小保险公司"只是依据业务规模标准对于不同保险公司的区分，而并不直接反应保险公司的"新""老""强""弱""好""差"。

与祝向军、刘霄辉和唐瑜（2008）的思路相似，徐景峰和廖朴（2010）提出，市场份额高于 10%的定为大型保险公司，市场份额在 5%到 10%之间的定为中型保险公司，市场份额低于 5%的视为小型保险公司。彭雪梅和黄鑫（2016）将市场份额在 8%以上的划分为大型保险公司，市场份额在 1%到 8%之间的为中型保险公司，市场份额 1%以下的为小型保险公司。

麦肯锡 2019 年在《纾困突围——中国中小保险企业破局之道》报告中认为，定义中小保险公司应遵循"客观、量化、动态"的原则。首先可通过明确的指标衡量，在不同市场中形成可比性，便于对比；其次能通过简单的数据分析形成客观的排序；最后可以随着整体市场和个体公司的进化进行自我调适。基于这三项原则，在中国市场环境下，麦肯锡将保费收入市场份额小于 5%的保险公司定义为中小保险公司。

结合上述所有研究和分析，本研究同样认为应该采用市场份额指标来划分大型保险机构和中小型保险机构。本研究在保险公司市场份额统计分析和保险公司高管访谈的基础上：第一，将 4% 的市场份额作为划分大型保险机构和中小型保险机构的量化标准，这主要考虑到我国保险公司市场微观主体数量近年提高较多和市场化竞争程度越来越高的行业发展现实背景；第二，将 1% 的市场份额作为划分中型保险机构和小型保险机构的量化标准。

　　但同时本研究认为定义各类型保险机构应该具有一定的稳定性，即在短时间内一个机构的类型不能因为市场份额略高于或者略低于量化标准而调整其类型。基于这样的考虑，确定某一机构在某一年是大型机构、中型机构还是小型机构，只有待确定样本在过去的 4 年当中 2 年市场份额在 4% 或 1% 以上才会在第 5 年被认定为大型保险机构或中型保险机构，对于成立时间刚好 2 年且每年市场份额都在 4% 或 1% 以上的样本也被认定为大型保险机构或中型保险机构，而成立当年不管市场份额多少都不会被认定为大型保险机构或中型保险机构；确定某一机构在某一时期内（主要是短期）是大型机构、中型机构还是小型机构，只要分析时期内市场份额达到相应标准的比例的年份占比在 50% 以上，便可认定这一时期内样本机构各年均为大型保险机构或中型保险机构，本研究即采用这样的原则。

　　（二）我国大型、中型和小型保险机构的样本构成

　　本研究将所有保险机构按照市场份额划分为大型保险机构（Large-scale Insurance Institutions，缩写为 LII）和中小型保险机构（Small and Medium-sized Insurance Institutions，缩写为 SMII），其中中小型保险机构又划分为中型保险机构（Medium-sized Insurance Institutions，缩写为 MII）和小型保险机构（Small Insurance Institutions，缩写为 SII）。

　　本研究根据上述划分标准最终界定出 13 家大型保险机构，机构名称分别为富德生命人寿保险股份有限公司、太平人寿保险有限公司、泰康人寿保险有限责任公司、新华人寿保险股份有限公司、中国平安财产保险股份有限公司、中国平安人寿保险股份有限公司、中国人民财产保险股份有限公司、中国人民人寿保险股份有限公司、中国人寿保险股份有限公司、中国人寿财产保险股份有限公司、中国太平洋财产保险股份有限公司、中国太平洋人寿保险有限公司和中华联合财产保险股份有限公司。大型保险机构的名单及各年市场份额占比[①]如表 9-6 所示。

---

　　① 需要说明的是，考虑保险机构险种类型的区别，本研究中的市场份额占比是指该机构保费收入在财产险或人身险市场保费收入总额中的比例，而不是指该机构保费收入占市场上所有保险机构保费收入的比例。

　　本研究根据上述划分标准最终界定出 20 家中型保险机构，机构名称分别为百年人寿保险股份有限公司、工银安盛人寿保险有限公司、国华人寿保险股份有限公司、合众人寿保险股份有限公司、恒大人寿保险有限公司、华安财产保险股份有限公司、华夏人寿保险股份有限公司、建信人寿保险股份有限公司、君康人寿保险股份有限公司、农银人寿保险股份有限公司、前海人寿保险股份有限公司、太平财产保险有限公司、天安财产保险股份有限公司、天安人寿保险股份有限公司、阳光财产保险股份有限公司、阳光人寿保险股份有限公司、中国出口信用保险公司、中国大地财产保险股份有限公司、中国人民健康保险股份有限公司和中邮人寿保险股份有限公司。中型保险机构的名单及各年市场份额占比如表 9-7 所示。

表 9-6　大型保险机构名单及其市场份额占比统计（单位：%）

编号	机构名称	2015 年	2016 年	2017 年	2018 年
1	富德生命人寿保险股份有限公司	4.15	4.61	3.40	2.77
2	太平人寿保险有限公司	2.14	4.26	4.82	4.77
3	泰康人寿保险有限责任公司[①]	—	5.33	5.01	4.72
4	新华人寿保险股份有限公司	6.29	5.07	4.63	4.72
5	中国平安财产保险股份有限公司	7.79	19.15	20.39	20.95
6	中国平安人寿保险股份有限公司	11.43	12.40	15.61	17.25
7	中国人民财产保险股份有限公司	29.52	33.47	33.05	32.90
8	中国人民人寿保险股份有限公司	3.26	4.75	4.50	3.62
9	中国人寿保险股份有限公司	33.40	19.40	21.67	20.69
10	中国人寿财产保险股份有限公司	1.55	6.43	6.25	5.85
11	中国太平洋财产保险股份有限公司	8.08	10.35	9.87	9.97
12	中国太平洋人寿保险股份有限公司	10.53	6.19	7.43	7.81
13	中华联合财产保险股份有限公司	11.43	4.16	3.67	3.58

资料来源：作者整理。

表 9-7　中型保险机构名单及其市场份额占比统计（单位：%）

编号	机构名称	2015 年	2016 年	2017 年	2018 年
1	百年人寿保险股份有限公司	1.80	0.82	1.20	1.49
2	工银安盛人寿保险有限公司	0.54	1.54	1.68	1.30
3	国华人寿保险股份有限公司	2.67	1.20	1.95	1.33
4	合众人寿保险股份有限公司	1.33	0.85	1.00	0.58

---

　　①泰康人寿保险有限责任公司工商登记注册时间为 2016 年 11 月 28 日，因此 2015 年没有市场份额等相关数据。

续表

编号	机构名称	2015 年	2016 年	2017 年	2018 年
5	恒大人寿保险有限公司	0.15	0.16	1.19	1.25
6	华安财产保险股份有限公司	2.54	1.11	1.09	1.05
7	华夏人寿保险股份有限公司	0.90	2.13	3.78	6.11
8	建信人寿保险股份有限公司	2.32	2.08	1.25	0.96
9	君康人寿保险股份有限公司	0.53	0.17	1.16	1.14
10	农银人寿保险股份有限公司	1.63	0.82	1.01	0.68
11	前海人寿保险股份有限公司	1.96	0.99	1.36	1.91
12	太平财产保险有限公司	1.30	1.96	2.14	1.84
13	天安财产保险股份有限公司	2.89	1.50	1.34	1.28
14	天安人寿保险股份有限公司	0.04	1.51	2.04	2.26
15	阳光财产保险股份有限公司	3.86	3.06	3.16	3.07
16	阳光人寿保险股份有限公司	0.31	2.00	2.16	1.47
17	中国出口信用保险公司	1.01	1.86	1.74	1.65
18	中国大地财产保险股份有限公司	7.73	3.45	3.52	3.61
19	中国人民健康保险股份有限公司	1.56	1.04	0.81	0.57
20	中邮人寿保险股份有限公司	2.80	1.34	1.74	2.23

资料来源：作者整理。

2016 年大型保险机构有 13 家，所占比例为 8.12%，中小型保险机构有 147 家，所占比例为 91.88%，其中中型保险机构有 20 家，所占比例为 12.50%，小型保险机构有 127 家，所占比例为 79.38%；2017 年大型保险机构有 13 家，所占比例为 7.56%，中小型保险机构有 159 家，所占比例为 92.44%，其中中型保险机构有 20 家，所占比例为 11.63%，小型保险机构有 139 家，所占比例为 80.81%；2018 年和 2019 年大型保险机构各有 13 家，所占比例为 7.22%，中小型保险机构各有 167 家，所占比例为 92.78%，其中中型保险机构有 20 家，所占比例为 11.11%，小型保险机构有 147 家，所占比例为 81.67%。具体数据如表 9-8 所示。

表 9-8　评价周期内各规模类型保险机构数量统计

年份	机构类型	样本数（家）	比例（%）
2016	大型保险机构	13	8.12
	中小型保险机构	147	91.88
	其中：中型保险机构	20	12.50
	其中：小型保险机构	127	79.38
	合计	160	100.00

续表

年份	机构类型	样本数（家）	比例（%）
2017	大型保险机构	13	7.56
	中小型保险机构	159	92.44
	其中：中型保险机构	20	11.63
	其中：小型保险机构	139	80.81
	合计	172	100.00
2018	大型保险机构	13	7.22
	中小型保险机构	167	92.78
	其中：中型保险机构	20	11.11
	其中：小型保险机构	147	81.67
	合计	180	100.00
2019	大型保险机构	13	7.22
	中小型保险机构	167	92.78
	其中：中型保险机构	20	11.11
	其中：小型保险机构	147	81.67
	合计	180	100.00

资料来源：作者整理。

（三）我国大型、中型和小型保险机构的基本情况

为了验证本研究设计的划分标准的科学性和合理性，本研究计算了各类型机构的市场份额、资产总额和利润总额占比。根据表 9-9 的统计结果，2015－2018 年大型保险机构市场份额占比依次为 67.60%、65.43%、68.98% 和 68.51%，利润总额占比依次为 71.95%、80.02%、88.77% 和 95.56%，由此可见虽然大型保险机构数量占比不足 10.00%，但其市场份额占比超过 60.00%，利润占比超过 70.00%，2019 年甚至达到 95.56%。2015－2018 年中型保险机构市场份额占比依次为 18.76%、15.56%、19.43% 和 19.91%，利润总额占比依次为 27.81%、11.52%、11.24% 和 9.22%。2015－2018 年小型保险机构市场份额占比均不足 20.00%，利润占比甚至呈负值。

表 9-9 不同规模类型保险机构相关指标占比（%）

机构规模	年份	市场份额占比	资产总额占比	利润总额占比
大型保险机构	2015	67.60	58.88	71.95
大型保险机构	2016	65.43	66.61	80.02
大型保险机构	2017	68.98	71.80	88.77
大型保险机构	2018	68.51	72.01	95.56

机构规模	年份	市场份额占比	资产总额占比	利润总额占比
中型保险机构	2015	18.76	23.41	27.81
中型保险机构	2016	15.56	17.02	11.52
中型保险机构	2017	19.43	17.93	11.24
中型保险机构	2018	19.91	17.57	9.22
小型保险机构	2015	13.63	17.71	0.24
小型保险机构	2016	19.01	16.37	8.46
小型保险机构	2017	11.59	10.27	−0.01
小型保险机构	2018	11.57	10.42	−4.78

资料来源：作者整理。

　　此外，考虑业务类型的差异性，本研究还计算了不同产品市场各类型公司的相应占比指标。根据表 9-10 的统计结果，其中对于财产险保险机构，2015 年大型保险机构市场份额占比为 58.37%，2016－2018 年均超过70.00%，2015－2016 年中型保险机构市场份额占比略低于小型保险机构。对于人身险保险机构，2015 年大型保险机构市场份额占比超过 70.00%，2016－2018 年市场份额占比超过 60.00%，2015 年、2017 年和 2018 年中型保险机构市场份额占比均高于小型保险机构。

表 9-10　不同市场的不同规模类型保险机构相关指标占比（%）

产品市场	公司类型	年份	市场份额占比	资产总额占比	利润总额占比
财产险	大型机构	2015	58.37	48.60	55.57
财产险	大型机构	2016	73.56	55.89	89.46
财产险	大型机构	2017	73.23	59.43	94.55
财产险	大型机构	2018	73.25	62.03	106.39
财产险	中型机构	2015	19.34	22.15	25.18
财产险	中型机构	2016	12.93	29.55	10.97
财产险	中型机构	2017	12.99	24.93	9.21
财产险	中型机构	2018	12.51	20.85	7.95
财产险	小型机构	2015	22.30	29.25	19.24
财产险	小型机构	2016	13.50	14.56	−0.43
财产险	小型机构	2017	13.77	15.63	−3.76
财产险	小型机构	2018	14.24	17.12	−14.34
人身险	大型机构	2015	71.21	60.40	76.18
人身险	大型机构	2016	62.02	68.34	75.53
人身险	大型机构	2017	67.07	73.84	86.66

产品市场	公司类型	年份	市场份额占比	资产总额占比	利润总额占比
人身险	大型机构	2018	66.35	73.52	93.00
人身险	中型机构	2015	18.54	23.59	28.49
人身险	中型机构	2016	16.66	15.00	11.78
人身险	中型机构	2017	22.32	16.77	11.98
人身险	中型机构	2018	23.29	17.07	9.52
人身险	小型机构	2015	10.25	16.01	-4.68
人身险	小型机构	2016	21.32	16.66	12.69
人身险	小型机构	2017	10.61	9.39	1.36
人身险	小型机构	2018	10.36	9.41	-2.51

资料来源：作者整理。

第二节　保险机构治理评价数据来源

本节主要对本研究评价指标原始数据的来源进行了说明，本研究数据来源于各类公开信息；同时，本节对 60 个评价指标的来源进行了列示说明。

一、治理评价数据来源的总体说明

本研究评价指标的原始数据主要来源于各类公开信息，具体来源包括保险机构官网披露的数据、中国银行保险监督管理委员会公布的关于各家保险机构的信息、中国保险行业协会发布的信息、中国银行保险信息技术管理有限公司发布的信息以及在百度等搜索引擎中搜索的相关新闻。

二、治理评价数据来源的具体说明

各评价指标具体数据来源如表 9-11 所示。以指标 1-1：股东（大）会召开情况为例，该指标的数据来源于保险机构官网公开信息披露栏目中基本信息子栏目的公司治理概要部分关于股东（大）会的描述，通过对相关描述文字的简单阅读便可确认年度召开的股东（大）会次数。部分指标有两个数据来源，以确保数据的全面性和准确性，例如指标 2-2：董事学历状况，该指标的数据一方面来源于保险机构官网公开信息披露栏目中专项信息子栏目中的偿付能力栏目下的偿付能力报告中公司基本信息之董事、监事和高级管理人员的基本情况；另一方面来源于保险机构官网公开信息披露栏目中基本信息子栏目的公司治理概要部分关于公司董事简历的描述。

表 9-11 保险机构治理评价指标数据来源

序号	指标编号	指标名称	指标数据来源
1	1-1	股东（大）会召开情况	保险机构官网－公开信息披露－基本信息－公司治理概要－股东大会
2	1-2	股权结构状况	保险机构官网－公开信息披露－基本信息－公司治理概要－持股比例在 5%以上的股东及其持股情况
3	1-3	是否存在机构投资者	保险机构官网－公开信息披露－基本信息－公司治理概要－持股比例在 5%以上的股东及其持股情况
4	1-4	股权层级	天眼查－基本信息－股东信息
5	1-5	股权出质情况	天眼查－经营风险－股权出质
6	2-1	董事会规模	（1）保险机构官网－公开信息披露－专项信息－偿付能力－偿付能力报告－基本信息－董事、监事和高级管理人员的基本情况 （2）保险机构官网－公开信息披露－基本信息－公司治理概要－公司董事简历
7	2-2	董事学历状况	（1）保险机构官网－公开信息披露－专项信息－偿付能力－偿付能力报告－基本信息－董事、监事和高级管理人员的基本情况 （2）保险机构官网－公开信息披露－基本信息－公司治理概要－公司董事简历
8	2-3	有无财务会计背景董事	（1）保险机构官网－公开信息披露－专项信息－偿付能力－偿付能力报告－基本信息－董事、监事和高级管理人员的基本情况 （2）保险机构官网－公开信息披露－基本信息－公司治理概要－公司董事简历
9	2-4	有无金融背景董事	（1）保险机构官网－公开信息披露－专项信息－偿付能力－偿付能力报告－基本信息－董事、监事和高级管理人员的基本情况 （2）保险机构官网－公开信息披露－基本信息－公司治理概要－公司董事简历
10	2-5	有无保险和精算背景董事	（1）保险机构官网－公开信息披露－专项信息－偿付能力－偿付能力报告－基本信息－董事、监事和高级管理人员的基本情况 （2）保险机构官网－公开信息披露－基本信息－公司治理概要－公司董事简历

序号	指标编号	指标名称	指标数据来源
11	2-6	董事职业背景结构	（1）保险机构官网－公开信息披露－专项信息－偿付能力－偿付能力报告－基本信息－董事、监事和高级管理人员的基本情况 （2）保险机构官网－公开信息披露－基本信息－公司治理概要－公司董事简历
12	2-7	董事长是否非正常变更	（1）中国银保监会官网－政务信息－行政许可 （2）保险机构官网－公开信息披露－重大事项
13	2-8	独立董事人数	（1）保险机构官网－公开信息披露－专项信息－偿付能力－偿付能力报告－基本信息－董事、监事和高级管理人员的基本情况 （2）保险机构官网－公开信息披露－基本信息－公司治理概要－公司董事简历
14	2-9	独立董事学历情况	（1）保险机构官网－公开信息披露－专项信息－偿付能力－偿付能力报告－基本信息－董事、监事和高级管理人员的基本情况 （2）保险机构官网－公开信息披露－基本信息－公司治理概要－公司董事简历
15	2-10	有无财务会计背景独立董事	（1）保险机构官网－公开信息披露－专项信息－偿付能力－偿付能力报告－基本信息－董事、监事和高级管理人员的基本情况 （2）保险机构官网－公开信息披露－基本信息－公司治理概要－公司董事简历
16	2-11	有无金融背景独立董事	（1）保险机构官网－公开信息披露－专项信息－偿付能力－偿付能力报告－基本信息－董事、监事和高级管理人员的基本情况 （2）保险机构官网－公开信息披露－基本信息－公司治理概要－公司董事简历
17	2-12	有无保险和精算背景独立董事	（1）保险机构官网－公开信息披露－专项信息－偿付能力－偿付能力报告－基本信息－董事、监事和高级管理人员的基本情况 （2）保险机构官网－公开信息披露－基本信息－公司治理概要－公司董事简历
18	2-13	有无法律背景独立董事	（1）保险机构官网－公开信息披露－专项信息－偿付能力－偿付能力报告－基本信息－董事、监事和高级管理人员的基本情况 （2）保险机构官网－公开信息披露－基本信息－公司治理概要－公司董事简历

序号	指标编号	指标名称	指标数据来源
19	2-14	独立董事职业背景结构	（1）保险机构官网－公开信息披露－专项信息－偿付能力－偿付能力报告－基本信息－董事、监事和高级管理人员的基本情况 （2）保险机构官网－公开信息披露－基本信息－公司治理概要－公司董事简历
20	2-15	独立董事任职结构是否多元化	（1）保险机构官网－公开信息披露－专项信息－偿付能力－偿付能力报告－基本信息－董事、监事和高级管理人员的基本情况 （2）保险机构官网－公开信息披露－基本信息－公司治理概要－公司董事简历
21	3-1	监事会规模	（1）保险机构官网－公开信息披露－专项信息－偿付能力－偿付能力报告－基本信息－董事、监事和高级管理人员的基本情况 （2）保险机构官网－公开信息披露－基本信息－公司治理概要－监事会成员简历
22	3-2	职工监事设立情况	（1）保险机构官网－公开信息披露－专项信息－偿付能力－偿付能力报告－基本信息－董事、监事和高级管理人员的基本情况 （2）保险机构官网－公开信息披露－基本信息－公司治理概要－监事会成员简历
23	3-3	监事学历情况	（1）保险机构官网－公开信息披露－专项信息－偿付能力－偿付能力报告－基本信息－董事、监事和高级管理人员的基本情况 （2）保险机构官网－公开信息披露－基本信息－公司治理概要－监事会成员简历
24	3-4	有无财务会计背景监事	（1）保险机构官网－公开信息披露－专项信息－偿付能力－偿付能力报告－基本信息－董事、监事和高级管理人员的基本情况 （2）保险机构官网－公开信息披露－基本信息－公司治理概要－监事会成员简历
25	3-5	有无金融背景监事	（1）保险机构官网－公开信息披露－专项信息－偿付能力－偿付能力报告－基本信息－董事、监事和高级管理人员的基本情况 （2）保险机构官网－公开信息披露－基本信息－公司治理概要－监事会成员简历

序号	指标编号	指标名称	指标数据来源
26	3-6	有无保险和精算背景监事	（1）保险机构官网－公开信息披露－专项信息－偿付能力－偿付能力报告－基本信息－董事、监事和高级管理人员的基本情况 （2）保险机构官网－公开信息披露－基本信息－公司治理概要－监事会成员简历
27	3-7	监事职业背景结构	（1）保险机构官网－公开信息披露－专项信息－偿付能力－偿付能力报告－基本信息－董事、监事和高级管理人员的基本情况 （2）保险机构官网－公开信息披露－基本信息－公司治理概要－监事会成员简历
28	4-1	高管规模	（1）保险机构官网－公开信息披露－专项信息－偿付能力－偿付能力报告－基本信息－董事、监事和高级管理人员的基本情况 （2）保险机构官网－公开信息披露－基本信息－公司治理概要－高级管理人员简历
29	4-2	两职设置	（1）保险机构官网－公开信息披露－专项信息－偿付能力－偿付能力报告－基本信息－董事、监事和高级管理人员的基本情况 （2）保险机构官网－公开信息披露－基本信息－公司治理概要－高级管理人员简历
30	4-3	是否设立总精算师	（1）保险机构官网－公开信息披露－专项信息－偿付能力－偿付能力报告－基本信息－董事、监事和高级管理人员的基本情况 （2）保险机构官网－公开信息披露－基本信息－公司治理概要－高级管理人员简历
31	4-4	是否设立合规负责人	（1）保险机构官网－公开信息披露－专项信息－偿付能力－偿付能力报告－基本信息－董事、监事和高级管理人员的基本情况 （2）保险机构官网－公开信息披露－基本信息－公司治理概要－高级管理人员简历
32	4-5	是否设立首席风险官	（1）保险机构官网－公开信息披露－专项信息－偿付能力－偿付能力报告－基本信息－董事、监事和高级管理人员的基本情况 （2）保险机构官网－公开信息披露－基本信息－公司治理概要－高级管理人员简历

序号	指标编号	指标名称	指标数据来源
33	4-6	是否设立审计责任人	（1）保险机构官网－公开信息披露－专项信息－偿付能力－偿付能力报告－基本信息－董事、监事和高级管理人员的基本情况 （2）保险机构官网－公开信息披露－基本信息－公司治理概要－高级管理人员简历
34	4-7	总经理是否非正常变更	（1）中国银保监会官网－政务信息－行政许可 （2）保险机构官网－公开信息披露－重大事项
35	5-1	有无官网	保险机构官网
36	5-2	有无公开信息披露栏目	保险机构官网－公开信息披露
37	5-3	公开信息披露栏目是否显著	保险机构官网－公开信息披露
38	5-4	披露框架是否符合规定	保险机构官网－公开信息披露
39	5-5	网站建设水平	保险机构官网
40	5-6	客服热线披露情况	保险机构官网
41	5-7	是否披露官微或公众号	保险机构官网
42	5-8	年度信息披露报告披露是否及时	保险机构官网－公开信息披露－年度信息－年度信息披露报告
43	5-9	年度信息披露报告披露是否完善	保险机构官网－公开信息披露－年度信息－年度信息披露报告
44	5-10	基本信息披露是否完善	保险机构官网－公开信息披露－基本信息
45	5-11	专项信息披露是否完善	保险机构官网－公开信息披露－专项信息
46	5-12	重大事项披露是否完善	保险机构官网－公开信息披露－重大事项
47	5-13	偿付能力报告披露是否及时	保险机构官网－公开信息披露－专项信息－偿付能力
48	5-14	偿付能力报告披露后是否有更正	保险机构官网－公开信息披露－专项信息－偿付能力
49	5-15	年度信息披露报告披露后是否有更正	保险机构官网－公开信息披露－年度信息－年度信息披露报告

序号	指标编号	指标名称	指标数据来源
50	5-16	审计意见类型	保险机构官网—公开信息披露—年度信息—年度信息披露报告
51	5-17	负面新闻报道情况	（1）百度搜索保险机构相关新闻 （2）天眼查—经营状况—新闻舆情
52	5-18	是否披露社会责任报告或社会责任状况	（1）保险机构官网—公开信息披露—社会责任 （2）保险机构官网—社会责任
53	5-19	公司治理架构是否披露完善	保险机构官网—公开信息披露—基本信息—公司治理概要
54	6-1	亿元保费、万张保单投诉情况	中国银保监会官网—政务信息—公告通知
55	6-2	有无经营异常情况	天眼查—经营风险—经营异常
56	6-3	是否收到监管函	保险机构官网—公开信息披露—重大事项
57	6-4	是否受到行政处罚	保险机构官网—公开信息披露—重大事项
58	6-5	风险综合评级状况	保险机构官网—公开信息披露—专项信息—偿付能力—偿付能力报告
59	6-6	纳税信用评级状况	（1）国家税务总局官网—纳税服务—纳税信用A级纳税人名单公布栏 （2）天眼查—经营状况—税务评级
60	6-7	有无历史失信信息	天眼查—司法风险—历史失信信息

资料来源：作者整理。

第十章　中国保险机构治理指数分析

本章主要是利用本研究第八章所设计的保险机构治理评价指标体系对我国保险机构治理状况进行评价，并利用所生成的保险机构治理指数对我国保险机构治理指数进行总体分析、分布分析、等级分析和比较分析，以全面反映我国保险机构治理质量。

第一节　中国保险机构治理指数总体分析

本节在生成了中国保险机构治理指数的基础上，对中国保险机构治理指数进行了描述性统计，进而总体把握我国保险机构治理质量；同时，本节分别从治理内容维度和治理层次维度对中国各保险机构治理分指数进行了描述性统计分析。

一、保险机构治理总指数分析

如图 10-1 和表 10-1 所示，中国保险机构治理指数的平均值在 2016－2019 年依次为 66.88、67.21、67.92 和 70.89，呈现出逐年上升的趋势，表明中国保险机构治理水平在逐年提高；其中，2017 年中国保险机构治理指数较 2016 年提高了 0.33，2018 年较 2017 年提高了 0.71，2019 年较 2018 年提高了 2.97，由此可见，各年增幅也在逐渐加大。总体来看，2019 年中国保险机构治理指数平均值较 2016 年提高了 4.01。

中国保险机构治理指数的中位数在 2019 年达到最高值，数值为 71.82；2016 年是最低值，数值为 67.42；2019 年中国保险机构治理指数的中位数较 2016 年提高了 4.40。

2016－2019 年中国保险机构治理指数的标准差呈现总体上升的趋势，在 2019 年达到最大值 11.36，可见我国保险机构治理水平总体上差距较大，且有愈演愈烈的趋势。中国保险机构治理指数的极差在 2019 年达到最大值，数值为 71.65；中国保险机构治理指数的极差 2016 年为最小值，数值为 62.67；2018 年中国保险机构治理指数的极差为 68.37，略低于 2017 年；各年中国保险机构治理指数均存在较大标准差，说明我国保险机构治理水平存在明显的两极分化。

2016－2019 年中国保险机构治理指数最大值依次为 84.82、91.95、90.53 和 93.80，均高于 80.00；2016－2019 年中国保险机构治理指数最小值均为 22.15。由此可见，目前我国存在治理水平高的机构，但也不乏治理水平较低的机构。

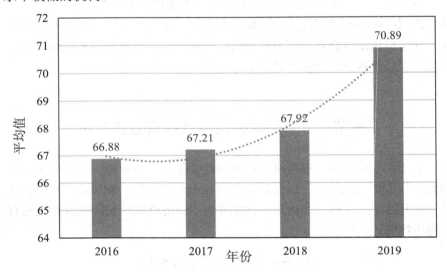

图 10-1　2016－2019 年中国保险机构治理指数趋势图

资料来源：南开大学中国保险机构治理指数数据库。

表 10-1　中国保险机构治理指数描述性统计

统计指标	2016 年	2017 年	2018 年	2019 年
平均值	66.88	67.21	67.92	70.89
中位数	67.42	69.15	68.91	71.82
标准差	10.29	10.90	10.83	11.36
极差	62.67	69.80	68.37	71.65
最小值	22.15	22.15	22.15	22.15
最大值	84.82	91.95	90.53	93.80

资料来源：南开大学中国保险机构治理指数数据库。

二、保险机构治理分指数分析

如表 10-2 的统计结果显示，在股东与股权结构分指数方面，2016—2019 年股东与股权结构分指数平均值依次为 61.50、60.93、60.89 和 59.33，其平均值呈现出逐年下降的趋势，总体来看，2019 年股东与股权结构分指数较 2016 年降低了 2.17，这表明我国保险机构股东与股权结构治理水平有下降的趋势；在董事与董事会分指数方面，2016—2019 年董事与董事会分指数平均值依次为 49.46、50.19、50.48 和 54.49，其平均值呈现出明显的逐年上升的趋势，总体来看，2019 年董事与董事会分指数较 2016 年提高了 5.13，增长率为 10.37%，说明我国保险机构董事与董事会治理水平有所提高；在监事与监事会分指数方面，2016—2019 年监事与监事会分指数平均值依次为 39.11、41.11、50.00 和 50.56，其平均值呈现出显著的上升态势，其中尤以 2018 年增长率最高，达到 21.62%，增长的绝对数值为 8.89，总体来看，2019 年监事与监事会分指数较 2016 年共提升了 11.45；在高级管理人员分指数方面，2016—2019 年高级管理人员分指数平均值依次为 68.04、70.93、70.48 和 77.54，其中 2019 年高级管理人员分指数达到最高值，为 77.54，2016 年高级管理人员分指数处于最低值，为 68.04，2018 年略低于 2017 年，绝对数值下降了 0.45，总体来看，2019 年高级管理人员分指数较 2016 年提升了 9.50，高级管理人员分指数平均值处于上升的趋势；在信息披露分指数方面，2016—2019 年信息披露分指数平均值依次为 88.22、87.58、87.54 和 87.54，四年均无明显的变化，其中 2016 年信息披露分指数达到最大值，为 88.22，2018 年和 2019 年是最小值，为 87.54，极差为 0.68，变化幅度不大，信息披露分指数数值总体较大，均大于 87.00，这表明我国保险机构信息披露水平普遍较高；在利益相关者分指数方面，2016—2019 年利益相关者分指数平均值依次为 85.36、83.97、83.02 和 90.71，整体来看，利息相关者分指数在 2016—2018 年呈下降趋势，而在 2019 年其平均值迅速上升，达到最大值 90.71，较 2018 年的最小值提高了 5.35，这表明 2019 年我国保险机构在利益相关者治理方面有所改善。

表 10-2　治理内容维度中国保险机构治理分指数平均值

年份	股东与股权结构分指数	董事与董事会分指数	监事与监事会分指数	高级管理人员分指数	信息披露分指数	利益相关者分指数
2016	61.50	49.46	39.11	68.04	88.22	85.36
2017	60.93	50.19	41.11	70.93	87.58	83.97

年份	股东与股权结构分指数	董事与董事会分指数	监事与监事会分指数	高级管理人员分指数	信息披露分指数	利益相关者分指数
2018	60.89	50.48	50.00	70.48	87.54	83.02
2019	59.33	54.59	50.56	77.54	87.54	90.71

资料来源：南开大学中国保险机构治理指数数据库。

本章除了按照内容维度对保险机构治理分指数进行分析，还从治理层次维度对保险机构治理分指数进行统计分析。如表 10-3 的统计结果显示，无论是强制性治理分指数，还是自主性治理分指数，均呈现出总体上升的趋势，尤其是 2019 年上升较为明显。此外，通过对比分析不难发现，无论是平均值还是中位数，中国保险机构强制性治理分指数显著高于自主性治理分指数，说明我国保险机构自主治理任重道远。

表 10-3　治理层次维度中国保险机构治理分指数描述性统计

年份	平均值		中位数	
	强制性治理分指数	自主性治理分指数	强制性治理分指数	自主性治理分指数
2016	82.05	55.49	85.71	56.25
2017	82.64	55.61	85.71	56.25
2018	82.46	57.52	85.71	56.25
2019	85.20	60.16	89.29	62.50

资料来源：南开大学中国保险机构治理指数数据库。

第二节　中国保险机构治理指数分布与等级分析

本节对中国保险机构治理指数进行了分布分析；同时，本节将中国保险机构治理指数分为七个等级，并对其进行了年度等级分析。

一、保险机构治理指数分布分析

如表 10-4 的统计结果显示，可得出如下结论，2016—2019 年中国保险机构治理指数的分布总体接近于正态分布。2016—2019 年中国保险机构治理指数左偏，首先各年偏度值均小于 0，这说明各年中国保险机构治理指数均为负偏斜（又称左偏）；其次各年偏度值在 2019 年达到绝对值最大，这也说明 2019 年中国保险机构治理指数左偏最严重；最后从中国保险机构治理指数分布图同样可以看出，各年治理指数中低于均值的尾部明显向左延伸。2016－2019 年中国保险机构治理指数整体分布较集中，首先各年度峰度值均大于 3，说明各年中国保险机构治理指数的分布状态比正态分布更加集中；其次在 2019 年，中国保险机构治理指数峰度值达到最大，表明 2019 年中国保险机构治理指数分布在四年中最集中；最后从中国保险机构治理指数分布图也可以看出，各年中国保险机构治理指数分布图均呈现出尖峰状态，四年的整体分布均比较集中。中国保险机构治理指数具体分布情况如图 10-2、图 10-3、图 10-4 和图 10-5 所示。

表 10-4　中国保险机构治理指数偏度和峰度

年份	样本数（家）	偏度	峰度
2016	160	−1.602	4.762
2017	172	−1.566	3.909
2018	180	−1.610	4.208
2019	180	−1.782	4.845

资料来源：南开大学中国保险机构治理指数数据库。

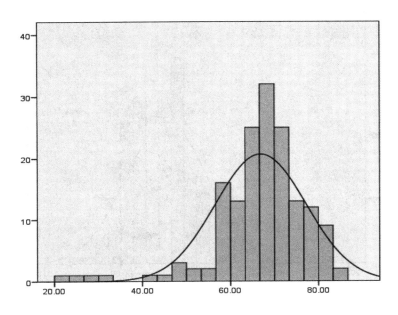

图 10-2　2016 年中国保险机构治理指数分布图

资料来源：南开大学中国保险机构治理指数数据库。

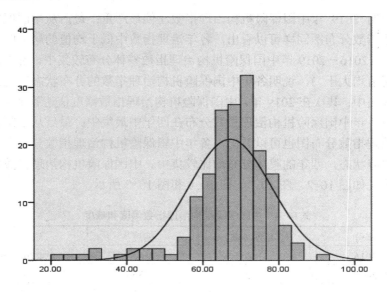

图 10-3　2017 年中国保险机构治理指数分布图

资料来源：南开大学中国保险机构治理指数数据库。

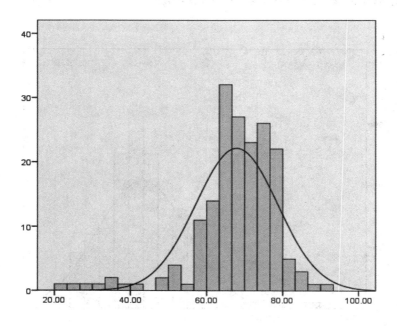

图 10-4　2018 年中国保险机构治理指数分布图

资料来源：南开大学中国保险机构治理指数数据库。

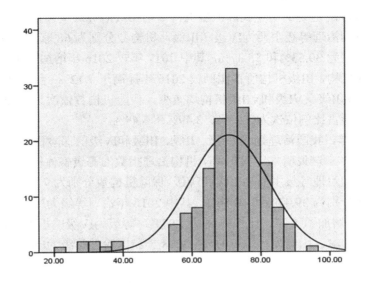

图 10-5　2019 年中国保险机构治理指数分布图

资料来源：南开大学中国保险机构治理指数数据库。

二、保险机构治理指数等级分析

本研究根据治理指数分布的不同区间，将保险机构治理指数分为七个等级。治理指数等级简称治理等级，本研究界定中国保险机构治理等级采用如下标准：治理指数大于等于 90 小于等于 100 为 I 级（90≤治理指数 X≤100），治理指数大于等于 80 小于 90 为 II 级（80≤治理指数 X<90），治理指数大于等于 70 小于 80 为 III 级（70≤治理指数 X<80），治理指数大于等于 60 小于 70 为 IV 级（60≤治理指数 X<70），治理指数大于等于 50 小于 60 为 V 级（50≤治理指数 X<60），治理指数大于等于 40 小于 50 为 VI 级（40≤治理指数 X<50），治理指数小于 40 为 VII 级（治理指数 X<40）。

根据表 10-5 的统计结果，2016 年，我国治理等级为 I 级、II 级、III 级和 IV 级的保险机构所占总比例为 81.88%，这说明本年我国保险机构治理指数的等级整体较高；本年我国保险机构治理等级主要为 IV 级和 III 级，这两级样本数分别为 70 家和 50 家，所占比例分别为 43.75% 和 31.25%；我国保险机构治理等级为 VI 级和 VII 级的保险机构较少，分别有 5 家和 4 家保险机构，所占比例分别为 3.13% 和 2.50%；2016 年我国没有治理等级为 I 级的保险机构。

2017 年，我国治理等级为 I 级、II 级、III 级和 IV 级的保险机构所占总比例为 83.71%，这说明本年我国保险机构治理指数的等级整体较高；本年我国保险机构治理等级主要为IV级和III级，机构数分别为 68 家和 66 家，所占比例分别为 39.53%和 38.37%，其中 2017 年较 2016 年增加了 16 家等级为III级的机构，III级机构所占比例较 2016 年提高了 7.12%；我国保险机构治理等级为II级、VI级和VII级机构均较少，保险机构数依次为 9 家、6 家和 6 家，所占比例依次为 5.23%、3.49%和 3.49%。

2018 年，我国治理等级为I级、II级、III级和IV级的保险机构所占总比例为 85.56%，这说明本年我国保险机构治理指数的等级整体较高；本年我国保险机构治理等级主要为III级和IV级，保险机构数分别为 71 家和 73 家，所占比例分别为 39.44%和 40.56%，其中 2018 年治理等级为III级的机构数较 2017 年增加了 5 家，比例提高了 1.07%，等级为IV级的机构数较 2017 年增加了 5 家，比例提高了 1.03%；2018 年我国治理等级为I级、II级、VI级和VII级保险机构均较少，保险机构数依次为 1 家、9 家、3 家和 7 家，所占比例依次为 0.56%、5.00%、1.67%和 3.89%。

2019 年，我国治理等级为I级、II级、III级和IV级的保险机构所占总比例为 88.89%，这说明本年我国保险机构治理指数的等级整体较高；本年中国保险机构治理等级仍主要为III级和IV级，保险机构数分别为 83 家和 47 家，所占比例分别为 46.11%和 26.11%，其中 2019 年治理等级为III级的机构数较 2018 年增加了 12 家，比例提高了 6.67%，2019 年治理等级为II级的机构数较 2018 年增加了 20 家，比例提高了 11.11%；2019 年我国没有治理等级为VI级的保险机构，治理等级为I级和VII级的保险机构依然较少，分别为 1 家和 8 家，所占比例为 0.56%和 4.44%。具体数据如表 10-5 所示。

表 10-5　中国保险机构治理指数等级

治理等级	2016 年		2017 年		2018 年		2019 年	
	样本数（家）	比例（%）	样本数（家）	比例（%）	样本数（家）	比例（%）	样本数（家）	比例（%）
I	0	0.00	1	0.58	1	0.56	1	0.56
II	11	6.88	9	5.23	9	5.00	29	16.11
III	50	31.25	66	38.37	71	39.44	83	46.11
IV	70	43.75	68	39.53	73	40.56	47	26.11
V	20	12.50	16	9.30	16	8.89	12	6.67
VI	5	3.13	6	3.49	3	1.67	0	0.00
VII	4	2.50	6	3.49	7	3.89	8	4.44
合计	160	100.00	172	100.00	180	100.00	180	100.00

资料来源：南开大学中国保险机构治理指数数据库。

第三节 中国保险机构治理指数比较分析

本节主要对中国保险机构治理指数进行了分类比较分析，包括地区分类比较分析、组织形式分类比较分析、资本性质分类比较分析以及险种类型分类比较分析。

一、保险机构治理指数分地区的比较分析

根据表 10-6 的统计结果，2016 年北京市、上海市和深圳市的样本数依次为 45 家、40 家和 14 家，其余各地区样本数均小于 10 家，这说明北京市、上海市和深圳市是我国本年主要的注册地区，三地区保险机构治理指数平均值依次为 65.56、69.08 和 69.82，即北京市治理指数平均值相对较低，深圳市相对较高。北京市平均值显著低于深圳市的主要原因为北京市中型保险机构和小型保险机构比例高于深圳市，具体来说北京市小型保险机构的比例为 68.89%，而深圳市小型保险机构的比例为 57.14%。虽然上海市小型保险机构比例高达 80.00%，但是其保险机构治理指数平均值明显高于北京市，主要原因为上海市小型保险机构治理指数平均值明显高于北京市和深圳市，具体来说上海市小型保险机构治理指数平均值为 67.48，而北京市和深圳市分别为 64.73 和 65.30[①]。

2017 年北京市、上海市和深圳市的样本数依次为 49 家、41 家和 16 家，其余各地区样本数均小于 10 家，这说明北京市、上海市和深圳市是我国本年主要的注册地区，三地区保险机构治理指数平均值依次为 65.24、71.80 和 69.10，即北京市治理指数平均值相对较低，上海市相对较高。2017 年，北京市保险机构治理指数平均值较 2016 年下降了 0.32，深圳市较 2016 年下降了 0.72，上海市较 2016 年提高了 2.72。北京市平均值显著低于深圳市的主要原因为北京市中型保险机构和小型保险机构比例高于深圳市，且两市中小型保险机构治理指数平均值低于大型保险机构，具体来说北京市小型保险机构的比例为 71.43%，而深圳市小型保险机构的比例为 62.50%，北京市和深圳市小型保险机构比例上升可能是治理指数平均值降低的原因。上海市小型保险机构比例高达 80.49%，但是其保险机构治理指数平均

---

① 上海市小型保险机构治理指数高的原因主要是股东与股权结构治理和高级管理人员治理水平较高。在股东与股权结构方面，相比于北京市和深圳市，其股权结构较集中，股权层级较少，股权出质情况较少；在高级管理人员方面，相比于北京市和深圳市，其总精算师、合规负责人、审计责任人等特殊高管设立较多。

值明显高于北京市，主要原因为上海市小型保险机构治理指数平均值明显高于北京市和深圳市，具体来说上海市小型保险机构治理指数平均值为70.32，而北京市和深圳市分别为64.14和66.87。

表 10-6　中国保险机构治理指数分地区比较

地区	2016 年		2017 年		2018 年		2019 年	
	样本数（家）	治理指数	样本数（家）	治理指数	样本数（家）	治理指数	样本数（家）	治理指数
北京市	45	65.56	49	65.24	50	67.51	50	70.38
长春市	2	68.76	2	70.08	2	70.16	2	70.33
成都市	3	60.75	3	59.15	4	58.69	4	62.94
重庆市	4	68.23	5	64.25	5	71.14	5	73.74
长沙市	1	73.95	1	74.32	1	73.04	1	80.21
大连市	3	71.17	3	70.83	3	67.43	3	72.87
福州市	1	58.45	1	59.23	1	66.26	1	76.12
贵阳市	—	—	1	77.40	1	72.82	1	71.02
广州市	3	71.18	5	66.41	5	66.97	5	70.8
哈尔滨市	2	67.80	2	70.76	2	64.38	2	68.09
海口市	—	—	—	—	1	63.72	1	78.51
杭州市	3	71.53	3	69.46	3	73.24	3	79.36
吉林市	1	63.23	1	56.07	1	68.84	1	58.65
江门市	2	58.87	3	63.79	3	64.60	3	67.4
嘉兴市	—	—	—	—	1	72.13	1	72.87
克拉玛依市	1	64.44	1	66.83	1	61.32	1	63.57
昆明市	1	68.80	1	61.81	1	61.44	1	66.9
拉萨市	1	60.00	1	60.00	1	53.31	1	55.96
兰州市	—	—	—	—	1	78.58	1	84.44
宁波市	3	38.84	3	38.05	3	39.30	3	39.64
南昌市	1	72.91	1	70.52	1	69.75	1	78.75
南京市	3	62.63	3	63.60	3	60.53	3	66.11
南宁市	1	61.08	1	62.22	2	67.89	2	69.03
青岛市	1	70.34	1	70.76	1	76.07	1	71.54
上海市	40	69.08	41	71.80	39	71.28	39	73.95
三亚市	2	61.96	2	62.30	3	67.88	3	72.39
深圳市	14	69.82	16	69.10	17	68.57	17	70.48
天津市	6	71.85	6	72.24	6	71.74	6	73.75
唐山市	1	63.75	1	57.74	1	63.93	1	70.95

地区	2016 年		2017 年		2018 年		2019 年	
	样本数（家）	治理指数	样本数（家）	治理指数	样本数（家）	治理指数	样本数（家）	治理指数
太原市	1	75.77	1	69.26	1	75.87	1	76.77
武汉市	3	75.05	3	71.14	4	70.32	4	75.56
乌鲁木齐市	1	63.50	1	67.27	1	60.94	1	70.81
无锡市	1	70.25	1	68.05	1	72.74	1	69.46
温州市	1	25.82	1	25.82	1	25.82	1	28.58
西安市	1	76.57	1	72.41	2	74.60	2	75.06
厦门市	2	70.09	2	69.91	2	65.70	2	72.57
银川市	1	71.44	1	76.62	1	84.62	1	84.31
烟台市	1	57.33	1	56.32	1	52.84	1	59.12
珠海市	2	60.31	2	68.28	2	67.71	2	70.1
郑州市	1	79.64	1	83.95	1	72.71	1	77.02

资料来源：南开大学中国保险机构治理指数数据库。

2018 年北京市、上海市和深圳市的样本数依次为 50 家、39 家和 17 家，其余各地区样本数均小于 10 家，这说明北京市、上海市和深圳市是我国本年主要的注册地区，三地区保险机构治理指数平均值依次为 67.51、71.28 和 68.57，即北京市治理指数平均值相对较低，上海市相对较高。2018 年北京市保险机构治理指数平均值较 2017 年上升了 2.27，上海市较 2017 年下降了 0.52，深圳市较 2017 年下降了 0.53。北京市平均值低于深圳市的主要原因为北京市中型保险机构和小型保险机构比例高于深圳市，具体来说北京市小型保险机构的比例为 72.00%，而深圳市小型保险机构的比例为 64.71%。上海市小型保险机构比例高达 82.05%，但是其保险机构治理指数平均值明显高于北京市，主要原因为上海市小型保险机构治理指数平均值明显高于北京市和深圳市，具体来说上海市小型保险机构治理指数平均值为 69.10，而北京市和深圳市分别为 66.44 和 64.73。

2019 年北京市、上海市和深圳市的样本数依次为 50 家、39 家和 17 家，其余各地区样本数均小于 10 家，这说明北京市、上海市和深圳市是我国本年主要的注册地区，三地区保险机构治理指数平均值依次为 70.38、73.95 和 70.48，即北京市和深圳市治理指数平均值相对较低，上海市相对较高。2019 年北京市、上海市和深圳市治理指数平均值均较 2018 年有所提高，依次提高了 2.87、2.67 和 1.91，其中北京市上升幅度最大。上海市小型保险机构比例高达 80.05%，但是其保险机构治理指数平均值明显高于北京市和深圳市，主要原因为上海市小型保险机构治理指数平均值明显高于北京市和深圳市，具体来说上海市小型保险机构治理指数平均值为72.73，而北京市和深圳市分别为 68.92 和 66.52。2019 年北京市治理指数平均值首次超过深圳市，这可能是因为北京市小型保险机构治理指数明显高于深圳市。

二、保险机构治理指数分组织形式的比较分析

根据表 10-7 的统计结果，2019 年三类组织形式的保险机构治理指数平均值普遍高于 2016 年保险机构治理指数平均值，且股份制保险机构治理水平最高，有限制保险机构次之，相互制保险机构治理水平最差。

2016 年股份制保险机构有 98 家，有限制保险机构有 58 家，相互制保险机构有 4 家，中国保险机构治理指数平均值在股份制保险机构、有限制保险机构和相互制保险机构中依次为 68.62、66.15 和 34.86，可见股份制保险机构高于有限制保险机构，有限制保险机构高于相互制保险机构，即股份制保险机构治理情况最好。从分指数角度分析，股份制保险机构在董事与董事会分指数和监事与监事会分指数具有明显优势，有限制保险机构在股东与股权结构分指数、高级管理人员分指数、信息披露分指数和利益相关者分指数占据优势，而相互制保险机构六个分指数普遍较低，且与股份制保险机构和有限制保险机构差距较大。

2017 年股份制保险机构有 104 家，有限制保险机构有 61 家，相互制保险机构有 7 家，中国保险机构治理指数平均值在股份制保险机构、有限制保险机构和相互制保险机构依次为 68.36、67.10 和 51.14，依然是股份制保险机构治理指数平均值最高，相互制保险机构最低，可见股份制保险机构治理情况最好；但值得注意的是，股份制保险机构治理指数平均值较2016 年降低了 0.26，有限制保险机构和相互制保险机构均有提高，分别提高了 0.95 和 16.28。从分指数角度分析，股份制保险机构的董事与董事会分指数、监事与监事会分指数和高级管理人员分指数较 2016 年有所提高，有限制保险机构的监事与监事会分指数、高级管理人员分指数和利益相关者分指数较 2016 年略有上升，2017 年相互制保险机构利益相关者分指数高于股份制保险机构，董事与董事会分指数高于有限制保险机构，其他四个分指数与股份制保险机构和有限制保险机构差距较大。

2018 年股份制保险机构有 112 家，有限制保险机构有 61 家，相互制保险机构有 7 家，中国保险机构治理指数平均值在股份制保险机构、有限

制保险机构和相互制保险机构依次为 69.74、66.85 和 48.09，可见股份制保险机构高于有限制保险机构和相互制保险机构，相互制保险机构最低，即股份制保险机构治理情况最好；股份制保险机构治理指数较 2017 年提高了 1.38，有限制保险机构和相互制保险机构均有下降，分别降低了 0.25 和 3.05。从分指数角度分析，股份制保险机构的股东与股权结构分指数、高级管理人员分指数和利益相关者分指数较 2017 年有所下降，其余三类均有提高，有限制保险机构的董事与董事会分指数、信息披露分指数和利益相关者分指数较 2017 年略有下降，其余三类有所提高，2018 年相互制保险机构董事与董事会分指数高于有限制保险机构，其他五个分指数与股份制保险机构和有限制保险机构差距较大。

2019 年股份制保险机构有 110 家，有限制保险机构有 63 家，相互制保险机构有 7 家，中国保险机构治理指数平均值在股份制保险机构、有限制保险机构和相互制保险机构依次为 73.78、68.15 和 50.03，可见股份制保险机构治理指数平均值仍然最高，相互制保险机构依然最低，即股份制保险机构治理情况最好，相互制保险机构治理状况最差；股份制保险机构、有限制保险机构和相互制保险机构治理指数较 2018 年均有提高，依次提高了 4.04、1.30 和 1.94。从分指数角度分析，股份制保险机构在董事与董事会分指数、监事与监事会分指数、高级管理人员分指数仍具有相对优势，有限制保险机构在股东与股权结构分指数、信息披露分指数和利益相关者分指数具有一定优势，而相互制保险机构董事与董事会分指数高于有限制保险机构，利益相关者分指数与股份制保险机构和有限制保险机构相近，其他四个分指数与股份制保险机构和有限制保险机构差距仍较大。具体数据如表 10-7 所示。

表 10-7　中国保险机构治理指数分组织形式比较

年份	组织形式	样本数（家）	保险机构治理指数	股东与股权结构分指数	董事与董事会分指数	监事与监事会分指数	高级管理人员分指数	信息披露分指数	利益相关者分指数
2016	股份制	98	68.62	61.22	54.90	45.04	68.37	89.04	84.55
	有限制	58	66.15	64.14	41.95	31.03	70.44	90.47	87.44
	相互制	4	34.86	30.00	25.00	10.71	25.00	35.53	75.00
2017	股份制	104	68.36	60.58	55.58	46.29	70.74	88.21	80.91
	有限制	61	67.10	63.93	41.20	33.72	74.71	89.91	89.46
	相互制	7	51.14	40.00	48.57	28.57	40.82	57.89	81.63

年份	组织形式	样本数（家）	保险机构治理指数	股东与股权结构分指数	董事与董事会分指数	监事与监事会分指数	高级管理人员分指数	信息披露分指数	利益相关者分指数
	股份制	112	69.74	59.64	58.45	56.89	70.15	88.39	80.61
2018	有限制	61	66.85	65.57	36.61	39.81	75.64	89.30	88.06
	相互制	7	48.09	40.00	43.81	28.57	30.61	58.65	77.55
	股份制	110	73.78	58.00	63.09	60.13	79.74	88.42	90.26
2019	有限制	63	68.15	63.81	40.85	36.28	78.23	89.14	92.52
	相互制	7	50.03	40.00	44.76	28.57	36.73	59.40	81.63

资料来源：南开大学中国保险机构治理指数数据库。

本章还给出了治理层次维度中国保险机构治理指数分指数分组织形式比较分析结果，如表 10-8 所示，股份制保险机构的强制性治理分指数和自主性治理分指数总体上高于有限制保险机构，而相互制保险机构两类分指数均较低；同时还发现，具体组织形式保险机构强制性治理分指数总体上高于自主性治理分指数。

表 10-8　治理层次维度中国保险机构治理指数分指数分组织形式比较

年份	组织形式	平均值		中位数	
		强制性治理分指数	自主性治理分指数	强制性治理分指数	自主性治理分指数
	股份制	83.82	58.13	85.71	59.38
2016	有限制	82.39	52.64	85.71	50.00
	相互制	33.93	32.03	19.64	21.88
	股份制	83.76	57.90	85.71	59.38
2017	有限制	83.72	52.72	85.71	53.13
	相互制	56.63	46.88	82.14	62.50
	股份制	83.61	61.47	85.71	62.50
2018	有限制	83.49	51.90	85.71	50.00
	相互制	55.10	43.30	71.43	50.00
	股份制	87.82	64.63	89.29	65.63
2019	有限制	83.90	53.92	85.71	53.13
	相互制	55.61	45.98	71.43	53.13

资料来源：南开大学中国保险机构治理指数数据库。

三、保险机构治理指数分资本性质的比较分析

根据表 10-9 的统计结果，2019 年中资保险机构和外资保险机构治理指数均较 2016 年有了显著提高，且中资保险机构治理水平整体高于外资保险机构。

2016 年中资保险机构和外资保险机构分别有 111 家和 49 家，中国保险机构治理指数平均值分别为 67.20 和 66.15，即中资保险机构治理指数略高于外资保险机构；其中，中资保险机构的董事与董事会分指数、监事与监事会分指数亦高于外资保险机构，而外资保险机构的股东与股权结构分指数、高级管理人员分指数、信息披露分指数和利益相关者分指数均高于中资保险机构。

2017 年中资保险机构和外资保险机构分别有 123 家和 49 家，中国保险机构治理指数平均值分别为 66.97 和 67.82，即中资保险机构治理指数略低于外资保险机构；2017 年中资保险机构治理指数较 2016 年降低了 0.23，而外资保险机构治理指数较 2016 年提高了 1.67，其中中资保险机构的股东与股权结构分指数、信息披露分指数和利益相关者分指数较 2016 年略有下降，董事与董事会分指数、高级管理人员分指数和监事与监事会分指数有所提升，外资保险机构的股东与股权结构分指数和董事与董事会分指数较 2016 年略有下降，信息披露分指数无变化，高级管理人员分指数、监事与监事会分指数和利益相关者分指数有所提升。

2018 年中资保险机构和外资保险机构分别有 131 家和 49 家，中国保险机构治理指数平均值分别为 68.34 和 66.78，即中资保险机构治理指数高于外资保险机构；2018 年中资保险机构治理指数较 2017 年提高了 1.37，而外资保险机构治理指数较 2017 年降低了 1.04，其中中资保险机构的股东与股权结构分指数和利益相关者分指数较 2017 年有所下降，其他四类分指数均有所提高，而外资保险机构股东与股权结构分指数和监事与监事会分指数较 2017 年略有提高，其他四类分指数均低于 2017 年。

2019 年中资保险机构和外资保险机构分别有 130 家和 50 家，中国保险机构治理指数平均值分别为 71.60 和 69.02，即中资保险机构治理指数高于外资保险机构；2019 年中资保险机构治理指数较 2018 年提高了 3.26，而外资保险机构治理指数较 2018 年提高了 2.24，其中中资保险机构的董事与董事会分指数和监事与监事会分指数仍高于外资保险机构，而外资保险机构的股东与股权结构分指数、高级管理人员分指数、信息披露分指数和利益相关者分指数均高于中资保险机构。

表 10-9　中国保险机构治理指数分资本性质比较

年份	资本性质	样本数（家）	保险机构治理指数	股东与股权结构分指数	董事与董事会分指数	监事与监事会分指数	高级管理人员分指数	信息披露分指数	利益相关者分指数
2016	中资	111	67.20	59.28	53.63	44.27	66.28	87.25	84.17
	外资	49	66.15	66.53	40.00	27.41	72.01	90.44	88.05
2017	中资	123	66.97	59.02	54.31	45.76	67.83	86.44	80.84
	外资	49	67.82	65.71	39.86	29.45	78.72	90.44	91.84
2018	中资	131	68.34	58.17	56.69	55.94	68.05	86.50	80.70
	外资	49	66.78	68.16	33.88	34.11	76.97	90.33	89.21
2019	中资	130	71.60	56.31	60.67	57.14	75.82	86.56	85.82
	外资	50	69.02	67.20	38.80	33.43	82.00	90.11	87.43

资料来源：南开大学中国保险机构治理指数数据库。

本章还给出了治理层次维度中国保险机构治理指数分指数分资本性质比较分析结果，如表 10-10 所示，中资保险机构的强制性治理分指数总体上低于外资保险机构，而中资保险机构的自主性治理分指数总体上高于外资保险机构；同时还发现，具体资本性质保险机构的强制性治理分指数总体上高于自主性治理分指数，中资保险机构自主治理水平提升显著。

表 10-10　治理层次维度中国保险机构治理指数分指数分资本性质比较

年份	资本性质	平均值		中位数	
		强制性治理分指数	自主性治理分指数	强制性治理分指数	自主性治理分指数
2016	中资	81.76	57.26	85.71	59.38
	外资	82.73	51.47	85.71	50.00
2017	中资	81.59	57.14	85.71	59.38
	外资	85.28	51.79	85.71	53.13
2018	中资	81.68	60.33	85.71	62.50
	外资	84.55	50.00	85.71	50.00
2019	中资	84.97	62.96	89.29	65.63
	外资	85.79	52.88	85.71	50.00

资料来源：南开大学中国保险机构治理指数数据库。

四、保险机构治理指数分险种类型的比较分析

根据表 10-11 的统计结果，2019 年财产险和人身险保险机构治理指数均较 2016 年有了明显提高，且人身险保险机构治理水平普遍高于财产险保险机构治理水平。2016 年财产险保险机构有 82 家，人身险保险机构有 78 家，财产险和人身险保险机构治理指数平均值分别为 66.58 和 67.20，即人身险保险机构治理水平优于财产险保险机构，人身险保险机构董事与董事会分指数、高级管理人员分指数、信息披露分指数和利益相关者分指数均高于财产险保险机构。

2017 年财产险保险机构有 86 家，人身险保险机构有 86 家，财产险和人身险保险机构治理指数平均值分别为 66.78 和 67.64，即人身险保险机构治理水平优于财产险保险机构，2017 年财产险和人身险保险机构治理指数较 2016 年均有提高，财产险保险机构董事与董事会分指数、监事与监事会分指数和高级管理人员分指数较 2016 年有所提高，其余三类均有所下降，人身险保险机构股东与股权结构分指数、监事与监事会分指数和高级管理人员分指数较 2016 年有所提升，其他三类均有所降低。

2018 年财产险保险机构有 89 家，人身险保险机构有 91 家，财产险和人身险保险机构治理指数平均值分别为 66.98 和 68.83，即人身险保险机构治理水平优于财产险保险机构，2018 年财产险和人身险保险机构治理指数较 2017 年均有提高，财产险保险机构董事与董事会分指数、高级管理人员分指数、信息披露分指数和利益相关者分指数依然低于人身险保险机构，财产险保险机构和人身险保险机构的监事与监事会分指数均较 2017 年有所提高。

2019 年财产险保险机构有 89 家，人身险保险机构有 91 家，财产险和人身险保险机构治理指数平均值分别为 70.21 和 71.55，即人身险保险机构治理水平优于财产险保险机构，2019 年财产险和人身险保险机构治理指数较 2018 年均有提高，人身险保险机构董事与董事会分指数、高级管理人员分指数、信息披露分指数和利益相关者分指数依然占据优势，财产险保险机构和人身险保险机构的股东与股权结构分指数较 2018 年略有下降。

表 10-11　中国保险机构治理指数分险种类型比较

年份	险种类型	样本数（家）	保险机构治理指数	股东与股权结构分指数	董事与董事会分指数	监事与监事会分指数	高级管理人员分指数	信息披露分指数	利益相关者分指数
2016	财产险	82	66.58	64.39	48.21	42.86	64.81	87.48	83.45
	人身险	78	67.20	58.46	50.77	35.16	71.43	89.00	87.36
2017	财产险	86	66.78	63.02	49.92	45.02	66.78	86.96	81.56
	人身险	86	67.64	58.84	50.47	37.21	75.08	88.19	86.38
2018	财产险	89	66.98	64.04	49.21	52.81	66.93	86.58	78.17
	人身险	91	68.83	57.80	51.72	47.25	73.94	88.49	87.76
2019	财产险	89	70.21	61.80	52.81	53.45	75.12	86.10	88.28
	人身险	91	71.55	56.92	56.34	47.72	79.91	88.95	93.09

资料来源：南开大学中国保险机构治理指数数据库。

本章还给出了治理层次维度中国保险机构治理指数分指数分险种类型比较分析结果，如表 10-12 所示，财产险保险机构的强制性治理分指数和自主性治理分指数总体上均低于人身险保险机构；同时还发现，两类保险机构的强制治理和自主治理水平提升显著。

表 10-12　治理层次维度中国保险机构治理指数分指数分险种类型比较

年份	险种类型	平均值		中位数	
		强制性治理分指数	自主性治理分指数	强制性治理分指数	自主性治理分指数
2016	财产险	81.62	54.99	85.71	56.25
	人身险	82.51	56.01	85.71	56.25
2017	财产险	81.64	55.74	85.71	56.25
	人身险	83.64	55.49	85.71	56.25
2018	财产险	80.74	57.13	82.14	56.25
	人身险	84.14	57.90	89.29	59.38
2019	财产险	83.99	59.48	85.71	59.38
	人身险	86.38	60.82	89.29	62.50

资料来源：南开大学中国保险机构治理指数数据库。

第十一章 我国中小型保险机构治理指数分析

中小型保险机构是我国保险机构的主体组成部分，也是本研究的主要研究对象。本章主要是利用本研究第八章所设计的保险机构治理评价指标体系对我国中小型保险机构治理状况进行评价，并利用所生成的保险机构治理指数对我国中小型保险机构治理指数进行总体分析、分布分析、等级分析和比较分析，同时对治理内容和治理层次维度的治理分指数进行统计分析，以全面反映我国中小型保险机构治理质量。

第一节　中小型保险机构治理指数总体分析

本节在生成的中国保险机构治理指数的基础上，对中小型保险机构治理指数进行了描述性统计分析，进而总体把握我国中小型保险机构治理质量；同时本节还进行了我国中小型保险机构和大型保险机构治理质量的比较分析。

一、中小型保险机构治理指数分析

表 11-1 的统计结果显示，2016－2019 年中小型保险机构治理指数平均值依次为 66.24、66.53、67.23 和 70.25，总体呈现逐年上升的态势，表明中小型保险机构治理水平显著提高，其中 2017 年平均值较 2016 年提高了 0.29，2018 年平均值较 2017 年提高了 0.70，2019 年平均值较 2018 年提高了 3.02，即各年增幅也呈现上升的趋势，整体来看，2019 年中小型保险机构治理指数平均值较 2016 年共提高了 4.01。2016－2019 年中小型保险机构治理指数中位数依次为 67.30、68.71、68.78 和 71.63，数值逐年升高，整体来看，2019 年中小型保险机构治理指数中位数较 2016 年提高了 4.33。2016－2019 年中小型保险机构治理指数标准差依次为 10.32、10.93、10.86 和 11.49，标准差数值呈现整体上升趋势，表明中小型保险机构治理

水平的差距并未缓解，且有进一步扩大的趋势，整体来看，2019 年中小型保险机构治理指数标准差较 2016 年提高了 1.17。2016－2019 年中小型保险机构治理指数最大值依次为 84.82、91.95、90.53 和 93.80，数值整体增大，2019 年中小型保险机构治理指数最大值较 2016 年提高了 8.98；2016－2019 年中小型保险机构治理指数最小值均为 22.15，连续四年最小值均未提高，表明治理状况较差的机构的治理情况并未得到明显改善；中小型保险机构治理指数极差在 2019 年达到最大值 71.65，在 2016 年为最小值 62.67，四年极差数值普遍较大，中小型保险机构之间治理水平差距明显。

表 11-1　　中小型保险机构治理指数描述性统计

统计指标	2016 年	2017 年	2018 年	2019 年
样本数	147	159	167	167
平均值	66.24	66.53	67.23	70.25
中位数	67.30	68.71	68.78	71.63
标准差	10.32	10.93	10.86	11.49
极差	62.67	69.80	68.37	71.65
最小值	22.15	22.15	22.15	22.15
最大值	84.82	91.95	90.53	93.80

资料来源：南开大学中国保险机构治理指数数据库。

二、中小型保险机构与大型保险机构治理的对比分析

根据图 11-1 和表 11-2 的统计结果，中小型保险机构的治理水平普遍低于大型保险机构。2016－2019 年中小型保险机构治理指数平均值依次为 66.24、66.53、67.23 和 70.25，大型保险机构治理指数平均值依次为 74.13、75.55、76.73 和 79.08，中小型保险机构各年治理指数平均值均低于相应年份大型保险机构治理指数平均值，但两类机构治理指数均呈现出逐年上升的态势。2019 年中小型保险机构治理指数平均值较 2016 年提高了 4.01，2019 年大型保险机构治理指数平均值较 2016 年提升了 4.95，说明中小型保险机构和大型保险机构治理水平均在逐年提高，且中小型保险机构治理状况普遍劣于大型保险机构。2016－2019 年中小型保险机构治理指数中位数依次为 67.30、68.71、68.78 和 71.63，大型保险机构治理指数中位数依次为 76.49、75.14、77.47 和 78.13，可见，中小型保险机构各年治理指数中位数均低于相应年份大型保险机构治理指数中位数；中小型保险机构治理指数中位数最大值出现在 2019 年，最小值出现在 2016 年，两者相差

4.33，大型保险机构治理指数中位数最大值出现在 2019 年，最小值出现在 2017 年，两者相差 2.99。

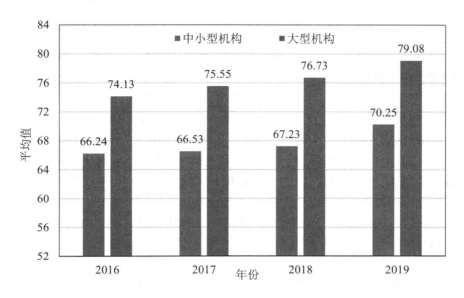

图 11-1　中小型保险机构和大型保险机构治理指数趋势图

资料来源：南开大学中国保险机构治理指数数据库。

表 11-2　中小型保险机构与大型保险机构治理指数比较

年份	平均值		中位数	
	中小型机构	大型机构	中小型机构	大型机构
2016	66.24	74.13	67.30	76.49
2017	66.53	75.55	68.71	75.14
2018	67.23	76.73	68.78	77.47
2019	70.25	79.08	71.63	78.13

资料来源：南开大学中国保险机构治理指数数据库。

第二节　中小型保险机构治理指数分布与等级分析

本节对中小型保险机构治理指数进行了分布分析；同时，将中小型保险机构治理指数分成了七个等级，对其进行了年度等级分析，并将其与大型保险机构治理指数的等级进行了比较。

一、中小型保险机构治理指数分布分析

根据表 11-3 的统计结果，可得出如下结论：2016－2019 年中小型保险机构治理指数的分布总体都接近于正态分布；2016－2019 年中小型保险机构治理指数左偏，首先各年偏度值依次为-1.637、-1.582、-1.612 和-1.749，四年数值均为负值，说明各年中小型保险机构治理指数均为负偏斜（又称左偏），其次各年偏度值在 2019 年达到绝对值最大，这也说明 2019 年中小型保险机构治理指数左偏最严重，最后从中小型保险机构治理指数分布图同样可以看出，各年治理指数分布中低于均值的尾部明显向左延伸；2016－2019 年中小型保险机构治理指数整体分布较集中，首先各年度峰度值依次为 4.820、3.852、4.149 和 4.638，四年数字均大于 3，说明各年中小型保险机构治理指数的分布状态比正态分布更加集中，其次在 2016 年，中小型保险机构治理指数峰度值达到最大，这表明 2016 年中小型保险机构治理指数分布在四年中最集中，最后从中小型保险机构治理指数分布图也可以看出，各年中小型保险机构指数分布图均呈现出尖峰状态，说明四年的整体分布均比较集中。中小型保险机构治理指数具体分布情况如图 11-2、图 11-3、图 11-4 和图 11-5 所示。

表 11-3 中小型保险机构治理指数偏度和峰度

年份	样本数（家）	偏度	峰度
2016	147	−1.637	4.820
2017	159	−1.582	3.852
2018	167	−1.612	4.149
2019	167	−1.749	4.638

资料来源：南开大学中国保险机构治理指数数据库。

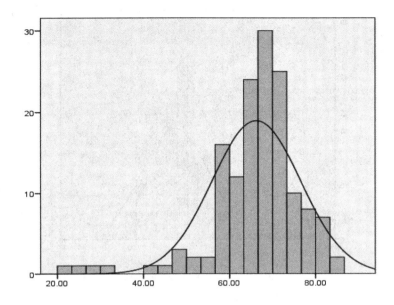

图 11-2　2016 年中小型保险机构治理指数分布图

资料来源：南开大学中国保险机构治理指数数据库。

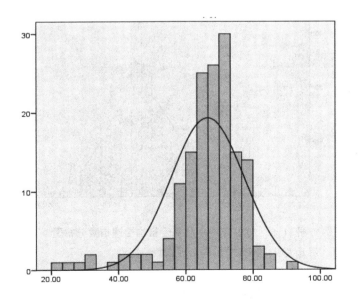

图 11-3　2017 年中小型保险机构治理指数分布图

资料来源：南开大学中国保险机构治理指数数据库。

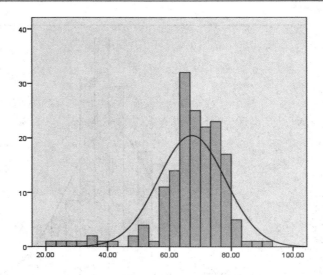

图 11-4　2018 年中小型保险机构治理指数分布图

资料来源：南开大学中国保险机构治理指数数据库。

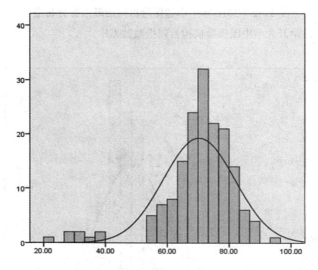

图 11-5　2019 年中小型保险机构治理指数分布图

资料来源：南开大学中国保险机构治理指数数据库。

二、中小型保险机构治理指数等级分析

　　根据表 11-4 的统计结果，2016 年，治理等级为I级、II级、III级和IV级的中小型保险机构所占总比例为 80.27%，这说明本年我国中小型保险机

构治理指数的等级整体较高；本年中小型保险机构治理等级主要为III级和IV级，机构数分别为 43 家和 66 家，所占比例分别为 29.25%和 44.90%；2016 年治理等级为II级、VI级和VII级的中小型保险机构较少，机构数依次为 9 家、5 家和 4 家，所占比例依次为 6.12%、3.40%和 2.72%；2016 年没有治理等级为I级的中小型保险机构。

2017 年，治理等级为I级、II级、III级和IV级的中小型保险机构所占总比例为 85.39%，这说明本年我国中小型保险机构治理指数的等级整体较高；本年中小型保险机构治理等级主要为III级和IV级，机构数依次为 59 家和 66 家，所占比例依次为 37.11%和 44.51%；2017 年治理等级为III级的中小型保险机构增加了 16 家，比例提高了 7.86；2017 年较 2016 年增加了 1家等级为I级的机构，所占比例为 0.63%；2017 年治理等级为II级、VI级和VII级的中小型保险机构较少，机构数依次为 5 家、6 家和 6 家，所占比例依次为 3.14%、3.77%和 3.77%。

2018 年，治理等级为I级、II级、III级和IV级的中小型保险机构所占总比例为 84.43%，这说明本年我国中小型保险机构治理指数的等级整体较高；本年中小型保险机构治理等级主要为III级和IV级，机构数分别为 62 家和 71 家，所占比例分别为 37.13%和 42.51%；2018 年治理等级为I级、II级、VI级和VII级的中小型保险机构较少，机构数依次为 1 家、7 家、3 家和 7 家，所占比例依次为 0.60%、4.19%、1.80%和 4.19%。

2019 年，治理等级为I级、II级、III级和IV级的中小型保险机构所占总比例为 88.02%，这说明本年我国中小型保险机构治理指数的等级整体较高；本年中小型保险机构治理等级主要为III级和IV级，机构数分别为 75 家和 47 家，所占比例分别为 44.91%和 28.14%；2019 年治理等级为III级的中小型保险机构较 2018 年增加了 13 家，比例提高了 7.78%；2019 年治理等级为I级、VII级的中小型保险机构较少，机构数依次为 1 家和 8 家，所占比例依次为 0.60%和 4.79%；2019 年没有治理等级为VI级的中小型保险机构。

表 11-4 中小型保险机构治理指数等级

治理等级	2016 年		2017 年		2018 年		2019 年	
	样本数（家）	比例（%）	样本数（家）	比例（%）	样本数（家）	比例（%）	样本数（家）	比例（%）
I	0	0.00	1	0.63	1	0.60	1	0.60
II	9	6.12	5	3.14	7	4.19	24	14.37
III	43	29.25	59	37.11	62	37.13	75	44.91

治理等级	2016 年		2017 年		2018 年		2019 年	
	样本数（家）	比例（%）	样本数（家）	比例（%）	样本数（家）	比例（%）	样本数（家）	比例（%）
IV	66	44.90	66	44.51	71	42.51	47	28.14
V	20	13.61	16	10.06	16	9.58	12	7.19
VI	5	3.40	6	3.77	3	1.80	0	0.00
VII	4	2.72	6	3.77	7	4.19	8	4.79
合计	147	100.00	159	100.00	167	100.00	167	100.00

资料来源：南开大学中国保险机构治理指数数据库。

表 11-5 的统计结果显示，治理等级为II级和III级的中小型保险机构所占比例显著低于大型保险机构，而IV级机构占比明显高于大型保险机构，总体来讲，中小型保险机构治理等级较大型保险机构低。具体来说，2016－2019 年，大型保险机构治理均为II级、III级和IV级，2016 年治理等级为II级、III级和IV级的大型保险机构分别有 2 家、7 家和 4 家，所占比例依次为 15.38%、53.85%和 30.77%；2017 年治理等级为II级、III级和IV级的大型保险机构分别有 4 家、7 家和 2 家，所占比例依次为 30.77%、53.85%和 15.38%，2017 年等级为II级机构数较 2016 年有所增加；2018 年治理等级为II级、III级和IV级的大型保险机构分别有 2 家、9 家和 2 家，所占比例依次为 15.38%、69.23%和 15.38%；2019 年治理等级为II级和III级的大型保险机构分别有 5 家和 8 家，所占比例依次为 38.46%和 61.54%。

表 11-5　大型保险机构治理指数等级

治理等级	2016 年		2017 年		2018 年		2019 年	
	样本数（家）	比例（%）	样本数（家）	比例（%）	样本数（家）	比例（%）	样本数（家）	比例（%）
I	0	0.00	0	0.00	0	0.00	0	0.00
II	2	15.38	4	30.77	2	15.38	5	38.46
III	7	53.85	7	53.85	9	69.23	8	61.54
IV	4	30.77	2	15.38	2	15.38	0	0.00
V	0	0.00	0	0.00	0	0.00	0	0.00
VI	0	0.00	0	0.00	0	0.00	0	0.00
VII	0	0.00	0	0.00	0	0.00	0	0.00
合计	13	100.00	13	100.00	13	100.00	13	100.00

资料来源：南开大学中国保险机构治理指数数据库。

第三节 中小型保险机构治理指数比较分析

本节主要对中小型保险机构治理指数进行了分类比较分析，包括组织形式分类比较分析、资本性质分类比较分析以及险种类型分类比较分析。

一、中小型保险机构治理指数分组织形式的比较分析

根据表 11-6 的统计结果，2019 年三类组织形式的中小型保险机构治理指数普遍高于 2016 年，且股份制中小型保险机构治理水平最高，有限制中小型保险机构次之，相互制中小型保险机构治理水平较差。

2016 年股份制中小型保险机构有 87 家，有限制中小型保险机构有 56 家，相互制中小型保险机构有 4 家，中小型保险机构治理指数平均值在股份制保险机构、有限制保险机构和相互制保险机构中依次为 67.99、65.77 和 34.86，可见股份制保险机构治理指数高于有限制保险机构，有限制保险机构高于相互制保险机构，即股份制保险机构治理情况最好；从分指数角度分析，股份制保险机构在董事与董事会分指数和监事与监事会分指数具有明显优势，有限制保险机构在股东与股权结构分指数、高级管理人员分指数、信息披露分指数和利益相关者分指数优势较大，而相互制保险机构六个分指数普遍较低，且与股份制保险机构和有限制保险机构差距较大。

2017 年股份制中小型保险机构有 93 家，有限制中小型保险机构有 59 家，相互制中小型保险机构有 7 家，中小型保险机构治理指数平均值在股份制保险机构、有限制保险机构和相互制保险机构依次为 67.56、66.73 和 51.14，即股份制保险机构治理指数最高，相互制保险机构治理指数最低，可见股份制保险机构治理情况最好，但值得注意的是，股份制保险机构治理指数较 2016 年降低了 0.43，有限制保险机构和相互制保险机构均有提高，分别提高了 0.96 和 16.28；从分指数角度分析，股份制保险机构的董事与董事会分指数、监事与监事会分指数和高级管理人员分指数较 2016 年有所提高，有限制保险机构的监事与监事会分指数、高级管理人员分指数和利益相关者分指数较 2016 年略有上升，2017 年相互制保险机构利益相关者分指数高于股份制保险机构、董事与董事会分指数高于有限制保险机构，其他四个分指数与股份制保险机构和有限制保险机构差距仍较大。

2018 年股份制中小型保险机构有 101 家,有限制中小型保险机构有 59 家，相互制中小型保险机构有 7 家，中小型保险机构治理指数平均值在股份制保险机构、有限制保险机构和相互制保险机构依次为 69.06、66.36 和

48.09，股份制保险机构治理指数高于有限制保险机构和相互制保险机构，相互制保险机构最低，即股份制保险机构治理情况最好，股份制保险机构治理指数较 2017 年提高了 1.50，有限制保险机构和相互制保险机构均有下降，分别降低了 0.37 和 3.05；从分指数角度分析，股份制保险机构的股东与股权结构分指数、高级管理人员分指数和利益相关者分指数较 2017 年有所下降，其余三类均有提高，有限制保险机构的董事与董事会分指数、信息披露分指数和利益相关者分指数较 2017 年略有下降，其余三类有所提高，而 2018 年相互制保险机构董事与董事会分指数高于有限制保险机构、利益相关者分指数接近于股份制保险机构和有限制保险机构，其他四个分指数依然与股份制保险机构和有限制保险机构有一定差距。

2019 年股份制中小型保险机构有 99 家，有限制中小型保险机构有 61 家，相互制中小型保险机构有 7 家，中小型保险机构治理指数平均值在股份制保险机构、有限制保险机构和相互制保险机构依次为 73.08、67.98 和 50.03，股份制保险机构治理指数最高，相互制保险机构最低，即股份制保险机构治理情况最好，相互制保险机构治理状况较差，股份制保险机构、有限制保险机构和相互制保险机构治理指数较 2018 年均有提高，依次提高了 4.02、1.62 和 1.94；从分指数角度分析，股份制保险机构在董事与董事会分指数、监事与监事会分指数、高级管理人员分指数仍具有明显优势，有限制保险机构在股东与股权结构分指数、信息披露分指数和利益相关者分指数具有相对优势，而相互制保险机构董事与董事会分指数高于有限制保险机构，利益相关者分指数与股份制保险机构和有限制保险机构相近，其他四个分指数与股份制保险机构和有限制保险机构差距仍较大。

表 11-6　中小型保险机构治理指数分组织形式比较

年份	组织形式	样本数（家）	保险机构治理指数	股东与股权结构分指数	董事与董事会分指数	监事与监事会分指数	高级管理人员分指数	信息披露分指数	利益相关者分指数
2016	股份制	87	67.99	58.39	54.18	43.02	69.29	88.81	85.39
	有限制	56	65.77	64.29	41.43	29.85	69.39	90.32	87.50
	相互制	4	34.86	30.00	25.00	10.71	25.00	35.53	75.00
2017	股份制	93	67.56	58.06	54.77	44.39	71.12	87.83	81.11
	有限制	59	66.73	63.05	41.02	32.69	74.09	89.74	89.83
	相互制	7	51.14	40.00	48.57	28.57	40.82	57.89	81.63

续表

年份	组织形式	样本数（家）	保险机构治理指数	股东与股权结构分指数	董事与董事会分指数	监事与监事会分指数	高级管理人员分指数	信息披露分指数	利益相关者分指数
2018	股份制	101	69.06	56.83	57.82	55.87	70.58	88.07	81.05
	有限制	59	66.36	64.75	36.50	38.26	75.30	89.12	87.65
	相互制	7	48.09	40.00	43.81	28.57	30.61	58.65	77.55
2019	股份制	99	73.08	55.35	62.83	59.02	80.23	88.20	89.75
	有限制	61	67.98	63.28	40.98	35.83	78.45	88.87	92.27
	相互制	7	50.03	40.00	44.76	28.57	36.73	59.40	81.63

资料来源：南开大学中国保险机构治理指数数据库。

　　本章还给出了治理层次维度中小型保险机构治理指数分指数分组织形式比较分析结果，如表11-7所示，股份制中小型保险机构的强制性治理分指数和自主性治理分指数总体上高于有限制中小型保险机构，而相互制中小型保险机构两类分指数均较低；同时还发现，具体组织形式中小型保险机构的强制性治理分指数总体上高于自主性治理分指数。

表11-7　治理层次维度中小型保险机构治理指数分指数分组织形式比较

年份	组织形式	平均值		中位数	
		强制性治理分指数	自主性治理分指数	强制性治理分指数	自主性治理分指数
2016	股份制	84.03	56.97	85.71	59.38
	有限制	82.08	52.12	85.71	50.00
	相互制	33.93	32.03	19.64	21.88
2017	股份制	83.72	56.65	85.71	56.25
	有限制	83.47	52.33	85.71	53.13
	相互制	56.63	46.88	82.14	62.50
2018	股份制	83.63	60.49	85.71	62.50
	有限制	83.11	51.43	85.71	50.00
	相互制	55.10	43.30	71.43	50.00
2019	股份制	87.66	63.86	89.29	65.63
	有限制	83.67	53.84	85.71	53.13
	相互制	55.61	45.98	71.43	53.13

资料来源：南开大学中国保险机构治理指数数据库。

二、中小型保险机构治理指数分资本性质的比较分析

根据表 11-8 的统计结果，2019 年中资中小型保险机构和外资中小型保险机构治理指数均较 2016 年有了显著提高，且中资中小型保险机构治理水平整体高于外资中小型保险机构。

2016 年中资中小型保险机构和外资中小型保险机构分别有 98 家和 49 家，中小型保险机构治理指数平均值分别为 66.28 和 66.15，即中资中小型保险机构治理指数略高于外资中小型保险机构，其中中资中小型保险机构的董事与董事会分指数和监事与监事会分指数高于外资中小型保险机构，而外资中小型保险机构的股东与股权结构分指数、高级管理人员分指数、信息披露分指数和利益相关者分指数均高于中资中小型保险机构。

2017 年中资中小型保险机构和外资中小型保险机构分别有 110 家和 49 家，中小型保险机构治理指数平均值分别为 65.95 和 67.82，即中资中小型保险机构治理指数低于外资中小型保险机构，2017 年中资中小型保险机构治理指数较 2016 年降低了 0.33，而外资中小型保险机构治理指数较 2016 年提高了 1.67，其中中资中小型保险机构的股东与股权结构分指数、信息披露分指数和利益相关者分指数较 2016 年略有下降，董事与董事会分指数、高级管理人员分指数和监事与监事会分指数有所提升，外资中小型保险机构的股东与股权结构分指数和董事与董事会分指数较 2016 年略有下降，信息披露分指数无变化，高级管理人员分指数、监事与监事会分指数和利益相关者分指数有所提升。

2018 年中资中小型保险机构和外资中小型保险机构分别有 118 家和 49 家，中小型保险机构治理指数平均值分别为 67.42 和 66.78，即中资中小型保险机构治理指数高于外资中小型保险机构，2018 年中资中小型保险机构治理指数较 2017 年提高了 1.47，而外资中小型保险机构治理指数较 2017 年降低了 1.04，其中中资中小型保险机构的股东与股权结构分指数和利益相关者分指数较 2017 年有所下降，其他四类分指数均有所提高，而外资中小型保险机构股东与股权结构分指数和监事与监事会分指数较 2017 年略有提高，其他四类治理分指数均低于 2017 年。

2019 年中资中小型保险机构和外资中小型保险机构分别有 117 家和 50 家，中小型保险机构治理指数平均值分别为 70.77 和 69.02，中资中小型保险机构治理指数高于外资中小型保险机构，2019 年中资中小型保险机构治理指数较 2018 年提高了 3.35，而外资中小型保险机构治理指数较 2018 年提高了 2.24，其中中资中小型保险机构的股东与股权结构分指数较 2018

年有所降低，其余五个分指数均较 2018 年提高，外资中小型保险机构的董事与董事会分指数、高级管理人员分指数和利益相关者分指数较 2018 年有所提高，其余三个分指数较 2018 年下降，中资中小型保险机构的董事与董事会分指数和监事与监事会分指数仍高于外资中小型保险机构，而外资中小型保险机构的股东与股权结构分指数、高级管理人员分指数、信息披露分指数和利益相关者分指数均高于中资中小型保险机构。

表 11-8　中小型保险机构治理指数分资本性质比较

年份	资本性质	样本数（家）	保险机构治理指数	股东与股权结构分指数	董事与董事会分指数	监事与监事会分指数	高级管理人员分指数	信息披露分指数	利益相关者分指数
2016	中资	98	66.28	56.53	52.79	41.98	66.18	86.68	84.84
	外资	49	66.15	66.53	40.00	27.41	72.01	90.44	88.05
2017	中资	110	65.95	56.18	53.64	43.77	67.40	85.79	81.04
	外资	49	67.82	65.71	39.86	29.45	78.72	90.44	91.84
2018	中资	118	67.42	55.08	56.27	54.48	67.92	85.91	80.75
	外资	49	66.78	68.16	33.88	34.11	76.97	90.33	89.21
2019	中资	117	70.77	53.50	60.63	56.04	75.95	86.01	88.89
	外资	50	69.02	67.20	38.80	33.43	82.00	90.11	93.71

资料来源：南开大学中国保险机构治理指数数据库。

本章还给出了治理层次维度中小型保险机构治理指数分指数分资本性质比较分析结果，如表 11-9 所示，中资中小型保险机构的强制性治理分指数各年均低于外资中小型保险机构，而中资中小型保险机构的自主性治理分指数各年均高于外资中小型保险机构；同时还发现，具体资本性质中小型保险机构的强制性治理分指数总体上高于自主性治理分指数，中资中小型保险机构自主治理水平提升相对显著。

表 11-9　治理层次维度中小型保险机构治理指数分指数分资本性质比较

年份	资本性质	平均值		中位数	
		强制性治理分指数	自主性治理分指数	强制性治理分指数	自主性治理分指数
2016	中资	81.52	55.93	85.71	57.81
	外资	82.73	51.47	85.71	50.00
2017	中资	81.17	55.88	85.71	56.25
	外资	85.28	51.79	85.71	53.13

年份	资本性质	平均值		中位数	
		强制性治理分指数	自主性治理分指数	强制性治理分指数	自主性治理分指数
2018	中资	81.30	59.30	85.71	62.50
	外资	84.55	50.00	85.71	50.00
2019	中资	84.46	62.26	89.29	65.63
	外资	85.79	52.88	85.71	50.00

资料来源：南开大学中国保险机构治理指数数据库。

三、中小型保险机构治理指数分险种类型的比较分析

根据表 11-10 的统计结果，2019 年财产险中小型保险机构和人身险中小型保险机构治理指数均较 2016 年有了明显提高，且财产险中小型保险机构治理水平低于人身险中小型保险机构。

2016 年财产险中小型保险机构有 77 家，人身险中小型保险机构有 70 家，财产险中小型保险机构和人身险中小型保险机构治理指数平均值分别为 66.39 和 66.08，即财产险中小型保险机构治理水平略优于人身险中小型保险机构，财产险中小型保险机构董事与董事会分指数、高级管理人员分指数、信息披露分指数和利益相关者分指数均低于人身险中小型保险机构。

2017 年财产险中小型保险机构有 81 家，人身险中小型保险机构有 78 家，财产险中小型保险机构和人身险中小型保险机构治理指数平均值分别为 66.47 和 66.59，即财产险中小型保险机构治理水平劣于人身险中小型保险机构，财产险中小型保险机构治理指数较 2016 年提高了 0.08，2017 年人身险中小型保险机构治理指数较 2016 年提高了 0.51，2017 年人身险中小型保险机构和财产险中小型保险机构董事与董事会分指数、监事与监事会分指数和高级管理人员分指数较 2016 年有所提升，其他三类均有所降低。

2018 年财产险中小型保险机构有 84 家，人身险中小型保险机构有 83 家，财产险中小型保险机构和人身险中小型保险机构治理指数平均值分别为 66.64 和 67.83，即财产险中小型保险机构治理水平劣于人身险中小型保险机构，2018 年财产险中小型保险机构和人身险中小型保险机构治理指数较 2017 年均有提高，财产险中小型保险机构董事与董事会分指数、高级管理人员分指数、信息披露分指数和利益相关者分指数依然低于人身险中小型保险机构，财产险中小型保险机构和人身险中小型保险机构的监事与监事会分指数均较 2017 年有所提高。

2019 年财产险中小型保险机构有 84 家，人身险中小型保险机构有 83 家，财产险中小型保险机构和人身险中小型保险机构治理指数平均值分别为 69.55 和 70.96，即财产险中小型保险机构治理水平劣于人身险中小型保险机构，2019 年财产险中小型保险机构和人身险中小型保险机构治理指数较 2018 年均有提高，财产险中小型保险机构董事与董事会分指数、高级管理人员分指数、信息披露分指数和利益相关者分指数均低于人身险中小型保险机构，财产险中小型保险机构的股东与股权结构分指数、监事与监事会分指数和信息披露分指数较 2018 年略有下降，其余三类较 2018 年均有提升，人身险中小型保险机构的股东与股权结构分指数较 2018 年未有变化，其余五类较 2018 年也均有提升。

表 11-10　中小型保险机构治理指数分险种类型比较

年份	险种类型	样本数（家）	保险机构治理指数	股东与股权结构分指数	董事与董事会分指数	监事与监事会分指数	高级管理人员分指数	信息披露分指数	利益相关者分指数
2016	财产险	77	66.39	63.12	47.97	41.93	65.68	87.08	84.23
	人身险	70	66.08	56.29	49.14	31.84	70.82	88.87	87.76
2017	财产险	81	66.47	62.22	49.30	43.74	67.20	86.55	82.19
	人身险	78	66.59	55.90	49.49	34.80	74.73	87.92	86.63
2018	财产险	84	66.64	62.86	48.57	52.21	67.35	86.09	78.74
	人身险	83	67.83	54.94	50.84	44.75	73.84	88.33	87.78
2019	财产险	84	69.55	60.24	52.22	52.04	75.17	85.78	87.93
	人身险	83	70.96	54.94	55.98	46.47	80.38	88.71	92.77

资料来源：南开大学中国保险机构治理指数数据库。

本章还给出了治理层次维度中小型保险机构治理指数分指数分险种类型比较分析结果，如表 11-11 所示，财产险中小型保险机构的强制性治理分指数和自主性治理分指数总体上均低于人身险中小型保险机构；同时还发现，两类保险机构的强制性治理分指数高于自主性治理分指数。

表 11-11　治理层次维度中小型保险机构治理指数分指数分险种类型比较

年份	险种类型	平均值		中位数	
		强制性治理分指数	自主性治理分指数	强制性治理分指数	自主性治理分指数
2016	财产险	81.73	54.50	85.71	53.13
	人身险	82.14	54.38	85.71	53.13

年份	险种类型	平均值		中位数	
		强制性治理分指数	自主性治理分指数	强制性治理分指数	自主性治理分指数
2017	财产险	81.66	55.02	85.71	56.25
	人身险	83.24	54.21	87.50	54.69
2018	财产险	80.65	56.51	82.14	56.25
	人身险	83.86	56.63	89.29	56.25
2019	财产险	83.63	58.71	85.71	59.38
	人身险	86.10	60.20	89.29	62.50

资料来源：南开大学中国保险机构治理指数数据库。

第四节　治理内容维度中小型保险机构治理分指数分析

本节从治理内容维度对六类中小型保险机构治理分指数进行了年度统计分析，并将其与大型保险机构治理分指数进行了比较分析。

一、中小型保险机构股东与股权结构分析

根据表 11-12 的统计结果，2016－2019 年中小型保险机构股东与股权结构分指数平均值四年均未超过 60.00，大型保险机构股东与股权结构分指数平均值依次为 80.00、83.08、86.15 和 81.54，即中小型保险机构普遍低于相应年份大型保险机构股东与股权结构分指数平均值，这表明中小型保险机构股东与股权结构治理状况劣于大型保险机构；2016－2019 年中小型保险机构股东与股权结构分指数中位数为 60.00，大型保险机构股东与股权结构分指数中位数为 80.00，中小型保险机构相应年份股东与股权结构分指数中位数比大型保险机构中位数低 20.00，进一步说明中小型保险机构股东与股权结构治理状况显著劣于大型保险机构。

表 11-12　中小型保险机构和大型保险机构股东与股权结构分指数比较

年份	平均值		中位数	
	中小型机构	大型机构	中小型机构	大型机构
2016	59.86	80.00	60.00	80.00
2017	59.12	83.08	60.00	80.00
2018	58.92	86.15	60.00	80.00
2019	57.60	81.54	60.00	80.00

资料来源：南开大学中国保险机构治理指数数据库。

根据表 11-13 的统计结果，2016－2019 年中小型保险机构股东与股权结构分指数平均值依次为 59.86、59.12、58.92 和 57.60，总体呈现逐年下降的态势，尤以 2019 年下降最为显著，这一现象表明我国目前中小型保险机构股东与股权结构治理状况不容乐观，有变劣的趋势，总体来看，2019年股东与股权结构分指数平均值较 2016 年下降了 2.26。2016－2019 年中小型保险机构股东与股权结构分指数中位数无变化，均为 60.00，此时平均值的下降进一步表明股东与股权结构治理较差的机构增多。2016－2019 年中小型保险机构股东与股权结构分指数标准差的最大值为 2016 年的20.20，标准差的最小值为 2017 年的 19.14，股东与股权结构分指数标准差数值一直徘徊在 20.00 附近，数值较大，表明我国中小型保险机构股东与股权结构治理水平差异较大。2016－2019 年中小型保险机构股东与股权结构分指数的最大值为 100.00，最小值为 20.00，极差达到了 80.00，差距十分显著，且近年来一直未得到缓解。

表 11-13　中小型保险机构股东与股权结构分指数描述性统计

统计指标	2016 年	2017 年	2018 年	2019 年
样本数	147	159	167	167
平均值	59.86	59.12	58.92	57.60
中位数	60.00	60.00	60.00	60.00
标准差	20.20	19.14	20.15	20.10
极差	80.00	80.00	80.00	80.00
最小值	20.00	20.00	20.00	20.00
最大值	100.00	100.00	100.00	100.00

资料来源：南开大学中国保险机构治理指数数据库。

二、中小型保险机构董事与董事会分析

根据表 11-14 的统计结果，2016－2019 年中小型保险机构董事与董事会分指数平均值依次为 48.53、49.39、49.70 和 54.09，大型保险机构董事与董事会分指数平均值依次为 60.00、60.00、60.51 和 61.03，中小型保险机构董事与董事会分指数平均值普遍低于相应年份的大型保险机构平均值，表明中小型保险机构董事与董事会治理水平劣于大型保险机构，且中小型保险机构和大型保险机构董事与董事会分指数平均值逐年升高，表明我国中小型保险机构和大型保险机构董事与董事会治理情况均越来越好；

2018－2019 年中小型保险机构董事与董事会分指数中位数高于大型保险机构，进一步说明中小型保险机构董事与董事会治理状况普遍提升，2016年大型保险机构董事与董事会分指数中位数为 66.67，2017 年中位数迅速下降为 46.67，且 2018－2019 年中位数一直保持在 46.67，但平均值略微上升，这可能说明大型保险机构之间董事与董事会治理状况差距拉大。

表 11-14 中小型保险机构和大型保险机构董事与董事会分指数比较

年份	平均值		中位数	
	中小型机构	大型机构	中小型机构	大型机构
2016	48.53	60.00	46.67	66.67
2017	49.39	60.00	46.67	46.67
2018	49.70	60.51	53.33	46.67
2019	54.09	61.03	60.00	46.67

资料来源：南开大学中国保险机构治理指数数据库。

根据表 11-15 的统计结果，2016－2019 年中小型保险机构董事与董事会分指数平均值依次为 48.53、49.39、49.70 和 54.09，总体呈现逐年上升的态势，尤以 2019 年上升最为显著，2019 年较 2018 年提高了 4.39，这一现象表明目前我国中小型保险机构董事与董事会治理状况正在逐步改善，有越来越好的趋势，2019 年董事与董事会分指数平均值较 2016 年上升了5.56，增长率达到了 11.46%，但是中小型保险机构董事与董事会分指数平均值四年以来普遍不高，说明董事与董事会治理还有很大的提升空间。2016－2017 年中小型保险机构董事与董事会分指数中位数无变化，为46.67，2017－2019 年呈现上升趋势，其中 2018 年较 2017 年提高了 6.66，2019 年较 2018 年提高了 6.67。2016－2019 年中小型保险机构董事与董事会分指数的标准差依次为 21.19、21.46、23.20 和 23.81，数值逐年升高，且均大于 20.00，表明我国中小型保险机构董事与董事会治理差异较大，且有愈演愈烈的趋势。2016－2018 年中小型保险机构董事与董事会分指数的最大值为 93.00，2019 年最大值为 100.00，2016 年、2018 年和 2019 年中小型保险机构董事与董事会分指数最小值为 7.00，2017 年最小值为 0.00，四年来极差最大值达到了 93.00，最小值也不低，为 87.00，这进一步说明我国中小型保险机构间的董事与董事会治理差距大，且近年来一直未得到缓解，董事与董事会治理较差和较好的机构并存。

表 11-15 中小型保险机构董事与董事会分指数描述性统计

统计指标	2016 年	2017 年	2018 年	2019 年
样本数	147	159	167	167
平均值	48.53	49.39	49.70	54.09
中位数	46.67	46.67	53.33	60.00
标准差	21.19	21.46	23.30	23.81
极差	87.00	93.00	87.00	93.00
最小值	7.00	0.00	7.00	7.00
最大值	93.00	93.00	93.00	100.00

资料来源：南开大学中国保险机构治理指数数据库。

三、中小型保险机构监事与监事会分析

根据表 11-16 的统计结果，2016－2019 年中小型保险机构监事与监事会分指数平均值依次为 37.12、39.35、48.50 和 49.27，大型保险机构监事与监事会分指数平均值依次为 61.54、62.64、69.23 和 67.03，中小型保险机构各年监事与监事会分指数平均值皆显著低于相应年份的大型保险机构分指数平均值，这表明中小型保险机构监事与监事会治理状况明显劣于大型保险机构，大型保险机构监事与监事会分指数平均值在 2016－2018 年逐年升高，表明我国大型保险机构监事与监事会治理情况越来越好，2019 年平均值略有下降，但幅度不大，下降比例为 3.18%；2016－2019 年中小型保险机构监事与监事会分指数中位数为 42.86，2016 年、2017 年和 2019 年大型保险机构监事与监事会分指数中位数为 57.14，2018 年大型保险机构监事与监事会分指数中位数提高至 71.43，上升幅度为 25.01%，四年来中小型保险机构监事与监事会分指数中位数均低于大型保险机构监事与监事会分指数中位数。

表 11-16 中小型保险机构和大型保险机构监事与监事会分指数比较

年份	平均值		中位数	
	中小型机构	大型机构	中小型机构	大型机构
2016	37.12	61.54	42.86	57.14
2017	39.35	62.64	42.86	57.14
2018	48.50	69.23	42.86	71.43
2019	49.27	67.03	42.86	57.14

资料来源：南开大学中国保险机构治理指数数据库。

根据表 11-17 的统计结果，2016－2019 年中小型保险机构监事与监事会分指数平均值依次为 37.12、39.35、48.50 和 49.27，总体呈现逐年上升的态势，尤以 2018 年上升最为显著，2018 年较 2017 年提高了 9.15，这一现象表明目前我国中小型保险机构监事与监事会治理状况正在逐步改善，有越来越好的趋势；2019 年监事与监事会分指数平均值较 2016 年共上升了 12.15，增长率达到了 32.73%，但是中小型保险机构监事与监事会分指数平均值四年以来一直不高，均小于 50.00，这说明中小型保险机构监事与监事会整体治理水平不高。2016－2019 年中小型保险机构监事与监事会分指数中位数无变化，均为 42.86。2016－2019 年中小型保险机构监事与监事会分指数标准差的依次为 24.61、23.99、26.70 和 27.68，最大值达到 27.68，最小值也大于 20.00，表明我国中小型保险机构间监事与监事会治理差异较大，且在 2019 年各中小型保险机构间差异最为明显。2016－2019 年中小型保险机构监事与监事会分指数的最大值为 100.00，最小值为 0.00，四年来极差为 100.00，最小值为 0.00，这表明我国中小型保险机构监事与监事会治理仍有极差的案例，但也不乏监事与监事会分指数为 100.00 的优秀案例，这进一步证明我国中小型保险机构监事与监事会治理差距极大，且近年来一直未得到缓解。

表 11-17 　中小型保险机构监事与监事会分指数描述性统计

统计指标	2016 年	2017 年	2018 年	2019 年
样本数	147	159	167	167
平均值	37.12	39.35	48.50	49.27
中位数	42.86	42.86	42.86	42.86
标准差	24.61	23.99	26.70	27.68
极差	100.00	100.00	100.00	100.00
最小值	0.00	0.00	0.00	0.00
最大值	100.00	100.00	100.00	100.00

资料来源：南开大学中国保险机构治理指数数据库。

四、中小型保险机构高级管理人员分析

根据表 11-18 的统计结果，2016－2019 年中小型保险机构高级管理人员分指数平均值依次为 68.12、70.89、70.57 和 77.76，大型保险机构高级管理人员分指数平均值依次为 67.03、71.43、69.23 和 74.73，除了 2017 年，其他三个年份中小型保险机构高级管理人员分指数平均值均略高于相应年

份大型保险机构，表明中小型保险机构高级管理人员治理状况普遍优于大
型保险机构，大型保险机构高级管理人员分指数平均值总体呈上升趋势，
表明我国大型保险机构高级管理人员治理情况越来越好；2016－2018 年中
小型保险机构高级管理人员分指数中位数无变化，均为 71.43，2019 年提
高到了 85.71，上升幅度较大，2016 年大型保险机构监事与监事会分指数
中位数为 57.14，2017－2019 年提升至 71.43，2016 年和 2019 年中小型保
险机构高级管理人员分指数中位数高于大型保险机构高级管理人员分指数
中位数。

表 11-18   中小型保险机构和大型保险机构高级管理人员分指数比较

年份	平均值		中位数	
	中小型机构	大型机构	中小型机构	大型机构
2016	68.12	67.03	71.43	57.14
2017	70.89	71.43	71.43	71.43
2018	70.57	69.23	71.43	71.43
2019	77.76	74.73	85.71	71.43

资料来源：南开大学中国保险机构治理指数数据库。

根据表 11-19 的统计结果，2016－2019 年中小型保险机构高级管理人
员分指数平均值依次为 68.12、70.89、70.57 和 77.76，总体呈现逐年上升
的态势，但 2018 年略有下降，2019 年上升最为显著，2019 年较 2018 年提
高了 7.19，2019 年高级管理人员分指数平均值较 2016 年共上升了 9.64，
增长率达到了 14.15%，中小型保险机构高级管理人员分指数平均值四年以
来普遍较高，均接近于 70.00，这说明中小型保险机构高级管理人员治理水
平普遍较高。2016－2018 年中小型保险机构高级管理人员分指数中位数无
变化，为 71.43，2019 年提高到了 85.71，上升幅度较大。2016－2019 年中
小型保险机构高级管理人员分指数标准差的最大值达到 23.87，最小值为
21.56，表明我国中小型保险机构间高级管理人员治理水平差异也较大。
2016－2019 年中小型保险机构高级管理人员分指数的最大值为 100.00，最
小值为 14.29，四年来极差为 85.71；最大值为 100.00，表明我国中小型保
险机构高级管理人员治理有特别优秀的机构，但也不乏高级管理人员分指
数为 14.29 的较差的案例，这进一步证明我国中小型保险机构高级管理人
员治理水平差距极大，且近年来一直未得到缓解。

表 11-19　中小型保险机构高级管理人员分指数描述性统计

统计指标	2016 年	2017 年	2018 年	2019 年
样本数	147	159	167	167
平均值	68.12	70.89	70.57	77.76
中位数	71.43	71.43	71.43	85.71
标准差	22.56	23.78	22.87	21.93
极差	85.71	85.71	85.71	85.71
最小值	14.29	14.29	14.29	14.29
最大值	100.00	100.00	100.00	100.00

资料来源：南开大学中国保险机构治理指数数据库。

五、中小型保险机构信息披露分析

根据表 11-20 的统计结果，2016－2019 年中小型保险机构信息披露分指数平均值依次为 87.93、87.22、87.20 和 87.24，大型保险机构信息披露分指数平均值依次为 91.50、91.90、91.90 和 91.50，中小型保险机构信息披露分指数平均值略低于相应年份大型保险机构平均值，表明中小型保险机构信息披露水平普遍低于大型保险机构，大型保险机构信息披露分指数平均值均高于 90.00，表明我国大型保险机构信息披露较充分；2016－2019 年中小型保险机构信息披露分指数中位数无变化，为 89.47，大型保险机构信息披露分指数中位数均为 94.74，中小型保险机构信息披露分指数中位数普遍低于相应年份大型保险机构中位数。

表 11-20　中小型保险机构和大型保险机构信息披露分指数比较

年份	平均值		中位数	
	中小型机构	大型机构	中小型机构	大型机构
2016	87.93	91.50	89.47	94.74
2017	87.22	91.90	89.47	94.74
2018	87.20	91.90	89.47	94.74
2019	87.24	91.50	89.47	94.74

资料来源：南开大学中国保险机构治理指数数据库。

根据表 11-21 的统计结果，2016－2019 年中小型保险机构信息披露分指数平均值依次为 87.93、87.22、87.20 和 87.24，2016－2018 年有下降的趋势，2019 年略有上升，上升绝对值为 0.04，2019 年信息披露分指数平均值较 2016 年下降了 0.69；中小型保险机构信息披露分指数平均值四年以来普遍较高，均接近于 88.00，这说明中小型保险机构信息披露普遍较充分。2016－2019 年中小型保险机构信息披露分指数中位数无变化，均为89.47，数值较高。2016－2019 年中小型保险机构信息披露分指数标准差的最大值为 13.72，最小值为 13.38，四年数值均低于 15.00，表明我国中小型保险机构信息披露水平有差异但不是特别显著，其中信息披露水平差异在2017 年达到最大，2018 年略有缓解。2016－2019 年中小型保险机构信息披露分指数的最大值为 100.00，2016－2019 年最小值均为 15.79，极差均为 84.21，表明我国中小型保险机构信息披露水平存在差异且四年来状况未改善。

表 11-21　中小型保险机构信息披露分指数描述性统计

统计指标	2016 年	2017 年	2018 年	2019 年
样本数	147	159	167	167
平均值	87.93	87.22	87.20	87.24
中位数	89.47	89.47	89.47	89.47
标准差	13.68	13.72	13.38	13.50
极差	84.21	84.21	84.21	84.21
最小值	15.79	15.79	15.79	15.79
最大值	100.00	100.00	100.00	100.00

资料来源：南开大学中国保险机构治理指数数据库。

六、中小型保险机构利益相关者分析

根据表 11-22 的统计结果，2016－2019 年中小型保险机构利益相关者分指数平均值依次为 85.91、83.37、83.23 和 90.33，大型保险机构利益相关者分指数平均值依次为 79.12、79.12、80.22 和 91.21，2016－2018 年中小型保险机构利益相关者分指数平均值略高于相应年份的大型保险机构利益相关者分指数平均值，2019 年大型保险机构利益相关者分指数平均值高于中小型保险机构，表明大型保险机构利益相关者治理状况在 2019 年明显改善，大型保险机构利益相关者分指数平均值逐年升高且均高于 75.00，表明我国大型保险机构利益相关者治理水平普遍较高；2016－2019 年中小型保险机构利益相关者分指数中位数无变化，均为 85.71，2016－2018 年大型保险机构利益相关者分指数中位数均为 85.71，2019 年中位数提高到100.00，2016－2018 年中小型保险机构相关者分指数中位数与大型保险机构相同，2019 年中小型保险机构利益相关者分指数中位数低于大型保险机构。

表 11-22　中小型保险机构和大型保险机构利益相关者分指数比较

年份	平均值		中位数	
	中小型机构	大型机构	中小型机构	大型机构
2016	85.91	79.12	85.71	85.71
2017	83.37	79.12	85.71	85.71
2018	83.23	80.22	85.71	85.71
2019	90.33	91.21	85.71	100.00

资料来源：南开大学中国保险机构治理指数数据库。

根据表 11-23 的统计结果，2016—2019 年中小型保险机构利益相关者分指数平均值依次为 85.91、84.37、83.23 和 90.33，2016—2018 年有下降的趋势，2019 年明显上升，2019 年利益相关者分指数平均值较 2016 年提高了 4.42，中小型保险机构利益相关者分指数平均值四年以来普遍较高，均高于 80.00，这说明中小型保险机构利益相关者治理状况普遍较好。2016—2019 年中小型保险机构利益相关者分指数中位数无变化，均为 85.71，数值较高。2016—2019 年中小型保险机构信息披露分指数标准差的最大值为 13.43，最小值为 10.31，四年来标准差数值均低于 15.00，表明我国中小型保险机构利益相关者治理有差异但不是特别显著，差异最明显的情况出现在 2017 年。2016—2019 年中小型保险机构利益相关者分指数的最大值均为 100.00，2016 年和 2019 年中小型保险机构利益相关者分指数最小值为 57.14，极差为 42.86，2017-2018 年最小值降低为 42.86，极差提高至 57.14。

表 11-23　中小型保险机构利益相关者分指数描述性统计

统计指标	2016 年	2017 年	2018 年	2019 年
样本数	147	159	167	167
平均值	85.91	84.37	83.23	90.33
中位数	85.71	85.71	85.71	85.71
标准差	10.31	13.43	12.54	10.89
极差	42.86	57.14	57.14	42.86
最小值	57.14	42.86	42.86	57.14
最大值	100.00	100.00	100.00	100.00

资料来源：南开大学中国保险机构治理指数数据库。

第五节 治理层次维度中小型保险机构治理分指数分析

本节从治理层次维度对两类中小型保险机构治理分指数进行了年度统计分析，并将其与大型保险机构治理分指数进行了比较分析。

一、中小型保险机构强制治理分析

根据表 11-24 的统计结果，2016－2019 年中小型保险机构强制性治理分指数平均值分别为 81.92、82.43、82.25 和 84.86，大型保险机构强制性治理分指数平均值依次为 83.52、85.16、85.16 和 89.56，中小型保险机构普遍低于相应年份大型保险机构强制性治理分指数平均值，这表明中小型保险机构强制治理状况劣于大型保险机构；除了 2016 年，2017－2019 年中小型保险机构强制性治理分指数中位数等于大型保险机构相应年份中位数，在一定程度上表明中小型保险机构强制治理状况与大型保险机构差距不是特别显著。

表 11-24　中小型保险机构和大型保险机构强制性治理分指数比较

年份	平均值		中位数	
	中小型机构	大型机构	中小型机构	大型机构
2016	81.92	83.52	85.71	82.14
2017	82.43	85.16	85.71	85.71
2018	82.25	85.16	85.71	85.71
2019	84.86	89.56	89.29	89.29

资料来源：南开大学中国保险机构治理指数数据库。

根据表 11-25 的统计结果，2016－2019 年中小型保险机构强制性治理分指数平均值依次为 81.92、82.43、82.25 和 84.86，总体呈现上升的态势，尤以 2019 年上升最为显著，这一现象表明我国目前中小型保险机构治理监管日益强化；此外，中小型保险机构强制性治理分指数的极差较大，说明部分机构的强制治理水平较低。

表 11-25　中小型保险机构强制性治理分指数描述性统计

统计指标	2016 年	2017 年	2018 年	2019 年
样本数	147	159	167	167
平均值	81.92	82.43	82.25	84.86
中位数	85.71	85.71	85.71	89.29

统计指标	2016 年	2017 年	2018 年	2019 年
标准差	12.79	13.61	12.93	13.34
极差	82.14	82.14	82.14	82.14
最小值	17.86	17.86	17.86	17.86
最大值	100.00	100.00	100.00	100.00

资料来源：南开大学中国保险机构治理指数数据库。

二、中小型保险机构自主治理合规分析

根据表 11-26 的统计结果，2016－2019 年中小型保险机构自主性治理分指数平均值依次为 54.44、54.62、56.57 和 59.45，普遍低于相应年份的大型保险机构自主性治理分指数平均值 67.31、67.79、69.71 和 69.23，表明中小型保险机构自主治理水平劣于大型保险机构，中小型保险机构自主性治理分指数平均值逐年升高，表明我国中小型保险机构自主治理情况越来越好；2016－2019 年中小型保险机构自主性治理分指数中位数低于大型保险机构，也进一步说明中小型保险机构自主治理状况需要进一步提升。

表 11-26　中小型保险机构和大型保险机构自主性治理分指数比较

年份	平均值		中位数	
	中小型机构	大型机构	中小型机构	大型机构
2016	54.44	67.31	53.13	65.63
2017	54.62	67.79	56.25	65.63
2018	56.57	69.71	56.25	71.88
2019	59.45	69.23	59.38	68.75

资料来源：南开大学中国保险机构治理指数数据库。

根据表 11-27 的统计结果，2016－2019 年中小型保险机构自主性治理分指数平均值依次为 54.44、54.62、56.57 和 59.45，总体呈现逐年上升的态势，尤以 2018 年和 2019 年上升较为显著，这一现象表明目前我国中小型保险机构自主治理状况正在逐步改善，有越来越好的趋势，2019 年自主性治理分指数平均值较 2016 年上升了 5.01，但是中小型保险机构自主性治理分指数平均值四年以来普遍不高，远远低于同期的强制治理水平，说明我国中小型保险机构的自主治理整体较差。

表 11-27 中小型保险机构自主性治理分指数描述性统计

统计指标	2016 年	2017 年	2018 年	2019 年
样本数	147	159	167	167
平均值	54.44	54.62	56.57	59.45
中位数	53.13	56.25	56.25	59.38
标准差	13.00	12.70	13.89	14.31
极差	68.75	65.63	68.75	75.00
最小值	18.75	18.75	18.75	18.75
最大值	87.50	84.38	87.50	93.75

资料来源：南开大学中国保险机构治理指数数据库。

第十二章　我国小型保险机构治理指数分析

小型保险机构是我国中小型保险机构的主体组成部分，其治理水平决定了我国中小型保险机构治理的状况。本章主要是利用本研究第八章所设计的保险机构治理评价指标体系对我国小型保险机构治理状况进行评价，并利用所生成的保险机构治理指数对我国小型保险机构治理指数进行总体分析、分布分析、等级分析和比较分析，同时对治理内容和治理层次维度的治理分指数进行统计分析，以全面反映我国小型保险机构治理质量。

第一节　小型保险机构治理指数总体分析

本节在生成的中国保险机构治理指数的基础上，对小型保险机构治理指数进行了描述性统计分析，进而总体把握我国小型保险机构治理质量；同时，本节还进行了我国小型保险机构、中型保险机构和大型保险机构治理质量的比较分析。

一、小型保险机构治理指数分析

根据表 12-1 的统计结果，2016－2019 年小型保险机构治理指数平均值依次为 65.50、66.07、66.52 和 69.59，数值逐年升高，表明小型保险机构治理水平在逐年提升，2017 年小型保险机构治理指数平均值较 2016 年提高了 0.57，2018 年较 2017 年提高了 0.45，2019 年较 2018 年提高了 3.07，总体来看，2019 年较 2016 年共提高了 4.09。2016－2019 年小型保险机构治理指数中位数依次为 66.98、68.05、68.11 和 71.02，呈现逐年上升的态势，2019 年较 2016 年共提高了 4.04。2016－2019 年小型保险机构标准差依次为 9.88、10.78、10.64 和 11.44，四年来数值均在 10.00 上下波动，其中 2019 年标准差最大，2016 年标准差最小。2016－2019 年小型保险机构治理指数最大值依次为 81.91、84.74、84.62 和 88.29，最小值在 2016－2019

年之间相同，均为 22.15，连续四年最小值均未提高，表明治理状况较差的
机构其治理情况并未得到明显改善。小型保险机构治理指数极差在 2019 年
达到最大值，为 66.14，在 2016 年达到最小值，为 59.76。总体来看，小型
保险机构中，治理水平较高的机构和治理水平较低的机构之间治理水平仍
然存在很大差距。

表 12-1　　小型保险机构治理指数描述性统计

统计指标	2016 年	2017 年	2018 年	2019 年
样本数	127	139	147	147
平均值	65.50	66.07	66.52	69.59
中位数	66.98	68.05	68.11	71.02
标准差	9.88	10.78	10.64	11.44
极差	59.76	62.59	62.47	66.14
最小值	22.15	22.15	22.15	22.15
最大值	81.91	84.74	84.62	88.29

资料来源：南开大学中国保险机构治理指数数据库。

二、小型保险机构与大型保险机构治理的对比分析

根据图 12-1 和表 12-2 的统计结果，2016－2019 年三种规模的保险机
构中，大型保险机构的治理水平最高，中型保险机构次之，小型保险机构
治理水平较低。2016－2019 年小型保险机构治理指数平均值依次为 65.50、
66.07、66.52 和 69.59，中型保险机构治理指数平均值依次为 70.97、69.73、
72.44 和 75.05，大型保险机构治理指数平均值依次为 74.13、75.55、76.73
和 79.08，可见小型保险机构各年治理指数平均值均最低，大型保险机构各
年治理指数平均值均最高，即大型保险机构治理状况较好，小型保险机构
治理状况较差。就中位数而言，小型保险机构、大型保险机构治理指数中
位数的最大值均出现在 2019 年，数值分别为 71.02 和 78.13，中型保险机
构治理指数最大值出现在 2019 年，数值为 75.38，依然是大型保险机构最
高，小型保险机构最低，可见大型保险机构治理水平较高。

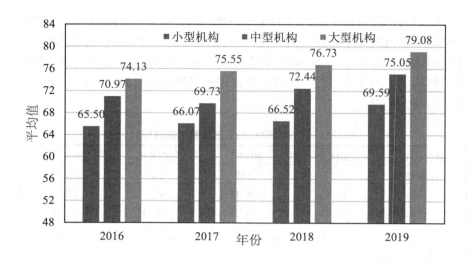

图 12-1 小型、中型和大型保险机构治理指数趋势图

资料来源：南开大学中国保险机构治理指数数据库。

表 12-2 小型、中型和大型保险机构治理指数对比

年份	平均值			中位数		
	小型机构	中型机构	大型机构	小型机构	中型机构	大型机构
2016	65.50	70.97	74.13	66.98	71.00	76.49
2017	66.07	69.73	75.55	68.05	71.75	75.14
2018	66.52	72.44	76.73	68.11	74.01	77.47
2019	69.59	75.05	79.08	71.02	75.38	78.13

资料来源：南开大学中国保险机构治理指数数据库。

第二节 小型保险机构治理指数分布与等级分析

本节对小型保险机构治理指数进行了分布分析；同时，将小型保险机构治理指数分成了七个等级，并对其进行了年度等级分析，将其与中型保险机构治理指数的等级进行了比较。

一、小型保险机构治理指数分布分析

根据表 12-3 的统计结果，可得出如下结论，2016－2019 年小型保险机构治理指数的分布总体都接近于正态分布；2016－2019 年小型保险机构

治理指数左偏，首先各年偏度值依次为-1.778、-1.673、-1.726 和-1.824，四年数值均为负值，说明各年小型保险机构治理指数均为负偏斜（又称左偏）；其次各年偏度值中 2019 年绝对值最大，这说明 2019 年小型保险机构治理指数左偏最严重；最后从小型保险机构治理指数分布图同样可以看出，各年治理指数分布中低于均值的尾部明显向左延伸。2016－2019 年小型保险机构治理指数整体分布较集中，首先各年度峰度值依次为 5.420、4.013、4.431 和 4.788，四年数字均大于 3，这说明各年小型保险机构治理指数的分布状态均比正态分布更加集中；其次在 2016 年，小型保险机构治理指数峰度值达到最大，表明 2016 年小型保险机构治理指数分布在四年中最集中；最后从小型保险机构治理指数分布图同样可以看出，各年小型保险机构治理指数分布图均呈现出尖峰状态，四年的整体分布均比较集中。小型保险机构治理指数具体分布情况如图 12-2、图 12-3、图 12-4 和图 12-5所示。

表 12-3　小型保险机构治理指数偏度和峰度

年份	样本数（家）	偏度	峰度
2016	127	-1.778	5.420
2017	139	-1.673	4.013
2018	147	-1.726	4.431
2019	147	-1.824	4.788

资料来源：南开大学中国保险机构治理指数数据库。

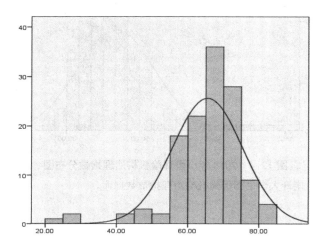

图 12-2　2016 年小型保险机构治理指数分布图

资料来源：南开大学中国保险机构治理指数数据库。

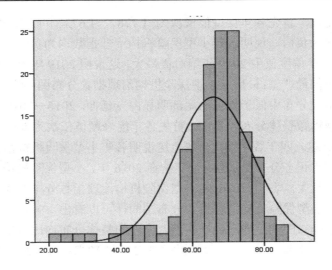

图 12-3　2017 年小型保险机构治理指数分布图

资料来源：南开大学中国保险机构治理指数数据库。

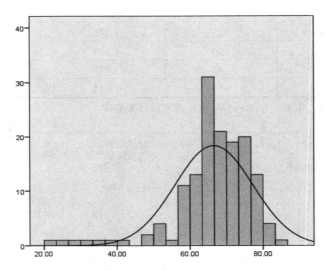

图 12-4　2018 年小型保险机构治理指数分布图

资料来源：南开大学中国保险机构治理指数数据库。

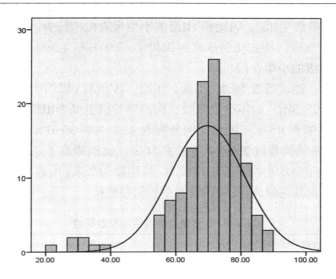

图 12-5　2019 年小型保险机构治理指数分布图

资料来源：南开大学中国保险机构治理指数数据库。

二、小型保险机构治理指数等级分析

根据表 12-4 的统计结果，2016 年，治理等级为Ⅰ级、Ⅱ级、Ⅲ级、Ⅳ级和Ⅴ级的小型保险机构所占总比例为 93.70%；本年小型保险机构治理等级主要为Ⅲ级和Ⅳ级，机构数分别为 37 家和 58 家，所占比例分别为 29.13% 和 45.67%；2016 年治理等级为Ⅱ级、Ⅵ级和Ⅶ级的小型保险机构较少，机构数依次为 4 家、5 家和 3 家，所占比例依次为 3.15%、3.94% 和 2.36%；2016 年没有治理等级为Ⅰ级的小型保险机构。

2017 年，治理等级为Ⅰ级、Ⅱ级、Ⅲ级、Ⅳ级和Ⅴ级的小型保险机构所占总比例为 92.09%；本年小型保险机构治理等级主要为Ⅲ级和Ⅳ级，机构数依次为 48 家和 60 家，所占比例依次为 34.53% 和 43.17%；2017 年治理等级为Ⅲ级的小型保险机构增加了 11 家，比例提高了 5.40%；2017 年治理等级为Ⅱ级、Ⅵ级和Ⅶ级的小型保险机构较少，保险机构数依次为 5 家、6 家和 5 家，所占比例依次为 3.60%、4.32% 和 3.60%；2017 年没有治理等级为Ⅰ级的小型保险机构。

2018 年，治理等级为Ⅰ级、Ⅱ级、Ⅲ级、Ⅳ级和Ⅴ级的小型保险机构所占总比例为 93.88%；本年小型保险机构治理等级主要为Ⅲ级和Ⅳ级，机构数分别为 52 家和 65 家，所占比例分别为 35.37% 和 44.22%；2018 年治理等级为Ⅲ级的小型保险机构较 2017 年增加了 4 家，比例提高了 0.84%；

2018 年治理等级为Ⅱ级、Ⅵ级和Ⅶ级的小型保险机构较少，机构数依次为 5 家、3 家和 6 家，所占比例依次为 3.40%、2.04%和 4.08%；2018 年没有治理等级为Ⅰ级的小型保险机构。

2019 年，治理等级为Ⅰ级、Ⅱ级、Ⅲ级、Ⅳ级和Ⅴ级的小型保险机构所占总比例为 95.24%；本年小型保险机构治理等级主要为Ⅲ级和Ⅳ级，机构数分别为 63 家和 45 家，所占比例分别为 42.86%和 30.61%；2019 年为Ⅲ级的小型保险机构数较 2018 年增加了 11 家，比例提高了 7.49%；2019 年治理等级为Ⅶ级的小型保险机构较少，机构数为 7 家，所占比例为 4.76%；2019 年没有治理等级为Ⅰ级和Ⅵ级的小型保险机构。

表 12-4　小型保险机构治理指数等级

治理等级	2016 年		2017 年		2018 年		2019 年	
	样本数（家）	比例（%）	样本数（家）	比例（%）	样本数（家）	比例（%）	样本数（家）	比例（%）
Ⅰ	0	0.00	0	0.00	0	0.00	0	0.00
Ⅱ	4	3.15	5	3.60	5	3.40	20	13.61
Ⅲ	37	29.13	48	34.53	52	35.37	63	42.86
Ⅳ	58	45.67	60	43.17	65	44.22	45	30.61
Ⅴ	20	15.75	15	10.79	16	10.88	12	8.16
Ⅵ	5	3.94	6	4.32	3	2.04	0	0.00
Ⅶ	3	2.36	5	3.60	6	4.08	7	4.76
合计	127	100.00	139	100.00	147	100.00	147	100.00

资料来源：南开大学中国保险机构治理指数数据库。

根据表 12-5 的统计结果，治理等级为Ⅰ级、Ⅱ级和Ⅲ级的中型保险机构占比明显高于小型保险机构，治理等级为Ⅳ级的中型保险机构占比略低于小型保险机构，总体来讲，中型保险机构治理等级高于小型保险机构。具体来说，2016 年治理等级为Ⅱ级、Ⅲ级、Ⅳ级和Ⅶ级的中型保险机构分别有 5 家、6 家、8 家和 1 家，所占比例依次为 25.00%、30.00%、40.00%和 5.00%；2017 年增加了 1 家等级为Ⅰ级的机构和 1 家等级为Ⅴ级的机构，比例均为 5%；本年等级为Ⅲ级、Ⅳ级和Ⅶ级的机构数分别为 11 家、6 家和 1 家，所占比例依次为 55.00%、30.00%和 5.00%，其中 2017 年等级为Ⅲ级的机构数较 2016 年增加了 5 家；2018 年较 2017 年增加了 2 家等级为Ⅱ级的中型保险机构，所占比例为 10.00%，本年等级为Ⅰ级、Ⅲ级、Ⅳ级和Ⅶ

级的机构数分别为 1 家、10 家、6 家和 1 家，所占比例依次为 5.00%、50.00%、30.00%和 5.00%；2019 年治理等级为Ⅰ级和Ⅶ级的中型保险机构各有 1 家，所占比例均为 5%，为Ⅱ级、Ⅲ级和Ⅳ级的机构数依次为 4 家、12 家和 2 家，所占比例依次为 20.00%、60.00%和 10.00%。

表 12-5　中型保险机构治理指数等级

治理等级	2016 年		2017 年		2018 年		2019 年	
	样本数（家）	比例（%）	样本数（家）	比例（%）	样本数（家）	比例（%）	样本数（家）	比例（%）
Ⅰ	0	0.00	1	5.00	1	5.00	1	5.00
Ⅱ	5	25.00	0	0.00	2	10.00	4	20.00
Ⅲ	6	30.00	11	55.00	10	50.00	12	60.00
Ⅳ	8	40.00	6	30.00	6	30.00	2	10.00
Ⅴ	0	0.00	1	5.00	0	0.00	0	0.00
Ⅵ	0	0.00	0	0.00	0	0.00	0	0.00
Ⅶ	1	5.00	1	5.00	1	5.00	1	5.00
合计	20	100.00	20	100.00	20	100.00	20	100.00

资料来源：南开大学中国保险机构治理指数数据库。

第三节　小型保险机构治理指数比较分析

本节主要对小型保险机构治理指数进行了分类比较分析，包括组织形式分类比较分析、资本性质分类比较分析以及险种类型分类比较分析。

一、小型保险机构治理指数分组织形式的比较分析

根据表 12-6 的统计结果，2019 年三类组织形式的小型保险机构治理指数普遍高于 2016 年，且股份制小型保险机构治理水平最高，有限制小型保险机构次之，相互制小型保险机构治理水平最差。

2016 年股份制小型保险机构有 71 家，有限制小型保险机构有 52 家，相互制小型保险机构有 4 家，小型保险机构治理指数平均值在股份制保险机构、有限制保险机构和相互制保险机构中依次为 66.93、65.90 和 34.86，可见股份制保险机构治理指数高于有限制保险机构，有限制保险机构高于

相互制保险机构，即股份制保险机构治理情况最好。从分指数角度分析，股份制保险机构在董事与董事会分指数和监事与监事会分指数具有明显优势，有限制保险机构的股东与股权结构分指数、高级管理人员分指数、信息披露分指数和利益相关者分指数优势较大，而相互制保险机构六个分指数普遍较低，且与股份制保险机构和有限制保险机构差距较大。

2017 年股份制小型保险机构有 77 家，有限制小型保险机构有 55 家，相互制小型保险机构有 7 家，小型保险机构治理指数平均值在股份制保险机构、有限制保险机构和相互制保险机构依次为 66.66、67.14 和 51.14，即有限制保险机构治理指数最高，相互制保险机构治理指数最低，可见有限制保险机构治理情况最好；股份制保险机构治理指数较 2016 年降低了0.27，有限制保险机构和相互制保险机构均有提高，分别提高了 1.24 和16.28。从分指数角度分析，股份制保险机构的董事与董事会分指数、监事与监事会分指数和高级管理人员分指数较 2016 年有所提高，有限制保险机构的监事与监事会分指数、高级管理人员分指数和利益相关者分指数较2016 年略有上升，2017 年相互制保险机构利益相关者分指数高于股份制保险机构、董事与董事会分指数高于有限制保险机构，其他四个分指数与股份制保险机构和有限制保险机构差距仍较大。

2018 年股份制小型保险机构有 85 家，有限制小型保险机构有 55 家，相互制小型保险机构有 7 家，小型保险机构治理指数平均值在股份制保险机构、有限制保险机构和相互制保险机构依次为 68.16、66.33 和 48.09，股份制保险机构治理指数高于有限制保险机构和相互制保险机构，相互制保险机构最低，即股份制保险机构治理情况最好；股份制保险机构治理指数较 2017 年提高了 1.50，有限制保险机构和相互制保险机构均有下降，分别降低了 0.81 和 3.05。从分指数角度分析，股份制保险机构的股东与股权结构分指数、高级管理人员分指数较 2017 年有所下降，其余四类均有提高，有限制保险机构的董事与董事会分指数、信息披露分指数和利益相关者分指数较 2017 年略有下降，高级管理人员分指数无变化，其余两类有所提高，而 2018 年相互制保险机构董事与董事会分指数高于有限制保险机构、利益相关者分指数接近于股份制保险机构和有限制保险机构，其他四个分指数依然与股份制保险机构和有限制保险机构有一定差距。

2019 年股份制小型保险机构有 83 家，有限制小型保险机构有 57 家，相互制小型保险机构有 7 家，小型保险机构治理指数平均值在股份制保险机构、有限制保险机构和相互制保险机构依次为 72.33、68.01 和 50.03，股份制保险机构治理指数最高，相互制保险机构最低，即股份制保险机构治理情况最好，相互制保险机构治理状况较差；股份制保险机构、有限制保险机构和相互制保险机构治理指数较 2018 年均有提高，依次提高了 4.17、1.68 和 1.94。从分指数角度分析，股份制保险机构在董事与董事会分指数、监事与监事会分指数和高级管理人员分指数仍具有明显优势，有限制保险机构在股东与股权结构分指数、信息披露分指数和利益相关者分指数具有相对优势，而相互制保险机构董事与董事会分指数高于有限制保险机构，利益相关者分指数与股份制保险机构和有限制保险机构相近，其他四个分指数与股份制保险机构和有限制保险机构差距仍较大。具体数据如表 12-6 所示。

表 12-6　小型保险机构治理指数分组织形式比较

年份	组织形式	样本数（家）	保险机构治理指数	股东与股权结构分指数	董事与董事会分指数	监事与监事会分指数	高级管理人员分指数	信息披露分指数	利益相关者分指数
2016	股份制	71	66.93	56.62	53.15	43.26	67.00	87.84	85.31
	有限制	52	65.90	64.62	41.67	27.47	70.33	90.79	87.64
	相互制	4	34.86	30.00	25.00	10.71	25.00	35.53	75.00
2017	股份制	77	66.66	56.62	54.03	45.45	70.13	86.53	79.96
	有限制	55	67.14	63.64	41.33	31.95	75.32	90.14	90.13
	相互制	7	51.14	40.00	48.57	28.57	40.82	57.89	81.63
2018	股份制	85	68.16	55.53	56.24	57.48	69.08	87.00	80.67
	有限制	55	66.33	64.73	36.36	37.92	75.32	89.38	87.53
	相互制	7	48.09	40.00	43.81	28.57	30.61	58.65	77.55
2019	股份制	83	72.33	53.49	61.69	61.10	79.35	87.44	89.16
	有限制	57	68.01	63.86	40.70	35.34	78.45	89.10	92.23
	相互制	7	50.03	40.00	44.76	28.57	36.73	59.40	81.63

资料来源：南开大学中国保险机构治理指数数据库。

　　本章还给出了治理层次维度小型保险机构治理指数分指数分组织形式比较分析结果，如表 12-7 所示，2019 年股份制小型保险机构的强制性治理分指数领先于有限制小型保险机构，各年股份制小型保险机构的自主性治理分指数均高于有限制小型保险机构，而相互制小型保险机构两类分指数均较低；同时还发现，具体组织形式小型保险机构的强制性治理分指数总体上高于自主性治理分指数。

表 12-7　治理层次维度小型保险机构治理指数分指数分组织形式比较

年份	组织形式	平均值		中位数	
		强制性治理分指数	自主性治理分指数	强制性治理分指数	自主性治理分指数
2016	股份制	82.95	56.12	85.71	59.38
	有限制	82.55	51.86	85.71	50.00
	相互制	33.93	32.03	19.64	21.88
2017	股份制	82.75	55.93	85.71	56.25
	有限制	84.09	52.44	85.71	53.13
	相互制	56.63	46.88	82.14	62.50
2018	股份制	82.69	59.67	85.71	59.38
	有限制	83.38	51.19	85.71	50.00
	相互制	55.10	43.30	71.43	50.00
2019	股份制	87.05	63.25	89.29	65.63
	有限制	84.02	53.51	85.71	50.00
	相互制	55.61	45.98	71.43	53.13

资料来源：南开大学中国保险机构治理指数数据库。

二、小型保险机构治理指数分资本性质的比较分析

根据表 12-8 的统计结果，2019 年中资小型保险机构和外资小型保险机构治理指数均较 2016 年有了显著提高。

2016 年中资小型保险机构和外资小型保险机构分别有 80 家和 47 家，治理指数平均值分别为 65.40 和 65.67，即中资小型保险机构治理指数略低于外资小型保险机构，中资小型保险机构的董事与董事会分指数和监事与监事会分指数高于外资小型保险机构，而股东与股权结构分指数、高级管理人员分指数、信息披露分指数和利益相关者分指数均低于外资小型保险机构。

2017 年中资小型保险机构和外资小型保险机构分别有 92 家和 47 家，治理指数平均值分别为 65.30 和 67.57，即中资小型保险机构治理指数低于外资小型保险机构，2017 年中资小型保险机构治理指数较 2016 年降低了0.10，而外资小型保险机构治理指数较 2016 年提高了 1.90，中资小型保险机构的信息披露分指数和利益相关者分指数较 2016 年略有下降，股东与股权结构分指数、董事与董事会分指数、高级管理人员分指数和监事与监事会分指数有所提升，外资小型保险机构的股东与股权结构分指数较 2016年略有下降，董事与董事会分指数和信息披露分指数无变化，高级管理人

员分指数、监事与监事会分指数和利益相关者分指数有所提升。

2018 年中资小型保险机构和外资小型保险机构分别有 100 家和 47 家，治理指数平均值分别为 66.61 和 66.34，即中资小型保险机构治理指数高于外资小型保险机构，2018 年中资小型保险机构治理指数较 2017 年提高了 1.31，而外资小型保险机构治理指数较 2017 年降低了 1.23，中资小型保险机构的股东与股权结构分指数和高级管理人员分指数较 2017 年有所下降，其他四类分指数均有所提高，而外资小型保险机构股东与股权结构分指数和监事与监事会分指数较 2017 年略有提高，其他四类分指数均低于 2017 年。

2019 年中资小型保险机构和外资小型保险机构分别有 99 家和 48 家，治理指数平均值分别为 70.09 和 68.56，即中资小型保险机构治理指数显著高于外资小型保险机构，2019 年中资小型保险机构治理指数较 2018 年提高了 3.48，而外资小型保险机构治理指数较 2018 年提高了 2.22，中资小型保险机构的股东与股权结构分指数较 2018 年有所降低，其余五个分指数均较 2018 年提高，外资小型保险机构的董事与董事会分指数和高级管理人员分指数较 2018 年有所提高，其余四个分指数较 2018 年下降，中资小型保险机构的董事与董事会分指数和监事与监事会分指数仍高于外资小型保险机构，而外资小型保险机构的股东与股权结构分指数、高级管理人员分指数、信息披露分指数和利益相关者分指数均高于中资小型保险机构。

表 12-8　小型保险机构治理指数分资本性质比较

年份	资本性质	样本数（家）	保险机构治理指数	股东与股权结构分指数	董事与董事会分指数	监事与监事会分指数	高级管理人员分指数	信息披露分指数	利益相关者分指数
2016	中资	80	65.40	54.75	52.33	42.32	64.29	85.72	84.64
	外资	47	65.67	66.38	39.43	24.62	71.73	90.26	88.15
2017	中资	92	65.30	54.78	53.48	44.88	66.61	84.61	80.28
	外资	47	67.57	65.96	39.43	28.27	78.72	90.26	91.49
2018	中资	100	66.61	53.80	55.33	55.86	66.29	84.89	80.29
	外资	47	66.34	67.66	33.05	33.74	76.60	90.03	89.06
2019	中资	99	70.09	51.92	60.00	57.86	74.60	85.27	88.31
	外资	48	68.56	67.08	37.78	32.44	81.85	89.80	93.45

资料来源：南开大学中国保险机构治理指数数据库。

本章还给出了治理层次维度小型保险机构治理指数分指数分资本性质比较分析结果，如表 12-9 所示，中资小型保险机构的强制性治理分指数各年均低于外资小型保险机构，而中资小型保险机构的自主性治理分指数各年均高于外资保险机构；同时还发现，小型保险机构的强制性治理分指数总体上高于自主性治理分指数，中资小型保险机构自主治理水平提升相对显著。

表 12-9　治理层次维度小型保险机构治理指数分指数分资本性质比较

年份	资本性质	平均值		中位数	
		强制性治理分指数	自主性治理分指数	强制性治理分指数	自主性治理分指数
2016	中资	80.58	55.31	85.71	59.38
	外资	82.37	50.73	85.71	50.00
2017	中资	80.43	55.43	85.71	56.25
	外资	84.95	51.46	85.71	50.00
2018	中资	80.39	58.69	85.71	59.38
	外资	84.27	49.40	82.14	50.00
2019	中资	83.80	61.84	89.29	62.50
	外资	85.57	52.08	85.71	50.00

资料来源：南开大学中国保险机构治理指数数据库。

三、小型保险机构治理指数分险种类型的比较分析

根据表 12-10 的统计结果，2019 年财产险小型保险机构和人身险小型保险机构治理指数均较 2016 年有了明显提高。2016 年财产险小型保险机构有 71 家，人身险小型保险机构有 56 家，财产险小型保险机构和人身险小型保险机构治理指数平均值分别为 66.41 和 64.34，即财产险小型保险机构治理水平略优于人身险小型保险机构，财产险小型保险机构高级管理人员分指数、信息披露分指数和利益相关者分指数均低于人身险小型保险机构。

2017 年财产险小型保险机构有 75 家，人身险小型保险机构有 64 家，财产险小型保险机构和人身险小型保险机构治理指数平均值分别为 66.57 和 65.49，即财产险小型保险机构治理水平优于人身险小型保险机构，2017 年财产险小型保险机构治理指数较 2016 年提高了 0.16，人身险小型保险机构治理指数较 2016 年提高了 1.15，2017 年财产险小型保险机构董事与董事会分指数、监事与监事会分指数和高级管理人员分指数较 2016 年有

所提升，其他三类分指数略有下降，2017 年人身险小型保险机构股东与股权结构分指数、董事与董事会分指数、监事与监事会分指数和高级管理人员分指数较 2016 年有所提升，其他两类有所降低。

2018 年财产险小型保险机构有 78 家，人身险小型保险机构有 69 家，财产险小型保险机构和人身险小型保险机构治理指数平均值分别为 66.51 和 66.54，即财产险小型保险机构治理水平略低于人身险小型保险机构，2018 年财产险小型保险机构治理指数较 2017 年略有下降，人身险小型保险机构治理指数较 2017 年有所提高，财产险小型保险机构董事与董事会分指数、高级管理人员分指数、信息披露分指数和利益相关者分指数依然低于人身险小型保险机构，财产险小型保险机构和人身险小型保险机构的监事与监事会分指数均较 2017 年有所提高。

2019 年财产险小型保险机构有 78 家，人身险小型保险机构有 69 家，财产险小型保险机构和人身险小型保险机构治理指数平均值分别为 69.43 和 69.78，即财产险小型保险机构治理水平低于人身险小型保险机构，2019 年财产险小型保险机构和人身险小型保险机构治理指数较 2018 年均有提高，财产险小型保险机构董事与董事会分指数、高级管理人员分指数、信息披露分指数和利益相关者分指数均低于人身险小型保险机构，财产险小型保险机构的股东与股权结构分指数和信息披露分指数较 2018 年略有下降，监事与监事会分指数无变化，其余三类较 2018 年均有提升，人身险小型保险机构的股东与股权结构分指数较 2018 年未有变化，其余五类较 2018 年也均有提升。

表 12-10　小型保险机构治理指数分险种类型比较

年份	险种类型	样本数（家）	保险机构治理指数	股东与股权结构分指数	董事与董事会分指数	监事与监事会分指数	高级管理人员分指数	信息披露分指数	利益相关者分指数
2016	财产险	71	66.41	62.82	47.79	42.66	65.59	86.95	84.71
	人身险	56	64.34	54.29	47.26	27.04	68.88	87.97	87.50
2017	财产险	75	66.57	62.13	49.33	44.38	67.62	86.53	82.10
	人身险	64	65.49	54.38	48.02	33.26	74.33	86.51	86.38
2018	财产险	78	66.51	63.08	48.12	52.93	66.30	85.96	78.94
	人身险	69	66.54	52.75	48.31	44.10	73.29	87.19	87.78
2019	财产险	78	69.43	60.51	51.71	52.93	74.36	85.63	87.91
	人身险	69	69.78	52.75	53.91	45.76	79.92	88.02	92.34

资料来源：南开大学中国保险机构治理指数数据库。

本章还给出了治理层次维度小型保险机构治理指数分指数分险种类型比较分析结果，如表 12-11 所示，2018 年和 2019 年财产险小型保险机构的强制性治理分指数低于同期人身险小型保险机构，2016 年、2017 年和 2018 年财产险小型保险机构的自主性治理分指数高于同期人身险小型保险机构，2019 年财产险小型保险机构的自主性治理分指数略低于人身险小型保险机构；同时还发现，两类保险机构的强制性治理分指数显著高于自主性治理分指数。

表 12-11　治理层次维度小型保险机构治理指数分指数分险种类型比较

年份	险种类型	平均值		中位数	
		强制性治理分指数	自主性治理分指数	强制性治理分指数	自主性治理分指数
2016	财产险	81.99	54.31	85.71	53.13
	人身险	80.29	52.73	85.71	53.13
2017	财产险	82.00	54.92	85.71	53.13
	人身险	81.92	53.13	85.71	53.13
2018	财产险	80.63	56.25	82.14	56.25
	人身险	82.76	55.12	85.71	56.25
2019	财产险	83.61	58.45	85.71	59.38
	人身险	85.25	58.88	89.29	59.38

资料来源：南开大学中国保险机构治理指数数据库。

第四节　治理内容维度小型保险机构治理分指数分析

本节从治理内容维度对六类小型保险机构治理分指数进行了年度统计分析，并将其与中型保险机构治理分指数和大型保险机构治理分指数进行了比较分析。

一、小型、中型和大型保险机构股东与股权结构分指数对比分析

根据表 12-12 的统计结果，2016－2019 年小型保险机构股东与股权结构分指数的平均值依次为 59.06、58.56、58.23 和 56.87，中型保险机构股东与股权结构分指数的平均值依次为 65.00、63.00、64.00 和 63.00，大型保险机构股东与股权结构分指数的平均值依次为 80.00、83.08、86.15 和 81.54，可以看出小型保险机构股东与股权结构分指数平均值最低，中型保

险机构次之，大型保险机构最高，且小型保险机构和中型保险机构与大型
保险机构拉开的距离较大，说明小型保险机构和中型保险机构股东与股权
结构治理水平显著低于大型保险机构，小型保险机构股东与股权结构治理
水平低于中型保险机构。2016－2019 年大型保险机构股东与股权结构分指
数中位数一直为 80.00，明显高于中型保险机构和小型保险机构，进一步说
明了小型保险机构和中型保险机构股东与股权结构治理水平有待提高，大
型保险机构股东与股权结构治理较充分、治理水平较高。

表 12-12　小型、中型和大型保险机构股东与股权结构分指数比较

年份	平均值			中位数		
	小型机构	中型机构	大型机构	小型机构	中型机构	大型机构
2016	59.06	65.00	80.00	60.00	60.00	80.00
2017	58.56	63.00	83.08	60.00	60.00	80.00
2018	58.23	64.00	86.15	60.00	70.00	80.00
2019	56.87	63.00	81.54	60.00	60.00	80.00

资料来源：南开大学中国保险机构治理指数数据库。

二、小型、中型和大型保险机构董事与董事会分指数对比分析

根据表 12-13 的统计结果，2016－2019 年小型保险机构董事与董事会
分指数的平均值依次为 47.56、48.73、48.21 和 52.74，中型保险机构董事
与董事会分指数的平均值依次为 54.67、54.00、60.67 和 64.00，大型保险
机构董事与董事会分指数的平均值依次为 60.00、60.00、60.51 和 61.03，
可以看出小型保险机构董事与董事会分指数平均值较低，显著低于中型保
险机构和大型保险机构，而大型保险机构和中型保险机构之间差距不大，
说明小型保险机构董事与董事会治理水平显著低于大型保险机构和中型保
险机构，而大型保险机构和中型保险机构董事与董事会治理水平相近。2016
年，中型保险机构和小型保险机构董事与董事会分指数中位数低于大型保
险机构，2017－2018 年中型保险机构董事与董事会分指数中位数高于大型
保险机构和小型保险机构，大型保险机构和小型保险机构董事与董事会分
指数中位数相同，2019 年中型保险机构董事与董事会分指数中位数高于小
型保险机构和大型保险机构，说明小型保险机构和中型保险机构董事与董
事会治理水平提高很多，而大型保险机构董事与董事会治理水平在近四年
内变化不大。

表 12-13　小型、中型和大型保险机构董事与董事会分指数比较

年份	平均值			中位数		
	小型机构	中型机构	大型机构	小型机构	中型机构	大型机构
2016	47.56	54.67	60.00	46.67	56.67	66.67
2017	48.73	54.00	60.00	46.67	53.33	46.67
2018	48.21	60.67	60.51	46.67	66.67	46.67
2019	52.74	64.00	61.03	53.33	73.33	46.67

资料来源：南开大学中国保险机构治理指数数据库。

三、小型、中型和大型保险机构监事与监事会分指数对比分析

　　根据表 12-14 的统计结果，2016－2019 年小型保险机构监事与监事会分指数的平均值依次为 35.77、39.26、48.79 和 49.56，中型保险机构监事与监事会分指数的平均值依次为 45.71、40.00、46.43 和 47.14，大型保险机构监事与监事会分指数的平均值依次为 61.54、62.64、69.23 和 67.03，可以看出大型保险机构监事与监事会分指数平均值最高，且大型保险机构与中型保险机构和小型保险机构拉开的距离较大，说明小型保险机构和中型保险机构监事与监事会治理水平显著低于大型保险机构，且小型保险机构和中型保险机构监事与监事会水平相近，小型保险机构和中型保险机构各年数值均小于 50.00，表明小型保险机构和中型保险机构监事与监事会治理水平普遍不高；2018 年各规模类型保险机构监事与监事会分指数平均值增幅均较大，小型保险机构 2018 年较 2017 年提高 9.53，中型保险机构 2018 年较 2017 年提高 6.43，大型保险机构 2018 年较 2017 年提高 6.59。2016－2019 年小型保险机构和中型保险机构监事与监事会分指数中位数均为 42.86，2016 年、2017 年和 2019 年大型保险机构监事与监事会分指数中位数均为 57.14，2018 年则提高到 71.43，小型保险机构和中型保险机构各年监事与监事会分指数中位数均低于大型保险机构中位数，进一步说明了小型保险机构和中型保险机构监事与监事会治理水平较低，大型保险机构监事与监事会治理水平较高。

表 12-14　小型、中型和大型保险机构监事与监事会分指数比较

年份	平均值			中位数		
	小型机构	中型机构	大型机构	小型机构	中型机构	大型机构
2016	35.77	45.71	61.54	42.86	42.86	57.14
2017	39.26	40.00	62.64	42.86	42.86	57.14

年份	平均值			中位数		
	小型机构	中型机构	大型机构	小型机构	中型机构	大型机构
2018	48.79	46.43	69.23	42.86	42.86	71.43
2019	49.56	47.14	67.03	42.86	42.86	57.14

资料来源：南开大学中国保险机构治理指数数据库。

四、小型、中型和大型保险机构高级管理人员分指数对比分析

根据表 12-15 的统计结果，2016－2019 年小型保险机构高级管理人员分指数的平均值依次为 67.04、70.71、69.58 和 76.97，中型保险机构高级管理人员分指数的平均值依次为 75.00、72.14、77.86 和 83.57，大型保险机构高级管理人员分指数的平均值依次为 67.03、71.43、69.23 和 74.73，可以看出小型保险机构和大型保险机构高级管理人员分指数平均值低于中型保险机构，但差距不大，说明小型保险机构、中型保险机构和大型保险机构高级管理人员治理水平存在差异，但差异不大，其中以中型保险机构高级管理人员治理水平最高。2016－2018 年小型保险机构高级管理人员分指数中位数均为 71.43，2019 年增至 85.71；2016－2019 年，中型保险机构高级管理人员分指数中位数均为 85.71；2016 年大型保险机构高级管理人员分指数中位数为 57.14，2017 年增至 71.43，且 2018 年和 2019 年中位数保持不变，综观三种规模的机构，小型保险机构和大型保险机构高级管理人员分指数中位数略低于中型保险机构，中型保险机构高级管理人员治理水平较高。

表 12-15　小型、中型和大型保险机构高级管理人员分指数比较

年份	平均值			中位数		
	小型机构	中型机构	大型机构	小型机构	中型机构	大型机构
2016	67.04	75.00	67.03	71.43	85.71	57.14
2017	70.71	72.14	71.43	71.43	85.71	71.43
2018	69.58	77.86	69.23	71.43	85.71	71.43
2019	76.97	83.57	74.73	85.71	85.71	71.43

资料来源：南开大学中国保险机构治理指数数据库。

五、小型、中型和大型保险机构信息披露分指数对比分析

根据表 12-16 的统计结果，2016－2019 年小型保险机构信息披露分指

数的平均值依次为 87.40、86.52、86.54 和 86.75，中型保险机构信息披露分指数的平均值依次为 91.32、92.11、92.11 和 90.79，大型保险机构信息披露分指数的平均值依次为 91.50、91.90、91.90 和 91.50，可以看出小型保险机构信息披露分指数略低于中型保险机构和大型保险机构，大型保险机构和中型保险机构的信息披露分指数平均值相近，三种类型机构信息披露分指数平均值均在 90.00 左右，说明小型保险机构信息披露水平略低于中型保险机构和大型保险机构，小型、中型和大型保险机构信息披露水平均较高。2016－2019 年小型保险机构信息披露分指数中位数均为 89.47，大型保险机构信息披露分指数中位数均为 94.74，中型保险机构 2016－2018 年信息披露分指数中位数为 94.74，2019 年略有降低，为 92.11，这进一步说明小型保险机构信息披露程度略低于大型保险机构和中型保险机构，大型保险机构和中型保险机构信息披露程度相近。

表 12-16　小型、中型和大型保险机构信息披露分指数比较

年份	平均值			中位数		
	小型机构	中型机构	大型机构	小型机构	中型机构	大型机构
2016	87.40	91.32	91.50	89.47	94.74	94.74
2017	86.52	92.11	91.90	89.47	94.74	94.74
2018	86.54	92.11	91.90	89.47	94.74	94.74
2019	86.75	90.79	91.50	89.47	92.11	94.74

资料来源：南开大学中国保险机构治理指数数据库。

六、小型、中型和大型保险机构利益相关者分指数对比分析

根据表 12-17 的统计结果，2016－2019 年小型保险机构利益相关者分指数的平均值依次为 85.94、84.07、83.09 和 89.99，中型保险机构利益相关者分指数的平均值依次为 85.71、86.43、84.29 和 92.86，大型保险机构利益相关者分指数的平均值依次为 79.12、79.12、80.22 和 95.60，可以看出在 2016－2018 年小型保险机构和中型保险机构利益相关者分指数平均值略高于大型保险机构，2019 年小型保险机构和中型保险机构利益相关者分指数平均值低于大型保险机构，说明 2019 年大型保险机构利益相关者治理水平有很大提高，小型保险机构和中型保险机构利益相关者分治理水平很接近，三种类型机构利益相关者分指数平均值均高于 80.00，说明小型、中型和大型保险机构利益相关者治理水平均较高。2016－2018 年小型保险机构、中型保险机构和大型保险机构利益相关者分指数中位数均为

85.71，2019 年小型保险机构、中小型保险机构和大型保险机构中位数依次为 85.71、92.86 和 100.00，这进一步说明 2019 年大型保险机构利益相关者治理水平显著提高。

表 12-17　小型、中型和大型保险机构利益相关者分指数比较

年份	平均值			中位数		
	小型机构	中型机构	大型机构	小型机构	中型机构	大型机构
2016	85.94	85.71	79.12	85.71	85.71	85.71
2017	84.07	86.43	79.12	85.71	85.71	85.71
2018	83.09	84.29	80.22	85.71	85.71	85.71
2019	89.99	92.86	95.60	85.71	92.86	100.00

资料来源：南开大学中国保险机构治理指数数据库。

第五节　治理层次维度小型保险机构治理分指数分析

本节从治理层次维度对两类小型保险机构治理分指数进行了年度统计分析，并将其与中型保险机构治理分指数和大型保险机构治理分指数进行了比较分析。

一、小型、中型和大型保险机构强制性治理分指数对比分析

根据表 12-18 的统计结果，2016—2019 年小型保险机构强制性治理分指数的平均值依次为 81.24、81.96、81.63 和 84.38，中型保险机构强制性治理分指数的平均值依次为 86.25、85.71、86.79 和 88.39，大型保险机构强制性治理分指数的平均值依次为 83.52、85.16、85.16 和 89.56，可以看出小型保险机构强制性治理分指数平均值最低，中型保险机构和大型保险机构较高，说明小型保险机构强制治理水平显著低于中型保险机构和大型保险机构。从中位数来看，2016—2018 年小型保险机构和大型保险机构强制性治理分指数中位数明显低于中型保险机构，进一步说明中型保险机构强制治理水平较高。

表 12-18　小型、中型和大型保险机构强制性治理分指数比较

年份	平均值			中位数		
	小型机构	中型机构	大型机构	小型机构	中型机构	大型机构
2016	81.24	86.25	83.52	85.71	89.29	82.14
2017	81.96	85.71	85.16	85.71	89.29	85.71
2018	81.63	86.79	85.16	85.71	89.29	85.71
2019	84.38	88.39	89.56	85.71	89.29	89.29

资料来源：南开大学中国保险机构治理指数数据库。

二、小型、中型和大型保险机构自主性治理分指数对比分析

根据表 12-19 的统计结果，2016－2019 年小型保险机构自主性治理分指数的平均值依次为 53.62、54.09、55.72 和 58.65，中型保险机构自主性治理分指数的平均值依次为 59.69、58.28、62.81 和 65.31，大型保险机构自主性治理分指数的平均值依次为 67.31、67.79、69.71 和 69.23，可以看出小型保险机构自主性治理分指数平均值最低，中型保险机构次之，大型保险机构最高，说明中型保险机构和小型保险机构自主治理水平显著低于大型保险机构，小型保险机构自主治理水平低于中型保险机构。此外，从中位数来看，也可以得到同样的结论。

表 12-19　小型、中型和大型保险机构自主性治理分指数比较

年份	平均值			中位数		
	小型机构	中型机构	大型机构	小型机构	中型机构	大型机构
2016	53.62	59.69	67.31	53.13	57.81	65.63
2017	54.09	58.28	67.79	53.13	57.81	65.63
2018	55.72	62.81	69.71	56.25	65.63	71.88
2019	58.65	65.31	69.23	59.38	65.63	68.75

资料来源：南开大学中国保险机构治理指数数据库。

第四篇　实证篇：检验治理效用

现有关于保险公司治理的研究思路已从治理合规性向治理有效性转变，从不同的视角、采用不同的方法探讨如何提高保险公司治理有效性问题。治理有效性问题是目前保险公司治理研究的重点。

——郝臣，付金薇，李维安. 国外保险公司治理研究最新进展——基于2008－2017年文献的综述[J]. 保险研究，2018（4）：112-127.

第十三章 中小型保险机构治理与盈利能力关系研究

本章利用中国保险机构治理指数，在设计反映保险机构盈利能力状况5 个具体指标的基础上，从盈利能力视角实证检验了中小型保险机构治理的有效性。在实证检验过程中，还关注了治理内容维度 6 个保险机构治理分指数和治理层次维度 2 个保险机构治理分指数对盈利能力的影响。具体内容包括研究问题提出、理论分析与研究假设、实证设计、描述性统计与实证结果、实证结论等。

第一节 研究问题提出

本节主要介绍了保险机构治理与盈利能力关系研究的现实背景和理论背景，并对盈利能力相关研究进行了文献综述，主要包括一般公司治理与盈利能力相关研究以及保险机构治理与盈利能力相关研究。

一、研究背景

（一）研究的现实背景

自从 1978 年改革开放后，公司治理观念开始导入中国，公司治理的发展先后经历了观念导入、结构构建、机制建立和有效性提高四个阶段。在治理结构构建阶段，《公司法》的出台使公司治理实践有了现实的主体和法律基础，公司开始积极进行治理实践，治理的合规性得到大幅提高。但各公司只是搭建了公司治理基本架构，即"三会一层"，治理机制没有很好地发挥作用。于是在治理结构构建阶段，政府围绕如何建立治理机制制定了具体的法律和政策。现在我国公司已经进入了治理有效性提高阶段，提高公司治理有效性成为这一阶段的发展目标。

同样，作为国家治理体系的重要组成部分，保险机构治理也经历了从观念导入、制度建立到全面展开等几个阶段。1995 年 6 月《保险法》颁布，这是中华人民共和国成立以来第一部保险基本法。2006 年 1 月 5 日，原中国保监会颁布《关于规范保险公司治理结构的指导意见（试行）》，引入公司治理监管制度，该文件是我国第一个系统的保险机构治理改革的指引性文件，文件的发布标志着三大监管支柱的形成，我国保险机构治理改革进入全面开展阶段。同年，《国务院关于保险业改革发展的若干意见》发布，从公司治理建设及其监管方面提出明确的方向和要求，保险机构制度建设与公司治理改革逐步进入了"合规"建设和向经济型治理转型的新阶段。2011 年发布的《中国保险业发展"十二五"规划纲要》和 2014 年国务院印发的《关于加快发展现代保险服务业的若干意见》对保险机构治理及其监管做出了更加深入的要求。随着保险机构现代企业制度日益完善，保险机构治理有效性被提上议程。

（二）研究的理论背景

保险机构治理的目标是保护包括投保人在内的利益相关者的利益，提高治理质量是实现这个目标的基本途径。保险机构治理质量主要反映在两个层面：一是治理的合规性，这是消极层面，关注的重点是保证机构制度运行和经营活动符合法律、法规要求，并兼顾诚信、公平、廉正等不具有法律约束力的行为准则。合规性包括强制合规和自主合规两方面。保险机构治理的强制合规主要通过外在要素的作用而推动保险机构治理实践，其指标是来自法律、行政法规和部门规章的明确要求，一旦违反其规定，机构就要受到明确的惩罚，因而保险机构治理的强制合规应该成为保险机构治理合规性的底线。与此相对应的，自主合规则是通过内在动因作用而推动保险机构治理实践。二是治理的有效性，这是积极层面，重点关注保险机构治理在机构经营过程中发挥了怎样的能动性，是否有利于组织目标的实现和绩效水平的提高。

保险机构治理合规性是有效性的前提（李慧聪、李维安和郝臣，2015），因此早期阶段保险机构治理的研究重点关注了治理的合规性问题。如欧罗拉（Obalola，2008）通过考察管理者对社会责任的看法以及企业社会责任结构的变化来探究非洲地区保险机构对社会责任的履行问题。施瓦茨（Schwartz，2008）探究了保险合同解释与披露义务之间的关系，突出强调了保险机构遵守解释规则的重要性。但是，保险机构治理合规性仅考察了保险机构是否按照相关制度设立董事会、监事会等以满足相关法律、法规和规章的基本要求，实际上治理作用的发挥十分有限。后危机时期保险机构治理有效性已经成为研究的重点。基于上述分析和本研究第三章的文献综述，本章构建了保险机构治理的研究框架，具体如图 13-1 所示。

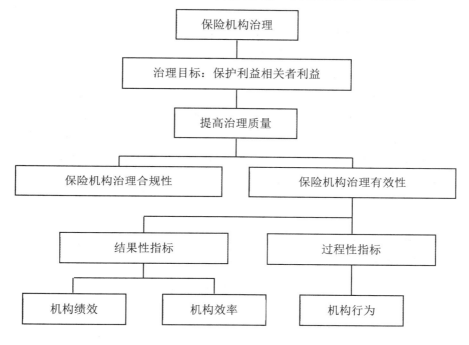

图 13-1　保险机构治理研究框架示意图

资料来源：作者整理。

　　保险机构治理有效性的研究主要从机构绩效、机构效率和机构行为三个视角进行。机构绩效、机构效率和机构行为可作为衡量治理有效性的三类重要指标，而根据三类指标在治理过程中所处阶段可将其分为结果性指标和过程性指标。其中，结果性指标是针对治理效果而言的，是对公司治理要素相互作用所达成的最终结果的量化；过程性指标是相对"结果"而言的，是对治理结果达成前涉及的各种治理活动的量化。在机构绩效、机构效率和机构行为三者中，前两者是结果性指标，机构行为是过程性指标。

　　首先，机构绩效是对机构目标的完成程度的衡量，通常包括竞争力绩效、财务绩效、经济绩效、市场绩效等方面的内容。对不同角度绩效的衡量采用不同的指标，例如对于机构盈利能力的衡量多采用净资产收益率、总资产收益率、每股收益、投资收益率、综合赔付率、综合成本率等指标。

　　其次，机构效率作为结果性指标，是对机构绩效研究的进一步深入，可以从投入产出、管理效率和治理效率三个角度来衡量机构治理有效性。对投入产出效率的衡量一般采用投入产出比率，投入和产出既包括有形物资，也可以包括无形资本；对管理效率的衡量可以通过资产周转率、应收账款周转率、应收保费周转率等指标来进行，其中应收保费周转率是保险机构治理所特有的衡量指标；治理效率主要通过代理成本来反映，而不同类型代理成本又有具体的衡量指标。

最后，机构行为决定了机构效率。保险机构是经营风险的机构，因此最重要的行为就是风险承担（Risk-taking）。风险承担作为过程性指标，是保险机构通过对风险承担策略的调整来分散风险的行为，也是保险机构在分散风险、降低市场波动、维护投保人等利益相关者利益等方面发挥保障功能的重要体现。对于风险承担一般利用如财务杠杆度、研发支出等代理变量来衡量，也可通过一段时期内公司盈余或股票收益的波动性来衡量。

本章重点关注了机构绩效当中财务绩效维度内的盈利能力，这也是目前在一般公司治理领域关注较多的内容；本研究第十四章重点关注了机构效率当中治理效率维度内的代理成本；本研究第十五章重点关注了机构行为中的风险承担。

二、相关研究文献综述

（一）一般公司治理对盈利能力的影响

公司治理与盈利能力的关系按照研究方法大体可以分为基于具体公司治理指标的研究方法和基于公司治理整体视角的研究方法。从公司治理整体来研究公司治理与盈利能力关系的文献主要是通过构建公司治理指数来研究公司治理与盈利能力的关系，其中包括公司治理指数、经理层、监事会、股权结构、董事会和高管等各个公司治理整体方面的因素。冈珀斯等（Gompers，Ishii & Metrick，2001）用 24 项公司治理条款构建了"公司治理指数"，以 1990－1999 年间美国 1500 家上市公司为样本，发现公司治理指数和公司价值显著相关。李维安和唐跃军（2006）基于 2003 年的评价样本，从中国上市公司治理指数（CCGI^{NK}）及其所涉及的六个维度进行实证研究发现：上市公司治理指数对总资产收益率、每股净资产、加权每股收益、每股经营性现金流量、总资产周转率、总资产年度增长率、财务预警值均有显著的正向影响。李维安和张国萍（2005）以 931 家中国上市公司为样本，构建中国上市公司经理层治理评价指数，认为经理层治理水平的改善，有利于治理绩效的提高。李维安和郝臣（2006）对中国上市公司监事会治理的状况进行了实证分析，认为监事会仍应作为法定的公司监督机构发挥其不可替代的监督作用。陈云洁（2014）认为中小板上市民营企业的股权集中度、机构投资者持股、高管持股与公司财务绩效呈正相关。李志凤（2014）以沪深两市 2012 年 1011 家制造业上市公司为样本，认为公司财务绩效与第二至第五大股东持股比例、机构投资者持股比例、总经理薪酬显著正相关，与第一大股东持股比例关系不显著。杨虎锋和何广文（2014）认为小额贷款公司的财务绩效与股东类型关系不显著，与董事会规模负相关，与外部监管和市场竞争等外部治理机制关系不显著。刘振（2015）以中国沪深两市 A 股上市公司为样本，认为公司财务绩效与董事会规模、独立董事独立性和董事会会议次数显著正相关，与董事会持股比例具有显著的"倒 U 型"关系。

综上所述，通过梳理研究学者们对一般公司治理对公司盈利能力的影响相关研究可以发现，学者们多以净资产收益率、销售净利率或净利润增长率等指标作为被解释变量衡量盈利能力，而公司治理指数及分指数大多数与一般公司盈利能力的影响具有显著的相关关系，说明公司治理与公司盈利能力密切相关，良好有效的公司治理可以提升公司盈利能力。

（二）保险机构治理对盈利能力的影响

金融机构具有经营产品、盈利模式的特殊性，所以在研究公司治理与盈利能力的影响时大多将其"排除"在外。但金融机构作为国民经济的"发动机"，对其盈利能力的影响因素研究更具有现实意义。对于银行的研究，刘铎、张彦明和刘斯文（2014）认为商业银行股权集中程度较高时，大股东会利用手中的表决权伤害小股东的利益；商业银行董事会规模、监事会规模对财务绩效无显著影响；商业银行独立董事比例越高，其财务绩效越好。而本研究从另一重要的金融机构——保险机构出发，着重关注其治理对盈利能力的影响。黄等（Huang，Hsia & Lai，2007）以我国台湾人寿保险业为样本，发现财务绩效与管理者持股比例、家族控制企业、分支保险机构和保险公司成立时间显著正相关。庄宏献和叶正茂（2005）认为保险公司的经营绩效不但与公司股份的所有制性质密切相关，也与非国有股份的集中度有一定关系；保险公司改制上市也对公司经营绩效产生了明显的积极作用。李双杰和杨熠（2008）对 2006 年国内 35 家保险公司进行了绩效分析，认为保险公司的规模大小以及股权结构的不同对保险公司的经营绩效有着显著的影响，而高学历人才的比例与公司业务种类对保险公司经营绩效没有显著影响。谢晓霞和李进（2009）选取我国上市保险公司 2007年和 2008 年的年报数据和中期报表数据，认为保险公司业绩与政府持股比例和高管持股比例正相关，与境外战略投资者持股负相关，与董事会规模负相关，与独立董事以及具有金融从业经验的独立董事关系不显著。王晓英和彭雪梅（2011）考察了从 2008 年第一季度到 2010 年第三季度两家国有上市保险公司股权结构与经营绩效的影响，认为股权集中度太高反而不利于绩效的提高；外资持股与经营绩效负相关；高管持股与公司绩效负相关。耶玛尼等（Yemane，Raju & Raju，2015）利用 2009－2013 年面板数据，考察了公司治理机制对埃塞俄比亚保险公司绩效的影响，研究的结果表明，董事会会议次数和董事薪酬对保险公司净资产收益率具有正相关关系，但是董事会规模、审计委员会和性别多样化对公司业绩没有任何显著影响。江津和王凯（2015）基于 2007－2013 年保险行业上市公司的季报和年报数据，通过对检验结果的分析发现，中国保险公司治理机制经过近十多年的建设取得了较大成就，一些治理机制的有效性得到充分发挥。金熙悦（2019）选取国内 10 家银行系寿险公司 2012－2016 年经营绩效、董事会特征及股权结构的相关数据，采用逐步回归的方式探讨了内部治理结构对盈利能力的影响。

（三）公司治理对盈利能力影响研究的小结

综上所述，越来越多学者从盈利能力视角研究公司治理的有效性。在研究对象方面，由于我国上市保险机构较少，截至 2020 年底 A 股上市公司只有 5 家，所以基于保险业的相关研究相对较少；已有研究也多以上市保险公司为研究样本。在研究内容方面，从已有文献的研究可以看出，大部分文献从股权结构和董事会等具体公司治理要素方面进行实证研究，研究结论上对保险机构治理有效性持肯定态度，认为公司治理能够改善公司运作，从而提高盈利能力，但缺少从公司治理整体角度检验其对盈利能力影响的研究。

本章从保险机构治理与盈利能力关系视角来研究我国保险机构治理的有效性，通过对回顾国内外学者对公司治理和盈利能力关系的已有研究，最终选取了综合赔付率、综合成本率、投资收益率、已赚保费增长率和净资产收益率五个指标来衡量我国保险机构的盈利能力，并基于构建的中国保险机构治理指数，采用面板回归分析的方法实证检验保险机构治理对其盈利能力的影响。

经过对全样本保险机构、中小型保险机构和小型保险机构治理状况的分析，可以看出，中小型保险机构治理水平低于全样本保险机构，小型保险机构治理水平低于中小型保险机构。在这一现实背景下，本研究重点研究了中小型保险机构治理有效性，同时还关注了全样本保险机构和小型保险机构的治理有效性。

第二节　理论分析与研究假设

本节在阐述公司治理职能内涵以及公司治理相关职能的理论分析基础上，提出了中小型保险机构治理指数与衡量盈利能力的指标的相关性的三个研究假设。

一、理论分析

目前，学术界对一般公司治理与盈利能力的关系展开了大量的实证研究，多数文献支持二者之间存在显著的正相关关系，但也有部分文献认为二者之间没有关系或者存在显著的负相关关系。需要说明的是，关于公司治理对盈利能力影响的直接相关研究理论鲜有，主要是因为公司治理到盈利能力之间的传递链条比较长，公司治理要通过对很多因素的影响才能传导到盈利能力。如果要从理论视角来解释二者的关系，可能需要从公司治理的职能入手，进而建立二者之间的逻辑关系。如果保险机构治理的相应职能得到积极和充分发挥，那么必然会带来保险机构效率的提高，最终影响到保险机构的盈利能力。

（一）公司治理职能的内涵

所谓职能是指事物或者机构本身具有的功能或应起的作用。管理学家亨利·法约尔（Henri Fayol）在其 1916 年的著作《工业管理与一般管理》（*General and Industrial Management*）中提出了管理的五大职能，即计划、组织、指挥、协调和控制。卢昌崇在其著作《企业治理结构》（1999）中指出按照公司治理过程和对公司内、外部管理的侧重取向来划分，公司治理的基本职能可以概括为四个方面：指导职能、管理职能、监督职能和阐释职能。李维安和武立东在其著作《公司治理教程》（2001）中指出，公司治理的基本职能归纳为下面两点：保证公司管理行为符合国家法律法规、政府政策、企业的规章制度以及对公司财富最大化的追求。闫长乐在其著作《公司治理》（2008）中将公司治理职能或者功能划分为：权力配置、制衡、激励和协调四大职能。

综合上述学者观点，本研究认为公司治理职能（Corporate Governance Functions）包括基本职能、具体职能和拓展职能三大类，具体包括：合规职能（基本职能）；侧重公司内部的具体治理职能，如决策职能（本质职能）、权力配置职能（关键职能）、激励职能（条件职能）和监督职能（条件职能）；侧重公司外部的外部治理职能，如协调职能（拓展职能）。需要说明的是，保险机构作为特殊行业公司，其治理同样具备这些公司治理职能，唯一的区别在于，有些职能在保险机构治理中可能更加重要或者突出，例如合规职能、决策职能和协调职能等，这是由保险机构治理特殊性所决定的。

（二）公司治理的基本职能：合规职能

公司治理的合规职能是公司治理职能的起点，即公司的经营管理要合乎有关的法律和法规的要求，这也是公司治理的底线，保证公司经营管理行为不能"触礁"，区别于一般管理告诉公司"做什么"，合规职能主要是从法律法规角度出发告诉公司"怎么做"。因此，合规职能也是公司治理的起点职能。特别是在金融机构，经营的特殊性，导致其经营管理的合规更加重要。例如，2016 年 12 月 30 日，为了加强保险公司合规管理，发挥公司治理机制作用，原中国保监会印发《保险公司合规管理办法》，该法所称的合规是指保险公司及其保险从业人员的保险经营管理行为应当符合法律法规、监管规定、公司内部管理制度以及诚实守信的道德准则，该办法所称的合规风险是指保险公司及其保险从业人员因不合规的保险经营管理行为引发法律责任、财务损失或者声誉损失的风险。此外，依据监管部门或保险机构自身采取的不同监督管理模式，上述法律、规则及标准还可延伸至保险机构经营范围之外的法律、规则及准则，如劳动就业方面的法律法规及税法等。规则及准则可能有不同的渊源，包括监管部门制定的规则、准则、市场公约，行业协会制定的行业守则以及适用于保险机构内部员工的内部行为守则。它们不仅包括那些具有法律约束力的文件，还应包括广义上的诚实廉正和公平交易的行为准则。

（三）侧重公司内部的职能：具体职能

1. 决策职能——公司治理的本质职能

最早对公司治理和公司管理进行区分的特里克（Tricker，1984）指出公司治理要确保公司管理处于正确的轨道之上。公司治理的最终目的是要实现公司的科学决策，进而给股东和公司创造更高的价值。这一点是在公司治理领域已经达成的共识。如何实现这一职能，非常重要的一点就是要建立科学的治理结构，明确划分股东、董事会、经理层各自的权利、责任和利益，形成三者之间的制衡关系，同时设计相关的治理机制。需要说明的是，公司治理的目的不是相互制衡，至少，最终目的不是制衡，而是保证公司能够进行科学决策。科学决策不仅是公司的核心，也是公司治理的核心，从这个意义上来说，决策职能是公司治理的本质职能。在保险机构中，除了保险经营外，对外投资也是其重要的业务内容。而保险机构能否做出准确、及时的投资决策将直接影响到投保人的利益，因此保险机构治理决策职能除了实现股东价值外，首先可能要考虑投保人的利益，这一点与一般公司存在一定的区别。在保险机构治理实践过程中，为了保证投资决策的科学性，保险机构在董事会专业委员会层面往往设立投资决策委员会，这是保险机构治理决策职能的重要体现。

2. 权力配置职能——公司治理的关键职能

公司治理就是要解决公司剩余索取权与控制权的配置问题。现代企业理论认为，公司治理就是通过剩余索取权与控制权的配置解决公司代理问题。能否合理配置剩余索取权和控制权，是判断公司治理是否有效的基本标准之一。公司治理的关键职能就是配置所有权。公司权力配置的基本原则是剩余索取权与剩余控制权相对应，即拥有剩余索取权和承担风险的人要有控制权，拥有控制权的人要承担风险。如果剩余索取权与控制权不对应，即承担风险的人没有控制权，有控制权的人不承担风险，就会导致"廉价投票权"，使对自己行为后果不负责任的人有投票权。随着利益相关者理论的发展，在保险机构中，权力配置模式比一般公司更加复杂，股东至上主义需要被重新审视。

3. 激励职能——公司治理的条件职能

在现代公司中，由于委托人和代理人的目标效用函数不一致，代理人经营能力的发挥程度与工作积极性的高度是不易监督的，因而公司治理的重要职能之一就是对代理人的激励，没有激励或者激励不足，公司治理有效性就难以得到保障。公司治理的激励机制应该具有激励相容的功效，现代委托代理理论把激励相容的条件作为委托人预期效应的两个约束条件之一。也就是说，在追求代理人个人利益的同时，其客观效果是能够更好地实现委托人想要达到的目的，这就是激励的相容性。约束是反向激励，它与激励是一个问题的两个方面。如果只有激励而没有约束，就如同只有约束而没有激励一样无效。保险机构的代理人同样也需要正向和反向激励、长期和短期激励、物质和非物质激励，以更好地实现委托代理目标。

4. 监督职能——公司治理的条件职能

有效发挥公司治理机制的作用，除了对代理人进行激励约束之外，来自公司内外部的各种监督力量也是可以选择的途径。例如来自产品市场竞争、经理人市场、控制权或者接管市场等外部监督，以及来自英美法系国家常用的独立董事制度、大陆法系国家导入的监事会制度等内部监督力量。有效的监督机制能够约束代理人的偷懒行为，使之更好地为委托人利益最大化而工作。在保险机构中，为了更好地保护投保人的利益，保险机构治理的监督职能往往也会得到一定程度的强化，例如监管部门规定股份制保险机构必须设立独立董事，而且需要达到一定的比例，这一点，在非上市一般公司中并没有强制的规定。此外，一些保险机构在监事会中还设立了外部监事，以强化其监督职能。

（四）侧重公司外部的职能：协调职能

协调职能是公司治理的拓展职能。协调职能是指公司治理要能够协调好公司与股东以及债权人、供应商、客户、社区和政府等在内的其他利益相关者的利益关系。公司治理的主体不局限于股东，还包括股东、债权人、雇员、顾客、供应商、政府、社区等在内的广大公司利益相关者。这些利益相关者在公司发展过程中都投入了一定程度的专用性资产，并承担了相应的风险。保险机构的投保人是极为重要的利益相关者，而其参与治理的途径较少、成本较高，因此，保险机构治理相对于一般公司治理来说，其协调职能更应该得到有效发挥。在追求利润最大化的过程中，不能有效地进行自我监督与约束，协调好各利益相关者的权益问题，轻则导致公司治理违规，重则导致公司破产倒闭。

二、研究假设

目前国内外相关领域大多研究单一或数个独立的公司治理要素对保险机构绩效的影响，较少有人考虑公司治理的整体视角（李慧聪、李维安和郝臣，2015）。公司治理作用的发挥不可能仅仅是单个孤立要素作用的结果，而应当是各要素在公司治理的系统内协调配合的结果，将系统化、整体化的公司治理简单拆分成碎片化的要素来研究可能背离保险机构治理的初衷。为此，本研究从公司治理整体视角，选取保险机构治理指数实证分析其对保险机构绩效（盈利能力）的影响。

莫迪利亚尼和米勒（Franco Modigliani & Merton Miller，1958）的资本结构理论和股利无关论发现，在满足假设条件情况下，公司的资本结构和股利支付状况并不影响公司价值，决定公司价值的关键因素是公司的盈利能力，而公司盈利能力取决于科学决策能力。正如本研究对公司治理的定义与职能界定所述，科学决策是公司治理的目标，也就是说公司治理通过结构与机制设计的主要目的是保障科学决策，而不是为了制衡。基于此，提出本章研究的以下假设：

假设 1：中小型保险机构治理指数越高，反映财产险保险机构盈利能力的综合赔付率和综合成本率越低。

假设 2：中小型保险机构治理指数越高，反映人身险保险机构盈利能力的投资收益率和已赚保费增长率越高。

假设 3：中小型保险机构治理指数越高，反映保险机构盈利能力的净资产收益率（Return on Equity，缩写为 ROE）越高。

第三节　实证设计

本节对本章实证研究的样本和数据来源进行了说明，并参考相关研究，提出了反映保险机构盈利能力的五个指标；并利用中国保险机构治理指数和盈利能力五个指标，设计了实证研究模型。

一、研究样本与数据来源

本章研究样本与第三篇的评价样本相同，关于样本构成的详细情况详见第九章相关的内容。

本章实证研究所用的 2016－2019 年解释变量数据主要来自第三篇的评价结果，包括中国保险机构治理指数、中小型保险机构治理指数、小型保险机构治理指数及其相应的分指数。关于该指数及其分指数的详细介绍与分析以及原始评价数据来源也请参考本研究的第三篇相关章节内容。

本章实证研究所用的 2016－2018 年被解释变量数据主要来自 2017年、2018 年和 2019 年《中国保险年鉴》中各保险机构的资产负债表和利润表；本章在整理数据时 2020 年《中国保险年鉴》还没有出版，因此 2019年被解释变量数据则来自 2020 年 5 月 1 日之前各保险机构在官网披露的年度信息披露报告中的资产负债表和利润表。

本章实证研究所用数据中的控制变量数据主要手工、逐家整理自监管部门官网披露的信息、各保险机构官网披露的信息。

二、变量设计

（一）被解释变量

本章在对保险机构资产负债表和利润表进行深入分析、参考监管部门发布文件中提及的财务指标、借鉴已有研究文献中的变量设计的基础上，设计了 5 个财务指标用来衡量保险机构的盈利能力，其中专门适用于财产险保险机构的指标 2 个，人身险保险机构的指标 2 个，还有 1 个指标同时适用于两类保险机构，如表 13-1 所示。各指标计算公式详见式（13-1）、式（13-2）、式（13-3）、式（13-4）和式（13-5）。

1. 针对财产险保险机构

综合赔付率＝（赔付支出＋提取未决赔款准备金）/已赚保费　　（13-1）

其中，赔付支出主要是指保险机构当期的赔款支出、死伤医疗给付、分保赔付支出等；提取未决赔款准备金＝期末未决赔偿准备金－期初未决赔偿准备金。未决赔款准备金是指保险机构在会计年度决算以前发生保险责任而未赔偿或未给付保险金，在当年收入的保险费中提取的资金。由于未决赔款准备金提取时保险事故已经发生，所以其支付只是时间迟早的问题。

综合成本率＝（赔付支出＋提取未决赔款准备金＋营运成本）/已赚保费

（13-2）

其中，营运成本＝税金及附加＋手续费及佣金支出＋业务及管理费。

2. 针对人身险保险机构

投资收益率＝（投资收益＋公允价值变动损益）/投资资产　　（13-3）

其中，投资资产＝货币资金＋以公允价值计量且其变动计入当期损益的金融资产＋买入返售金融资产＋定期存款＋保户质押贷款＋贷款＋可供出售金融资产＋持有至到期投资＋长期股权投资＝总资产－应收保费－固定资产。

已赚保费增长率＝（当期已赚保费－上期已赚保费）/上期已赚保费

（13-4）

其中，已赚保费＝保费收入＋分入保费－分出保费－提取未到期责任准备金。提取未到期责任准备金＝期末未到期责任准备金－期初未到期责任准备金。未到期责任准备金是保险机构责任准备金的一种形式，是指保险机构一年期以内的财产险、意外伤害险、健康险等业务本期保险责任尚未到期，从应属于下一年度的部分保险费中提取出来形成的准备金。需要说明的是，人身险保险机构与财产险保险机构相比，未到期责任准备金还包括寿险责任准备金和长期健康险责任准备金。但按照行业惯例，人身保险机构计算已赚保费时并不扣除寿险责任准备金和长期健康险责任准备金，只扣除针对短期人身险的未到期责任准备金。

3. 两类机构共用盈利指标

净资产收益率＝净利润/所有者权益　　（13-5）

其中，净利润＝税前利润×（1－25%），25%为保险机构所得税税率。保险机构净资产收益率主要受投资收益率、资金成本率和杠杆率等因素影响。

表 13-1　我国保险机构盈利能力指标体系

指标分组	指标名称	指标符号	指标性质
财产险保险机构	综合赔付率	CLR	负向指标
	综合成本率	CCR	负向指标
人身险保险机构	投资收益率	RRI	正向指标
	已赚保费增长率	EPGR	正向指标
财产险和人身险保险机构	净资产收益率	ROE	正向指标

资料来源：作者整理。

（二）解释变量

本研究的核心解释变量为中国保险机构治理指数（IIGI），该指数的设计及生成过程详见第八章相关内容。

（三）控制变量

参考张继袖和陆宇建（2007）、张文珂和张芳芳（2009）、刘晋飞（2013）、张菊（2019）的研究，本章选取了一些其他可能对保险机构盈利能力产生影响的因素作为控制变量，如表 13-2 所示。

资本性质（capital）：用虚拟变量表示，中资保险机构取 1，外资保险机构取 0。

机构规模（Lnsize）：不同的机构规模可能导致不同的盈利能力，本章用保险机构当年总资产表示，为了克服异方差的影响，对总资产进行取对数处理。

设立年限（Lnage）：不同的设立年限可能导致保险机构的盈利能力不同，本章用保险机构成立年限的对数表示。

组织形式（form）：保险机构的组织形式主要包括股份制、有限制和相互制三种，考虑我国相互制保险机构样本较少，因此本章设置组织形式虚拟变量，股份制保险机构取 1，有限制和相互制保险机构取 0。

表 13-2　保险机构治理对盈利能力影响的控制变量

变量名称	变量符号	变量说明
资本性质	capital	虚拟变量：中资保险机构取 1，外资保险机构取 0
机构规模	Lnsize	ln（总资产）
设立年限	Lnage	ln（当前年份－成立年份+1）
组织形式	form	虚拟变量：股份制保险机构取 1，有限制和相互制保险机构取 0

资料来源：作者整理。

三、回归模型

为了检验本章模型的研究假设，共设计了如下 5 个回归模型。模型 13-1 和模型 13-2 主要用来检验保险机构治理指数对财产险保险机构盈利能力的影响，模型 13-3 和模型 13-4 主要用来检验保险机构治理指数对人身险保险机构盈利能力的影响，模型 13-5 主要用来检验保险机构治理指数对所有保险机构盈利能力的影响。其中，ε_{it} 为模型的残差项。

$$CLR_{it}=\alpha_{it}+\beta_1 IIGI_{it}+\beta_2 capital_{it}+\beta_3 Lnsize_{it}+\beta_4 Lnage_{it}+\beta_5 form_{it}+\varepsilon_{it}$$
（模型 13-1）

$$CCR_{it}=\alpha_{it}+\beta_1 IIGI_{it}+\beta_2 capital_{it}+\beta_3 Lnsize_{it}+\beta_4 Lnage_{it}+\beta_5 form_{it}+\varepsilon_{it}$$
（模型 13-2）

$$RRI_{it}=\alpha_{it}+\beta_1 IIGI_{it}+\beta_2 capital_{it}+\beta_3 Lnsize_{it}+\beta_4 Lnage_{it}+\beta_5 form_{it}+\varepsilon_{it}$$
（模型 13-3）

$$EPGR_{it}=\alpha_{it}+\beta_1 IIGI_{it}+\beta_2 capital_{it}+\beta_3 Lnsize_{it}+\beta_4 Lnage_{it}+\beta_5 form_{it}+\varepsilon_{it}$$
（模型 13-4）

$$ROE_{it}=\alpha_{it}+\beta_1 IIGI_{it}+\beta_2 capital_{it}+\beta_3 Lnsize_{it}+\beta_4 Lnage_{it}+\beta_5 form_{it}+\varepsilon_{it}$$
（模型 13-5）

第四节　描述性统计分析与实证结果

本节对上述反映保险机构盈利能力状况的 5 个指标进行了描述性统计分析，进而总体把握我国保险机构盈利能力状况；利用加权最小二乘回归模型，研究了中国保险机构治理指数对 5 个盈利能力具体指标的影响，实证检验了全样本保险机构、中小型保险机构和小型保险机构治理的有效性，同时本节还检验了基于治理内容维度和基于治理层次维度的分指数的有效性。

一、描述性统计分析

表 13-3、表 13-4、表 13-5 和表 13-6 的统计结果显示，综合赔付率（CLR）作为针对财产险保险机构的盈利能力指标，其极差较大，因此本研究重点分析其中位数。2016－2019 年财产险保险机构综合赔付率的中位数依次为 67.496%、66.599%、65.637% 和 66.244%；2016－2019 年财产险中小型保险机构综合赔付率的中位数依次为 66.572%、66.480%、64.987% 和

67.342%；2016—2019 年财产险小型保险机构综合赔付率的中位数依次为 68.058%、67.185%、66.646%和 69.212%，各年数值均高于财产险中小型保险机构，说明财产险小型保险机构的综合赔付率高于财产险中型保险机构。该指标数值年度变化较大，有些年份存在过大或过小的极值，导致极差过大，因此在回归分析时本章利用取对数的方式缓和极值的影响。

综合成本率（CCR）是针对财产险保险机构的盈利能力指标，该指标的极差也较大，因此本研究重点分析其中位数。2016—2019 年财产险保险机构综合成本率的中位数依次为 123.423%、117.965%、115.428%和 115.005%；2016—2019 年财产险中小型保险机构综合成本率的中位数依次为 124.792%、119.956%、117.619%和 115.689%，各年数值整体大于全样本财产险保险机构，说明财产险中小型保险机构的综合成本率高于财产险大型保险机构；2016—2019 年财产险小型保险机构综合成本率中位数依次为 127.473%、122.259%、120.943%和 117.024%，各年数值均高于财产险中小型保险机构，说明财产险小型保险机构的综合成本率高于财产险大型保险机构。该指标数值年度变化较大，有些年份存在过大或过小的极值，导致极差过大，因此在回归分析时本章利用取对数的方式缓和极值的影响。

投资收益率（RRI）是针对人身险保险机构的盈利能力指标，2016—2019 年人身险保险机构投资收益率的平均值依次为 4.579%、4.206%、3.714%和 3.698%，数值整体呈下降趋势；2016—2019 年人身险中小型保险机构投资收益率平均值依次为 4.636%、4.132%、3.671%和 3.798%，整体也呈下降趋势，2019 年有所回调；2016—2019 年人身险小型保险机构投资收益率平均值依次为 4.322%、3.874%、3.469%和 3.793%，整体呈上升趋势，各年数值均低于同期人身险中小型保险机构。

已赚保费增长率（EPGR）是针对人身险保险机构的盈利能力指标，2016—2019 年人身险保险机构已赚保费增长率的平均值依次为 5152.786%、−2502.037%、46.764%和 311.986%；2016—2019 年人身险中小型保险机构已赚保费增长率平均值依次为 5657.603%、−2790.425%、51.631%和 345.730%；2016—2019 年人身险小型保险机构已赚保费增长率平均值依次为 7171.676%、−3673.927%、62.445%和 423.851%。该指标各年平均值变化幅度较大，有些年份存在过大或过小的极值，导致极差过大，因此在回归分析时本章利用取对数的方式缓和极值的影响。这种情况下，本研究还进一步观察了中位数的情况，2016—2019 年人身险保险机构已赚保费增长率的中位数依次为 39.574%、32.307%、17.655%和 23.162%，2016—2019 年人身险中小型保险机构已赚保费增长率的中位数依次为

44.179%、34.091%、19.853%和26.330%，2016－2019年人身险小型保险机构已赚保费增长率的中位数依次为53.546%、31.847%、20.332%和31.999%，总体来看，已赚保费增长率呈现总体下降趋势。

净资产收益率（ROE）是针对财产险和人身险保险机构的盈利能力指标，该指标的极差也较大，因此本研究重点分析其中位数。2016－2019年全样本保险机构ROE的中位数依次为1.023%、0.766%、0.818%和0.686%，总体上来说相对较低；2016－2019年中小型保险机构净资产收益率的中位数依次为0.742%、0.643%、0.663%和0.912%，除了2019年，其余各年均低于全样本保险机构，表明中小型保险机构净资产收益率整体低于大型保险机构；2016－2019年小型保险机构净资产收益率的中位数依次为0.356%、0.359%、0.414%和0.552%，说明小型保险机构的净资产收益率整体低于中型保险机构。

表13-3 保险机构2016年盈利能力指标描述性统计（单位：%）

机构	统计指标	CLR	CCR	RRI	EPGR	ROE
全样本保险机构	有效样本	81	81	76	67	155
	缺失样本	1	1	2	11	5
	平均值	1277912.569	1477604.958	4.579	5152.786	-2.569
	中位数	67.496	123.423	4.417	39.574	1.023
	标准差	11497566.227	13156645.221	1.872	38809.835	22.218
	极差	103478619.370	118423526.398	11.411	317922.922	218.379
	最小值	-119.828	-2666.379	0.000	-172.922	-154.337
	最大值	103478499.543	118420860.018	11.411	317750.000	64.042
中小型保险机构	有效样本	76	76	68	61	142
	缺失样本	1	1	2	9	5
	平均值	1361981.317	1574808.630	4.636	5657.603	-3.486
	中位数	66.572	124.792	4.392	44.179	0.742
	标准差	11869749.090	13582416.093	1.896	40668.544	22.660
	极差	103478619.370	118423526.398	11.411	317922.922	218.379
	最小值	-119.828	-2666.379	0.000	-172.922	-154.337
	最大值	103478499.543	118420860.018	11.411	317750.000	64.042
小型保险机构	有效样本	70	70	54	48	122
	缺失样本	1	1	2	8	5
	平均值	1478716.915	1709782.658	4.322	7171.676	-4.919
	中位数	68.058	127.473	4.254	53.546	0.356
	标准差	12367991.633	14152379.191	1.812	45830.220	24.076
	极差	103478619.370	118423526.398	11.411	317850.058	218.379
	最小值	-119.828	-2666.379	0.000	-100.058	-154.337
	最大值	103478499.543	118420860.018	11.411	317750.000	64.042

资料来源：作者整理。

表 13-4　保险机构 2017 年盈利能力指标描述性统计（单位：%）

机构	统计指标	CLR	CCR	RRI	EPGR	ROE
全样本保险机构	有效样本	84	84	80	68	162
	缺失样本	2	2	6	18	10
	平均值	22430.695	25318.964	4.206	-2502.037	-2.388
	中位数	66.599	117.965	4.431	32.307	0.766
	标准差	204305.664	227957.802	1.382	21311.750	20.125
	极差	1872636.437	2089958.347	6.955	176689.563	231.117
	最小值	-7.865	-329.775	0.000	-175652.239	-158.738
	最大值	1872628.571	2089628.571	6.955	1037.325	72.378
中小型保险机构	有效样本	79	79	72	61	149
	缺失样本	2	2	6	17	10
	平均值	23846.158	26914.600	4.132	-2790.425	-3.631
	中位数	66.480	119.956	4.348	34.091	0.643
	标准差	210671.323	235058.529	1.431	22502.404	20.382
	极差	1872636.437	2089958.347	6.955	176689.563	231.117
	最小值	-7.865	-329.775	0.000	-175652.239	-158.738
	最大值	1872628.571	2089628.571	6.955	1037.325	72.378
小型保险机构	有效样本	73	73	58	48	129
	缺失样本	2	2	6	8	10
	平均值	25800.080	29116.882	3.874	-3673.927	-5.000
	中位数	67.185	122.259	3.987	31.847	0.359
	标准差	219157.418	244524.318	1.429	25631.324	21.462
	极差	1872636.437	2089958.347	6.955	176259.875	231.117
	最小值	-7.865	-329.775	0.000	-175652.239	-158.738
	最大值	1872628.571	2089628.571	6.955	607.636	72.378

资料来源：作者整理。

表 13-5　保险机构 2018 年盈利能力指标描述性统计（单位：%）

机构	统计指标	CLR	CCR	RRI	EPGR	ROE
全样本保险机构	有效样本	87	87	86	77	171
	缺失样本	2	2	5	14	9
	平均值	93788575.185	105868427.413	3.714	46.764	-22.618
	中位数	65.637	115.428	3.938	17.655	0.818
	标准差	874800936.395	987472799.173	1.424	150.131	250.589
	极差	8159602044.878	9210535847.724	8.515	994.752	3315.492
	最小值	-2044.878	-2514.390	-1.305	-100.000	-3268.790
	最大值	8159600000.000	9210533333.333	7.210	894.752	46.702

机构	统计指标	CLR	CCR	RRI	EPGR	ROE
中小型保险机构	有效样本	82	82	78	69	158
	缺失样本	2	2	5	14	9
	平均值	99507386.795	112323812.724	3.671	51.631	-25.567
	中位数	64.987	117.619	3.884	19.853	0.663
	标准差	901077072.366	1017133225.637	1.483	157.943	260.513
	极差	8159602044.878	9210535847.724	8.515	994.752	3315.492
	最小值	-2044.878	-2514.390	-1.305	-100.000	-3268.790
	最大值	8159600000.000	9210533333.333	7.210	894.752	46.702
小型保险机构	有效样本	76	76	64	55	138
	缺失样本	2	2	5	14	9
	平均值	107363227.562	121191472.991	3.469	62.445	-29.853
	中位数	66.646	120.943	3.719	20.332	0.414
	标准差	935970302.947	1056520603.534	1.428	173.978	278.593
	极差	8159602044.878	9210535847.724	7.464	994.752	3315.492
	最小值	-2044.878	-2514.390	-1.305	-100.000	-3268.790
	最大值	8159600000.000	9210533333.333	6.159	894.752	46.702

资料来源：作者整理。

表 13-6　保险机构 2019 年盈利能力指标描述性统计（单位：%）

机构	统计指标	CLR	CCR	RRI	EPGR	ROE
全样本保险机构	有效样本	82	82	85	81	166
	缺失样本	7	7	6	10	14
	平均值	1325095690.073	1512295038.174	3.698	311.986	-1.617
	中位数	66.244	115.005	3.957	23.162	0.686
	标准差	11999250869.807	13694412254.596	1.474	1607.640	16.983
	极差	108657838355.329	124008177446.518	7.439	11063.254	149.439
	最小值	-255.329	-46.518	0.000	-99.981	-115.099
	最大值	108657838100.000	124008177400.000	7.439	10963.273	34.339
中小型保险机构	有效样本	78	78	77	73	154
	缺失样本	6	6	6	10	13
	平均值	1393049315.917	1589848628.544	3.798	345.730	-2.300
	中位数	67.342	115.689	3.957	26.330	0.912
	标准差	12303077453.483	14041161108.636	1.346	1691.144	17.157
	极差	108657838355.329	124008177446.518	7.439	11063.254	147.302
	最小值	-255.329	-46.518	0.000	-99.981	-115.099
	最大值	108657838100.000	124008177400.000	7.439	10963.273	32.203

续表

机构	统计指标	CLR	CCR	RRI	EPGR	ROE
小型保险机构	有效样本	73	75	63	59	135
	缺失样本	5	3	6	10	13
	平均值	1488463650.197	1698742364.438	3.793	423.851	-3.246
	中位数	69.212	117.024	3.902	31.999	0.552
	标准差	12717438009.479	14514059319.882	1.234	1875.522	18.017
	极差	108657838355.329	124008177446.518	7.439	11018.315	147.302
	最小值	-255.329	-46.518	0.000	-55.042	-115.099
	最大值	108657838100.000	124008177400.000	7.439	10963.273	32.203

资料来源：作者整理。

二、实证结果

在进行保险机构治理指数与保险机构盈利能力的回归分析时，首先对回归结果进行了怀特检验（White Test），发现回归模型存在异方差性，在此基础上，本章选择了加权最小二乘法（WLS）回归来对模型进行修正。为了避免数据极值的影响以及为了保证回归结果的稳健性，本章也进行了剔除 1%极值和剔除 5%极值的回归检验。本章还考虑到公司治理的滞后效应，进行了各模型滞后一期的回归检验。

最终得到表 13-7 的回归结果，其中每一分组变量对应的上一行数值表示变量系数，下一行括号内数值表示 t 值（以下所有回归结果表格列示方法相同）。根据回归结果，在财产险保险机构中，综合赔付率和综合成本率与保险机构治理指数的回归系数多为负，综合赔付率与保险机构治理指数的回归结果在剔除 5%极值的全样本保险机构和中小型财产险保险机构样本中显著，这与本章研究假设相符；在中小型保险机构、小型保险机构和全样本保险机构的人身险保险机构中，投资收益率和已赚保费增长率与保险机构治理指数的回归系数均为正，已赚保费增长率与保险机构治理指数的回归结果在剔除极值后的全样本保险机构、中小型保险机构和小型保险机构显著，回归结果具有稳健性，与本章研究假设相符；在财产险和人身险保险机构中，在剔除 5%极值的中小型保险机构和剔除 5%极值的小型保险机构中，保险机构治理指数对净资产收益率的回归系数为正，且系数显著，说明中小型人身险和财产险保险机构治理水平越高，其净资产收益率越高，与本章研究假设相符。需要说明的是，针对 CLR 变量，由于全样本保险机构、中小型保险机构和小型保险机构全样本回归模型系数过大，本表将其回归系数统一除以 100000；由于全样本保险机构和中小型保险机构滞后一期回归模型系数过大，本表将其回归系数统一除以 1000；小型保险机构滞后一期回归模型系数过大，本表将其回归系数统一除以 100000。

表 13-7　保险机构治理对盈利能力影响回归结果

机构	分组	CLR	CCR	RRI	EPGR	ROE
全样本保险机构	全样本	-0.015	0.004	2.952	-0.391	
		(-11.110)	(-0.014)	(0.011)	(188.400)	(-0.385)
	剔除 5%极值	-1.308***	0.001	0.006	1.260*	-0.112
		(-0.301)	(0.003)	(0.008)	(0.683)	(-0.040)
	剔除 1%极值	-14.130	-0.008	0.010	12.460***	-0.148
		(-8.775)	(-0.007)	(0.011)	(4.285)	(-0.056)
	滞后一期	4.326	-0.009	0.006	201.300	-0.287
		(133.977)	(-0.016)	(0.013)	(233.100)	(-0.703)
中小型保险机构	全样本	-3.010	-0.011	0.004	15.860	-0.417
		(-11.190)	(-0.015)	(0.011)	(200.800)	(-0.410)
	剔除 5%极值	-1.351***	0.002	0.004	1.408*	0.103**
		(-0.329)	(-0.003)	(0.009)	(0.778)	(-0.042)
	剔除 1%极值	181.000	-0.006	0.015	12.74***	-0.149
		(251.200)	(-0.008)	(0.011)	(4.483)	(-0.059)
	滞后一期	3.862	-0.009	0.003	200.500	-0.354
		(132.051)	(-0.017)	(0.014)	(247.500)	(-0.742)
小型保险机构	全样本	17.990	-0.016	0.004	28.550	-0.760
		(14.370)	(-0.017)	(0.012)	(242.100)	(-0.529)
	剔除 5%极值	-0.640	0.003	0.010	2.163**	0.251*
		(-0.581)	(0.004)	(0.010)	(0.848)	(-0.055)
	剔除 1%极值	6.598	-0.008	0.017	16.05***	-0.329
		(23.989)	(-0.011)	(0.011)	(4.969)	(-0.074)
	滞后一期	2.524	-0.013	0.006	251.700	-0.547
		(12.280)	(-0.019)	(0.016)	(319.100)	(-1.017)

资料来源：作者整理。说明：*、**和***分别表示在 10%、5%和 1%的置信水平上显著，下同。

三、基于保险机构治理分指数的检验

（一）基于治理内容维度治理分指数的检验

本研究按治理内容不同，将保险机构治理指数分为股东与股权结构分指数、董事与董事会分指数、监事与监事会分指数、高级管理人员分指数、信息披露分指数和利益相关者分指数，并将六大分指数分别与保险机构盈利能力指标回归，检验在不同规模类型保险机构中不同维度分指数对保险机构盈利能力影响的差异性，得到表 13-8、表 13-9 和表 13-10 回归结果。

根据回归结果，在全样本财产险保险机构、财产险中小型保险机构以及财产险小型保险机构中，监事与监事会分指数和信息披露分指数与综合赔付率和综合成本率在全样本以及剔除极值的情况下均为负相关，且回归系数在 1%、5% 或 10% 的置信水平上显著，回归结果较稳定，表明监事与监事会治理水平和信息披露水平会对综合成本率和综合赔付率产生显著负向影响，在财产险中小型保险机构和财产险小型保险机构中，股东与股权结构分指数对综合成本率和综合赔付率均产生显著正向影响，在全样本以及剔除极值的情况下回归系数在 1% 的置信水平上显著。

在全样本人身险保险机构、人身险中小型保险机构以及人身险小型保险机构中，高级管理人员分指数和信息披露分指数与投资收益率在全样本以及剔除极值的情况下均为正相关，且回归系数在 5% 或 1% 的置信水平上显著，表明高级管理人员治理水平和信息披露水平会对投资收益率产生显著的正向影响，而股东与股权结构分指数与投资收益率负相关，且回归系数在 5% 或 10% 的置信水平上显著；在各规模类型人身险保险机构中，各维度治理指数与已赚保费增长率的相关性不确定，且回归结果不显著，表明六大治理分指数对已赚保费增长率的影响均较弱。

在全样本保险机构、中小型保险机构以及小型保险机构中，在剔除极值的情况下，股东与股权结构分指数和利益相关者分指数与净资产收益率（ROE）为正相关关系，且回归系数在 1% 或 5% 的置信水平上显著，表明股东及股权结构和利益相关者治理水平会对净资产收益率产生显著正向影响；而在剔除极值的情况下，董事与董事会分指数、监事与监事会分指数、高级管理人员分指数以及信息披露分指数均对净资产收益率产生负向影响，且回归系数在 1%、5% 或 10% 的置信水平上显著。

表 13-8　全样本保险机构治理基于内容维度分指数对盈利能力影响回归结果

分指数	分组	CLR	CCR	RRI	EPGR	ROE
股东与股权结构分指数	全样本	0.00	0.01**	−0.01**	8.90	0.13**
		(1.11)	(2.36)	(−2.50)	(0.61)	−2.580
	剔除 5% 极值	0.01***	0.01***	−0.01**	−0.17	0.07***
		(2.98)	(3.37)	(−2.31)	(−0.42)	(3.42)

分指数	分组	CLR	CCR	RRI	EPGR	ROE
	剔除1%极值	0.00	0.01**	-0.01**	-2.53	0.09***
		(1.38)	(2.25)	(-2.53)	(-0.72)	(3.41)
	滞后一期	0.00	0.00*	-0.01*	0.25	0.51
		(0.57)	(1.87)	(-1.72)	(0.04)	(1.17)
董事与董事会分指数	全样本	-0.00	-0.00	0.00	93.54	-0.02
		(-0.99)	(-0.03)	(0.62)	(1.22)	(-0.17)
	剔除5%极值	-0.00	-0.00	0.00	0.48	-0.10***
		(-1.11)	(-0.61)	(1.24)	(0.97)	(-4.08)
	剔除1%极值	-0.00	0.00	0.00	5.64	-0.10***
		(-0.91)	(0.12)	(1.04)	(1.26)	(-2.74)
	滞后一期	-0.01**	-0.01	0.01	-62.75	0.01
		(-1.98)	(-1.13)	(1.65)	(-0.96)	(0.05)
监事与监事会分指数	全样本	-0.02**	-0.01**	-0.01	45.92	-0.07*
		(-2.36)	(-2.19)	(-1.52)	(1.23)	(-1.67)
	剔除5%极值	-0.00**	-0.00**	-0.00	0.13	-0.04**
		(-1.97)	(-2.37)	(-1.57)	(0.34)	(-2.14)
	剔除1%极值	-0.01**	-0.01**	-0.00	1.22	-0.04*
		(-2.48)	(-2.40)	(-1.35)	(0.37)	(-1.75)
	滞后一期	-0.02**	-0.02**	-0.00	17.27	0.09
		(-2.12)	(-2.05)	(-0.31)	(1.22)	(0.64)
高级管理人员分指数	全样本	0.00	0.00	0.01*	-0.20	-0.44
		(0.20)	(0.41)	(1.93)	(-1.11)	(-1.25)
	剔除5%极值	-0.00*	-0.00	0.01**	0.42	-0.09***
		(-1.74)	(-0.19)	(2.53)	(0.79)	(-4.20)
	剔除1%极值	0.00	0.00	0.01**	-4.01	-0.11***
		(0.02)	(0.28)	(2.45)	(-0.70)	(-3.44)
	滞后一期	-0.00	0.00	0.01***	12.21	-0.42
		(-0.07)	(0.19)	(2.79)	(0.88)	(-1.44)
信息披露分指数	全样本	-0.02***	-0.02***	0.04***	-366.80	0.11
		(-4.17)	(-2.89)	(2.98)	(-1.19)	(0.38)
	剔除5%极值	-0.02***	-0.02***	0.03***	1.24	-0.12**
		(-5.77)	(-4.14)	(2.82)	(0.91)	(-2.28)
	剔除1%极值	-0.02***	-0.02***	0.04***	1.42	-0.15**
		(-4.54)	(-3.16)	(2.90)	(0.10)	(-2.43)
	滞后一期	-0.02***	-0.01**	0.03**	0.47	-0.65
		(-3.39)	(-2.39)	(1.99)	(0.03)	(-1.18)

续表

分指数	分组	CLR	CCR	RRI	EPGR	ROE
利益相关者分指数	全样本	-0.01**	-0.01	0.01	-290.65	-0.42
		(-2.28)	(-1.42)	(0.60)	(-0.94)	(-0.66)
	剔除5%极值	-0.00	-0.00	0.01	0.26	0.10**
		(-0.88)	(-0.85)	(1.15)	(0.28)	(2.43)
	剔除1%极值	-0.01**	-0.00	0.01	3.70	0.16***
		(-2.27)	(-1.38)	(0.85)	(0.26)	(2.59)
	滞后一期	-0.00	-0.01	0.01	112.65	0.62
		(-0.27)	(-1.59)	(1.50)	(1.02)	(1.22)

资料来源：作者整理。

表 13-9　中小型保险机构治理基于内容维度分指数对盈利能力影响回归结果

分指数	分组	CLR	CCR	RRI	EPGR	ROE
股东与股权结构分指数	全样本	0.01***	0.01***	-0.01**	-16.11	0.11**
		(2.87)	(2.83)	(-2.01)	(-1.31)	(2.54)
	剔除5%极值	0.01***	0.01***	-0.01**	-0.32	0.07***
		(3.37)	(3.52)	(-2.10)	(-0.59)	(3.11)
	剔除1%极值	0.01***	0.01***	-0.01**	-4.89	0.09***
		(2.74)	(2.72)	(-2.06)	(-1.18)	(3.11)
	滞后一期	0.01**	0.01**	-0.00	-8.13	0.55
		(2.46)	(2.52)	(-0.62)	(-0.87)	(1.14)
董事与董事会分指数	全样本	-0.00	0.00	0.00	113.94	-0.01
		(-0.62)	(0.06)	(0.17)	(1.21)	(-0.10)
	剔除5%极值	-0.00	-0.00	0.00	0.60	-0.09***
		(-1.12)	(-0.48)	(0.81)	(1.01)	(-3.55)
	剔除1%极值	-0.00	0.00	0.00	7.13	-0.09**
		(-0.54)	(0.30)	(0.51)	(1.31)	(-2.28)
	滞后一期	-0.01*	-0.01	0.00	-74.95	0.00
		(-1.68)	(-1.03)	(1.12)	(-0.95)	(0.02)
监事与监事会分指数	全样本	-0.02**	-0.02**	-0.00	41.08	-0.08*
		(-2.13)	(-2.18)	(-0.98)	(1.22)	(-1.67)
	剔除5%极值	-0.00**	-0.00**	-0.00	0.18	-0.04**
		(-2.01)	(-2.45)	(-0.92)	(0.42)	(-2.22)
	剔除1%极值	-0.01**	-0.01**	-0.00	0.99	-0.05*
		(-2.31)	(-2.37)	(-0.77)	(0.26)	(-1.77)
	滞后一期	-0.02*	-0.02**	0.00	16.17	0.07
		(-1.91)	(-2.04)	(0.30)	(1.21)	(0.52)

续表

分指数	分组	CLR	CCR	RRI	EPGR	ROE
高级管理人员分指数	全样本	0.00	0.00	0.01	-127.08	-0.47
		(0.29)	(0.41)	(1.60)	(-1.09)	(-1.25)
	剔除5%极值	-0.00	0.00	0.01**	0.50	-0.09***
		(-1.49)	(0.08)	(2.26)	(0.78)	(-4.13)
	剔除1%极值	0.00	0.00	0.01**	-4.20	-0.11***
		(0.13)	(0.27)	(2.11)	(-0.62)	(-3.41)
	滞后一期	-0.00	0.00	0.01**	17.05	-0.44
		(-0.18)	(0.10)	(2.38)	(0.93)	(-1.47)
信息披露分指数	全样本	-0.02***	-0.02***	0.03**	-365.73	0.10
		(-4.04)	(-2.85)	(2.47)	(-1.19)	(0.33)
	剔除5%极值	-0.02***	-0.02***	0.03**	1.43	-0.14**
		(-5.96)	(-4.18)	(2.38)	(0.93)	(-2.53)
	剔除1%极值	-0.02***	-0.02***	0.03**	3.47	-0.18***
		(-4.40)	(-3.05)	(2.41)	(0.22)	(-2.68)
	滞后一期	-0.02***	-0.01**	0.02	11.20	-0.70
		(-3.15)	(-2.28)	(1.42)	(0.77)	(-1.21)
利益相关者分指数	全样本	-0.01*	-0.01	0.01	-331.71	-0.49
		(-1.73)	(-1.36)	(0.98)	(-0.94)	(-0.67)
	剔除5%极值	-0.00	-0.00	0.01	0.43	0.12**
		(-0.38)	(-0.68)	(1.45)	(0.37)	(2.55)
	剔除1%极值	-0.01*	-0.01	0.01	4.84	0.18**
		(-1.74)	(-1.39)	(1.29)	(0.28)	(2.53)
	滞后一期	-0.01	-0.01*	0.01	139.67	0.78
		(-1.54)	(-1.81)	(1.55)	(1.02)	(1.24)

资料来源：作者整理。

表 13-10　小型保险机构治理基于内容维度分指数对盈利能力影响回归结果

分指数	分组	CLR	CCR	RRI	EPGR	ROE
股东与股权结构分指数	全样本	0.01***	0.01***	-0.02***	-31.48	0.08
		(3.32)	(3.03)	(-3.37)	(-1.39)	(1.21)
	剔除5%极值	0.01***	0.01***	-0.02***	-0.51	0.08***
		(3.90)	(3.67)	(-3.30)	(-0.74)	(2.75)
	剔除1%极值	0.01***	0.01***	-0.02***	-7.53	0.11***
		(3.14)	(2.88)	(-3.39)	(-1.30)	(3.01)
	滞后一期	0.01***	0.01***	-0.01*	-21.26	0.61
		(2.95)	(2.76)	(-1.95)	(-1.04)	(1.14)

续表

分指数	分组	CLR	CCR	RRI	EPGR	ROE
董事与董事会分指数	全样本	-0.00	-0.00	0.00	148.37	-0.01
		(-0.66)	(-0.18)	(0.48)	(1.21)	(-0.06)
	剔除 5%极值	-0.00	-0.00	0.00	0.91	-0.11***
		(-0.80)	(-0.44)	(1.11)	(1.22)	(-3.70)
	剔除 1%极值	-0.00	-0.00	0.00	9.41	-0.13**
		(-0.63)	(-0.06)	(0.81)	(1.31)	(-2.43)
	滞后一期	-0.01	-0.01	0.01*	-92.82	0.02
		(-1.60)	(-1.12)	(1.69)	(-0.94)	(0.11)
监事与监事会分指数	全样本	-0.02*	-0.02*	-0.00	59.04	-0.06
		(-1.89)	(-1.93)	(-0.69)	(1.23)	(-1.42)
	剔除 5%极值	-0.00	-0.00	-0.00	0.38	-0.05**
		(-1.49)	(-1.57)	(-0.67)	(0.69)	(-2.16)
	剔除 1%极值	-0.02**	-0.01**	-0.00	1.34	-0.05*
		(-2.06)	(-2.07)	(-0.49)	(0.25)	(-1.69)
	滞后一期	-0.02*	-0.02*	0.00	26.37	0.14
		(-1.72)	(-1.86)	(0.75)	(1.14)	(0.68)
高级管理人员分指数	全样本	0.00	0.00	0.01	-156.40	-0.56
		(0.37)	(0.30)	(1.65)	(-1.05)	(-1.28)
	剔除 5%极值	-0.00	-0.00	0.01***	1.31*	-0.13***
		(-1.03)	(-0.24)	(2.66)	(1.71)	(-5.19)
	剔除 1%极值	0.00	0.00	0.01**	-5.35	-0.15***
		(0.21)	(0.12)	(2.33)	(-0.55)	(-3.81)
	滞后一期	-0.00	0.00	0.01**	33.18	-0.53
		(-0.07)	(0.05)	(2.37)	(0.99)	(-1.52)
信息披露分指数	全样本	-0.03***	-0.02***	0.04**	-466.69	0.07
		(-3.75)	(-2.88)	(2.44)	(-1.20)	(0.22)
	剔除 5%极值	-0.02***	-0.02***	0.03**	1.86	-0.20***
		(-4.99)	(-3.82)	(2.48)	(1.01)	(-3.24)
	剔除 1%极值	-0.03***	-0.02***	0.03**	2.67	-0.23***
		(-4.53)	(-3.40)	(2.36)	(0.14)	(-3.10)
	滞后一期	-0.02***	-0.02***	0.02	-14.79	-0.84
		(-3.27)	(-2.66)	(1.55)	(-0.43)	(-1.23)

分指数	分组	CLR	CCR	RRI	EPGR	ROE
利益相关者分指数	全样本	-0.01*	-0.01	0.01	-421.15	-0.57
		(-1.75)	(-1.40)	(0.79)	(-0.89)	(-0.67)
	剔除5%极值	-0.00	-0.00	0.01	1.24	0.14**
		(-0.50)	(-0.78)	(1.61)	(0.81)	(2.39)
	剔除1%极值	-0.01*	-0.01	0.01	7.79	0.21**
		(-1.76)	(-1.44)	(1.26)	(0.31)	(2.45)
	滞后一期	-0.01	-0.01*	0.02**	205.02	0.94
		(-1.49)	(-1.79)	(2.17)	(1.02)	(1.23)

资料来源：作者整理。

（二）基于治理层次维度治理分指数的检验

本研究按治理层次不同，将保险机构治理指数分为强制性治理分指数和自主性治理分指数，并将两个维度分指数分别与保险机构盈利能力指标回归，检验在不同规模类型保险机构中不同维度分指数对保险机构盈利能力影响的差异性，得到表13-11、表13-12和表13-13的回归结果。

根据回归结果，在财产险中小型保险机构和财产险小型保险机构中，在全样本及剔除极值的情况下，强制性治理分指数对综合赔付率和综合成本率均产生负向影响，且回归系数在1%或5%的置信水平上显著，同时此影响存在显著滞后效应；在全样本财产险保险机构中，强制性治理分指数和自主性治理分指数均对综合赔付率产生负向影响，且回归系数在1%、5%或10%的置信水平上显著，强制性治理分指数也对综合成本率产生显著负向影响。

在全样本人身险保险机构、人身险中小型保险机构以及人身险小型保险机构中，在剔除极值的情况下，强制性治理分指数与投资收益率为正相关关系，且回归系数在5%或10%的置信水平上显著，同时，此影响存在显著的滞后效应；在不同规模类型的人身险保险机构中，强制性治理分指数和自主性治理分指数对已赚保费增长率的影响均不显著。

在全样本保险机构、中小型保险机构以及小型保险机构中，在剔除极值的情况下，强制性治理分指数和自主性治理分指数均对净资产收益率（ROE）产生负向影响，且回归系数在1%或5%的置信水平上显著。

表 13-11　全样本保险机构治理基于治理层次维度分指数对盈利能力影响回归结果

分指数	分组	CLR	CCR	RRI	EPGR	ROE
强制性治理分指数	全样本	-0.03***	-0.02**	0.02	-436.49	-0.930
		(-3.24)	(-1.98)	(1.52)	(-1.13)	(-1.13)
	剔除 5%极值	-0.02***	-0.01***	0.02**	1.85	-0.16***
		(-5.15)	(-3.29)	(2.07)	(1.21)	(-3.19)
	剔除 1%极值	-0.02***	-0.01**	0.02**	-3.36	-0.15**
		(-3.28)	(-1.98)	(2.04)	(-0.21)	(-2.15)
	滞后一期	-0.02*	-0.02*	0.03**	39.36	-1.010
		(-1.91)	(-1.65)	(2.07)	(1.13)	(-1.21)
自主性治理分指数	全样本	-0.02*	-0.01	0.00	131.48	0.050
		(-1.94)	(-1.17)	(0.14)	(1.31)	(-0.220)
	剔除 5%极值	-0.00*	-0.00	0.00	0.74	-0.15***
		(-1.73)	(-1.39)	(0.74)	(0.80)	(-3.59)
	剔除 1%极值	-0.01**	-0.01	0.00	8.77	-0.16**
		(-2.01)	(-1.22)	(0.54)	(1.57)	(-2.26)
	滞后一期	-0.03**	-0.02	0.01*	-51.39	0.45
		(-2.26)	(-1.64)	(1.73)	(-0.85)	(0.74)

资料来源：作者整理。

表 13-12　中小型保险机构治理基于治理层次维度分指数对盈利能力影响回归结果

分指数	分组	CLR	CCR	RRI	EPGR	ROE
强制性治理分指数	全样本	-0.02***	-0.02*	0.02	-472.29	-0.97
		(-2.92)	(-1.91)	(1.26)	(-1.11)	(-1.14)
	剔除 5%极值	-0.02***	-0.01***	0.02*	2.39	-0.17***
		(-5.17)	(-3.27)	(1.75)	(1.33)	(-3.18)
	剔除 1%极值	-0.02***	-0.01*	0.02*	-2.09	-0.17**
		(-2.95)	(-1.86)	(1.78)	(-0.11)	(-2.25)
	滞后一期	-0.02**	-0.02*	0.02*	62.36	-1.04
		(-2.09)	(-1.67)	(1.71)	(1.16)	(-1.23)
自主性治理分指数	全样本	-0.01	-0.01	0.00	135.20	0.04
		(-1.46)	(-1.05)	(0.13)	(1.29)	(0.18)
	剔除 5%极值	-0.00*	-0.00	0.00	0.92	-0.15***
		(-1.76)	(-1.32)	(0.72)	(0.90)	(-3.35)
	剔除 1%极值	-0.01	-0.01	0.00	9.47	-0.15**
		(-1.58)	(-1.03)	(0.49)	(1.53)	(-2.03)
	滞后一期	-0.02*	-0.02	0.01*	-67.42	0.42
		(-1.89)	(-1.54)	(1.86)	(-0.88)	(0.71)

资料来源：作者整理。

表 13-13 小型保险机构治理基于治理层次维度分指数对盈利能力影响回归结果

分指数	分组	CLR	CCR	RRI	EPGR	ROE
强制性治理分指数	全样本	-0.03***	-0.02**	0.02	-561.31	-1.23
		(-2.63)	(-1.99)	(1.21)	(-1.09)	(-1.17)
	剔除5%极值	-0.02***	-0.02***	0.02*	3.74*	-0.23***
		(-4.36)	(-3.07)	(1.96)	(1.84)	(-3.90)
	剔除1%极值	-0.03***	-0.02**	0.02*	-3.40	-0.25***
		(-2.91)	(-2.16)	(1.78)	(-0.14)	(-2.81)
	滞后一期	-0.03*	-0.03*	0.02*	96.08	-1.31
		(-1.91)	(-1.76)	(1.90)	(1.12)	(-1.27)
自主性治理分指数	全样本	-0.01	-0.01	0.00	187.64	0.05
		(-1.32)	(-1.10)	(0.37)	(1.26)	(0.16)
	剔除5%极值	-0.00	-0.00	0.01	1.73	-0.20***
		(-1.25)	(-1.12)	(1.03)	(1.36)	(-3.65)
	剔除1%极值	-0.01	-0.01	0.01	13.03	-0.21**
		(-1.50)	(-1.20)	(0.74)	(1.52)	(-2.23)
	滞后一期	-0.03*	-0.02	0.02**	-94.11	0.56
		(-1.72)	(-1.50)	(2.33)	(-0.88)	(0.72)

资料来源：作者整理。

第五节 实证结论

本节对保险机构治理指数对盈利能力影响的实证结果进行了总结，并大体上分析了会产生这种结果的具体原因。

一、实证总结

在分析保险机构治理指数对盈利能力影响情况的过程中，本章针对财产险和人身险保险机构设计了适应各自情况的盈利能力衡量指标。例如对于财产险保险机构，本章采用综合赔付率和综合成本率衡量其盈利能力；对于人身险保险机构，本章采用投资收益率和已赚保费增长率衡量其盈利能力；同时还采用净资产收益率来衡量两类机构的盈利能力。

在回归样本的选取上，本章分别对全样本保险机构、中小型保险机构和小型保险机构进行了回归分析，进而可以在一定程度上比较在不同规模类型的保险机构中治理指数对盈利能力影响的差异，以全面反映中小型保险机构治理有效性的状况。

在回归数据的处理上，为避免指标数据不连续性带来的影响，本章针对一些指标在回归之前进行了取对数处理，例如对已赚保费增长率、综合成本率和综合赔付率的数据处理；同时，为了保证回归结果的稳健性，避免各指标极值带来的影响，本章在回归方式上还进行了剔除 5%极值和剔除 1%极值的回归检验。针对公司治理的滞后性，本章进一步进行了滞后一期的回归检验。

在具体回归细节上，由于本章回归样本点较少，首先进行了怀特检验（White Test），用以检测回归模型的异方差性，对存在明显异方差性的回归模型，采用加权最小二乘法（WLS）回归来缓和异方差性的影响，最终得出本章的回归结论。

二、结论分析

经过对回归结果的分析，本章发现在财产险保险机构中，机构治理指数对综合赔付率有显著负向影响，对综合成本率影响不显著；在人身险保险机构中，机构治理指数对已赚保费增长率有显著正向影响，对投资收益率影响不显著；在中小型保险机构和小型保险机构中，机构治理指数对净资产收益率有显著正向影响。本章认为机构治理指数对某些盈利能力指标影响不显著的原因是回归模型中没有考虑到其他可能对保险机构盈利能力产生显著影响的因素，即没有将这类变量纳入本研究的回归模型并对其进行控制。

对于财产险保险机构，中国大地财产保险股份有限公司课题组（2010）研究发现，在现代企业制度框架下，可持续盈利能力建设已成为各家公司急需面对和思考的现实问题，当前我国财产保险业仍处于全行业亏损阶段，行业性长期亏损表明我国财产险公司普遍缺乏可持续的盈利能力，财产险公司可持续盈利能力不强，与财产险公司失去对价值链关键环节的控制力有直接关系，例如对于销售环节的控制力、理赔环节的控制力、服务环节的控制力以及投资领域的渗透力和影响力。对于财产险公司而言，外部行业环境是影响其盈利能力的重要因素，行业基础设施状况不仅影响保险公司对价值链的关键环节的控制力，也影响整个市场运行成本，通过整合企业内部价值链以及借助外部行业平台建设，财产险公司可全面提升可持续盈利能力，创造令投资者满意的经营业绩。而本章回归模型并没有考虑外部行业环境这一因素对财产险保险机构盈利能力的影响，这可能是导致财产险保险机构治理指数与其盈利能力回归结果不显著的一个重要原因。

又如对于人身险保险机构，江生忠和刘玉焕（2012）研究发现产品结构是人身险公司经营管理的重要内容，近几年我国人身险公司产品结果变化较大，传统寿险和意健险占比日益下降，新型寿险占比过高，分红险"一险独大"，不利于寿险业本质功能和竞争优势的发挥。而本章回归模型并没有考虑产品结构这一因素对于人身险保险机构盈利能力的影响，这可能是导致人身险保险机构治理指数与其盈利能力回归结果不显著的一个重要原因。

第十四章　中小型保险机构治理与代理成本关系研究

本章利用中国保险机构治理指数，在设计反映保险机构三类代理成本状况具体指标的基础上，从代理成本视角实证检验了中小型保险机构治理的有效性。在实证检验过程中，还关注了治理内容维度6个分指数和治理层次维度2个分指数对代理成本的影响。具体内容包括研究问题提出、理论分析与研究假设、实证设计、描述性统计分析与实证结果和实证结论等。

第一节　研究问题提出

本节主要介绍了保险机构治理与代理成本关系研究的背景，并对代理成本相关研究进行了文献综述，主要包括国外保险机构治理与代理成本相关研究以及国内保险机构治理与代理成本相关研究。

一、研究背景

公司治理有效性表现为通过完善的治理结构和机制来实现公司绩效的改善、价值的提升、决策水平的提升、效果的改进以及代理成本的减少等。李明辉（2009）利用我国上市公司2001—2006年的数据，检验了股权结构和公司治理因素对股权代理成本的影响，发现股权集中有助于降低股权代理成本；当采用管理费用率衡量代理成本时，管理层持股比例与股权代理成本呈"U"形关系；还发现，勤勉的监事会、董事会独立性的提高，董事长和总经理两职部分分离可在一定程度上降低代理成本，国有控股公司的在职消费较高但其资产使用效率也更高。2008年金融危机爆发之后，金融机构治理问题受到广泛关注，金融机构从治理者转为被治理者，人们对公司治理的关注焦点也从合规性转化为有效性。

2013 年《中共中央关于全面深化改革若干重大问题的决定》提出改革的目标是治理能力现代化。保险机构治理是国家体系中的重要组成部分，其作用发挥的有效性事关改革目标，至此，保险机构治理的有效性更是引起理论界和实务界的重视。2018 年 4 月，我国新组建的中国银保监会首设公司治理监管部，进一步凸显了当前历史阶段中保险机构治理的重要性。截至目前，我国已出台相关法律、法规和政策等超过 200 部，这对保险机构治理作用的发挥提供了强大的制度保障。在这样的背景下，基于代理成本视角的我国保险机构治理有效性问题就备受关注。

二、相关研究文献综述

（一）国外关于保险机构治理与代理成本研究

代理成本属于从效率视角研究保险机构治理有效性的领域，但国内外关于保险机构代理成本的直接研究并不多见，因此本章的相关文献综述主要围绕保险机构治理与效率关系的研究展开。

一家保险机构能否从大背景下脱颖而出很大程度上取决于经营效率（王雨航，2020）。效率水平的高低直接决定保险机构竞争力的强弱，进而会对保险机构绩效产生影响。从这个意义上来说，效率视角下的保险机构治理有效性研究比机构绩效视角的研究向前迈进了一步。从保险机构效率方面来看，国外研究保险机构治理有效性的文献中既有关注外部治理要素的外部监管、信息披露和社会责任的研究，也有从内部治理要素的股权结构、董监高等角度展开的研究，还有关注综合治理要素如何发挥治理有效性的研究。

具体而言，在外部治理要素方面，尽管不同学者关注的焦点有所不同，但已有研究关于外部监管基本得出一致的结论，认为外部监管会降低保险机构效率，放松管制会提升效率（Weiss & Choi，2008；Jeng & Lai，2008；Nektarios & Barros，2010；Pottier，2011；Alhassan & Biekpe，2016）。此外，奥洛沃坎迪等（Olowokudejo & Aduloju，2011；Lee，Chang & Lee，2017）关注了保险公司社会责任对公司效率的影响，但得出了迥然相异的结论，也有研究者（Kirkbesoglu，McNeill & Ozder，2015）考察了信息披露对公司效率的作用。

在内部治理要素方面，股东治理主要关注了公司组织形式（Erhemjamts & Leverty，2010；He & Sommer，2011；Luhnen，2009）和股权结构（Huang，Ma & Pope，2012；Huang & Eling，2013）等对保险机构效率的影响；董事

会治理方面的研究主要关注了董事会及专门委员会规模（Hsua & Petchsakulwong，2010；Kader，Adams & Hardwick，2010；Kader et al.，2014）、董事会结构（Hardwick，Adams & Zou，2011）、董事会独立性与独立董事比例（Huang et al.，2011）等要素对保险机构效率的影响。

此外，还有学者（Eling & Luhnen，2010；Biener & Eling，2012）从内外部结合的综合治理要素方面开展研究，关注了多种内外部治理要素对保险机构效率的影响。已有综合治理要素的研究关注点相对零散，不能得出一致结论。

（二）国内关于保险机构治理与代理成本研究

国内从效率方面进行保险机构治理有效性的研究文献不多，郝臣、秦晓天和崔光耀（2016）利用公司治理指数研究其对保险公司效率的影响，但总体实证结果表明保险公司治理对于效率作用无效。秦晓天（2017）的研究结果一部分论证了前者总体治理无效的结论，但通过进一步对具体治理要素影响的研究发现独立董事比例、高管人数、监事会规模、监事会会议召开次数等均对保险公司效率产生了正向显著影响，董事会治理层面与监事会治理层面在一定程度上发挥了治理有效性。郝臣和李昊昱（2018）选取股东、董事会、监事会和高管4个治理维度中的多个治理要素研究保险公司内部治理结构对偿付能力的影响，部分研究结论与前者吻合，其中包括监事会规模与保险公司偿付能力正相关。贵思博（2018）在前人研究结论基础上又对影响因素进行了补充，认为股东治理中的第一大股东持股比例以及董事会治理中的独立董事占比同样对保险公司效率具有显著正向影响。

（三）国内外关于保险机构治理与代理成本研究的小结

综上所述，现有国内外效率视角的保险机构治理有效性文献主要利用投入产出效率来进行研究，但直接从代理成本视角展开研究的文献相对较少；在保险机构治理的度量方面，国内外现有文献多选取内部治理或外部治理中的一个或多个要素展开研究，也有部分文献从内外部综合方面展开研究，但公司治理度量的整体性不足，基于治理指数等整体视角开展的研究鲜有；在研究方法方面，国内外研究有部分定性研究和案例研究，但更多的是将保险机构治理作用的结果进行量化，进而明确保险机构治理对各结果指标的影响与作用。

因此，本章在关注传统有效性衡量指标（第十三章所用5个指标）的基础上，根据委托代理理论，将公司治理有效性解读为能够有效解决委托代理问题的程度，并将该问题分解为三类委托代理问题，同时设计相应的指标刻画三类委托代理成本；最后采用了本研究第八章设计的中国保险机构治理指数（IIGI）及其分指数作为保险机构整体公司治理状况的衡量指标，实证检验了我国中小型保险机构治理对代理成本的影响，同时还关注了全样本保险机构和小型保险机构的治理有效性。

第二节　理论分析与研究假设

本节在阐述保险机构三类委托代理问题与代理成本的理论分析基础上，提出了中小型保险机构治理指数与衡量代理成本的指标的相关性的三个研究假设。

一、理论分析

（一）保险机构经营特殊性决定了其治理特殊性

保险机构在经营目标、经营产品、资本结构、成果核算、经营范围和政府管制等方面都表现出了诸多的特殊性，这些特殊性对保险机构的治理机制产生了深远的影响。针对银行、保险公司和证券公司等，李维安和郝臣（2009）在对一般公司治理问题和金融机构治理重要意义进行论述的基础上，分析了金融机构治理的特殊性，结合国内外金融机构治理实践的情况，提出理论基础、理论体系、治理实践、治理原则和治理绩效 5 个层次的金融机构治理一般框架体系，金融机构治理特殊性是构建金融机构治理研究框架的基础。本研究认为正是保险机构经营的特殊性对其机构治理提出了相应的特殊要求，因而决定了保险机构治理的特殊性。保险机构治理的逻辑起点是保险机构经营的特殊性。

保险机构治理特殊性具体来说主要体现在治理目标、治理原则、治理结构与机制、治理风险、治理评价与监管等方面。其中的核心是治理目标的特殊性。施莱弗等（Shleifer & Vishny，1997）认为，公司治理要处理的是公司的资本供给者如何确保自己得到投资回报的途径问题，公司治理的中心问题是保证资本供给者（股东和债权人）的利益。经典的公司治理理论主要关注于分散股权条件下，所有权和经营权分离所产生的所有者和管理者之间的委托代理问题，以及控股股东同中小股东之间的委托代理问题，这些问题在保险机构治理中同样存在。除此之外，保险机构治理还存在着特有的治理问题。20 世纪 60 年代以来，利益相关者理论逐渐受到推崇，认为公司存在的目的不是单一地为股东提供回报。保险机构是高比例负债经营的机构，股东投入的资本金只占机构资产的小部分，投保人（债权人）对机构资产的投入和贡献远远大于股东。投保人倾向于稳健经营而获得稳定的未来保障，而股东的剩余索取权是无限的，他们倾向于扩大机构的业务范围，为追求高额的风险回报往往偏向于激励保险机构管理者投资高风险的项目，这将侵害投保人的利益。保险机构经营的特殊性导致的债权治理不足或者缺失使得投保人与股东利益冲突凸显，投保人利益难以得到维护，且保险机构经营中的承保风险、杠杆风险、投资风险等加剧了这一冲突。同时，保险机构作为典型的金融机构，其经营失败引发的风险负外部性将会造成巨大的社会成本问题。

考虑到投保人的债权治理缺失和保险机构在金融体系和社会保障体系中的重要地位，保险机构治理应该适用利益相关者理论。因此，保险机构的治理目标同一般公司的治理目标有较大的差异，不应局限于股东价值的最大化，还应兼顾投保人的利益、保险机构自身乃至整体金融体系的安全和稳健，其中首要的治理目标是保护好投保人利益。保险监管机构作为投保人以及政府的代理人参与到保险机构治理中来，尤其强调维持保险机构的偿付能力，也是这一治理目标的体现。如果说股东至上主义和利益相关者理论的争议在一般公司治理领域还难分高低的话，那么在保险机构治理的问题上我们应该坚决支持利益相关者理论的观点。保险机构治理目标的特殊性决定了保险机构治理原则、治理结构与机制、治理风险、治理评价和治理监管等方面都存在一定的特殊性（张扬、郝臣、李慧聪和褚玉萍，2012）。

（二）保险机构的三类委托代理问题与委托代理成本

从伯利等（Berle & Means，1932）提出所有权与控制权相分离的观点之后，理论界就开始关注委托代理问题。宁向东（2005）将公司治理的问题分为两类：一类是代理型公司治理问题，另一类是剥夺型公司治理问题。代理型公司治理问题面对的是股东与经理之间的关系；而剥夺型公司治理问题，则涉及股东之间的利益关系。高闯（2009）认为就本质而言，这两类公司治理问题都属于委托代理问题，只不过第一类公司治理问题是公司所有者与经营者（即股东与经理之间）的委托代理问题，而第二类公司治理问题是大股东与中小股东之间的委托代理问题。实际上，还存在着股东与债权人之间的委托代理问题，但债权人往往在企业破产等特殊状态下才会直接参与治理。因此，相关研究主要关注股东与经营者或者股东与股东之间的委托代理问题，基本上忽视了股东与债权人之间的委托代理问题。

基于上述分析，在一般公司存在三类委托代理问题，可以分别简称为第一类委托代理问题（股东与经营者之间）、第二类委托代理问题（股东与股东之间）和第三类委托代理问题（股东与债权人之间）。而在保险机构，同样存在这三类委托代理问题，但三类委托代理问题的重要性可能与一般公司恰恰相反。为了表述方便，本研究沿用了一般公司治理领域委托代理问题的提法。保险机构经营特殊性决定了股东与债权人（投保人）之间的委托代理问题排在第一位。股东与股东之间的委托代理问题则排在第二位。保险机构股权结构一般来说比较集中，特别是非上市的保险机构。在非上市有限制保险机构中，股权结构更加集中，往往只有几个股东，因此股东之间的委托代理问题比较突出，其中既包括大小股东之间的委托代理问题，也包括大股东之间的委托代理问题，这区别于一般的股权分散型上市公司的大小股东之间的委托代理问题。股权分散的公司治理往往聚焦于所有者与管理者的矛盾，即委托代理关系中管理者短视、保守等代理问题，以及其偷懒甚至贪污等问题（杨镇泽，2019）。而股东与经营者之间的委托代理问题则是排在第三位的。保险机构与一般公司的委托代理问题重要性排序存在明显的区别，也是保险机构治理特殊性的重要体现。保险机构三类委托代理问题如图14-1所示。

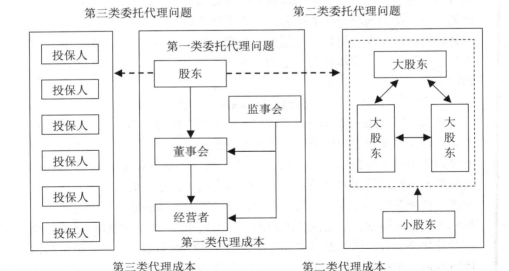

图 14-1　保险机构三类委托代理问题与三类代理成本

资料来源：作者整理。

　　保险机构存在委托代理问题，必然引发代理成本问题。代理成本是一般公司治理领域的核心概念，因此本研究在明确保险机构治理内涵的基础上，根据委托代理问题类型的不同，将保险机构代理成本划分为股东与经营者之间、股东与股东之间以及股东与投保人之间三类（参见图 14-1）。代理成本理论最初是由詹森（Jensen）和迈克林（Meckling）于 1976 年提出的。之后法玛（Fama）和詹森（Jensen）在 1983 年进一步提出公司治理研究要解决好委托人与代理人之间的关系，其核心问题就是降低代理成本。一般公司治理研究的核心问题是所有者和管理者间的代理成本最小化，保险机构经营特点使得保险机构中投保人的利益保护成为其治理要解决的重要问题，进而保险机构治理的核心问题就成为包含所有者、经营者、投保人三者的总代理成本最小化问题。这就决定了保险机构治理的目标与一般公司不同，特别要突出利益相关者中广大投保人的利益保护。

　　此外，从公司融资的角度看，代理成本可分为两种：一种是在股权融资引起的股东与经营者的委托代理关系中，因经营者存在低努力水平、在职消费、过度投资、投资不足等道德风险而产生的股权代理成本，以及股东与股东的委托代理关系中因大股东掏空行为、股东之间控制权争夺等而产生的股权代理成本；另一种是在负债融资引起的债权人与股东的委托代理关系中，因股东存在股利政策操作、稀释债权人权益、资产替代、负债超过、投资不足等道德风险而产生的债权代理成本。已有债权代理成本研究多从银行债权人角度展开，而对作为债权人的保险机构投保人关注较少。实际上保险机构委托代理问题导致的股权和债权代理成本都存在，而且由于保险机构经营的特殊性，债权代理成本的重要性可能远超过股权代理成本。

二、研究假设

　　法玛（Fama）和詹森（Jensen）在 1983 年提出公司治理研究的核心问题就是降低代理成本。李慧聪、李维安和郝臣（2015）在研究我国保险机构治理时提出，保险机构治理能够带来决策科学，同时也缓解了保险机构的委托代理问题，进而能够降低代理成本。我国保险机构治理实践如果以 2006 年治理监管支柱作为标志算起，已经走过了 15 年。这些年，特别是近年来伴随治理监管的强化，在保险机构治理合规性显著提高的背景下，我国保险机构治理的有效性相应得到提高。也有一些学者从盈利能力、投入产出效率等角度得到了部分治理要素有效的实证证据。基于上述分析，本研究认为，我国中小型保险机构治理能够缓解委托代理问题，降低代理成本。基于此，提出本章研究的假设：

假设 1：中小型保险机构治理指数越高，中小型保险机构的第一类代理成本越低。

假设 2：中小型保险机构治理指数越高，中小型保险机构的第二类代理成本越低。

假设 3：中小型保险机构治理指数越高，中小型保险机构的第三类代理成本越低。

第三节 实证设计

本节对本章实证研究的样本和数据来源进行了说明，并参考相关研究，提出了反映保险机构代理成本的 5 个指标；利用中国保险机构治理指数和代理成本 5 个指标，设计了本章的实证研究模型。

一、研究样本与数据来源

本章研究样本与第三篇的评价样本相同，关于样本构成的详细情况详见第九章相关章节的内容。

本章实证研究所用的 2016－2019 年解释变量数据主要来自第三篇的评价结果，包括中国保险机构治理指数、中小型保险机构治理指数、小型保险机构治理指数及其相应的分指数。关于该指数及其分指数的详细介绍与分析以及原始评价数据来源也请参考本研究的第三篇相关章节内容。

本章实证研究所用的 2016－2018 年被解释变量第一类代理成本数据主要来自 2017 年、2018 年和 2019 年《中国保险年鉴》中各保险机构的资产负债表和利润表；本章在整理数据时 2020 年《中国保险年鉴》还没有出版，因此 2019 年被解释变量第一类代理成本数据则来自 2020 年 5 月 1 日之前各保险机构在官网披露的年度信息披露报告中的资产负债表和利润表。

2016－2019 年被解释变量第二类代理成本数据均手工、逐家、逐条整理自各保险机构官网披露的关联交易专项信息。

2016－2019 年被解释变量第三类代理成本数据均手工、逐家、逐条整理自各保险机构官网披露的每年第四季度偿付能力报告。

本章实证研究所用数据中的控制变量数据主要手工、逐家、逐条整理自监管部门官网披露的信息、各保险机构官网披露的信息。

二、变量设计

(一) 被解释变量

本章的被解释变量为保险机构的三类代理成本指标。在参考一般公司治理领域代理成本衡量指标做法的基础上,充分考虑保险机构的经营特点,设计了 5 个代理成本指标;其中,第一类代理成本 2 个,第二类代理成本 1 个,第三类代理成本 2 个。各类代理成本的具体衡量指标详见表 14-1。

表 14-1　我国保险机构代理成本指标体系

指标分组	指标名称	指标符号	指标性质
第一类代理成本	单位保费业务及管理费	UPBM	负向指标
	单位保费营运成本	UPOC	负向指标
第二类代理成本	关联交易比例	PRC	负向指标
第三类代理成本	综合偿付能力溢额	SSOL	正向指标
	核心偿付能力溢额	CSOL	正向指标

资料来源:作者整理。

1. 第一类代理成本

在一般公司治理领域,多用两类指标来衡量公司的第一类代理成本,一是应收账款周转率、存货周转率、总资产周转率等指标,这些指标越高,说明公司管理层越努力工作,代理成本就越低。例如,辛格等 (Singh & Davidson,2003) 研究发现董事会规模与资产周转率负相关,即与代理成本正相关。郝臣、刘芯蕊、白丽荷和崔光耀 (2016) 使用该指标考察股权结构、运作机制、决策机制、监督机制和激励机制 5 个治理方面共 12 个重要治理要素对代理成本的影响。二是期间费用率,以管理费用或者管理费用和销售费用总和除以销售收入。有的学者 (Ang, Cole & Lin,2000;Singh & Davidson,2003;李寿喜,2007;姜付秀、黄磊和张敏,2009;李明辉,2009) 使用了这两类指标来反映公司的代理成本。需要说明的是,保险机构的应收账款类科目和存货金额很少,这些指标不同于一般上市公司,因此,基于这些指标计算出来的相应周转率并不能真实反映保险机构的代理成本状况。因此,本研究采用第二类指标即期间费用率来衡量保险机构的代理成本,详见式 (14-1) 和式 (14-2)。

单位保费业务及管理费＝业务及管理费/规模保费　　　　(14-1)

其中,业务及管理费是指除了赔付给客户的赔付支出、交给政府的税收(增值税、营业税及附加)、支付给中介或者个人的佣金及手续费之外的所有支出。规模保费＝原保险保费收入＋保户投资款新增交费＋投连险独立账户新增交费，原保险保费收入也就是上文提到的保费收入。

单位保费营运成本＝（手续费及佣金支出＋业务及管理费）/规模保费

（14-2）

其中，手续费及佣金支出主要是指保险机构发生的与其经营活动相关的各项手续费、佣金等支出，其中支付给中介的销售费用称为"手续费及佣金支出"，支付给个人代理人的销售费用称为"佣金"，支付给机构性中介的销售费用称为"手续费"。

2. 第二类代理成本

施莱弗等（Shleifer & Vishny，1997）发现大股东在决策公司事务时，更容易利用手中集中的股权所带来的控制权侵害中小股东的利益。詹森等（Johnson et al.，2002）将控股股东侵占小股东利益的行为定义为"Tunneling"，即隧道效应，表示公司大股东通过占用公司资金、非正常价格的关联交易、利用上市公司为其债务担保等方式输送利益。因此，在一般公司特别是上市公司的研究中，学者们选择了反映公司资金占用、关联交易、担保等情况的具体指标来衡量第二类代理成本。例如，王鹏（2008）从资金占用视角进行了研究。此外，还有学者使用其他应收款科目的情况来衡量第二类代理成本，林秀清和赵振宗（2008）发现大股东通过其他应收款账户对上市公司的占款行为会对上市公司的经营绩效和盈利能力造成不利影响，并且会损害其他中小股东的利益以及公司长远发展的后劲；谷冬青和谢军（2010）发现其他应收款已经成为大股东占款的重要途径，该账户是反映大股东利益侵占的重要显示指标。

在完全缺乏外部监督时，控股股东可以采用"偷盗"这一最为直接的"掏空"方式；但是，在大多数情况下，控股股东的"掏空"行为都是以较为隐蔽的方式进行的，而关联交易是最为隐蔽的控股股东"掏空"公司的途径（李增泉、孙铮和王志伟，2004）。关联交易的合法开展有利于保险机构合理配置资源，发挥协同效应，实现规模经济。然而，近年来保险机构关联交易增长飞速，数年间从几百亿元飞速增长至几千亿元，保险机构关联交易的隐蔽性与复杂性日渐加剧，虚假增资、不正当利益输送等问题日渐凸显，种种潜在的错综复杂风险也越来越多地浮出水面，成为保险机构的重大风险隐患（王静仪，2019；李非和高进，2019）。因此，本章利用关联交易占保费收入比例来衡量保险机构的第二类代理成本，详见式（14-3）。

关联交易比例＝关联交易金额/保费收入　　　　　　　（14-3）

其中，关联交易是指保险机构与关联方之间发生的转移资源或者义务

的事项，包括投资入股类、资金运用类、利益转移类、保险业务类、提供
货物或服务类、中国银保监会根据实质重于形式原则认定的其他可能引致
保险机构资源或者义务转移的事项等类型；保费收入＝已赚保费＋分出保
费－分入保费＋提取未到期责任准备金。

3. 第三类代理成本

通过债务融资契约获取企业投资所需的部分资金是降低股权融资契
约代理成本的有效途径，然而，企业债务的引入又会产生债务融资契约的
代理成本（杨兴全和郑军，2004）。债权人与股东利益不一致情形下，股东
可能会通过各种方式侵占债权人利益，而债权人也相应会通过提高利息回
报、签订限制性条款、监督和约束来保护自身利益，债权代理成本便产生。

布赖恩等（Bryan，Nash & Patel，2006）将债权代理成本分为三类：投
资不足产生的代理成本、资产替代产生的代理成本和财务困境产生的代理
成本；并用三个公式分别刻画了三类代理成本，其中投资不足代理成本的
计算公式是[（总资产－股权的账面价值＋股权的市场价值）/总资产]×（短
期负债/总负债）；资产替代代理成本的计算公式是[（总资产－股权的账面
价值＋股权的市场价值）/总资产]×（可转换债券/总负债）；财务困境代理
成本采用 Altman 5 变量 Z-score 破产指数模型。筑地（Tsuji，2012）通过
扩展的破产成本模型求解出有负债企业的期末价值和没有负债企业的期末
价值，二者之间的差额即可以看成企业因负债而造成的代理成本。

在国内，吕长江和张艳秋（2002）通过建立模型具体分析了企业财务
状况对负债代理成本的影响机制，实证研究中用企业经营风险作为代理成
本变量。王志芳和油晓峰（2009）采用利息支出率来衡量上市公司债务代
理成本，研究了上市公司债务代理成本的影响因素。他们认为，债权人往
往会在贷款前建立高标准条款，如利率要求、进行评估及要求担保等，这
些都可以看成股东与债权人之间的冲突所发生的代理成本。我国上市公司
债务融资来源主要是银行贷款，银行利率定价在一定程度上可以反映出上
市公司的债务代理成本。

由上述关于债权代理成本衡量的相关研究文献可知，目前学术界并没
有达成像股权代理成本比较统一的衡量思路和指标。保险机构因其经营的
特殊性，决定了本研究不能用直接将上述提到的 Z-score 以及一些上市公
司的指标来衡量保险机构的债权代理成本。参考吕长江和张艳秋（2002）、
王志芳和油晓峰（2009）的思路，本章提出使用偿付能力溢额这一指标来
衡量保险机构的第三类代理成本，其他条件同等情况下，该指标越高，对
投保人的利益保护程度越高，投保人因此产生的保护自身利益的成本相对

较低。偿付能力溢额因计算口径不同，又有综合偿付能力溢额和核心偿付能力溢额，详见式（14-4）和式（14-5）。

综合偿付能力溢额＝实际资本－最低资本 　　　　　　　　　（14-4）

偿付能力是指保险机构赔付或给付债务的能力，这里的债务主要是指未到期保险合同规定的对保险客户的债务。为了保证保险客户的利益，监管部门要求保险机构必须在总资产与总负债之间维持一个足够大的额度，即"偿付能力额度"，因此本研究选择了偿付能力溢额这个指标来反映第三类代理成本的大小。偿付能力溢额因其计算口径不同而有综合偿付能力溢额和核心偿付能力溢额两种。在上述公式中，实际资本是指保险机构在持续经营或破产清算状态下可以吸收损失的财务资源。实际资本等于认可资产减去认可负债后的余额。认可资产是指处置不受限制，并可用于履行对保单持有人赔付义务的资产；不符合前述条件的资产，为非认可资产。认可负债是指保险机构无论在持续经营状态还是破产清算状态下均需要偿还的债务，以及超过监管限额的资本工具；不符合前述条件的负债，为非认可负债。而最低资本是指基于审慎监管目的，为使保险机构具有适当的财务资源，以应对各类可量化为资本要求的风险对偿付能力的不利影响，中国银保监会要求保险机构应当具有的资本数额。

核心偿付能力溢额＝核心资本－最低资本 　　　　　　　　　（14-5）

根据资本吸收损失的性质和能力，保险机构资本分为核心资本和附属资本。核心资本是指在持续经营状态下和破产清算状态下均可以吸收损失的资本，核心资本分为核心一级资本和核心二级资本。附属资本是指在破产清算状态下可以吸收损失的资本，附属资本分为附属一级资本和附属二级资本。

（二）解释变量

本研究的核心解释变量为中国保险机构治理指数（IIGI），该指数的设计及生成过程详见第八章相关内容。

（三）控制变量

参考肖作平和陈德胜（2006），高雷和宋顺林（2007），李世辉和雷新途（2008），郝臣、宫永建和孙凌霞（2009），高明华和谭玥宁（2014），凌士显和白锐锋（2017），张菊（2019）的研究，本章选取了一些其他可能对保险机构盈利能力产生影响的因素作为控制变量，详见表14-2。

资本性质（capital）：用虚拟变量表示，中资保险机构取1，外资保险机构取0。

机构规模（Lnsize）：不同的机构规模可能导致不同的代理成本，本章用保险机构当年总资产表示，为了克服异方差的影响，对总资产进行取对数处理。

设立年限（Lnage）：不同的设立年限可能导致保险机构的代理成本不同，本章用保险机构成立年限的对数表示。

组织形式（form）：保险机构的组织形式主要包括股份制、有限制和相互制三种，考虑我国相互制保险机构样本较少，因此本章设置组织形式虚拟变量，股份制保险机构取 1，有限制和相互制保险机构取 0。

表 14-2　保险机构治理对代理成本影响的控制变量

变量名称	变量符号	变量说明
资本性质	capital	虚拟变量：中资保险机构取 1，外资保险机构取 0
机构规模	Lnsize	ln（总资产）
设立年限	Lnage	ln（当前年份-成立年份+1）
组织形式	form	虚拟变量：股份制保险机构取 1，有限制和相互制保险机构取 0

资料来源：作者整理。

三、回归模型

为了检验本章模型的研究假设，本章一共设计了如下 5 个回归模型。模型 14-1 和模型 14-2 主要用来检验保险机构治理指数对第一类代理成本的影响，模型 14-3 主要用来检验保险机构治理指数对第二类代理成本的影响，模型 14-4 和模型 14-5 主要用来检测保险机构治理指数对第三类代理成本的影响。其中，ε_{it} 为模型的残差项。

$$UPBM_{it} = \alpha_{it} + \beta_1 IIGI_{it} + \beta_2 capital_{it} + \beta_3 Lnsize_{it} + \beta_4 Lnage_{it} + \beta_5 form_{it} + \varepsilon_{it}$$
（模型 14-1）

$$UPOC_{it} = \alpha_{it} + \beta_1 IIGI_{it} + \beta_2 capital_{it} + \beta_3 Lnsize_{it} + \beta_4 Lnage_{it} + \beta_5 form_{it} + \varepsilon_{it}$$
（模型 14-2）

$$PRC_{it} = \alpha_{it} + \beta_1 IIGI_{it} + \beta_2 capital_{it} + \beta_3 Lnsize_{it} + \beta_4 Lnage_{it} + \beta_5 form_{it} + \varepsilon_{it}$$
（模型 14-3）

$$SSOL_{it} = \alpha_{it} + \beta_1 IIGI_{it} + \beta_2 capital_{it} + \beta_3 Lnsize_{it} + \beta_4 Lnage_{it} + \beta_5 form_{it} + \varepsilon_{it}$$
（模型 14-4）

$$CSOL_{it} = \alpha_{it} + \beta_1 IIGI_{it} + \beta_2 capital_{it} + \beta_3 Lnsize_{it} + \beta_4 Lnage_{it} + \beta_5 form_{it} + \varepsilon_{it}$$
（模型 14-5）

第四节 描述性统计分析与实证结果

本节对上述反映保险机构代理成本状况的五个指标进行了描述性统计分析，进而总体把握我国保险机构代理成本状况；利用加权最小二乘回归模型，研究了中国保险机构治理指数对五个代理成本具体指标的影响，实证检验了全样本保险机构、中小型保险机构和小型保险机构治理的有效性，同时本节还检验了基于治理内容维度和基于治理层次维度的分指数的有效性。

一、描述性统计分析

表 14-3、表 14-4、表 14-5 和表 14-6 统计分析结果显示，2016－2019年全样本保险机构单位保费业务及管理费（UPBM）的中位数依次为27.604%、26.315%、26.123%和21.419%，数值呈逐年下降趋势；2016－2019年中小型保险机构单位保费业务及管理费的中位数依次为 29.167%、27.208%、26.966%和23.505%，数值逐年下降但每年均高于全样本保险机构，表明中小型保险机构单位保费业务及管理费整体高于大型保险机构；2016－2019 年小型保险机构单位保费业务及管理费的平均值依次为30.388%、30.993%、29.793%和26.023%，数值各年均高于中小型保险机构。该指标的极差都比较大，为了缓和极值带来的影响，本章回归时对其取了自然对数。

保险机构单位保费营运成本（UPOC）的极差也较大，因此本研究重点分析其中位数。2016－2019 年全样本保险机构单位保费营运成本（UPOC）的中位数依次为42.355%、43.357%、42.267%和38.553%，2019 年数值相对较低；2016－2019 年中小型保险机构单位保费营运成本的中位数依次为44.030%、47.309%、43.882%和40.603%，各年数值均高于全样本保险机构，表明中小型保险机构的单位保费营运成本高于大型保险机构；2016－2019年小型保险机构单位保费营运成本的中位数依次为 46.721%、49.104%、46.116%和 41.948%，各年数值均高于中小型保险机构。该指标的极差都比较大，为了缓和极值带来的影响，本章回归时对其取了自然对数。

2016－2019 年全样本保险机构关联交易比例（PRC）的中位数依次为10.289%、9.488%、9.984%和12.888%，2019 年数值较高；2016－2019年中小型保险机构关联交易比例的中位数依次为 10.516%、12.341%、10.038%和 13.331%，各年数值均高于全样本保险机构，表明中小型保险机构关联交易比例整体高于大型保险机构；2016—2019 年小型保险机构关联交易比例的中位数依次为 10.516%、13.452%、10.796% 和 13.720%，除了 2019 年持平，各年数值均高于中小型保险机构，表明小型保险机构关联交易比例高于中型保险机构。该指标的极差都比较大，为了缓和极值带来的影响，本章回归时对其取了自然对数。

2016—2019 年全样本保险机构综合偿付能力溢额（SSOL）的中位数依次为 12.455 亿元、13.660 亿元、11.380 亿元和 15.320 亿元；2016—2019 年中小型保险机构综合偿付能力溢额的中位数依次为 10.615 亿元、11.910 亿元、9.705 亿元和 11.920 亿元，整体上低于全样本保险机构；2016—2019 年小型保险机构综合偿付能力溢额的中位数依次为 8.840 亿元、9.090 亿元、8.130 亿元、9.335 亿元，数值整体低于中小型保险机构。此外，不管是全样本保险机构，还是中小型保险机构和小型保险机构，因为极值的存在，该指标的极差都比较大，为了缓和极值带来的影响，本章回归时对其取了自然对数。

2016—2019 年全样本保险机构核心偿付能力溢额（CSOL）的中位数依次为 10.220 亿元、10.870 亿元、9.330 亿元和 12.875 亿元；2016—2019 年中小型保险机构核心偿付能力溢额的中位数依次为 9.235 亿元、9.730 亿元、8.870 亿元和 11.210 亿元，各年数值均低于全样本保险机构，说明中小型保险机构核心偿付能力溢额低于大型保险机构；2016—2019 年小型保险机构综合偿付能力溢额的中位数依次为 8.640 亿元、8.680 亿元、8.105 亿元和 9.240 亿元，各年数值均低于中小型保险机构。纵观各年水平，我国各类保险机构核心偿付能力溢额水平呈现出总体上升的趋势，尤其是 2019 年得到了显著提升。此外，与综合偿付能力溢额的分布一样，核心偿付能力溢额的极差也较大，因此回归时也进行了取自然对数处理。

表 14-3 保险机构 2016 年代理成本指标描述性统计

机构	统计指标	UPBM（%）	UPOC（%）	PRC（%）	SSOL（亿元）	CSOL（亿元）
全样本保险机构	有效样本	153	153	152	152	152
	缺失样本	7	7	8	8	8
	平均值	1343.255	1356.438	13631.875	121.737	104.810
	中位数	27.604	42.355	10.289	12.455	10.220
	标准差	11551.125	11550.045	167304.336	513.911	476.112
	极差	138233.288	138231.178	2062727.273	4546.840	4455.090
	最小值	0.045	2.156	0.000	−6.240	−114.410
	最大值	138233.333	138233.333	2062727.273	4540.600	4340.680

机构	统计指标	UPBM（%）	UPOC（%）	PRC（%）	SSOL（亿元）	CSOL（亿元）
中小型保险机构	有效样本	141	141	140	140	140
	缺失样本	6	6	7	7	7
	平均值	1456.354	1469.460	14799.143	81.230	70.648
	中位数	29.167	44.030	10.516	10.615	9.235
	标准差	12029.171	12028.055	174326.776	457.987	428.957
	极差	138233.288	138231.178	2062727.273	4546.840	4455.090
	最小值	0.045	2.156	0.000	-6.240	-114.410
	最大值	138233.333	138233.333	2062727.273	4540.600	4340.680
小型保险机构	有效样本	121	121	120	121	121
	缺失样本	6	6	7	6	6
	平均值	1693.721	1707.253	17249.317	85.407	77.992
	中位数	30.388	46.721	10.516	8.840	8.640
	标准差	12977.565	12976.299	188294.912	492.328	460.749
	极差	138233.288	138231.178	2062727.273	4542.100	4359.630
	最小值	0.045	2.156	0.000	-1.500	-18.950
	最大值	138233.333	138233.333	2062727.273	4540.600	4340.680

资料来源：作者整理。

表 14-4　保险机构 2017 年代理成本指标描述性统计

机构	统计指标	UPBM（%）	UPOC（%）	PRC（%）	SSOL（亿元）	CSOL（亿元）
全样本保险机构	有效样本	161	161	161	159	159
	缺失样本	11	11	11	13	13
	平均值	312.719	327.980	520.067	1641.921	1629.246
	中位数	26.315	43.357	9.488	13.660	10.870
	标准差	3420.309	3419.191	5726.494	10369.514	10370.717
	极差	43430.931	43428.790	72688.889	87080.370	87144.760
	最小值	2.402	4.543	0.000	-3.350	-67.740
	最大值	43433.333	43433.333	72688.889	87077.020	87077.020
中小型保险机构	有效样本	148	148	148	146	146
	缺失样本	11	11	11	13	13
	平均值	338.983	354.188	565.080	1724.117	1719.129
	中位数	27.208	47.309	12.341	11.910	9.730
	标准差	3567.138	3565.975	5972.228	10816.037	10816.811
	极差	43430.931	43428.790	72688.889	87080.370	87144.760
	最小值	2.402	4.543	0.000	-3.350	-67.740
	最大值	43433.333	43433.333	72688.889	87077.020	87077.020

续表

机构	统计指标	UPBM（%）	UPOC（%）	PRC（%）	SSOL（亿元）	CSOL（亿元）
小型保险机构	有效样本	128	128	128	127	127
	缺失样本	11	11	11	12	12
	平均值	389.867	405.843	647.790	1972.532	1971.636
	中位数	30.993	49.104	13.452	9.090	8.680
	标准差	3835.231	3833.901	6421.263	11582.272	11582.422
	极差	43430.071	43428.790	72688.889	87080.370	87086.740
	最小值	3.263	4.543	0.000	-3.350	-9.720
	最大值	43433.333	43433.333	72688.889	87077.020	87077.020

资料来源：作者整理。

表 14-5 保险机构 2018 年代理成本指标描述性统计

机构	统计指标	UPBM（%）	UPOC（%）	PRC（%）	SSOL（亿元）	CSOL（亿元）
全样本保险机构	有效样本	163	163	163	168	168
	缺失样本	17	17	17	12	12
	平均值	475.262	490.956	433.225	86.083	74.977
	中位数	26.123	42.267	9.984	11.380	9.330
	标准差	4272.409	4271.659	4829.916	371.640	352.178
	极差	52413.824	52425.484	62818.182	4167.670	3990.710
	最小值	-59.977	-71.638	0.000	-15.450	-68.470
	最大值	52353.846	52353.846	62818.182	4152.220	3922.240
中小型保险机构	有效样本	151	151	151	155	155
	缺失样本	16	16	16	12	12
	平均值	513.746	529.369	468.435	26.257	20.598
	中位数	26.966	43.882	10.038	9.705	8.870
	标准差	4445.789	4445.014	5026.770	41.381	35.225
	极差	52413.824	52425.484	62818.182	310.900	301.990
	最小值	-59.977	-71.638	0.000	-15.450	-68.470
	最大值	52353.846	52353.846	62818.182	295.450	233.520
小型保险机构	有效样本	132	132	132	136	136
	缺失样本	15	15	15	11	11
	平均值	587.236	603.543	532.577	18.179	17.183
	中位数	29.793	46.116	10.796	8.130	8.105
	标准差	4759.280	4758.364	5383.205	27.106	25.882
	极差	52413.824	52425.484	62818.182	174.440	152.370
	最小值	-59.977	-71.638	0.000	-15.450	-15.450
	最大值	52353.846	52353.846	62818.182	158.990	136.920

资料来源：作者整理。

表 14-6　保险机构 2019 年代理成本指标描述性统计

机构	统计指标	UPBM（%）	UPOC（%）	PRC（%）	SSOL（亿元）	CSOL（亿元）
全样本保险机构	有效样本	163	163	163	168	168
	缺失样本	17	17	17	12	12
	平均值	1003.460	1596.255	836.281	153.926	141.043
	中位数	21.419	38.553	12.888	15.320	12.875
	标准差	9281.662	14191.011	8698.962	683.461	655.160
	极差	107161.921	148380.065	110196.773	6303.540	6024.610
	最小值	-892.796	-917.925	0.000	-2.250	-73.850
	最大值	106269.125	147462.139	110196.773	6301.290	5950.760
中小型保险机构	有效样本	151	151	151	155	155
	缺失样本	16	16	16	12	12
	平均值	1082.090	1720.898	901.544	31.420	25.807
	中位数	23.505	40.603	13.331	11.920	11.210
	标准差	9641.403	14740.527	9037.003	49.843	41.859
	极差	107161.921	148380.065	110196.773	334.950	346.520
	最小值	-892.796	-917.925	0.000	-2.250	-73.850
	最大值	106269.125	147462.139	110196.773	332.700	272.670
小型保险机构	有效样本	132	132	132	136	136
	缺失样本	15	15	15	11	11
	平均值	833.221	847.995	1028.307	20.900	19.455
	中位数	26.023	41.948	13.720	9.335	9.240
	标准差	9247.512	9246.265	9663.508	30.695	29.424
	极差	107161.921	107187.051	110196.773	181.700	189.050
	最小值	-892.796	-917.925	0.000	-2.250	-22.550
	最大值	106269.125	106269.125	110196.773	179.450	166.500

资料来源：作者整理。

二、实证结果

在进行保险机构治理指数与保险机构代理成本的回归分析过程中，本章首先对回归结果进行了怀特检验（White Test），发现本章回归模型存在异方差性，在此基础上，选择了加权最小二乘法（WLS）回归来对模型进行修正，同时为了避免数据极值的影响以及保证回归结果的稳健性，本章也进行了剔除 1% 极值和剔除 5% 极值的回归检验，还考虑了公司治理的滞后效应，即进行了滞后一期的回归检验，最终得到如下的回归结果。

表 14-7 的回归结果显示，中小型保险机构、中型保险机构和全样本保险机构治理指数与单位保费业务及管理费的回归系数总体为负，但不显著，说明保险机构治理指数对单位保费业务及管理费不具有影响，与单位保费营运成本的实证结果类似。

表 14-7　保险机构治理对第一类代理成本 UPBM 影响回归结果

机构	分组	IIGI	capital	form	Lnage	Lnsize
全样本保险机构	全样本	−0.003	0.254*	−0.195	−0.180**	−0.291***
		(−0.006)	(0.151)	(−0.127)	(−0.074)	(−0.029)
	剔除5%极值	−0.001	0.060	−0.036	−0.052	−0.246***
		(−0.003)	(0.075)	(−0.063)	(−0.039)	(−0.015)
	剔除1%极值	−0.002	0.221*	−0.140	−0.200***	−0.274***
		(−0.005)	(0.113)	(−0.095)	(−0.055)	(−0.022)
	滞后一期	0.010	0.278	−0.314**	−0.360***	−0.310***
		(0.007)	(0.173)	(−0.145)	(−0.098)	(−0.033)
中小型保险机构	全样本	−0.004	0.255	−0.204	−0.156**	−0.365***
		(−0.006)	(0.158)	(−0.138)	(−0.079)	(−0.036)
	剔除5%极值	−0.001	0.078	−0.053	−0.035	−0.303***
		(−0.003)	(0.079)	(−0.069)	(−0.042)	(−0.020)
	剔除1%极值	−0.004	0.215*	−0.141	−0.189***	−0.342***
		(−0.005)	(0.121)	(−0.105)	(−0.061)	(−0.029)
	滞后一期	0.011	0.282	−0.343**	−0.345***	−0.388***
		(0.007)	(0.180)	(−0.157)	(−0.104)	(−0.041)
小型保险机构	全样本	−0.005	0.144	−0.196	−0.210***	−0.390***
		(−0.007)	(0.161)	(−0.137)	(−0.081)	(−0.043)
	剔除5%极值	−0.003	−0.070	0.008	−0.156***	−0.279***
		(−0.004)	(−0.078)	(0.067)	(−0.042)	(−0.023)
	剔除1%极值	−0.003	0.100	−0.123	−0.247***	−0.333***
		(−0.005)	(0.124)	(−0.105)	(−0.063)	(−0.035)
	滞后一期	0.017*	0.142	−0.322*	−0.419***	−0.400***
		(0.009)	(0.199)	(−0.169)	(−0.116)	(−0.054)

资料来源：作者整理。说明：*、**和***分别表示在10%、5%和1%的置信水平上显著，下同。

表 14-8 的回归结果显示，中小型保险机构、小型保险机构和全样本保险机构治理指数与单位保费营运成本的回归系数总体不显著，所得实证结果与研究假设不符。

表 14-8　保险机构治理对第一类代理成本 UPOC 影响回归结果

机构	分组	IIGI	capital	form	Lnage	Lnsize
全样本保险机构	全样本	-0.006	0.223	-0.192*	-0.171**	-0.197***
		(-0.005)	(0.139)	(-0.116)	(-0.067)	(-0.026)
	剔除5%极值	-0.001	0.066	-0.023	-0.097***	-0.153***
		(-0.003)	(0.066)	(-0.055)	(-0.034)	(-0.013)
	剔除1%极值	-0.001	0.164	-0.157*	-0.189***	-0.192***
		(-0.004)	(0.101)	(-0.084)	(-0.049)	(-0.020)
	滞后一期	0.005	0.269*	-0.318**	-0.314***	-0.225***
		(0.006)	(0.160)	(-0.134)	(-0.090)	(-0.031)
中小型保险机构	全样本	-0.006	0.225	-0.198	-0.142**	-0.272***
		(-0.006)	(0.145)	(-0.126)	(-0.072)	(-0.033)
	剔除5%极值	0.001	0.074	-0.048	-0.0650*	-0.220***
		(0.003)	(0.067)	(-0.059)	(-0.036)	(-0.017)
	剔除1%极值	-0.003	0.176	-0.151	-0.169***	-0.262***
		(-0.004)	(0.108)	(-0.094)	(-0.054)	(-0.026)
	滞后一期	0.006	0.271	-0.335**	-0.285***	-0.314***
		(0.007)	(0.165)	(-0.143)	(-0.095)	(-0.038)
小型保险机构	全样本	-0.008	0.148	-0.199	-0.183**	-0.306***
		(-0.006)	(0.145)	(-0.123)	(-0.072)	(-0.039)
	剔除5%极值	0.002	-0.040	-0.034	-0.144***	-0.194***
		(0.003)	(-0.069)	(-0.059)	(-0.037)	(-0.021)
	剔除1%极值	0.000	0.085	-0.142	-0.211***	-0.267***
		(0.005)	(0.112)	(-0.095)	(-0.057)	(-0.031)
	滞后一期	0.010	0.165	-0.320**	-0.348***	-0.331***
		(0.008)	(0.182)	(-0.155)	(-0.106)	(-0.049)

资料来源：作者整理。

　　表 14-9 的回归结果显示，中小型保险机构和全样本保险机构治理指数与关联交易比例的回归系数总体为正，特别是在剔除1%极值和5%极值的情况下显著，说明中小型保险机构和全样本保险机构治理指数越高，其关联交易比例越高，所得实证结论与本研究的假设相反。

表 14-9　保险机构治理对第二类代理成本 PRC 影响回归结果

机构	分组	IIGI	capital	form	Lnage	Lnsize
全样本保险机构	全样本	0.004	−0.331***	−0.036	−0.051	−0.036*
		（0.004）	（−0.097）	（−0.080）	（−0.047）	（−0.018）
	剔除5%极值	0.006***	−0.152***	−0.0725*	−0.048**	−0.008
		（0.002）	（−0.051）	（−0.042）	（−0.024）	（−0.009）
	剔除1%极值	0.007***	−0.300***	−0.048	−0.0762**	−0.016
		（0.003）	（−0.064）	（−0.053）	（−0.031）	（−0.012）
	滞后一期	0.005	−0.366***	−0.010	−0.049	−0.030*
		（0.004）	（−0.093）	（−0.077）	（−0.052）	（−0.018）
中小型保险机构	全样本	0.004	−0.321***	−0.047	−0.049	−0.036
		（0.004）	（−0.103）	（−0.090）	（−0.051）	（−0.024）
	剔除5%极值	0.006***	−0.161***	−0.094**	−0.067**	0.010
		（0.002）	（−0.054）	（−0.048）	（−0.027）	（0.012）
	剔除1%极值	0.007**	−0.297***	−0.074	−0.083**	−0.006
		（0.003）	（−0.069）	（−0.060）	（−0.035）	（−0.016）
	滞后一期	0.005	−0.357***	−0.023	−0.049	−0.027
		（0.004	（−0.099	（−0.086）	（−0.057）	（−0.023
小型保险机构	全样本	0.001	−0.325***	−0.042	−0.056	−0.056*
		（0.005）	（−0.115）	（−0.098）	（−0.058）	（−0.031）
	剔除5%极值	0.003	−0.183***	−0.086*	−0.087***	0.010
		（0.002）	（−0.056）	（−0.048）	（−0.028）	（0.015）
	剔除1%极值	0.005	−0.308***	−0.068	−0.096**	−0.017
		（0.003）	（−0.074）	（−0.063）	（−0.037）	（−0.020）
	滞后一期	0.003	−0.372***	−0.015	−0.066	−0.053*
		（0.005）	（−0.108）	（−0.092）	（−0.063）	（−0.029）

资料来源：作者整理。

表 14-10 的回归结果显示，中小型保险机构、小型保险机构和全样本保险机构治理指数与综合偿付能力溢额的回归系数总体为正，在全样本、剔除5%极值和剔除1%极值的情况下，两个变量回归系数均在1%或5%的置信水平上显著，回归结果较稳健，且存在显著的滞后效应；结果表明保险机构治理指数对综合偿付能力溢额的影响较显著，保险机构治理指数越高，保险机构综合偿付能力溢额越高，对投保人利益的保护就越充分，所得实证结论与本研究假设相符。

表 14-10　保险机构治理对第三类代理成本 SSOL 影响回归结果

机构	分组	IIGI	capital	form	Lnage	Lnsize
全样本保险机构	全样本	0.045***	1.404***	-1.115***	0.268	0.573***
		(0.016)	(0.406)	(-0.346)	(0.205)	(0.079)
	剔除5%极值	0.039***	0.691*	-0.660**	0.463**	0.273***
		(0.015)	(0.384)	(-0.331)	(0.194)	(0.080)
	剔除1%极值	0.041***	1.334***	-1.099***	0.282	0.509***
		(0.016)	(0.399)	(-0.339)	(0.201)	(0.080)
	滞后一期	0.047**	1.370***	-1.268***	-0.030	0.588***
		(0.018)	(0.459)	(-0.393)	(-0.273)	(0.093)
中小型保险机构	全样本	0.041**	1.363***	-1.050***	0.279	0.547***
		(0.016)	(0.411)	(-0.359)	(0.210)	(0.092)
	剔除5%极值	0.045***	0.769**	-0.532	0.498**	0.256***
		(0.015)	(0.386)	(-0.336)	(0.197)	(0.092)
	剔除1%极值	0.039**	1.219***	-0.876**	0.369*	0.489***
		(0.016)	(0.403)	(-0.354)	(0.208)	(0.092)
	滞后一期	0.043**	1.343***	-1.222***	-0.024	0.586***
		(0.019)	(0.469)	(-0.411)	(-0.283)	(0.110)
小型保险机构	全样本	0.038**	1.388***	-1.081***	0.245	0.558***
		(0.017)	(0.428)	(-0.369)	(0.220)	(0.108)
	剔除5%极值	0.041**	0.918**	-0.528	0.510**	0.245**
		(0.017)	(0.403)	(-0.347)	(0.205)	(0.107)
	剔除1%极值	0.041**	1.148***	-0.748**	0.381*	0.527***
		(0.017)	(0.416)	(-0.361)	(0.215)	(0.105)
	滞后一期	0.037*	1.337***	-1.242***	-0.103	0.632***
		(0.020)	(0.493)	(-0.424)	(-0.301)	(0.133)

资料来源：作者整理。

　　表 14-11 的回归结果显示，中小型保险机构、小型保险机构和全样本保险机构治理指数与核心偿付能力溢额的回归系数整体为正，在全样本、剔除 5%极值和剔除 1%极值的情况下，两个变量回归系数均在 1%或 5%的置信水平上显著，回归结果较稳健，且存在显著的滞后效应，说明保险机构治理水平越高，其核心偿付能力溢额越高，与本章研究假设符合。

表 14-11 保险机构治理对第三类代理成本 CSOL 影响回归结果

机构	分组	IIGI	capital	form	Lnage	Lnsize
全样本保险机构	全样本	0.050***	1.298***	−1.141***	0.169	0.588***
		（0.016）	（0.414）	（−0.353）	（0.210）	（0.082）
	剔除5%极值	0.046***	0.635	−0.509	0.460**	0.310***
		（0.015）	（0.387）	（−0.334）	（0.196）	（0.082）
	剔除1%极值	0.045***	1.315***	−1.089***	0.213	0.523***
		（0.016）	（0.405）	（−0.344）	（0.206）	（0.082）
	滞后一期	0.050***	1.285***	−1.283***	−0.139	0.604***
		（0.019）	（0.470）	（−0.402）	（−0.283）	（0.098）
中小型保险机构	全样本	0.045***	1.265***	−1.077***	0.178	0.572***
		（0.016）	（0.417）	（−0.364）	（0.215）	（0.096）
	剔除5%极值	0.049***	0.804**	−0.527	0.453**	0.288***
		（0.016）	（0.391）	（−0.340）	（0.201）	（0.095）
	剔除1%极值	0.039**	1.176***	−0.875**	0.298	0.506***
		（0.016）	（0.409）	（−0.359）	（0.212）	（0.095）
	滞后一期	0.044**	1.267***	−1.231***	−0.144	0.631***
		（0.019）	（0.476）	（−0.417）	（−0.291）	（0.116）
小型保险机构	全样本	0.041**	1.347***	−1.122***	0.194	0.568***
		（0.017）	（0.433）	（−0.373）	（0.222）	（0.110）
	剔除5%极值	0.045***	0.975**	−0.532	0.481**	0.272**
		（0.017）	（0.404）	（−0.347）	（0.206）	（0.108）
	剔除1%极值	0.039**	1.167***	−0.755**	0.361*	0.531***
		（0.017）	（0.419）	（−0.364）	（0.217）	（0.107）
	滞后一期	0.036*	1.297***	−1.257***	−0.191	0.674***
		（0.021）	（0.496）	（−0.428）	（−0.305）	（0.137）

资料来源：作者整理。

三、基于保险机构治理分指数的检验

（一）基于治理内容维度治理分指数的检验

本研究按治理内容不同，将保险机构治理指数分为股东与股权结构分指数、董事与董事会分指数、监事与监事会分指数、高级管理人员分指数、信息披露分指数和利益相关者分指数，并将六大分指数分别与保险机构代理成本指标回归，检验在不同规模类型保险机构中不同维度分指数对保险机构代理成本影响的差异性，得到表 14-12、表 14-13 和表 14-14 的回归结果。

在全样本保险机构、中小型保险机构和小型保险机构中,信息披露分指数和利益相关者分指数均会对单位保费业务及管理费和单位保费营运成本产生负向影响,且利益相关者分指数与单位保费业务及管理费和单位保费营运成本的回归系数在1%或5%的置信水平上显著,信息披露分指数与两者的回归系数在1%、5%或10%的置信水平上显著,但在全样本保险机构和中小型保险机构中,在剔除5%极值的情况下,回归系数不显著,信息披露分指数和利益相关者分指数对单位保费业务及管理费和单位保费营运成本的影响具有显著滞后效应;在各规模类型保险机构中,股东与股权结构分指数对单位保费业务及管理费和单位保费营运成本具有显著正向影响,其回归系数在1%或5%的置信水平上显著,且在全样本保险机构中,此影响具有显著滞后效应。

在全样本保险机构中,在全样本以及剔除1%极值的情况下,信息披露分指数对关联交易比例产生显著负向影响,在剔除5%极值的情况下,高级管理人员分指数对关联交易比例产生显著负向影响;在中小型保险机构中,在全样本、剔除1%极值以及剔除5%极值的情况下,信息披露分指数对关联交易比例产生显著负向影响,在剔除5%极值情况下,高级管理人员分指数对关联交易比例产生显著负向影响;在小型保险机构中,高级管理人员分指数和信息披露分指数在全样本以及剔除极值的情况下均对关联交易比例产生显著负向影响。在各规模类型保险机构中,股东与股权结构分指数均对关联交易比例产生正向影响,回归系数在1%的置信水平上显著,且具有显著滞后效应。

在全样本保险机构、中小型保险机构和小型保险机构中,股东与股权结构分指数和利益相关者分指数均对综合偿付能力溢额和核心偿付能力产生正向影响,回归系数在1%或5%的置信水平上显著,且具有显著的滞后效应。

表 14-12　全样本保险机构治理基于内容维度分指数对代理成本影响回归结果

分指数	分组	UPBM	UPOC	PRC	SSOL	CSOL
股东与股权结构分指数	全样本	0.01***	0.01***	0.03***	0.01***	0.01***
		(3.78)	(3.52)	(4.95)	(4.44)	(4.02)
	剔除5%极值	0.01***	0.00***	0.02***	0.01***	0.01***
		(4.92)	(4.62)	(5.90)	(4.23)	(3.44)
	剔除1%极值	0.01***	0.01***	0.03***	0.01***	0.01***
		(4.07)	(3.60)	(5.43)	(4.50)	(3.97)

续表

分指数	分组	UPBM	UPOC	PRC	SSOL	CSOL
	滞后一期	0.00***	0.00**	0.03***	0.01***	0.01***
		（2.98）	（2.33）	（5.66）	（4.59）	（3.35）
董事与董事会分指数	全样本	0.00	0.00	−0.01	−0.00	−0.00
		（0.80）	（0.66）	（−1.57）	（−0.78）	（−0.33）
	剔除5%极值	−0.00	−0.00	−0.01*	−0.00	−0.00
		（−0.93）	（−0.68）	（−1.96）	（−0.58）	（−0.04）
	剔除1%极值	0.00	0.00	−0.01*	−0.00	−0.00
		（0.43）	（0.48）	（−1.78）	（−0.87）	（−0.34）
	滞后一期	0.00	0.00	−0.02**	−0.00	−0.00
		（0.92）	（0.97）	（−2.35）	（−1.55）	（−0.86）
监事与监事会分指数	全样本	−0.00	−0.00	−0.00	−0.00	−0.00
		（−0.40）	（−0.21）	（−0.08）	（−0.88）	（−0.19）
	剔除5%极值	−0.00	0.00	−0.00	−0.00	0.00
		（−0.24）	（0.16）	（−0.18）	（−0.55）	（0.14）
	剔除1%极值	−0.00	−0.00	−0.00	−0.00	0.00
		（−0.64）	（−0.26）	（−0.06）	（−0.47）	（0.23）
	滞后一期	−0.00	0.00	−0.01	0.00	0.00
		（−0.16）	（0.01）	（−1.03）	（0.61）	（0.83）
高级管理人员分指数	全样本	−0.01**	−0.01**	−0.01	−0.00	−0.00
		（−2.34）	（−2.05）	（−1.27）	（−0.43）	（−0.38）
	剔除5%极值	−0.00**	−0.00*	−0.01**	−0.00	−0.00
		（−2.31）	（−1.82）	（−1.97）	（−1.08）	（−0.94）
	剔除1%极值	−0.01**	−0.00**	−0.01	−0.00	−0.00
		（−2.52）	（−2.12）	（−1.04）	（−0.75）	（−0.66）
	滞后一期	−0.01*	−0.00	−0.01	−0.00	−0.00
		（−1.89）	（−1.55）	（−1.14）	（−1.58）	（−1.22）
信息披露分指数	全样本	−0.01***	−0.01**	−0.02**	−0.00	−0.00
		（−2.98）	（−2.16）	（−2.10）	（−0.63）	（−0.52）
	剔除5%极值	−0.01*	−0.00	−0.02	0.00	0.00
		（−1.91）	（−1.31）	（−1.58）	（0.05）	（0.11）
	剔除1%极值	−0.01***	−0.01**	−0.02**	−0.00	−0.00
		（−2.79）	（−2.11）	（−2.08）	（−0.71）	（−0.56）
	滞后一期	−0.01***	−0.01***	−0.03***	0.00	0.00
		（−3.70）	（−2.91）	（−3.05）	（0.08）	（0.41）

分指数	分组	UPBM	UPOC	PRC	SSOL	CSOL
利益相关者分指数	全样本	−0.01***	−0.01***	0.01	0.01***	0.00***
		(−3.24)	(−4.01)	(0.87)	(1.13)	(0.73)
	剔除5%极值	−0.01***	−0.01***	0.01	0.00**	0.00***
		(−3.58)	(−4.44)	(1.41)	(0.63)	(0.38)
	剔除1%极值	−0.01***	−0.01***	0.01	0.00**	0.00*
		(−3.57)	(−4.08)	(1.18)	(1.07)	(0.70)
	滞后一期	−0.01***	−0.01**	0.01	−0.00	−0.01
		(−2.73)	(−2.46)	(1.04)	(−0.66)	(−1.13)

资料来源：作者整理。

表 14-13　中小型保险机构治理基于内容维度分指数对代理成本影响回归结果

分指数	分组	UPBM	UPOC	PRC	SSOL	CSOL
股东与股权结构分指数	全样本	0.01**	0.00**	0.03***	0.01***	0.00**
		(2.55)	(2.03)	(4.58)	(2.37)	(1.89)
	剔除5%极值	0.01***	0.00***	0.03***	0.00***	0.00***
		(3.89)	(3.12)	(5.58)	(2.44)	(1.71)
	剔除1%极值	0.01***	0.00**	0.03***	0.01***	0.00***
		(2.71)	(2.05)	(5.10)	(2.50)	(1.99)
	滞后一期	0.00	0.00	0.03***	0.01***	0.01**
		(1.59)	(0.74)	(4.95)	(3.07)	(2.28)
董事与董事会分指数	全样本	0.00	0.00	−0.01	−0.00	0.00
		(1.06)	(0.99)	(−1.14)	(−0.24)	(0.18)
	剔除5%极值	−0.00	0.00	−0.01	0.00	0.00
		(−0.38)	(0.00)	(−1.49)	(0.07)	(0.41)
	剔除1%极值	0.00	0.00	−0.01	−0.00	0.00
		(0.70)	(0.81)	(−1.31)	(−0.20)	(0.25)
	滞后一期	0.00	0.00	−0.01*	−0.00	−0.00
		(1.30)	(1.37)	(−1.78)	(−1.13)	(−0.44)
监事与监事会分指数	全样本	−0.00	−0.00	−0.00	−0.00	−0.00
		(−0.84)	(−0.74)	(−0.13)	(−1.63)	(−0.91)
	剔除5%极值	−0.00	−0.00	−0.00	−0.00	−0.00
		(−0.81)	(−0.56)	(−0.20)	(−0.93)	(−0.14)
	剔除1%极值	−0.00	−0.00	−0.00	−0.00	−0.00
		(−1.15)	(−0.86)	(−0.07)	(−1.32)	(−0.51)
	滞后一期	−0.00	−0.00	−0.01	−0.00	−0.00
		(−0.42)	(−0.41)	(−1.10)	(−1.47)	(−1.02)

续表

分指数	分组	UPBM	UPOC	PRC	SSOL	CSOL
高级管理人员分指数	全样本	-0.01*	-0.00	-0.01	-0.00	-0.00
		(-1.91)	(-1.60)	(-1.27)	(-0.24)	(-0.35)
	剔除 5% 极值	-0.00	-0.00	-0.01**	-0.00	-0.00
		(-1.57)	(-0.85)	(-1.99)	(-0.92)	(-1.09)
	剔除 1% 极值	-0.01**	-0.00	-0.01	-0.00	-0.00
		(-2.01)	(-1.57)	(-1.09)	(-0.67)	(-0.77)
	滞后一期	-0.00	-0.00	-0.01	-0.01**	-0.01**
		(-1.35)	(-1.01)	(-0.87)	(-2.01)	(-2.34)
信息披露分指数	全样本	-0.01**	-0.01*	-0.03**	-0.01	-0.01
		(-2.56)	(-1.77)	(-2.14)	(-1.21)	(-0.90)
	剔除 5% 极值	-0.01*	-0.00	-0.02*	-0.00	-0.00
		(-1.96)	(-1.20)	(-1.72)	(-0.39)	(-0.14)
	剔除 1% 极值	-0.01**	-0.01*	-0.03**	-0.01	-0.01
		(-2.45)	(-1.78)	(-2.16)	(-1.28)	(-0.89)
	滞后一期	-0.01***	-0.01***	-0.03***	-0.00	-0.00
		(-3.33)	(-2.59)	(-3.02)	(-1.00)	(-0.30)
利益相关者分指数	全样本	-0.01***	-0.01***	0.01	0.01***	0.00***
		(-2.72)	(-3.43)	(0.73)	(1.00)	(0.42)
	剔除 5% 极值	-0.01***	-0.01***	0.01	0.00**	0.00**
		(-2.63)	(-3.27)	(1.05)	(0.33)	(0.11)
	剔除 1% 极值	-0.01***	-0.01***	0.01	0.00***	0.00**
		(-2.98)	(-3.46)	(0.94)	(1.00)	(0.45)
	滞后一期	-0.01**	-0.01**	0.01	0.00**	-0.00**
		(-2.31)	(-2.07)	(1.03)	(0.18)	(-0.17)

资料来源：作者整理。

表 14-14　小型保险机构治理基于内容维度分指数对代理成本影响回归结果

分指数	分组	UPBM	UPOC	PRC	SSOL	CSOL
股东与股权结构分指数	全样本	0.01**	0.01**	0.02***	0.00***	0.01***
		(2.57)	(2.21)	(3.55)	(1.50)	(1.73)
	剔除 5% 极值	0.01***	0.01***	0.02***	0.00***	0.00**
		(4.34)	(3.82)	(4.02)	(1.77)	(1.81)
	剔除 1% 极值	0.01***	0.01**	0.03***	0.01**	0.01**
		(2.80)	(2.33)	(3.96)	(1.78)	(2.02)
	滞后一期	0.00	0.00	0.03***	0.01**	0.01**
		(1.62)	(0.86)	(4.46)	(2.14)	(2.12)

分指数	分组	UPBM	UPOC	PRC	SSOL	CSOL
董事与董事会分指数	全样本	0.00	0.00	−0.01	−0.00	−0.00
		(1.24)	(0.89)	(−0.93)	(−0.31)	(−0.13)
	剔除5%极值	0.00	0.00	−0.01	−0.00	−0.00
		(0.34)	(0.25)	(−1.11)	(−0.34)	(−0.17)
	剔除1%极值	0.00	0.00	−0.01	−0.00	−0.00
		(0.94)	(0.79)	(−0.98)	(−0.54)	(−0.30)
	滞后一期	0.01	0.01	−0.01	−0.00	−0.00
		(1.49)	(1.25)	(−1.09)	(−0.90)	(−0.75)
监事与监事会分指数	全样本	−0.00	−0.00	−0.00	−0.00	−0.00
		(−0.40)	(−0.62)	(−0.23)	(−1.38)	(−1.16)
	剔除5%极值	−0.00	−0.00	−0.00	−0.00	−0.00
		(−0.31)	(−0.50)	(−0.34)	(−0.79)	(−0.54)
	剔除1%极值	−0.00	−0.00	−0.00	−0.00	−0.00
		(−0.62)	(−0.66)	(−0.15)	(−1.25)	(−0.96)
	滞后一期	0.00	−0.00	−0.00	−0.00	−0.00
		(0.13)	(−0.24)	(−0.80)	(−1.64)	(−1.33)
高级管理人员分指数	全样本	−0.01***	−0.01**	−0.01*	−0.00	−0.00
		(−2.60)	(−2.44)	(−1.70)	(−0.39)	(−0.61)
	剔除5%极值	−0.00***	−0.00**	−0.01**	−0.00	−0.00*
		(−2.62)	(−2.07)	(−2.30)	(−1.42)	(−1.81)
	剔除1%极值	−0.01***	−0.01**	−0.01*	−0.00	−0.00
		(−2.63)	(−2.27)	(−1.71)	(−1.10)	(−1.38)
	滞后一期	−0.01**	−0.01**	−0.01	−0.01	−0.01**
		(−2.30)	(−2.10)	(−0.80)	(−1.65)	(−2.44)
信息披露分指数	全样本	−0.01***	−0.01***	−0.04***	−0.01	−0.01
		(−3.12)	(−2.68)	(−3.38)	(−1.38)	(−1.06)
	剔除5%极值	−0.01***	−0.01**	−0.03**	−0.00	−0.00
		(−2.71)	(−2.28)	(−2.29)	(−0.77)	(−0.29)
	剔除1%极值	−0.01***	−0.01***	−0.04***	−0.01	−0.01
		(−3.07)	(−2.78)	(−3.39)	(−1.51)	(−1.12)
	滞后一期	−0.01***	−0.01***	−0.04***	−0.00	−0.00
		(−3.77)	(−3.43)	(−3.58)	(−1.21)	(−0.41)
利益相关者分指数	全样本	−0.01**	−0.01***	0.00	0.00***	0.00**
		(−2.26)	(−2.88)	(0.36)	(0.82)	(0.42)
	剔除5%极值	−0.01**	−0.01***	0.01	0.00**	0.00**
		(−2.29)	(−2.79)	(0.67)	(0.15)	(0.22)

续表

分指数	分组	UPBM	UPOC	PRC	SSOL	CSOL
	剔除1%极值	−0.01**	−0.01***	0.00	0.00***	0.00***
		(−2.50)	(−2.91)	(0.42)	(0.82)	(0.33)
	滞后一期	−0.01***	−0.01***	0.01	0.00**	0.00*
		(−2.67)	(−2.60)	(0.76)	(0.31)	(0.14)

资料来源：作者整理。

（二）基于治理层次维度治理分指数的检验

本研究按治理层次不同，将保险机构治理指数分为强制性治理分指数和自主性治理分指数，并将两个维度分指数分别与保险机构代理成本指标回归，检验在不同规模类型保险机构中不同维度分指数对保险机构代理成本影响的差异性，得到表14-15、表14-16和表14-17回归结果。

在全样本保险机构、中小型保险机构和小型保险机构中，强制性治理分指数均对单位保费业务及管理费和单位保费营运成本产生负向影响，回归系数均在1%的置信水平上显著，且具有显著滞后效应。

在小型保险机构中，强制性治理分指数对关联交易比例产生负向影响，回归系数在10%的置信水平上显著，在其他情况下，回归结果均不显著。

在全样本保险机构、中小型保险机构和小型保险机构中，强制性治理分指数对综合偿付能力溢额和核心偿付能力溢额均产生显著负向影响，回归系数在1%和5%的置信水平上显著，且具有显著的滞后效应。

表14-15　全样本保险机构治理基于治理层次维度分指数对代理成本影响回归结果

分指数	分组	UPBM	UPOC	PRC	SSOL	CSOL
强制性治理分指数	全样本	−0.02***	−0.02***	−0.01	0.01***	0.01***
		(−3.49)	(−3.02)	(−0.76)	(0.40)	(0.50)
	剔除5%极值	−0.01***	−0.01***	−0.01	0.01***	0.01***
		(−4.45)	(−4.10)	(−1.16)	(0.75)	(0.80)
	剔除1%极值	−0.02***	−0.02***	−0.01	0.01**	0.00***
		(−3.74)	(−3.20)	(−0.51)	(0.55)	(0.58)
	滞后一期	−0.02***	−0.02***	−0.02	0.02**	0.02**
		(−3.71)	(−3.04)	(−1.49)	(2.17)	(2.39)
自主性治理分指数	全样本	0.00	0.00	−0.01	−0.00	0.00
		(1.04)	(0.99)	(−0.69)	(−0.11)	(0.53)
	剔除5%极值	0.00	0.00	−0.01	0.00	0.00
		(0.11)	(0.52)	(−0.73)	(0.19)	(0.77)

分指数	分组	UPBM	UPOC	PRC	SSOL	CSOL
	剔除1%极值	0.00	0.00	−0.01	−0.00	0.00
		(0.70)	(0.85)	(−0.72)	(−0.05)	(0.60)
	滞后一期	0.01	0.01	−0.02	0.00	0.01
		(1.17)	(1.28)	(−1.34)	(0.64)	(0.99)

资料来源：作者整理。

表 14-16　中小型保险机构治理基于治理层次维度分指数对代理成本影响回归结果

分指数	分组	UPBM	UPOC	PRC	SSOL	CSOL
强制性治理分指数	全样本	−0.02***	−0.02***	−0.01	0.01***	0.01***
		(−3.12)	(−2.68)	(−0.80)	(0.79)	(0.90)
	剔除5%极值	−0.01***	−0.01***	−0.02	0.01***	0.01***
		(−3.72)	(−3.33)	(−1.26)	(0.94)	(1.21)
	剔除1%极值	−0.02***	−0.02***	−0.01	0.01**	0.01***
		(−3.31)	(−2.80)	(−0.60)	(0.99)	(1.07)
	滞后一期	−0.02***	−0.02***	−0.02	0.02***	0.02***
		(−3.51)	(−2.82)	(−1.35)	(2.84)	(3.06)
自主性治理分指数	全样本	0.00	0.00	−0.01	−0.00	0.00
		(1.02)	(0.96)	(−0.56)	(−0.47)	(0.18)
	剔除5%极值	0.00	0.00	−0.01	0.00	0.00
		(0.15)	(0.59)	(−0.58)	(0.18)	(0.67)
	剔除1%极值	0.00	0.00	−0.01	−0.00	0.00
		(0.61)	(0.76)	(−0.56)	(−0.27)	(0.40)
	滞后一期	0.01	0.01	−0.01	−0.00	−0.00
		(1.50)	(1.52)	(−1.09)	(−0.54)	(−0.06)

资料来源：作者整理。

表 14-17　小型保险机构治理基于治理层次维度分指数对代理成本影响回归结果

分指数	分组	UPBM	UPOC	PRC	SSOL	CSOL
强制性治理分指数	全样本	−0.03***	−0.02***	−0.03*	0.01***	0.01***
		(−3.11)	(−3.10)	(−1.94)	(0.97)	(1.03)
	剔除5%极值	−0.01***	−0.01***	−0.03*	0.01***	0.01***
		(−3.92)	(−4.05)	(−1.88)	(1.37)	(1.58)
	剔除1%极值	−0.02***	−0.02***	−0.03*	0.01***	0.01**
		(−3.24)	(−3.18)	(−1.91)	(1.33)	(1.41)
	滞后一期	−0.03***	−0.03***	−0.02	0.02***	0.02***
		(−3.91)	(−3.84)	(−1.34)	(2.81)	(3.23)

分指数	分组	UPBM	UPOC	PRC	SSOL	CSOL
自主性治理分指数	全样本	0.01	0.00	−0.01	−0.00	−0.00
		（1.06）	（0.72）	（−0.72）	（−0.65）	（−0.31）
	剔除5%极值	0.00	0.00	−0.01	−0.00	0.00
		（0.56）	（0.58）	（−0.75）	（−0.16）	（0.11）
	剔除1%极值	0.00	0.00	−0.01	−0.00	−0.00
		（0.75）	（0.64）	（−0.72）	（−0.68）	（−0.28）
	滞后一期	0.01	0.01	−0.01	−0.00	−0.00
		（1.54）	（1.25）	（−0.88）	（−0.61）	（−0.40）

资料来源：作者整理。

第五节　实证结论

本节对保险机构治理指数对代理成本影响的实证结果进行了总结，并分析了产生这种结果的具体原因。

一、实证总结

在分析保险机构治理指数对三类代理成本影响情况的过程中，本研究针对三类代理成本设计了各自代理成本衡量指标，具体来说，本研究采用单位保费营运能力和单位保费业务及管理费衡量保险机构第一类代理成本，采用关联交易比例衡量保险机构第二类代理成本，采用综合偿付能力溢额和核心偿付能力溢额衡量保险机构第三类代理成本。

在回归样本的选取上，本章分别对全样本保险机构、中小型保险机构和小型保险机构进行了回归分析，进而在一定程度上比较在不同规模类型的保险机构中治理指数对三类代理成本的影响是否有差异，以全面揭示中小型保险机构治理对代理成本的影响。

在回归的数据处理上，为了避免指标数据离散性带来的影响，本章在对一些指标进行回归之前还进行了取对数处理，例如对单位保费营运成本、单位保费业务及管理费、关联交易比例、综合偿付能力溢额和核心偿付能力溢额的数据处理；同时，为了保证回归结果的稳健性，避免各指标极值带来的影响，本章在回归方式上还进行了剔除5%极值和剔除1%极值的回归检验；针对公司治理的滞后性，本章进行了滞后一期的回归检验。

在具体回归细节上，由于回归样本点较少，首先进行了怀特检验（White Test），用以检测回归模型的异方差性，对存在明显异方差性的回归模型，采用加权最小二乘法（WLS）回归来缓和异方差性的影响，最终得出本章的回归结论。

二、结论分析

对于第一类代理成本，经过对回归结果的分析，本章发现保险机构治理水平越高，第一类代理成本越低，但整体回归结果均不显著，表明保险机构治理水平对第一类代理成本不存在影响。根据委托代理理论，公司所有权与经营权的分离不可避免地产生所有者与高层管理者之间的利益冲突，而激励机制是一个很好的协调两者利益冲突的机制，斯金纳（Skinner，1993）认为适当的高管激励可以缓和公司股东与高管之间的代理冲突；曹维洋（2013）发现高管薪酬激励旨在消除股东与高管之间的利益矛盾，使高管在追求自身利益的同时，也能够实现股东价值最大化，进而降低代理成本；郝臣、王旭和丁振松（2016）研究发现我国保险公司高管薪酬和成长性呈现显著正相关关系，在这个影响过程中高管薪酬激励机制有效发挥了作用。从以上学者的研究中可以得出结论：高管激励有助于降低股东与高管之间的代理成本，即第一类代理成本。本章衡量第一类代理成本的指标单位保费业务及管理费和单位保费营运成本均考虑了保险机构的管理费用，这与高管激励这一因素的关联性较强；而本研究设计的保险机构治理评价指标体系中并未包含高管激励这一相关指标，主要是高管激励相关信息在未上市保险机构年度信息披露报告中是不对外披露的，这可能导致保险机构治理指数与第一类代理成本的回归结果不显著。

对于第二类代理成本，经过对回归结果的分析，本章发现保险机构治理水平越高，第二类代理成本越高，回归结果在剔除极值的情况下显著，表明保险机构治理水平对于第二类代理成本的影响程度相对较强，实证结论与研究假设相反。从"宝万之争"起，业界与全社会纷纷开始关注保险机构关联交易，王静仪（2019）研究发现关联交易的合法开展有利于保险公司合理配置资源，发挥协同效应，实现规模经济；然而，随着关联交易规模的不断扩大，保险公司关联交易的隐蔽性与复杂性日渐加剧，虚假增资、不正当利益输送等问题日渐凸显，成为保险公司的重大风险隐患，保险公司关联交易风险控制制度的缺失、风险防范意识的不足会严重影响公司治理的有效性，并在一定程度上增大监管部门的监管难度。王冬妮（2019）认为关联交易具有两面性：一方面，可以优化资源配置，发挥公司间的协同优势，提高公司的经营效益和市场竞争力；另一方面，关联方可能会受到利己动机的诱导，使关联交易成为部分大股东谋取个人利益的融资通道，侵害中小股东的利益。在关联交易管控方面，李非和高进（2019）认为良好的公司经营管理环境对于避免和控制非公允关联交易及其不利影响具有促进作用，而公司良好的经营环境一方面需要公司高层管理人员的重视，另一方面监管部门也应严格监管要求，利用行政控制力全方位监控保险公司，促进保险行业整体治理水平的提高。周玉华（2007）认为保险机构应当充分认识到严格遵守保监会《保险公司关联交易管理暂行办法》以及境内外上市地上市规则、会计准则中对保险公司关联交易监管要求的必要性和重要性，充分认识到相关工作不到位可能会给公司发展带来的潜在风险，不断提高关联交易管理水平，促进公司依法合规经营。分析关联交易比例与保险机构治理指数正相关的原因，关联交易开展的前提是要有关联方，一般从保险机构规模类型来看，大型保险机构和中型保险机构可能有更多的关联方，开展关联交易的条件更充足，可能性也更大，关联交易的比例可能更高，而小型保险机构由于关联方较少，开展关联交易的条件不充足，关联交易比例可能更低。同时，大型保险机构和中型保险机构的治理指数整体高于小型保险机构，这可能是导致机构治理指数与关联交易比例的回归系数为正的一个原因。另外，关联交易具有双面性（王冬妮，2019），因此在后续的研究中可能需要设计模型将关联交易划分为正常关联交易和非正常关联交易，并以非正常关联交易作为第二类代理成本的衡量指标。

对于第三类代理成本，经过对回归结果的分析，本章发现保险机构治理水平越高，第三类代理成本越低，回归结果显著性较高，且回归结果较稳健，表明保险机构治理水平对第三类代理成本的影响较强，且这种影响无论是对全样本保险机构还是对中小型保险机构或小型保险机构来说都是显著的。郝臣、崔光耀和白丽荷（2016）研究发现保险业自身具有明显区别于银行、证券、信托等其他金融行业的重要特点，包括资本结构负债性、投保人（债权人）分散性、保险合约长期性和保险产品专业性等，这些特征决定了保险机构在治理目标方面不仅要考虑股东利益最大化，更要特别关注投保人等公司利益相关者的利益，即第三类代理成本相关问题。对于保险机构第三类代理成本的量化问题，李维安、李慧聪和郝臣（2012）以偿付能力溢额指标，衡量保险机构投保人利益的保护程度。对于偿付能力重要性问题，欧阳越秀（2017）认为"偿付能力"作为保险监管的重要内容，是指为防止保险公司遭遇不利事件或情形的冲击造成丧失持续经营能力或失去偿付债务的能力，保险公司应当具有的自有资本要求。唐金成和胡珊珊（2017）认为偿付能力本质上是保险公司资产与负债的财务匹配关系，充足的偿付能力是保证其持续健康经营的先决条件，一旦资不抵债则面临破产危机，良好的偿付能力代表保险公司在经济上拥有足以赔付保险金的实力，可以在被保险人发生约定风险时给予其适当的经济补偿，使社会成员的利益得到维护，促进了社会的稳定和谐。另外，在保险公司的快速发展或扩张期，资金紧张状况频出，此时或需负债经营，唯有拥有良好的偿付能力，保险公司才能妥善处理持续发展中的资金问题。郝臣、崔光耀和白丽荷（2016）研究结果表明，保险公司治理是保险公司偿付能力的重要影响因素，保险公司治理在保护投保人利益方面起到有效作用；同时，研究还发现资本性质、险种类型和成立年限是影响保险公司偿付能力的重要因素，本章的回归结论与此结论相同，进一步验证了本章实证结论的可靠性。

第十五章　中小型保险机构治理与风险承担关系研究

本章利用中国保险机构治理指数，在设计反映保险机构风险承担状况4个具体指标的基础上，从风险承担视角实证检验了中小型保险机构治理的有效性。在实证检验过程中，还关注了两类、总计8个保险机构治理分指数对风险承担的影响。具体内容包括研究问题提出、理论分析与研究假设、实证设计、描述性统计与实证结果和实证结论等。

第一节　研究问题提出

本节主要介绍了保险机构治理与风险承担关系研究的背景，并对风险承担相关研究进行了文献综述，主要包括保险机构内部治理与代理成本相关研究、保险机构外部治理与代理成本相关研究以及保险机构内外部治理与代理成本相关研究。

一、研究背景

作为我国"三大攻坚战"的目标之一，防范化解重大金融风险正日益受到国家和社会的广泛关注。2017年10月，习近平总书记在十九大报告中首次提出"要坚决打好防范化解重大风险、精准脱贫、污染防治的攻坚战"，防范化解重大风险尤其是金融风险被放在"三大攻坚战"之首。2019年2月，习近平总书记在中共中央政治局集体学习中再次强调"防范化解金融风险，特别是防止发生系统性金融风险，是我国金融工作的根本性任务"，这为监管部门的金融监管和金融机构的金融工作提供了原则性的指引。2019年12月召开的2020年中央经济工作会议报告重申"要扎实做好

'六稳'工作，保持经济社会持续健康发展"，"稳金融"同样位列"六稳"之中。2020年5月十三届全国人大三次会议审议的《2020年国务院政府工作报告》将"重大金融风险有效防控"作为政府工作的重要目标之一。

在我国的金融体系中，保险业是重要的组成部分。一方面，保险机构作为经营风险的金融机构，是社会风险的集散者和最终保险人，具有社会性保障负担；另一方面，保险机构作为市场经济下的营利主体，具有追求利润最大化的经营动机，风险承担是其追求利润过程中必须付出的代价。保险机构集散社会风险的重要性和追求利润承担风险的不确定性同时存在，因此保险机构和保险行业的风险管控对于防范化解重大金融风险具有更加重要的理论意义。

公司治理在2006年成为我国继市场行为和偿付能力之后的第三大保险业监管支柱，也是在公司层面管控保险机构风险承担的主要手段。我国监管部门历来重视保险机构治理监管并出台了多项相关法律法规及文件。2018年4月，中国银保监会成立伊始便召开了中小银行及保险公司公司治理培训座谈会，中国银保监会主席郭树清在会上强调："规范、有效的公司治理是金融机构形成有效自我约束、树立良好市场形象、获得公众信心和实现健康可持续发展的坚实基础。"基于上述背景，探讨保险机构治理对其风险承担的影响具有重要的现实意义。

二、相关研究文献综述

（一）保险机构内部治理与风险承担

在内部治理方面，国外学者的研究主要集中在经理层治理、风险管理、内部治理综合等主题（郝臣、付金薇和李维安，2017），国内学者则由于内部治理数据的可获得性等问题，较少有专门针对保险机构开展的研究（李艺华和郝臣，2019）。

国外学者（Ho，Lai & Lee，2013）研究了组织形式、董事会结构与美国财产险公司风险承担的关系，发现相互制保险公司的总体风险、承保风险和投资风险都低于股份制保险公司；此外，他们还得出董事会中执行董事比例越高，公司的总体风险也就越高，这也证实了"委托－代理"问题在保险公司中的存在。埃林等（Eling & Marek，2013）则证实了内部治理在控制保险公司风险承担上的有效性，他们选取英国和德国两大欧洲保险市场，实证研究发现更高的高管和监事薪酬、更强的董事会独立性、更多的董事会开会次数以及更多的核心股东（至少5%投票权）数量可以导致更低水平的风险承担。熊芳（2014）从董事会治理、股东治理、经理层治理、监事会治理四个内部治理角度，在理论和实证层面分析了保险公司内部治理对风险承担的影响。米都斯等（Milidonis，Nishikawa & Shim，2017）利用美国上市财产险公司的数据，实证研究得出 CEO 的债务式薪酬（养老金和递延薪酬）持有量与公司总体风险和承保风险显著负相关，这一发现为保险公司经理层治理提供了一个新的视角，即保险公司可以通过改变高管债务式薪酬的数量与比例来影响其风险承担行为。

（二）保险机构外部治理与风险承担

在外部治理方面，外部监管是其中的一个重要因素，现有文献对外部治理与保险公司风险承担的相关研究也主要集中在外部监管领域（郝臣、付金薇和李维安，2018；李艺华和郝臣，2019）。林等（Lin，Lai & Powers，2013）利用 2000－2009 年美国财产险公司的面板数据，研究了外部监管压力与保险公司风险承担的关系，发现在面对基于资本的监管时，资本不足的保险公司会降低承保风险并增加投资风险，但是其调整速度与资本充足的保险公司相比并无显著区别，表明这种监管模式并不具备十足的有效性。赵桂芹和吴洪（2013）利用我国 2003－2011 年财产险公司的面板数据，实证研究得出偿付能力充足率显著地正向影响了承保风险和投资风险，但是财产险公司的资本与承保风险之间没有显著关系的结论。这不仅说明对于偿付能力充足的公司来说，选定某一偿付能力充足率作为底线的静态"红线"外部监管模式会使其缺少抑制风险的动机，还说明偿付能力监管希望达到的"风险—资本"动态调整机制暂未形成。与以上两个研究不同，曼凯等（Mankai & Belgacem，2015）在引入再保险这一内生变量后，分析得出美国财产险公司的风险承担与资本具有正相关关系。赵桂芹和仲赛末（2019）则利用 2009－2016 年我国财产险公司的数据，实证研究发现偿付能力较强的公司的承保风险显著低于偿付能力较弱的公司，这一结论与作者 2013 年的研究结论有所不同，反映出"监管宽容"（暂时不对偿付能力不足的公司采取强制干预措施）及"偿二代"的外部背景下保险公司风险承担行为的变化。李艺华和郝臣（2019）在外部监管的基础上增加了产品市场竞争这一角度，在利益相关者理论和委托代理理论基础上，分析了保险公司的风险承担如何受到外部治理机制的影响，实证研究发现外部监管有助于降低保险公司总体风险和杠杆风险，而产品市场竞争则有助于降低总体风险和投资风险的结论。

（三）保险机构内外部治理与风险承担

为了更好地理解公司治理要素之间的相互作用关系，并从整体上掌握公司治理对保险公司风险承担的影响，学者们逐渐开始同时考虑内外部治理要素，进行内外部治理要素对风险承担影响的综合研究。徐华和李思荟（2013）将外部监管与内部治理结合起来，利用我国产险公司的面板数据进行实证分析，研究发现外部监管与内部治理虽然没有显著改变投资风险，但是显著抑制了杠杆风险与承保风险，且外部监管对内部治理在抑制杠杆风险上存在"替代效应"，在抑制承保风险上存在"互补效应"。朱南军和王文健（2017）详细分析了保险公司的各种内外部治理机制，随后利用我国保险公司的面板数据，实证分析得出我国保险公司的公司治理抑制了承保风险，促进了投资风险，且外部治理机制主要是通过影响内部治理机制进而间接影响承保风险和投资风险。盖根斯等（Gaganis，Hasan & Papadimitri，2019）还研究了国家文化背景与保险公司风险承担的关系，从更宏观的层面对风险承担的决定因素进行解释。

（四）保险机构治理对风险承担影响研究小结

公司治理的研究主体逐渐从上市公司拓展到各类营利组织，因此需要以公司治理为基础，深入挖掘和分析每一类组织独特的治理目标、结构与机制等（李维安、郝臣、崔光耀、郑敏娜和孟乾坤，2019）。保险机构治理就是一般公司治理的拓展和应用领域之一，并有着自己的特殊性。通过上述三个方面的文献梳理可以发现：

第一，研究内容方面。有大量文献关注了保险机构治理与风险承担的关系，其中针对外部治理的单独研究，大多集中于外部监管的有效性问题；针对内部治理的单独研究，国外文献较多，而国内文献较少。

第二，研究方法和数据方面。现有文献多以理论分析为基础提出研究假设，然后再以数据为基础进行实证验证。除此之外，最近也有文献从典型案例出发，用案例分析的方式深入解释股权结构影响保险机构风险承担的机理（毛颖、孙蓉和甄浩，2019）。对于研究数据，由于我国保险机构大多并非上市公司，其内部治理数据的获取和收集具有一定难度，因此以更加长周期宽截面的数据为基础的实证研究相对较少。

第三，研究设计方面。对于风险承担指标，大多文献只选取了总体风险或者某种具体风险；对于公司治理指标，大多文献只关注了某一具体公司治理要素对风险承担的线性影响，少数文献同时关注了多个公司治理要素，但基于公司治理指数这一视角进行实证研究的文献相对较少。

综合以上，本研究基于手工收集整理的 2016—2019 年我国保险机构全样本面板数据，利用中国保险机构治理指数反映保险机构治理的状况，以总体风险、承保风险、杠杆风险和投资风险 4 个指标刻画保险机构风险承担状况，在控制资本性质等因素的基础上，实证研究中小型保险机构治理对其风险承担的影响，同时还关注了全样本保险机构和小型保险机构的治理有效性。

第二节　理论分析与研究假设

本节在阐述风险承担的内涵以及形成机理的理论分析基础上，提出了中小型保险机构治理指数与衡量风险承担的指标的相关性的两个研究假设。

一、理论分析

（一）风险承担的内涵

风险承担的内涵十分丰富，国内外很多学者都对其进行了研究与讨论。最初，"风险承担"一词用来描述企业家的特征，表现他们勇于开拓、大胆革新的冒险精神（Schumpeter，1934；Drucker，1986）。随着公司的产生与发展，"风险承担"有了新的含义。

西蒙（Simon，1965）在其著作《管理行为》（*Administrative Behavior*）一书中曾指出，任何实践活动，无不包含着"决策制定过程"和"决策执行过程"，而决策制定的过程是组织和管理的核心内容。企业决策的核心命题是如何在内部资源有限的条件下实现价值最大化，同时企业又不得不面对一定的外部不确定性，其可能给企业带来收益，也可能带来损失。而这种外部不确定性带来可能结果的概率分布被称为风险（March & Shipira，1987）。那么，在企业决策中，对风险的接受程度取决于决策者对内外部影响因素的权衡，表现为企业内外部利益相关者的博弈，这一博弈引发了企业的风险承担（Risk Taking）问题。

米勒等（Miller & Friesen，1978）将风险承担定义为经理们愿意承受的巨大的、风险性的资源承诺，这些资源承诺往往与高昂失败代价的合理机会相联系。伦普金等（Lumpkin & Dess，1996）认为企业的风险承担是追逐高利润并愿意为此付出代价的倾向；莱特等（Wright，Ferris & Sarin，1996）将风险承担界定为对预期产出和相关现金流具有多种不确定性的项目分析与选择；王菁华和茅宁（2015）认为对风险承担的理解不应局限于投资决策，它也体现了公司高管在总体决策和多样化决策方面的行为；李秉成、肖翰和阮佩婷（2017）提出风险承担包含风险承担意愿、风险承担水平和风险承担能力三个层次；朱南军和王文建（2017）将风险承担定义为企业获得利润的必要条件。风险承担对企业的潜在成长机会、研发投资等都会造成影响，进而影响其绩效表现。目前国内学者多将"Risk Taking"翻译为"风险承担"，但实际上包括了"风险承担行为"和"风险承担水平"两个层面的含义，风险承担水平是从一个静态的角度或者从结果视角来刻画风险承担行为。

随着经济全球化的快速发展，金融机构的重要性日益凸显，各类金融机构开始大量持有证券及信贷产品，并在此基础上多次打包其产品以出售，这种高杠杆的经营方式使利润和风险被成倍放大，并最终导致了金融危机的爆发。2008 年金融危机的一个主要原因就是金融机构过度的风险承担，这使监管部门开始认识到对金融机构风险承担监管的重要性。不同于一般企业，金融机构的经营对象是货币资金类的特殊商品，因此表现出高负债的特征，具有很强的公众性和外部性。在 2008 年金融危机之后，包括保险公司在内的金融机构的风险承担逐渐成为学术研究关注的焦点。熊芳（2014）提出保险公司的风险承担具有高负债性导致高风险隐患、债权人分散股东风险倾向增大、业务经营及投资项目导致保险公司风险集中等特殊性。徐华和李思荟（2013）将财产险公司在经营过程中面临的核心风险划分为杠杆风险、承保风险和投资风险三种。而崔光耀（2017）在前者的三种风险基础上进一步完善，加入了总体风险。

（二）风险承担的形成机理

对企业风险承担的研究，经历了由组织管理视角向公司治理视角的转变。虽然詹森等（Jensen & Meckling，1976；Fama & Jensen，1983）纷纷指出企业风险承担受到所有权结构的影响，但是早期的学者对风险承担的研究主要聚焦于组织绩效和风险承担间的联系，其研究主要是通过对组织冗余、组织分权以及行业因素进行控制，进而探究二者的关系。主要的研究结论都表明组织绩效与风险承担间呈负向关系，即具有历史低绩效的企业通常都会选择高风险项目以提升未来企业业绩（Singh，1986；Bromiley，1991），并且企业的高风险承担带来的未来绩效也是低下的（Bromiley，1991）。此外，早期的西方学者还对管理者的风险承担动机进行了研究，证实企业战略层面的业务多元化会导致过度的管理层风险厌恶（Baysinger & Hoskisson，1989）。可见早期就风险承担的研究主要是从组织管理的层面，对风险承担与组织管理要素之间的互动关系进行了解析。

而学术界从公司治理视角下对风险承担影响因素研究则主要出现于20 世纪 90 年代之后。本研究将从公司治理视角，基于利益相关者理论对风险承担形成机理进行分析。

从保险机构的内部来看，主要的利益相关者包括股东、董事会成员、监事会成员以及高管等。首先，股东作为机构的所有者，其财富组合具有相对分散性，并且受到自身收益最大化目的的驱使，这使得股东具有更高的风险承担动机。其次，对作为保险机构内部经营决策机构的董事会来说，其成员构成一方面是股东提名的董事，作为股东利益的代表，他们的行为体现出股东的意志，因此具有高风险承担的动机；另一方面是保险机构外部的独立董事，主要起到约束董事会中内部人行为的作用，他们的行为更多体现了对中小股东和投保人的利益保护，因此具有低风险承担动机。再次，作为保险监督机构的监事会，以日本治理模式下的监事会为例，其职能体现在对公司日常经营活动以及重大活动的监督，一方面股东监事代表了大股东利益，因此具有高风险承担动机；另一方面职工监事代表保险机构员工的利益，因此具有低风险承担动机。最后，对于管理者而言，由于保险机构管理者有与保险机构密切相关的人力资本，其资产具有专用性，因此对风险表现出厌恶的态度，具有低风险承担动机；但是在考虑了高管的个人特质之后，特别是当高管表现出敢于冒险的个人特质时，他们也具有高风险承担动机。

从保险机构外部来看，利益相关者包括监管机构和社会媒体等。为了更好地保护中小股东以及包括投保人在内的债权人利益，监管机构倾向于约束保险机构的风险承担。为了防止保险机构承担过度的风险，保护投保人等债权人的利益，监管部门出台了一系列法律法规以约束其风险承担行为和水平。此外，从社会媒体角度探讨其对风险承担的影响在上市公司领域结论较为明确，但对保险机构风险承担影响的研究还较少，结论不够明确。

由此可见，保险机构内外部的利益相关者出于维护自身利益的考虑，具有不同的风险承担动机，进而在相互博弈中影响保险机构的风险承担行为和水平，所以说，保险机构风险承担是企业各利益相关者相互博弈的结果。对于保险机构风险承担的形成机理可以概括为"利益驱动—承担动机—相互博弈—承担行为—风险水平"的模式。本研究也将循着这一风险承担的形成机理，基于利益相关者理论，从公司治理的视角出发，同时考虑保险机构特殊性，从公司治理指数视角实证研究保险机构治理对其风险承担的影响。

二、研究假设

利润最大化是企业经营活动的重要目标，其大小和风险通常表现为正相关关系，因此企业为获取更高的期望收益而承担更多的风险。需要说明的是，承担更大的风险意味着企业发生损失的可能性更高，最终会给企业持续、稳健经营留下隐患。风险承担问题因其收益和损失的不确定性而受到社会的广泛关注，特别是在杠杆率较高的包括保险业在内的金融行业，风险的科学管理和控制尤其重要。

保险机构的主营业务就是提供风险保障，其在发展中会遇到多种风险，相较于其他企业，保险机构面临的风险具有一定的特殊性，而风险防范与保险机构治理之间存在密切的联系。公司治理是风险承担在公司层面的重要管控机制和手段。公司治理作为一套协调公司与利益相关者关系以保证公司决策的科学性和有效性并维护公司利益相关者利益的正式或非正式、内部或外部的制度安排，通过内部治理和外部治理两个维度来影响公司的风险承担。在保险机构内部治理方面，公司需要对重要业务的风险管理制度、风险业务授权等内容进行审批，与绩效相关的薪酬激励制度也会影响高管的冒险行为；在保险机构外部治理方面，法律法规约束公司的风险承担，市场和媒体的监督机制也会对公司风险决策产生影响。有效的保险机构治理，或者说有效的制度安排，通过协调好保险机构与所有利益相关者的关系，不会让保险机构出现过度风险承担行为或者水平。基于此，提出本章研究的以下假设：

假设 1：中小型保险机构治理指数越高，中小型保险机构的总体风险越低。

假设 2：中小型保险机构治理指数越高，中小型保险机构的杠杆风险、承保风险、投资风险越低。

第三节　实证设计

本节对本章实证研究的样本和数据来源进行了说明，并参考相关研究，提出了反映保险机构风险承担状况的 4 个指标；利用中国保险机构治理指数和风险承担 4 个指标，设计了本章的实证研究模型。

一、研究样本与数据来源

本章研究样本与第三篇的评价样本相同，关于样本构成的详细情况详见第九章相关章节的内容。

本章实证研究所用 2016—2019 年解释变量数据主要来自第三篇的评价结果，包括中国保险机构治理指数、中小型保险机构治理指数、小型保险机构治理指数及其相应分指数。关于该指数及其分指数的详细介绍与分析以及原始评价数据来源也请参考第三篇相关章节内容。

本章实证研究所用的 2016－2018 年被解释变量数据主要来自 2017 年、2018 年和 2019 年《中国保险年鉴》中各保险机构的资产负债表和利润表；本章在整理数据时 2020 年《中国保险年鉴》还没有出版，因此 2019 年被解释变量数据则来自 2020 年 5 月 1 日之前各保险机构在官网披露的年度信息披露报告中的资产负债表和利润表。

本章实证研究所用数据中的控制变量数据主要手工、逐家整理自监管部门官网披露的信息、各保险机构官网披露的信息。

二、变量设计

（一）被解释变量

在一般公司，多用盈利的波动性、股票回报的波动性、研发支出、资本性支出、负债比例、贝塔系数、定价模型的残差项等衡量风险承担。由于更高的风险承担意味着企业未来现金流入的不确定性增加，企业盈利的波动性被最广泛地用于衡量风险承担（余明桂、李文贵和潘红波，2013），其中使用频率最高的是总资产收益率（Return on Asset，缩写为 ROA）的标准差。例如，约翰等（John，Litov & yeung，2008），法乔等（Faccio，Marchica & Mura，2011），博巴克里等（Boubakri，Cosset & Saffar，2013）以及余明桂、李文贵和潘红波（2013），苗妙和廖诗雨（2019），汪娟和周达勇（2020），车菲、蒋艳和金思瑶（2020），李红权和曹佩文（2020）在研究中均使用了 ROA 的标准差。

在银行领域，一些学者使用单指标来衡量银行风险承担，莱文等（Laeven & Levine，2009）使用 ROA 标准差衡量银行的风险承担，蒋海和吴文洋（2020）、王紫薇和王海龙（2020）均使用 Z 值衡量银行风险承担，杨文捷、朱顺和邝艳娟（2020）使用贷款损失准备计提率作为银行风险承担的衡量指标，吴书斌和叶翠红（2020）以银行不良贷款率来衡量银行风险承担水平，顾海峰和马聪（2020）选择风险加权资产比例作为银行风险承担的代理变量。林德发、范志国和苏贝圆（2019）认为商业银行的风险主要体现在信贷业务上，信贷审批条件宽松与收紧会导致银行风险承担增大或减小，而不良贷款率的高低正好可以反映商业银行信贷审批的松与紧，因此把不良贷款率作为风险承担的代理变量。也有一些学者使用了双指标衡量，例如王璐、张迎春和余丽霞（2020）选取风险资产比率和贷款损失准备占贷款总额之比来衡量银行风险承担，黄敏和蒋海（2020）使用不良贷款率和 Z 值对数来衡量银行风险承担,张光利、闫丽新和周利国(2019)使用不良贷款率和风险加权资产比率衡量银行的风险承担;张正平和刘云华(2020)认为不良贷款率衡量的是事后风险,加权风险资产比例衡量的是事前风险,是更加全面的风险度量,他们同时还使用不良贷款率进行稳健性检验。还有学者使用多个指标衡量银行风险承担,博巴里克等(Boubakri, Ghoul, Guedhami & Hossain, 2020)使用 Z 值、ROA 标准差和 NIM 净息差标准差衡量银行风险承担。刘生福和韩雍(2020)分别以不良贷款率、加权风险资产比率和 Z 值作为不同类型银行风险承担行为的代理变量进行实证分析。邰栋玺(2020)采用 Z 值、风险加权资产比例和贷款损失准备金率衡量银行风险承担水平。

在保险机构领域,牛雪舫(2019)使用 Z 值衡量保险公司的风险承担水平,陈翠霞、王嘉璇和吴彤琳(2019)使用 ROA 的标准差衡量保险公司的风险承担水平,赖周静(2020)使用偿付能力充足率衡量保险公司的风险承担水平。徐华和李思荟(2013)指出,在保险业风险问题研究中,通常用波动率来代表保险公司的总体风险,但这种方法缺乏对保险公司风险的具体刻画,因此他们将财产险公司的风险细化分为杠杆风险、承保风险以及投资风险,这三种风险是财产险公司在经营管理过程中面临的三类核心风险。类似地,李艺华和郝臣(2019)使用 ROA 标准差衡量保险公司总风险,同时还考虑了保险公司特有的风险,使用责任准备金/总资产衡量杠杆风险,赔付支出/营业收入衡量承保风险,过去三年投资流入流出现金流比例标准差衡量投资风险。毛颖、孙蓉和甄浩(2019)也使用了 ROA 的标准差衡量保险公司的总风险,同时指出由于退保风险是人寿险公司的主要风险之一,所需风险资本占用较高,故采用退保率来度量人寿险公司面临的保险风险;财产险公司采用综合成本率指标评估保险风险;投资风险以非货币资金与定期存款占总资产比率来衡量。

通过对一般公司、银行和保险机构风险承担衡量的研究可以看出一些共性的规律。第一,目前主流的衡量方法是用反映盈利状况指标的波动性即标准差来衡量,其中使用最多的是 ROA 指标。第二,具体到特定行业类型风险承担衡量上,需要考虑行业的经营特点,因此在银行和保险机构风险承担衡量上有了一些相应的特定指标出现,例如在银行领域的 Z 值或者 Z 指数,在保险领域的投资风险等。第三,在具体指标选择上,一般公司、银行和保险机构风险承担研究中多选用 ROA 这一财务指标,银行和保险机构研究选择 ROA 主要是参考了一般公司的做法,同时 Z 值计算当中有 ROA 指标也是选择该指标的一个重要原因。本研究认为,对于金融机构来说，负债经营的特点导致 ROA 并不能真实反映盈利能力，而使用净资产收益率（ROE）等指标更加客观。第四，在风险承担指标计算上，已有的多数文献均采用了年度周期数据，并使用 3－5 年的数据滚动计算标准差，实际上这样计算并不合理（Martins，2019），因为计算结果反映的是计算周期内的风险承担状况，导致不能用年度数据直接分析影响因素或经济后果。此外，计算所用数据是使用检验年份之前还是之后又存在不同的做法，目前已有文献主要采用检验年份之前的数据来计算标准差，其中一个主要原因是检验当中计算 Z 值一定是基于历史数据计算的，因为 Z 值是用来预测的，但其他指标是否也要采用类似的计算方法或者思路值得思考；法乔等（Faccio，Marchica & Mura，2011；Boubakr，Cosset & Saffar，2013）以及李红权和曹佩文（2020）采用了检验年份后面 3－5 年数据来计算标准差，这样用检验年份的数据来解释风险承担从逻辑上更加合理一些，本研究也采用这样的计算方法。

本章的研究对象主要是以非上市公司为主的保险机构，因此本研究没有选择适用于上市公司风险承担的指标贝塔系数等；考虑我国保险机构因为有接管机制而不存在真正意义上的破产问题，所以 Z 值并不适用于我国保险机构；同时考虑保险机构经营的特殊性，用净资产收益率（ROE）来反映盈利能力较为合理；在计算标准差的周期上，本研究没有遵循国外研究文献中的 5 年周期，而是采用国内计算标准差应用较多的 3 年周期，且使用检验年份后面的数据，但这样会导致损失 2 年的样本数据；此外，为了严格匹配风险承担和公司治理，稳健性检验部分本研究还计算了 4 年样本净资产收益率的标准差，同时将所有机构 4 年的治理指数进行平均化处理，用保险机构 4 年期间的平均公司治理水平来解释 4 年期间的风险承担状况。为了保证结果的可比性，上述已有的相关研究在计算过程中还考虑了国家和行业因素的影响，用经过国家和行业调整后的财务指标的标准差来衡量风险承担状况，本章研究的是我国的保险行业样本，因此不存在这样调整处理过程。

本研究在参考上述关于风险承担衡量文献方法和思路的基础上，借鉴陈等（Cheng，Elyasiani & Jia，2011）、崔光耀（2017）、李艺华和郝臣（2019）等的研究，如表 15-1 所示，分别从总体风险、杠杆风险、承保风险和投资风险四个方面来考核保险机构的风险承担状况。相关指标计算详见式 15-1、式 15-2、式 15-3 和式 15-4。

表 15-1　我国保险机构风险承担指标体系

指标分组	指标名称	指标符号	指标性质
第一类风险	总体风险	R-tot	负向指标
第二类风险	杠杆风险	R-lev	负向指标
第二类风险	承保风险	R-und	负向指标
第二类风险	投资风险	R-inv	负向指标

资料来源：作者整理。

1. 总体风险

总体风险＝n 到 n＋2 年的三年净资产收益率标准差　　　　　　（15-1）

由于保险机构是经营风险的营利主体，需要通过以承保和投资为主的业务获取利润，而各项业务在经营过程中都会面临各种风险，因此本研究采取保险机构 n 到 n＋2 三年净资产收益率的标准差来衡量保险机构的总体风险。其中，净资产收益率＝净利润/所有者权益。

2. 杠杆风险

杠杆风险＝责任准备金/总资产　　　　　　　　　　　　　　　（15-2）

保险机构的负债包括两个部分：一部分是保险合同产生的负债，即责任准备金；二是非保险业务形成的负债，即保户储金及投资款和独立账户负债。

为了保证公司有能力履行未到期责任和未决赔款，保险机构会从保费收入中提取一部分资金，这部分资金被称为责任准备金或合同准备金。责任准备金的本质是一种或有负债，也是保险机构最主要的负债，因此本研究采用责任准备金占总资产的比例来衡量保险机构的杠杆风险。

责任准备金＝未到期责任准备金＋未决赔款准备金＋寿险责任准备金＋长期健康险责任准备金，责任准备金在财产险保险机构主要是指未到期责任准备金，而在人身险保险机构则涉及四个方面的准备金，且后面三类准备金占比较高。

保险机构销售保单本意在于保障，防范未来可能发生的风险，但实际上很多保单还包含储蓄功能，从而形成了保险机构的非保险业务，这部分业务收到的现金只能算是保费中的非保险收入，将它放入保户储金及投资款项目（投连险除外），独立账户负债（针对投连险）也类似。

需要说明的是，《中国保险年鉴》中只披露了各保险机构的保户储金及投资款，而未披露独立账户负债。考虑数据可获取性和可比性，本研究在计算杠杆风险时主要考虑了保险机构负债中的责任准备金。

3. 承保风险

承保风险＝赔付支出/保险业务收入 （15-3）

保险机构经营的保险产品的赔付率直接反映了保险机构承保业务的支出情况，因此本研究采用赔付率也即赔付支出占保险业务收入的比例来衡量保险机构的承保风险。

4. 投资风险

投资风险＝过去三年投资收益率标准差 （15-4）

投资是保险机构生存的重要保障和利润的又一大重要来源，本研究采用（投资收益＋公允价值变动损益）/投资资产来计算投资收益率，并用过去三年投资收益率的标准差来衡量保险机构的投资风险。其中，投资收益率＝（投资收益＋公允价值变动损益）/投资资产。

（二）解释变量

本研究的核心解释变量为中国保险机构治理指数（IIGI），该指数的设计及生成过程详见第八章相关内容。

（三）控制变量

参考夏喆和靳龙（2013）、赵桂琴和吴洪（2013）、崔光耀（2017）、朱南军和王文健（2017）、李艺华和郝臣（2019）的研究，本章选取了一些其他可能对保险机构盈利能力产生影响的因素作为控制变量，详见表15-2。

表 15-2　保险机构治理对风险承担影响的控制变量

变量名称	变量符号	变量说明
资本性质	capital	虚拟变量：中资保险机构取 1，外资保险机构取 0
机构规模	Lnsize	ln（总资产）
设立年限	Lnage	ln（当前年份-成立年份+1）
组织形式	form	虚拟变量：股份制保险机构取 1，有限制和相互制保险机构取 0

资料来源：作者整理。

资本性质（capital）：用虚拟变量表示，中资保险机构取 1，外资保险机构取 0。

机构规模（Lnsize）：不同的机构规模可能导致不同的风险承担水平与行为，本章用保险机构当年总资产表示，为了克服异方差的影响，对总资产进行取对数处理。

设立年限（Lnage）：不同的设立年限可能导致保险机构的风险承担不同，本章用保险机构成立年限的对数表示。

组织形式（form）：保险机构的组织形式主要包括股份制、有限制和相互制三种，考虑我国相互制保险机构样本较少，因此本章设置组织形式虚拟变量，股份制保险机构取 1，有限制和相互制保险机构取 0。

三、回归模型

为了检验本章模型的研究假设，本章共设计了如下 4 个回归模型。模型 15-1 主要用来检验保险机构治理指数对总体风险的影响，模型 15-2 主要用来检验保险机构治理指数对杠杆风险的影响，模型 15-3 主要用来检测保险机构治理指数对承保风险的影响，模型 15-4 主要用来检测保险机构治理指数对投资风险的影响。其中，ε_{it} 为模型的残差项。

$$R\text{-}tot_{it} = \alpha_{it} + \beta_1 IIGI_{it} + \beta_2 capital_{it} + \beta_3 Lnsize_{it} + \beta_4 Lnage_{it} + \beta_5 form_{it} + \varepsilon_{it}$$

（模型 15-1）

$$R\text{-}lev_{it} = \alpha_{it} + \beta_1 IIGI_{it} + \beta_2 capital_{it} + \beta_3 Lnsize_{it} + \beta_4 Lnage_{it} + \beta_5 form_{it} + \varepsilon_{it}$$

（模型 15-2）

$$R\text{-}und_{it} = \alpha_{it} + \beta_1 IIGI_{it} + \beta_2 capital_{it} + \beta_3 Lnsize_{it} + \beta_4 Lnage_{it} + \beta_5 form_{it} + \varepsilon_{it}$$

（模型 15-3）

$$R\text{-}inv_{it} = \alpha_{it} + \beta_1 IIGI_{it} + \beta_2 capital_{it} + \beta_3 Lnsize_{it} + \beta_4 Lnage_{it} + \beta_5 form_{it} + \varepsilon_{it}$$

（模型 15-4）

第四节　描述性统计分析与实证结果

本节对上述反映保险机构风险承担状况的四个指标进行了描述性统计分析，进而总体把握我国保险机构风险承担状况；利用加权最小二乘回归模型，研究了中国保险机构治理指数对四个风险承担具体指标的影响，实证检验了全样本保险机构、中小型保险机构和小型保险机构治理的有效性，同时本节还检验了基于治理内容维度和基于治理层次维度的分指数的有效性。

一、描述性统计分析

表 15-3、表 15-4、表 15-5 和表 15-6 统计分析结果显示，2016 年和 2017 年全样本保险机构总体风险（R-tot）的平均值分别为 21.007%和 15.756%，由于总体风险采用的是本年及之后两年的净资产收益率数据的标准差，因此缺少 2018 年和 2019 年的数据，2016－2017 年总体风险呈下降趋势；2016 年和 2017 年中小型保险机构总体风险平均值分别为 22.548%

和 16.676%，两年数值均高于全样本保险机构，表明中小型保险机构的总体风险高于大型保险机构；2016 年和 2017 年小型保险机构总体风险的平均值分别为 25.679% 和 18.732%，两年数值均低于中小型保险机构，表明小型保险机构的总体风险低于中型保险机构。此外，从中位数来看，2016 年和 2017 年全样本保险机构总体风险（R-tot）的中位数分别为 3.161% 和 3.503%，2016－2017 年总体风险略有上升；2016 年和 2017 年中小型保险机构总体风险中位数分别为 3.347% 和 3.447%，也略有上升；2016 年和 2017 年小型保险机构总体风险的中位数分别为 3.518% 和 4.224%，两年数值均高于中小型保险机构，表明小型保险机构的总体风险高于中型保险机构。

2016－2019 年全样本保险机构杠杆风险（R-lev）的中位数依次为 40.611%、42.642%、44.236% 和 41.911%，2018 年数值明显高于其他三年；2016－2019 年中小型保险机构杠杆风险的中位数依次为 38.714%、41.445%、42.983% 和 42.354%，各年数值总体上低于全样本保险机构，表明中小型保险机构的杠杆风险低于大型保险机构；2016－2019 年小型保险机构杠杆风险的中位数依次为 37.302%、40.458%、41.910% 和 41.090%，各年数值均明显低于中小型保险机构，小型保险机构杠杆风险总体低于中型保险机构。该指标的极差较大，本章回归时对其取了自然对数。

2016－2019 年全样本保险机构承保风险（R-und）的中位数依次为 31.380%、29.129%、28.478% 和 20.538%，数值呈逐年下降趋势；2016－2019 年中小型保险机构承保风险的中位数依次为 30.879%、27.602%、27.449% 和 27.448%，除了 2019 年，各年数值均低于全样本保险机构，表明中小型保险机构的承保风险低于大型保险机构；2016－2019 年小型保险机构承保风险的中位数依次为 31.723%、29.781%、29.140% 和 30.776%，数值整体高于中小型保险机构，说明小型保险机构承保风险高于中型保险机构。该指标的极差较大，本章回归时对其取了自然对数。

2016－2019 年全样本保险机构投资风险（R-inv）的中位数依次为 4.098%、3.893%、1.924% 和 1.828%，数值呈逐年下降趋势；2016－2019 年中小型保险机构投资风险的中位数依次为 4.234%、4.277%、2.074% 和 2.054%，各年数值均高于全样本保险机构，表明中小型保险机构的投资风险整体高于大型保险机构；2016－2019 年小型保险机构投资风险的中位数依次为 4.986%、4.477%、2.149% 和 2.060%，各年数值均高于中小型保险机构，说明小型保险机构投资风险高于中型保险机构。该指标的极差较大，本章回归时对其取了自然对数。

表 15-3　保险机构 2016 年风险承担指标描述性统计（单位：%）

机构	统计指标	R-tot	R-lev	R-und	R-inv
全样本保险机构	有效样本	157	156	152	100
	缺失样本	3	4	8	60
	平均值	21.007	37.424	225.915	18.496
	中位数	3.161	40.611	31.380	4.098
	标准差	131.820	22.077	2340.963	74.866
	极差	1505.058	103.272	28891.920	655.142
	最小值	0.000	0.000	0.080	0.068
	最大值	1505.058	103.272	28892.000	655.210
中小型保险机构	有效样本	144	143	139	88
	缺失样本	3	4	8	59
	平均值	22.548	143.000	139.000	88.000
	中位数	3.347	38.714	30.879	4.234
	标准差	137.570	35.260	243.395	20.566
	极差	1505.058	38.714	30.879	4.234
	最小值	0.000	21.582	2448.003	79.631
	最大值	1505.058	103.272	28891.920	655.050
小型保险机构	有效样本	124	123	119	68
	缺失样本	3	4	8	59
	平均值	25.679	123.000	119.000	68.000
	中位数	3.518	37.302	31.723	4.986
	标准差	148.086	33.913	280.574	25.424
	极差	1505.058	37.302	31.723	4.986
	最小值	0.000	21.252	2645.503	90.142
	最大值	1505.058	103.272	28891.920	655.050

资料来源：作者整理。

表 15-4　保险机构 2017 年风险承担指标描述性统计（单位：%）

机构	统计指标	R-tot	R-lev	R-und	R-inv
全样本保险机构	有效样本	165	164	159	110
	缺失样本	7	8	13	62
	平均值	15.756	40.600	201.816	16.442
	中位数	3.503	42.642	29.129	3.893
	标准差	117.546	21.454	2150.806	71.291
	极差	1509.740	120.578	27150.000	656.007
	最小值	0.159	0.000	0.000	0.072
	最大值	1509.899	120.578	27150.000	656.079

续表

机构	统计指标	R-tot	R-lev	R-und	R-inv
中小型保险机构	有效样本	152	151	146	98
	缺失样本	7	8	13	61
	平均值	16.676	38.841	216.513	18.118
	中位数	3.447	41.445	27.602	4.277
	标准差	122.453	21.202	2244.555	75.398
	极差	1509.740	120.578	27150.000	656.007
	最小值	0.159	0.000	0.000	0.072
	最大值	1509.899	120.578	27150.000	656.079
小型保险机构	有效样本	132	131	126	78
	缺失样本	7	8	13	61
	平均值	18.732	37.003	247.240	21.783
	中位数	4.224	40.458	29.781	4.477
	标准差	131.337	20.868	2416.010	84.217
	极差	1509.740	120.578	27150.000	656.007
	最小值	0.159	0.000	0.000	0.072
	最大值	1509.899	120.578	27150.000	656.079

资料来源：作者整理。

表 15-5　保险机构 2018 年风险承担指标描述性统计（单位：%）

机构	统计指标	R-tot	R-lev	R-und	R-inv
全样本保险机构	有效样本	0	173	169	137
	缺失样本	180	7	11	43
	平均值	—	41.902	83.266	10.090
	中位数	—	44.236	28.478	1.924
	标准差	—	20.115	627.893	57.650
	极差	—	82.986	8229.756	658.972
	最小值	—	0.000	−66.116	0.153
	最大值	—	82.986	8163.640	659.125
中小型保险机构	有效样本	0	160	156	124
	缺失样本	167	7	11	43
	平均值	—	40.373	87.122	11.049
	中位数	—	42.983	27.449	2.074
	标准差	—	19.896	653.524	60.539
	极差	—	82.986	8229.756	658.940
	最小值	—	0.000	−66.116	0.185
	最大值	—	82.986	8163.640	659.125

续表

机构	统计指标	R-tot	R-lev	R-und	R-inv
小型保险机构	有效样本	0	140	136	104
	缺失样本	147	7	11	43
	平均值	—	38.542	95.981	12.733
	中位数	—	41.910	29.140	2.149
	标准差	—	19.733	699.771	66.018
	极差	—	82.986	8229.756	658.940
	最小值	—	0.000	−66.116	0.185
	最大值	—	82.986	8163.640	659.125

资料来源：作者整理；说明：计算总体风险需要用本年及其后面两年数据，因此在2018 年的变量计算中没有 2018—2020 年三年的完整数据，导致 2018 年和 2019 年没有总体风险的描述性统计指标。

表 15-6　保险机构 2019 年风险承担指标描述性统计（单位：%）

机构	统计指标	R-tot	R-lev	R-und	R-inv
全样本保险机构	有效样本	0	164	161	126
	缺失样本	180	16	19	54
	平均值	—	210.870	−8.457	17.140
	中位数	—	41.911	20.538	1.828
	标准差	—	2218.518	473.866	119.433
	极差	—	28447.100	6218.524	1322.790
	最小值	—	0.000	−5963.580	0.120
	最大值	—	28447.100	254.944	1322.910
中小型保险机构	有效样本	0	151	149	114
	缺失样本	0	16	18	53
	平均值	167	227.110	−9.372	18.822
	中位数	—	42.354	27.448	2.054
	标准差	—	2311.916	492.583	125.495
	极差	—	28447.100	6218.524	1322.736
	最小值	—	0.000	−5963.580	0.174
	最大值	—	28447.100	254.944	1322.910

机构	统计指标	R-tot	R-lev	R-und	R-inv
小型保险机构	有效样本	0	132	131	96
	缺失样本	147	15	16	51
	平均值	—	38.198	−12.867	21.965
	中位数	—	41.090	30.776	2.060
	标准差	—	20.617	525.393	136.636
	极差	—	78.539	6218.524	1322.736
	最小值	—	0.000	−5963.580	0.174
	最大值	—	78.539	254.944	1322.910

资料来源：作者整理。

二、实证结果

在进行保险机构治理指数与保险机构风险承担的回归分析过程中，本章首先对回归结果进行了怀特检验（White Test），发现本章回归模型存在异方差性，在此基础上，本章选择了加权最小二乘法（WLS）回归来对模型进行修正；同时为了避免数据极值的影响以及为了保证本章回归结果的稳健性，本章也进行了剔除1%极值和剔除5%极值的回归检验；本章还考虑了公司治理的滞后效应，进行了滞后一期的回归检验，最终得到如下的回归结果。

表15-7的回归结果显示，保险机构治理指数与总体风险（R-tot）的回归系数整体为负，中小型保险机构和小型保险机构的回归系数均在剔除5%极值、10%的置信水平上显著，但在全样本保险机构中回归结果不显著，说明中小型保险机构和小型保险机构完善的公司治理有利于降低其总体风险，所得结论与本研究假设相吻合。

表 15-7　保险机构治理对总体风险影响回归结果

机构	分组	IIGI	capital	form	Lnage	Lnsize
全样本保险机构	全样本	−0.011	0.182	0.069	0.136	−0.044
		（−0.010）	（0.245）	（0.202）	（0.109）	（−0.045）
	剔除5%极值	−0.001	−0.008	0.010	−0.009*	−0.001
		（−0.000）	（−0.011）	（0.009）	（−0.005）	（−0.002）
	剔除1%极值	−0.001	0.004	0.004	−0.007	−0.002
		（−0.001）	（−0.022）	（−0.018）	（−0.010）	（−0.004）
	滞后一期	−0.014	0.176	0.007	0.198	−0.066
		（−0.014）	（0.349）	（0.292）	（0.191）	（−0.065）

续表

机构	分组	IIGI	capital	form	Lnage	Lnsize
中小型保险机构	全样本	−0.011	0.181	0.101	0.161	−0.047
		(−0.011)	(−0.264)	(0.230)	(0.123)	(−0.060)
	剔除5%极值	−0.001*	−0.006	0.013	0.000	−0.007***
		(−0.000)	(−0.012)	(0.010)	(0.005)	(−0.003)
	剔除1%极值	−0.003	−0.003	0.000	0.012	−0.012
		(−0.002)	(−0.061)	(0.053)	(0.028)	(−0.014)
	滞后一期	−0.015	0.179	0.048	0.247	−0.091
		(−0.015)	(0.378)	(0.333)	(0.217)	(−0.088)
小型保险机构	全样本	−0.012	0.247	0.101	0.193	−0.020
		(−0.013)	(0.303)	(0.258)	(0.144)	(−0.081)
	剔除5%极值	−0.001*	−0.001	0.011	0.004	−0.010***
		(−0.001)	(−0.013)	(0.011)	(0.006)	(−0.004)
	剔除1%极值	−0.004	0.005	−0.006	0.015	−0.011
		(−0.003)	(0.071)	(−0.060)	(0.033)	(−0.019)
	滞后一期	−0.018	0.264	0.028	0.301	−0.089
		(−0.020)	(0.439)	(0.381)	(0.258)	(−0.123)

资料来源：作者整理。说明：*、**和***分别表示在10%、5%和1%的置信水平上显著，下同。

表15-8的回归结果显示，全样本保险机构、中小型保险机构和小型保险机构治理指数与杠杆风险（R-lev）的回归系数不显著，所得实证结论与本研究的假设不符。

表15-8　保险机构治理对杠杆风险影响回归结果

机构	分组	IIGI	capital	form	Lnage	Lnsize
全样本保险机构	全样本	−0.049	−0.207	0.477	−0.171	0.428
		(−0.059)	(−1.562)	(1.311)	(−0.751)	(0.296)
	剔除5%极值	−0.001	−0.033	−0.052**	0.086***	0.01***
		(−0.001)	(−0.026)	(−0.022)	(0.012)	(0.005)
	剔除1%极值	−0.002	−0.032	−0.073***	0.086***	0.024***
		(−0.001)	(−0.026)	(−0.022)	(0.012)	(0.005)
	滞后一期	0.000	−0.049*	−0.068***	0.127***	0.034***
		(0.001)	(−0.026)	(−0.021)	(0.014)	(0.005)

续表

机构	分组	IIGI	capital	form	Lnage	Lnsize
中小型保险机构	全样本	−0.044	−0.220	0.374	−0.384	0.747*
		（−0.063）	（−1.660）	（1.447）	（−0.831）	（0.381）
	剔除5%极值	0.000	−0.026	−0.033*	0.109***	0.010**
		（0.001）	（−0.022）	（−0.018）	（0.010）	（0.005）
	剔除1%极值	−0.001	−0.057**	−0.043**	0.089***	0.021***
		（−0.001）	（−0.025）	（−0.021）	（0.012）	（0.006）
	滞后一期	0.000	−0.064**	−0.045**	0.137***	0.020***
		（0.001）	（−0.026）	（−0.022）	（0.015）	（0.006）
小型保险机构	全样本	−0.001	−0.067***	−0.046**	0.091***	0.019***
		（−0.001）	（−0.025）	（−0.021）	（0.012）	（0.007）
	剔除5%极值	0.000	−0.033	−0.039**	0.104***	0.013**
		（0.001）	（−0.022）	（−0.018）	（0.011）	（0.006）
	剔除1%极值	0.000	−0.064***	−0.045**	0.088***	0.021***
		（0.001）	（−0.024）	（−0.020）	（0.012）	（0.007）
	滞后一期	−0.001	−0.073***	−0.050**	0.133***	0.021***
		（−0.001）	（−0.026）	（−0.022）	（0.015）	（−0.007）

资料来源：作者整理。

　　表 15-9 的回归结果显示，在全样本保险机构中，保险机构治理指数与承保风险（R-und）回归系数在剔除 5%极值的情况下为负，且在 5%的置信水平上显著；而中小型保险机构和小型保险机构治理指数与杠杆风险的回归系数不显著，所得实证结论与本研究的假设不符。

表 15-9　保险机构治理对承保风险影响回归结果

机构	分组	IIGI	capital	form	Lnage	Lnsize
全样本保险机构	全样本	0.002	−0.343	0.186	0.945	−0.499
		（0.089）	（−2.319）	（1.963）	（1.143）	（−0.456）
	剔除5%极值	−0.002**	0.202***	0.002	0.170***	−0.061***
		（−0.001）	（0.027）	（0.022）	（0.013）	（−0.005）
	剔除1%极值	−0.002	0.192***	−0.011	0.187***	−0.0748***
		（−0.001）	（0.034）	（−0.028）	（0.016）	（−0.006）
	滞后一期	−0.007	−0.091	0.340	1.328	−0.594
		（−0.121）	（−3.179）	（2.712）	（1.831）	（−0.633）

机构	分组	IIGI	capital	form	Lnage	Lnsize
中小型保险机构	全样本	0.001	−0.341	0.328	1.114	−0.624
		（0.095）	（−2.451）	（2.149）	（1.256）	（−0.568）
	剔除5%极值	−0.001	0.204***	0.017	0.217***	−0.101***
		（−0.001）	（0.025）	（0.022）	（0.013）	（−0.006）
	剔除1%极值	−0.001	0.190***	0.007	0.225***	−0.115***
		（−0.001）	（0.033）	（0.029）	（0.016）	（−0.008）
	滞后一期	−0.007	−0.106	0.530	1.554	−0.728
		（−0.129）	（−3.365）	（2.972）	（2.012）	（−0.781）
小型保险机构	全样本	0.013	−0.205	0.265	1.268	−0.664
		（0.118）	（−2.817）	（2.425）	（1.434）	（−0.746）
	剔除5%极值	−0.001	0.201***	0.029	0.222***	−0.107***
		（−0.001）	（0.027）	（0.023）	（0.014）	（−0.008）
	剔除1%极值	−0.001	0.186***	0.015	0.227***	−0.122***
		（−0.002）	（0.037）	（0.031）	（0.018）	（−0.010）
	滞后一期	0.006	0.168	0.444	1.848	−0.760
		（0.162）	（3.920）	（3.397）	（2.337）	（−1.049）

资料来源：作者整理。

表 15-10 的回归结果显示，保险机构治理指数与投资风险（R-inv）的回归系数整体为负，在中小型保险机构、小型保险机构和全样本保险机构中，在全样本、剔除 5%极值、剔除 1%极值以及滞后一期的情况下，回归系数均呈现显著的负相关，说明保险机构的治理水平越高，投资风险越低，所得实证结论与本章的研究假设相符。

表 15-10 保险机构治理对投资风险影响回归结果

机构	分组	IIGI	capital	form	Lnage	Lnsize
全样本保险机构	全样本	−0.010***	0.071	−0.156**	0.029	−0.016
		（−0.004）	（0.096）	（−0.079）	（0.062）	（−0.017）
	剔除5%极值	−0.001***	−0.006	0.011*	−0.005	−0.005***
		（−0.000）	（−0.007）	（0.006）	（−0.004）	（−0.001）
	剔除1%极值	−0.003*	0.041	−0.047	0.009	−0.014**
		（−0.002）	（0.037）	（−0.029）	（0.023）	（−0.006）
	滞后一期	−0.008**	−0.129	−0.047	−0.038	−0.002
		（−0.004）	（−0.102）	（−0.086）	（−0.078）	（−0.018）

机构	分组	IIGI	capital	form	Lnage	Lnsize
中小型保险机构	全样本	-0.011**	0.092	-0.181**	0.031	-0.018
		(-0.004)	(0.106)	(-0.092)	(0.069)	(-0.024)
	剔除5%极值	-0.001***	-0.008	0.016**	-0.004	-0.007***
		(-0.000)	(-0.008)	(0.007)	(-0.005)	(-0.002)
	剔除1%极值	-0.003*	0.046	-0.054	0.011	-0.015
		(-0.002)	(0.041)	(-0.034)	(0.026)	(-0.009)
	滞后一期	-0.009*	-0.127	-0.055	-0.043	-0.003
		(-0.005)	(-0.115)	(-0.102)	(-0.088)	(-0.025)
小型保险机构	全样本	-0.017***	0.154	-0.244**	0.037	-0.011
		(-0.006)	(0.134)	(-0.113)	(0.090)	(-0.037)
	剔除5%极值	-0.002***	-0.006	0.0171**	-0.011	-0.008***
		(-0.001)	(-0.011)	(0.009)	(-0.007)	(-0.003)
	剔除1%极值	-0.006**	0.039	-0.077	-0.003	-0.009
		(-0.003)	(0.067)	(-0.055)	(-0.044)	(-0.018)
	滞后一期	-0.015**	-0.128	-0.089	-0.083	0.017
		(-0.007)	(-0.146)	(-0.125)	(-0.115)	(-0.039)

资料来源：作者整理。

　　为了检验保险机构治理指数与总体风险的回归结果的稳健性，本章还尝试改变总体风险的计算方式，将 2016—2019 年各保险机构的净资产收益率取标准差作为这一时期各保险机构总体风险的衡量指标，并将其作为回归模型的被解释变量；同时，将 2016—2019 年保险机构的治理指数取平均值作为解释变量。

　　表 15-11 描述统计分析结果显示，全样本保险机构总体风险为0.193%，中小型保险机构总体风险为 0.204%，小型保险机构总体风险为 0.227%，从数值上来看，小型保险机构总体风险高于中小型保险机构，中小型保险机构高于全样本保险机构，进一步说明大型保险机构总体风险低于中型保险机构，中型保险机构总体风险低于小型保险机构。

表 15-11　保险机构总体风险稳健性检验指标描述性统计（单位：%）

统计指标	全样本保险机构	中小型保险机构	小型保险机构
有效样本	176	163	143
缺失样本	4	4	4

统计指标	全样本保险机构	中小型保险机构	小型保险机构
平均值	0.193	0.204	0.227
中位数	0.043	0.042	0.045
标准差	1.155	1.200	1.280
极差	13.972	13.972	13.972
最小值	0.000	0.000	0.000
最大值	13.972	13.972	13.972

资料来源：作者整理。

回归后得到表 15-12 的回归结果。根据回归结果，中小型保险机构、小型保险机构和全样本保险机构治理指数与总体风险的回归系数整体为负，与前文保险机构治理指数与总体风险的回归结果相似，也表明本研究回归结果的稳健性，但在剔除极值的回归结果中并不显著。

表 15-12　保险机构治理对风险承担影响稳健性检验

机构	分组	IIGI	capital	form	Lnage	Lnsize
全样本保险机构	全样本	−0.010	0.146	0.084	0.220	−0.066
		（−0.016）	（0.328）	（0.272）	（0.173）	（−0.061）
	剔除 5% 极值	−0.001	0.005	−0.004	−0.008	−0.003
		（−0.001）	（0.020）	（−0.015）	（−0.010）	（−0.003）
	剔除 1% 极值	−0.003	−0.025	−0.007	0.054	−0.029
		（−0.005）	（−0.109）	（−0.089）	（0.056）	（−0.020）
	滞后一期	−0.010	0.132	0.127	0.250	−0.080
		（−0.017）	（0.350）	（0.305）	（0.188）	（−0.078）
中小型保险机构	全样本	−0.001	0.006	0.001	−0.001	−0.009**
		（−0.001）	（0.021）	（0.017）	（−0.011）	（−0.005）
	剔除 5% 极值	−0.002	−0.036	0.013	0.074	−0.049*
		（−0.006）	（−0.117）	（0.101）	（0.062）	（−0.026）
	剔除 1% 极值	−0.010	0.207	0.132	0.305	−0.073
		（−0.020）	（0.395）	（0.337）	（0.219）	（−0.102）
	滞后一期	0.000	−0.003	−0.002	0.001	−0.013**
		（0.001）	（−0.025）	（−0.021）	（0.014）	（−0.006）

机构	分组	IIGI	capital	form	Lnage	Lnsize
小型保险机构	全样本	−0.002	−0.024	0.009	0.092	−0.066*
		(−0.007)	(−0.135)	(0.114)	(0.074)	(−0.035)
	剔除5%极值	−0.010	0.146	0.084	0.220	−0.066
		(−0.016)	(0.328)	(0.272)	(0.173)	(−0.061)
	剔除1%极值	−0.001	0.005	−0.004	−0.008	−0.003
		(−0.001)	(0.020)	(−0.015)	(−0.010)	(−0.003)
	滞后一期	−0.003	−0.025	−0.007	0.054	−0.029
		(−0.005)	(−0.109)	(−0.089)	(0.056)	(−0.020)

资料来源：作者整理。

三、基于保险机构治理分指数的检验

（一）基于治理内容维度治理分指数的检验

本研究按治理内容不同，将保险机构治理指数分为股东与股权结构分指数、董事与董事会分指数、监事与监事会分指数、高级管理人员分指数、信息披露分指数和利益相关者分指数，并将六大分指数分别与保险机构代理成本指标回归，检验在不同规模类型保险机构中不同维度分指数对保险机构代理成本影响的差异性，得到表15-13、表15-14和表15-15的回归结果。在全样本保险机构、中小型保险机构中，董事与董事会分指数与总体风险正相关，但显著水平较低。

在全样本保险机构、中小型保险机构以及小型保险机构中，股东与股权结构分指数在剔除5%极值、剔除1%极值的情况下，均与总体风险在1%或10%的置信水平上显著负相关；在中小型保险机构以及小型保险机构全样本情况下，也显著负相关；监事与监事会分指数在剔除5%极值情况下与总体风险正相关；高级管理人员分指数在剔除5%极值情况下与总体风险正相关；信息披露分指数与总风险不存在显著关系；利益相关者分指数在剔除5%极值情况下与总体风险负相关。

在全样本保险机构和中小型保险机构样本中，高级管理人员分指数在剔除5%极值、剔除1%极值的情况下，均与杠杆风险在5%的置信水平上显著正相关，其他分指数与杠杆风险均不存在显著关系；在小型保险机构样本中，高级管理人员分指数在全样本、剔除5%极值、剔除1%极值、滞后一期的情况下均与杠杆风险正相关，股东与股权结构分指数在全样本、剔除1%极值的情况下均与杠杆风险负相关，信息披露分指数在全样本、剔

除 1%极值的情况下均与杠杆风险正相关，其他分指数与杠杆风险均不存在显著关系。

在全样本保险机构、中小型保险机构以及小型保险机构中，股东与股权结构分指数在剔除 5%极值、剔除 1%极值情况下，均与承保风险在 1%或 10%的显著性水平上显著正相关；在全样本保险机构样本中，董事与董事会在剔除 5%极值的情况下与承保风险显著负相关，监事与监事会分指数在剔除 5%极值的情况下与承保风险显著正相关，高级管理人员分指数在剔除 5%极值、剔除 1%极值的情况下与承保风险显著负相关，利益相关者分指数在剔除 5%极值、剔除 1%极值的情况下与承保风险显著负相关；在中小型保险机构样本中，董事与董事会在剔除 5%极值的情况下与承保风险显著负相关，高级管理人员分指数在剔除 5%极值、剔除 1%极值的情况下与承保风险显著负相关，利益相关者分指数在剔除 5%极值、剔除 1%极值的情况下与承保风险显著负相关；在小型保险机构样本中，监事与监事会分指数在剔除 5%极值的情况下与承保风险显著正相关，高级管理人员分指数在剔除 5%极值、剔除 1%极值的情况下与承保风险显著负相关，利益相关者分指数在剔除 5%极值、剔除 1%极值的情况下与承保风险显著负相关。

在全样本保险机构、中小型保险机构以及小型保险机构中，股东与股权结构分指数在全样本、剔除 5%极值、剔除 1%极值和滞后一期的情况下均与投资风险在 1%、5%或 10%的显著性水平上显著负相关，董事与董事会分指数在全样本、剔除 1%极值的情况下与投资风险显著负相关，监事与监事会分指数在剔除 5%极值的情况下与投资风险显著负相关，信息披露分指数和利益相关者分指数与投资风险关系不显著；在全样本保险机构、中小型保险机构中高级管理人员分指数在剔除 5%极值的情况下与投资风险显著负相关。

表 15-13　全样本保险机构治理基于内容维度分指数对风险承担影响回归结果

分指数	分组	R-tot	R-lev	R-und	R-inv
股东与股权结构分指数	全样本	−0.01	−0.00	−0.01	−0.01**
		(−1.63)	(−0.19)	(−0.80)	(−2.11)
	剔除 5%极值	−0.00***	−0.00	0.00***	−0.00***
		(−3.29)	(−0.86)	(5.54)	(−3.84)
	剔除 1%极值	−0.00*	−0.00	0.00***	−0.00***
		(−1.90)	(−1.00)	(3.90)	(−2.89)
	滞后一期	−0.01	0.03	−0.01	−0.01*
		(−1.12)	(0.98)	(−0.82)	(−1.76)

续表

分指数	分组	R-tot	R-lev	R-und	R-inv
董事与董事会分指数	全样本	0.00	0.01	0.09	−0.00*
		（0.63）	（0.96）	（1.50）	（−1.91）
	剔除 5%极值	0.00*	−0.00	−0.00***	−0.00
		（1.80）	（−0.29）	（−2.62）	（−1.24）
	剔除 1%极值	0.00	−0.00	−0.00	−0.00*
		（1.02）	（−0.18）	（−0.27）	（−1.81）
	滞后一期	−0.00	0.02	0.06	−0.00
		（−0.37）	（0.99）	（0.99）	（−0.72）
监事与监事会分指数	全样本	0.00	−0.02	−0.00	−0.00
		（0.19）	（−0.99）	（−0.03）	（−0.80）
	剔除 5%极值	0.00***	0.00	0.00**	−0.00**
		（2.82）	（0.42）	（2.35）	（−2.53）
	剔除 1%极值	0.00	0.00	0.00	−0.00
		（0.93）	（0.33）	（0.85）	（−0.96）
	滞后一期	−0.00	−0.03	0.01	−0.00
		（−0.28）	（−1.00）	（0.94）	（−0.90）
高级管理人员分指数	全样本	0.00	−0.01	−0.05	−0.00
		（1.03）	（−0.90）	（−1.24）	（−0.51）
	剔除 5%极值	0.00***	0.00**	−0.00***	−0.00*
		（2.94）	（2.22）	（−5.47）	（−1.87）
	剔除 1%极值	0.00	0.00**	−0.00***	−0.00
		（0.67）	（2.15）	（−5.01）	（−0.33）
	滞后一期	0.01	−0.03	−0.05	−0.00
		（1.11）	（−0.95）	（−1.08）	（−0.86）
信息披露分指数	全样本	0.01	−0.00	−0.02	−0.00
		（0.80）	（−0.38）	（−1.19）	（−0.94）
	剔除 5%极值	0.00	0.00	0.00	−0.00
		（0.35）	（0.58）	（0.05）	（−0.23）
	剔除 1%极值	0.00	0.00	−0.00	−0.00
		（0.16）	（0.74）	（−0.55）	（−0.61）
	滞后一期	0.01	−0.01	−0.07	−0.00
		（0.91）	（−0.57）	（−1.04）	（−0.95）

续表

分指数	分组	R-tot	R-lev	R-und	R-inv
利益相关者分指数	全样本	−0.01	0.06	−0.09	−0.00
		(−1.42)	(0.99)	(−1.47)	(−0.33)
	剔除5%极值	−0.00**	−0.00	−0.00***	−0.00
		(−2.48)	(−1.26)	(−5.16)	(−1.31)
	剔除1%极值	−0.01	−0.00	−0.00***	−0.00
		(−1.46)	(−1.46)	(−4.43)	(−0.64)
	滞后一期	0.00	0.03	−0.13	−0.00
		(0.33)	(1.00)	(−1.07)	(−1.28)

资料来源：作者整理。

表 15-14　中小型保险机构治理基于内容维度分指数对风险承担影响回归结果

分指数	分组	R-tot	R-lev	R-und	R-inv
股东与股权结构分指数	全样本	−0.01*	−0.01	−0.01	−0.01**
		(−1.69)	(−1.00)	(−0.44)	(−2.14)
	剔除5%极值	−0.00***	−0.00	0.00***	−0.00***
		(−3.93)	(−1.55)	(4.72)	(−4.32)
	剔除1%极值	−0.00*	−0.00	0.00***	−0.01***
		(−1.94)	(−1.63)	(2.75)	(−2.79)
	滞后一期	−0.01	0.03	−0.02	−0.01*
		(−1.13)	(0.97)	(−0.91)	(−1.79)
董事与董事会分指数	全样本	0.00	0.01	0.10	−0.00*
		(0.64)	(0.98)	(1.50)	(−1.88)
	剔除5%极值	0.00*	−0.00	−0.00**	−0.00
		(1.93)	(−0.16)	(−2.54)	(−1.18)
	剔除1%极值	0.00	−0.00	−0.00	−0.00*
		(0.96)	(−0.18)	(−0.00)	(−1.87)
	滞后一期	−0.00	0.02	0.07	−0.00
		(−0.41)	(0.99)	(0.99)	(−0.69)
监事与监事会分指数	全样本	0.00	−0.03	−0.00	−0.00
		(0.17)	(−1.00)	(−0.08)	(−0.78)
	剔除5%极值	0.00**	0.00	0.00	−0.00**
		(2.04)	(0.36)	(1.49)	(−2.55)
	剔除1%极值	0.00	0.00	−0.00	−0.00
		(0.73)	(0.27)	(−0.00)	(−0.68)
	滞后一期	−0.00	−0.03	0.01	−0.00
		(−0.38)	(−1.00)	(0.91)	(−0.84)

续表

分指数	分组	R-tot	R-lev	R-und	R-inv
高级管理人员分指数	全样本	0.00	−0.01	−0.05	−0.00
		(1.00)	(−0.85)	(−1.29)	(−0.45)
	剔除5%极值	0.00***	0.00***	−0.00***	−0.00*
		(2.74)	(3.11)	(−4.34)	(−1.69)
	剔除1%极值	0.00	0.00***	−0.00***	−0.00
		(0.60)	(2.91)	(−4.17)	(−0.07)
	滞后一期	0.01	−0.03	−0.05	−0.00
		(1.11)	(−0.94)	(−1.07)	(−0.83)
信息披露分指数	全样本	0.01	0.00	−0.02	−0.00
		(0.81)	(0.34)	(−1.31)	(−0.89)
	剔除5%极值	0.00	0.00	−0.00	−0.00
		(0.38)	(0.83)	(−0.04)	(−0.24)
	剔除1%极值	0.00	0.00	−0.00	−0.00
		(0.26)	(1.04)	(−0.43)	(−0.82)
	滞后一期	0.01	0.00	−0.07	−0.00
		(0.91)	(0.06)	(−1.03)	(−0.89)
利益相关者分指数	全样本	−0.01	0.08	−0.11	−0.00
		(−1.46)	(1.00)	(−1.45)	(−0.06)
	剔除5%极值	−0.00**	−0.00	−0.00***	−0.00
		(−2.57)	(−0.03)	(−2.94)	(−1.01)
	剔除1%极值	−0.01	−0.00	−0.00***	−0.00
		(−1.45)	(−0.77)	(−2.98)	(−0.27)
	滞后一期	−0.00	0.04	−0.15	−0.00
		(−0.19)	(1.01)	(−1.07)	(−1.07)

资料来源：作者整理。

表 15-15　小型保险机构治理基于内容维度分指数对风险承担影响回归结果

分指数	分组	R-tot	R-lev	R-und	R-inv
股东与股权结构分指数	全样本	−0.01*	−0.00**	−0.01	−0.01**
		(−1.70)	(−2.30)	(−0.21)	(−2.12)
	剔除5%极值	−0.00***	−0.00	0.00***	−0.00***
		(−3.14)	(−1.25)	(4.82)	(−4.17)
	剔除1%极值	−0.01*	−0.00**	0.00*	−0.01***
		(−1.80)	(−2.13)	(1.95)	(−2.69)
	滞后一期	−0.01	−0.00	−0.03	−0.01*
		(−1.12)	(−1.54)	(−0.92)	(−1.79)

分指数	分组	R-tot	R-lev	R-und	R-inv
董事与董事会分指数	全样本	0.00	0.00	0.13	-0.00**
		(0.48)	(0.93)	(1.50)	(-2.12)
	剔除5%极值	0.00	0.00	-0.00	-0.00
		(1.52)	(0.77)	(-1.33)	(-1.51)
	剔除1%极值	0.00	0.00	0.00	-0.00**
		(0.70)	(0.79)	(0.99)	(-2.11)
	滞后一期	-0.00	0.00	0.10	-0.00
		(-0.71)	(0.89)	(1.01)	(-1.14)
监事与监事会分指数	全样本	-0.00	0.00	-0.00	-0.00
		(-0.06)	(0.51)	(-0.09)	(-0.67)
	剔除5%极值	0.00*	0.00	0.00*	-0.00**
		(1.73)	(0.62)	(1.84)	(-2.56)
	剔除1%极值	0.00	0.00	0.00	-0.00
		(0.25)	(0.45)	(0.01)	(-0.40)
	滞后一期	-0.00	-0.00	0.02	-0.00
		(-0.62)	(-0.02)	(0.93)	(-0.76)
高级管理人员分指数	全样本	0.00	0.00***	-0.06	-0.00
		(0.96)	(3.49)	(-1.30)	(-0.58)
	剔除5%极值	0.00**	0.00***	-0.00***	-0.00
		(2.22)	(4.38)	(-4.16)	(-1.55)
	剔除1%极值	0.00	0.00***	-0.00***	-0.00
		(0.78)	(4.10)	(-3.46)	(-0.15)
	滞后一期	0.01	0.00***	-0.06	-0.01
		(1.11)	(4.63)	(-1.07)	(-0.89)
信息披露分指数	全样本	0.01	0.00**	-0.03	-0.01
		(0.79)	(2.14)	(-1.30)	(-1.28)
	剔除5%极值	0.00	0.00	0.00	-0.00
		(0.17)	(1.52)	(0.23)	(-0.22)
	剔除1%极值	0.00	0.00**	-0.00	-0.01
		(0.55)	(2.02)	(-0.56)	(-1.15)
	滞后一期	0.02	0.00*	-0.08	-0.01
		(0.90)	(1.83)	(-1.02)	(-1.22)
利益相关者分指数	全样本	-0.01	-0.00	-0.13	-0.00
		(-1.47)	(-0.95)	(-1.44)	(-0.37)
	剔除5%极值	-0.00**	-0.00	-0.00***	-0.00
		(-2.54)	(-0.00)	(-2.87)	(-0.84)

分指数	分组	R-tot	R-lev	R-und	R-inv
	剔除1%极值	−0.01	−0.00	−0.00**	−0.00
		(−1.49)	(−0.83)	(−2.15)	(−0.40)
	滞后一期	−0.00	0.00	−0.17	−0.00
		(−0.69)	(0.58)	(−1.07)	(−1.36)

资料来源：作者整理。

（二）基于治理层次维度治理分指数的检验

本研究按治理层次不同，将保险机构治理指数分为强制性治理分指数和自主性治理分指数，并将两个维度分指数分别与保险机构代理成本指标回归，检验在不同规模类型保险机构中不同维度分指数对保险机构代理成本影响的差异性，得到表15-16、表15-17和表15-18的回归结果。

在全样本保险机构、中小型保险机构以及小型保险机构中，强制性治理分指数、自主性治理分指数对总体风险均不产生影响。

在全样本保险机构、中小型保险机构以及小型保险机构中，强制性治理分指数对杠杆风险产生负向影响，在剔除5%极值、剔除1%极值的情况下回归系数在10%的置信水平上显著；自主性治理分指数对杠杆风险不产生影响。

在全样本保险机构、中小型保险机构以及小型保险机构中，强制性治理分指数对承保风险产生负向影响，在剔除5%极值、剔除1%极值的情况下回归系数在1%的置信水平上显著；自主性治理分指数对承保风险不产生影响。

在全样本保险机构、中小型保险机构以及小型保险机构中，强制性治理分指数对投资风险产生负向影响，在剔除5%极值情况下回归系数在10%的置信水平上显著；自主性治理分指数在全样本、剔除5%极值、剔除1%极值和滞后一期情况下均与投资风险显著负相关。

表15-16　全样本保险机构治理基于治理层次维度分指数对风险承担影响回归结果

分指数	分组	R-tot	R-lev	R-und	R-inv
强制性治理分指数	全样本	0.01	0.02	−0.09	−0.01
		(0.69)	(1.05)	(−1.17)	(−1.22)
	剔除5%极值	0.00	0.00**	−0.00***	−0.00**
		(1.25)	(2.39)	(−4.84)	(−2.12)

续表

分指数	分组	R-tot	R-lev	R-und	R-inv
	剔除1%极值	0.00	0.00*	−0.01***	−0.00
		（0.07）	（1.93）	（−4.69）	（−1.37）
	滞后一期	0.02	0.01	−0.17	−0.01
		（1.04）	（1.01）	（−1.08）	（−1.32）
自主性治理分指数	全样本	−0.00	−0.01	0.09	−0.01**
		（−0.44）	（−0.94）	（1.41）	（−2.47）
	剔除5%极值	0.00*	−0.00	−0.00	−0.00***
		（1.80）	（−0.44）	（−0.16）	（−2.72）
	剔除1%极值	0.00	−0.00	0.00	−0.00***
		（0.23）	（−0.53）	（0.62）	（−2.91）
	滞后一期	−0.00	−0.01	0.07	−0.01*
		（−0.72）	（−0.71）	（0.98）	（−1.90）

资料来源：作者整理。

表15-17 中小型保险机构治理基于治理层次维度分指数对风险承担影响回归结果

分指数	分组	R-tot	R-lev	R-und	R-inv
强制性治理分指数	全样本	0.01	0.03	−0.10	−0.01
		（0.65）	（1.05）	（−1.22）	（−1.17）
	剔除5%极值	0.00	0.00***	−0.00***	−0.00*
		（1.11）	（3.28）	（−3.58）	（−1.92）
	剔除1%极值	0.00	0.00**	−0.01***	−0.00
		（0.05）	（2.56）	（−3.90）	（−1.19）
	滞后一期	0.02	0.02	−0.17	−0.01
		（1.03）	（1.01）	（−1.07）	（−1.29）
自主性治理分指数	全样本	−0.00	−0.01	0.10	−0.01**
		（−0.41）	（−0.88）	（1.43）	（−2.45）
	剔除5%极值	0.00	−0.00	−0.00	−0.00***
		（1.54）	（−0.43）	（−0.48）	（−2.80）
	剔除1%极值	0.00	−0.00	0.00	−0.01***
		（0.18）	（−0.59）	（0.33）	（−2.76）
	滞后一期	−0.00	−0.00	0.08	−0.01*
		（−0.68）	（−0.32）	（0.98）	（−1.90）

资料来源：作者整理。

表 15-18 小型保险机构治理基于治理层次维度分指数对风险承担影响回归结果

分指数	分组	R-tot	R-lev	R-und	R-inv
强制性治理分指数	全样本	0.01	0.00***	−0.12	−0.01
		（0.59）	（3.63）	（−1.24）	（−1.24）
	剔除 5%极值	0.00	0.00***	−0.00***	−0.00*
		（0.54）	（4.18）	（−3.04）	（−1.86）
	剔除 1%极值	0.00	0.00***	−0.01***	−0.01
		（0.30）	（3.84）	（−2.96）	（−1.30）
	滞后一期	0.02	0.01***	−0.22	−0.02
		（1.04）	（4.85）	（−1.07）	（−1.36）
自主性治理分指数	全样本	−0.00	0.00	0.13	−0.01**
		（−0.39）	（0.26）	（1.40）	（−2.41）
	剔除 5%极值	0.00	0.00	0.00	−0.00***
		（1.22）	（0.29）	（0.36）	（−3.07）
	剔除 1%极值	−0.00	0.00	0.00	−0.01***
		（−0.10）	（0.20）	（1.02）	（−2.81）
	滞后一期	−0.00	0.00	0.12	−0.01*
		（−0.83）	（0.13）	（0.99）	（−1.90）

资料来源：作者整理。

第五节 实证结论

本节对保险机构治理指数对风险承担影响的实证结果进行了总结，并分析了产生这种结果的具体原因。

一、实证总结

在分析保险机构治理指数对风险承担影响的过程中，本章选择用 4 个指标衡量其总体风险、杠杆风险、承保风险以及投资风险的状况。

在回归样本的选取上，本章分别对全样本保险机构、中小型保险机构和小型保险机构进行了回归分析，进而在一定程度上比较在不同规模类型的保险机构中治理指数对四类风险承担能力的影响是否有差异，也能够更好地揭示中小型保险机构治理对风险承担的影响。

在回归的数据处理上，对于总体风险，考虑到公司治理对当年及之后几年的影响性较大，本章选择保险机构当年净资产收益率及其后两年净资产收益率的标准差来衡量总体风险，因此2018年和2019年的研究数据缺失，但是数据的合理性更高；同时，为了保证回归结果的稳健性，避免各指标极值带来的影响，本章在回归方式上还进行了剔除5%极值和剔除1%极值的回归检验；针对公司治理的滞后性，本章还进行了滞后一期的回归检验。

在具体回归细节上，由于回归样本点较少，首先进行了怀特检验（White Test），用以检测回归模型的异方差性，对存在明显异方差性的回归模型，采用加权最小二乘法（WLS）回归来缓和异方差性的影响，最终得出本章的回归结论。

二、结论分析

对于总体风险，经过对回归结果的分析，本章发现保险机构治理水平越高，总体风险越低，且回归结果在中小型保险机构和小型保险机构中显著，表明中小型保险机构和小型保险机构治理水平对于总体风险的影响较强，全样本保险机构治理水平对总体风险影响不显著。

对于杠杆风险，经过对回归结果的分析，本章发现保险机构治理水平对其杠杆风险的影响正负性不明确，且回归结果整体不显著，表明保险机构治理水平对于杠杆风险不存在影响。

对于承保风险，经过对回归结果的分析，本章发现保险机构治理水平对其承保风险的影响正负性不明确，且回归结果整体不显著，表明保险机构治理水平对于承保风险不存在影响。

对于投资风险，经过对回归结果的分析，本章发现保险机构治理水平越高，其投资风险越低，且回归系数显著性较高，回归结果较稳健，表明保险机构治理水平对于投资风险的影响程度较强。

李艺华和郝臣（2019）研究发现外部监管与保险公司总体风险和杠杆风险承担水平负相关，产品市场竞争与保险公司总体风险和投资风险承担水平负相关。徐华和李思荟（2013）认为外部监管在一定程度上替代了内部治理，发挥着对财产险公司杠杆风险的监督作用，两者存在"替代"关系；外部监管和内部治理能够同时有效抑制财产险公司承保风险的提高，两者存在"互补"的关系。以上学者的研究表明，外部监管因素对保险机构的风险承担能力存在很大影响，甚至在一定程度上外部监管因素可以替代内部治理对于保险机构风险承担的影响力，本章对于风险承担的回归模型中没有考虑外部监管因素的影响，这可能导致保险机构治理指数与风险承担回归结果不显著。

　　另外，即使保险机构治理指数不显著，一些分指数与风险承担还是存在显著关系的。本章将基于治理内容维度的六大分指数分别与各类风险承担做了回归处理，结果发现股东与股权结构分指数与总体风险、杠杆风险以及投资风险显著负相关，董事与董事会分指数与投资风险显著负相关，高级管理人员分指数与承保风险显著负相关，利益相关者分指数与承保风险显著负相关，回归结果表明不同维度分指数对各类风险承担能力的影响性存在差异。本章将基于治理层次的强制性治理分指数和自主性治理分指数与各类风险承担做了回归处理，发现自主性治理分指数与杠杆风险和投资风险显著负相关，强制性治理分指数与承保风险显著负相关。

第五篇　总结篇：归纳研究成果

　　改革开放以来，保险业保持着持续、健康、快速的发展态势。保险公司治理从无到有，不断健全完善，逐渐成为保险监管的核心。新形势下，保险业发展面临新的机遇和挑战，我们必须以习近平新时代中国特色社会主义思想为指导，以构建中国特色的现代保险公司治理机制为目标，开创保险公司治理监管的新局面。

　　——中国银保监会公司治理监管部. 努力构建中国特色的现代保险公司治理机制 开创公司治理监管新局面[J]. 保险研究，2018（12）：38-41.

第十六章　我国中小型保险机构治理研究结论

本研究基于手工整理的公开数据，利用所构建的中国保险机构治理评价指标体系，采用哑变量求和法对 2016－2019 年我国保险机构治理状况进行了系统评价和分析，并重点关注了中小型保险机构的治理状况，最后基于保险机构治理指数及其分指数对我国中小型保险机构治理的有效性进行了实证检验。本章在治理现状描述、治理指数分析和治理有效性检验的基础上，得出六个方面总计 19 条具体研究结论，其中前五个方面是基于保险机构治理评价和原始数据分析的结论，第六个方面是基于治理指数及其分指数实证检验的结论。

第一节　关于我国保险机构治理的研究结论

本节对我国保险机构治理状况进行了总结，发现近年来我国保险机构治理水平有显著提高，其中信息披露和利益相关者表现较为突出，而监事与监事会和董事与董事会是短板，作为公司治理基础的股东与股权结构也有待优化。

一、近年来我国保险机构治理水平有显著提高

通过对中国保险机构治理指数（IIGI）分析可以发现，2016－2019 年我国保险机构治理指数逐年升高，从 2016 年的 66.88 提升到 2019 年的 70.89，我国保险业治理水平有显著提高。从中国保险机构治理等级分布来看，我国治理等级为III级和IV级的保险机构历年所占比例均超过 50.00%，治理等级V的占比次之，治理等级为I级、II级、VI级和VII级的保险机构较少；此外，本研究还发现我国治理等级III的保险机构占比呈现逐年提升趋势，治理等级IV的保险机构占比呈现整体下降趋势。

根据中国保险机构治理指数（IIGI）的分析结果，可以发现董事与董事

会、监事与监事会和高级管理人员对我国保险机构治理的上升趋势贡献较大。

董事与董事会贡献较大的原因主要是我国有保险精算、财务会计和金融等相关履职背景董事和独立董事的保险机构增加比例较大，以保险精算为例，2019 年我国有保险精算职业背景董事的保险机构较 2016 年增加了28.83%，2019 年我国有保险精算职业背景独立董事的保险机构较 2016 年增加了 38.10%。

监事与监事会贡献较大的原因：第一，我国设立职工监事的保险机构比例增加较迅速，2019 年设立职工监事的保险机构较 2016 年增加了28.72%；第二，我国有保险精算、财务会计和金融等相关履职背景监事的保险机构比例增加较快，以保险精算为例，2019 年有保险精算背景监事的保险机构较 2016 年增加了 241.38%。

高级管理人员贡献较大的原因：第一，我国存在两职合一情况的保险机构减少的速度较快，2019 年存在两职合一情况的保险机构较 2016 年减少了 54.55%；第二，我国设立特殊高管的保险机构比例增加较快，以总精算师为例，2019 年设立总精算师的保险机构较 2016 年增加了 41.86%。

二、我国保险机构治理中信息披露和利益相关者表现较为突出

根据中国保险机构治理指数（IIGI）的分析结果，可以发现我国保险机构治理中信息披露和利益相关者表现较为突出。

信息披露在保险机构治理中表现突出的原因：第一，保险机构官网建设完善程度较高，2016－2019 年同时有官网和公开信息披露栏目且信息披露栏目显著的保险机构比例依次为 95.00%、93.60%、93.89% 和 93.89%；第二，保险机构公开信息披露栏目合规性较高，且基本信息、年度信息、重大事项和专项信息披露较完善，2016－2019 年基本信息、年度信息、重大事项和专项信息披露均完善的保险机构比例依次为 88.13%、86.05%、86.67% 和 86.67%；第三，年度信息披露报告和偿付能力报告出现重述的保险机构比例较低，以偿付能力报告为例，2016－2019 年偿付能力报告有更正的保险机构比例为 6.25%、13.95%、15.00% 和 2.22%。

利益相关者在保险机构治理中表现突出的原因：第一，有经营异常情况的保险机构较少，2016－2019 年有经营异常情况的保险机构比例依次为3.12%、1.74%、2.22% 和 0.56%；第二，受到行政处罚以及收到监管函的保险机构均较少，2016－2019 年受到行政处罚的保险机构比例依次为 6.88%、12.21%、10.00% 和 0.56%，2016－2019 年收到监管函的保险机构比例依次

为 8.13%、17.44%、18.89%和 14.44%。

三、我国保险机构治理的短板是监事与监事会和董事与董事会

根据中国保险机构治理指数（IIGI）的分析结果，可以发现监事与监事会和董事与董事会是我国保险机构治理的短板。

董事与董事会是保险机构治理短板的原因：第一，我国设立独立董事的保险机构比例不高，2016－2019 年设立独立董事的保险机构比例依次为 61.89%、61.03%、62.23%和 64.45%，独立董事人数达到董事会规模三分之一的保险机构比例更低，2016－2019 年独立董事人数达到董事会规模三分之一的保险机构比例依次为 26.25%、26.16%、32.22%和 40.56%；第二，我国具备保险精算、金融、财务会计和法律等相关履职所需职业背景独立董事的保险机构比例偏低，以保险精算为例，2016－2019 年有保险精算背景独立董事的保险机构比例依次为 21.88%、20.35%、23.33%和 26.66%；第三，独立董事职业背景多元化程度偏低，2016－2019 年独立董事同时具备三种及以上职业背景的保险机构比例依次为 16.25%、18.03%、23.88%和 27.78%。

监事与监事会是保险机构治理短板的原因：第一，具备保险精算、金融、财务会计等相关履职所需职业背景监事的保险机构的比例偏低，以保险精算背景为例，2016－2019 年具备保险精算背景监事的保险机构比例依次为 13.75%、18.60%、46.12%和 50.76%；第二，监事职业背景多元化程度不高，2016－2019 年监事会中同时具备三种及以上职业背景的保险机构比例依次为 15.63%、16.86%、26.67%和 30.00%。

四、作为公司治理基础的股东与股权结构有待优化

根据中国保险机构治理指数（IIGI）的分析结果，可以发现在 2016 年至 2019 年间，股东与股权结构治理水平有下降的趋势，其分指数得分依次为 61.50、60.93、60.89 和 59.33。

股东与股权结构分指数得分下降归因于中小型保险机构较低的股东与股权结构治理水平，2016－2019 年中小型保险机构股东与股权结构分指数平均值 4 年均未超过 60.00，大型保险机构股东与股权结构分指数平均值依次为 80.00、83.08、86.15 和 81.54，中小型保险机构股东与股权结构分指数普遍低于相应年份的大型保险机构股东与股权结构分指数平均值，表明中小型保险机构股东与股权结构治理状况劣于大型保险机构；2016－2019 年中小型保险机构股东与股权结构分指数中位数均为 60.00，大型保

险机构股东与股权结构分指数中位数为 80.00，较中小型保险机构相应年份的股东与股权结构分指数中位数各高出 20.00，进一步说明中小型保险机构股东与股权结构治理状况显著劣于大型保险机构。

具体分析中小型保险机构的股东与股权结构分指数，2016－2019 年中小型保险机构股东与股权结构分指数平均值依次为 59.86、59.12、58.92 和 57.60，总体呈现逐年下降的态势，尤以 2019 年下降最为显著，这一现象表明我国目前中小型保险机构股东与股权结构治理状况不容乐观，有变劣的趋势，2019 年股东与股权结构分指数平均值较 2016 年共下降了 2.26。其下降的原因：第一，中小型保险机构股东（大）会召开次数有所减少，2016 年未召开股东（大）会的中小型保险机构比例为 23.81%，2019 年比例为 31.74%，2019 年未召开股东（大）会的中小型保险机构较 2016 年上升了 33.29%；第二，中小型保险机构股权结构略显分散，2019 年前十大股东持股比例平方和小于 0.25 的中小型保险机构较 2016 年上升了 29.23%。

第二节　关于中小型保险机构治理的研究结论

本节对我国中小型保险机构治理状况进行了总结，发现近年来我国中小型保险机构治理水平有显著提高，其中信息披露和利益相关者表现较为突出，而监事与监事会、董事与董事会和股东与股权结构是中小型保险机构治理的短板。

一、中小型保险机构治理水平呈现出逐年上升的趋势

我国中小型保险机构治理指数（IIGI）呈现逐年上升趋势，从 2016 年的 66.24 上升到 2019 年的 70.25；治理等级分布与保险机构全样本相比，治理等级为Ⅲ级的中小型保险机构占比略低，治理等级为Ⅳ级的中小型保险机构占比略高，但显著高于大型保险机构的等级占比；与全样本保险机构相似，组织形式、资本性质和险种类型是影响其治理状况的重要因素。

根据中小型保险机构治理指数（IIGI）的分析结果，可以发现董事与董事会、监事与监事会和高级管理人员对中小型保险机构治理质量提升贡献较大。

董事与董事会贡献较大的原因：第一，有高学历的董事和独立董事的中小型保险机构比例上升较快，2019 年同时具有硕士和博士学历董事的中小型保险机构较 2016 年上升了 15.31%，2019 年具有硕士学历独立董事的

中小型保险机构较 2016 上升了 59.62%，具有博士学历独立董事的中小型保险机构较 2016 年上升了 29.58%；第二，有保险精算、金融和财务会计职业背景董事或独立董事的中小型保险机构比例上升较快，以保险精算为例，2019 年有保险精算职业背景董事的中小型保险机构较 2016 年上升了 33.70%，2019 年有保险精算职业背景独立董事的中小型保险机构较 2016 年上升了 37.50%。

监事与监事会贡献较大的原因：第一，设立职工监事的中小型保险机构比例上升较快，2019 年设立职工监事的中小型保险机构较 2016 年上升了 34.21%；第二，有保险精算、金融和财务会计职业背景监事的中小型保险机构比例上升较快，以保险精算为例，2019 年有保险精算职业背景监事的中小型保险机构较 2016 年上升了 290.00%。

高级管理人员贡献较大的原因：第一，存在两职合一情况的中小型保险机构减少较快，2019 年无两职合一情况的中小型保险机构较 2016 年增加了 29.73%；第二，设立特殊高管的中小型保险机构越来越多，以总精算师为例，2019 年设立总精算师的中小型保险机构较 2016 年增加了 42.31%；第三，中小型保险机构中高管非正常变更情况在减少，2019 年高管非正常变更的中小型保险机构较 2016 年减少了 48.15%。

二、中小型保险机构的信息披露和利益相关者表现较好

根据中国保险机构治理指数（IIGI）的分析结果，可以发现信息披露和利益相关者在中小型保险机构治理中表现较为突出。

信息披露在中小型保险机构治理中表现突出的原因：第一，中小型保险机构官网建设情况较好，完善度较高，2016－2019 年同时有官网和公开信息披露栏目且公开信息披露栏目显著的中小型保险机构比例依次为 94.56%、93.08%、93.41% 和 93.41%；第二，公开信息披露栏目下基本信息、年度信息、重大事项和专项信息披露较完善，2016－2019 年基本信息、年度信息、重大事项和专项信息均披露完善的中小型保险机构比例依次为 87.76%、85.53%、86.23% 和 86.23%；第三，披露的年度信息披露报告正确率较高，2016 年年度信息披露报告无更正的中小型保险机构比例为 98.64%，2017－2018 年均为 100.00%，2019 年为 98.80%；第四，年度信息披露报告审计意见类型取得标准无保留的中小型保险机构比例较高，2016－2019 年年度信息披露报告审计意见为标准无保留的中小型保险机构比例依次为 93.88%、86.16%、88.02% 和 88.02%。

利益相关者在中小型保险机构治理中表现突出的原因：第一，有经营

异常情况的中小型保险机构较少，2016－2019 年有经营异常情况的中小型保险机构比例依次为 3.40%、1.89%、1.80% 和 0.60%；第二，受到行政处罚以及历史失信信息的中小型保险机构均较少，2016－2019 年未受到行政处罚且无历史失信信息的中小型保险机构比例依次为 93.20%、88.05%、91.02% 和 98.80%。

三、中小型保险机构治理的短板是监事与监事会等方面

根据中小型保险机构治理指数（IIGI）的分析结果，可以发现监事与监事会、董事与董事会和股东与股权结构是中小型保险机构治理的短板。

监事与监事会是中小型保险机构治理短板的原因：第一，具备保险精算、金融和财务会计等相关履职背景监事的中小型保险机构比例较低，以保险精算为例，2016－2019 年有保险精算职业背景监事的中小型保险机构比例依次为 13.60%、16.98%、43.70% 和 46.10%；第二，中小型保险机构中监事职业背景多元化程度不高，2016－2019 年，同时具备三种及以上职业背景监事的中小型保险机构比例依次为 12.92%、14.47%、25.75% 和 29.34%。

董事与董事会是中小型保险机构治理短板的原因：第一，设立独立董事的中小型保险机构比例不高，2016－2019 年设立独立董事的中小型保险机构比例依次为 61.91%、61.63%、62.87% 和 65.27%；第二，具备保险精算、金融、财务会计和法律等相关履职所需职业背景独立董事的中小型保险机构比例偏低，以保险精算为例，2016－2019 年有保险精算背景独立董事的中小型保险机构比例依次为 21.77%、20.75%、23.95% 和 26.35%；第三，独立董事职业背景多元化程度偏低，2016－2019 年独立董事同时具备三种及以上职业背景的中小型保险机构比例依次为 16.33%、16.99%、22.75% 和 26.35%。

股东与股权结构是中小型保险机构治理短板的原因主要是中小型保险机构股权层级数普遍较多，小型保险机构股权层级中位数为 3，中型保险机构股权层级中位数为 4，大型保险机构股权层级中位数为 2，2016－2019 年股权层级高于行业中位数的中小型保险机构比例依次为 71.43%、72.96%、74.25% 和 74.25%。

第三节　关于小型保险机构治理的研究结论

本节对我国小型保险机构治理状况进行了总结，发现近年来我国小型保险机构治理呈现出总体改进的态势，其中信息披露和利益相关者治理水平相对较高，而监事与监事会和董事与董事会是其治理的短板。

一、小型保险机构治理呈现总体改进的态势

小型保险机构治理指数（IIGI）呈现逐年上升趋势，从 2016 年的 65.50 上升到 2019 年的 69.59，而且上升幅度大于大型保险机构和中型保险机构；治理等级分布上，治理等级为Ⅲ级和Ⅳ级的小型保险机构占比最多，其中治理等级为Ⅲ级的小型保险机构占比呈现逐年上升趋势，治理等级为Ⅳ级的小型保险机构占比呈现逐年下降趋势，相对于大型和中型保险机构来说，治理等级为Ⅲ级的小型保险机构占比略低，治理等级Ⅳ的占比略高；与大型和中型保险机构相似，股份制、中资和人身险小型保险机构的治理水平相对较高，有限制、外资和财产险小型保险机构治理水平相对较低；其治理内容维度六大分指数中，董事与董事会、监事与监事会和股东与股权结构是其治理短板，利益相关者分指数与中型保险机构持平且领先于大型保险机构。

根据小型保险机构治理指数（IIGI）的分析结果，可以发现董事与董事会、监事与监事会和高级管理人员对小型保险机构治理水平上升趋势贡献较大。

董事与董事会贡献较大的原因：第一，具有高学历董事或独立董事的小型保险机构比例上升较快，2019 年具有硕士和博士学历董事的小型保险机构较 2016 年上升了 19.28%，2019 年具有硕士和博士学历独立董事的小型保险机构较 2016 年上升了 96.43%；第二，有保险精算、金融和财务会计职业背景董事或独立董事的小型保险机构比例上升较快，以保险精算为例，2019 年具有保险精算职业背景董事的小型保险机构较 2016 年上升了 37.97%，2019 年具有保险精算职业背景独立董事的小型保险机构较 2016 年上升了 48.15%。

监事与监事会贡献较大的原因：第一，设立职工监事的小型保险机构比例上升较快，2019 年设立职工监事的小型保险机构较 2016 年提升了 42.62%；第二，有保险精算、金融和财务会计职业背景监事的小型保险机构比例上升较快，以保险精算为例，2019 年有保险精算职业背景监事的小

型保险机构比例为 46.94%，较 2016 年的 13.39%提升了 305.88%。

高级管理人员贡献较大的原因：第一，小型保险机构中两职合一情况有所缓解，2019 年存在两职合一情况的小型保险机构较 2016 年减少了38.24%；第二，设立特殊高管的小型保险机构比例上升较快，以总精算师为例，2019 年设立总精算师的小型保险机构较 2016 年上升了 51.61%；第三，存在高管非正常变更情况的小型保险机构减少，2019 年高管有非正常变更的小型保险机构比例为 9.52%，较 2016 年的 18.11%减少了 27.88%。

二、小型保险机构治理的信息披露和利益相关者治理水平相对较高

根据小型保险机构治理指数（IIGI）的分析结果，可以发现信息披露和利益相关者在小型保险机构治理中表现较为突出。

信息披露表现突出的原因：第一，小型保险机构的官网建设情况较好，完善程度高，2016－2019 年有官网、有信息披露栏目且信息披露栏目显著的小型保险机构比例依次为 94.49%、92.81%、93.20%和 93.20%；第二，小型保险机构公开信息披露栏目合规性较好，基本信息、年度信息、重大事项和专项信息栏目均较完善，2016－2019 年基本信息、年度信息、重大事项和专项信息栏目均完善的小型保险机构占比依次为 86.61%、84.17%、85.03%和 85.03%；第三，年度信息披露报告和偿付能力报告披露无重述的小型保险机构比例较高，2016 年度信息披露报告无更正的小型保险机构占比为 98.43%，2017-2018 年均为 100.00%，2019 年为 99.32%，2016－2019年偿付能力报告无更正的小型保险机构占比依次为 92.31%、84.17%、82.99%和 98.64%。

利益相关者表现突出的原因：第一，有经营异常情况的小型保险机构较少，2016－2019 有经营异常情况的小型保险机构占比依次为 3.15%、2.16%、2.04%和 0.68%；第二，受到行政处罚的小型保险机构较少，2016－2019 年未受到行政处罚的小型保险机构占比依次为 97.64%、92.81%、93.20%和 100.00%；第三，有历史失信信息的小型保险机构比例较低，2016－2019 年无历史失信信息的小型保险机构占比依次为 96.85%、97.84%、98.64%和 99.32%。

三、小型保险机构治理短板同样是监事与监事会和董事与董事会

根据小型保险机构治理指数（IIGI）的分析结果，可以发现监事与监事会和董事与董事会是小型保险机构治理的短板。

监事与监事会是小型保险机构治理短板的原因：第一，具有保险精算、

金融和财务会计职业背景监事的小型保险机构比例较低,以保险精算为例,2016－2019 年有保险精算职业背景监事的小型保险机构所占比例依次为13.38%、18.71%、44.89%和46.94%;第二,小型保险机构监事职业背景多元化程度低,2016－2019 年同时具有三种及以上职业背景监事的小型保险机构比例依次为 11.81%、15.83%、27.89%和31.29%。

董事与董事会是小型保险机构治理短板的原因:第一,设立独立董事的小型保险机构比例普遍不高,2016－2019 年设立独立董事的小型保险机构所占比例依次为 59.84%、59.73%、61.22%和64.94%;第二,具有保险精算、金融、财务会计和法律背景独立董事的小型保险机构比例较低,以保险精算为例,2016－2019 年有保险精算职业背景独立董事的小型保险机构所占比例依次为 21.26%、20.15%、23.81%和27.21%;第三,小型保险机构独立董事职业背景多元化程度不高,2016－2019 年同时具有三种及以上职业背景独立董事的小型保险机构所占比例依次为 14.18%、14.39%、17.69%和23.13%。

第四节　不同规模类型保险机构治理比较的研究结论

本节主要对不同规模类型保险机构治理状况比较分析结果进行了总结,发现大型保险机构的股东与股权结构等表现较好但高级管理人员等表现较差,中型保险机构的高级管理人员表现较好但监事与监事会表现较差,小型保险机构的利益相关者表现较好但董事与董事会等表现较差。

一、大型保险机构的股东与股权结构等表现较好但高级管理人员等表现较差

从保险机构规模角度分析发现,大型保险机构治理指数高于中小型保险机构;中小型保险机构当中,中型保险机构治理指数高于小型保险机构。

与中小型保险机构相比,大型保险机构治理指数呈现逐年上升趋势,从 2016 年的 74.13 上升到 2019 年的 79.08。根据中国保险机构治理指数(IIGI)的分析结果,可以发现大型保险机构的股东与股权结构和监事与监事会表现较好,高级管理人员和利益相关者表现相对较差;中型保险机构的高级管理人员和信息披露表现相对较好,监事与监事会表现相对较差;小型保险机构利益相关者表现相对较好,董事与董事会、股东与股权结构和信息披露表现相对较差。

大型保险机构股东与股权结构表现好的原因:第一,存在机构投资者

的大型保险机构比例较高，以 2019 年为例，存在机构投资者的大型保险机构比例为 100.00%，而存在机构投资者的中型保险机构和小型保险机构比例分别为 85.00% 和 63.27%；第二，大型保险机构的股权层级数相对较低，以 2019 年为例，股权层级数低于行业中位数的大型保险机构比例为 61.54%，而股权层级数低于行业中位数的中型保险机构和小型保险机构比例分别为 25.00% 和 25.85%。

大型保险机构监事与监事会表现较好的原因：第一，设立职工监事的大型保险机构比例较高，以 2019 年为例，设立职工监事的大型保险机构占比为 84.62%，设立职工监事的中型保险机构和小型保险机构比例分别为 75.00% 和 59.18%；第二，大型保险机构中监事学历背景较高，以 2019 年为例，有硕士和博士学历背景监事的大型保险机构比例为 46.15%，而有硕士和博士学历背景监事的中型保险机构和小型保险机构比例分别为 25.00% 和 15.65%。

大型保险机构高级管理人员表现较差的原因主要为大型保险机构两职合一问题较严重，以 2019 年为例，存在两职合一情况的大型保险机构比例达到 23.08%，而存在两职合一情况的中型保险机构和小型保险机构比例分别为 10.00% 和 14.29%。

二、中型保险机构的高级管理人员表现较好但监事与监事会表现较差

与大型和小型保险机构相比，中型保险机构治理指数呈现总体上升趋势，2019 年达到 75.05。就中型保险机构治理内容维度的六大分指数而言，高级管理人员分指数表现较为突出，高于同期大型保险机构和小型保险机构；利益相关者和信息披露分指数显著高于小型保险机构，但与大型保险机构总体持平；股东与股权结构和董事与董事会分指数则处于小型保险机构和大型保险机构之间；监事与监事会是其治理的短板，该分指数与小型保险机构持平。

根据中国保险机构治理指数（IIGI）的分析，可以发现中型保险机构高级管理人员表现较好的原因：第一，存在两职合一问题的中型保险机构的比例较低，以 2019 年为例，存在两职合一情况的中型保险机构比例为 10.00%，而存在两职合一情况的大型保险机构和小型保险机构比例分别为 15.38% 和 7.48%；第二，设立特殊高管的中型保险机构比例较高，以 2019 年首席风险官为例，设立首席风险官的中型保险机构比例高达 60.00%，而设立首席风险官的大型保险机构和小型保险机构比例分别为 38.46% 和 49.66%。

信息披露在中型保险机构表现较好的原因：第一，中型保险机构公开信息披露栏目框架合规性更高，以 2019 年为例，披露框架符合规定的中型保险机构比例高达 95.00%，大型保险机构和小型保险机构比例分别为92.31%和86.39%；第二，披露官微和公众号的中型保险机构比例更高，以2019 年为例，披露官微和公众号的中型保险机构比例达到 90.00%，大型保险机构和小型保险机构比例分别为76.92%和75.51%。

中型保险机构监事与监事会表现相对较差的原因主要为有保险精算、财务会计和金融等履职背景监事的中型保险机构比例较低，以 2019 年财务会计为例，有财务会计背景监事的中型保险机构占比为25.00%，而有财务会计背景监事的大型保险机构和小型保险机构占比分别为 53.84%和47.61%。

三、小型保险机构的利益相关者表现较好但董事与董事会等表现较差

与大中型保险机构相比，根据中国保险机构治理指数（IIGI）的分析结果，可以发现小型保险机构利益相关者表现较好，董事与董事会、股东与股权结构和信息披露表现较差。

小型保险机构利益相关者表现较好的原因：第一，接到监管函的小型保险机构比例较低，以 2017 年为例，收到监管函的小型保险机构比例为13.67%，而收到监管函的大型保险机构和中型保险机构比例分别为46.15%和 25.00%；第二，受到行政处罚的小型保险机构比例较低，以 2018 年为例，受到行政处罚的小型保险机构比例为 6.80%，而受到行政处罚的大型保险机构和中型保险机构比例分别为38.46%和15.00%。

小型保险机构董事与董事会表现较差的原因：第一，有保险精算、金融、财务会计和法律等履职背景独立董事的小型保险机构比例较低，以2019 年金融背景为例，有金融职业背景独立董事的小型保险机构比例为25.85%，而有金融背景独立董事的大型保险机构和中型保险机构比例分别为 46.15%和 45.00%；第二，小型保险机构中独立董事职业背景多元化程度不高，以 2019 年为例，有三种及以上职业背景独立董事的小型保险机构比例为23.13%，而有三种及以上职业背景独立董事的大型保险机构和中型保险机构比例分别为 46.15%和50.00%。

小型保险机构股东与股权结构表现较差的原因：第一，小型保险机构股东（大）会召开次数较少，以2019 年为例，召开股东（大）会的小型保险机构比例为55.77%，而召开股东（大）会的大型保险机构和中型保险机构比例分别为92.31%和 75.00%；第二，存在机构投资者的小型保险机构

比例较低，以 2019 年为例，存在机构投资者的小型保险机构比例为 63.27%，而存在机构投资者的大型保险机构和中型保险机构比例分别为 100.00% 和 85.00%。

小型保险机构信息披露表现较差的原因：第一，小型保险机构专项信息披露的完善程度相对不高，以 2019 年为例，专项信息披露完善的小型保险机构比例为 88.44%，而披露完善的大型保险机构和中型保险机构比例分别为 100.00% 和 95.00%；第二，披露社会责任或社会责任报告的小型保险机构比例较低，以 2019 年为例，披露社会责任或社会责任报告的小型保险机构比例为 48.30%，而披露社会责任或社会责任报告的大型保险机构和中型保险机构比例分别为 84.62% 和 80.00%；第三，有负面新闻报道的小型保险机构比例较高，以 2019 年为例，有负面新闻报道的小型保险机构比例为 25.17%，而有负面新闻报道的大型保险机构和中型保险机构比例分别为 15.38% 和 20.00%。

第五节 不同种类保险机构治理比较的研究结论

本节主要对不同种类保险机构治理状况比较分析结果进行了总结，发现中资保险机构治理水平总体高于外资保险机构，股份制保险机构治理水平高于有限制和相互制保险机构，人身险保险机构治理水平总体高于财产险保险机构。

一、中资保险机构治理水平总体高于外资保险机构

根据中国保险机构治理指数（IIGI）的分析结果，2016－2019 年期间中外资保险机构治理呈现总体上升趋势，2019 年中资保险机构和外资保险机构治理指数均较 2016 年有了显著提高，且中资保险机构治理水平总体高于外资保险机构。

在 2016 年至 2019 年间，除 2017 年中资治理水平指数得分略低于外资保险机构以外，其他三年中资保险机构治理指数得分均高于外资保险机构。中资保险机构治理指数得分高的主要原因是较为领先的监事会治理分指数和董事会治理分指数，具体来看，在 2016－2019 年期间，中资保险机构监事会治理分指数依次为 44.27、45.76、55.94 和 57.14，均高于外资的 27.41、29.45、34.11 和 33.43；中资保险机构董事会治理分指数依次为 53.63、54.31、56.69 和 60.67，均高于外资的 40.00、39.86、33.88 和 38.80。

具体来看，中资保险机构的董事与董事会治理优于外资的原因：第一，中资保险机构董事学历高于外资保险机构，以硕士学历为例，2016－2019年有硕士学历的中资保险机构比例依次为 94.59%、94.31%、95.42%和95.38%，而外资保险机构的比例依次为 83.67%、85.71%、79.59 和 86.00%；第二，设立独立董事的中资保险机构比例较高，2016－2019 年设立独立董事的中资保险机构比例依次为 78.38%、75.61%、76.34%和 79.23%，而2016－2018 年外资保险机构的比例均为 24.49%，2019 年比例为 28.00%；三是有保险精算、金融、财务会计和法律背景独立董事的中资保险机构比例高于外资保险机构，以保险精算为例，2016－2019 年有保险精算背景独立董事的中资保险机构比例依次为 27.93%、24.39%、28.24%和 32.31%，2016－2019 年外资保险机构的比例依次为 8.16%、10.20%、10.20%和12.00%；第四，中资保险机构独立董事职业背景多元化程度高于外资保险机构，2016－2019 年有三种及以上职业背景独立董事的中资保险机构比例依次为 22.52%、24.39%、32.82%和 39.23%，外资保险机构的比例依次为2.04%、2.04%、0.00%和 4.00%；第五，中资保险机构独立董事任职结构多元化程度较高，2016－2019 年有高校任职独立董事的中资保险机构比例依次为61.26%、61.79%、66.41%和 60.00%，外资保险机构比例依次为 14.29%、16.33%、18.37%和 20.00%。

中资保险机构的监事与监事会治理优于外资的原因：第一，设立职工监事的中资保险机构比例较高，2016－2019 年设立职工监事的中资保险机构比例依次为 69.37%、71.54%、77.86%和 76.15%，外资保险机构的比例依次为 20.41%、22.45%、30.61%和 28.00%；第二，中资保险机构监事职业背景多元化程度高于外资保险机构，2016－2019 年有三种及以上职业背景结构监事的中资保险机构比例依次为 19.82%、21.14%、34.35%和37.69%，而 2016－2018 年外资保险机构的比例均为 6.12%，2019 年比例为 10.00%。

二、股份制保险机构治理水平高于有限制和相互制保险机构

根据中国保险机构治理指数（IIGI）的分析结果，在 2016－2019 年期间，股份制保险机构的治理水平最高，有限制保险机构次之，相互制最低。

在 2016 年至 2019 年期间，股份制保险机构的治理指数依次为 68.62，68.36、69.74 和 73.78；有限制保险机构的治理指数依次为 66.15，67.10、66.85 和 68.15；相互制保险机构的治理指数依次为 34.86，51.14、48.09 和50.03。

具体分析，有限制保险机构在股东与股权结构维度占绝对优势，4 年间分指数得分均居首位；董事与董事会分指数和监事与监事会分指数层面，总体来看，股份制保险机构得分最高，有限制表现不及股份制，相互制仍居最低位；在高级管理人员治理和信息披露层面，股份制保险机构和有限制保险机构差距不大，但远高于相互制保险机构；在利益相关者层面，总体来看，股份制保险机构的指数得分最高，但三种组织形式之间的差距不大。

有限制保险机构股东与股权结构表现较好的原因主要是有限制保险机构的股权结构分散程度较低，以 2019 年为例，前十大股东持股比例平方和小于 0.25 的有限制保险机构比例为 11.11%，而股份制保险机构和相互制保险机构的比例分别为 67.27% 和 85.71%。

股份制保险机构董事与董事会治理表现较好的原因：第一，股份制保险机构董事学历较高，以 2019 年硕士学历为例，有硕士学历董事的股份制保险机构比例为 93.64%，而有限制保险机构和相互制保险机构的比例分别为 85.71% 和 42.86%；第二，设立独立董事的股份制保险机构比例较高，以 2019 年为例，设立独立董事的股份制保险机构比例为 81.82%，而有限制保险机构和相互制保险机构的比例分别为 34.92% 和 71.43%；第三，股份制保险机构独立董事任职结构多元化程度较高，以 2019 年为例，有高校任职背景的独立董事的股份制保险机构比例为 58.18%，而有限制保险机构和相互制保险机构分别为 20.63% 和 42.86%。

股份制保险机构监事与监事会治理表现较好的原因：第一，设立职工监事的股份制保险机构比例较高，以 2019 年为例，设立职工监事的股份制保险机构比例为 81.82%，而有限制保险机构和相互制保险机构的比例分别为 30.16% 和 57.14%；第二，股份制保险机构监事职业背景多元化程度较高，以 2019 年为例，有三种及以上职业背景监事的股份制保险机构比例为 40.91%，而有限制保险机构和相互制保险机构的比例分别为 12.70% 和 14.29%。

相互制保险机构在高级管理人员治理方面表现较差的原因：第一，设立高管的相互制保险机构比例较低，以 2019 年为例，设立高管的相互制保险机构比例为 28.57%，而股份制保险机构和有限制保险机构的比例分别为 96.36% 和 98.41%；第二，存在两职合一问题的相互制保险机构比例较高，以 2019 年为例，存在两职合一情况的相互制保险机构比例为 71.43%，而股份制保险机构和有限制保险机构的比例分别为 10.91% 和 12.70%；第三，设立特殊高管的相互制保险机构比例较低，以 2019 年总精算师为例，设立总精算师的相互制保险机构比例为 28.57%，而股份制保险机构和有限制保险机构的比例分别为 69.09% 和 69.84%。

相互制保险机构在信息披露方面表现较差的原因主要为未设立官网的相互制保险机构比例较高，以 2019 年为例，有官网的相互制保险机构比例为 57.14%，而股份制保险机构和有限制保险机构的比例分别为 99.09% 和 100.00%，相互制保险机构没有官网的情况就导致其他各类信息披露的程度均不高，如基本信息、年度信息、专项信息、社会责任信息等。

三、人身险保险机构治理水平总体高于财产险保险机构

从险种类型角度分析发现，人身险保险机构治理指数历年均高于财产险保险机构，即人身险保险机构治理水平高于财产险保险机构；2016－2019 年期间，我国财产险和人身险保险机构治理呈现逐年上升趋势，2019 年财产险和人身险保险机构治理指数分别为 70.21 和 71.55。

根据中国保险机构治理指数（IIGI）的分析结果，人身险保险机构在董事与董事会、高级管理人员和利益相关者治理方面略好于财产险保险机构，财产险保险机构的股东与股权结构和监事与监事会治理则好于人身险保险机构，但在信息披露方面，两者差距不明显。

人身险保险机构在董事与董事会方面表现较好的原因主要是有保险精算、金融和财务会计背景董事的人身险保险机构比例较高，以 2019 年保险精算为例，有保险精算职业背景董事的人身险保险机构比例为 79.12%，财产险保险机构比例为 71.91%。人身险保险机构在高级管理人员方面表现较好的原因主要为设立特殊高管的人身险保险机构比例较高，以 2019 年总精算师为例，设立总精算师的人身险保险机构比例为 82.42%，而财产险保险机构设立比例为 52.81%。人身险保险机构在利益相关者方面表现较好的原因主要为收到监管函的人身险保险机构比例较低，以 2019 年为例，收到监管函的人身险保险机构比例为 4.40%，而收到监管函的财产险保险机构比例为 24.72%。

财产险保险机构在股东与股权结构方面表现较好的原因：第一，财产险保险机构的股权层级较低，以 2019 年为例，股权层级低于行业中位数的财产险保险机构比例为 34.83%，人身险保险机构的比例为 21.98%；第二，存在股权出质情况的财产险保险机构较少，以 2019 年为例，有股权出质情况的财产险保险机构比例为 20.22%，人身险保险机构比例为 23.08%。财产险保险机构在监事与监事会方面表现较好的原因：第一，设立监事会的财产险保险机构比例较高，以 2019 年为例，设立监事会的财产险保险机构

比例为 89.89%，人身险保险机构比例为 80.22%；第二，设立职工监事的财产险保险机构比例较高，以 2019 年为例，设立职工监事的财产险保险机构比例为 67.42%，人身险保险机构的比例为 58.24%。

第六节　保险机构治理有效性的研究结论

本节主要阐述了保险机构治理的有效性实证检验结果，并将研究样本分为全样本保险机构、中小型保险机构和小型保险机构三类，分别进行了总结。

一、全样本保险机构治理有效性实证检验结论

在盈利能力方面，财产险保险机构的治理水平越高，相应地会降低其综合赔付率，而对综合成本率没有显著的影响；人身险保险机构治理水平越高，相应地会提高其已赚保费增长率；而人身险保险机构治理对投资收益率没有影响；保险机构治理水平对净资产收益率影响较小。

在代理成本方面，全样本保险机构治理水平对单位保费业务及管理费和单位保费营运成本均没有显著影响；全样本保险机构治理水平越高，其关联交易比例越高；全样本保险机构治理水平越高，综合偿付能力溢额和核心偿付能力溢额也越高。

在风险承担方面，全样本保险机构治理水平对总体风险、杠杆风险和承保风险影响较小；全样本保险机构治理水平越高，其投资风险越低。

二、中小型保险机构治理有效性实证检验结论

在盈利能力方面，财产险中小型保险机构的治理水平越高，相应地会降低其综合赔付率，而对综合成本率影响不显著，这也与全样本保险机构样本的实证结论一致；人身险中小型保险机构治理水平越高，相应地会提高其已赚保费增长率，而对投资收益率影响不显著，这与全样本保险机构样本实证结论相一致；在中小型保险机构中，机构治理水平越高，净资产收益率越高，这一点与全样本保险机构研究实证结论不同。

在代理成本方面，中小型保险机构治理水平对单位保费业务及管理费和单位保费营运成本影响不显著，结论与全样本保险机构样本一致；中小型保险机构治理水平越高，其关联交易比例越高，同时综合偿付能力溢额和核心偿付能力溢额也越高，这一点与全样本保险机构样本的实证结论

一致。

在风险承担方面，中小型保险机构治理水平对杠杆风险和承保风险影响不显著；中小型保险机构治理水平越高，其总体风险和投资风险越低，这一点与全样本保险机构样本略有不同。

三、小型保险机构治理有效性实证检验结论

在盈利能力方面，财产险小型保险机构的治理水平对综合赔付率和综合成本率影响不显著，这不同于财产险保险机构和财产险中小型保险机构；人身险小型保险机构治理水平越高，相应地会提高其已赚保费增长率，而对投资收益率影响不显著，这与人身险保险机构样本和人身险中小型保险机构样本的结论一致；在小型保险机构中，机构治理水平越高，净资产收益率越高，这与中小型保险机构样本的实证结论相一致，而与全样本保险机构样本不一致。

在代理成本方面，小型保险机构治理水平对单位保费营运成本、单位保费业务及管理费和关联交易比例的影响不显著，这与全样本保险机构样本和中小型保险机构样本结论总体相似；小型保险机构治理水平越高，综合偿付能力溢额和核心偿付能力溢额越高，这也与全样本保险机构样本和中小型保险机构样本结论吻合，说明保险机构治理在保护投保人利益方面发挥了有效作用。

在风险承担方面，小型保险机构治理水平对杠杆风险和承保风险的影响不显著，与全样本保险机构样本和中小型保险机构样本结论一致；小型保险机构治理水平越高，其总体风险和投资风险越低，与中小型保险机构样本结论一致，说明保险机构治理能够有效管控保险机构总体风险和投资风险。

第十七章　提升我国中小型保险机构
治理水平建议

保险机构治理意识的不断提高有效地推动了机构的可持续发展，但因为一些主观或客观原因也出现了一些问题（赵亚男，2019）。本章在构建保险机构治理改进动力模型基础上，分析了保险机构治理改进的内在与外在动力以及中小型保险机构治理改进动力机制特点。在此基础上，从充分发挥准则、标准和标杆的作用，强化保险机构治理监管以及实现从强制治理向自主治理转型三个方面提出提升我国中小型保险机构治理水平的十三条对策建议。

第一节　保险机构治理改进动力机制分析

本节主要构建了我国保险机构治理改进动力模型，对保险机构治理改进的内在与外在动力进行了具体分析，并重点介绍了中小型保险机构治理改进动力机制特点。

一、保险机构治理改进动力模型

机构任何行为背后都有动力源，也就是说，机构做出一个行为往往需要一定的原因。在推动公司治理实践方面，按照动力来源不同，可以分内在需求拉动型、外部力量推动型和混合动力型，其中外部力量推动型又可分为外部监管驱动型和行业标准引领型，具体如图 17-1 所示。

我国保险机构早期治理改进的动力更多来自机构外部，属于外部力量推动型或者外部力量推动型为主；而目前治理改进更多的是一种混合动力型，既有内因，同时还有外部的影响因素。随着治理实践的深入，我国保险机构治理改进将是内在需求拉动型，或者是以内在需求拉动为主且辅以一定的外部监管和行业标准引领。在治理改进动力机制上，中小型保险机构与大型保险机构相比，来自机构的内在需求相对弱一些，特别是中小型保险机构中的小型保险机构的内在动力更显不足。在这种情况下，改进中小型保险机构的治理结构与机制就需要更多的来自外部的动力，需要更强的外部监管和更多的行业标准引领。

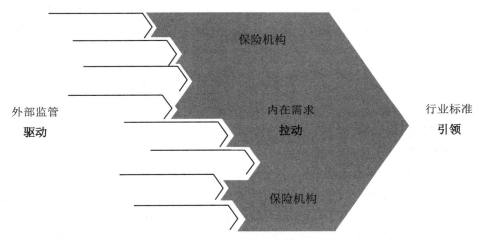

图 17-1　保险机构治理改进动力模型

资料来源：作者整理。

二、保险机构治理改进内在动力分析

内在需求拉动下，保险机构完善公司治理主要源于机构发展自身的需要。随着保险机构规模变大以及决策事项复杂程度的提高，需要好的公司治理为机构保驾护航，防止其偏离正确的轨道。已经有若干公司治理事件告诉我们公司治理的重要性，例如那些在产品或者服务市场非常有名的公司，因公司治理问题使发展碰壁甚至是一夜之间轰然倒塌。因此，在公司进入到一定的发展阶段或者达到一定的规模之后，公司治理是其可持续发展的核心保障。

但在完善治理结构与机制的过程中，需要保险机构的持续性投入，也就是说公司治理是有成本的，在推进公司治理过程中，需要投入一定的人力和物力，但是公司治理的收益却不能像原材料、期间费用那样直接量化，公司治理收益无法直接量化或者观察，所以很多保险机构便会因此而不再进一步优化公司治理结构与机制，特别是对于处于初创阶段的、微利或者亏损的中小型保险机构更是如此。除了治理成本问题，治理惯性也是影响中小型保险机构优化治理的又一重要因素。在中小型保险机构发展初期，为快速对市场需求做出反应，机构的重大、重要问题的决策往往采用简化的治理流程，最简化的版本就是"一言堂"，这种治理方式具有一定的优点，但随着保险机构规模的扩大，这种方式的不足日渐凸显，但因为治理惯性的存在，由"一言堂"向科学的治理方式"集体决策"转变的过程中也有一定的困难或者阻力。基于上述两个方面因素的考虑，可以看出中小型保险机构在治理改进的内在动力方面相对来说不够充足，这就需要足够的外在动力。

三、保险机构治理改进外在动力分析

在治理实践过程中，往往需要靠外力来改进公司治理。这个外力可以是监管部门的强制外力，即监管部门出台相关文件要求机构必须履行相关治理实践。例如，我国 1994 年开始实行的《公司法》，确立了我国公司"三会一层"的基本治理结构。中国证监会在 2001 年推出的《关于在上市公司建立独立董事制度的指导意见》，要求上市公司导入独立董事。原中国保监会在 2006 年推出的《关于规范保险公司治理结构的指导意见（试行）》，也属于这种强制外力推动治理实践的例子。除了强制外力以外，行业协会、学术团队、媒体报道等非强制外力也能有效推动治理实践发展。比如，2001年南开大学中国公司治理研究院推出了《中国公司治理原则（草案）》。为指导和促进上市公司独立董事规范、尽责履职，充分发挥独立董事在上市公司治理中的作用，中国上市公司协会在 2014 年推出了《上市公司独立董事履职指引》。再如，中国保险行业协会在 2018 年推出了《保险机构资金运用风险责任人信息披露准则规范》，规定了保险机构资金运用风险责任人信息披露的原则、内容以及披露文件的格式等。

实际上，在一般公司治理领域，外力推动也是其重要的动力源。伴随《卡德伯利报告》（Cadbury Report）、《拉特曼报告》（Rutterman Report）、《格林伯利报告》（Creenbury Report）、《哈姆佩尔报告》（Hampel Report）、《特恩布尔报告》（Turnbull Report）、《西格斯报告》（Higgs Report）和《史密斯报告》（Smith Report）等一系列治理准则的出台，1992 年英国全国上下开始了全世界范围内的第一次公司治理浪潮。同时，考虑到保险机构经营的特点以及行业的特殊性，特别是对保险机构中的中小型保险机构来说，外力推动应该是保险机构治理实践的主要推动力，而且要同时发挥两种外力的作用，即将强制外力与非强制外力有机结合。在非强制外力中，行业协

会除了进行保险机构治理方面的培训和公司治理知识的普及推广之外，出台保险机构治理方面的标准文件也是我国保险机构治理多年实践后的现实选择，这些文件能够充分发挥标准引领的效果；在强制外力中，外部监管推动是最重要的形式。监管推动和标准引领是未来一段时间我国保险机构治理实践的两个"驱动轮"。

自 2006 年起，公司治理已经成为我国保险机构监管的三大支柱之一，监管部门围绕治理监管出台了若干政策、法律和法规，详见本研究的相关章节内容；在治理监管方面，现在最紧迫的就是要明确我国保险机构治理的短板或不足之处，这就需要治理评价工作的开展，为实现精准治理监管提供支撑与服务。关于治理标准引领，目前国内关于机构治理方面的标准文件只有两个，一个是由国家质检总局和国家标准化管理委员会于 2010 年共同推出的国标文件《公司治理风险管理指南》（GB/T 26317-2010），对于公司治理风险管理的原则、管理的过程和管理的实施进行了规定，给出了公司治理风险管理的通用指南；另外一个是天津市市场和质量监督管理委员会在 2016 年推出的地标文件《天津市社会组织法人治理结构准则》（DB 12/T 628-2016），这是国内第一个全面的公司治理标准文件。需要说明的是，上述两个文件并不完全适用于保险机构，特别是第二个，主要适用于民间非营利组织、基金会等社会组织。2016 年 11 月 18 日中国保险行业协会审议通过并向全体会员单位发出了《关于进一步加强保险团体标准建设的倡议》，保险行业的特有属性决定了保险机构治理在治理标准等方面相比于其他行业要求更高。2018 年 8 月 28 日，中国保险行业协会在京正式发布《保险业公司治理实务指南：总体框架》《保险业公司治理实务指南：会议运作第 1 部分——股东（大）会》《保险业公司治理实务指南：会议运作第 2 部分——董事会》和《保险业公司治理实务指南：会议运作第 3 部分——监事会》等首批 4 项保险机构治理团体标准，这是我国保险业乃至我国金融领域的首批公司治理团体标准。

第二节　提升保险机构治理水平具体对策建议

2020 年 8 月中国银保监会发布了《健全银行业保险业公司治理三年行动方案（2020－2022 年）》，并提出银行保险业公司治理建设的四个"着力"，即着力规范治理主体行为、着力弥补监管制度短板、着力健全体制机制和着力优化外部环境，持续提升我国银行业保险业公司治理的科学性、稳健性和有效性。本节在对本研究的相关结论进行深入思考的基础上，从充分发挥准则、标准和标杆的作用，强化保险机构治理监管和实现从强制治理向自主治理转型三个方面提出了完善我国保险机构治理的十三条对策建议。

一、行业：充分发挥准则、标准和标杆的作用

（一）及时发布适用于所有保险机构的行业治理准则

保险监管必须服务于保险业的发展实践（陈文辉，2010）。2006 年出台的《关于规范保险公司治理结构的指导意见（试行）》确立了我国保险监管的三支柱框架。随着我国保险业总体治理水平的不断提高和治理实践中一些新变化的出现，可以考虑修订该指导意见。为满足治理高质量发展的要求，可以基于修订后的指导意见和已有的其他公司治理方面的政策法规文件，出台适用于所有保险机构的"我国保险机构治理准则"，规范全行业治理实践。

（二）充分发挥行业治理标准的引领作用

中国保险行业协会在 2018 年推出了行业公司治理标准。标准有了，接下来的问题就是如何落实。首先，行业协会可以开展治理标准的培训和推广工作，让保险机构治理从业人员熟悉和了解标准的起草思路和具体内容；其次，保险机构可以逐条对照已有的标准，自查和完善治理结构与机制；最后，经过一段时间的实践，标准的作用发挥效果如何，行业协会可以对实践效果进行评估。

（三）全面展现行业治理标杆的示范效应

实际上，治理标准不仅仅局限于各类标准文件，治理标杆公司或者实际案例等也是标准的重要内容，因此保险机构可以在达到行业标准的基础上，以标杆机构作为参考对象进行治理的优化。目前监管部门已经开展了多年的保险机构治理状况年度自评和监管评价工作。但建立评价机制并不是目的所在，真正的目的是要将其作为一种重要的监管手段，强化治理监管的有效性。可以考虑定期发布最佳治理保险机构名录，甚至发布最差治理保险机构名录，从声誉机制角度给保险机构施加压力，促使其完善治理。

二、监管：强化保险机构治理监管

（一）进一步落实保险机构治理分类监管理念

分类监管并不是说要求监管机构设立专门的部门来进行监管，而是要求在治理实践中根据对象的不同，采用不同的监管策略，避免"大一统"

模式（郝臣，2017）。比如，可以按照规模分类，按照资本性质分类，按照控股股东性质分类，按照保险机构成长阶段分类，按照险种类型分类，以及按照治理评价结果等级情况分类等。不同类型保险机构的治理风险点都有所不同，但在分类监管理念下，中型和小型保险机构治理应是监管的重点。

（二）把住保险机构治理合规性的底线

保险公司治理监管是保险监管发展到一定阶段的产物，有着深刻的经济和社会背景（罗胜，2006）。截至目前，监管部门出台的保险机构治理相关制度和办法已有很多，据本研究初步统计，从 1979 年至今，我国保险机构治理相关的政策法规总数达 216 部。但是通过原中国保监会发布的 2017 年全国行业的现场评估结果和本研究的 2016－2019 年度的评价结果来看，还有一些公司存在明显的治理合规性短板。治理合规性是有效性的前提，也是监管的重中之重，因此需要补齐这些治理短板，为全面提升保险机构治理能力提供合规性基础。

（三）强化保险机构股权监管是大方向

偿付能力监管是保险机构监管"三支柱"之一，但偿付能力监管更多的是绝对数量。股权监管需要考虑资本所有者，特别是股东的性质，因为资本逐利的天然本性会使这些股东做出一些侵害保险消费者以及小股东利益的行为。保险机构"股东控制"（Shareholder Control）取代经典的"内部人控制"（Insider Control）已成为比较突出的委托代理问题，因此在监管上要让保险机构披露完整的股权链条及其各个主体之间的关系，真正实现穿透式监管。保险机构大股东与其他利益相关者之间的关系非常复杂（姜洪，2016），而"股东控制"在业务层面的具体体现就是大量关联交易的存在。监管部门需要加强对关联交易的审核和关联交易信息的披露，同时加大对非正常关联交易的惩罚力度，这也是在现有股权结构下最应该强化的监管工作。

（四）完善保险机构信息披露

保险监管的最大职责是保护消费者利益（孙祁祥和郑伟，2009），为了避免这类侵害包括保险消费者在内的利益相关者利益行为的发生，信息披露是最好的"防腐剂"。保险机构中大多数为非上市公司，与非金融业的非上市公司相比，保险机构信息披露已经相对完善，但鉴于保险机构经营的特殊性，保险机构信息披露还需要进一步改善。目前信息披露途径、内容框架基本上已经建立，只是部分保险机构信息披露还不规范，如有的保险机构网站长期不更新，相关规定的信息披露内容不及时上传官网或者相关信息未放在官网醒目位置，这些都是监管部门今后在信息披露方面监管的重要内容。

三、机构：实现从强制治理向自主治理转型

（一）培育保险机构的治理文化

企业文化被认为是构成企业竞争力的重要内容，越来越受到企业的重视。而治理文化则是在一定的社会大文化环境影响下，经过各治理主体长期倡导和共同认可、实践与创新所形成的具有本企业特色的公司治理方面的价值观念、制度安排、行为准则、治理风格等的综合。遵守制度、尊重所有利益相关者的利益等是公司治理文化的最基本体现。如果一个保险机构没有治理文化，那么其公司治理建设还只是停留在"形似"层面。

（二）树立正确的保险机构治理思维

思维是人用头脑进行逻辑推导的属性、能力和过程。在保险机构治理实践中要遵循两个最基本的治理思维，即过程思维与和谐治理思维。公司治理不是一次性行为，保险机构建立治理结构与机制是一个过程，这个过程一方面是公司外部环境发生了变化要求保险机构在治理上做出相应调整，另外一方面就是保险机构根据自身发展需要而做出治理改善。没有一劳永逸的保险机构治理，这就要求保险机构在机构治理方面要做持续性的改进和优化。公司治理中包含制衡的内容，但制衡绝非公司治理的核心，公司治理的核心是要进行科学决策，让保险机构更好发展。因此在公司治理实践过程中，要避免出现"高管和股东叫板""股东和股东斗争"甚至是"治理僵局"等不和谐的现象。

（三）构建保险机构战略型董事会

董事会是现代公司治理的核心，保险机构也在积极践行董事会中心主义的思想。尽管我国保险机构董事会治理取得了长足进步，但对战略性事项关注不足仍是突出问题，构建战略型董事会已成为保险机构治理建设的重要方向。保险机构建设战略型董事会要求董事会要在日常经营决策的基础上，重点确立和实施公司的长期战略目标和长期战略计划，并为实现这些目标而做好适当的资源匹配，并密切关注和监督战略的执行，以实现机构绩效有效提升和长期可持续发展。为此，董事会建设要实现从合规主导型治理模式向战略主导型治理模式转变、从被动响应型运作模式向主动探索型运作模式转变、从日常事务为主的程序化决策向重大战略为主的论证型决策转变（董迎秋和王瑞涵，2020）。在具体运作中，保险机构董事会要实现找好定位、调好结构、建好机制和做好评价四项要求。

（四）保护保险机构的两个核心利益相关者

在保险机构治理中，顾客（即投保人）和投资者（即股东）是其两个核心利益相关者，要处理好机构与二者的关系；而在与顾客和投资者形成的客户关系以及投资者关系的管理中，最核心的工作就是信息沟通。经济型治理的一个典型特点就是中小股东和其他利益相关者的有效参与，而投保人和各类股东参与保险机构治理的一个前提就是要了解公司基本情况。这就要求保险机构做好信息披露工作，在做到强制性信息披露的同时，多进行自愿性信息披露，最终提高包括投保人和股东在内的保险机构广大利益相关者的认同度。

（五）提高保险机构董监高人员的治理素养

保险机构治理实践最后还是要落实到人的身上，而包括董事、监事、高管等在内的人员是治理实践最重要的相关主体。根据高阶理论，董监高人员的学历、经历、经验、声誉等都是影响其参与治理效果的重要因素。因此，随着保险机构的发展和治理实践的深入，保险机构可以在选聘环节提升对董监高人员的素质的要求，对于在职相关人员通过行业协会、行业学会等机构和自身组织的各类公司治理相关培训来提升其履职能力。在提升个体治理能力的同时，还需要关注董事会、监事会等人员结构安排的合理性，从职业背景、年龄、学历等方面进行多元化建设和优化，实现治理效能的最大化。

（六）开展公司治理的第三方诊断

保险机构改进公司治理的前提是能够清楚地掌握自身治理的特点、优点与短板。而保险机构自身往往无法做到这一点，这方面可以借助第三方的力量，通过专业机构有针对性的治理评价，使保险机构能够及时、准确、客观地掌握自身的治理状况，进而为其规避治理风险和提升治理能力提供参考信息。第三方治理诊断相对于大样本的公司治理评价更具针对性，所提改进建议也更具可操作性。

参考文献

[1]　薄滂沱，邵全权，江生忠. 发展中小保险公司对经济增长的水平效应与速度效应——基于分省面板数据的实证研究[J]. 保险研究，2012（09）：25-36.

[2]　薄仙慧，吴联生. 国有控股与机构投资者的治理效应：盈余管理视角[J]. 经济研究，2009，44（2）：81-91.

[3]　薄燕娜. 保险公司实际控制人的范畴界定与监管规制[J]. 东岳论丛，2020，41（02）：127-135.

[4]　曹维洋. 国外保险公司高管薪酬问题研究文献述评[J]. 上海保险，2013（09）：49-51.

[5]　曹宇. 优化体制机制建设 强化投资者保护 全面提升银行保险资管机构公司治理水平[J]. 中国信用，2020（08）：8-11.

[6]　车菲，蒋艳，金思瑶. 独董薪酬、金融背景与企业风险承担[J]. 财会月刊，2020（11）：127-135.

[7]　陈秉正. 从保险大国到保险强国[J]. 保险研究，2018（12）：68-72.

[8]　陈翠霞，王嘉璇，吴彤琳. 经营绩效对保险公司风险承担决策影响的实证分析——以美国年金保险公司为例[J]. 金融理论探索，2019（05）：72-80.

[9]　陈改. 中小保险公司内控制度研究[J]. 中国商界（上半月），2009（11）：26-28.

[10]　陈宏辉，贾生华. 企业社会责任观的演进与发展：基于综合性社会契约的理解[J]. 中国工业经济，2003（12）：85-92.

[11]　陈敬元. 保险公司股权监管的经验与启示[J]. 保险理论与实践，2017（11）：9-18.

[12]　陈四清. 完善全球金融治理[J]. 中国金融，2018（15）：10-12.

[13]　陈伟民. 独立董事职业背景与公司业绩[J]. 管理世界，2009（03）：182-183.

[14] 陈文辉. 中国保险业发展和监管的几个问题 [J]. 保险研究，2010（07）：8-11.

[15] 陈信元，黄俊. 股权分置改革、股权层级与企业绩效 [J]. 会计研究，2016（01）：56-62.

[16] 陈云洁. 中小板上市民营企业股权结构对企业财务绩效影响的实证分析 [J]. 经营管理者，2014（03）：165-166.

[17] 崔生祥. 职工董事、监事制度和具有中国特色的公司治理结构——"路径依赖"理论给我们的启示 [J]. 改革，2001（02）：27-31.

[18] 邓小平. 邓小平文选：第三卷 [M]. 北京：人民出版社，1993.

[19] 邓子纲. 创新金融治理，推进高质量发展 [N]. 湖南日报，2020-02-07（015）.

[20] 董迎秋，王瑞涵. 构建战略型董事会是保险业公司治理建设的重要方向 [J]. 保险理论与实践，2020（01）：17-24.

[21] 董迎秋，王瑞涵. 我国保险行业公司治理实践探析 [J]. 保险理论与实践，2018（04）：71-80.

[22] 方国春. 我国相互制保险公司治理主体权利与配置研究 [J]. 保险研究，2016（08）：69-80.

[23] 方国春. 相互制保险公司治理的逻辑与价值 [J]. 保险研究，2015（07）：15-28.

[24] 房永斌，张雁云，罗胜. 加强股权和股东监管 防范保险公司治理风险 [N]. 中国保险报，2012-08-03（002）.

[25] 高闯. 公司治理：原理与前沿问题 [M]. 北京：经济管理出版社，2009.

[26] 高雷，宋顺林. 治理环境、治理结构与代理成本——来自国有上市公司面板数据的经验证据 [J]. 经济评论，2007（03）：35-40.

[27] 高明华，蔡卫星，赵旋. 中国上市公司中小投资者权益保护评价及有效性分析 [J]. 深圳大学学报（人文社会科学版），2016，33（03）：64-73.

[28] 高明华，苏然，方芳. 中国上市公司董事会治理评价及有效性检验 [J]. 经济学动态，2014（02）：24-35.

[29] 高明华，谭玥宁. 董事会治理、产权性质与代理成本——基于中国上市公司的实证研究 [J]. 经济与管理研究，2014（02）：5-13.

[30] 郜栋玺. 市场约束、显性存款保险制度与银行风险承担——基于回归控制法的研究 [J]. 金融监管研究，2020（02）：35-50.

[31] 耿刘利，黎娜，王琦，龚洁松. 习近平关于金融工作重要论述的价值

意蕴[J]. 西南石油大学学报（社会科学版），2019（05）：9-18.

[32] 谷冬青，谢军. 大股东利益侵占的经济后果和制度成因[J]. 华南师范大学学报，2010（12）：123-129.

[33] 顾海峰，马聪. 政府监管、市场约束与银行风险承担——来自中国178家商业银行的证据[J]. 金融经济学研究，2020，35（01）：117-130.

[34] 郭金龙，冷龙峰. 我国互联网保险公司偿付能力及其监管分析[J]. 保险理论与实践，2018（10）：36-52.

[35] 郭金龙，朱晶晶. 改革开放四十年来我国保险业风险及其防范措施[N]. 证券时报，2018-10-16（A02）.

[36] 郭树清. 坚定不移打好防范化解金融风险攻坚战[N]. 中国银行保险报，2020-08-17（001）.

[37] 郭树清. 完善公司治理是金融企业改革的重中之重[J]. 中国农村金融，2020（14）：6-9.

[38] 郭树清. 完善现代金融监管体系[N]. 金融时报，2020-12-04（001）.

[39] 郝臣，崔光耀，白丽荷. 保险公司治理对偿付能力影响实证研究——基于公司治理评价视角[J]. 金融与经济，2016（08）：50-56.

[40] 郝臣，崔光耀. 保险公司治理概念之辨析与拓展——基于中国实践视角[J]. 公司治理评论，2018（01）：6-18.

[41] 郝臣，付金薇，李维安. 国外保险公司治理研究最新进展——基于2008－2017年文献的综述[J]. 保险研究，2018（04）：112-127.

[42] 郝臣，付金薇，王励翔. 我国金融控股公司治理优化研究[J]. 西南金融，2018（10）：58-65.

[43] 郝臣，宫永建，孙凌霞. 公司治理要素对代理成本影响的实证研究——来自我国上市公司的证据（2000－2007）[J]. 软科学，2009，23（10）：123-127.

[44] 郝臣，李慧聪，崔光耀. 治理的微观、中观与宏观——基于中国保险业的研究[M]. 天津：南开大学出版社，2017.

[45] 郝臣，李慧聪，罗胜. 保险公司治理研究：进展、框架与展望[J]. 保险研究，2011（11）：119-127.

[46] 郝臣，李艺华，崔光耀，等. 金融治理概念之辨析与应用——基于习近平总书记2013－2019年567份相关文件的研究[J]. 公司治理评论，2020（01）：1-23.

[47] 郝臣，李艺华，董迎秋. 我国保险公司治理风险的识别与防范——基于监管函和行政处罚决定书的统计分析[J]. 保险理论与实践，2019

（02）：93-112.

[48] 郝臣,李艺华. 习近平总书记关于治理的重要论述研究——基于 2013－2019 年 594 份文件的分析[J]. 理论与现代化，2020（02）：5-14.

[49] 郝臣,刘芯蕊,白丽荷,崔光耀. 公司治理机制及其治理效应研究——基于 2003—2013 年上市公司的公开数据[J]. 南京审计大学学报，2016（04）：52-63.

[50] 郝臣,钱璟,付金薇,崔光耀. 我国保险业治理的发展与优化研究[J]. 西南金融，2018（01）：41-50.

[51] 郝臣,钱璟. 保险公司董事会治理、公司绩效与偿付能力[J]. 金融发展研究，2018（03）：12-20.

[52] 郝臣,孙佳琪,钱璟,付金薇. 我国保险公司信息披露水平及其影响研究——基于投保人利益保护的视角[J]. 保险研究，2017（07）：64-79.

[53] 郝臣,王旭,丁振松. 高管薪酬对保险公司成长性影响的实证研究[J]. 保险职业学院学报，2016,30（01）：31-36.

[54] 郝臣,王旭,王励翔. 我国保险公司社会责任状况研究——基于保险公司社会责任报告的分析[J]. 保险研究，2015（05）：92-100.

[55] 郝臣. 保险法人机构治理评价新思路[J]. 上海保险，2018（04）：10-13.

[56] 郝臣. 保险公司治理、投资效率与投保人利益保护[M]. 沈阳：东北大学出版社，2021.

[57] 郝臣. 保险公司治理[M]. 北京：清华大学出版社，2021.

[58] 郝臣. 保险公司治理的优化[J]. 中国金融，2017（16）：80-81.

[59] 郝臣. 保险公司治理对绩效影响实证研究——基于公司治理评价视角[M]. 北京：科学出版社，2016.

[60] 郝臣. 提升我国保险公司治理能力的思考——标准引领与监管推动的视角[J]. 保险理论与实践，2018（07）：1-31.

[61] 郝臣. 我国保险机构监督机制有效性研究——基于风险承担视角[M]. 沈阳：东北大学出版社，2021.

[62] 郝臣. 中国保险公司治理发展报告 2018[M]. 天津：南开大学出版社，2019.

[63] 郝臣. 中国保险公司治理发展报告 2019[M]. 天津：南开大学出版社，2020.

[64] 郝臣. 中国保险公司治理研究[M]. 北京：清华大学出版社，2015.

[65] 郝志军. 我国中小保险公司如何突围[J]. 人民论坛, 2019 (11): 82-83.

[66] 何鸿雁. 保险公司分支机构治理存在的问题及改进建议[J]. 区域金融研究, 2009 (07): 49-51.

[67] 何平林, 孙雨龙, 李涛, 等. 董事特质与经营绩效——基于我国新三板企业的实证研究[J]. 会计研究, 2019 (11): 49-55.

[68] 何小伟, 闫晓旭. 股权结构会影响保险公司的风险承担吗?——来自财产保险市场的证据[J]. 金融理论探索, 2020 (05): 62-71.

[69] 何艺丹. 治理平衡: 现代城市管理中的公众参与价值[J]. 社科纵横, 2018 (11): 68-72.

[70] 胡鹏, 刘硕. 大数据时代保险消费者数据权益的保护[J]. 上海保险, 2020 (08): 16-20.

[71] 胡雅倩, 李洪. 银行系保险公司股权结构与董事会特征对经营绩效的影响——基于 EVA 的实证研究[J]. 上海保险, 2015 (12): 17-24.

[72] 黄敏, 蒋海. 信息披露质量对银行风险承担的影响[J]. 暨南学报 (哲学社会科学版), 2020, 42 (03): 44-56.

[73] 吉昱华. 保险公司盈利模式变迁及趋势[J]. 中国金融家, 2010 (02): 142-143.

[74] 江津, 王凯. 我国保险公司治理机制有效性研究——基于上市保险公司的实证检验[J]. 保险研究, 2015 (01): 62-71.

[75] 江生忠, 刘玉焕. 产品结构失衡对寿险公司资本结构、盈利能力和偿付能力的影响——以上市保险公司为例[J]. 保险研究, 2012 (03): 45-53.

[76] 江生忠. 中国保险业发展成果的经验与问题的反思[J]. 保险研究, 2018 (12): 92-95.

[77] 姜付秀, 黄磊, 张敏. 产品市场竞争、公司治理与代理成本[J]. 世界经济, 2009, 32 (10): 46-59.

[78] 姜洪. 正确理解保险公司治理中的五对关系[N]. 中国保险报, 2016-08-22 (005).

[79] 蒋才芳, 陈收. 我国人寿保险公司经营绩效的 DEA 有效性分析[J]. 财经理论与实践, 2014 (04): 27-32.

[80] 蒋海, 吴文洋. 创新影响了银行风险承担吗?——基于中国上市银行的实证检验[J]. 国际金融研究, 2020 (03): 65-75.

[81] 金融治理的新视野[J]. 中国金融, 2017 (05): 3.

[82] 金熙悦. 董事会特征及股权结构与我国银行系保险公司经营绩效的

关系研究[J]. 保险职业学院学报，2019，33（01）：27-31.

[83] 赖周静. 货币政策对保险公司风险承担的传导机制与影响效果研究[J]. 保险研究，2020（04）：38-52.

[84] 李春然. 浅论中小保险公司建立风险导向内部审计体系的必要性[J]. 中国商论，2018（30）：106-107.

[85] 李非，高进. 保险公司的关联交易与风险控制[J]. 中国保险，2019（10）：17-22.

[86] 李红权，曹佩文. CEO 年龄与公司风险承担行为[J]. 湖南师范大学社会科学学报，2020（03）：129-139.

[87] 李慧聪，李维安，郝臣. 公司治理监管环境下合规对治理有效性的影响——基于中国保险业数据的实证研究[J]. 中国工业经济，2015（08）：98-113.

[88] 李丽. 保险公司内部控制建设存在的问题及对策[J]. 中国市场，2019（36）：87-88.

[89] 李明辉. 股权结构、公司治理对股权代理成本的影响——基于中国上市公司 2001－2006 年数据的研究[J]. 金融研究，2009（02）：149-168.

[90] 李世辉，雷新途. 两类代理成本、债务治理及其可观测绩效的研究——来自我国中小上市公司的经验证据[J]. 会计研究，2008（05）：30-37.

[91] 李寿喜. 产权、代理成本和代理效率[J]. 经济研究，2007（01）：102-113.

[92] 李双杰，杨熠. 中国保险企业经营绩效研究及影响因素分析[J]. 全国商情，2008（09）：47-50.

[93] 李腾，谢志刚. 论对保险公司治理风险的管控[J]. 上海保险，2020（08）：12-15.

[94] 李腾，钟明. 利益相关者视角下我国保险公司独立董事制度有效性研究[J]. 保险研究，2019（09）：60-73.

[95] 李维安，郝臣，崔光耀，等. 公司治理研究四十年：脉络与展望[J]. 外国经济与管理，2019（12）：161-185.

[96] 李维安，郝臣. 国有控股金融机构治理研究[M]. 北京：科学出版社，2018.

[97] 李维安，郝臣. 合规为先，按"系"监管金控公司[J]. 董事会，2018（07）：40-42.

[98] 李维安，郝臣. 中国上市公司监事会治理评价实证研究[J]. 上海财经

大学学报，2006，8（03）：78-84.

[99] 李维安，李滨. 机构投资者介入公司治理效果的实证研究——基于 CCGI^NK 的经验研究[J]. 南开管理评论，2008（01）：4-14.

[100] 李维安，李慧聪，郝臣. 保险公司治理、偿付能力与利益相关者保护[J]. 中国软科学，2012（08）：35-44.

[101] 李维安，牛建波. 中国上市公司经理层治理评价与实证研究[J]. 中国工业经济，2004（09）：57-64.

[102] 李维安，唐跃军. 公司治理评价、治理指数与公司业绩——来自 2003 年中国上市公司的证据[J]. 中国工业经济，2006（04）：98-107.

[103] 李维安，王世权. 中国上市公司监事会治理绩效评价与实证研究[J]. 南开管理评论，2005，8（01）：4-9.

[104] 李维安，武立东. 公司治理教程[M]. 上海：上海人民出版社，2001.

[105] 李维安，徐建. 董事会独立性、总经理继任与战略变化幅度——独立董事有效性的实证研究[J]. 南开管理评论，2014，17（01）：4-13.

[106] 李维安，张国萍. 经理层治理评价指数与相关绩效的实证研究——基于中国上市公司治理评价的研究[J]. 经济研究，2005（11）：87-98.

[107] 李维安. 中国公司治理：从"违规"到合规[J]. 南开管理评论，2006（01）：1.

[108] 李艺华，郝臣. 外部治理对保险公司风险承担的影响研究——基于外部监管和产品市场竞争视角[J]. 保险研究，2019（12）：65-80.

[109] 李增福，曾晓清. 高管离职、继任与企业的盈余操纵——基于应计项目操控和真实活动操控的研究[J]. 经济科学，2014（03）：99-115.

[110] 李增泉，孙铮，王志伟. "掏空"与所有权安排——来自我国上市公司大股东资金占用的经验证据[J]. 会计研究，2004（12）：3-13.

[111] 李志凤. 公司治理对财务绩效影响的实证研究——基于沪、深两市制造业上市公司的数据分析[J]. 商业会计，2014（09）：87-90.

[112] 梁涛. 奋力构建中国特色银行保险业公司治理机制[J]. 中国金融，2020（15）：12-15.

[113] 林德发，范志国，苏贝圆. 公司治理是否导致商业银行风险承担增大——基于 16 家商业银行面板数据的实证检验[J]. 天津商业大学学报，2019，39（05）：27-33.

[114] 林秀清，赵振宗. 大股东资金占用和公司绩效：来自其他应收款的证据[J]. 上海金融学院学报，2008（01）：73-79.

[115] 凌士显，白锐锋. 董事高管责任保险与公司绩效——基于中国上市公

司经验数据的实证检验[J]. 商业研究，2017（10）：78-86.

[116] 凌士显，白锐锋. 媒体监督、董事会治理与保险公司代理成本——基于我国股份制保险公司经验数据的实证检验[J]. 保险研究，2017（04）：91-101.

[117] 刘铎，张彦明，刘斯文. 商业银行治理结构与财务绩效相关性分析[J]. 哈尔滨商业大学学报，2014（04）：3-9.

[118] 刘建勋. 中小保险公司要坚定地走特色化经营之路[J]. 中国保险，2019（02）：5.

[119] 刘金霞，齐青婵. 我国国有控股保险集团公司治理结构研究[J]. 浙江金融，2008（06）：47.

[120] 刘晋飞. 内部治理、盈利能力和成长能力与企业社会责任的实证研究——基于我国电力行业上市公司的经验数据[J]. 上海管理科学，2013，35（04）：69-75.

[121] 刘美玉. 基于利益相关者共同治理的保险公司治理研究[J]. 保险研究，2008（09）：7-12.

[122] 刘清源. 中小保险公司差异化经营模式研究[J]. 合作经济与科技，2015（11）：156-157.

[123] 刘生福，韩雍. 严监管背景下的银行资本调整与风险承担行为——兼论防范和化解金融风险的思路[J]. 南开经济研究，2020（02）：68-91.

[124] 刘素春，张艳. 保险业高管薪酬激励长效机制探究[J]. 人才开发，2010（07）：31-34.

[125] 刘素春. 保险公司治理的特殊性研究——基于利益相关者理论[J]. 保险研究，2010（05）：84-89.

[126] 刘振. 董事会特征、研发投资强度与公司财务绩效[J]. 财会月刊，2015（24）：3-9.

[127] 卢昌崇. 企业治理结构[M]. 大连：东北财经大学出版社，1999.

[128] 鲁桐，吴国鼎. 中小板、创业板上市公司治理评价[J]. 学术研究，2015（05）：79-86.

[129] 鲁桐，张仁良，仲继银，等. 2006年度中国上市公司100强公司治理评价报告[J]. 国际经济评论，2006（03）：52-57.

[130] 鲁桐，仲继银，孙杰. 2006年度中国上市百强公司治理评价报告[J]. 中国改革，2006（06）：42-44.

[131] 罗胜，张雁云. 保险公司董事会评价机制研究[J]. 保险研究，2011（09）：109-113.

[132] 罗胜. 加强治理结构监管 健全保险监管体系[N]. 中国保险报，2006-02-17（002）.

[133] 吕寒冰，曹冀彬，李鹏. 我国中小保险公司发展存在的问题与对策分析[J]. 中国物价，2010（02）：43-45.

[134] 吕长江，张艳秋. 企业财务状况对负债代理成本的影响[J]. 数量经济技术经济研究，2002（12）：108-112.

[135] 麦肯锡. 纾困突围中国中小保险企业破局之道[R]. 研究报告，2019.

[136] 毛颖，孙蓉，甄浩. 保险公司股权结构对风险承担行为的影响研究[J]. 保险研究，2019（07）：14-28.

[137] 苗妙，廖诗雨. 企业风险承担、所有制与诉讼结案方式[J]. 中国经济问题，2020（02）：91-105.

[138] 缪建民. 坚定把改革开放引向深入 推进保险业高质量发展[J]. 保险研究，2018（12）：42-46.

[139] 宁向东. 公司治理理论[M]. 北京：中国发展出版社，2005.

[140] 牛雪舫. 再保险能降低财产保险公司的风险承担吗？——基于大中小型财险公司的比较[J]. 保险职业学院学报，2019，33（3）：55-58.

[141] 欧阳越秀. 偿二代监管体系对我国财产保险公司偿付能力风险管理的影响研究[J]. 上海保险，2017（09）：48-53.

[142] 裴武威. 公司治理评价体系研究[J]. 证券市场导报，2001（09）：4-15.

[143] 秦晓天. 我国保险公司效率及其影响因素实证研究[D]. 南开大学，2017.

[144] 任雅姗，戴绍文. 关于我国保险公司履行社会责任的综合评价——基于利益相关者理论的视角[J]. 中国保险，2011（05）：15-17.

[145] 沈华麟. 中国上市保险公司股权结构与公司绩效研究[J]. 河北企业，2019（08）：84-85.

[146] 沈健，杜鹃. 相互保险组织与股份保险公司效率比较：国外文献综述[J]. 南方金融，2017（02）：25-31.

[147] 沈立，谢志刚. 我国中小财险公司与大型财险公司风险差异[J]. 保险研究，2013（10）：107-118.

[148] 施建祥. 我国中小股份制保险公司未来发展的五个趋势[J]. 江西财经大学学报，2005（01）：34-37.

[149] 孙宏涛. 保险公司股权强制退出与风险防范[J]. 新理财，2019（11）：21-24.

[150] 孙祁祥，郑伟. 保险制度与市场经济：六个基本理念[J]. 保险研究，2009（07）：19-23.

[151] 孙蓉，王超. 我国保险公司经营绩效综合评价[J]. 保险研究，2013（01）：49-57.

[152] 孙溪，燕令葭. 保险业：公司治理再出发[J]. 新理财，2020（10）：21-23.

[153] 孙雪芬. 习近平关于金融工作的重要论述及其当代价值[J]. 江淮论坛，2019（05）：26-31.

[154] 孙永祥，黄祖辉. 上市公司的股权结构与绩效[J]. 经济研究，1999（12）：23-30.

[155] 孙永祥，章融. 董事会规模、公司治理与绩效[J]. 企业经济，2000（10）：13-15.

[156] 唐金成，胡珊珊. 我国保险公司偿付能力及其监管研究——基于"偿二代"监管体系[J]. 西南金融，2017（01）：39-44.

[157] 唐金成，孙灵刚. 中国上市保险公司治理问题研究[J]. 广西大学学报（哲学社会科学版），2014（01）：34-38.

[158] 唐清泉，罗当论，张学勤. 独立董事职业背景与公司业绩关系的实证研究[J]. 当代经济管理，2005（01）：97-101.

[159] 唐跃军. 上市公司利益相关者治理机制评价与治理指数分析[J]. 管理科学，2005（04）：14-21.

[160] 汪娟，周达勇. 非金融企业"去杠杆"与风险承担[J]. 财会通讯，2020（04）：73-76.

[161] 汪立志. 广信事件给中小保险公司留下的深思[J]. 上海保险，1999（08）：17-19.

[162] 汪立志. 论我国中小型保险公司的发展[J]. 保险研究，2000（12）：11-12.

[163] 王冬妮. 博弈论视角下保险公司的关联交易行为[J]. 中国保险，2019（04）：12-15.

[164] 王静仪. 保险公司关联交易监管的发展、瓶颈与展望[J]. 中国保险，2019（10）：12-16.

[165] 王璐，张迎春，余丽霞. 经济不确定、银行管理者乐观主义与银行风险承担[J]. 经济理论与经济管理，2020（01）：69-81.

[166] 王鹏. 投资者保护、代理成本与公司绩效[J]. 经济研究，2008（02）：68-82.

[167] 王浦劬. 国家治理、政府治理和社会治理的含义及其相互关系[J]. 国家行政学院学报，2014（03）：11-17.

[168] 王晓英，彭雪梅. 国有上市保险公司股权结构对经营绩效的影响研究[J]. 保险研究，2011（04）：28-35.

[169] 王绪瑾，王浩帆. 改革开放以来中国保险业发展的回顾与展望[J]. 北京工商大学学报（社会科学版），2020，35（02）：91-104.

[170] 王艳，方璐，万里虹. 偿付能力监管约束下保险公司融资行为研究[J]. 保险研究，2019（10）：47-58.

[171] 王艳，李洋，叶璐莹. 基于价值驱动因素构建保险公司价值评估体系[J]. 保险职业学院学报，2015（01）：52-56.

[172] 王雨航. 中国上市保险公司经营效率实证分析——基于 DEA 方法[J]. 全国流通经济，2020（04）：156-159.

[173] 王志芳，油晓峰. 我国上市公司债务代理成本的实证分析[J]. 财政研究，2009（07）：74-77.

[174] 王紫薇，王海龙. 货币政策、金融杠杆与银行风险承担[J]. 金融发展研究，2020（02）：55-61.

[175] 翁洪波，吴世农. 机构投资者、公司治理与上市公司股利政策[J]. 中国会计评论，2007（03）：367-380.

[176] 吴敬琏. 大中型企业改革：建立现代企业制度[M]. 天津：天津人民出版社，1993.

[177] 吴书斌，叶翠红. 经济金融化降低了银行风险承担水平吗？[J]. 当代金融研究，2020（01）：50-57.

[178] 吴淑琨，李有根. 中国上市公司治理评价体系研究[J]. 中国软科学，2003（05）：65-69.

[179] 吴淑琨，席酉民. 基于监控主体的公司治理模式探讨[J]. 中国工业经济，1998（09）：64-68.

[180] 武剑. 金融治理能力：防范化解金融风险的重要保障[N]. 学习时报，2020-01-15（005）.

[181] 夏喆，靳龙. 公司治理机制对我国保险业风险与绩效的影响——基于我国保险行业 2011 年截面数据[J]. 保险研究，2013（03）：16-23.

[182] 肖作平，陈德胜. 公司治理结构对代理成本的影响——来自中国上市公司的经验证据[J]. 财贸经济，2006（12）：29-35.

[183] 谢晓霞，李进. 股权结构、董事会特征与业绩研究——中国保险公司的治理结构分析[J]. 保险研究，2009（08）：90-95.

[184] 谢永珍，王维祝. 中国上市公司两职设置与公司治理绩效关系的实证分析[J]. 山东大学学报（哲学社会科学版），2006（01）：115-124.

[185] 辛向阳. 推进国家治理体系和治理能力现代化的三个基本问题[J]. 理论探讨，2014（02）：27-31.

[186] 邢炜. 标准化建设引领保险业高质量发展[J]. 中国金融，2020（12）：60-61.

[187] 熊芳. 内部治理对我国保险公司风险承担的影响研究[D]. 西南财经大学，2014.

[188] 徐华，李思荟. 内部治理、外部监管与保险公司风险承担[J]. 保险研究，2013（12）：116-123.

[189] 徐景峰，廖朴. 我国中小保险公司发展策略探讨[J]. 天津商业大学学报，2010，30（05）：22-26.

[190] 徐诺金. 金融制度优势应加快转化为金融治理效能[N]. 金融时报，2019-12-16（009）.

[191] 许海燕. 论我国中小型保险公司的竞争策略[J]. 商场现代化，2005（26）：192-193.

[192] 许敏敏，郭琦. 保险公司治理指数模型构建、测算与评价——以财险公司为例[J]. 会计之友，2019（18）：55-62.

[193] 闫长乐. 公司治理[M]. 北京：人民邮电出版社，2008.

[194] 严若森. 保险公司治理评价：指标体系构建与评分计算方法[J]. 保险研究，2010（10）：44-53.

[195] 杨馥. 中国保险公司治理监管制度研究[D]. 西南财经大学，2009.

[196] 杨虎锋，何广文. 治理机制对小额贷款公司绩效的影响——基于169家小额贷款公司的实证分析[J]. 中国农村经济，2014（06）：74-82.

[197] 杨华柏. 保险公司高管人员的动态监管[J]. 中国金融，2011（24）：51-52.

[198] 杨慧洁. 保险公司股权监管的发展现状与不足[J]. 保险职业学院学报，2020，34（03）：75-78.

[199] 杨文捷，朱顺和，邝艳娟. 金融科技发展、市场竞争与银行风险承担[J]. 金融理论与实践，2020（03）：52-57.

[200] 杨兴全，郑军. 基于代理成本的企业债务融资契约安排研究[J]. 会计研究，2004（07）：61-66.

[201] 杨英杰，刘海龙. 习近平关于金融工作重要论述的理论价值与实践意义[J]. 理论研究，2019（06）：5-13.

[202] 杨永志，王琳. 习近平治理现代化思想中的共同观[J]. 治理现代化研究，2018（04）：12-15.

[203] 杨有成. 中国财产保险市场结构实证分析[J]. 开放导报，2010（04）：70-74.

[204] 姚启建. 法律背景独立董事的价值研究[J]. 法制与社会，2020（10）：73-77.

[205] 姚远. 全球金融治理的内在张力——等级结构下的网络化治理[J]. 国际展望，2019（02）：129-148.

[206] 于东智，池国华. 董事会规模、稳定性与公司绩效：理论与经验分析[J]. 经济研究，2004（04）：70-79.

[207] 余明桂，李文贵，潘红波. 管理者过度自信与企业风险承担[J]. 金融研究，2013（01）：149-163.

[208] 余明桂，李文贵，潘红波. 民营化、产权保护与企业风险承担[J]. 经济研究，2013，48（09）：112-124.

[209] 俞可平. 全球治理引论[J]. 马克思主义与现实，2002（01）：20-32.

[210] 俞可平. 推进国家治理体系和治理能力现代化[J]. 前线，2014（01）：5-8.

[211] 俞可平. 治理与善治[M]. 北京：社会科学文献出版社，2000.

[212] 袁成，杨波. 保险公司偿付能力充足率解读——来自我国 16 家保险公司的经验证据[J]. 中央财经大学学报，2014（09）：36-41.

[213] 袁萍，刘士余，高峰. 关于中国上市公司董事会、监事会与公司业绩的研究[J]. 金融研究，2006（06）：23-32.

[214] 原彰，苏晓坚. 保险公司女性高管对公司绩效影响的实证研究——以三家上市保险公司为例[J]. 上海保险，2018（06）：47-51.

[215] 岳志军，周述文，周璐. 保险公司分支机构合规管理评价体系构建研究[J]. 金融监管研究，2018（07）：71-81.

[216] 张光利，闫丽新，周利国. 城市商业银行董事长政治经历与银行风险承担[J]. 经济管理，2019，41（07）：71-87.

[217] 张继袖，陆宇建. 中小企业公司治理与盈利能力——来自深市中小盘的证据[J]. 南京审计学院学报，2007（01）：42-48.

[218] 张菊. 机构投资者异质性、公司治理与企业盈利能力[J]. 财会通讯，2019（09）：35-39.

[219] 张文珂，张芳芳. 治理结构效率对上市公司盈利能力的影响[J]. 技术经济与管理研究，2009（03）：27-29.

[220] 张艳花. 关注中小保险公司发展[J]. 中国金融, 2009 (09): 86-91.

[221] 张扬, 郝臣, 李慧聪. 国外保险公司治理研究: 主题、逻辑与展望[J]. 保险研究, 2012 (10): 86-94.

[222] 张耀伟. 董事会治理评价、治理指数与公司绩效实证研究[J]. 管理科学, 2008, 21 (05): 11-18.

[223] 张正平, 刘云华. 电子化影响农村商业银行的风险承担吗[J]. 财贸经济, 2020 (06): 95-110.

[224] 赵桂芹, 吴洪. 我国财产保险公司资本与风险关系研究——兼论偿付能力监管制度的影响[J]. 保险研究, 2013 (11): 32-42.

[225] 赵桂芹, 仲赛末. 监管压力、监管宽容与财险公司风险承担[J]. 财经研究, 2019, 45 (07): 112-124.

[226] 赵亚男. 对保险公司治理水平提升措施的若干思考[J]. 中国市场, 2019 (12): 48-49.

[227] 赵燕. 金融与实体经济的关系研究[J]. 现代管理科学, 2019 (01): 15-17.

[228] 赵耀腾. 投资风险规避下公司治理指数评价体系构建[J]. 统计与决策, 2020, 36 (04): 168-172.

[229] 赵筠, 霍联宏. 基于模糊层次分析法甄选保险公司高管人员决策探析[J]. 保险研究, 2009 (12): 80-86.

[230] 赵震宇, 杨之曙, 白重恩. 影响中国上市公司高管层变更的因素分析与实证检验[J]. 金融研究, 2007 (08): 76-89.

[231] 郑丹萍, 张杨勋. 高层管理团队理论研究综述[J]. 企业科技与发展, 2014 (11): 12-15.

[232] 郑莉莉. 我国保险公司偿付能力影响因素研究[J]. 科学决策, 2014 (05): 72-82.

[233] 郑伟. 保险是推进国家治理现代化的重要工具[J]. 中国保险, 2020 (05): 17-22.

[234] 郑伟. 改革开放 40 年的保险监管[J]. 保险研究, 2018 (12): 73-77.

[235] 中国大地财产保险股份有限公司课题组. 市场转型格局下的财产保险公司可持续盈利能力探究[J]. 保险研究, 2010 (03): 18-27.

[236] 中国银保监会公司治理监管部. 努力构建中国特色的现代保险公司治理机制 开创公司治理监管新局面[J]. 保险研究, 2018 (12): 38-41.

[237] 周桦, 张娟. 偿付能力监管制度改革与保险公司成本效率——基于中国财险市场的经验数据[J]. 金融研究, 2017 (04): 128-142.

[238] 周婷婷，李维安. 信息环境波动与董事会风险功能——基于风险信息披露视角[J]. 经济与管理研究，2016，37（05）：105-112.

[239] 周玉华. 论加强保险公司关联交易的管理[J]. 保险研究，2007（11）：71-75.

[240] 朱南军，郝君富. 公司治理是保险集团健康发展的制度基础[J]. 中国金融，2010（21）：59-60.

[241] 祝向军，刘霄辉，唐瑜. 中小保险公司科学发展目标与策略探析[J]. 保险研究，2008（10）：61-66.

[242] 庄宏献，叶正茂. 国有保险企业股权结构变革与经营绩效的实证[J]. 求索，2005（08）：18-19.

[243] A A Yemane, M L Raju, R M Raju. The Impact of Corporate Governance on Firm's Performance: Evidence from Ethiopian Insurance Companies[J]. Research Journal of Finance and Accounting, 2015, 6(09): 225-233.

[244] Abdul Latif Alhassan, Nicholas Biekpe. Competition and Efficiency in the Non-life Insurance Market in South Africa[J]. Journal of Economic Studies, 2016,43(06): 882-909.

[245] Adolf A Berle, Gardiner C Means. The Modern Corporation and Private Property[M]. New York: The Macmillian Company, 1932.

[246] Andreas Milidonis, Takeshi Nishikawa, Jeungbo Shim. CEO Inside Debt and Risk Taking: Evidence from Property - liability Insurance Firms[J]. Journal of Risk and Insurance, 2019, 86(02): 451-477.

[247] Andrei Shleifer, Robert W Vishny. A Survey of Corporate Governance[J]. Journal of Finance, 1997(52): 737-783.

[248] Andrew Metrick, Paul A Gompers, Joy L Ishii. Corporate Governance and Equity Prices[J]. Quarterly Journal of Economics, 2003, 118(01): 107-155.

[249] Armenio Rego, Miguel Pina E Cunha. Organisational Citizenship Behaviours and Effectiveness: An Empirical Study in Two Small Insurance Companies[J]. The Service Industries Journal, 2008, 28(04): 541-554.

[250] Axel Johne, Robert Davies. Innovation in Medium - Sized Insurance Companies: How Marketing Adds Value[J]. International Journal of Bank Marketing, 2000, 18(01): 6-14.

[251] Azarnoush Ansari, Arash Riasi. Modelling and Evaluating Customer Loyalty Using Neural Networks: Evidence from Startup Insurance Companies[J]. Future Business Journal, 2016, 2(01): 15-30.

[252] Barry Baysinger, Robert E Hoskisson. Diversification Strategy and R&D Intensity in Multiproduct Firms[J]. Academy of Management Journal, 32(02): 310-332.

[253] Basiru Salisu Kallamu, Nur Ashikin Mohd Saat. Audit Committee Attributes and Firm Performance: Evidence from Malaysian Finance Companies [J]. Asian Review of Accounting, 2015, 23(03): 206-231.

[254] Batsirai Winmore Mazviona, Bakisi Dube, Tendai Sakahuhwa. Analysis of Factors Affecting the Performance of Insurance Companies in Zimbabwe[J]. Journal of Finance and Investment Analysis, 2017, 6(01): 11-30.

[255] Ben Q Honyenuga, Ronald S J Tuninga, Paul W. Ghijsen. High Performance Organizations Framework as a Predictor of Firm Performance in the Insurance Industry in Ghana[J]. Journal of Transnational Management, 2014, 19(04): 261-278.

[256] Bernard S Black, Antonio Gledson de Carvalho, Joelson Oliveira Sampaio. The Evolution of Corporate Governance in Brazil [J]. Emerging Markets Review, 2014(20): 176-195.

[257] Bruno Faustino Lima, Antonio Zoratto Sanvicente. Quality of Corporate Governance and Cost of Equity in Brazil[J]. Journal of Applied Corporate Finance, 2013, 25(01): 72-80.

[258] Catherine Bruneau, Nadia Sghaier. Cyclicity in the French Property - liability Insurance Industry: New Findings Over the Recent Period[J]. Journal of Risk and Insurance, 2015, 82(02): 433-462.

[259] Chia-Ling Ho, Gene C Lai, and Jin-Ping Lee. Organizational Structure, Board Composition, and Risk Taking in the US Property Casualty Insurance Industry[J]. Journal of Risk and Insurance, 2013, 80(01): 169-203.

[260] Christian Biener, Martin Eling. Organization and Efficiency in the International Insurance Industry: A Cross-frontier Analysis[J]. European Journal of Operational Research, 2012, 221(02): 454-468.

[261] Chrysovalantis Gaganis, Iftekhar Hasan, Panagiota Papadimitri, Menelaos Tasiou. National Culture and Risk-taking: Evidence from the Insurance Industry[J]. Journal of Business Research, 2019(97): 104-116.

[262] Claus Holm, Morten Balling, Thomas Poulsen. Corporate Governance

Ratings as a Means to Reduce Asymmetric Information[J]. Cogent Economics & Finance, 2014(02): 919-235.

[263] Daniel J Fuss. Investing for Small Life Insurance Companies[J]. Financial Analysts Journal, 1966, 22(02): 115-119.

[264] Daniel Mehari, Tilahun Aemiro. Firm Specific Factors That Determine Insurance Companies' Performance in Ethiopia[J]. European Scientific Journal, 2013, 9(10): 245-255.

[265] Danny Miller, Peter H Friesen. Archetypes of Strategy Formulation[J]. Management Science, 1978, 24(09): 921-933.

[266] David Appel, John D Worrall, Richard J Butler. Survivorship and the Size Distribution of the Property-Liability Insurance Industry[J]. The Journal of Risk and Insurance, 1985, 52(03): 424-440.

[267] David M Pooser, Ping Wang, James Barrese. A Governance Study of Corporate Ownership in the Insurance Industry [J]. Journal of Insurance Issues, 2017, 40(01): 23-60.

[268] David Mayers, Clifford W Smith. Compensation and Board Structure: Evidence from the Insurance Industry[J]. Journal of Risk and Insurance, 2010, 77(02): 297-327.

[269] David Mayers, Clifford W Smith. On the Choice of Organizational Form: Theory and Evidence from the Insurance Industry[A]. In Georges Dionne. Handbook of Insurance[C]. New York: Springer-Verlag, 2013.

[270] David Mayers, Clifford W Smith.Compensation and Board Structure: Evidence from the Insurance Industry[J]. Journal of Risk and Insurance, 2010, 77(02): 297-327.

[271] Dudi Schwartz. Interpretation and Disclosure in Insurance Contracts[J]. Loyola Consumer Law Review, 2008(21): 105-154.

[272] Eling Martin, D M Sebastian.Corporate Governance and Risk Taking: Evidence from the UK and German Insurance Markets[J]. Journal of Risk and Insurance, 2014, 81(03): 653-682.

[273] Elizabeth Grace.Contracting Incentives and Compensation for Property - Liability Insurer Executives[J]. Journal of Risk and Insurance, 2004, 71(02): 285-307.

[274] Enya He, David W Sommer, Xiaoying Xie. The Impact of CEO Turnover on Property-liability Insurer Performance[J]. Journal of Risk and

Insurance, 2011, 78(03): 583-608.

[275] Enya He, David W Sommer. CEO Turnover and Ownership Structure: Evidence from the US Property-liability Insurance Industry[J]. Journal of Risk and Insurance, 2011, 78(03): 673-701.

[276] Erdem Kirkbesoglu, Jon McNeill, Emir Huseyin Ozder. An Evaluation of the Effectiveness of Insurance Organizations at Providing Information to Policyholders: A Cross - cultural Comparison Between United Kingdom & Turkey[J]. International Business Research, 2015, 8(09): 35-46.

[277] Eugene F Fama, Michael C Jensen. Separation of Ownership and Control[J]. Journal of Law and Economics, 1983, 26(02): 301-325.

[278] Folake Olowokudejo, S A Aduloju. Corporate Social Responsibility and Organizational Effectiveness of Insurance Companies in Nigeria[J]. The Journal of Risk Finance, 2011, 12(03): 156-167.

[279] G T Lumpkin, Gregory G Dess. Clarifying the Entrepreneurial Orientation Construct and Linking It to Performance[J]. Academy of Management Review, 1996, 21(01): 135-172.

[280] Gene C Lai, Michael J McNamara, Tong Yu. The Wealth Effect of Demutualization: Evidence from the U.S. Property-liability and Life Insurance Industries[J]. Journal of Risk and Insurance, 2008, 75(01): 125-144.

[281] Guadalupe del Carmen Briano-Turrent, Lazaro Rodriguez-Ariza. Corporate Governance Ratings on Listed Companies: An Institutional Perspective in Latin America[J]. European Journal of Management and Business Economics, 2016, 25(02): 63-75.

[282] Hala Abdul Kader, Mike Adams, Philip Hardwick, W Jean Kwon. Cost Efficiency and Board Composition under Different Takaful Insurance Business Models[J]. International Review of Financial Analysis, 2014, 32(03): 60-70.

[283] Hale Abdul Kadera, Mike Adams, Philip Hardwick. The Cost Efficiency of Takaful Insurance Companies[J]. The Geneva Papers on Risk and Insurance - Issues and Practice, 2010, 35(01): 161-181.

[284] Hazar Guetat, Sami Jarboui, Younes Boujelbene. Evaluation of Hotel Industry Performance and Corporate Governance: A Stochastic Frontier Analysis[J]. Tourism Management Perspectives, 2015(15): 128-136.

[285] Henrique Castro Martins.The Brazilian Bankruptcy Law Reform, Corporate Ownership[J]. Managerial and Decision Economics, 2020(41): 562-573.

[286] Herbert A Simon. Administrative Behavior: A Study of Decision Making Processes in Administrative Organization [M]. New York: Free Press, 1965.

[287] Hirofumi Fukuyama. Investigating Productive Efficiency and Productivity Changes of Japanese Life Insurance Companies[J]. Pacific-Basin Finance Journal, 1997, 5(04): 481-509.

[288] J Augusto Felício, Ricardo Rodrigues. Organizational Factors and Customers' Motivation Effect on Insurance Companies' Performance[J]. Journal of Business Research, 2015, 68(07): 1622-1629.

[289] J David Cummins, Georges Dionne, Robert Gagne, A H Nouira. Efficiency of Insurance Firms with Endogenous Risk Management and Financial Intermediation Activities[J]. Journal of Productivity Analysis, 2009, 32(02): 145-159.

[290] James G March, Zur Shapira. Managerial Perspectives on Risk and Risk Taking[J]. Management Science, 1987, 33(11): 1404-1418.

[291] James Ranger-Moore. Bigger May be Better, but is Older Wiser? Organizational Age and Size in the New York Life Insurance Industry[J]. American Sociological Review, 1997, 62(06): 903-920.

[292] James Rosenau. Governance in the 21st Century [J]. Global Governance, 1995, 1(01): 13-43.

[293] James Rosenau. 没有政府的治理[M]. 张胜军，刘小林，等译. 南昌：江西人民出版社，2001.

[294] James S Ang, Rebel A Cole, James Wuh Lin. Agency Costs and Ownership Structure [J]. Journal of Finance, 2000, 55(01): 81-106.

[295] Jiang Cheng, Elyas Elyasiani, Jingyi (Jane) Jia. Institutional Ownership Stability and Risk Taking: Evidence from the Life-health Insurance Industry[J]. Journal of Risk and Insurance, 2011, 78(03): 609-641.

[296] Jiang Cheng, J David Cummins, Tzuting Lin. Organizational Form, Ownership Structure, and CEO Turnover: Evidence from the Property-casualty Insurance Industry[J]. Journal of Risk and Insurance, 2017, 84(01): 95-126.

[297] Jitendra V Singh. Performance, Slack, and Risk Taking in Organizational Decision Making[J]. Academy of Management Journal, 1986, 29(03): 562-585.

[298] Joseph Alois Schumpeter. The Theory of Economic Development: An Inquiry into Profits, Capital, Interest and the Business Cycle[M]. Cambridge: Harvard University Press, 1934.

[299] Kenneth F Kroner, Douglas S West. The Relationship Between Firm Size and Screening in an Automobile Insurance Market[J]. The Journal of Risk and Insurance, 1995, 62(01): 12-29.

[300] Kose John, Lubomir Litov, Bernard Yeung. Corporate Governance and Risk-Taking[J]. Journal of Finance, 2008, 63(04): 1679-1728.

[301] Lara Johannsdottir. Drives of Proactive Environmental Actions of Small, Medium and Large Nordic Non-Life Insurance Companies - And Insurers as A Driving Force of Actions[J]. Journal of Cleaner Production, 2015, 108(PartA): 685-698.

[302] Lawrence D Brown, Marcus L Caylor. Corporate Governance and Firm Valuation[J]. Journal of Accounting and Public Policy, 2006, 25(04): 409-434.

[303] Lillian Y Fok, Wing M Fok, Peihwang P Wei, Susan M L Zee. The Effects of Firm Size on Risk and Profitability of the Property and Casualty Insurance Industry[J]. Journal of Insurance Issues, 1997, 20(01): 25-36.

[304] Li-Ying Huang, Gene C Lai, Michael McNamara, Jennifer Wang. Corporate Governance and Efficiency: Evidence from U.S. Property - Liability Insurance Industry[J]. Journal of Risk & Insurance, 2011, 78(03): 519-550.

[305] Li-Ying Huang, Yu-Luen Ma, Nat Pope. Foreign Ownership and Non-life Insurer Efficiency in the Japanese Marketplace[J]. Risk Management and Insurance Review, 2012, 15(01): 57-88.

[306] Luc Laeven, Ross Levine. Bank Governance, Regulation and Risk Taking[J]. Journal of Financial Economics, 2009, 93(02): 259-275.

[307] Lucian Bebchuk, Alma Cohen, Allen Ferrell. What Matters in Corporate Governance? [J]. Review of Financial Studies, 2004, 22(02): 783-827.

[308] Machail Nerantzidis. The Role of Weighting in Corporate Governance Ratings[J]. Journal of Management and Governance, 2018, 22(03): 589-

628.

[309] Manohar Singh, W N Davidson Iii. Agency Costs, Ownership Structure and Corporate Governance Mechanisms[J]. Journal of Banking & Finance, 2003, 27(05): 793 -816.

[310] Mara Faccio, Maria-Teresa Marchica, Roberto Mura. Large Shareholder Diversification and Corporate Risk-Taking[J]. The Review of Financial Studies, 2011, 24(11): 3601-3641.

[311] Maria Rosa Borges, Milton Nektarios, Carlos Pestana Barros. Analysing the Efficiency of the Greek Life Insurance Industry[J]. European Research Studies Journal, 2008, XI (03): 35-52.

[312] Mark L Defond, Mingyi Hung. Investor Protection and Corporate Governance: Evidence from Worldwide CEO Turnover[J]. Journal of Accounting Research, 2004, 42(02): 269-312.

[313] Martin Eling, David Antonius Pankoke. Systemic Risk in the Insurance Sector: Review and Directions for Future Research [J]. Risk Management and Insurance Review, 2016, 19(02): 249-284.

[314] Martin Eling, Michael Luhnen. Efficiency in the International Insurance Industry: A Cross-country Comparison[J]. Journal of Banking and Finance, 2010, 34(07): 1497-1509.

[315] Martin Eling, Sebastian D Marek. Corporate Governance and Risk Taking: Evidence from the UK and German Insurance Markets[J]. Journal of Risk and Insurance, 2014, 81(03): 653-682.

[316] Mary A Weiss, Byeongyong Paul Choi. State Regulation and the Structure, Conduct, Efficiency and Performance of US Auto Insurers[J]. Journal of Bank and Finance, 2008, 32(01): 134-156.

[317] Meng-Fen Hsieh, Chien-Chiang Lee, Shih-Jui Yang. The Impact of Diversification on Performance in the Insurance Industry: The Roles of Globalisation, Financial Reforms and Global Crisis[J]. The Geneva Papers on Risk and Insurance - Issues and Practice, 2015, 40(04): 585-631.

[318] Michael Luhnen. Determinants of Efficiency and Productivity in German Property-liability Insurance: Evidence for 1995—2006[J]. The Geneva Papers on Risk and Insurance - Issues and Practice, 2009, 34(03): 483-505.

[319] Mike Adams, Wei Jiang. Do Chief Executives' Traits Affect the Financial Performance of Risk-trading Firms? Evidence from the UK Insurance

Industry[J]. British Journal of Management, 2017, 28(03): 481-501.

[320] Milton Nektarios, Carlos Pestana Barros. A Malmquist Index for the Greek Insurance Industry [J]. The Geneva Papers on Risk and Insurance - Issues and Practice, 2010, 35(02): 309-324.

[321] Min‐Ming Wen, Anna D Martin, Gene Lai, Thomas J O'Brien. Estimating the Cost of Equity for Property‐Liability Insurance Companies[J]. The Journal of Risk and Insurance, 2008, 75(01): 101-124.

[322] Musa Obalola.Beyond Philanthropy: Corporate Social Responsibility in the Nigerian Insurance Industry[J]. Social Responsibility Journal, 2008, 4(04): 538-540.

[323] Narjess Boubakri, Georges Dionne, Thouraya Triki. Consolidation and Value Creation in the Insurance Industry: The Role of Governance[J]. Journal of Banking and Finance, 2008, 32(01): 56-68.

[324] Narjess Boubakri, Jean-Claude Cosset, Walid Saffar. The Role of State and Foreign Owners in Corporate Risk-Taking Evidence from Privatization[J]. Journal of Financial Economics, 2013(108): 641-658.

[325] Narjess Boubakri, Sadok El Ghoul, Omrane Guedhami, Mahmud Hossain. Post-Privatization State Ownership and Bank Risk-Taking Cross Country Evidence[J]. Journal of Corporate Finance, 2020, Forthcoming.

[326] Narjess Boubakri. Corporate Governance and Issues from the Insurance Industry[J]. Journal of Risk and Insurance, 2011, 78(03): 501-518.

[327] Otgontsetseg Erhemjamts, J Tyler Leverty. The Demise of the Mutual Organizational Form: An Investigation of the Life Insurance Industry[J]. Journal of Money, Credit and Banking, 2010, 48(01): 21-49.

[328] P A Gompers, J L Ishii, A Metrick.Corporate Governance and Equity Prices[J]. Journal of Finance, 2001, 52(04): 1641-1658.

[329] P D Praetz. The Effect of Size And other Economic Factors on the Expense Rate Behaviors of U. K. Life Insurance Companies[J]. Journal of the Institute of Actuaries, 1983, 110(02): 383-388.

[330] Peter F Drucker. Innovation and Entrepreneurship: Practice and Principles[J]. Public Productivity Review, 1986, 10(01): 105-109.

[331] Peter Wright, Stephen P Ferris, Atulya Sarin. Impact of Corporate Insider, Blockholder, and Institutional Equity Ownership on Firm Risk Taking[J]. Academy of Management Journal, 1996, 39(02): 441-458.

[332] Philip Bromiley. Testing a Causal Model of Corporate Risk Taking and Performance[J]. Academy of Management Journal, 1991, 34(01): 37-59.

[333] Philip Hardwick, Mike Adams. Firm Size and Growth in the United Kingdom Life Insurance Industry[J]. Journal of Risk and Insurance, 2002, 69(04): 577-593.

[334] Philip Hardwick, Mike Adams. Hong Zou. Board Characteristics and Profit Efficiency in the United Kingdom Life Insurance Industry[J]. Journal of Business Finance and Accounting, 2011, 38(7-8): 987-1015.

[335] Rafael La Porta, Florencio Lopez-de-Silanes, Andrei Shleifer and Robert W Vishny. Law and Finance [J]. Journal of Political Economy, 1998, 106(06): 1113-1155.

[336] Rafael La Porta, Florencio Lopez-de-Silanes, Andrei Shleifer and Robert W Vishny. Investor Protection and Corporate Governance [J]. Journal of Financial Economics, 2000, 58(02): 3-27.

[337] Rafael La Porta, Florencio Lopez-de-Silanes, Andrei Shleifer, Robert W Vishny. Investor Protection and Corporate Valuation [J]. The Journal of Finance, 2002, 57(03): 1147-1170.

[338] Renbao Chen, Kie Ann Wong. The Determinants of Financial Health of Asian Insurance Companies[J]. The Journal of Risk and Insurance, 2004, 71(03): 469-499.

[339] Richard B Freeman. Longitudinal Analyses of the Effects of Trade Unions[J]. Journal of Labor Economics, 1984, 2(01): 1-26.

[340] Richard MacMinn, Yayuan Ren. Mutual versus Stock Insurers: A Synthesis of the Theoretical and Empirical Research[J]. Journal of Insurance Issues, 2011, 34(02): 101-111.

[341] Richard Spiller. Ownership and Performance: Stock and Mutual Life Insurance Companies[J]. Journal of Risk and Insurance, 1972, 39(01): 17-25.

[342] Roger M Shelor, Mark L Cross. Insurance Firm Market Response to California Proposition 103 and the Effects of Firm Size[J]. The Journal of Risk and Insurance, 1990, 57(04): 682-690.

[343] Sammy M Kiragu. Assessment of Challenges Facing Insurance Companies in Building Competitive Advantage in Kenya: A Survey of Insurance Firms[J]. International Journal of Social Sciences and Entrepreneurship,

2014, 11(01): 2-23.

[344] Searat Ali, Benjamin Liu, Jen Je Su. Does Corporate Governance Quality Affect Default Risk? The Role of Growth Opportunities and Stock Liquidity[J]. International Review of Economics & Finance, 2018(58): 422-448.

[345] Selim Mankai, Aymen Belgacem. Interactions between Risk Taking, Capital, and Reinsurance for Property-liability Insurance Firms[J]. Journal of Risk and Insurance, 2016, 83(04): 1007-1043.

[346] Simon Johnson, R L Porta, F Hopez-De-Silanes. "Tunneling" [J]. The American Economic Review, 2000, 90(02): 22-27.

[347] Simona Cosma, Giovanni Mastroleo, Paola Schwizer. Assessing Corporate Governance Quality: Substance over Form[J]. Journal of Management & Governance, 2018, 22(02): 457-493.

[348] Stephen Bryan, Robert Nash, Ajay Patel. Can the Agency Costs of Debt and Equity Explain the Changes in Executive Compensation During the 1990s? [J]. Journal of Corporate Finance, 2006(12): 516-535.

[349] Stephen G Fier, Andre P Liebenberg. Market Reaction to Potential Federal Regulation in the Insurance Industry [J]. Journal of Insurance Issues, 2013, 36(01): 1-34.

[350] Steve Miller, Tina Yang. Board Leadership Structure of Publicly-traded Insurance Companies[J]. Journal of Insurance Issues, 2015, 38(02): 184-232.

[351] Steven Globerman. Firm Size and Dynamic Efficiency in the Life Insurance Industry[J]. The Journal of Risk and Insurance, 1986, 53(02): 278-293.

[352] Steven W Pottier. Life Insurer Efficiency and State Regulation: Evidence of Optimal Firm Behavior[J]. Journal of Regulatory Economics, 2011, 39(02): 169-193.

[353] Susan Pourciau. Earnings Management and Nonroutine Executive Changes[J]. Journal of Accounting & Economics, 1993, 16(1-3): 317-336.

[354] The Commission on Global Governance. Our Global Neighborhood: The Report of the Commission on Global Governance[M]: New York: Oxford University Press, 1995.

[355] The World Bank. Governance and Development[R]. The World Bank

Report, 1992.

[356] The World Bank. Governance: The World Bank's Experience[R]. The World Bank Report, 1994.

[357] The World Bank. Managing Development: The Governance Dimension[R]. The World Bank Report, 1991.

[358] The World Bank. Sub-Saharan Africa: From Crisis to Sustainable Growth[R]. The World Bank Report, 1989.

[359] Theodor Kohers, Mark R Greene. Company Size and Financial Performance: Some Evidence from the Insurance Industry[J]. The Journal of Insurance Issues and Practices, 1977, 1(03): 59-66.

[360] Tony Abdoush. Corporate Governance, Firm Performance and Efficiency: Three Efficiency: Three Empirical Analyses of the UK Insurance Industry[D]. University Southampton: University of Southampton, 2017.

[361] Wei Huang, Martin Eling. An Efficiency Comparison of the Non-life Insurance Industry in the BRIC Countries[J]. European Journal of Operational Research, 2013, 226(03): 577-591.

[362] Wen-Chang Lin, Yi-Hsun Lai, Michael R Powers. The Relationship between Regulatory Pressure and Insurer Risk Taking[J]. Journal of Risk and Insurance, 2014, 81(02): 271-301.

[363] Wen-Yen Hsu, Pongpitch Petchsakulwong. The Impact of Corporate Governance on the Efficiency Performance of the Thai Non-life Insurance Industry[J]. The Geneva Papers on Risk and Insurance - Issues and Practice, 2010, 35(01): 28-49.

[364] Xiaoying Xie, Wanke Cai, Weili Lu, Laura Yue Liu, Aaron Takumi. Internal Corporate Control and the Dynamics of Post-acquisition Boards: Evidence of U.S. Life Insurers [J]. International Journal of Business, 2016, 21(02): 132-150.

[365] Yan Leung Cheung, Aris Stouraitis, Weiqiang Tan. Does the Quality of Corporate Governance Affect Firm Valuation and Risk? Evidence from a Corporate Governance Scorecard in Hong Kong[J]. International Review of Finance, 2010, 10(04): 403-432.

[366] Yukitami Tsuji. Measuring the Agency Costs of Debt: A Simplified Approach[J]. Journal of Business, Economics & Finance, 2012, 1(03): 70-96.

[367] Yu-Luen Ma, B Elango. When Do International Operations Lead to Improved Performance? An Analysis of Property-Liability Insurers [J]. Risk Management and Insurance Review, 2008, 11(01): 141-155.

　　本书为了使读者能够更好地掌握我国保险公司治理政策法规文件、中国保险机构治理评价指标与标准体系以及各年度全样本保险机构、中小型保险机构和小型保险机构的治理 25 佳名单情况，提供了总计 15 个相应附录文件；同时为了方便读者的阅读，本书所有的附表均以电子表格形式呈现。请直接扫描下面二维码进入治理大百科公众号阅读或下载所有附表文件。

　　附表 1：我国保险机构治理政策法规文件目录
　　附表 2：中国保险机构治理评价指标体系
　　附表 3：中国保险机构治理评价标准体系
　　附表 4：2016 年我国保险机构治理 25 佳名单
　　附表 5：2017 年我国保险机构治理 25 佳名单
　　附表 6：2018 年我国保险机构治理 25 佳名单
　　附表 7：2019 年我国保险机构治理 25 佳名单
　　附表 8：2016 年我国中小型保险机构治理 25 佳名单
　　附表 9：2017 年我国中小型保险机构治理 25 佳名单
　　附表 10：2018 年我国中小型保险机构治理 25 佳名单
　　附表 11：2019 年我国中小型保险机构治理 25 佳名单
　　附表 12：2016 年我国小型保险机构治理 25 佳名单
　　附表 13：2017 年我国小型保险机构治理 25 佳名单
　　附表 14：2018 年我国小型保险机构治理 25 佳名单
　　附表 15：2019 年我国小型保险机构治理 25 佳名单